CASE
CONCEPTUALIZATION
AND TREATMENT
PLANNING:
INTEGRATING THEORY
WITH CLINICAL PRACTICE

个案概念化与治疗方案

咨询理论与临床实务整合的案例示范
（英文第3版）

［美］珀尔·S·伯曼（Pearl S. Berman） 著

游琳玉 等 译
贾晓明 审校

北京理工大学出版社
BEIJING INSTITUTE OF TECHNOLOGY PRESS

版权专有　侵权必究

图书在版编目（CIP）数据

个案概念化与治疗方案：咨询理论与临床实务整合的案例示范/（美）珀尔·S·伯曼（Pearl S. Berman）著；游琳玉等译．—北京：北京理工大学出版社，2019.3（2025.7重印）

书名原文：Case Conceptualization and Treatment Planning Integrating Theory With Clinical Practice

ISBN 978-7-5682-6613-0

Ⅰ.①个… Ⅱ.①珀…②游… Ⅲ.①心理咨询-案例 Ⅳ.①B849.1

中国版本图书馆 CIP 数据核字（2019）第 005702 号

北京市版权局著作权合同登记号图字：01-2015-7523

Translation from English language edition:
Case Conceptualization and Treatment Planning: Integrating Theory with Clinical Practice, Third Edition (ISBN: 9781483343716) by Pearl S. Berman.
Copyright © 2015 by SAGE Publications, Inc.
All Rights Reserved. This translation published under license.

本书中文简体版由 SAGE Publications, Inc. 授权北京理工大学出版社有限责任公司在中国大陆地区（不包括香港、澳门特别行政区以及台湾地区）独家发行与出版。未经许可，不得以任何方式抄袭、复制或节录本书中的任何部分。

出版发行 / 北京理工大学出版社有限责任公司	
社　　址 / 北京市海淀区中关村南大街 5 号	
邮　　编 / 100081	
电　　话 /（010）68914775（总编室）	
（010）82562903（教材售后服务热线）	
（010）68944723（其他图书服务热线）	
网　　址 / http://www.bitpress.com.cn	
经　　销 / 全国各地新华书店	
印　　刷 / 北京虎彩文化传播有限公司	
开　　本 / 787 毫米 × 1092 毫米　1/16	
印　　张 / 23.75	责任编辑 / 李慧智
字　　数 / 558 千字	文案编辑 / 李慧智
版　　次 / 2019 年 3 月第 1 版　2025 年 7 月第 10 次印刷	责任校对 / 周瑞红
定　　价 / 88.00 元	责任印制 / 王美丽

图书出现印装质量问题，请拨打售后服务热线，本社负责调换

谨以此书献给 Devera Berman，Irene Berman-Vaporis，Rachel Berman-Vaporis，Irene Birnbaum，Esther Clenott，Catherine Dugan 和 Alisa Zucker。每当我遇到困难时，她们都是我坚强的后盾，总是鼓舞着我。

译者序

因为与国外学者在 SAGE 共同出版了一本书，本人所写内容是在国内督导中如何帮助受督导者对案例进行个案概念化，SAGE 出版社由此反馈的酬劳是在其提供的一些书目中可选取几本书，《个案概念化与治疗方案》就在其中。我毫不犹豫选择了这本书，并有了今天的翻译出版。

此书是目前国内唯一一本全面系统介绍主要心理咨询治疗流派个案概念化的书籍，从人类复杂经验的多元视角出发，对涉及案例进行了细致入微的讲解，对于如何进行个案概念化、如何制定治疗方案有着精彩的呈现。阅读与翻译此书本人获益良多，也愿借此写译者序的机会，与业内同行分享一些本人对个案概念化的思考与想法。

没有个案概念化，就没有咨询治疗目标

个案概念化是近些年来在心理咨询、心理治疗业内不断出现的词汇，这是一个令人欣喜的现象，因为个案概念化在咨询治疗实务中有着重要的功能与作用。在做培训或督导时，本人常说的一句话就是："没有个案概念化，就没有咨询治疗目标！"

如果把心理咨询治疗比喻为一艘行进的航船，那么目标就是航向，而个案概念化为心理咨询治疗的航行提供了一张地图。这张地图里有前进的方向、有航行的路线。咨询师与来访者工作伊始，就要开始勾画这张地图，并与来访者共享，然后携手前行。

那到底什么是个案概念化？简单来讲就是通过获得的各种信息，基于某一理论对来访者困扰所做的一种假设。它是加深对来访者理解的一种工具。因为有了对来访者的理解，便得以确认其核心问题。比如来访者是一个总是和同性之间产生冲突的男大学生，从心理动力学角度理解，来访者的问题可能是性器期的俄狄浦斯情结问题，跟父亲之间的冲突一直未得到解决。由此咨询治疗目标可以确定为如何理解现实中同性之间的冲突和他与父亲的冲突之间的关系，或者通过移情、反移情来理解这种冲突。

咨询治疗的目标一定是在对来访者心理世界理解的个案概念化之后才确定的，而不是简单地将来访者前来求助时表述的苦恼或者希望解决的问题作为目标。此书在每一章都详细地介绍了如何根据个案概念化对呈现的案例进行具体目标的确立，有长期目标，也有短期目标，并且长期目标可以不止一个，根据某一长期目标，可以设立4~5个短期目标。这些短期目标都是依据来访者的具体困扰，根据现实中发生的具体情况而定的。而根据目标所制定的治疗方案，书中又一步一步给予了具体呈现，具有非常强的可操作性。这也是此书的一大特色。

个案概念化要依据某一理论

个案概念化从来不是自我杜撰，总要依据某一理论的假设而形成。此书选择了当今主要的心理咨询治疗理论流派，如心理动力学、认知行为、家庭系统、情绪聚焦、后现代的建构主义、女性主义等，还特别包括文化心理治疗，详细地介绍了依据每一种理论如何对来访者的困扰进行个案概念化。每个理论流派对人的心理困扰产生的机制假设不同，因此形成的个案概念化也不同。就像常说的，心理咨询治疗的理论就像盲人摸象，摸到的都是大象但只是大象的某个部分，但最后殊途同归。

因此做个案概念化，需要对依据的理论流派有很好的理解与掌握。心理咨询治疗是关于人类心灵的工作，理论是对人类内心世界的深刻洞察。在咨询师、治疗师逐步走进来访者内心世界的个案概念化过程中，需要扎实的心理学基础知识、深厚的理论功底，绝无捷径。

个案概念化要基于临床实务信息

个案概念化不是凭空而降，也不是理论上的生搬硬套，而要基于与来访者有关的信息，是对这些信息加工整理而成。盲目的猜测以及自恋式的遐想都可能是无益甚至有害的。

对案例进行初步个案概念化所需要的信息主要是通过初始访谈获得，当然个案概念化不是静止的，会持续在整个咨询治疗过程中，当来访者的信息、咨询双方互动的信息不断增加时，个案概念化也会随之有一定的调整。信息的收集基于不同理论取向，关注的重点会有不同，也跟来访者个体以及呈现的困扰有关。有的理论流派比较关注来访者表述的可观察的信息，有的关注认知方面的信息，有的关注情感需要，当然有的也关注来访者的非语言信息，关注与咨询师的互动模式，有的关注早期经历等。来访者提供的信息常是多样或混乱的，个案概念化就是使原来零乱的、没有关联的、没有意义的甚至相互矛盾的信息，变成有关联的、可相互解释的和有意义的。

书中介绍每一个流派的个案概念化时，都使用了具体的案例，通过对话的方式详细地呈现咨询师怎么与来访者交流，并获得重要的、有意义的理解来访者的信息。这些案例的访谈是非常好的样本可供学习，里面不仅是收集信息的过程，自始至终贯穿的是科学的咨询态度：尊重、真诚与共情，咨询关系永远是重中之重。

个案概念化会聚焦人类经验的某一领域

虽然个案概念化基于丰富的临床实务信息，但纷繁的信息也会给聚焦来访者的核心问题带来困难。此书的第二章人类经验的复杂性，提出了临床实务中来访者的诸多身份特征如年龄、性别、残障、宗教信仰、种族、社会经济地位、性取向、教育成就等，可以帮助个案概念化聚焦在其中某一领域。由此，此书的又一独特之处在于，作者提出，即使根据某一流派进行个案概念化，也需要在这个流派下聚焦于某一领域进行工作。比如一个有人际困扰的大学生前来咨询，可能你会发现她的困扰源于她的自卑感，但这种自卑与她的性别有关，作为独生子女时代的二胎女孩，她知道父母在有了第一个女儿后多么想要一个儿子，然而她是女孩。这不是她的错，她也无法选择她的性别，可是家里为了再生一个男孩，她被送到了另一个家庭收养。如果用认知疗法与这个来访者工作，她自动化思维中的核心信念可能就是"我不好，因为我是个女孩"。聚焦在性别领域可以使个案概念化更加明确、具体，也能更深刻地理解来访者内在的痛苦。

此书各章不同流派的个案概念化介绍中，都提供了聚焦在不同领域如何进行个案概念化的示范案例，清晰而有条理，读者可以细致阅读，品味学习。

个案概念化与评估、诊断的关系

常有人在写案例报告时，在个案概念化一栏写来访者的诊断结果是抑郁症，或者写人际关系评分显示有较高的人际困扰。那么诊断是个个案概念化结果吗？评估是不是个案概念化的工作？江光荣教授在他的《心理咨询的理论与实务》一书里对诊断、评估与个案概念化之间的关系做了很好的描述，即诊断是依据某个既定分类体系和相应的标准，根据来访者问题的临床表现，将来访者进行归类的活动，并不提供对个案的有意义的理解。一旦某个个体被归入一个障碍，治疗师就可以依据既有的知识来理解这位当事人及其问题。但个案概念化旨在对个案信息进行有意义的组织，重在得到个别化的理解，其本质是反分类的。当然诊断能力（对标准及相关研究的熟悉）有助于个案概念化。

而评估主要指依据一定标准或者工具，对来访者某方面的行为、特质是否符合或达到某个有临床意义的标准做出判断。评估与个案概念化是整体和部分的关系、上下级水平的关系。心理评估是个案概念化的基础，个案概念化引导心理评估（追加评估、理解评估），心理评估与个案概念化存在互动关系（试误过程）。评估是诊断和个案概念化的共同手段。

显然区别并且熟练掌握心理评估与诊断，有利于个案概念化，这也是心理咨询治疗者的基本功。

这本书是由本人的研究生们共同合作翻译而成。为了翻译此书，学生们聚会于我家，一起讨论翻译的风格，标准用语的使用，各章相同关键词的统一译法。有的章节本人审核后几次返回译者重新修改翻译。游琳玉同学对各章的翻译做了统一的整理。本人逐字逐句审核了两遍译稿，虽然辛苦，但确实从书中学到很多。此书从开始翻译到全部成稿历时几年，同学们都期待着凝聚着自己心血的译稿出版。各章的译者为：第一章周玥、第二章游琳玉、第三章张蓓蓓、第四章李芳、第五章唐信峰、第六章杨玉婷、第七章戴柔儿、第八章张宇迪、第九章郭潇萌、第十章姜彤、第十一章于飞、第十二章杨楠、颜笑、第十三章赵嘉路。谢谢同学们，在心理咨询、心理治疗的道路上，有你们同行，我深感欣慰！

个案概念化不仅是个概念，更是个过程，是在理论引导下不断深入来访者内在世界的过程。面对人类经验的复杂性，理解来访者需要心理咨询治疗的工作者们不断实践，不断探索，此书可以说极佳的工具性读物。而本书每一章最后，作者都给出了一个案例练习作业，提出了具体的个案概念化以及确立咨询治疗长期目标、短期目标的练习内容，对于心理咨询治疗的初学者、新手们，希望能在督导的指导下，完成这些练习，想必会极大地提升大家的专业水平！

在心理咨询治疗的航船上，愿此书为心理咨询治疗的同行们扬帆助航！

贾晓明
2019.2 于北京

前言

本书旨在帮助治疗师进行有效的个案概念化，培养其制定治疗方案的技能。治疗师这个词泛指那些已经取得从业资格或是正在申请从业资质，在大学、医疗中心或培训机构接受过心理学、心理咨询、教育学或社会工作专业培训的人们。

个案概念化的目的是提供一个清晰的理论解释，即"来访者是什么样的"，以及关于"为什么来访者会是这样"的理论假设。基于这样的假设，治疗师制定治疗方案来帮助来访者实现改变。治疗方案能够提供一个评估来访者在改变过程中进步的机制。当没有取得进步时，对来访者的概念化也能成为寻找阻碍进步原因的资源。要想为来访者提供有质量的照顾，个案概念化和制定治疗方案的技能一直都很重要。这些技能在当今管理式医疗保健市场里更为重要，因为这些技能可以用来记录来访者对治疗的需求，并决定为他提供短程的、中程的或是长程的服务。

书中所呈现的模型强调在以下四个临床实践领域中的技能建设：整合心理学理论、聚焦人类复杂性的多个领域、对人类复杂性相关主题的自我反思以及如何利用个人风格来有效地组织与书写。我们也会提供大量练习来帮助你建立这些技能。

书中所提到的心理学理论包括行为主义、认知理论、认知行为理论、女性主义、情绪聚焦、家庭系统、心理动力、文化理论、建构主义和跨理论流派。人类复杂性所涉及的领域包括了年龄、性别、民族和种族、性取向、社会经济地位以及暴力。使用不同的理论取向以及结合人类复杂性的许多领域进行个案概念化和制定治疗方案的练习，其目的在于促进治疗师从更深入和灵活的角度来看待来访者。

这本书并不是一本心理咨询理论大全。还有很多心理学理论以及人类复杂性的领域，他们和某个特定的来访者息息相关，但是在本书中并未提及。此外，读者也不会因为阅读了书中提到的心理学理论或人类复杂性领域就成为这方面的专家。如果想要更全面地了解相关的理论知识，治疗师需要进一步地学习和阅读。这是一本关于"知道是如何"的书。这本书教给你的是一个程序，你可以把它与任何其他理论、人类复杂性领域或是基于临床工作的新知识相融合。在运用这些方法时，最重要的是要紧跟治疗文献的最新发展，并把这些新的知识整合进实践工作中，从而让自己的治疗既符合伦理，又有效果。这本书还会帮助治疗师提高专业的写作技能。

章节概览

第一章会讨论全书提到的个案概念化和治疗方案的形成。此外，还会讨论个人表述风格。在第一章里，将提到六种成型的个案概念化和治疗方案方式，以帮助治疗师确定自己的风格。这六种模式分别是假设模式、主题模式、历史模式、症状模式、人际关系模式和诊断模式。另外，还提供了三种呈现治疗目标的范式，分别是基础范式、问题范式和SOAP范式。

本书在对个案概念化和治疗方案的介绍中运用了大量的关键词来解释那些核心概念。这样一来，读者可以从中选择与自己思考问题和理解信息的方式最接近的关键词。在第三章到第十二章的练习指导中，一直保持着这种关键词的多样性。你可以运用目录中提供的理论视角快速地为特定的来访者案例定位并进行练习。通过表1-1，你可以从领域、个案概念化模式和治疗目标范式等方面来迅速确定案例相应的个案概念化和治疗方案。

第二章将为治疗师介绍人类复杂性的相关领域：年龄、性别、民族和种族、性取向、社会经济地位和暴力。这些灵活的参考信息以及附加的推荐阅读都可以运用到第三章到第十二章的整合练习中。想要尽可能快地确定与来访者呈现的问题、转介资源、治疗设置等有关的人类复杂性领域，可以查看表2-1。为了帮助特殊的来访者，增加一些额外的工作将帮你比较不同的理论和不同的人类复杂性领域，可查看表2-2。

第三章至第十二章结构相同。首先，会从某个特定的理论视角融合人类复杂性的某一领域来进行个案概念化、制定治疗方案。这个过程首先会使用基于假设的模式，随后再使用第二个模式。其次，治疗师将有机会形成由某一理论驱动并结合某个人类复杂性领域的个案概念化和治疗方案，在这个过程中，他们将思索如何让自己和来访者更为匹配，并且发挥作用。我们将提供一些练习以帮助治疗师来完成这一过程。最后，通过一个特殊的来访者案例，治疗师将学会批判性地思考心理学理论、人类复杂性、伦理和个人成长等方面的内容。章节最后会提供一些参考资料以帮助治疗师获得进一步的技能提升，形式包括参考书籍、网站和视频素材等。

第三章至第十二章所使用的案例均为作者虚构，如有雷同，纯属巧合。所有的访谈之前都有一个简短的预约过程，在这个过程中会谈及保密的限制、费用以及其他治疗的相关议题。和现实生活中的许多人不同，案例中的来访者总会给治疗师在第一次访谈时提供充足的信息从而形成个案概念化。为什么是对话的形式？治疗师就是通过访谈收集来访者在真实世界中的信息。尽管作者在不同理论的章节里都更换了她的视角，但她天生的个人风格以及自我感可能渗透于本书的所有访谈中。即使你的个人风格和自我感觉和她截然不同，也要尽最大可能把自己放置于治疗师的角色中。

第三章主要练习如何将行为理论融入临床实践中。访谈1是与一个满是愤怒、极具攻击性的白人男性进行的。随后呈现了两个行为主义的个案概念化和治疗方案的范例，一个是应用基于假设的模式，另一个基于历史的模式。这两个模式都融合了暴力领域。访谈2则是与一个自我厌恶、恐惧镜子的白人青年男性进行的。随后的练习部分则是帮助治疗师试着融合年龄领域进行行为主义的个案概念化和治疗方案制定。

第四章则是将认知理论整合进临床实践中。访谈1是与一位丧偶的白人女性进行的，她想哀悼，但这个过程却受到她自身严格的性别观念的阻碍。文中提供了两个认知角度的个案概念化以及治疗方案的范例，一个是应用基于假设的模式，另一个是基于诊断的模式，两个模式都融合了性别领域。访谈2则是与一位白人青少年进行的，他因为自己的性别认同问题而苦苦挣扎。随后提供的练习则是帮助治疗师聚焦于性取向领域进行认知角度的个案概念化和治疗方案制定。

第五章则会涉及如何将认知行为理论融入临床实践中。访谈1是和一位白人女性进行的，她一直被自己的成年女儿所虐待，并遭受抑郁之苦。接下来会提供两种认知行为的个案概念化和治疗方案范例，其中一个是使用基于假设的模式，另一个是基于主题的模式，两个样本都聚焦在社会经济地位领域。访谈2是与一个白人少女进行的，她正努力想要获得独立，并滥用酒精。随后的练习则是帮助治疗师聚焦在年龄领域进行认知行为个案概念化和治疗方案的制定。

第六章的练习则是为了将女性主义理论应用到临床实践中。访谈1是与一位白人男性进行的，他一直不理解为什么妻子会在生活即将变得更富足之际离开他，结束了这段婚姻。接下来提供了两个女性主义视角的个案概念化和治疗方案范例，一个是应用基于假设的模式，另一个是基于历史的模式，两个范例均聚焦在民族和种族领域。访谈2则是和一位白人母亲进行的，她育有两个孩子，最近再婚了。随后的练习则是帮助治疗师聚焦在社会经济地位领域进行女性主义的个案概念化和治疗方案的形成。

第七章则是练习将情绪聚焦理论融入临床实践。访谈1是和一位白人女性进行的，她因不知如何将自己的性别认同和现在的亲密关系融合而苦恼。本章提供了两个情绪聚焦的个案概念化与治疗方案范例，一个是使用了基于假设的模式，另一个使用的是人际模式，两个范例都聚焦在性取向这个领域。访谈2则是与一位受虐的年轻女性进行的，她正在努力战胜对亲密行为的恐惧。随后的练习则是帮助治疗师聚焦在暴力领域进行情绪聚焦的个案概念化和治疗方案的制定。

第八章是关于将动力学理论运用到临床实践的练习。访谈1是与一位墨西哥裔美国青少年进行的，他不断想让自己像个男人一样成熟，而现在被定为贩卖毒品罪。本章提供了两个动力学的个案概念化和治疗方案范例，分别是基于假设模式和基于症状模式，均聚焦在民族和种族这一领域。访谈2则是和一位自述有情绪解离的白人男性进行的。随后的练习则是帮助治疗师聚焦在性别领域进行动力学的个案概念化和治疗方案制定。

第九章里，将介绍如何把家庭系统理论融入临床实践中，并提供相应的练习。访谈1是与一位白人母亲以及她的女儿进行的。女儿尚不成熟，但被卷入了父母的离婚战役中。在两个个案概念化和治疗方案的范例中，分别使用了基于假设模式和基于症状模式，均聚焦在年龄领域。访谈2则是和一对居丧期的非裔美国夫妇进行的。随后的练习将帮助治疗师聚焦在民族和种族领域进行家庭系统角度的个案概念化和治疗方案制定。

第十章是关于如何在临床实践中运用文化理论。访谈1是与一位非裔美国女性进行的，她现在是一家公司的CEO，但长久以来一直都感到孤独。接下来会有两个从文化理论的角度进行个案概念化和治疗方案的范例，一个是应用基于假设模式，一个则是应用基于诊断的模式，两个范例都聚焦在年龄领域。访谈2是与一位退休的白人男性进行的，他遭受来自自己成年女儿的躯体和心理的虐待。随后的练习则是帮助治疗师聚焦在暴力领域从文化理论视角进行个案概念化和治疗方案制定。

第十一章是关于如何在临床实践中运用建构主义理论。访谈1是与一位非裔美国大学生进行的，他认为自己被人诬告有暴力行为。依然是有两个从建构主义角度形成的个案概念化和治疗方案的范例，一个是应用基于假设的模式，另一个是基于症状模式，两个范例都聚焦在社会经济地位领域。访谈2是与一位墨西哥裔的美国母亲进行的，她被指控虐待儿童。接下来的练习将帮助治疗师聚焦在暴力领域从建构主义角度进行个案概念化和治疗方案的制定。

第十二章介绍如何将跨理论模型应用于临床实践中。访谈1是与一位白人男性进行的，他有虐待自己儿子的行为。在两个跨理论个案概念化和治疗方案范例中，分别使用了基于假设的模式和基于主题的模式，并聚焦在暴力领域。访谈2是与一位苏族女性进行的，她自述感觉心神不宁。随后的练习是帮助治疗师聚焦在民族和种族领域进行跨理论的个案概念化和治疗方案的制定。

第十三章讨论和扩展个案概念化和治疗方案模式的相关内容，其中会以一个苏族女性为例，她在儿童到青春期期间经历了情感虐待、躯体虐待和性虐待，是一位多重受害者。接下来还会讨论：在进行个性化的治疗时如何改善临床疗效；如何将心理治疗的研究发现应用到临床实践中；在专门的练习中，训练如何将个案概念化和治疗方案随着时间变化而进行调整，介绍在进行个案概念化和治疗方案制定过程中的注意事项等。

致谢

我想特别感谢宾州印第安纳大学心理学系的博士生们,是他们鼓舞我写下这本书,他们还填写了很多问卷,以帮助我完善练习和案例部分。尤其想要感谢这几位学生:Camille Interligi, Shannon Kovalchick, Kate McGann and Marissa Perrone,他们都就本书的某些特定方面给予了我具有深度的反馈。

目 录
CONTENTS

第一章　形成个案概念化与治疗方案 ·· 001
- 选择一个理论视角 ·· 003
- 形成你的理论解读 ·· 004
- 形成个案概念化的关键要素 ·· 005
- 形成治疗方案的关键要素 ··· 006
- 发展你个人的表述风格 ·· 007
- 一些关于不同概要与治疗方案模式的例子 ··· 009
- 概要1：基于假设模式 ·· 010
- 治疗方案1：基于假设模式 ··· 010
- 概要2：基于症状模式 ·· 011
- 治疗方案2：基于症状模式 ··· 011
- 概要3：基于人际模式 ·· 013
- 治疗方案3：基于人际模式 ··· 014
- 概要4：基于历史模式 ·· 014
- 治疗方案4：基于历史模式 ··· 015
- 概要5：基于主题模式 ·· 016
- 治疗方案5：基于主题模式 ··· 016
- 概要6：基于诊断模式 ·· 017
- 治疗方案6：基于诊断模式 ··· 017
- 主观信息 ·· 018
- 客观信息 ·· 018
- 评估 ··· 019
- 方案 ··· 019
- 小结 ··· 020
- 推荐阅读 ·· 020

第二章　人类经验的复杂性 ····· 021
年龄领域 ····· 022
　　人口普查数据 ····· 023
　　童年早期（4~7周岁） ····· 023
　　童年中期（7~12周岁） ····· 026
　　青春期（12~19岁） ····· 028
　　抗逆力与风险 ····· 031
　　发展指南注意事项 ····· 033
　　自我分析指南 ····· 033
性别领域 ····· 034
　　人口普查数据 ····· 034
　　简史 ····· 035
　　性别指南注意事项 ····· 041
　　自我分析指南 ····· 041
民族和种族领域 ····· 042
　　人口普查数据 ····· 042
　　简史 ····· 043
　　种族和民族指南注意事项 ····· 063
　　自我分析指南 ····· 063
性取向领域 ····· 064
　　性取向指南注意事项 ····· 069
　　自我分析指南 ····· 069
社会经济地位领域 ····· 070
　　人口普查数据 ····· 070
　　简史 ····· 072
　　社会经济指南注意事项 ····· 075
　　自我分析指南 ····· 075
暴力领域 ····· 076
　　暴力指南注意事项 ····· 082
　　自我分析指南 ····· 083
结论 ····· 083
推荐阅读 ····· 085

第三章　行为疗法的个案概念化与治疗方案 ····· 087
行为理论简介 ····· 087
治疗师的角色 ····· 088
案例应用：聚焦暴力领域 ····· 089
从行为疗法角度与杰夫会谈 ····· 089
从行为主义角度对杰夫进行个案概念化：基于假设模式 ····· 093

行为疗法治疗方案：基于假设模式 095
　　从行为角度对杰夫进行个案概念化：基于历史模式 097
　　行为主义视角的治疗方案：基于历史模式 098
　　学生进行个案概念化的练习案例：聚焦年龄领域 100
　　从简短评估访谈中收集信息 100
　　从行为角度与凯文会谈 100
　　练习：对凯文进行个案概念化 103
　　推荐阅读 106

第四章　认知疗法个案概念化与治疗方案 107
　　认知理论简介 107
　　治疗师的角色 108
　　案例应用：聚焦性别领域 109
　　从认知角度与玛丽会谈 109
　　从认知角度对玛丽进行个案概念化：基于假设模式 113
　　认知疗法治疗方案：基于假设模式 114
　　从认知角度对玛丽进行个案概念化：基于诊断模式 115
　　认知疗法治疗方案：基于诊断模式 117
　　学生进行个案概念化的练习案例：聚焦性取向领域 119
　　从电话初始评估访谈收集信息 119
　　从认知角度与艾瑞克会谈 120
　　练习：对艾瑞克进行个案概念化 123
　　推荐阅读 126

第五章　认知行为疗法的个案概念化与治疗方案 127
　　认知行为理论简介 127
　　治疗师的角色 128
　　案例应用：聚焦社会经济地位领域 131
　　运用正念认知行为治疗与安会谈 131
　　从认知行为角度对安形成个案概念化：基于假设模式 135
　　认知行为治疗方案：基于假设模式 138
　　从认知行为角度对安形成个案概念化：基于主题模式 140
　　认知行为治疗方案：基于主题模式 141
　　学生进行个案概念化的练习案例：聚焦年龄领域 143
　　从电话初始评估访谈中收集的信息 143
　　从认知行为角度与黛拉会谈 143
　　练习：形成对黛拉的个案概念化 146
　　推荐阅读 150

第六章　女性主义疗法的个案概念化与治疗方案 152
　　女性主义理论介绍 152

治疗师的角色 ································· 154
　　案例应用：聚焦种族与民族领域 ················· 156
　　从女性主义角度与约翰会谈 ····················· 156
　　从女性主义角度对约翰进行个案概念化：基于假设模式 ··· 162
　　女性主义疗法治疗方案：基于假设模式 ············· 165
　　从女性主义角度对约翰进行个案概念化：基于历史模式 ··· 167
　　女性主义疗法治疗方案：基于历史模式 ············· 169
　　学生进行个案概念化的练习案例：聚焦社会经济地位领域 ··· 172
　　从电话初始评估访谈中收集信息 ················· 172
　　从女性主义视角与莎伦会谈 ····················· 172
　　练习：形成对莎伦的个案概念化 ················· 177
　　推荐阅读 ····································· 181

第七章　情绪聚焦疗法的个案概念化和治疗方案　182
　　情绪聚焦理论简介 ····························· 182
　　治疗师的角色 ································· 185
　　案例应用：聚焦性取向领域 ····················· 187
　　从情绪聚焦角度与艾伦会谈 ····················· 187
　　从情绪聚焦角度对艾伦进行个案概念化：基于假设模式 ··· 192
　　情绪聚焦的治疗方案：基于假设模式 ············· 194
　　从情绪聚焦角度对艾伦进行个案概念化：基于人际关系模式 ··· 197
　　情绪聚焦疗法治疗方案：基于人际关系模式 ······· 198
　　学生进行个案概念化的练习案例：聚焦暴力领域 ··· 200
　　从简短初始评估访谈中收集信息 ················· 200
　　从情绪聚焦视角与妮可会谈 ····················· 201
　　练习：形成对妮可的个案概念化 ················· 205
　　推荐阅读 ····································· 210

第八章　心理动力学的个案概念化与治疗方案　212
　　心理动力学理论简介 ··························· 212
　　治疗师的角色 ································· 214
　　案例应用：聚焦种族和民族领域 ················· 216
　　从心理动力学角度与塞吉奥会谈 ················· 216
　　从心理动力学角度对塞吉奥进行个案概念化：基于假设模式 ··· 221
　　心理动力学疗法治疗方案：基于假设模式 ········· 223
　　从心理动力学角度对塞吉奥进行个案概念化：基于人际关系模式 ··· 224
　　心理动力学的治疗方案：基于人际关系模式 ······· 226
　　学生进行个案概念化的练习案例：聚焦性别领域 ··· 228
　　从简短初始评估访谈中收集信息 ················· 228
　　从心理动力学角度与史蒂夫会谈 ················· 228

练习：形成对史蒂夫的个案概念化 …………………………………………………… 231
　　推荐阅读 …………………………………………………………………………………… 234

第九章　家庭系统疗法的个案概念化和治疗方案 ……………………………………… 236
　　家庭系统理论简介 ………………………………………………………………………… 236
　　治疗师的角色 ……………………………………………………………………………… 239
　　案例应用：聚焦年龄领域 ………………………………………………………………… 241
　　从家庭系统角度与爱丽丝和凯瑟琳会谈 ………………………………………………… 241
　　从家庭系统角度对爱丽丝进行个案概念化：基于假设模式 …………………………… 244
　　家庭系统疗法治疗方案：基于假设模式 ………………………………………………… 246
　　从家庭系统角度对爱丽丝进行个案概念化：基于症状模式 …………………………… 248
　　家庭系统疗法治疗方案：基于症状模式 ………………………………………………… 249
　　学生进行个案概念化的练习案例：聚焦种族和民族领域 ……………………………… 251
　　从简短初始评估访谈中收集信息 ………………………………………………………… 251
　　从家庭系统角度与塔妮莎和马库斯会谈 ………………………………………………… 252
　　练习：形成对塔妮莎和马库斯的个案概念化 …………………………………………… 256
　　推荐阅读 …………………………………………………………………………………… 259

第十章　文化取向的个案概念化与治疗方案 …………………………………………… 261
　　文化理论概论 ……………………………………………………………………………… 261
　　治疗师的角色 ……………………………………………………………………………… 266
　　案例应用：聚焦年龄领域 ………………………………………………………………… 268
　　从文化角度与艾博会谈 …………………………………………………………………… 268
　　从文化角度对艾博进行个案概念化：基于假设模式 …………………………………… 272
　　文化取向治疗方案：基于假设模式 ……………………………………………………… 275
　　从文化角度对艾博的个案概念化：基于诊断模式 ……………………………………… 278
　　文化取向治疗方案：基于诊断模式 ……………………………………………………… 280
　　学生进行个案概念化的练习：聚焦暴力领域 …………………………………………… 282
　　从电话初始评估访谈中收集信息 ………………………………………………………… 283
　　从文化角度与丹进行会谈 ………………………………………………………………… 283
　　练习：形成对丹的个案概念化 …………………………………………………………… 288
　　推荐阅读 …………………………………………………………………………………… 292

第十一章　建构主义的个案概念化与治疗方案 ………………………………………… 294
　　建构主义理论简介 ………………………………………………………………………… 294
　　治疗师的角色 ……………………………………………………………………………… 296
　　案例应用：聚焦社会经济地位领域 ……………………………………………………… 299
　　从建构主义角度与撒迦利亚会谈 ………………………………………………………… 299
　　从建构主义的角度对撒迦利亚进行个案概念化：基于假设模式 ……………………… 305
　　建构主义治疗方案：基于假设模式 ……………………………………………………… 308
　　从建构主义的角度对撒迦利亚进行个案概念化：基于症状模式 ……………………… 309

建构主义治疗方案：基于症状模式 ………………………………………… 312
　　学生进行个案概念化的练习案例：聚焦暴力领域 ………………………… 314
　　从简短初始评估访谈中收集信息 …………………………………………… 314
　　从建构主义角度与约瑟芬娜会谈 …………………………………………… 315
　　练习：形成对约瑟芬娜的个案概念化 ……………………………………… 320
　　推荐阅读 ……………………………………………………………………… 324

第十二章　跨理论的个案概念化与治疗方案 …………………………………… 326
　　跨理论模型简介 ……………………………………………………………… 326
　　治疗师的角色 ………………………………………………………………… 328
　　案例应用：聚焦暴力领域 …………………………………………………… 330
　　从跨理论角度与杰克进行会谈 ……………………………………………… 330
　　从跨理论角度对杰克进行个案概念化：基于假设模式 …………………… 334
　　跨理论治疗方案：基于假设模式 …………………………………………… 336
　　从跨理论角度对杰克的个案概念化：基于主题模式 ……………………… 338
　　跨理论治疗方案：基于主题模式 …………………………………………… 340
　　学生的个案概念化练习：聚焦种族和民族领域 …………………………… 343
　　从简短初始评估会谈中收集信息 …………………………………………… 343
　　从跨理论视角与凯拉进行会谈 ……………………………………………… 343
　　练习：形成对凯拉的个案概念化 …………………………………………… 350
　　参考资料 ……………………………………………………………………… 353

第十三章　模型的讨论和扩展 …………………………………………………… 355
　　制定个性化的治疗方案确保服务质量 ……………………………………… 356
　　随时调整个案概念化与治疗方案 …………………………………………… 357
　　凯拉的案例 …………………………………………………………………… 357
　　治疗的开始阶段 ……………………………………………………………… 357
　　治疗的中间阶段 ……………………………………………………………… 358
　　治疗的结束阶段 ……………………………………………………………… 359
　　概要 …………………………………………………………………………… 360
　　小结 …………………………………………………………………………… 360
　　形成个案概念化与治疗方案的注意事项指南 ……………………………… 360

第一章
形成个案概念化与治疗方案

　　本书的目的是要帮助治疗师们形成有效的个案概念化以及制定治疗方案的技术。个案概念化和治疗方案的形成一般会经历四个步骤：①选择一个最适合来访者的理论视角；②利用一些假设、支持性的材料，或者一些结论，作为个案概念化的关键信息；③概述治疗计划，将长期治疗目标、短期治疗目标作为发展治疗计划的关键要点；④建立一个有效的个人表述风格，这个风格对你来说应该是舒适的，对你的来访者来说应该是有吸引力的。

　　本书希望能给读者提供更多的练习，帮助大家关注到来访者带入治疗中的非治疗本身的影响因子，例如，来访者的优势或者资源，最终帮助读者（治疗师们）顺利地完成这些个案概念化以及治疗计划制订的阶段。这些练习也强调合理地表述治疗目标的重要意义，从一定程度上来说，可以帮助来访者去检视这些目标的相关性和可靠性，创造一种希望感、期待感，帮助治疗师和来访者之间建立起更好的信任。这些因素对于发展积极的治疗联盟、取得积极的治疗成果都是非常关键的（Hubble，Duncan，& Miller，1999）。

　　形成个案概念化是非常耗时的，那为什么不直接制订治疗计划呢？因为没有仔细地个案概念化，就非常容易出现混乱的治疗情形。我们举个例子说明。有一个叫维罗娜（Veona）的中年女性走进了咨询室，因为她十几岁的儿子触犯法律被捕了，她不知如何是好。这位妈妈非常担心儿子在狱中的安全。既然这位来访者呈现出了这种危机状态，作为治疗师的你，就要启动一种危机管理模式，为她提供一些情绪情感上的支持，给予一些如何获得法律代理人的建议。你可能会打算在下一次咨询中进行一次仔细的初始评估会谈。但是两周后，你还没来得及进行这一步，就发现她遇到了一个新的危机：她和重要他人的关系面临破裂，而这位女士又非常渴望能马上去处理这个问题。你尝试着与她讨论她儿子的状况，但是她却很快地转向她的关系危机问题。你想要利用危机管理模型，给予她情感支持，帮助她冷静下来；你也尝试着开启一个对于她的关系问题有建设性的会谈。

　　你计划着在下一次咨询时进行初始评估会谈。然而，当那一天到来的时候，维罗娜女士却喝醉了。你原本尝试着想找出她的儿子到底怎么了，她的重要关系到底怎么了，但结果只能是很快放弃，想办法送她回家。当第四次咨询开始时，你的咨询计划原本是非常肯定的：在她开始倾诉之前，你会明确地告诉她需要进行一个透彻的初始评估会谈。然而，维罗娜打断了你，并且表示如果到明天她还找不到钱支付她的房租的话，她马上就要无家可归了。她之前把房租用在你推荐的能够帮助她儿子的法律代理人那里了。这时的你，只能放弃危机干预工作了，转而尝试着帮助她去联系社区资源，这样才能解决她无家可归的问题。

　　看起来对于维罗娜的治疗一直处于混乱的状态中，因为你不知道她的儿子什么时候会出狱，你不知道她还有没有和她的重要他人在一起，你不知道她是否存在长期的酒精滥用问题，还是说她的醉酒状态只是对于高压的一个反应。作为治疗师的你，可能要被这些接二连三的危机状况搞崩溃了。

让我们试着再来一次，我们假设，当维罗娜带着她儿子的问题来到咨询室，你知道这个状况非常糟糕，但是你仍然坚持在第一次咨询中，开展了初始评估会谈。根据这次评估，你形成了一个行为理论取向的概念化，以帮助理解来访者的问题所在。以下就是关于这个个案的一个概念化假设，或者说是以理论驱动的个案概念化介绍。

维罗娜是一个35岁的白人女子，她的双亲都是非常容易因为愤怒就表达出攻击性的人，同时也是那种用攻击或者回避方式解决问题的人。维罗娜的父母看不到她平常的行为表现，看不到她遇到的困难或者优秀的地方，他们只会对她所犯的错误或者是成长过程中存在的问题过度反应，常常辱骂惩罚。维罗娜在生存的过程中，形成了"愉悦他人/讨好他人"的一种防御机制，她会仔细地观察身边的人，尽可能地满足他们的需要，这样他们才能接纳她，不伤害她。她对于自己需要的满足反而是非常被动的，这也导致了她未婚先孕，最后只能独自一人将儿子带大。她非常渴望做一名"更好的母亲"，一定要比自己父母对待自己做得好。她努力地去满足儿子的所有需要，从来不会拒绝他。但是其实她的内心并没有一个"有效父母"的原型，反而她那渴望成为充满了爱的母亲的愿望，让她变得非常溺爱自己的儿子。她要避免暴力父母形象的出现，因而对儿子的行为非常放纵。维罗娜的资源在于她非常渴望成为一名好妈妈，她有能力去观察和预测其他人的心情，并且她尚可的智力水平让她有能力去理解他儿子当前一系列行为带来的后果。现在，维罗娜发现她及她的儿子遇到了非常大的问题，但是她还没有意识到她的纵容的、讨好的生活风格是与这些问题大大相关的。

在完成所有的个案概念化的步骤后，你将制定一个帮助维罗娜学会沟通和解决问题技巧的治疗方案，维罗娜将从中获益。你们的长期咨询目标应该如下：

长期目标1：维罗娜将学习如何识别和果敢地表达自己的感受。

长期目标2：维罗娜将学习如何在一段关系中，不通过责备别人，也能表达自己的关心。

长期目标3：维罗娜将学习如何与别人协商出一个既能尊重自己需要也能尊重别人需要的问题解决方案。

长期目标4：维罗娜将学习对于人际关系，应该设立一个什么样的目标。

长期目标5：维罗娜将学习如何把目标分解为一小步一小步的，并且最终实现它。

当维罗娜第二次咨询时，如果她愿意谈论她儿子触犯法律的问题，那么你可以和她一起工作：①帮助她形成能够清晰地与警察和儿子交谈的能力；②帮助她就解决儿子被拘留这一事实设置一些工作目标。如果她想讨论即将出现的关系破裂这一情况，你可以帮助她形成能够清晰地与她的重要他人交流的能力，并且帮助她围绕发展这段关系再设立一些目标。当然，在以上两种情景中，你都不能忽视维罗娜自己想要去讨论的其他危机。不过，你可以帮助她建立一些她真正需要的技能，无论她想要讨论的"问题"是什么。当她完成了这些治疗计划，她新获得的能力就可以帮助她彻底地从危机中转变过来。所以，尽管在最开始，形成个案概念化或者制订一个治疗计划是非常费时的，但是随着工作进程的发展，它将更有可能帮助你提供一个高效的心理治疗。现在我们会通过帕特（Pat）的案例来具体地讨论这个四步个案概念化法及治疗方案的制定过程。

选择一个理论视角

帕特是一位25岁的欧裔美国男孩,四个半月前他刚刚获释。他因为袭击他人被判了五年的有期徒刑,服刑三年后提前获释。他当时被判刑是因为在一场足球赛后,和另一个男人酒醉争吵,他无意识地咬了人家;帕特表示对于打架的原因,他已经完全记不清了,但坚称是对方挑起的。这是他第一次被送进监狱,但在此之前他已经因为多次在酒吧打架被拘留了。因为这次的事件,他先后经历了罚款、假释、服刑。他现在的假释监督官要求他坚持心理治疗,以此减少他的攻击行为、酒精滥用行为,不要再陷入"酒吧麻烦鬼"的怪圈里了。

帕特其实是一个普通的男孩,他辅修了一个计算机维修的学位。在进监狱之前,他已经在一家小公司做计算机技术人员一年了。他很自豪自己能够拥有这份工作那么长时间,其实他还是非常喜欢计算机的。他说如果有机会的话,他还想再回到计算机维修的工作中去。不过等他从监狱出来后,发现没有一家公司愿意要一个有案底的工作人员。因为下决心要去工作,经过努力帕特最后还是获得了一份大型百货商店保管员的工作。他对他的上司非常尊敬,一方面是因为能找到这个工作非常不容易,另一方面,他的上司可能是唯一尽管知道帕特有案底但还是给了他工作机会的人。

尽管帕特说自己是一个喜欢独来独往的人,他还是经常非常仔细地观察他的上司还有其他员工,他想理解这些人为什么会有各种各样的行为表现,这是一个他从上高中以来就经常跟自己玩的游戏。帕特不想丢掉这份工作,除非他还想换更好的。帕特的假释监督官每周都要见帕特一面,他明确说他会观察帕特在治疗中的进展。帕特在工作的环境中很少有攻击性冲动,之前在工作中也没有打架史。

帕特没有结婚,也没有孩子。不过他现在爱上了爱丽丝(Alice),一个19岁的欧裔美国女孩,这段恋爱关系刚刚两个月。其实帕特之前有过很多段和不同女孩的亲密关系,可是最长的都没有超过6个月。他是在街上遇到这些女孩的,短暂的约会之后,他就会邀请这些女孩搬过来和他一起住。这些关系都是令帕特满意的,但是他也发现,突然某一天他去上班的时候,这些女孩就消失了。帕特说她们彻底地搬出了这个地区,再也见不到她们了。帕特表示他完全不理解这些女孩为什么离他而去。他承认自己过去经常与别人打架。他从没想过要结婚或者要孩子。不过,帕特在监狱的那段日子,他发现自己厌烦了和警察打交道的日子,厌烦了不停地换女人,他希望爱丽丝可以"停在原地不再离开了"。

当问到他的童年,帕特说他是被两个永无止境地酗酒打架的人带大的。对于这个家的记忆,就没有无暴力的时候,父母在家经常都是神志不清的状态。帕特说,从记事起就觉得自己为自己负责了。他的父母,没有一个会去照顾他,能让他有饭吃。他最早学会的就是怎么迅速地抓走一份食物,然后躲在屋里的一个角落慢慢地吃。而此时,他的父母一方或者双方就一定要找到他,对他一顿拳打脚踢,把他的食物再次夺走。帕特的邻居或者学校老师,没有一个人注意到他已经瘦得皮包骨头了,而且浑身上下都是伤痕。不过,邻居中也有人会雇帕特去帮助他们遛狗,或者清理仓库。他很快认识到了劳动的价值,他可以用他自己挣的钱去买吃的了。

在学校里,帕特尽可能地保持一个低姿态,尽量远离麻烦。上高中之前,他几乎没有什么伙伴。毕业之后,他开始在一个加油站工作,这时情况才好一些。当忙碌了一天,加油站在深夜关门后,他和其他工作人员可以一起去喝点酒。不过一旦他们开始喝酒,他们就会把所有酒都喝光。现在,帕特只在周末狂欢放纵,在工作日尽量不喝酒。

当前,有很多的理论取向或者治疗系统可以用来理解帕特这个个案。对于谈话治疗的研究证明,谈话是有效的(Editors of Consumer Reports, 2004; Lambert, Garfield, & Bergin, 2004)。对于帕特,你怎样使用一个理论取向去帮助他呢?当然你可以根据自己的偏好选择一个理论取向。当个案并不适配你的理论取向时,你可以考虑把这个个案转介给其他医生;这是一个完全出于理性的选择。然而,有关治疗结果的文献显示,如果治疗师能够根据帕特的个性特征以及对个案的关切去指导选择什么样的理论取向,这样的治疗效果才会最大化(Hubble et al., 1999)。我们把那些与针对来访者有效的理论取向相匹配的治疗方法称为"整合主义",或者说是"系统的折中主义"(Lambert et al., 2004)。

尽管从不同的理论视角对帕特的核心问题进行个案概念化都是合理的,但是最终所选择的理论对治疗过程确实有非常重要的影响,包括它对于帮助帕特去理解自己的问题会不会有些困难,他的问题里的无意识因素如何能够被意识到,治疗将持续多久才能解决这些问题(Prochaska & Norcross, 1999, 2009)。例如,行为治疗取向就会分析帕特的临床症状,以及当下的生活环境。治疗过程的重点就会放在直接的前因,以及暴力事件的直接后果上。因为暴力行为的促成因子及其后果都是刚刚发生,因此也是比较容易让帕特去回忆和思考的。

相反,动力学取向对于帕特的情况就会聚焦于潜意识的心理冲突,这是引发他暴力行为的根源。帕特需要意识到发生在他遥远过去的一些事情,这些事情正导致了他诸如未被满足的安全和养育需要等的体验。或许,为了回避由这些未被满足的需要引发的焦虑,帕特不得不发展出一种充满攻击性的生活方式,通过这种暴力行为本身,他可以让自己感受到安全,虽然只是表面的。作为一个成年人,他越来越熟练地操纵这种暴力的人际模式,因为这种模式能让他感到在这个对立的世界中,还能受到保护。只有在酒精的影响下,他的焦虑才会降低,他才能尝试着和女性建立关系、处理自己渴望被养育的需要。从这种动力学的视角,帕特需要发展出对于自己潜意识显著的洞察能力,才能处理当前与暴力相关的问题。

因此,普洛查斯卡(Prochaska)和诺克罗斯(Norcross)(1999, 2009)提出假设,认为比起行为治疗,在动力学治疗中,帕特需要更多的会谈过程来帮助其彻底地发生改变。

形成你的理论解读

对帕特进行个案概念化的第一步就是选择理论视角,这个视角可以帮助治疗师在来访者进入咨询时就开始理解个案。理论视角将决定你问来访者的问题,而信息的类型也将包括在你的个案概念化以及治疗方案中。

对于帕特的个案概念化,将提供理论视角帮助我们去理解他是谁,他为什么做出这些行为。通常,个案概念化会包括个案的成长史,当然是从理论上来看的,也会包括来访者的困难和资源。专业人员准备了许多不同类型的报告,里面包含了个案的多种信息,例如成长史、初始评估会谈以及评估报告。每一种报告的临床设置不一定一致。通常来说,个案成长史用于呈现来访者过去成长中的各种细节;初始评估会谈主要聚焦于个案当下的功能,评估报告关心来访者接受的心理测验的结果。个案概念化强调对个案的理论理解,用于制定治疗方案。综合性的个案档案会包括不同类型的报告,包含在记录里的内容会同时考虑法律、费用需求以及对临床最有帮助的信息（American Psychiatric Association，2002，Section 2；American Psychological Association［APA］，2007c，Guideline 2）。

帕特的治疗方案是一个基于理论的行动方案，它可以帮助帕特更有效地发生改变。它是有针对性地去达成一些目标，例如"帕特将学习一些控制暴力的新方法"，或者是其他需要改变的，例如"帕特愤怒的时候也不会再攻击别人"。研究显示，如果治疗方案是围绕来访者的个性特征或者说充分利用了来访者的个人优点和资源的话，治疗结果往往是比较积极的（Hubble et al.，1999）。第一阶段头三次咨询的进程对于80%的来访者来说也有积极的影响（Haas，Hill，Lambert，& Morrell，2002）。因此，一个帮助治疗师开展高效心理治疗的治疗方案最终也会带来更好的治疗结果。

除了要符合伦理标准、要与专业协会以及保险公司的基本要求相一致以外，对于治疗计划的评价，并没有一个统一的标准（American Psychiatric Association，2002；APA，2007c）。不过，文献研究也显示，那些当事人可以理解的更具体的目标，会令当事人感觉到这是他更容易做到的，这样的目标对他来说更有影响力（Hubble et al.，1999）。另外，如果目标的表达形式更符合当事人的期望、愿望和价值观，那对于他来说也会更有动力（Egan，2007）。所以也提醒我们，用于表达治疗目标的各种策略，无论是否可能，都需要充分考虑利用来访者自身的资源和优势。有效的心理治疗将通过一步一步实现这些治疗目标而最终完成。再有，看见进步的过程也能帮助当事人增强希望感，这是有效治疗的一个重要影响因子（Hubble et al.，1999）。

形成个案概念化的关键要素

在形成个案概念化的过程中，有两个结构性要素是值得介绍的。

第一要素是概要。这个"概要"是指对个案核心优势和局限的简要分析，根据所选择的理论视角做出假设。个案概念化可以用很多方式去呈现，但是应该做一个有组织的建构，并且一定是基于理论的。如果"概要"这个词对你来说不是那么有意义，那你可以把这个要素当作是对来访者的一次概观，或者是一份说明，或者是对来访者关键性的摘要，或者是作为未来讨论的一个依据，或者是一种假设，或者是一种中心思想，或者是一种理论引导。我们用了那么多的词汇供选择，来代表"概要"对于你来说最清晰的意思。

个案概念化开始之初的"概要"可以帮助读者对个案的主要问题有个简明的理解，有助于形成最终的个案概念化；概要的第一句话也有同样的功能，成为引导段，引导接下来将要讨论的内容。概要的第一句话包括对来访者人口学资料、转介情况的简介，例如"帕特是25岁的男孩，欧裔美国人，因为他的暴力行为，他的假释监督官要求他去接受心理治疗"。也可以包含其他内容，例如，第一句话还可以是"帕特在治疗中有两个目标：能和爱丽丝维持关系，能够远离监狱"或者"帕特不认为他的问题出在攻击性行为上，而持续被假释监督官所监控的生活状态、与爱丽丝不稳定的关系，以及无聊的工作才是现在最困扰他的问题"。在做出第一个描述后，假设工作将继续，将着眼于来访者的优势和劣势，这当然也是通过用于指导治疗的理论来理解的。最终的成果就是形成关于帕特以后的一些结论，或者用一些方式方法将这些段落组合在一起，最终转化用于下一阶段。

在"概要"之后，第二个结构性要素就是基于理论的"支持性素材"。我们也可以理解成"细节性的个案分析",这些内容可以为在概要阶段做出的说明提供依据。这类支持材料包括对来访者优势的深度分析（优势的地方、积极的因素、成功、应对策略、技能、促进改变的因子）以及对弱点的深度分析（担心、困难、问题、症状、缺陷技术、治疗障碍），这些内容的提炼仍然离不开做概要时所使用的理论视角。来访者成长史、来访者现在的生活史、来访者在心理治疗中被观察到的行为模式以及其他一些资源信息都会被用来建构个案概念化，用来形成对来访者的有效分析。

支持性素材也需要与概要表达的组织结构相一致。在支持材料的段末，对于个案在这个时期的整体心理功能水平的个案概念化就应该做出来了，这其中还应该包括概要性的治疗目标、实现这些目标的多种可行途径，并明确指出在这个阶段对治疗目标实现形成阻碍的因子。

形成治疗方案的关键要素

制定一个有效的治疗方案涉及三个结构性要素。

第一个要素是治疗方案综述。这是一个摘要段落，简要介绍治疗计划是如何进行的。我们可以用一种对来访者来说比较友好的语言来表示，这样有助于增强来访者对于治疗方案的掌控感，从而为他自己的治疗结果负责任。综述还能帮助未来接受转介的治疗师理解你的治疗计划的意图，以及你对他或她工作的尊重。

第二个要素是发展一个长期（主要的、大型的、意图很强的、综合的、广泛的）治疗目标。当然这个目标也是来自个案概念化的前提中发展出的那些主要概念。有些来访者最理想的目标，反而是在治疗终止之后实现了。概要里包含的信息、支持材料的第一段话，都可以提供治疗师大量的信息去形成长期治疗目标，这些目标必然也是表达来访者在那个时期最重要和最基本的需要。

第三个要素是发展一个短期（小的、简要的、压缩的、具体的、可测量的）目标，无论是治疗师还是来访者都希望在短期的时间内，能看到这些目标的实现。这些目标能够帮助绘制治疗进程，为改变注入希望，帮助临床工作者。早期的积极变化是最终治疗成果的预兆（Hubble et al., 1999, Chapter 14）。所以，有时候计划帮助来访者取得一小步进步，非常有可能带来最终积极的治疗结果。

每一个长期治疗目标其实都是由多个短期目标构成的，在一步一步实现的过程中为来访者带来最终的改变。为了应对一般性的困难，需要更多的短期目标去积极支持实现长期治疗目标。如果治疗进展不顺利，那就很有可能是因为短期目标过大而无法实现，需要进一步把它们进行分解。也就是说，制定目标不是马上就能实现的，很多目标是不合适的，是需要再重新设计的。

要制定什么样的短期目标，可以从个案概念化中的支持材料里寻找帮助。当来访者的困难和他的治疗目标有了清晰联结时，他的资源也将开始发挥作用。例如，如果帕特在工作的时候，有办法控制自己的冲动行为，那么治疗目标就是，把这种办法扩展到他的家庭生活以及邻里社区生活中去。指导治疗的理论模型也会带来其他的一些关于治疗目标的建议。例如，在行为治疗中，治疗师会承担"教练"的角色，这样的话，治疗的目标就会集中于帮助来访者掌握相关技能。将长期治疗目标和短期目标结合起来，将为来访者的有效改变提供一个行动方案。

本书的练习就将指导你学会建立以下目标：①那些具体的来访者可以理解的目标；②与来访者想要的一致的目标；③对于来访者来说是可以获得的、最有动机的目标（Egan，2007；Hubble et al.，1999）。在一些个案里，所有的长期治疗目标都需要同时进行。而在另一些个案里，目标是一个接一个进行，然后逐步实现的。实现治疗计划的策略应该包括治疗方案综述，这个综述应该清晰地解释给来访者听。一个一致的、合作的工作同盟对于取得积极的治疗结果是非常重要的（Hubble et al.，1999；Lambert et al.，2004）。

发展你个人的表述风格

专业的表述要求一种清晰的、具体的组织架构。在这种架构中，我们可以用不同的形式去组织有效的个案概念化以及治疗方案。考虑到你先前的训练，或者是已有价值观，专业的表述首先要求的就是你需要摈弃之前最熟悉的表述风格或者方式。表述的视角常常发生变化，正如我们看到训练中所提供的每一个例子，可能都代表了一种具体的形式，或者是使用了不同的组织策略。本书为了要说明不同表述风格的功能以及合理性，会介绍如何有效使用6种不同的个案概念化以及治疗计划的表述风格，最终的目的就是鼓励你能明确并去练习、发展你自己的专业性的表述方式。

这本书里面的每一个理论章节都包含了两个完整的个案概念化和治疗方案的例子。第一步都是使用理论假设去指导个案概念化和治疗方案的建构。第二步是特别强调与来访者的联结（见表1-1）。研究显示持续渗透的希望感是积极治疗结果的一个重要影响因素（Wampold，2010）。因此，当治疗师使用的表述恰好能反映来访者的关注点时，可以很好地增进来访者的希望感和对治疗的掌控感。在本章的最后，我们会提供一些简单的例子去说明这六种你可能会在临床工作中运用到的形式。这些例子包括了概要、治疗方案综述，以及一部分完整的治疗方案。所有这些例子都是基于对帕特的行为分析的，这样我们可以对比理论来讨论不同的表达风格。我们给这六种不同的表述风格分别命名为：基于假设模式、基于症状模式、基于人际关系模式、基于历史模式、基于主题模式、基于诊断模式。

表1-1 各章节个案概念化和治疗计划的案例所涉及的领域、章节、模式和格式规范

领域	章节	模式	格式规范
暴力	3	假设，历史	基本，问题
性别	4	假设，诊断	基本，短期目标
社会经济地位	5	假设，主题	基本，问题
种族与民族	6	假设，历史	基本，问题
性取向	7	假设，人际关系	问题，基本
种族与民族	8	假设，人际关系	基本，基本
年龄	9	假设，症状	问题，基本
年龄	10	假设，诊断	问题，短期目标
社会经济地位	11	假设，症状	问题，问题
暴力	12	假设，主题	问题，问题

用基于假设的类型去组织关于帕特的信息时，主要是根据那些用于理解个案动力学的心理学理论假设。概要里的首句、支持段落以及长期治疗目标都是围绕理论假设来组织的。在每一章里都有一个完整地使用了此类形式的个案概念化和治疗方案。

用基于症状的类型去组织关于帕特的信息时，主要根据帕特在治疗中呈现的那些症状。因此，在概要的首句里会强调个案概念化要去处理的全部症状，治疗方案中的长期治疗目标也会分别聚焦于这些症状。如果想要具体了解这类形式，可以重点阅读第九章中爱丽丝（Alice）的案例，或是第十一章撒迦利亚（Zechariah）的案例。

用基于人际关系的类型去组织关于帕特的信息时，主要是根据帕特与重要他人的关系。概要的首句中呈现了将在个案概念化中讨论的重要关系。这些重要关系都对应着一个长期治疗目标。每一个支持段落也将具体讨论这些关系。如果有机会的话，其他的支持段落可以聚焦于来访者与自己的关系。选择合适的用于个案概念化的理论取向，对于处理来访者的自我认同、自尊、价值观，或者其他与自我有关的问题是比较有帮助的。如果想要具体了解这类形式，可以重点阅读第七章中艾伦（Ellen）的案例，或者是第八章塞吉奥（Sergio）的案例。

用基于历史的类型去组织关于帕特的信息时，主要根据帕特在某一时期的生命故事，从过去到现在，甚至到未来。时期的选择是与来访者的个人需要和当前的状况高度相关的。包括了儿童早期、初中、高中、大学/职业学院、成年期。或者是那些成长中断带来心理问题的时期，例如，大学早期、服兵役时期、回到城市生活的时期或者是离婚的时刻。如果来访者是小朋友，对于信息的组织就会重点关注在心理发展、认知发展以及心理社会化发展等情况方面。如果想要具体了解这类形式，可以重点阅读第三章中杰夫（Jeff）的案例，或者是第六章约翰（John）的案例。

用基于主题的类型去组织关于帕特的信息时，主要围绕能够映射帕特的行为和世界观的一个重要主题或者是一个隐喻进行的。在这个类型里，概要的首句会介绍这个主题。每一个长期治疗目标在假设的指导下都会涉及这个主题，因为这些主题可以帮助"捕捉"来访者"坚果壳"（外在困难）之下的一些意义。个案概念化中支持段落的首句也会围绕这个主题介绍来访者的重要方面和相关情况。如果要看完整例子的话，可以查阅第五章安（Ann）的例子以及第十二章杰克（Jake）的例子。

用基于诊断的类型去组织关于帕特的信息时，主要围绕DSM-5这类正式的诊断系统进行。基于诊断的类型与基于症状的类型是非常相似的，因为DSM-5本身也是基于症状编制的。基于诊断的类型通常要求在一个医学模式之下。这个类型的假设部分会包含主要的数据资料，不过不是具体的支持细节，这些数据用来说明可能会是哪一种心理疾病，用来呈现与治疗有关的人员之间的互动，呈现哪个部分失调，或者呈现对治疗的需要。假设的首句会强调来访者的主要症状。治疗方案中的每一个长期治疗目标都会同样地对应着一个症状。如果只有一个主要的症状，那么每个长期治疗目标就会聚焦于来访者各种主要角色的功能水平，例如：工作人员角色、丈夫角色、父亲角色。每个支持段落会聚焦于一个症状，如果症状仍然只有一个，那么就会去讨论来访者的主要角色的当下功能水平。如果要看完整例子的话，可以查阅第四章玛丽（Marie）的例子以及第十章艾博（Amber）的例子。

本章里对于六种表述类型的讨论不能尽述。其他一些临床策略也能够有效帮助临床工作。在这些类型里，专业的表述可以有更多的灵活性；不过，这些表述也必须有一个清晰的组织框架，这样方便与其他专业人士交流你对个案当前的理解以及你们的治疗方案。这样做，对于督导工作、认证委员会做的个案回顾工作、法院下令的评估工作，或者是其他临床工作者紧急接手都是有必要的（APA，2007c，Guideline 5）。

你的个案概念化和治疗方案是不是必须得依照相同的结构呢？并不需要。基于理论假设所提出的治疗目标，并不要求完全根据基于假设的个案概念化来制定。不过，如果个案概念化和你的治疗目标尽可能一致的话，那些无论是作为你的督导师还是评委的读者们，确实可以更容易理解你的专业推断。相似的，如果帕特将他的问题归咎于他的酒精成瘾的双亲，抱怨他们对自己照养上的忽略，那么他可能会更愿意接受逐步向他传达的治疗方案目标。如果治疗计划跟他的期待是一致的：他今天的问题不是"他的错"，而是他那经常醉酒的双亲没能给予他成长中需要的，那么帕特可能更愿意参与到治疗中来。

并没有一个标准的格式去呈现治疗方案中的治疗目标。不同的治疗师和不同的治疗设置都有相应的偏好。在本章最后会有三个方案模型呈现。这三个方案模式分别是基本模式（治疗方案1~3）、问题模式（治疗方案4~5），以及短期目标模式（治疗方案6）。

基本模式里的目标主要聚焦于来访者需要达到的、学习的或者需要发展的内容。这种形式的目标对于来访者来说是更符合其求助动机的，因为它是根据来访者想要的东西来确定的。另外，当来访者对于那些提示是他的错的信息表示反感的时候，基本模式这种类型的治疗目标就会显示出作用。问题模式是根据需要减少的适应不良的行为或问题来确定治疗目标的。这种形式对于那些在自己的问题行为里备受折磨、做好了准备改变的来访者中是比较有用的。相似的，对于那些备受他们孩子适应不良的行为折磨的父母，或者是那些务必确保假释犯不再犯事的假释监督官来说，问题模式也是一种好的形式。最后一种模式是"短期目标模式（SOAP）"，主要用于医疗设置中。SOAP这个词汇是由威德（Lawrence L. Weed）提出的，他是根据"问题导向的医疗记录（POMR）"发展出这个模式的。

威德博士希望医疗记录能够清晰地呈现来访者当前的问题、问题的当下状态以及治疗这个问题立即的应对计划，还有就是为什么选择这个治疗方案的一个说明。治疗师每天都会制定一个新的短期治疗目标，而不是组合许多目标形成一个更大的长期治疗目标。SOAP这个单词里，字母S的意思是来访者提供的主观素材。字母O的意思是通过心理测验或者非正式评估，由治疗师提供的客观性素材。字母A的意思是指基于S和O里的素材，治疗师对来访者的评估。字母P的意思是治疗师与来访者面对面即刻商定的治疗计划。巴希加鲁培（Bacigalupe，2008）和基南（Keenan，2008）训练学员的网络文献就使用了威德（Weed）的SOAP词条，而这些文献里描述的治疗过程正是对S、O、A词条的阐述。在本书中，P的含义还被扩展到包含了长期和短期治疗目标。

这三个方案模型希望能提醒你，如果你有机会去选择，那就选择你觉得最有可能鼓励来访者产生建设性变化的模式。

一些关于不同概要与治疗方案模式的例子

下面所有的例子都是围绕本章开头介绍过的帕特的案例展开的。我们假设，治疗师已经获得假释监督官的授权，对帕特展开过一个综合的初始评估会谈。当你读到每一个例子时，我们假设，治疗师对于帕特伤害他人的行为一直都是有监管的，无论这个是不是明确提出的外显的一个治疗目标。所有的例子都是基于行为理论的，在此基础上，我们再呈现不同的表述类型。

选择行为理论是因为，在治疗期间，帕特自身是有很多资源可以帮助治疗的。我们选择了一个行动导向的改变计划，而帕特确实也喜欢快一点的工作节奏。鉴于他进过监狱，所以一个高度结构化的管理模式对他来说是正常的，而不应该看成是种负担。不过事实上，相较过去三年监狱中的严格管教，心理治疗提供的是更灵活的改变途径。此外，他的服刑时间缩短是因为他尝试着学习怎样做一名"好的服刑人员"，这样的学习经验对于治疗同样是有用的。最后，行为化治疗目标的达成是相对比较迅速的，其中首要的一个反应就是怎样帮助帕特不再触犯法律、不再回到监狱中去。

概要1：基于假设模式

帕特童年时期学习到的经验导致了他功能失调的行为，例如言语以及身体方面的攻击行为，这些行为在那个时期是被强化的，反而哭哭啼啼、多愁善感是会被严厉惩罚的。帕特通过观察自己父母的所作所为习得了很多行为；他充满了大量的言语和身体攻击行为，同时还学着去展现自己性能力方面等的身体优势，但同时他很害怕情感表露。他学习如何大口地灌酒，而不是慢慢地喝，他也很关注、经常思考儿童相关的需要。帕特的双亲只给了他负面的成长结果，他们没能在情绪调控、非暴力的问题解决方面做出示范；他应付父母的各种策略中唯一一个好的结果就是吃饭能吃得很快，躲能躲得很好。尽管是在这种暴力环境中长大的，帕特还是努力学习怎么压抑自己的攻击冲动，学着与邻居相处。当他变得可靠，并且愿意积极干活后，这些邻居给了他很多机会，让他有了经济来源。帕特后来也学会，如果他在学校能低调一些，那他也就相对更安全一些。他从高中毕业并获得了一个文凭，但是，帕特也变得无法抑制自己的攻击冲动，尤其是在喝醉了的时候。此外，帕特发现他更想要一段和女性稳定的关系，而不是一个又一个的性伴侣。帕特善于观察别人的特点，以及在某些环境下可以抑制自己暴力行为的情况，说明他在假释和治疗的状态中，是可以从暴力中停下来去思考，从积极工作的亲社会模式中去学习的。

治疗方案1：基于假设模式

治疗方案概述：帕特更有动力去与女性建立一段稳定的关系，远离监狱；因此，他的治疗目标就应该聚焦于这些问题上。帕特的假释监督官每周都会见他，确保他不再有暴力行为出现。他后来对会面有些反感了，因为他觉得这些会面永远只关注他过去的暴力行为。过去的几周里，假释监督官希望强化帕特积极投入关系的尝试，同时也能不断回顾假释条件。长期治疗目标1和2就需要同时进行（该治疗方案遵循基本格式规范）。

长期目标1：帕特需要学会识别他的行为带来的积极和消极的结果，然后决定他到底要使用哪一种行为去帮助加强他和爱丽丝的关系。

短期目标

1. 帕特在治疗中的行为，例如准时出席、定期来、变得更有礼貌、讨论的时候不用威胁的言语，这些行为作为关系建立的有效行为无论何时出现，都会被注意到。

2. 帕特需要学会理解治疗师对他的反应（例如微笑、放松的姿势、前倾等）是意味着要建立一段放松的关系还是有压力的关系。

3. 帕特需要去练习调整在治疗中的即刻行为，去确认他观察到的那些他与治疗师互动的线索，主动地去问治疗师，到底这些信息被体验为一段积极关系的建立，还是带来了让人有压力的感觉。

4. 帕特还需要试着与治疗师讨论，当他回到家，他希望爱丽丝继续做哪些事，并且也能告诉爱丽丝他喜欢她做的这些事，希望她能继续。

5. 帕特需要与治疗师讨论，爱丽丝哪些积极行为是有两面性的，爱丽丝做了他所喜欢的事，但他也忽略了那些他不喜欢的爱丽丝的行为。而这一切都是为了能和爱丽丝建立积极的亲密关系。

6. 帕特还需要学习一些技术，比如深度呼吸法、渐进肌肉放松法以及自我催眠，这些技术能够帮助他控制自己的行为，这样就不会让自己的鲁莽行为破坏了与爱丽丝的关系或者把自己送进大牢。

7. 帕特需要选择一种控制自己消极行为的方法加以练习，可以在治疗中模拟他被激怒的情景来学习演练。

8. 除了一下班就回家，帕特也可以学习其他更好的能立刻放松的方法。

9. 为了帮助长程目标1实现，还可以发展其他新的短期目标。

长期目标2：帕特将通过观察学习，判断他的老板、他的同事以及商店的顾客是怎样对彼此表达积极的或者消极的情绪的，而这些表达方式都可以是不涉及言语或者身体攻击的。

长期目标3：帕特需要学习如何调整他的身体，学习识别他对于其他人条件反射性地做出的那些积极或者消极的反应，并且决定是继续使用这些行为，还是试着放弃这些行为。

概要2：基于症状模式

帕特最严重的问题（症状）就是他非常容易与男性产生肢体冲突，过度饮酒，很难与女性保持适应性的关系。帕特是从他父母的暴力行为、父母对他的身体虐待中习得打架行为的。他父母带给他关于酒精的概念就是：酒精就是拿来喝醉的。这些早年习得的关于酒精的经验又被他在加油站工作那段时间的同龄伙伴们强化了，这些伙伴也常常是饮酒无度。这样，帕特根本就无从学习一种非暴力的问题解决策略。不过他学会了如何努力工作、如何坚持、如何在学校和工作环境中抑制自己的坏脾气。他很善于观察别人，因为他非常好奇人们为什么会采用这样那样的行为。这些都是非常好的资源，能够帮助帕特在治疗的体验中学习新的行为。

治疗方案2：基于症状模式

治疗方案概述：帕特的假释监督官一直都在监控着他是否还有暴力行为，以及他的饮酒情况。如果帕特又失控了，那就意味着违反了假释条例，他会被重新送回监狱。帕特需要发展一些新的行为策略，确保他可以控制住自己的攻击冲动。他还需要学会识别什么时候他需要停止喝酒，确保自己可以清晰地思考，确保不让自己处于随时可能被送回监狱的境地。不过帕特并不同意假释监督官所说他的问题是暴力行为和酒精滥用,他更同意治疗师所表达的,他只是不想再回到监狱,不想再失去爱丽丝。这样,长期目标1、2、3都会同时致力于减少帕特违反法律的可能性(该治疗方案遵循基本格式规范)。

长期目标1:减少帕特的暴力行为,不再进监狱。

短期目标

1. 帕特需要探讨导致他进监狱的暴力行为的原因。

2. 帕特需要去探讨导致他进监狱的暴力行为当下和长远的结果(积极的、消极的)分别是什么。

3. 帕特需要去考虑,如果他非常容易就与其他人产生肢体冲突,结果是什么。

4. 帕特需要变得能够意识到在他出现言语或者肢体暴力(想法、感受、行为)之前,那一刻发生了什么,这样的觉知才能帮助他更好地控制自己。

①治疗中,在提醒帕特暴力行为可能又要出现后,治疗师应该有意地带进一些在过去治疗中或者是假释条例中让帕特变得很暴力的情景。这样做的目标是帮助他更多地发展个人意识,去觉察自己什么时候"会被点燃"。

②治疗师按照①部分的步骤进行,不过需要先问下帕特最近在工作中有没有被激怒的情况。

③治疗师按照①部分的步骤进行,不过需要先问下帕特最近被爱丽丝或者邻居激怒的情况。

5. 帕特需要变得能够意识到在他出现言语或者肢体暴力(想法、感受、行为)之前,那一刻发生了什么,并且要判断是否有积极的或者消极的结果出现。

①帕特可以在治疗中重演他近期的一次攻击行为,通过重现帮助他强化对自己的想法、感受、行为的觉察,同时也觉察到他是否能够自我控制。

②帕特可以在治疗中重演他近期的一次在工作中发生的攻击行为,通过重现帮助他强化对自己的想法、感受、行为的觉察,同时也观察他是否能够自我控制。

③帕特可以在治疗中重演他近期的一次在家中发生的攻击行为,通过重现帮助他强化对自己的想法、感受、行为的觉察,同时也观察他是否能够自我控制。

6. 当帕特意识到自己可能马上就要采取言语或者肢体暴力的时候,他要学会采用自我暂停术(例如做几个深呼吸、远眺、出去散散步等)。

①帕特需要学习发展一些能力,这些能力能帮助他使用一些让自己冷静下来的策略。例如深呼吸、渐进肌肉放松术或者自我催眠。

②帕特需要慢慢形成自己更习惯的放松方法,这种技能的习得能让他感觉对自己有更多的控制感。

③当帕特在治疗中回想起近期在家里、在工作中的矛盾冲突时,他要学习尝试使用这种方法,这样他才能感受到对自己的控制。

④帕特需要学会觉察,在治疗中,他什么时候会变得愤怒,并且练习能够立刻控制住自己的情绪。

⑤当帕特在家里生爱丽丝的气时,他要学会使用这些方法,让他控制住自己的情绪和行为。

⑥可以再发展其他的治疗目标,以帮助帕特当觉得其他人在激怒他时,变得能够控制自

己的行为。

7. 帕特需要在治疗中学习问题解决策略，这样他就不会轻易地在被激惹的情境中陷入攻击行为里了。

①帕特需要学习明确在他最近的人际冲突里他实际上想要获得的，以及最后他是否获得了。

②帕特需要通过在治疗中的角色扮演，去学习辨识冲突情景中的言语信息、好斗意识以及被动反应。

③帕特需要学习去思考，到底采用哪类行为才不会把他再送进监狱。

④通过在治疗中与治疗师的角色扮演，帕特需要练习对自己的言语反应更自信，得到自己想要的，尽可能地避免惹上牢狱之灾。

⑤帕特需要练习在与假释监督官有冲突的时候也能做出自信而坚决的反应（不过前提是假释监督官提前要知道帕特是在假释条例允许的范围内练习自信的。这样假释监督官才能对于帕特的努力做出一个更合理的反应）。

⑥如果帕特能够形成足够的行为控制能力，他就要在治疗设置中，通过角色扮演，练习在与爱丽丝的冲突中能够自信地做表达。

8. 一旦帕特无论在治疗中，还是在家里都能够使用新的行为与爱丽丝相处，不伤害他们的关系，不惹麻烦，那么其他目标就可以继续提上日程了。

9. 对于帕特来说，如果在工作环境练习这些行为是安全的，不会让他丢掉工作，不惹麻烦，那么学习在工作中和别人相处的目标就可以提上日程。

长期目标2：减少帕特喝酒的水平，到他感觉能控制得住的程度，这样能减少他因为喝醉酒闹事重返监狱的风险。

长期目标3：增加帕特建立关系的能力，这样才能帮助帕特与爱丽丝或者其他女士保持更好的关系。

概要3：基于人际模式

无论是与父母或同龄人还是亲密伴侣，除非保持空间距离或者情感上的距离，否则帕特在与他们的关系中难以避免地会出现肢体冲突。他的父母本身就塑造了一种暴力、醉酒的关系模式。为了避免遭受身体虐待，帕特只能想尽办法躲着他们。帕特和朋友之间最亲近的一个事就是和他们一起喝酒。从他们身上他学到：除非你自己停下，否则只要你想你就能一直喝下去。在酒吧混的日子里，他开始学会通过打架来胜过别人。尽管持续地受到了警察的处罚，但是他还是一直在打架；比起从警察局那里得到的惩罚，在打架中所获得的那种支配感对帕特来说是一种更有影响力的力量，直到他把自己"打"到了监狱。尽管在他过去的关系里是缺乏亲密感的，帕特从心底还是希望能和女性保持长久的亲密关系。另外，在与同事的关系中，他也希望不要再出现言语或者肢体的暴力行为；他把工作视为自己生存的关键，他非常渴望能保持这份工作。帕特很聪明，只要他愿意做的，他很快就能学会。他一直都非常有兴趣通过观察别人来学习。在治疗中如果能放大这些技能，就有可能增加治疗的预后，就有可能克服他过去学到的那些有害的东西。聚焦在帕特最关心的事情上，也就是保持与爱丽丝的亲密关系、不再回到监狱中，这两个目标对于帕特来说是当下最有动力做的事情了。

治疗方案3：基于人际模式

治疗方案概述：帕特目前最有动力去做的事就是保持与爱丽丝的关系，以及不再触犯法律、远离监狱。因此，他的治疗目标可以根据这些动机聚焦于关系的建立技术。治疗一开始会让帕特去阅读一些与关系建立技术有关的书，并且与他讨论这些不同的方法，一起去思考为什么这些方法更有利于关系的建立，而有的则容易破坏关系。如果这个阶段完成了，那么帕特就可以去分析他自己的生活中经历的那些主要关系了，并且他可以学会判断什么时候使用这些新技术，能够帮助他远离犯罪、帮助他找到更好的工作、帮助他维持与爱丽丝的关系。第一步首先是完成长期目标1，之后再同时针对长期目标2、3、4开展工作（该治疗方案遵循基本格式规范）。

长期目标1：帕特需要读一些书籍，关于关系建立的概念、影响关系的因素以及中立行为等。同时还要考虑，当他在自己的关系里使用这些建立关系的技术时，他是否需要有更多的觉察力。

短期目标

1. 帕特需要讨论在治疗期间读到的书籍的内容，讨论他是否同意书中那些关于建立关系的行为、破坏关系的行为或者中立行为的分类。
2. 帕特需要观察他在电视节目里看到的那些关系，并做记录。记录建立关系的行为、破坏关系的行为，或者中性行为。这些观察和记录都会在治疗中得到讨论。
3. 帕特需要观察他的上司的行为，并做记录。记录对方建立关系的行为、破坏关系的行为，或者中性行为。这些观察和记录都会在治疗中得到讨论。
4. 帕特需要在工作中观察记录各种关系。记录建立关系的行为、破坏关系的行为以及中性行为。这些观察和记录都会在治疗中得到讨论。
5. 帕特需要和治疗师一起看一部电影，里面包含了关系建立的技巧。随后展开讨论，看看帕特按自己的方法使用这些技术的优势和劣势。
6. 可以再设定一些目标去区分不同关系建立行为类型之间的差异。

长期目标2：帕特将需要学着分析他与父母的关系，包括分析建立关系的行为、破坏关系的行为，或者中性行为。仔细思考这些行为带给他的影响以及带给他父母关系的影响。

长期目标3：帕特将需要学着分析他与同龄人的关系，分析建立关系的行为、破坏关系的行为以及中性行为。同时也要思考为了现在或者未来的朋友关系，他是否想要做些改变。

长期目标4：帕特将需要学着分析他与爱丽丝的关系，包括分析建立关系的行为、破坏关系的行为以及中性行为。同时也要思考在与爱丽丝的关系中，他是否想要做些改变。

概要4：基于历史模式

帕特从自己儿童期到青春期的经历中学到的是，他的世界里只有暴力和忽视，但也就是在这样的状态下他才能确保自己还能存活下来。而在他所生活的社区或者学校里的成年人们的所作所为也强化了这个观念，被毒打是再正常不过的事了。只是其他的一些事情教会他努力工作起码还能得到点钱，换点吃的。而现在成年的帕特非常渴望能与一位成熟的女性保持持久稳定的关系。虽然他知道他所想要的一定不是他的父母那样的关系，不过他并不知道到底什么样的行为会让关系成功或者失败。虽然想要与父母之间的关系不一样的亲密关系，不过帕特还是缺乏一些发展稳定的适应性亲密关系的技能；不过他愿意坚持，尽管经历过失败，他还是愿意再试一试。他的一个能力就是他可以通过观察别人去学习，在某些情景中，他可以控制住自己的攻击行为，而且他对于身边人的所作所为充满了好奇。这种好奇的心理能够提供给帕特一种很好的动力去尝试新的行为，这些行为最终能帮助他实现目标，也就是和爱丽丝保持良好的、持久的关系，并且远离监狱。

治疗方案4：基于历史模式

治疗方案概述：因为父母对自己的暴力和忽视行为，帕特只能靠自己把自己养大，他没有机会学习除了暴力，还能用什么方法获得他想要的东西。帕特这个时候其实并没有什么愿望去改善自己的攻击行为，因为他并不认为这是个问题。他公开地对父母表达了愤怒，他觉得他们把自己"搞砸了"。再有，帕特希望能和爱丽丝拥有一段比父母更好的关系。因此他目前更愿意去学习父母从没有教过他的关系建立的技术。长期目标1需要先实现，之后再继续实现其他治疗目标。（该治疗方案遵循问题格式规范）。

问题：在帕特的成长过程中，他从来没有学习过除了暴力还能如何解决问题。

长期目标1：帕特需要学习如何检验从小在父母那儿学习到的冲突解决的方法到底怎么样。

短期目标

1. 帕特需要描述他所观察到的他父母对待其他成人的方式，例如对待邻居，或者是远房亲戚。他还需要思考这些关系是否能称为友谊。

①帕特需要能明确表达，他父母的这些暴力行为，对于他们自己作为一个正常人想要获得的陪伴、尊重或者信任的需要，会有什么样的影响。

②帕特需要仔细地反思，他到底有没有从父母那学习到任何有用的关系建立技术。

③帕特需要仔细地反思，他父母的行为是如何让自己处于孤家寡人的境地的。

2. 帕特需要去讨论他父母作为伴侣对待彼此的行为是怎样的，还要进一步推测这些行为对于他们想要获得亲密、尊敬、安全的需要有什么影响。

①帕特需要反思，从观察父母的行为中，对于男性和女性如何建立关系，他学到了什么。

②帕特需要反思，在暴力环境中成长的经历，对于他想要和女性建立稳定关系的影响是什么。

3. 考虑到每个孩子都需要得到关爱和支持，那么在充满暴力和忽略的环境中成长，对帕特的影响是什么。

4. 帕特需要去反思，在暴力环境中成长的经历，对于他建立对别人的信任的影响是什么。

5. 帕特需要去反思，在暴力环境中成长的经历，对于他要去适应学校生活的影响是什么。

6. 另外一些治疗目标也可以建立，以帮助帕特能够看到他所经历的暴力和忽略的成长环境对他现在生活的影响。

长期目标2：帕特需要去反思，在他的儿童青少年时期，他的老师或者邻居们对他所遭受的身体虐待和忽视的反应是什么，这些反应对他产生了什么样的影响。

长期目标3：帕特需要去反思，在他的儿童青少年时期，他的邻居们只给了他工作挣钱的机会，但却对他所遭受的身体虐待和忽视没有任何反应，这些行为对他产生了什么样的影响。

概要5：基于主题模式

"我能让她不再离开吗"这个问题帕特一直都不敢问自己，直到最近他可以信任爱丽丝了。面对着过去从来都没有能够保持稳定关系的历史，帕特终于可以打开自己的心灵去思考自己的生活，去思考那些让他成为今天的东西。从行为主义的视角来看，帕特的许多困难是来自错误的学习经验，而他成长历程中遭受的暴力行为和酒精滥用，以及在照顾养育方面的被忽略构成了这些错误的经验。在帕特的家中，年轻的帕特学习到的只有不要"待在那儿"，要"躲起来"，这样才是安全的。这些经历让他会去思考也许和其他人保持距离才是安全的，所以在与同龄人不断的互动中，他很少去发展自己的社交技能。这样的结果就是，他没能学习到如何邀请其他人愿意与他建立关系，而不是远离他，除非他自己非常主动去寻找。不过帕特的资源是他愿意去反思、愿意去尝试、愿意去观察别人、愿意去识别那些让他进监狱的暴力行为。帕特现在有一个开放的心态去辨识这些行为，这也给了他去学习新策略的机会，帮助他能够和爱丽丝"待在一起"。过去，他必须努力地挣扎才能生存。不过这种坚韧也正是帕特所拥有的资源。他可以利用他的智慧和能力去观察和学习，最终发展出与别人建立关系、维持关系的能力。

治疗方案5：基于主题模式

治疗方案概述：帕特在过去的生活中，不断地开始与女性的关系，但又不断地失去这些关系。他现在非常希望能够和爱丽丝"待在一起"，当他去工作的时候，爱丽丝不要再像他以前的女友一样又突然离开了。不过对于帕特来说，他以前能够观察到的亲密关系就是自己的那对总是醉酒的父母。而他们没有喝醉的时候，就会出现暴力行为。这样，帕特从来都没有学习到关系建立和维持的技能。在目前的心理治疗中，他最渴望改变的就是，能和爱丽丝保持一段稳定持久的关系。长期目标1需要先完成，之后再继续完成长期目标2（该治疗方案遵循问题格式规范）。

问题：帕特从来没有学习到，如何让一位女性"停留"在他们的关系中，而不是突然就离去了。

长期目标1：帕特需要去思考琢磨稳定的人际关系是什么样的，他还要思考应该学习什么样的技能才能让爱丽丝"停留"在他们的关系中。

短期目标

1. 帕特需要去观察当前邻居、同事的人际关系，思索下列问题：谁拥有稳定的人际关系？他是怎么做到的？

2. 帕特需要去思考什么样的言语和肢体行为代表了这段关系是稳定的。

3. 帕特需要去观察那些拥有稳定关系的人们，观察他们一个新的社交互动的结局如何（中性的、负面的、积极的），并且去判断哪些技能会分别带来这些中性的、负面的或者积极的人际结果。

4. 帕特需要列出一个他想在自己的关系中学习、运用的人际技能清单。

5. 帕特需要去看一部他喜欢的电影，去观察电影中的男女有没有做了些什么事能让关系稳定，或者破坏了关系。

6. 帕特需要去看一部治疗师挑选的电影，去观察电影中的男女有没有做了些什么事能让关系稳定，或者破坏了关系。

7. 帕特需要试着讨论他希望尝试使用什么样的语言来与他的假释监督官沟通，而这样的语言能带来良好的沟通结果。

8. 其他的目标也可以建立，总的来说对于帕特发展人际技能有利的就行。

长期目标2：帕特需要在治疗中，尝试去练习与爱丽丝维持关系的策略。希望学习到的这些策略真的能让爱丽丝留在他们的关系中，留在帕特的身边。

概要6：基于诊断模式

帕特经历过一段被他的养育者虐待和忽略的日子，而这些人本来是应该带给他幸福的。他的父母在对待彼此、对待他的时候，情绪管理能力是非常混乱的。他的邻居和老师们也没能伸出援手去帮助他。他在这样的环境中发展出的生存技能就是躲闪、隐藏以确保安全，同时他也经常观察其他人并尝试去理解他们是怎么"活着"的。他曾经一度把世界看成是危险的，他觉得那些心智正常的人都会选择把自己保护起来。不过现在他认为有一些人，比如他的老板，其实也没有那么的危险，是值得尊重的。帕特学会了要努力工作和负责任，这些确保了他的生理安全需要（例如，可以得到温暖的地方居住、得到足够吃的食物）。帕特努力地工作，如果有条件的话，他也有能力学习一些技能，比如计算机技术。此外，他也对自己在监狱的那段时光、对过去丧失了的很多亲密关系表现出了懊悔。不过，他还没有办法意识到正是他容易失控的愤怒情绪导致了他触犯法律、破坏关系。对于愤怒情绪失控发作导致严重的后果这一情形的描述，与DSM－5中的312.34项目"间歇性爆发障碍"（American Psychiatric Association，2013）是匹配的。而与酒精滥用相关的精神障碍是否也是可能的诊断，需要更进一步去评估判断。我们知道，帕特的父母都是酗酒者，而在帕特最严重的暴力行为爆发前他都处于过度饮酒状态。虽然帕特有很多愤怒情绪失控的症状，但是他也一直在积极地工作，学习一些新的工作技能。他对于自己早期的计算机工程师的工作是非常自豪的，他对于自己现在的工作也非常热爱，尽管有时候觉得有点大材小用。这些都预示着帕特可以从新的学习经验中获益，这些经验将教会他如何调控自己的情绪、怎样维持亲密关系。

治疗方案6：基于诊断模式

治疗方案概述：帕特非常希望能远离监狱，并且能与爱丽丝保持持久的关系。不过他现在还不相信，学习情绪调控情绪以及结束或者减少喝酒对于达成这些目标是非常必要的。首先，我们要从帕特自己的视角去描述情景。之后，治疗师可以从其他资源里获得的信息进行概括。最后，基于这些整合的信息的一个治疗计划诞生了，这个治疗计划的最终目标就是帮助帕特远离监狱，并且强化他与爱丽丝的关系。（该治疗方案遵循适应性短程目标格式规范）。

主观信息

个人成长史：帕特是一个25岁的欧裔美国人，他是家中独子，但是他的父母都是酗酒者。他描述过他父母在他小时候对他是非常冷漠和粗暴的。他说他常常因为自己都无法理解的原因而遭到毒打。他也看到父母之间经常打架。他在学校惹麻烦就是因为他的攻击行为，刚开始上小学的时候，他的成绩也不好。青春期的时候，他就开始触犯法律，惹更多的麻烦。而这个时期他也开始酗酒。他认为自己是一个孤独的人，永远都没有朋友。他说朋友是"失败者"才需要的。

关系发展的情况：帕特曾经与许多女性保持了短期的亲密关系。他在酒吧里或者街道上遇到这些女孩，几个星期的约会之后，他就邀请她们搬进来和他一起生活；但是，之后的某个时间，这些女孩就"神秘"地突然搬走了。他也看到过其他人能够保持长期的亲密关系，现在他表达了渴望，希望能和爱丽丝长久地在一起。

犯罪的情况：帕特最近刚刚从监狱里假释出来。他因为意图伤害他人而被判处了二到五年的有期徒刑。因为在狱中表现良好，帕特服刑三年后就被释放了。他现在是在假释期。他每周都要与自己的假释监督官见面，并且必须接受假释条件里规定的心理治疗。他的假释监督官希望治疗能帮助帕特减少酗酒行为，学习使用非暴力的策略去解决冲突。

工作的情况：从高中毕业起，帕特就开始寻找工作，并且得到了一份工作。后来因为他进了监狱工作中断了。从监狱释放的那一刻起，他马上又开始寻找工作，现在是一间仓库的保管员。

客观信息

韦氏成人智力测验第四版标准智力测验显示，帕特的智商是在普通人水平之上的。帕特否认有任何记忆缺失、认知失调，或者有头部受伤的历史，所以这次就没有使用神经心理学相关的测验。人格测验使用的是明尼苏达多项人格测验第二版，测验结果并没有显示帕特有认知失调、人格紊乱或者躯体化症状。

不过，他的档案显示了他有严重的家庭和人际不协调的历史。他与其他人的关系是充满了怀疑、嫉妒以及敌对的。不过他在酒精滥用方面的得分有些模糊，还需要进一步的评估。他的档案还显示了他有一系列的行为失控的情况，他是有危险倾向的，当然家庭情况也是很混乱的。这样的情况下，帕特是很难把治疗师当作可以信任的人。治疗师有责任建设好这份信任感。目前给予他的诊断是312.34条目：间歇性爆发障碍。帕特现在的各项功能如下：至少有一个正常的智力水平、稳定的雇佣关系，非常有动力与爱丽丝建立一段稳定的关系。每周的假释例行见面，起码还算是一份社会支持；不过现在也没有证据显示爱丽丝到底是否想保持和帕特的关系。

评估

目前,帕特并没有任何明显的情绪失控或者是与过去暴力行为或酒精滥用相关的痛苦,唯一他希望的就是不要再回到监狱、不要再失去与爱丽丝的关系。帕特的行为是与312.34条目(DSMD)"间歇性爆发障碍"相吻合的。他现在的情况也是与一个成长过程中遭受虐待和忽视的幸存者的情况相一致的。根据他的自我报告,在成长的过程中,他并没有被给予足够的身体和情感上的支持,以发展情绪调节能力或者是建立良好的关系的能力。帕特的高智商和善于观察分析他人的能力,其实都可以被利用来帮助他学习这些技能。不过,当帕特对于治疗中的转介非常生气的时候,安全问题还是必须被仔细地监控着。虽然帕特曾经的生活中,有过情绪失控、暴力发作,不过在治疗中,几乎没有遇到过他情绪失控的情况。从这个角度来说,帕特对于其他人,包括治疗师的潜在威胁性应该用不断变化着的标准去评估。

方案

治疗方案概述:帕特对于别人是一个潜在的危险,对他愤怒情绪水平的监控应该用发展性的标准持续地去评估。治疗师所了解到的帕特的打架都涉及了其他男性。这个时候我们并不知道,他会不会也有可能对爱丽丝有身体虐待。邀请假释监督官评估爱丽丝的安全,以及监控帕特的情绪水平,对于治疗来说是有价值的。帕特现在最想的就是保持和爱丽丝的关系、拥有一个建设性的雇佣关系以及远离监狱。首先,我们会就他与爱丽丝的关系进行治疗,直到他能够明确地做一些与以前不一样的事情去维系关系。帕特也有很好的观察能力,充分利用这个能力对于治疗方案的成功是非常有帮助的。

长期目标1:帕特希望可以保持和爱丽丝持久的关系。

短期目标

1. 帕特需要阅读一些关系建立的书籍,并且与治疗师讨论书中提到的任何对于他与爱丽丝的关系有帮助的技术。
2. 帕特需要观察在邻居中,或者工作中男性和女性相处的方式,并且与治疗师讨论他所看到的任何对于他与爱丽丝的关系有帮助的技术。
3. 帕特需要观察电视里、视频里或者电影里男性和女性相处的方式,并且与治疗师讨论他所看到的任何对于加强他与爱丽丝的关系有帮助的技术。
4. 帕特需要不断练习这些技术,在他真正尝试这些技术之前,通过与治疗师进行角色演练强化这些技术。
5. 帕特需要阅读一本关于暴力行为对于关系破坏的书,并且与治疗师讨论他在父母的关系中看到的任何行为,并且要去反思到底暴力行为在他之前与女性的关系中产生了什么样的影响。
6. 帕特需要观看一些涉及现实关系暴力的电视剧、视频或者电影,并与治疗师讨论他所观察到的这些暴力行为对于夫妻关系的影响。
7. 帕特需要阅读一些有关情绪调控技术的书籍,然后考虑一下,书里有没有对他改进与爱丽丝的关系有价值的技术。

8. 在与治疗师的角色扮演练习中，帕特需要练习使用那些他觉得对于维持与爱丽丝的关系有用的情绪调控技术。

9. 帕特需要练习那些他在治疗里发现对于改善他与爱丽丝的关系有帮助的技术。

10. 其他一些目标也可以被设立以帮助长期治疗目标1的实现。

长期目标2：帕特可以尝试拥有一个更有建设性的雇佣关系。

长期目标3：帕特能够不再惹麻烦，不再进监狱。

小结

实际上在真正的治疗实施之前，在这章里介绍过的各种个案概念化和治疗方案类型，都是需要进行大量的批判性思考的。尽管在最初的时候，它是费时的，但是这些思考最终能帮助你开展一个有效的、高效的治疗工作。

对于初学者来说，学习一项新技能在最初是会有短暂的混沌的。在你不断练习这些新的个案概念化和制定治疗方案的技术时，你可能会进入这么一个短暂的时期，这个时期，你表达什么，看起来都是笨拙的、僵硬的、过分简单化的，你会感到混沌和不舒服。这个很糟糕的、很有压力的表述时期，会随着练习逐渐度过，你最终会发展出一套专业的治疗方案表述方式，去体现你的个人专业风格。

推荐阅读

American Psychiatric Association. Diagnostic and statistical manual of mental disorders ［M］. 5th ed. Washington, DC：American Psychiatric Publishing, 2013.

American Psychological Association. Record keeping guidelines ［J］. American Psychologist, 2007, 62 (9)：993 - 1004.

Dunn D S. A short guide to writing about psychology ［M］. New York, NY：Pearson Education, 2004.

Pan M L. Preparing literature reviews：Qualitative and quantitative approaches ［M］. Glendale, CA：Pyrczak, 2008.

第二章
人类经验的复杂性

为了治疗急性焦虑，马莉卡（Malika）被介绍给你。她的年龄、性取向、性别或是种族背景和她的治疗相关联吗？她的既往病史、宗教信仰、社会经济地位、教育成就、心理或性虐待经验以及她的其他背景信息等是不是也和她的治疗有关呢？所有的这些领域都会帮助你对马莉卡进行评估提供许多内省和顿悟。当你在为她做个案概念化的时候，你应该选择哪一个领域呢？

你和马莉卡之间的差异越大，你在做这个决定时就越感到困难。在心理健康方面，并没有绝对的标准，所有的正常都被他们发展时所处的历史环境和政策所影响。因此，类似美国心理学会以及跨文化咨询与发展协会这类专业组织都会号召治疗师发展跨文化能力，同时随时关注关于人类经验复杂性的最新研究。像老年人、残障人士、女性以及性少数人群这种特殊的人群也逐渐被纳入文化差异领域中进行考量，而且要求具备特定的能力。

你就是她的治疗师。因此，断定马莉卡的焦虑是不是对一个问题环境的健康反应，抑或只是一个不同但其实是健康的反应，还是达到了病理性焦虑，是你的任务。这个过程可能极其费时费神，尤其是当你判断马莉卡是否需要治疗其焦虑而评估所有一切构成她的复杂性以及独特身份的东西的时候。海斯（Hays, 2008）推荐你首先让马莉卡描述她自己。支持自我定义很重要，因为研究表明，如果否定马莉卡的自我归因或者是替她描述她的身份特征都会带来伤害（Pedrotti, Edwards, & Lopez, 2008）。她的身份的某些方面可能会更加凸显她的世界观，而且会持续影响她。而其他方面也或多或少会凸显她的世界观，这取决于她在扮演不同的角色以及面对生活挑战时的时间和地点等（Delphin & Rowe, 2008）。

你的个人身份与马莉卡的个人身份之间也会存在互动：这种互动既可能促进一段有效的工作关系的发展，同时也可能产生抑制作用。因此，海斯（Hays, 2008）建议你在开始一段新的治疗关系之前，应该评估你和你的来访者之间潜在的差异，这个评估是基于身份的九个关键领域：①年龄和代际影响；②先天残障以及后天致残；③宗教信仰；④种族和民族认同；⑤社会经济地位；⑥性取向；⑦固有传统；⑧国籍；⑨性别。在上述任何一个领域里，你都可能会发现自己和马莉卡在特权、权力以及被压迫的经历等方面存在着差异。避免微侵犯的第一步就是鉴别你和马莉卡之间的权力差异，所谓微侵犯就是，你无意间扮演了压迫者的角色，或者是在你的个案概念化以及拟定治疗方案的过程中，融入了一个消极的偏见（Hays, 2008；Sue & Sue, 2013）。对你而言，这些侵犯与失效可能看起来很细微，毕竟你是在治疗关系中最有权力的，但是它们会对马莉卡带来大量心理伤害，因为马莉卡是这段关系中权力较弱的一方，她是求助者（Sue & Sue, 2013）。我们所有人都会对别人做出一些根深蒂固的、自动化的行为反应，而且这些行为反应都伴随着我们毕生的发展。这其中包括在一段关系中无意识地扮演了一个压迫者的角色。想要改变这种根深蒂固的行为很困难。这要求你具备大量的自我觉察,尤其是当你的行为被那些自动化的根深蒂固的偏见所影响的时候,你需要通过自我觉察识别出来。例如,在一个非常友好的气氛中,我这个欧洲裔美国人可能会向新搬来的男性邻居提出这样的问题:"你来美国多长时间了?"我从他的皱眉中意识到,我犯了个错误。我不得不承认在这个过程中,我轻微侵犯了对方,因为我预设对方是一个最近移民过来的外国人,但是事实上,他的家族早已来到美国,而且是他是第三代美国本土出生的。道歉远远不够。如果你是一个亚裔美国人,你可能永远不会觉得这是对这个男人的侵犯。如果这个新邻居是一个拉丁后裔呢?那么,你可能会像我一样,轻微侵犯到对方。或者,相反的,你个人的经验可能会让你变得更加敏感,因此在这种情形中会变得更加小心。

我们都有可能会卷入这类有破坏性的行为中。因此,我们必须承担起全部的责任,来发展我们的自我觉察,尤其是觉察到当我们对待和我们不同的人时所具备的刻板印象。我们有责任让自己接受更高等的教育,学会在要对与我们不同的人采取一种即刻的反应之前缓一缓。回到马莉卡身上,你,作为治疗关系中更有权力的一方,有责任将你的治疗方法进行调整来适应马莉卡,同时,也才能建立一个积极正面的治疗联盟。尽管我们可以直接从马莉卡身上了解到很多,但是马莉卡并没有义务告诉我们她的背景知识。对马莉卡抱有这种不恰当的期望也是一种轻微侵犯,因为她来是想和你谈论她的急性焦虑,而不是她的文化背景。

接下来我将向各位介绍如下领域:年龄、民族和种族背景、性别、性取向、社会经济地位以及暴力史,介绍中只包括关于各个领域的简单综述,同时也会有一些指南的"注意事项",以帮助你批判性地将这些领域应用到个案概念化和制定治疗方案过程中。每一个领域的最后一个部分,会帮助你检验你对这些文化领域的了解程度。这些自我觉察问卷以苏(Sue)和她的同事(1992)的多元文化胜任力的研究为基础。你可以借助任一领域的相关知识来加深你对来访者的分析,尤其是当你在做第三章到第十二章末尾的整合练习的时候。这些练习只是一些初步的入门级练习,帮助你学会怎么将人性的复杂性融入你的工作中。如果你已经准备好进行更加深入的学习,在本章的末尾会有一些推荐的阅读资源。

年龄领域

黛拉(Darla),16岁,因为在学校喝酒而被休学(第五章)。凯文(Kevin),14岁,在和自我厌恶以及对镜子的恐慌进行斗争(第三章)。爱丽丝(Alice),9岁,在她父母离婚前后,被卷入父母的争执中(第九章)。每一个未成年人都被委托给成年人做治疗。黛拉、凯文和爱丽丝的年龄对于他们的治疗师你而言有多大关系?对待一个9岁的孩子和14岁的孩子,你的行为会有什么不同,又是怎样的不同?对于一个孩子或者青少年来说,什么是合乎规范的要取决于这个孩子的智力水平、他的监护人的态度以及当前的社会规范。此外,在判断什么样的行为是正常的、什么样的行为是异常的时候,与之最相关的莫过于孩子的年龄。

作为一个临床医生,你应该以正常的发展为基础,然后再对未成年人做出有效的评估和治疗决策。我将在本书的后续部分为你提供一个关于发展的简介,你可以将它应用到个案概念化以及制定治疗方案中。首先,我们会呈现关于未成年人的统计数据。然后,会有一个关于童年早期、童年晚期以及青春期的发展阶段的小结,这个小结将分别从生理的、认知的以及心理社会发展的角度出发,介绍不同年龄段的儿童彼此间及其与成年人是如何的不同。这些综述仅仅适用于至少处于智商平均水平线及以上,且身体健康,能够获得及时照顾的个体。关于认知障碍或躯体残障以及发展过程中受到不同类型创伤的影响、性别、文化等议题并不在本部分的讨论范围内。尽管关于儿童的信息是按照固定的发展阶段所呈现的,但更重要的是,你需要明白成长是一个持续的过程,它不会在某一个特定的年龄开始或结束。此外,儿童成长所处的社会背景对于他们的发展十分重要(H. Werner, 1957)。维尔纳(Werner)假定,儿童的发展是伴随着他们的社会互动而出现的。当他们体验到新的想法、感受、行为和肢体感受的时候,他们就会开始将新的信息整合进他们已经理解的事情中。当他们在思考这个新的信息或新的体验与先前的知识是如何的不同或是相似的时候,他们创造出新的、更加个体化的属于他们自己的知识(Raeff, 2014)。因此,当你在做一个关于儿童的决策时,你总是需要将他与其他人的社会联结考虑进去。

人口普查数据

2012 年,共有 74 000 000 儿童生活在美国。尽管他们并没有被当作少数群体,但是很明显,儿童没有成年人有权力。他们无法选择自己出生在什么类型的家庭,在哪里生活,在哪里上学以及其他日常生活的基本方面。当时,64% 的儿童与在婚父母生活,24% 的儿童与单身母亲生活,12% 的儿童与未婚父母生活,或者单独与父亲生活,抑或是不与父母中的任何一方一起生活(Vespa, Lewis & Kreider, 2013)。似乎这些孩子并没有什么好说的,尤其是关于他们的父母有没有结婚,或者他们的父母有没有一起生活。从经济的角度来看,和已婚父母生活在一起的儿童过着最优渥的生活;其中,70% 的儿童生活水平在贫困标准的 200% 甚至以上。然而,每 2 名儿童中,就有 1 名儿童和单亲母亲、未婚父母或者是没有和父母一起生活,而且他们的生活处在贫困线以下。并不是所有生活在贫困线下的儿童都是一样的易受伤。52% 的非裔美国儿童与单亲父母生活在贫困线以下,紧随其后的是拉丁裔儿童(28%)以及白种儿童(20%)(Vespa 等,2013)。儿童的相对弱势往往会被忽视。儿童的发展总是受到背景环境的影响,但是儿童并没有权力去控制他们生活的环境,包括他们的家庭、邻居、学校以及国家(Raeff, 2014;H. Werner, 1957)。想一想你在本书读到的案例中这类权力缺乏的情况,也想一想当我们准备去支持这群未成年人的健康成长时,可以通过什么方式将这种无助考虑进去。

童年早期(4~7 周岁)

一个 4 岁的小孩和一个 7 岁的小孩比起来,更加年幼,更加没有能力,但和一个蹒跚学步的小孩比起来,又要复杂、协调得多。这是因为童年早期是儿童生理飞速发展的时期。年幼的儿童能够以极其迅速的速度和协调性发展他们的走路、奔跑和攀爬的能力。随着他们长大,对于粗大运动技能,例如奔跑和攀爬,相对于精细运动技能更能轻而易举地掌握,例如握住一把刀或是叉子,或者用铅笔写字。任务会由它所带来的运动快感而不是能否达到某个目标来决定其是否有价值(Brems, 2008)。因此,儿童可能会玩泥巴玩得不亦乐乎,但并不会去用泥巴修筑什么东西。最常见的就是一种由本能所驱动去掌握一个新的物理技能。然而,成年人如何回应儿童的这种行为将会对儿童的大脑发育产生重要影响,同时也为后续技能的发展打下基础（国家儿童发展科学协会，2007）。

虽然他们很享受非结构化的游戏，当提供给他们一个恰当的、有指导性的结构时，年幼的儿童也能有效地将他们的注意力集中在具有挑战性的任务上（Vygotsky，1978，1986—1987）。如果儿童的神经发育水平尚未达到相应水平，而儿童又被他人强迫去掌握某个技能的时候，最终可能会导致强烈的挫败感。生理的成熟能使儿童有更快的速度和灵活性，这比帮助儿童学会停下和思考的认知技能发展得更快，这也导致在这个群体中有很高的受伤率（国家健康数据中心，2002）。15 岁以下儿童（12%）和 75 岁及以上的个体（15%）的受伤比率是最高的，其中跌倒是最主要的受伤原因（Bergen，Chen，Warner，& Fingerhut，2008）。

从认知的角度来说，年幼的儿童是一个充满好奇心且活跃的学习者。这个年龄段的儿童处于皮亚杰的前操作思考阶段，他们在这个阶段开始学习在行动之前思考（操作符号）（Piaget，1952）。他们很享受虚构的过程，也会用一些符号性的游戏来满足他们的需求，而且增进他们对世界的理解。前操作学习是以自我为中心的，这个阶段的儿童对于他们对世界产生的影响有一种夸大的想法，他们总是认为自己对周围发生的事情负有责任。无论是积极的事件还是消极的事件，都是这样（皮亚杰，1952）。例如，一个儿童可能会想："因为我今天把衣服扔在地板上了，所以爸爸才会打妈妈。"

除了自我中心的类型外，年幼的儿童也确实拥有一套想法，这个让他们能够意识到其他人会和自己有不同的想法和感受。早在他们学会说话之前，儿童就已经学会如何应对他们的父母（Meltzoff，2005）。因此，一个小孩能够意识到如果自己被球击中的话会受伤，如果违反规则老师会生气，如果遵守规则的话则不会。年幼的儿童总是通过看到即刻的事件去理解原因和影响。他们的思维方式首先是通过模仿得到发展，然后再是一手的经验，最后才是把那些"行动起来像我"的人视为拥有"和我相似的内在状态"（Meltzoff，2005，p. 56）。他们认为规则是十分固化的，而且无法变通。他们通过在成人指导下参与活动、复述以及脚本等方式掌握新的学习知识（Vygotsky，1978，1986 - 1987）。

就语言发展而言，这个阶段的儿童与他人交流能够用类似成年人的语言以及非言语的方式说话。他们使用复杂的句式，同时将说话当作一个发展更加复杂的思考技巧的工具（Vygotsky，1978）。他们需要的是与此时此地紧密联结的、确定的、简单的解释，以此来学习新的概念（Brems，2008）。除了已经提升的语言技能，这个阶段的儿童依然更倾向于通过模仿而不是通过语言指导来学习（Brems，2008）。他们在语言发展方面的进步使父母、哥哥姐姐以及其他人能够引导他们发展学习能力。私人语言（private speech）方面的发展在帮助自我控制以及引导儿童的学习过程中也扮演着重要角色。这种学习会贯穿在整个长期的发展阶段中（Vygotsky，1978，p. 57）。

早期的社会发展模式的研究是根据婴儿的依恋模式安全或者不安全来开展的（Bowlby，1973）。斯若夫（Sroufe，2005）发现，安全型依恋的婴儿更倾向于发展控制情绪的能力，成为一个有积极社会人际关系网络的学步婴儿、学前儿童以及更年长的儿童。他们也会将自己视为有价值的、被珍视的（Masten & Narayan，2012）。之所以有这样的假设是因为，儿童的社会技能是在互动中建立起来的，而且随着儿童从一个年龄段成长到另一个年龄段，能够为他带来成功的人际关系的行为模式会增加（Feeney，2008）。当儿童在学习用情绪来表现他们的内在感受，理解怎么去降低感受情绪的水平（the level of felt emotion），理解其他人的情绪的时候，需要他人的帮助。成年人可以很有效地教会儿童去掌握这些技巧（Denham, Basset, & Wyatt, 2007, p. 622）。

婴儿通过使用探索相似的行为来展示依恋，他们将依恋对象当作一个在遇到压力时的安全避难所（safe haven），最终他们将依恋对象当作他们探索世界时的安全基地（Bowlby, 1973）。当成年人持续地对婴儿的需求回馈以温暖，同时期望婴儿表现出与年龄相符的成熟度，婴儿就会为他自己以及别人发展出一个积极的模型。这个模型就如同一个基石，在此基础上，婴儿可以和成年人建立一个健康的亲密关系（Baumrind, 1967）。

相反的，如果这个照顾者不能提供持续、有效的回应，童年期的儿童便会发展出一个消极工作模式，同时也会害怕任何一种亲密关系都会导致被抛弃（Mallinckrodt & Wei, 2005）。处于这种情形下的儿童可能无法学会如何去调节他们的情绪——尤其是愤怒、挫败感以及恐惧。这可能导致恐惧或愤怒甚至暴力行为的爆发（Ryder, 2014）。当儿童处于这种破坏性的状态而父母不进行矫正的话，最终随着这些孩子离开最初照料者而逐步融入社会，他们会更多地被其他成年人以及儿童所拒绝。

在埃里克森的心理社会发展阶段中，4~7岁的儿童正处于"主动对内疚"的阶段。儿童对于融入自己的家庭并被他人视为家庭的一员具有强烈的渴求。他们塑造了照料者，同时也将他所生活的社区和文化中的社会化规则内化（Erikson, 1963）。这些儿童可以区分他们是如何感受的，同时当有人协助他们这么做的时候，他们也可以和其他人交流。通常，他们可以一次觉察到一种情绪，尽管他们能够理解各种不同的情绪而且开始学习情绪调节技能。抑制、调节和引导情绪的能力——也就是，调节情绪——让儿童学会谈论生气而不只是对小狗撒气（Halberstadt & Eaton, 2003；国家儿童发展科学协会，2004）。不具备这类技能的儿童则可能由于过度控制情绪造成内化的问题，或者是由于放纵情绪而造成外显的问题（Bates & Pettit, 2007）。

情绪和行为的自我管理将会影响到儿童如何与成年人以及同伴互动。儿童需要学会应对他们的负面情绪，避免将他们感受到的愤怒与沮丧用一个消极的方式表现出来，同时也需要了解到他们在如何回应方面有很多选择（D. Schwartz & Proctor, 2000）。情绪调节能力是会随着儿童年龄的增长而不断发展的，不断增长的自我调节策略能够提升社会功能。有效的策略包括自我宽慰，将注意力从一个压抑的情形中转移，从认知的层面理解让人不舒服的事情以及重新构建以便让自己不那么容易被情绪唤醒，同时用一种减少暴露在压力情形中的方式行动（D. Schwartz, Toblin, Abou-ezzeddine, Shelley, & Stevens, 2005）。这类社会胜任力是一个重要的保护因素，尤其是当面对压力情形时，能够促进抗逆力的发展。

生物学方面的研究表明，儿童具有与生俱来的脾性，能够反映出他们的行为是拘谨的、无拘无束的或者两者都不是（Kagan, 1997；C. E. Schwartz et al., 2010）。此外，研究发现，社会消退是一个异质策略，受到情景化背景、动机倾向以及发展结果等方面的影响（Coplan, Prakash, O'Neil, & Armer, 2004）。在与其他儿童的社交过程中，年幼的儿童会开始展现出一种给予和获取的行为风格，在这种风格里面，合作和分享是十分重要的。当同伴的影响开始出现后，对儿童的欣赏与关注，尤其是来自抚养者的，依然会是最主要的。父母和其他重要的行为模范将帮助儿童发展对他人的共情和反感。儿童大脑中的镜像神经元促进了情绪的发展，同时，儿童的情绪技巧通过不同的方式与大脑联结起来（Meltzoff, 2005；国家儿童发展科学协会，2004）。

童年早期发生的事情为成年期的社交技能提供了基础，决定了成年期社交技能的强弱（国家儿童发展科学协会，2007）。通过学习新的技能，儿童发展出自尊，同时发展了一种具有胜任力的感受，而且他们与成年人的关系将会鼓励他们技能的发展（Erikson，1963；国家儿童发展科学协会，2007）。基于什么能做以及什么不能做，儿童开始形成一种自我概念。他们在完成新任务时的荣誉感帮助他们能够集中注意力并且坚持下去。同时，他们对于完成一个新的项目也是积极乐观的。但是，他们也会因为自己犯的错误而感觉到内疚（Erikson，1963）。他们所犯的错误与惩罚之间的联系必须是及时且清晰的，否则，儿童将不会从中吸取到教训（Skinner，1938）。莱博勒和汤普森（Laible & Thompson，2007，p.184）指出，教养中的温暖会增加儿童积极的情绪状态。和父母之间充满信任的关系会产生一个逐层递进的影响，孩子能凭借这种关系去期待与别人建立一种充满信任的关系，也因此，他们会与他人有更多的配合，最后会促成一种更加温暖的关系的建立。当抚养者忽视了孩子，孩子大脑的发育可能会受到消极的影响，也就不能发展出调节情绪和控制行为的能力（Laible & Thompson，2007；国家儿童发展科学协会，2005）。

童年中期（7~12周岁）

就读小学的儿童总是一个接一个地学会新的身体技能（physical challenge）。一方面粗大运动技能比精细运动技能会更快地被儿童掌握，同时，生理发育的整个过程也反映出协调性与胜任力的相对平稳的发展。他们在竞争游戏中遵守规则的能力增长了，在个体和团队运动中，关于赢的理解更加多元，这也为比赛中的胜者和败者提供了一个新的竞技平台。大脑中的髓鞘也伴随着大脑不同区域的联结而增长。再加上支持性父母的协助，学龄儿童会更少地乱发脾气，而且和更小的孩子比起来，冲动、无法集中注意力以及固守一些刻板的日常活动等行为都会减少。当学校在教师、职工和儿童之间培养出较为温暖的人际关系时，支持者则将协助儿童发展出积极的自尊、毅力以及与同伴合作并解决冲突的能力（国家儿童发展科学协会，2007）。

处于学龄阶段的儿童正处在皮亚杰所说的具体运算思维阶段（Piaget，1952）。当逻辑推理是以儿童能够体验或是直接看到的具体的事件或是工具来呈现在他们面前的时候，他们也能够理解逻辑的推理。这也让他们变得更加具有逻辑性，同时也更具有能力去有策略地学习。在儿童遵循规则和指导的时候，他们已经有能力同时进行多步骤操作，如果他们的任务有具体的、特定的目标，他们也能够提前拟定计划。以当下为导向的解释比抽象的、泛泛的讨论更能有效帮助儿童理解生活中的复杂事件，比如离婚、死亡等。他们也开始能够预料到他们行为的结果（Brems，2008）。语言技能得到很好的发展，这个阶段的儿童已经有很大的词汇量，同时对语法规则的理解得到拓展。他们也学会和父母与朋友说话要用不同的方式（语码转换）。大部分的儿童都在这个阶段学会了阅读，阅读能力也变得越来越重要，尤其是对学业成就而言——学业成就成为一个保护性因素，它能让儿童对压力做出达观的反应（Masten，2014）。

从心理社会的角度来看，埃里克森（Erikson）将这个阶段的儿童放置在"多产与自卑"的阶段。这群孩子正忙于学习掌握新技能，这个过程能够给予儿童胜任感，对自我产生积极的感受。这种对胜任力的追求是一种与生俱来的倾向。但是，这种追求也会因为来自环境的反馈而受到影响（国家儿童发展科学协会，2007）。儿童在社会认知方面增长的技能使得他们更加清晰地意识到他们的社会状态，尤其是和他们的同伴在一起的时候。与他人比较的能力可能最后会让他们感到自卑，形成消极的自我概念（Erikson，1963）。对于精神病理学来讲被社交孤立可能是个风险因素。但研究表明，至少有三种不同形式的社会孤立会对儿童产生不同的影响。冲突羞涩（conflicted shyness）（Asendorpf，1990，1993）就体现出了有社交能力的儿童的靠近-回避冲突。我们需要给予这些害羞的孩子鼓励和支持，这样他们才会在团体或是新的环境中更加的舒服，而不是总是面对被同伴孤立的风险。一个害羞的儿童也可能有很好的社交技巧，只是他们总是犹豫要不要靠近其他儿童。与外向的儿童相比，有较少社交接触的儿童和同伴相处的时间也较少，这是因为他们总是会投入另外一种对于他而言非常有益而且又是社会许可的活动中。这类勤勉的儿童也可能会随着成长而面临风险，尤其是如果他们的独特爱好让他们过于沉迷，进而未能及时发展与他们年龄相符的社交技能。有显著风险的儿童正是那些被同伴所拒绝的儿童；但是，积极正向的亲子关系能够缓和这种风险（Asendorpf，1993；Wright，Masten，& Narayan，2013）。

父母依然是重要的，儿童也会从他们的同龄人中寻找建议以及自我验证，他们会根据同伴中最受欢迎的人的行为方式来塑造自己（Luthar & Latendresse，2005）。儿童可能会因为他们熟练的社交技能而受到欢迎，比如友好、合作性以及可信任；也会因为他们体格健壮、具有吸引力和专横自大而受到欢迎。无论在郊区还是城镇，六年级的儿童更会尊敬那些公开挑战权威的同伴，而不是那些循规蹈矩的同伴（Luthar & Latendresse，2005）。

在对郊区家庭的研究发现，对于女孩来说，身体的吸引是一个更加重要的方面。在城镇内，身体吸引不像在郊区那么重要（Luthar & Latendresse，2005）。那些不受欢迎的儿童可能会被忽视，但却被社会认可这种情况，他们也可能要么因为孤僻的行为，要么因为攻击性行为而被他人所拒绝。被拒绝的经验可能会使儿童发展出情绪问题，但羞涩本身并不是风险因素（Asendorpf，1993）。

大部分男孩和女孩在幼儿园的时候是最有攻击性的时候，而随着他们逐渐长大，会渐渐变得不那么咄咄逼人。那些在幼儿园里面具有过度攻击性的孩子可能会成为小学的校园恶霸。已经有研究发现性别带来的差异，男孩在最初的欺凌行为中，更多地会采用躯体的攻击行为，而女孩的欺凌行为则更多地会依赖关系攻击。但是，男孩和女孩都有可能使用躯体攻击和关系攻击（Watson，Andreas，Fischer & Smith，2005）。在对来自六个地区的儿童进行研究后，布罗伊蒂（Broidy）和研究会（2003）发现，女孩相比于男孩，较少使用躯体攻击的比例更大；而使用躯体攻击的男生比例更大。焦虑、孤僻的孩子可能会成为校园的受害者，父母可以在这个过程中成为孩子的缓冲地带，帮助孩子和同伴去协调问题（Wright et al.，2013）。当压力持续不断地涌来，而儿童不得不去寻找独自应对的方式时，这种持续不断的情形可能会导致儿童"中毒"。这种类型的压力要么会导致持续的警戒状态，即使是细微的威胁都会有所反应，要么就是对危险变得麻木，这样一来，儿童并不会有效避开伤害。无论在什么情况下，毒性压力都会阻碍大脑分泌化学物质，阻碍情绪调节，甚至会对记忆和学习带来影响（国家儿童发展科学协会，2007）。

儿童是他们自身社会化的积极分子。他们会主动接受或拒绝来自环境中的各种信息，在儿童和他们的最初照料者之间也有这样的相互影响，这种影响可以促进或抑制儿童的健康成长（Grusec & Goodnow，1994；国家儿童发展科学协会，2007）。在童年早期和中期开始出现的事情，也会成为未来即将出现的事情的基础。与同伴相处良好，通过和抚养者的互动发展出有效社交技能的儿童，现在也具有建立更深远的人际技能的基础（国家儿童发展协会，2007）。这些孩子与他人相比更有能力去调整情绪，用言语表达情绪，而不是直接付诸行动。他们能在同一时间理解两种情绪，只要这两种情绪都是积极的，或者都是消极的。儿童也变得更加能意识到他们感受和行为背后的原因与结果，并且变得更加自主。随着时间一年年过去，学校对于儿童的自主性要求会越来越多。在这方面如果遇到困难，例如，因为学习障碍或注意缺陷，或者因为家庭贫困，这些学生就有可能在学业方面落后于其他学生（国家儿童发展科学协会，2007）。

青春期（12～19岁）

当儿童步入青春期，他们的身体开始出现戏剧性的变化。有一些青少年仿佛"一夜成长"。对于其他人而言，这个过程会缓和得多。一般来说，凡是8岁至15岁期间开始出现这种变化，都被视为正常，但是青春期的典型变化是从10岁至13岁期间出现的。一般来说，女性比男性开始得早（Hoffmann & Greydanus，1997）。自我形象与自我认同会因为发育的早晚而受到影响，因为青少年总是倾向于和其他人在同一时刻变得成熟，成为特例可能会带来额外的压力。早熟的女孩将问题内化或外化的风险更高（Ge, Conger, & Elder, 2001）。晚熟的男孩则更有可能在学校受到欺负，而且他们内化问题的比例要更高（Graber, Lewinsohn, Seeley, & Brooks-Gunn, 1997）。青少年对青春期的反应受到他们是否已经做好准备迎接他们即将经历的改变的影响，以及他们的家庭和邻里环境给予他们支持或是阻碍。例如，早熟的女孩可能并没有准备好应对来自稍大点的男生或是成年男性的举动（make advance toward）。成年人只要做到不对青少年的生理变化做任何评论，同时告诉他们如何有效地去识别和回应那些不恰当的关注，就是在表达正向支持（APA，2002）。

青春期开始的时间与遗传有关，同时也与营养情况和身体健康情况有关，同时环境也会对此产生强烈的影响。一个较早成熟的男孩可能会因为他庞大的身躯和迅速的反应能力而成为高中校园的足球明星，但是，他也可能成为城市黑帮里具有破坏性的打手。体内荷尔蒙的变化会让青少年情绪起伏不定，但总体来说，青少年的易怒其实是因为他们具有更加成熟的外表后，社会对他们有更高要求的结果。

成年人也许在评判青少年的成熟度时会犯这样的错误：仅仅考虑身高而不去考虑大脑的成熟度。成年人需要明白，他们需要对青少年的社交和情绪发展做出回应，而不是他的外貌（APA，2002）。无论青春期什么时候到来，男孩和女孩都会特别重视他们的外在形象，而且开始花更多时间去试着让自己看起来"合适"，这样的话也能得到同龄人的认可（APA，2002）。

研究表明，睡眠匮乏是青少年中的一个重要问题。从生理上来说，青少年需要的睡眠时间比成年人多2个小时甚至更多。睡眠的缺乏会导致青少年困倦、疲乏以及更易冲动，最后甚至会带来在校园里的纪律问题以及学习减少。研究同时也表明，当今的青少年比此前好几代青少年更多采取避孕措施，并且减少了烟草的使用（世界卫生组织，2014）。

皮亚杰（Piaget，1952）认为，所有的青少年都处于形式运算思维阶段，能够像成年人一样运用逻辑思维。但是，脑科学研究揭示了一个更加复杂的模式。在一个包含认知能力以及根据事实和基本信息去推理的能力的任务中，青春期早期和晚期的青少年之间有显著性差异，在16岁以上的青少年和成年人之间则没有显著性差异（Steinberg, Cauffman, Woolard,

Graham, & Banich, 2009）。但是，在青少年群体中，不同类型的认知推理的发展并不同步。成年人在做出一个复杂决策时会同时使用他们的前额叶皮质和边缘系统。但是在青春期，边缘系统的发展要快于前额叶皮质。这也使得青少年在许多情形下更易情绪化。

第一，在他们擅长的学习科目范围内，青少年会选择相对复杂的推理，而如果在他们没有什么经验的领域，他们则会做出冲动的决策。其次，当青少年感到高度焦虑、恐惧、愤怒或是有性唤起的时候，他们会更加依赖感性推理。因此，尽管青少年在假想情形中能够理性思考，即使这种情形里包含毒品或是性行为，但是当他们真正处在这样的情形中，并且感到了情感和生理的兴奋，他们的感性似乎会取代理性。最后，青少年比成年人更易受到同伴压力与一致性的伤害。仅仅是"因为大家都在用"，所以就酗酒或滥用药物，这就是一种将青少年卷入致死性风险与无保护性行为的一种推论（APA，2004；Steinberg，2007；Steinberg & Scott，2003）。

总之，尽管未成年人在一般智力水平上接近成年人的认知能力，但是他们在不同的推理任务中表现出与成年人的显著差异，这些差异包含以下内容：同辈、高唤醒状态与冲动控制。神经生物学的证据显示，未成年人和成年人在大脑的某些区域存在差异，包括调节情绪的能力、冲动控制、风险评估以及制订长期计划的能力（Steinberg，2008；Steinberg et al.，2008；Steinberg，Graham，et al.，2009；Steinberg & Monahan，2007）。来自神经生物学的证据十分引人注目，APA（2004）撰写了一份诉讼案件，里面提到，由于青少年大脑发育还不成熟，不应过分苛责青少年的反社会行为，即使这种行为可能导致某人被杀害。此外，并不是所有的青少年都是一个模子刻出来的。16～17岁的青少年与22岁及更年长的人群在心理成熟度方面存在显著差异。类似的显著差异也存在于18～21岁的青少年与26岁及更大的成年人之间（Steinberg，Cauffman，et al.，2009）。大脑会去适应我们新学会的经验。因此，在大脑中，尽管追寻奖赏的功能区会比情绪调节和决策要先发展，但是青少年会在冒险和探索的过程中提升自己的决策能力（WHO，2014）。

那些不怎么成熟的青少年，总是会贸然做出决策，同时也常卷入更加有风险、非法或是危险的活动中（APA，2002）。这群年轻人是谁呢？根据美国疾病控制与防御中心（CDC）青年监测调查（Kann et al.，2014）的数据，10.8%的男性青年和7.8%的女性青年在13岁前就开始吸烟（p.13）。在30天内，有25.3%的男性青年与21.1%的女性青年至少连续喝过五种甚至更多的酒品（p.19）。64.3%的青少年在过去的30天内曾经有过驾驶经验，其中，12%的男性和7.8%的女性在酒后驾驶（p.6）。在过去30天内开过车的青少年中，有41%的青少年曾一边开车一边发短信或是发邮件。在同一时期内，28%的男性青少年和7.9%的女性青少年携带了武器（p.7），7.4%的男性和13%的女性曾卷入约会暴力中（p.10）。在过去的这一年，24.7%的男性青年和19.2%的女性青年曾卷入肢体冲突中（p.8）。接近一半（46.8%）的青少年有性经历，而且5.6%的青少年在13岁前就有了性经历。最后一个例子，在这个研究的前一年，有24.5%的男性和19.7%的女性青少年在学校被拐卖、赠送或者是喂服了非法的药物（p.24）。根据莫菲特（Moffitt，1993）的研究，例如物质滥用，对于9岁的未成年人比14岁的未成年人更危险，因为在青春期开始的反社会行为在成年早期就结束了。

对失去亲密关系的担心，不管这段关系有多糟糕，会导致那些从小被忽视甚至被家暴的女孩辱骂甚至攻击那些批评她们父母不负责任的人。这一类父母并不是一个有效的情感教练，他们没有教会他们的小孩怎么去理解和调节他们的情绪（Denham et al., 2007）。因此，一个从小被虐待或忽视的少女，由于没有掌握情绪调节的技巧，极有可能在冲动之下爆发出暴力行为。但是，具有讽刺意义的是，那些被社会视为最危险的甚至是"暴力分子"的青少年可能正在监狱里，意识到他们犯了罪，但并不认为自己是暴力的。他们为何会如此"天真"？他们的成长环境里就有太多的家庭暴力以及街区暴力，而他们则将自己的行为视为典型的愤怒（Ryder, 2014）。对于大部分青少年而言——除了大约7%的长期犯罪男孩外——攻击行为从童年到青春期处在一个逐步下降的轨迹上。相比而言，一个更大的群体（在布罗伊蒂等人2003年的研究中，比例为19%）在童年表现出轻微的身体攻击，而且会一直持续到青春期（Broidy et al., 2003）。

从心理社会学的角度看，青少年处于埃里克森所说的"自我认同与角色混乱"的阶段。同样的，他们特别关注自己的身份认同，而且如果他们不确定在未来的生活中将要做什么时，会感到强烈的焦虑。他们可以在不同方面进行尝试，包括性的、家庭的、政治的、宗教的以及职业角色，尝试不同的东西，而且试图发现在这个世界上适合自己的角色（Erikson, 1963）。他们可能会奋力争取从他们的抚养者身边分离并独立出来的机会，但是他们仍然会把家庭里、生活环境中或媒体里面较年长的人当作榜样。大部分青少年只会经历中度的抚养者-青少年冲突，同时会和抚养者保持积极正向的关系。和抚养者有激烈冲突的青少年也往往来自长期充满冲突的家庭（APA, 2002b）。

在生命的这个阶段，同伴接纳重于成年人的肯定。青少年加入同伴群体中，并在没有成年人的支持下保持这种群体关系。对大部分青少年而言，较早时候对同性群体的偏好逐渐转化为与异性发展出亲密关系。青少年一方面试图理解成为一个成年男性或是女性意味着什么，另外也在试图将他们的新的性别角色整合进他们的自我中（Brems, 2008）。在一项完整序列研究中，除去健康因素，在一个富人区校园系统里，九年级和十二年级的学生中有将近2.5%的学生（总共有1185名学生）的物质滥用高于平均水平，而且和其他学校的学生比起来，这类学校的学生中，行为外化水平更高，更早发生性行为，学积分也更低（Jensen Racz, MacMahon, & Luthar, 2011）；但是，其中并没有性别差异。虽然有一小群学生会有些消极行为，但同时也有一拨学生表现出相反的行为模式。这些具有亲社会行为的学生则较少参加一些负面活动，而且学积分更高。而对于那些性少数的青少年，他们则会在发展积极自我认同的时候遇到各种挑战，因为他们的家庭和社区往往只会为异性恋的发展提供支持（Beckstead & Israel, 2007）。

总之，尽管并不像以前的神话暗示的混乱骚动，青春期的时光总是不如早期校园时光那么幸福。每个青少年都逐渐意识到，标准越来越高，他们也开始面对不断增加的生活压力。正是如此，他们才有能力理解情绪反应的复杂性，并意识到即使是同样的情形，在不同的人群中也会激起不同的情绪感受。以他们的过往经验为基础，青少年能够理解他人的感受并产生共情（Brems, 2008）；如果他们的父母或者成长环境鼓励他们学会共情的话，这种能力就更有可能得到发展。和其他青少年比起来，每天至少与父母一方共进晚餐的青少年，会有较少的情绪和行为困难。总体来说，几乎50%的心理问题是在14岁之前开始的（WHO, 2014）。

虽然很重视同伴关系，青少年也希望成年人成为他们生命中的一部分（APA, 2002b）。无论是在富裕地区还是在市中心，身体和情感的孤立是青少年焦虑、抑郁、物质滥用以及学业成绩不佳的风险因素（Luthar & Latendresse，2005）。那些没有发展出共情能力，而是发展了对他人的憎恶的青少年也许现在已经在伤害他人了。当年那个具有攻击性的幼儿园儿童，在小学时成为校园霸王，现在，步入青春期的他们则可能正在进行暴力或非暴力的违法犯罪活动（Broidy et al.，2003；Watson et al.，2005）。情绪调节策略始终是青少年成功发展社交技能的一个关键，可以帮助青少年意识到自己的感受以及处理情绪时自己可以有哪些选择，而不致试图用酒精或药物脱离社会人际关系甚至以不正常的饮食等破坏性的行为去麻痹自己的感受。由于性别社会化的差异，在学会如何保护自己以及处理自己的愤怒方面，女孩比男孩需要更多的帮助，而男孩则在如何放下竞争、学会合作方面需要更多帮助。种族认同感更强烈的青少年会比其他人有更高的自尊（APA，2002b）。

如果学校让学生接触那些反社会的同伴或是成年人，青少年就会处在一个危险的环境中。此外，学业成就以及学校提供的那些能够促进幸福感的活动，都能够促进青少年发展过程中抗逆力的发展（WHO，2014）。现在，社会大众越来越看重学业成就，但是很多青少年在校园的表现却不如从前了。和年龄稍小点的儿童比起来，青少年更倾向于将学校描述成无趣的，老师则是充满敌意的，而对学业成功的本能冲动也消退了。对学校的正面感受下降可能会因为如下情况而出现：教师仅仅把学生视为某一个阶段的学生，因为每一学期的学生都会有变化；也可能因为当青少年需要更多自主性的同时，规则和结构变得严格。那些青少年在进入成年期之前需要掌握的技能，比如如何就业、如何维持一个不断丰富的亲密关系以及如何有效照顾孩子等，都能够从婴儿期开始的安全型依恋模式中发现，并通过遵循这里面的一些基本的社交技能而获得（McCormick，Kuo，& Masten，2011）。事实上，一个从婴儿期到28岁的追踪研究显示，婴儿期和童年期的依恋治疗能够预测后续阶段中的社交依恋，最终到28岁的时候，亲密关系得到提升以及终生的调整（Englund，Kuo，Puig，& Collins，2011）。担心没有能力建立依恋关系，甚至逃避依恋关系，与从社交网络中感到支持呈负相关，而与心理困扰呈正相关（Mallinckrodt & Wei，2005）。

青少年的一生被嵌入一个复杂的网络之中，这个网络包含同伴群体、家庭、老师、邻居、工作环境等，这些因素之间存在复杂的互动，这种互动会在青少年向成年人转型的过程中产生或积极或消极的影响（Masten，2014）。虽然个体在青春期会主动争取自己的独特性，但这并不是人生中唯一一个探索自我独特性的时期（APA，2002b）。大部分个体都会在家人的陪同下步入成年期，而且他们都有优异的学业成绩，积极参与社区事务，而且没有严重的情绪和行为问题（APA，2002b）。

抗逆力与风险

如果一个青少年去世，大部分是由于意外，而他杀是第二大原因，第三大原因则是自杀（CDC，2014）。在一个针对在校青少年的全国性调查中，16%的学生报告自己曾经很认真地考虑过自杀，而8%的学生说曾试图在过去的一年里结束自己的生命。虽然女孩会更频繁地尝试自杀，但是男孩的死亡率更高。美国疾控中心所提到的风险因素包括：至少一次尝试自杀的经验；家族中有自杀的家人；抑郁；双相障碍；其他严重的精神疾病；酒精或物质滥用；近期发生的压力生活事件或丧失；能轻易获得自杀装置；曾经被监禁等（CDC，2014）。根据美国疾控中心（CDC，2013a）的数据，3～17岁的儿童最有可能出现以下三种问题：注意障碍（6.8%）；行为问题（3.5%）和焦虑（3.0%）。而12～17岁的青少年则更有可能使用违法的药物（4.7%）、使用酒精（4.2%）以及依赖烟草（2.8%）。

判断发展过程中抗逆力的水平的领域有很多（Masten，2014）。例如，2007年国家儿童健康调查（美国卫生与公共服务部，卫生资源和服务管理局，妇幼保健局，2009）估算，2.8%的6~17岁儿童有严重的行为问题。如果标准是没有严重问题，那么绝大多数的儿童都是具有抗逆力的。此外，预计每年有13%~20%的儿童会经历某些类型的情绪或行为紊乱。如果将这部分儿童考虑进去，那么，处于危险的儿童就会变得很多。莱特（Wright）与研究协会（2013，p.17）将抗逆力定义为：面对风险或是灾难时，能够积极地调节、抵抗并从扰动中恢复过来的动态系统的能量。而风险则是"产生负面结果的高可能性"。

在某种程度上，对一个创伤表现出具有抗逆力反应的能力是和儿童控制范围之外的因素高度相关——邻里环境与家庭收入（G. W. Evans，Li，& Whipple，2013）。在贫困社区成长的儿童产生严重问题的概率更高（6%），而且几乎是那些成长在富裕社区的儿童的3倍（2%）。这些风险往往是由于贫困的社会环境所带来的，即使考虑父母的收入水平，它们的影响依然存在。生活在贫困线下的儿童与那些家庭收入超过贫困线水平400%的儿童相比，他们发生严重行为问题的风险是后者的4倍之多。评估社区不足的指标包括安全考虑，比如破坏公物、存在于家中与街区的危险条件以及街道上的垃圾情况（Singh & Ghandour，2012）。

马斯腾（Masten）的研究列出了四个总体因素，这四个因素决定了当儿童在成长过程中遇到应激事件时，是表现出抗逆力，还是表现出病理性反应。首要因素就是儿童有没有与一个来自自己家庭或者社区的自信、有效能的成年人建立正向联结。有效能的父母，比如，会时刻关注孩子的行为与活动环节以策安全，同时也会为孩子营造一个温暖且充满支持的氛围。一个胜任的、有责任感而且充满关爱的照顾者总是能为孩子的成长提供很多保护性因素。当这样的父母面对灾难的时候，总是能够非常有效地处理威胁，同时调整他们的行为来保护自己的孩子（Masten & Narayan，2012）。家庭本身的一些特点也能够促进正向成长，发展抗逆力，这些特点包括充满温暖的教养方式、恰当的规则以及对孩子行为的监督，与年龄相符的期许，和兄弟姐妹之间友好的关系，稳定的家庭环境以及父母积极参与儿童教育。一个有效能的学校同样能提供支持，在这样的学校里面，无论是教师还是课程设置都能反映出素质教育，教师们充满热情，课外活动能够帮助儿童之间建立良好的关系，同时还能为父母不在家的儿童提供服务。

抗逆力的第二个因素就是儿童的认知水平和情绪调节能力至少要达到平均水平，这样才能让他在学校以及其他社会环境中取得成功。虽然儿童在这个阶段的智力持续在变化，研究发现智力水平更高的儿童比低于平均水平的儿童表现出更强的抗逆力，这个也和学校的出勤率有关（Wright et al.，2013）。第三个因素则是对自我的正面看法。包括自信、自我效能感、对自己强项的恰当认知、希望感以及感到生活有意义。最后一个因素则是儿童期望在环境中变得有效能的动机，这种动机会因为社会经济的优势以及父母所受的高等教育得到增强。当这些因素都准备就绪，儿童就能受到相应保护，从而避免遭受生活中的灾难性事件带来的负面结果，比如在条件艰难的环境中成长。那些有韧性的青少年总是会试图充分利用一些好的机会来获得成功，尝试与那些亲社会的导师建立联系，而较少去和那些离经叛道的同龄人联系，而且很少会去尝试一些新颖的东西（Masten，2001；Masten & Narayan，2012）。如果是在经济条件欠佳的环境里面，抗逆力则会受到家庭成员之间良好沟通的影响，这样的沟通能够为儿童提供一个缓冲区，避免受到负性事件的影响，而积极正向的同伴关系则帮助个体建立亲社会的自我认同、良好的自尊以及社交技能。那些有积极的社交支持网络的青少年会有更少的健康问题、更强烈的幸福感以及更多的促进健康的行为，而不是像吸烟、过度饮酒等这种伤害性行为。当学生发现学校对他们的成功有支持作用的时候，他们会报告更高的生活满意度，同时对健康有更少的抱怨。最后，如果居住的社区建立了良好的社会资本资源，当需要的时候能够提供帮助，青少年的自尊也会增强，同时减少消极的社会行为，而会有更多积极健康的结果（Currie，Zanotti，et al.，2012）。邻里的社会凝聚力也会减少患生理疾病与精神疾病的风险（Rios，Aiken，& Zautra，2012）。莱特和他的同事（2013）在评估了一项旨在探索与发展过程中的风险与抗逆力相关的变量之间的复杂交互作用的研究之后认为，最恰当的方式就是两个概念同时出现，而不是只提风险或是抗逆力。同时强调，虽然抗逆力水平中包含儿童的内在因素，但是主要还是受到人际关系和成长环境的影响。

发展指南注意事项

1. 评估来访者的生理发展和认知发展水平与年龄的相符程度，以及如何影响到他们在学校、家庭以及社区活动中的表现与动机水平。

2. 评估年龄如何影响来访者与成年人的关系，尤其是考虑有限的环境、监督、技能培养以及情感联结等。同时，评估这种关系如何促进或阻碍了发展进程。

3. 评估来访者与同伴群体的关系与年龄的一致性，在此过程中尤其需要考虑友谊和社交技能的建设，以及这个关系如何促进或阻碍发展进程。

4. 评估在这个阶段来访者的社会功能与年龄的一致性，包括考虑来访者的自我形象与自我效能感，为了获得健康发展最需要的是什么？另外，如果有的话，又是什么阻碍了他们的成长？

5. 评估来访者当前所处情形在他生命中的风险水平，以及他们在降低这些风险过程中有多大控制权。

6. 评估来访者当前所处情形在他生命中的支持水平，以及他们在增加这些情境支持方面有多大控制权。

自我分析指南

1. 现在，你拥有的关于发展的知识是什么？
①关于这个年龄组的人群，你已经学习了多少帮助你了解背景知识的课程？
②关于这个年龄组，你参加了多少个工作坊以获得关于他们的背景知识？
③对于这个年龄组的人，你已经有了多少专业经验？
④关于这个年龄组，你已经具有多少个人经验？
⑤同辈效应如何影响你对这个年龄组人群的看法？你认为世界上什么是重要的？人们是如何沟通的？这个社会赞赏什么、惩罚什么？

2. 对于发展如何影响你的临床工作这部分，你目前的觉知水平是怎样的？
①你的年龄以及你与来访者同龄人接触的经验如何影响你对来访者的回应？
②你所了解的关于这个年龄群体的刻板印象有哪些？
③你有哪些经验能够帮助你和来访者有效工作？而哪些经验又会让你对来访者的想法或

者是所处的情形产生负面偏见?

3. 你现在掌握了哪些技能帮助你和不同年龄的来访者工作?

①你已经掌握哪些技能有助于你与这个年龄段的来访者工作?

②你觉得哪些技能可能对于和这个年龄段来访者有效工作十分重要?

4. 你可以采取什么行动?

①在和这个年龄段的来访者开始工作之前,你可以做哪些准备以让你更有技巧地开展工作?

②你会如何营造治疗环境,从而增加这个年龄段来访者好转的可能性?

③针对这个年龄段的来访者,你会如何改变某些治疗进程从而使来访者更加接受这个治疗?

性别领域

玛丽(Marie)最近丧偶,但并没有给自己充分的时间去为丈夫的去世而哀悼;她认为自己应该将所有注意力放在孩子身上(第四章)。史蒂夫(Steve),一个艺术生,与他人情感疏离(第八章)。他们的性别角色是否会影响他们的主观幸福感?为了更好地理解史蒂夫,你是否需要去了解男性的世界观?同样的,为了更好地理解玛丽,你是否需要去了解女性的世界观?只有当治疗师意识到他们对玛丽和史蒂夫持有的性别刻板印象之后,治疗过程中性别的相关信息才会被考虑进去:治疗师对于来访者的性别偏见;还有因为来访者的性别原因,给他们的生活带来的便利和不便。如果制定的治疗策略考虑到了玛丽和史蒂夫对自己的性别认同,他们会从治疗中更多获益(Liu,2005)。

人口普查数据

在2010年的统计调查中,被调查者所呈现的维度包括男性、女性以及自我认同的性别(美国统计局,2010a)。这项调查结果显示,美国人口的51%是女性,而男性占49%。这样的结果是令人惊讶的,因为在新生儿中,男孩的比例是高于女孩的,而且这种差异一直持续到35~39岁的年龄组;从这个年龄段开始,女性的数量逐渐高于男性。到65~69岁年龄组中,女性占总人口的比例达到53%,而男性只占47%。到85岁,女性占了总人口的65%,而男性只有35%(美国统计局,2010a)。

如果性别影响不了我们对男性来访者和女性来访者的理解,这些统计数据可能表明,女性在所有雇员等级以及社会权威中略占多数。在接下来的几年里,随着女性越来越成为社会中的大多数,女性也许会逐渐主导雇工市场以及权威位置。但事实并非如此。尽管进入21世纪,社会上已经出现一些强有力的女性政治领袖,比如,民主党参议员戴安·范因斯坦(Senator Dianne Feinstein),1992年掌权;民主党议员南希·佩洛西(Nancy Pelosi),2007年成为白宫发言人;以及希拉里·克林顿(Hillary Clinton),2009年成为第三位女性国务卿,但是,2014年白宫的女性只占18%,而在参议院和联邦的层次,比例也只有20%。在国家层面,她们仅占参议院的21%、白宫官员的25%(伊格尔顿政策研究院,2014)。性别研究表明,在美国,男性依然掌控特权和机会,而非女性(Liu,2005)。

当家庭主妇的比例从1970年的81%下降至2012年的66%时,男性和女性对他们在社会中的角色的看法也发生了改变；现在，27%的家庭主妇是单身（Vespa et al.，2013）。21世纪的家庭需要更长的时间去发展，因为无论是男性还是女性，他们都会保持更长时间的单身，更晚结婚，而且养育的孩子也会更少（Worell & Remer，2003）。但是，根据2012年的统计数据预测，已婚夫妻现在仍然是家庭的主要构成（63%）（Vespa et al.，2013）。家庭规模越来越小，20世纪70年代，40.3%的已婚夫妇养育有孩子，但是2012年这个比例下降到19.6%。因为结婚的年龄推迟，所以当他们有孩子时，他们的年龄也会更大。女性依然比男性更早结婚（Vespa et al.，2013），女性的平均初婚年龄是26岁，而男性为28岁。18～24岁的男性比起同年龄段的年轻女性而言，更有可能和父母一起生活（59%：51%）。同居的比例从1982年的3%上升至2010年的11%（Copen, Daniels, Vespa & Mosher，2012）。同居的夫妇比已婚夫妇要更年轻，调查中86%的男性与89%的女性将会结婚（Vespa et al.，2013）。

暂且不论结婚推迟，第一次结婚的50%最终走向离婚（Copen et al.，2012）。另外，52%的女性与56%的男性的第一次婚姻会步入20周年纪念日。拥有学士学位的女性的初次婚姻比学历较低的女性的婚姻时间持续更久（Copen et al.，2012）。一旦结婚，男性和女性都有较高概率离婚，然后再婚。因此，家庭的组成可能会有双亲与他们的孩子、也可能是单亲父母和自己的孩子，或者是再婚家庭（美国统计局，2004）。男性和女性都已经体会到适应家庭结构的需要，以及新增的角色张力（Worell & Remer，2003）。婚姻能够调节男性的生活压力，对女性而言并非如此，因为女性即将承担家庭责任的大部分，包括照顾家人和孩子（APA, Joint Task Force，2006）。家庭破碎，随之而来的则是财务困难。对于那些与母亲生活的孩子来说更是如此：与单亲妈妈生活在一起的孩子生活在贫困线下的概率是那些与在婚父母一起生活的孩子的5倍（美国统计局，2003）。从教养技能看，当单亲父亲被要求采用更活泼的教养方式时，他们往往会像母亲一样，轻手轻脚，而且态度也会更柔和（Kimmel，2008）。

简史

男性和女性之间的生理差别是持续的。但是，作为一个女性与作为一个男性的意义是由社会建构的，而且在不同的文化群体、历史阶段与政治环境中有不同的含义。这并不是一个静止的概念，相反，它是随时都会变化的（Liu，2005）。沃莱尔（Worell）和雷默（Remer）将性别角色定义为：文化所许可的行为模式，这种行为模式是在一个特定文化中被人们认为作为女性或者男性这样是恰当的。因此，一个人的性别是有生理基础的，但是一个人的社会性别则反映出他所习得的观念，而且从社会层面、人际层面以及个体层面影响他的行为的结果（Crawford，2006）。尽管已经有大量的研究文献表明，同一性别内的能力差异远远大于不同性别之间的差别，但是人们在定义性别的时候仍然受到性别刻板印象的影响，同时限制了男性和女性的个人认同与社会认同的性别角色（Worell & Remer，2003）。男性主义和女性主义经常被摆放在相对的位置（Kimmel，2008）。但是，你的性别角色还会受到你所认同的自己是男性还是女性的影响。对于跨性别人群而言，他们内在的性别身份与他们外在他人所定义的生物性别是不一样的（APA, LGBT委员会，2006）。

性别的构念会如何影响一个个体？在社会层面，性别是一个社会建构的概念，影响到谁最有权力影响这个社会。美国社会是以父权模式为基础，男性制定出法律，而我们必须遵守，男性掌控媒体，这样公众的话语权、财富都集中在男性的手中，而社会里主要的宗教都是用男性的话语来定义神，男性掌控了军队（Crawford，2006）。

在人际层面，性别影响了男性和女性如何与对方交往。人们往往会根据对方的期望而行动。如果人们期望男性或女性按一定方式行事，个体就会更倾向于按照这样的规范行事，同时如果他们这么做了，也会得到社会奖赏（Crawford，2006）。如果一个女性希望别人将她视为女性来对待，那么，她必须尝试通过这样的方式来展示她的社会性别：非常关注自己的衣着、体型、发型甚至脸上的妆容，而且花更多的精力在那些能让她们的外在形象看起来更出众的事情上面，而不是去完成她们的目标。因此，女性化要求女性花大量的时间改善自己的外貌，而不是实现自己的目标。虽然也有对男性表现得男性化的约束，但是这些约束并没有要求他们从实现目标中转移（Crawford，2006；Just the Facts Coalition，2008）。

社会性别将如何影响到人际行为呢？男性在如下情形中会感到更自在：打断一个女性的谈话；主导对话；没有得到允许就随意触碰女性；因女性在社会中权力较弱而对其加以责备，与此同时他们还会在女性获得权力的道路上设置障碍（Crawford，2006）。例如，男性化总是与社会上什么是正常行为的看法联系在一起的，包括在关系中占主导，充满竞争力，在达到目标过程中充满攻击性等。如果是一个女性做这样的事情，则不会得到认可，因为这样的行为与大众对她的社会性别角色的期许相违背（Crawford，2006）。

在个人层面，每一个个体都需要考虑在多大程度上接受性别差异。性别定型指的就是个体是如何开始透过男性化或女性化的视角看待他们自身的特质以及行为，这也会影响到他们在别人面前扮演的角色（Crawford，2006）。

除了权力不平等以外，社会组织还会强化这样的观念，即男性取得的成就比女性的更有价值，而且更值得尊重，这样的观念支持了权力等级说（Kimmel，2008）。虽然这种特权和机会的不平等会导致向我们求助的女性来访者因为社会上这种性别歧视而感到沮丧，但是，梅林格和刘（Mellinger & Liu，2006）指出了解男性因为这种社会性别带来的困难的重要性。男性在严格坚守他的性别角色的过程中，多少会感受到来自家庭和社会的压力，这也会成为他们心理抑郁的主要因素。但是，这些仅仅是对男性刻板印象的一部分，似乎在美国，所有的文化群体对男性都持有这样的刻板印象。事实上，性别与民族、种族之间也存在交叉，这种交叉也存在于其他类型的人际差异之间（Liu，2005）。当男性试图去理解人们对他们行为的期望变化时，这种差异可能会为他们带来压力（Liu，2005）。对性别充分了解的治疗师能够理解社会化如何带来了压力，导致了健康和不健康的行为（Feder，Levant，& Dean，2007）。像拧毛巾这样的体力活动，能够在一定程度上帮助男性宣泄情绪，而且也与他们的社会性别认同没有直接冲突（Rabinowitz & Cochran，2002）。根据马哈力克（Mahalik）和他的同事（2003）的研究，在美国，男性化包括比女性更有权力、在人际关系中占主导地位、重视性经历，例如在阅读性杂志如《花花公子》中的性冲动体验以及反同性恋。他们在工作中的角色被视为最重要的，追名逐利、敢于冒险以及追求成功等都是被重视的。男性会更强调自力更生与情绪控制，而且也接受世界就是一个充满暴力的地方（Mahalik等，2003）。

接下来关于性别角色对男性与女性的影响的讨论是以这样的研究为基础的：这些研究来自美国国内的基督教人群，他们是中产阶级的白种人。因此，推广到其他人群中时，效度是有限的，因为社会性别结构随不同社会群体的变化而变化。但是，文化不同的青少年，当他们试图融入主流社会的时候，会将主流群体的性别刻板印象融入自己的个人经验中（APA，

Joint Task Force，2006；Mazure，Keita，& Blehar，2002；Worell & Remer，2003）。由于缺乏相关研究，跨性别人群的话题并没有在这里引入，已有的研究虽然提及性别认同或者社会性别表现，但是并没有引入"跨性别"的概念（APA，LGBT 委员会，2006）。

作为一个男人，应该如何行为举止呢？有一种文化叫男性文化（Liu，2005）。这种文化包含了社会从男性身上所期望的东西，男性看重的应该是什么，典型的男性行为是什么以及男性应该养成的习惯是什么等。传统的刻板印象鼓励男性变得自力更生、强硬、具有攻击性、支配他人、控制情绪（Addis & Mahalik，2003）。当一个男性的行为无论是在公众面前还是在私下都符合社会期望之后，这个行为就被成功塑造了。男孩的同伴团体非常鼓励团队合作和竞争，如果一个男孩或男性能够坚定且自信地表达自己的观点，这个人往往会被他人当作团队中的带头人（Worell & Remer，2003）。但是，社会却不鼓励男性充分地表达情绪。他们社会化的结果之一就是把情绪视为需要行动而非体验的事物。根据金姆（Kimm）的说法，"长久以来，美国的男性接受的教导都是，当他们感到沮丧或是愤怒的时候，他们并不会为此疯狂，他们只会为此去报复"。因此，男性有可能患有述情障碍，或者，他们没有能力去描述他们的情绪（Feder 等，2007）。对于男性而言，生气是被允许的，但是哭泣或者是表现出其他受伤的情绪，则会被他人视为脆弱的、被阉割了的，或者说还需要变得更加强壮才好。因此，有些男性会直接删减他们的情绪觉察。求助行为在男性群体中也不受鼓励。因此，他们并不会像女性那样去获得健康服务或者是心理健康服务，如果男性觉得向他人求助伤害了自己的自主性，他们就宁愿不去求助（Addis & Mahalik，2003）。根据男性的健康标准，男性必须在工作与运动中取得成功，以领导女性及与异性相恋结婚等来证明自己的男性身份（Kimmel，2008）。追求权力和特权对于一个年轻的男孩或是青年来说是需要付出代价的，如果失败了，他们可能会体验到创伤、痛苦以及孤独感（Kaufman，1994；Messner，1997）。现有研究发现，与男性性别有关的因素多达 11 个，分别是强调获胜、情绪控制、主导、敢冒险、暴力、支配女性、自力更生、在工作中占首要地位、鄙视性少数人群、追求地位以及玩世不恭（Mahalik 等，2003）。

社会传递出来的那些让男性去寻求主导权、证明自己的男性特质的信息，也直接导致男性，尤其是青少年和较年轻的成年男性暴力行为的比率更高。虽然暴力行为往往被称为"少年暴力""毒品暴力""校园暴力"以及"恐怖袭击"等，但事实上，这些暴力犯罪者几乎总是男性（Kimmel，2008）。社会迫使男性摒弃各自的差异，而按照同样的方式去思考、感受和行动。这种外在的压力让男性变得情感淡漠，而总是只能依靠自己，也可能会带来角色压力。对女性的著作和女性取得的成就的分析，总是会提到"性别"影响。但是这个平行的过程并不会出现在对男性的分析中，因此，男性化也成为一个隐形的存在。因此，没有谁会去讨论一个想成为好父亲的男性科学家面对了哪些挑战（Kimmel，2008）。男性被社会规范所抑制，这些规范压抑了他们的个性，而且通过设定不现实的目标给他们的身体和心理健康带来损害，而这些方面往往被忽视（Kimme，2008；Worell & Romer，2003）。女性在媒体中的形象总是与男性对自己理想伴侣的期望形象有关，而这种形象往往是狭隘的、不现实的（Schooler & Ward，2006）。但男性表现出心理障碍时，他们更多地会将这些外化成行为，比如物质滥用，或者间歇性狂暴症（Kessler，Chiu，Demier & Walters，2005）。如果还有共病的话，那极有可能就是抑郁或者物质滥用（Russo & Tartaro，2008）。

女性又应该如何行动呢？传统的对于女性的刻板印象包括：顺从、被动、养育者、在关系中侧重情感协调、依赖他人（APA, Joint Task Force, 2006; Papp, 2008）。与女性角色有关的因素包括在关系中表现得友好且支持他人，投入亲密关系中，对性忠贞，对于自己的能力和才华要谦虚，渴望和孩子在一起，照顾孩子，渴望有一个家，十分重视保持和提升她们的外在形象，追求苗条的理想身材（Mahalik等，2005）。如果一个女性做起事情来干练果决，极有可能被当作是"恶毒的"，而非被尊为领袖（Worell & Remer, 2003）。当她们的行为和社会期许一致的时候，女性才会得到赞许（Crawford, 2006）。女孩的同伴群体鼓励她们发展情感上的亲密关系，社会也鼓励成年女性体会自己的情感，并谈论她们遇到的问题。这也可能是女性会报告比男性体验到更多的情感张力的原因，这些情感既有积极的，也有消极的（Brannon, 2002）。人们也鼓励女性与他人建立关系，这些关系既包括友谊也包括亲密关系，这些关系往往影响她们对自己的看法（Nolen-Hoeksema, 2000）。

　　社会传递出的信息鼓励女性去相信，性的吸引才是和异性成功建立关系的关键。如果在这段关系中出现了问题，外界往往鼓励女性去否认或者内化她们的愤怒（APA, Joint Task Force, 2006）。除了强调性吸引之外，社会还使女性对自己是一个性感尤物而感到困惑。语言总是会给女性贴上一些贬义的标签，比如婊子、性冷淡、妓女等。因此，女性一方面在尝试如何让自己看起来性感，但另一方面又对此没有安全感（Worell & Remer, 2003）。社会标准依然还在强调未婚女性的贞操。因此，如果一个单身女性被性侵或是强奸了，她极少会主动寻求帮助，因为她会担心自己因为被性侵而受到责备（Russo & Tartaro, 2008）。此外，无论是女孩还是妇女，都被社会媒体刻画的那些不切实际的形象以及关于吸引力的社会规范所淹没。这些形象都要求女性为了感觉自己是女性而不断追求苗条。社会鼓励女性去花大量的时间在美容和装饰的产品上。如果不能满足那些不现实的媒体形象，女性可能会感到较低的自尊，和男性比起来更容易患抑郁、焦虑以及进食障碍等（APA, Joint Task Force, 2006; Mazure et al., 2002）。如果一个女性表现出愤怒而不是抑郁，她可能会觉得内疚，也有可能从别人那儿获得否定。

　　当女性出现心理问题的时候，她们表现出来的更多是指向内在的症状，比如抑郁或是焦虑。如果女性所表现出来的问题与她们的性别比起来是"非典型的"，比如，酗酒，那么这些问题则很少有可能被关注（Russo & Tartaro, 2008）。此外，那些被性化的女孩也往往患有进食障碍、自尊水平低、抑郁，同时内心也极有可能把自己当作一个性物件（Zurbriggen et al., 2007）。最后，关系暴力在两性关系中是一个重要影响因素，超过20%的女性曾遭受伴侣的肢体暴力，而12%的女性被伴侣性侵犯（APA, 2005b）。女性的平均寿命比男性要长，但是年龄较长的女性有更高的风险患抑郁或物质滥用（APA, 2004）。

　　传统的母亲的角色就是负责照顾孩子以及家人。女性的再生产能力以及照料他人的能力总是让人们默认女性天生就是母亲。人们往往认为母亲的照料是一种天生的能力，而不是一项包含了许多复杂技能且需要学习的事情（Goodrich, 2008）。虽然母亲可能会因为她们为了自己的孩子而牺牲了自己的需要后，被人们理想化为一个充满爱意和关怀的人，但是当她们的孩子出现心理问题的时候，人们也会责备孩子的母亲（Papp, 2008）。无论是关怀过多或是关怀过少，在外面工作时间太长或者是太短，都会让女性受到指责，这让女性陷入了一个进退两难的境地（Papp, 2008）。如果一个女性将自己的家庭角色置于所有角色中最重要的位置，她们也就更有可能受到家庭冲突、配偶暴力以及要照顾他人的压力的负面影响（Russo & Tartaro, 2008）。没有办法养育一个健康的孩子，对父母双方来说都是痛苦的，但是这对于女性来说更有可能演变成一个特别的问题，因为女性特质中的一个重要部分就是母亲身份。此外，女性越是能进行生育控制和生育选择，她们也就有更多自由决定要不要成为母亲以及何时成为母亲（APA，Joint Task Force，2006）。

传统的父亲的角色就是为家庭提供资金支持。父亲在家庭中的角色相对较弱，包括在家庭的管理、孩子的发展、照顾其他家人以及维系家庭的社会关系等方面（Papp，2008）。虽然现在的父亲和过去的父亲比起来，更乐意表态说父亲应该参与到孩子的养育中，承担更多的家庭责任，但他们过高估计了做这些事情需要的时间。美国的社会规范依然支持这样的观念，男性的工作是更有必要的而且有突出贡献，而休闲时光对于男性来说比对他妻子更有必要。这最后带来的是家庭里面的不平等，即使女性在家庭生活之外还有职场工作，但是她们在家里承担的家务责任还是比男性的多（Brannon，2002）。如果父亲花更多的时间照顾和监管自己的儿子，和那些没有父亲陪伴的小孩比起来，他们的小孩会有更高的自尊水平，能够更好地理解自己的情绪并具有较低的攻击性（Feder等，2007）。

在家里面，丈夫与妻子都接受了这种权力的不平等以及特权分布。人们往往把这个理解为男性和女性的差异，而不是文化期望中男性比女性值得拥有更多的权力和特权（Goodrich，2006；Papp，2008）。因此，家庭里面的男权主义有时候会很明显，尤其是当他们以这是女性的工作为由拒绝做家务以及照顾孩子的时候。男权主义也可能出现在无意识层面，比如，当妻子做的决定违背了丈夫的意愿时，丈夫变得十分生气（McIntosh，2008）。如果男性在照顾孩子的过程中变成与女性同样平等的伴侣时，他们会在扮演好父母的角色中获得更多的自信感（Barnett & Hyde，2001）。

小孩子从他们的性别中学到了什么呢？从一出生开始，男性和女性就受到不同的社会化，在这个过程里面，他们接受了这样的信念，即男性应当比女性更有权力；差异化的性别角色社会化过程也让这种权力差异得以保持（Kimmel，2008）。父母给孩子呈现的关系模式就是父亲在关系中占主导。在孩子眼中，母亲总是善于表达而且充满爱意，而父亲则更加游离，同时控制和主导一切（Worell & Remer，2003）。在早期，儿童将某些职业划定为男人的工作，而不是女人的，这种区分取决于他们看到谁在做这份工作。在学校里面，大部分的老师都是女性，而大部分的校长和管理者都是男性，这强化了性别刻板印象以及基于性别的权力差异（Worell & Remer，2003）。在学校里面，男生会得到更多指导和鼓励。女生则更有可能经历歧视性的考试，校方也不会肯定她们取得的成就，从而成为受害者（APA，Joint Task Force，2006）。电视节目也在暗示，性别骚扰如果不是滑稽搞笑的，至少也是可以接受的（Montemurro，2003）。女孩开始因为身体的变化而感到焦虑，她们的焦虑源自大众媒体中刻画的那些完美的身材形象（Monro & Huon，2005）。

在办公室里面，男性和女性又会经历什么呢？女性比男性更有可能不被雇佣，并且因为没有充分发挥出自己的技能而感觉被工作局限。甚至在同等资历下，女性赚的比男性更少：在女性赚0.77美元的同时，男性可以赚1美元（DeNavas-Walt，Proctor，& Smith，2013）。由于女性收益能力较低，当她们有需要的时候，获取的经济资源也会有限（APA，Joint Task Force，2006）。

在心理层面，工作场所中女性并不像男性那么受欢迎。在工作中，女性总会面对性骚扰或其他形式的骚扰。因为担心被别人认为是"过度敏感"，女性几乎不和同事以及上级谈论一些小事情。随着时间的流逝，这些所谓的小事最后让女性的工作环境极其糟糕，因为它们让女性感到不如男性有价值，而且较少得到肯定（Goodrich，2008）。但是，如果获得了公平的机会，一个强大的女性表现出和男性一样的工作行为：使用言语来表明权力和威信，而男性下属表现的行为则与女性下属的一样，例如对个人情绪很敏感，或是对上司进行人身攻击（Kimmel，2008）。

大多数男性都期望全身心投入自己的工作角色中，而大多数女人则是期望实现工作角色和家庭角色的平衡（Brannon，2002）。2009年，美国劳动统计局的劳动月报显示，在20世纪90年代中期，有70%的职场女性同时养育有孩子。即使女性最初的工作起点较高，她们也会经常面临比男性更慢的晋升速度，因为女性往往还要休产假。当女性休产假的时候，雇佣单位可能就产生这样的偏见，即她不如男性同事那么投入工作，因此晋升速度也会变慢（Goodrich，2008）。在那些孩子不满15岁的家庭中，有24%的家庭母亲是全职主妇。虽然现在全职父亲已经增加，但他们在养育有未成年儿童的已婚夫妻中的比例只有3%。那些在家里每天和孩子在一起的母亲和在外上班的母亲比起来，会看起来更年轻，而且也更可能继续生育小孩。另外，她们更有可能是拉丁裔或是其他外籍，而她们的家庭也更可能生活在贫困中（Krieder & Elliot，2009）。

职场中的女性不可避免地要将自己的忠诚分给不同的方面。由于在教养子女的角色方面分配不均，职场女性在工作中会面对诸多弊端。例如，当孩子生病的时候，极有可能是母亲冲出工作场所，带小孩去看医生（Goodrich，2008）。同时扮演多重角色可能会带来生活压力，但是在某一个角色中的成功体验，能够缓解其他角色中出现的问题带来的影响（Barnett & Hyde，2001）。社会鼓励男性仅仅通过自己的赚钱能力以及就业状况来评估自己的成功。因此，未就业或未充分就业对男性的身体健康、心理健康、自我认同感乃至对生活的看法的负面影响要高于女性，因为对于女性而言，我们有多个角度去评估她是否成功（Papp，2008）。已婚夫妻中的大多数（66%）都是双职工；双职工家庭会有更高的经济收入，但是也减少了和家人共处以及休闲、锻炼的时间。

性别可能会怎样地影响心理健康呢？当面对压力的时候，男性和女性可能会采用不同的应对机制。通常，男性的社会化总是在体育活动中，因此他们也常常通过参加体育活动来将注意力从遇到的难题中转移出来。当这种策略能让他立即感受到从压力中释放出来，而随后又能有效解决问题的时候，这无疑是一种健康有效的策略。但是，如果最后只是忽视问题，而不是解决带来压力的问题，这个策略也可能是无效的（Mazure et al.，2002）。女性在遇到压力的时候更多的是寻求陪伴，并和对方讨论自己遇到的问题。当这种方式给她们带来了社会支持，并且有效地解决了问题的时候，这个策略就算是有效的。也有可能女性会在这个过程中思维被限制住，她们只是花费了大量的时间去谈论自己遇到的问题，而不尝试解决问题，这个策略也就没有什么用，甚至是不恰当的（Mazure等，2002）。

性别可能会影响到来访者是否要寻求治疗，以及来访者所呈现出来的生理和情绪问题的类型。男性最常被诊断为物质滥用和反社会人格障碍，而女性则更多被诊断为抑郁、焦虑和进食障碍（Kessler et al.，2005）。女性和男性比起来，由于其本身具有的多重角色，再加上没有那么多机会接触到工作和教育资源，她们心理压力带来的伤害更易感。女性的贫困率和成为受害人的概率更高，这个也和她们本身更易受到应激相关障碍的伤害有关（APA，Joint Task Force，2006；Mazure et al.，2002）。然而，寻求帮助对于男性而言会更难，因为人们对他们的角色期待是能够自力更生（Papp，2008）。这会导致男性不管出于什么原因都不愿意去寻求帮助，尤其是在情感问题上，更是极不情愿（Addis & Mahalik，2003；Liu，2005）。

总之，每个人在长大过程中都被灌输这样的想法，即在社会中，男性被赋予的权力要多于女性，因为他们的能力具有先天差异；事实上，这些差异源于最开始的差别对待，以及贬低女性角色的结果（Kimmel，2008）。作为成年人，男性无论是在家庭中还是在工作中，都被给予了最多的受到社会尊重的角色，而女性对社会的贡献被弱化了。男性总是被当作"规范"和"中间点"，对女性的评价也以此为标准，最后往往会得出女性是有缺陷的结论。例如，女性科学家总是被期待像男性科学家一样行动，但是男性科学家在工作过程中因为男性特质带来的效应往往被忽略了（Kimmel，2008）。从不同的方面看，男性和女性都有自己独特的潜能，而这个潜能往往被僵硬的刻板印象所限制，这些刻板印象往往忽视了这个事实，那就是性别内的差异远远大于性别间的差异（APA, Joint Task Force，2006；Kimmel，2008）。充满灵活性的期望能够让人们去充分探索自己独特的兴趣和能力，这样也能提升男性和女性的幸福感（Kimmel，2008；Worell & Remer，2003）。提供基于性别的治疗方案，也意味着治疗师懂得性别角色在来访者生活中发挥的作用。例如，一个聚焦在男性特质的治疗意味着治疗师理解男性的性别角色与世界观。治疗师需要提供的信息必须是让男性来访者在咨询过程中感到更加舒服。例如，治疗师必须表现出讨论治疗进程的意愿，同时聚焦在和来访者有关的可确认的目标上。男性来访者可能会要求治疗师提供更多的信息，从而建立一个有效的治疗联盟（Liu，2005）。例如，治疗师可能会通过澄清他和他的男性来访者之间不存在竞争来巩固他们的治疗联盟（Liu，2005）。

性别指南注意事项

1. 评估个体因为性别角色的获益以及曾经为此付出的代价，包括引导来访者去评估自己的自我形象、情感生活、期待、观念、行为以及个人资源。

2. 评估因为性别角色在人际层面给来访者带来的益处与代价，包括来访者与伴侣、家人和朋友的关系。

3. 评估因为性别角色在社会层面给来访者带来的益处与代价，包括教育或工作关系，以及来访者获取社会资源的途径。

4. 传统的性别角色给来访者的生理健康和心理健康带来多大程度的积极影响和消极影响？来访者在多大程度上意识到了这些影响？

5. 来访者有多大权力和选择自由度去摒除性别的限制，而作为一个有独特目标和需求的个体去生活？而那些让来访者作为一个被性别化的个体的反压力又有多大？

自我分析指南

1. 目前你关于性别的知识有多少？
①你参加了多少课程，让你获得和性别有关的背景知识？
②你参加了多少工作坊，让你获得和性别有关的背景知识？
③你有哪些专业经验，是通过性别分析为来访者工作的？
④你有哪些个人经验，是考虑到性别对个体的影响的？
⑤有哪些同辈效应可能影响了你对性别、男性和女性在社会中的角色、男性和女性如何

沟通以及对男性和女性的奖励和惩罚等的看法？

2. 关于性别在你生活中发挥的作用，你当前的觉察水平达到什么程度了？

①在你的生活中，是什么样的性别角色在引导你？

②你的性别角色和来访者的性别角色相似度或者差异度是多少？

③在美国文化中哪些性别刻板印象会影响你对来访者的看法？

④关于你的来访者的性别刻板印象，你知道多少？

⑤你拥有哪些经验能够帮助你和来访者有效工作？又有哪些经历会导致你对来访者的观点或所处的情形产生负面的偏见或者是边缘化？

3. 在与某种性别的来访者工作时，你已经具备哪些技能？或者你有哪些潜能还有待开发？

①与这类性别的来访者一起工作时，你已经具备了哪些有价值的技能？

②还有哪些技能值得培养，能够协助你对眼前的来访者进行有效的性别分析？

③你可以做一些什么来与这类性别的来访者建立积极正向的工作关系？

④你的治疗方法中的哪些方面可能带有性别偏见？你会怎么处理这些？

4. 你可以采取的行动步骤有哪些？

①你可以做些什么准备工作让自己能够更有技巧地和这个性别的来访者工作？

②如果你希望提升来访者获得好转的可能性，你大概会怎么设计你的治疗环境？

③如果你要把你的治疗过程变得更加受这类性别来访者欢迎的话，你可能会如何改进你的治疗过程？

民族和种族领域

约翰（John），欧洲裔美国籍中年男性，是一家国际公司的CEO，某天回到家的时候，发现他的妻子已经离他而去（第六章）。塞吉奥（Sergio），一个墨西哥裔美国籍的高中生，因为在学校贩卖大麻而被逮捕，目前正在与种族歧视和贫困抗争（第八章）。塔莉莎（Tanisha）和马库斯（Marcus），是一对收入不菲的非裔美国籍夫妇，因为未解决的哀伤来寻求帮助（第九章）。凯拉（Kayla），是一个国际知名的美国本土作家，抱怨各种问题以及文化入侵的冲突（第十二章）。他们的民族或种族背景在什么程度上以及以何种方式影响了你对治疗的决策？

人口普查数据

根据2012年的统计数据，美国当前居住人口为357 134 565人（美国统计局，2012b）。你也许是他们其中的一个。你是非裔美国人？还是美国印第安人？西班牙裔或是拉丁裔美国人？欧洲裔美国人？可能你是两个族裔的混血？甚至三个族裔？谁有权利决定你的民族或种族？只有你自己。谁有权为来访者做决定？只有他们自己。有一点十分重要，当你阅读这个部分内容的时候，你不能假定你能够通过一个人的外貌来判断这个人的种族或民族。邀请来访者说出他自我认同的民族或种族身份是十分重要的（Hays, 2008; Rodriguez, 2008）。在2012年美国社区调查中（美国统计局，2012d），被调查者可以写明自己祖先或者所属种族关系。根据这项数据，美国占人口比例最多的六个族群分别是：德裔（46 882 727）、爱尔兰裔（34 149 030）、英裔（25 262 644）、美裔（23 567 147）、意大利裔（17 361 780）和波兰裔（9 500 696）。由于移民和出生率，美国的人口结构也是不断变化的。据预测（美国统计局，2012e），到2043年，非拉丁裔白种美国人将不再成为人口主体，尽管单独来看仍然是占比例最高的。到2060年，少数民族群体将占到总人口的56%。这些少数民族群体包括非裔美国人、美国印第安人和本土阿拉斯加人、亚裔美国人、夏威夷本土人、太平洋岛人以及拉丁裔白种人。

简史

一个民族或种族的经济福利有多好，受到它在主流群体中的地位影响。因为主流文化群体会将他们的价值观灌输在社会的各个组织中，包括学校系统、司法系统等。主流群体的成员也未意识到他们的特权，因为他们可能会认为这些机构和组织是中立和客观的，但实际上，他们都受到文化的影响，并且将非主流群体放在一个劣势的地位（Sue & Sue，2013）。

主流群体成员和机构每天一点点地侵犯，最终会使那些与主流群体不一样的团体受到大量心理伤害（Solorzano, Ceja, & Yosso, 2000；Sue & Sue, 2013）。这些负性事件往往发生在那些肤色不是白种人的个体。在美国，"肤色"（Du Bois, 1903/1997；Ignatiev, 1995）在促进和抑制少数群体融入主流群体文化的过程中扮演了举足轻重的角色；深色皮肤的移民在融合过程中处在最不利的地位。新移民很快就能意识到，一个人的肤色、发质以及脸部结构是如何增加或消耗他在美国社会的个人地位和权力的。他们也将学会，只要把自己和白种人扯上关系，同时抵制黑色人种，就能提升自己的社会地位（Rodriguez, 2008）。

因为"白种人"和"欧洲裔美国人"依然是美国最庞大的种族人群，来自这些群体的、治疗师必须主动考虑到，一个具有"文化差异"的来访者所呈现的问题可能反映的并不是他个人或者家庭的问题，而是在文化融合过程中的冲突或压制导致的。当然，外显的症状确实可能主要是由个人的问题或家庭问题导致的，但是，研究表明，和主流群体的来访者相比，来自最底层群体的来访者更能意识到他们的问题是不是由不公正或歧视的行为导致的（Sue & Sue, 2013）。因此，如果你是来自主流群体，但你的来访者却不是，你更需要去倾听他们，因为他们会比你更敏锐地觉察到压抑在他们目前的困扰中是否有影响。此外，白人文化中，人们把种族视为一个重要的身份类别，但是在很多别的文化中，人们更加重视自己的出身国。此外，他们将民族关系视为会随着环境的变化而持续变化，并不认为这是有一个明确的界限而且固定不变的分类，这种分类往往是由白人来决定的，他们在分类的过程中并没有考虑到民族融合的因素（Rodriguez, 2008）。苏和苏（Sue & Sue, 2013）说，无论治疗师是来自主流文化群体还是来自少数族群，他们在准确理解来访者需求的过程中可能会遇到三种阻碍：阶级偏见，治疗师往往是中产阶级甚至更高层的阶级，而那些来自非主流群体的来访者往往是较低的社会阶层；语言偏见，并导致误解，因为少数族裔的来访者往往都是双语的，或者说，他们的母语是非英语，而治疗师往往期望来访者能说流利的英语；文化价值观冲突，治疗师总会假定来访者毫无疑问理解而且赞同白人价值观，这种价值观孕育了绝大多数的治疗策略（Sue & Sue, 2013）。

要想把治疗变成一个有效且赋权的体验，一个重要的事情就是你和你的来访者合作。你可以试着清晰地表达出你的期望，同时将它们调整以适应来访者的需要，并准确地评估造成来访者当前问题的现实困扰及它们的影响。在后面的内容中我们将粗略地介绍以下这几个种族：非裔美国人、美国印第安人、阿拉斯加本土人、拉丁裔以及欧洲裔美国白人。为什么讨论这几个种族而不是其他的呢？要做出这样的决定很困难，总是时刻要提醒自己这本书的主要目标，同时考虑到作者专业知识的局限性以及版面的限制。这样的决定并无意贬低或低估本书中没有提到的那些种族群体对美国社会的重要贡献。对于本书中谈及的那些民族和种族群体，我们会简单回顾某些重要的历史事件。历史并不一定是过去。一定要意识到，对于很多人来说，历史故事直接变成家族或文化故事并代代口口相传。此外，从间接的角度看，种族和民族群体在应对过去的意外事件、创伤、被虐待以及被压抑的经历中，逐渐在内心孕育了生存策略。

非裔美国人

人口普查数据

根据2010年的统计调查，将自己归类为非裔美国人或黑种人的个体有3 890万，占美国总人口的12.6%（美国统计局，2010a）。在这群人中，360万人是在国外出生，他们中的41.8%是从21世纪开始进入美国的（美国统计局，2010a）。来自拉丁美洲的人口占移民人口的60.8%，而有36.2%的移民来自非洲（美国统计局，2011a）。这是一个相对年轻的群体，他们的年龄中位数是31.7岁，其中32%是未成年人，与之相比，非拉丁裔白人的年龄中位数是38.3岁（美国统计局，2011b）。

从教育角度看，84.5%的非裔美国人以及黑种人至少有高中学历，从总人口看，这个比例有87.5%。14%的非裔美国女性取得学士学位，男性的比例则为12.2%（美国统计局，2011b）。虽然非裔美国的成年人重视教育，但是他们的孩子在公立学校系统里会明显感觉到困难。塔特怀勒（Tutwiler，2007）总结了学校是如何通过用一种种族主义和民族主义的方式，尤其是针对非裔美国男孩，阻碍他们取得学业成就。当青年人试图抵制负面的刻板印象，并证明他们的自我价值，学校职工总是会误解他们，或者惩罚他们，或者是将原本就恶劣的环境变得更严重。统计数据表明，非裔美国孩子被学校退学的概率是他们的白人小伙伴的2~5倍（Monroe，2005），而且因为学校的种族主义氛围，在初中和高中的时候，他们不会将自己的自尊和学业成就联系起来（Caughy，O'Campo，& Muntaner，2004）。此外，还有一些学生会故意表现得学习不良，作为对这种压制性的学校体制的抵抗（Ogbu，2003）。虽然学校里面确实存在一些风险，但是，如果父母家人定期做礼拜的话，小孩也较少有可能在学校里面表现出问题（Christian & Barbarin，2001）。

从职业来说，29%的非裔美国人就职于管理岗或专业职位，26.1%的非裔美国人在服务行业工作。非裔美国男性每赚100美元，相对于而言非裔美国女性，则赚90美元。无论是非裔美国男性还是女性，他们都比与自己相对应的其他人群赚得要少（美国劳动统计局，2013）。从收入水平来看，非裔美国家庭的收入中位数是33 321美元，这个收入明显低于总人口的收入中位数51 017美元。总之，有25.8%的非裔美国人生活在贫困线下，而从总人口的角度来说，这个比例为14.3%。这也意味着，每四个非裔美国家庭中就有一个家庭，以及超过三分之一（38.2%）的非裔美国儿童生活在贫困中（美国统计局，2011a）。

在美国，每35个人里就有一个现在正在矫治系统中（Glaze & Herberman，2013），这代表了总人口的3%。贫穷更有可能导致触犯刑事司法系统。因此，黑人群体中的高贫困率也部分解释了为什么2011年所有黑人男性中有3%在蹲监狱，而这个比例在美国白人中只有

0.5%（Carson & Sabol，2012）。无论是暴力犯罪还是非暴力犯罪，非裔美国人被监禁的概率都比美国白人要高（Carson & Golinelli，2013）。在所有人群中，非裔美国人入监的概率是最高的，尤其是在 25~39 岁的群体中，这里面有 6.6%~7.5% 的黑人男性被捕入狱（Carson & Sabol，2012）。有部分原因是打击毒贩的战争，也有部分是由于贫穷的非裔美国人中可卡因盛行，而且很多黑人母亲被送到监狱——而他们的小孩没有了监护人的保护（Ryder，2014）。有色人种，比如黑种人，无论是男性还是女性，无论从哪个年龄层看，被监禁的概率都比白种人更高（Carson & Sabol，2012）。

虽然这些数据看起来是残酷的，但是很多数据都是来自低社会经济地位的非裔美国人，并不能很好地代表中层和高层的非裔美国人（Ford，1997；Holmes & Morin，2006）。现在成立了很多专门的机构，帮助那些有经济优势的人继续保持经济上的成功。例如，黑人娱乐电视建立"美国黑人救助"协会，提供免费会员制，美国消费者联盟则提供服务帮助积累财富。此外，国家城市联盟（nul.iamenpowered.com/org）、黑人投资人联盟（www.ici.org）和纽约人寿保险公司（New York Life，2008）都会开办讲座协助他们做出有效投资决策。

家庭有很多不同的形式。大部分非裔美国人选择生活在婚姻家庭中。但是，非裔美国人的结婚率依然比其他群体要低，而且非裔美国家庭往往会由女性主导。例如，在 2012 年，仅有 27.4% 的黑人结婚，而非拉丁裔白人的结婚率是 51.2%（Vespa et al.，2013）。2007 年的一项调查显示，42.3% 的黑人女性迄今为止没有结婚，同时高达 70% 的黑人职业女性没有结婚（Nelson，2008）。虽然越来越少的女性结婚，但她们仍然孕育有孩子。在过去一年里面，养育至少一个孩子的黑人女性中，有 67% 没有结婚，与之相对，这个比例在非拉丁裔白人女性中为 20%。最后，如果祖父母也生活在家庭中，他们有一半的时间负责照顾他们的孙子孙女（美国统计局，2011a）。

简史

非裔美国人或者说黑种人内部有很强的异质性。因此，下面的内容是以这群非裔美国人为基础的，他们的祖先曾经被迫移民到美国而且度过了长达 200 年的奴役时光。这群奴隶主要来自撒哈拉沙漠以南、非洲中部沿海社群，在那里一夫多妻在族群生活中是十分常见的（Comer & Hill，1985；Du Bois，1903/1997）。这些社群的传统强调家庭和亲属关系，而且这对于一个人自我认同的重要性远远大于个体。

部落的领袖、长老以及牧师在被奴役的过程中与他们的子民分开了。种植园奴隶制度本身还会逐渐瓦解这种认同关系的形成（Du Bois，1903/1997）。奴隶主有时候会强迫他们的奴隶之间互相联系；因为需要通过奴隶之间的通婚来生育更多的奴隶，而奴隶夫妻还可能被迫分开，其中的一个可能卖给另一个种植园奴隶主，在那儿他/她又会被迫找一个新的伴侣。这种残酷的行为延续了 200 年，导致非洲人民传统家庭习俗的退化。

在奴隶制和美国内战后，影响非裔美国人生活的主要政治事件还有：1866 年自由民局的发展以及一系列美国宪法修正案。第十三次修正案中废除了奴隶制，第十四次修正案定义了公民权利，第十五次修正案给予非裔美国人选举权。虽然有这些立法进步，但是压迫和种族主义仍然在延续。在教育系统、司法系统、房管局、土地管理局等这些机构里面的过于严厉且歧视的做法，导致公民权利法案在 1964 年和 1965 年都被否定。根据杜·博伊斯（Du Bois，1903/1997）的描述，这一条"有色线"阻碍了非裔美国人融入社会主流文化。他们总是因为两种身份而挣扎，一种是"美国人"，另一种则是"非裔美国人"（Du Bois，

1903/1997)。

　　始于20世纪70年代的平权法案项目，就是为了弥补非裔美国人多年来受到的压迫。这个法案的目标是让更多具有资质的非裔美国人获得更高的教育和更好的职业。从平权法案中获益的人们都获得了明显的经济回报。但是在20世纪80年代发生了一次大倒退。在第十四次修正案中提到的平等保护条款，以及1964年的民权法案第七章，都被引用来证明平权行动是"逆向歧视"。波尔（Poll）认为，白人男性觉得他们因为平权行动项目受到伤害。研究数据表明，对白人男性的歧视十分罕见（5%甚至更低），但是如果没有平权行动，因此受到伤害的有色人种中的女性的比例要大得多（Pincus，2001/2002）。

　　总之，非裔美国家庭更重视群体成员之间的互动与相互依靠，对生活持有一个更整体的观念，而主流文化更重视个人成就，对待发生的事件持有一种线性的观念（Hall & Greene, 2008）。为了能有效应对发生在美国的敌对、压迫的历史现实与政治事实，非裔美国家庭发展出四种主要优势（LaRue & Majidi-Ahi，1998）。第一个就是运用他们的宗教信仰以及与教堂的友好关系，作为他们社交和公民行为活动的起点。大部分的非裔美国人都是新教徒，他们大多去浸信会教堂、卫理公会和上帝教会，许多这样的教会都是宗教激进主义运动的一部分。但是，黑色穆斯林和更加自由的新教教会在最近这些年也逐渐开始获得更多信徒（Larue & Majidi-Ahi，1998）。精神信仰在非裔美国人的生活中扮演了保护性的角色。教会为非裔美国人提供了避风港，保护他们避免受到来自白人社区中的偏见和歧视的伤害。在教会里面，信徒可以建立非常重要的社会联结，这种联系为彼此提供情感和经济的支持，也提供自我表达和领导的机会（Boyd-Franklin & Lockwood，2009）。许多重要的非裔美国领袖都是宗教出身——例如，马丁·路德·金牧师、杰西·杰克逊牧师、艾尔·夏普顿牧师。如果父母规律性地参加教会活动，他们的孩子在学校就较少表现出问题行为（Christian & Barbarin，2001）。由教会支持的俱乐部能提升学生的抗逆力，尤其是当他们在学院面对微侵犯的时候（Watkins，Labarrie，& Appio，2010）。教会的负责人往往都十分了解他们的家庭，因此当我们想了解如何能最好地帮助那些陷入困难的家庭时，他们对来访者而言都是十分重要的资源（Sue & Sue，2013）。

　　非裔美国家庭与他们的扩展家庭的成员以及朋友都有密切的联系，因此他们对自己在家庭中的角色定位可能和白人文化期待不一样（LaRue & Majidi-Ahi，1998；Sue & Sue, 2013）。非裔美国人会关心处于困境中的扩展家庭的成员。例如，亟须改变环境的青少年或者是与核心家庭成员有冲突的青少年可能最后被送到其他亲戚家，和他们一起生活（LaRue & Majidi-Ahi，1998）。在非裔美国人社区里面，贫困家庭能够持续生活下去，大都得依靠金钱的分享、资源和情感的支持。但是，这也意味着家庭成员之间能够分享的资金特别少（Greene，1997）。这种强烈的亲属关系的联结还能拓展到和朋友的关系中。因此，家庭结构可能会包括扩展家庭以及非传统的生活方式。年长的儿童、朋友以及祖父母都有可能扮演重要的照顾者的角色（Sue & Sue，2013）。

　　非裔的成年美国人愿意在家庭中扮演一个灵活的角色，这个角色会根据家庭的特定需求而做出调整，而不是像欧洲裔美国家庭那样根据性别来分工，而且这种分工一旦确定就不会改变（LaRue & Majidi-Ahi，1998）。家庭任务的分工是基于每个个体的工作或学校的日程安排，选择对他而言最能发挥自己作用的。因此，非裔美国男性往往会担任抚养儿童的责任（Sue & Sue，2013）。经济现实会强化这种男女一致的生活风格，非裔美国女性不得不参加工作，而她们的工作往往是低薪，而且声望也低。因此，这些家庭往往都是因为生活需要而成为双收入家庭，而不是自己选择的结果（Greene，1997）。另外，在一个种族歧视的社会里，非裔美国女性比非裔美国男性有更多的工作机会。一些女性会因此感到羞耻，同时整个社群也会意识到许多雇主都会歧视非裔美国男性（Greene，1997）。当非裔美国女性担当起家庭中女强人的角色的时候，她可能会觉得沮丧和受打击——这个女强人要始终保持家庭的正常运转，这样的角色导致对她们自己作为一个个体的需求的忽视。此外，非裔美国男性也会因为一些刻板印象而受到伤害，这些刻板印象往往给他们贴上不负责任、没能力以及暴力的标签（Hall & Greene，2008）。

非裔美国父母会积极支持他们的孩子发展自信和自尊（Sue & Sue，2013）。相比于欧洲裔美国人而言，非裔美国父母更倾向于使用体罚。在欧洲裔美国人群中，体罚往往会带来消极的结果，但是在非裔美国人中，事实却不是这样（Pinderhughes，Dodge，Bates，Pettit，& Zelli，2000）。这可能是因为，在欧洲裔美国家庭中，体罚往往是和对待孩子的态度十分负面地联系起来，而在非洲裔美国家庭中，体罚则反映出来自父母的关爱。直接教给孩子如何去面对种族主义以及压迫的非裔美国人家庭，他们的孩子在面对非正义的时候相比于那些没有受过这类教育的孩子有更低的焦虑（Neal - Barnett & Crowther，2000）。那些正在和低自尊斗争的儿童得到了许多项目的帮助，这些项目会通过让他们了解非裔美国人的文化来帮助他们（Belgrave，Chase - Vaughn，Grey，Addison，& Cherry，2000）。非洲裔美国人社区对主流文化机构依然缺乏信任，那些主流的文化组织以过去为基础，依然对非洲裔美国人有直接或间接的压迫行为。例如，有61%的非洲裔美国家庭觉得，如果在新奥尔良发生的那次卡特琳娜飓风事件中，受害者更多的是欧洲裔美国人的话，救援会更加迅速且有效（Washington，2005）。皮尤研究中心的一项调查（Krogstad，2014）显示，非裔美国人依然认为，在评判一个人的时候，种族仍然是一个重要因素。此外，越来越多的压迫以一种细节的形式在持续，儿童的玩具往往都是白人，电视节目中的有权力的角色也都预设为白人，像警察、政治家这类有权力的人物也往往都是白人（McIntosh，2008）。非裔美国人不仅比一般人群有更高的概率成为受害者，他们还会因为担心警方的介入方式而不愿意举报这类犯罪案件（C. E. Schwartz et al.，2010）。他们对警方的信任缺乏因为这两个事件而进一步强化：2012年2月26日，17岁的特雷文·马丁（Trayvon Martin）被枪杀；2012年11月23日，17岁的乔丹·戴维斯（Jordan Davis）被枪杀。他们都是被白人所杀，而且被杀的时候并没有携带武器，他们也没有任何犯罪记录。特雷文住在佛罗里达州的桑弗特，当时他刚从一家便利店出来，准备回家，刚开始是被跟踪，后来才被枪杀的，杀害他的是一个叫乔治·齐默尔曼（George Zimmerman）的邻里监督组织的志愿者。而乔丹·戴维斯则是在佛罗里达州的杰克逊维尔的一个停车场被麦克·唐（Michael Dunn）所杀，仅仅是因为他当时在车里播放的音乐很大声。在这两起案件中，都是两个白人男性首先接近这两个非裔的美国少年，而且在他们有意挑衅这两个少年之后因为觉得受到威胁而使用自我防卫。

进入21世纪以来，非裔美国人在社会中的权力一直在增加。从1964年民权法案写入法律以来已经过去了50多年，已经有许多有权力的非裔美国人走进了政治场所。这些人包括国务卿柯林·鲍威尔（Colin Powell），2001年任职；国务卿康德丽莎·莱斯（Condoleezza Rice），2005年任职；以及贝拉克·奥巴马（Barack Obama）总统，2009年进入国会，并于2012年当选为总统。这些领袖将非裔美国人为美国的繁荣做出的贡献变得可见。但是，非裔美国人比白人对这些进步更加谨慎。2013年，当问到是否觉得当下非裔美国人的待遇比5年前要好的时候，有35%的白人给予肯定的答复，但是只有26%的非裔美国人同意这种说法（Krogstad，2014）。在特雷文·马丁被杀后的一项调查中，有79%的非裔美国人认为在美国要实现真正的种族平等还有很长的路要走，而有这样想法的白人只有44%（Krogstad，2014）。来寻求治疗的非裔美国人可能经历了一种断层，这个断层处在他们能够得到的以及他们想要的之间的位置。这种断层可能是因为以下因素导致：①来访者来自较低阶层，而治疗师来自中产阶级；②来访者使用黑人语言，强调非语言沟通，而不是使用标准的英语；③来访者总是以人为导向，所以他们总会强调扩展家庭，而不是在核心家庭结构中的个体；④来访者更重视立刻、短程的具体的目标，而不是长程地关注个人探索的目标；⑤在来访者看来，压迫，而不是对社会公正的信念起到重要作用（Sue & Sue，2013，第14章）。

美国印第安人和阿拉斯加本土人

人口普查数据

美国印第安人和阿拉斯加本土人代表着北美土生土长的人群。这类人中包括所有在美洲大陆的北部、南部和中部地区土生土长的人，而且依然保持着部落关系或是社群联结。2011年，有510万人报告自己属于这类人群，占美国总人口的1.6%。目前共有324个被联邦认可的印第安人保留地，617个被联邦认可的印第安人聚居区以及566个部落（美国统计局，2012a）。印第安健康服务（Indian Health Service，IHS）只覆盖了那些被认可的部落的成员。这个组织是美国卫生部的一个分支。这个组织所服务的人群大部分生活在这些保留地或是农村地区。

对于美国印第安人以及阿拉斯加本土家庭而言，他们收入的中位数是35 192美元，大大低于总人口的收入水平——51 017美元（DeNavas - Walt et al.，2013；美国统计局，2012a）。在所有美国印第安人以及阿拉斯加本土人中，有27%的人口生活在贫困线下，他们之中婴儿死亡率是白人的1.6倍（美国卫生部，少数民族卫生办公室，2006，2009；美国统计局，2011a）。与高贫困率相伴随而来的则是高犯罪率。

美国司法部的数据显示，25~34岁的土著人成为暴力事件受害者的概率，是总人口的2.5倍。每10位12岁及以上的男性中，就有1位有可能成为暴力犯罪受害者，而且根据过往经验，施暴者往往是饮酒后的白人个体。女性成为受害人的概率较低，但是，土著女性成为受害者的概率是普通女性的2倍。曾经被性骚扰或是强奸的土著女性更容易被家庭外的人所攻击，而非土著女性则更容易被亲密伴侣攻击（美国司法部，2002）。因此，当美国印第安人以及阿拉斯加本土人身处白人圈中的时候，可能会体会到一种现实恐惧，担心自身安全。此外，治疗师往往低估了土著人受到的多重伤害。这有可能导致一个人对终止伤害失去希望，并把未来的生活视为忍辱偷生的一生（Vieth & Johnson，2013）。和其他任何一个种族或民族相比，美国印第安人因违规饮酒而被捕的概率是最高的（美国司法部，2002）。

美国印第安人在刚开始进入学校的时候，能取得很好的学业成绩，但是能顺利从高中毕业的可能性却比其他群体要小。79%的美国印第安学生能够最终取得高中文凭，而全国拿到高中文凭的比例是85.9%（美国统计局，2012a）。随着美国印第安人逐渐意识到自己被边缘化以及被差别对待后，他们越发觉得校园中的敌意或者是被污名化的感觉在青春早期变得越来越强烈（Sue & Sue，2013）。美国政府经常将那些不胜任的老师，甚至是有犯罪记录的老师，派遣到印第安保留区的学校（French，1997）。一方面，在学校里面确实存在一些有意的压迫，另一方面，这些受到主流社会价值观影响的老师还会无意识地创造出一种令人不适的环境。例如，对于一个美国印第安学生来说，除非能让他觉得整个群体都会因为他获得这个奖而获益，不然把他单独选出来受赏，反而会让他觉得不舒服。这群年轻人的非语言沟通模式也可能与主流文化期待不相符。例如，为了表达尊重，要避免与长辈进行直接的眼神接触。而在那些重视学生之间竞争的学校里面，老师可能会把这个行为视为不尊重老师的表现，然后认为这些学生被动，且不愿意参与（French，1997）。此外，印第安人倾向于不那么直接地提问，所以当他们需要帮助的时候，老师有可能不知道（Sue & Sue，2013）。将这些困难搁置一边暂且不议，依然有 13.3% 的印第安本土人最终会获得学士学位，还有一些会获得更高的学位（美国统计局，2012a）。

65% 的美国印第安人以及阿拉斯加本土人是生活在大家庭里。20% 的土著家庭是女性做主，同时没有丈夫的出现，而在总人口中，这个比例是 13.1%（DeNavas-Walt et al.，2013；美国统计局，2010b）。生活在部落地区的土著人比生活在主流文化中的土著人的婚姻更加完整。

简史

从欧洲人开始移民到美国之后，历史的和政治的灾难事件就将土著人包围。欧洲人带来了麻疹、霍乱、天花和肺结核等传染性疾病，那时候的土著人对此并没有免疫力。这些疾病的到来使得这片土地的人口急剧减少。因为大量人口的丧失，导致土著文化被严重破坏。这也使得欧洲人从文化上将北美从他们手中夺走了。从欧洲来的移民住进了因传染病死亡的土著人所废弃的房子，还有一些是土著人为了躲避疾病而搬离原来居住的地区而空置的房子（Mann，2005）。

美国政府一成立，就使用军队力量偷取印第安人的土地，虽然他们从流行疾病中活了过来。政府的政策包括由军队发起的种族屠杀，强迫幸存者离开故乡重新定居，以及不断强迫印第安人签署会对他们带来伤害的条约。这些条约后来被美国政府废除了，这些条约包括 1851 年的《拉勒米堡条约》和 1868 年的《拉勒米堡条约》。

除了大规模杀戮以外，他们还对幸存下来的美国印第安人实施了带有恶意的社会舆论，以消除美国印第安人自己的文化。印第安人的小孩会被强制带离他们身边，并被迫在寄宿学校上学，而这类学校往往是在欧洲文化影响下，比如基督教学校。在这些学校里面，儿童会因为说自己的母语或者是参加任何精神上或文化习俗中的仪式活动而受到惩罚。美国印第安儿童和青少年从体制上就被虐待——尤其是那些被联邦政府雇用的老师。因此，政治家、律师、教师以及主流社会中的社会机构都被他们认为是不可靠的，而且印第安人对由美国政府支持的组织机构持有的怀疑与憎恨是无可非议的（French，1997）。由欧洲裔美国人带来的长期存在的社会文化模式以及历史性灾难最终导致的是印第安人迄今仍然处于贫困、酗酒、药物滥用以及暴力的困境（Duran，2006）。从军事上实施的文化压迫导致种族灭绝，文化清洗则为土著人带来永恒的精神创伤，包括不再认为自我是强壮的，而是将欧洲人塑造的负面的刻板印象内化（Duran，2006）。

"美国印第安人和阿拉斯加本土人"这个群体，代表的是一个非常多元化的人群。这个群体的绝大多数人认为自己的部落属于彻罗基族或者纳瓦霍族（Cherokee or Navajo，20%），其他包括加拿大人或拉美人（4.4%）、苏族（Sioux，4.4%）、齐佩瓦族（Chippewa，

4.3%)、乔克托族（Choctaw，3.5%）、普韦布洛人（Pueblo，2.4%）、阿帕切族（Apache，2.3%）、拉姆比族（Lumbee，2.1）以及易洛魁联盟（Iroquois，1.8%）。总体来说，认为自己属于其他部落，涵盖所下属的部落的土著人占24%。此外，2.1%的人认为自己不仅仅属于某一个部落，同时有20.7%的人认为自己不属于任何部落（美国统计局，2012a）。接下来，将以拉科塔族（苏族）为例，来介绍更多的独特的文化信息。

苏族内部有很大的差异性，它包括三个主要的子部落：拉科塔族（the Lakota），包括7个分支；达科塔或桑提人（the Dakota or Santee），包括4个分支；那克塔或杨克顿人（the Nakota or Yankton），包括3个分支（Snow Owl，2004）。苏族人最早是筑堤人，居住在丛林中（French，1997）。他们靠捕猎、采集和园艺生存。历史性的迁徙导致了三个基本子部落的发展。在白人的迫害开始之前，这三个子部落之间互不往来，只是同时作为苏族的分支而存在。刘易斯（Lewis）和克拉克（Clarke）曾经就试图在总统托马斯·杰弗逊（Thomas Jefferson）的领导下，在美国州政府与拉科塔族人之间建立联系。但是，由于文化的误解以及语言的误读等综合的原因，这个尝试最后失败了（杰弗逊国土扩张纪念，2013）。

对于很多美国公民而言，平原苏族代表了他们对印第安人的刻板印象。他们是游牧的，住在圆形帐篷里面，而且会捕杀水牛。他们是战斗取向的人群，当他们进攻别的部落的时候，他们的勇士会头戴羽毛。他们有复杂的信仰系统，他们相信"神秘力量"（Great Mystery），也称"灵力"（Wakan Tanka），被他们称为"主神、伟大的灵力、造物者和执行者"（French，1997，p.114）。"灵力"具有一种复杂性，有时候还是反自然的，由16位苏族的神灵构成。对于苏族人来说，数字4和7都特别重要，而且与自然（比如有四个方位）、动物（飞禽走兽两条腿、四条腿）和苏族的美德（勇敢、坚韧、慷慨和智慧）等都相关联。每到夏天，举办七部落联合会议的巫师会一起出现，这时一年中最重要的仪式——太阳舞——将出现。这个仪式关注于勇士们实现了的诺言。苏族人认为所有的力量都来自灵力。因此，勇士们都向这个超自然力量去寻求力量。这群勇士还会通过寻找一些意象来从造物主那儿获得力量。除了太阳舞，还有6个神圣的仪式，包括净化、寻找意象、扔球、制作一个水牛女人、制作一个兄弟、感激幽灵等。苏族人灵性的一部分就是神圣烟斗（the sacred pipe），它代表着宇宙。抽这个烟斗也意味着和灵力产生联结（French，1997）。

苏族的领袖并不是规范他的子民应该如何行为举止的人，领袖只是个荣誉称号。他们一般都是在战斗中表现神勇的男性，他们的行为和想法都得到部落的尊重（French，1997）。重要的决策往往都来自主席委员会一致投票的结果（Snow Owl，2004）。在他们历史上重要的领袖包括Sitting Bull，Big Foot和Crazy Horse。拉科塔族人并不是来自布拉克山，而是当白人从东部入侵后，才向西迁移的。他们渐渐将布拉克山视为圣山，而且是他们灵性文化的核心（杰弗逊国家扩建纪念馆，2013）。

苏族人的道德规范扎根于这样的信念之上，即善比恶更强大，善是群体内部和谐的结果。心理、身体和灵性都是互相联结而且不可分割的（French，1997）。人与人之间的不和谐可能会导致生理或心理的障碍（Sue & Sue，2013）。部落对于印第安人来说十分重要，是他们自身的扩展体。每一个人的价值源于他在部落中的价值。部落领地或者说是自留地对于美国印第安人来说也是一个重要的身份认同。当一个人离开祖先的土地而寻找经济的发展时，他的自我认同感也可能被破坏（Sue & Sue，2013）。印第安人更倾向于活在当下，而不是早早为未来做准备。他们存在的状态既包括心理世界也包括灵性世界（Duran，2006）。

因此，印第安人可能只会找一个刚刚够糊口的工作，这样他们可以将自己奉献给灵修的仪式，不幸的是，这也可能会使得他们一直处于贫困中（Sue & Sue，2013）。

从历史观点来说，拉科塔人使用了 12 种美德来让自己生活在这个世界上（Marshal，2001）。故事往往是传统的教学工具，儿童通过这些口口相传的故事来学会苏族的品德。无论是男性还是女性，都被期望成为品德高尚的人，他们在部落中的地位也取决于他们的品德是否高尚（Marshall，2001）。虽然男性和女性都必须扮演实现设定好的性别角色——男性是部落中的勇士，而女性负责养育孩子——但是无论男性还是女性，都展现出勇敢（woohitike）的品德，以及与之相关的品德：刚毅不屈（cantewasake）。勇敢，就要敢于自我牺牲（icicupi）。对于一个勇士而言，可以通过勇敢的行为来表现，包括突袭（这并不具有攻击性，部落的勇士会用手或棍子轻轻碰一下敌人，然后马上逃离）、闪灵战士（为了保卫部落而战斗至死的精英勇士）以及参与到太阳舞中（用公开的方式展示勇气与自律）。刚毅不屈则展示出男人和女人将如何表现得勇敢（French，1997）。一方面，那些描述勇气与刚毅的故事会作为教学工具而大受鼓励，另一方面，谦逊（unsiciyapi）也受到高度赞扬，勇士们也意识到了，行动才是重要的，而不只是口头上说说（Marshall，2001）。苏族人认为，可以用谦逊去验证慷慨、勇气、尊敬和智慧等品德。"谦逊并不是一个沉重的负担，因为一个真正谦逊的人并不需要他人的认可；相反，自大傲慢，会日渐成为一个沉重的负担。"（Marhall，2001，p.19）。

那些不劳而获的成功，并不值得说出来。不断地接受挑战，最终获得成功的坚持（wowacintanka）才值得被铭记。爱（catognake）以及持久的依恋虽然受到重视，但在公共场合里面，无论是男性还是女性的社会化结果都需要表现出自律，并控制情绪，无论是体验到正向情绪或是负面的，诸如恐惧或痛苦。肢体上的亲密接触是一种私人化的行为，在公共场合这么做是被禁止的。尊重（wawoohola）是指对某人高度的尊敬——无论是行为举止还是其他方面的考量，都显得对方是值得被这样对待的（Marshall，2001）；如果一个拉科塔人试图对他人表现得不敬，他的灵魂永远得不到救赎。所以，一个女人可能真心爱着一个男人，但是如果这个男人没有被她父亲看上，她最后可能会嫁给她父亲选择的那个人。无论是在组建家庭、养育孩子或是照料丈夫等方面，她都会表现得无可挑剔，但同时她的丈夫也可能会知道，其实她的心已经属于别人。像这样的，关于一个品德高尚的女性的故事，也会讲给下一代听，让他们学会平衡拉科塔人的个人世界和灵性世界（Marshall，2001）。

慷慨（canteyuke），与他人分享事物和财产，是另外一个重要的品德（Marshall，2001）。这也体现出苏族的伦理规范与早期的白人移民的深刻差异。欧洲移民通过赚钱和创造个人财富来获得他人的尊重。在苏族，尊重来自参与"布施"（French，1997，p.118）。那些愿意将自己的财产拿出来分给部落的人，尤其是分给那些特别需要帮助的人，最后会获得声望并得到部落成员的尊重。给的越多，地位越高。那些慷慨的人总是会展现出他们对别人的同情（waunsilapi），表明他们理解他人的需要，对他们的经历有共情，比起积累财富，更关心他们的福利（Duran，2006）。

荣誉（wayuonihan）之路包括正直、诚实以及坚定的人格（Marshall，2001）。拉科塔人会根据这个人做了什么以及没做什么而决定在多大程度上敬重对方。荣誉也包含很多其他的品德，比如慷慨以及讲真话（wowicake），别人也就知道你会坚守自己的诺言，而且你是可信的。年龄和所取得的成就决定了一个人在部落中的地位。智慧（woksape）来源于知识的积累。在部落中，老年人会受到尊敬，因为他们的观点都是常年生活经验的积累，而且往往会给对立和冲突一个可接受的解决办法（French，1997）。苏族人特别重视和谐，而且很早就有一些设计好的传统来化解冲突。他们并不干涉他人的事务。苏族人从小接受的教育使得他们学会去观察并且认真考虑，而不是贸然行动。苏族人认为，梦和幻觉都反映出超自然力量，因此总会特别认真地对待（杰弗逊国家扩建纪念馆，2013）。

家族，虽然随着时间在不断变化，但依然是重要的。家庭之间的互相比较主要是看各自拥有多少匹马，在狩猎中捕获的猎物以及家族中的男性有没有参与到重要的社群、赞助了多少次宗教仪式（杰弗逊国家扩建纪念馆，2013）。家庭中的小孩往往会经常被表扬，而且用一种几乎溺爱的方式被养育。即使做错了事情，他们都不会受到体罚，因为部落的和谐也包括儿童的幸福。对小孩最严重的惩罚就是生气的父母朝孩子倒一大桶冷水（历史学习网，2008）。苏族人鼓励年轻人对其他人的感受保持敏感，而且不寻求竞争，因为竞争会带来不和（French，1997）。拉科塔人认为，无论是大人还是小孩，都应该多听少说。因此，听十二美德的故事对所有人来说都是一个重要的教学工具。这些故事教会人们如何用一种有品德的方式生活，并且最后还会带来令人尊重的结果（Marshall，2001）。历史事件也被糅合进故事里面，成为苏族人口口相传的故事。

让人痛心的是，美国主流文化仍然在采取那些压制苏族传统的行动。作为文化压制后出生的这一代，很多美国印第安部落已经失去了和他们传统方式的联结。为了改变这一状况，泛印第安行动应运而生。苏族的仪式和灵性音乐被整合进其他印第安族群的传统治愈仪式中；事实上，苏族的领袖的确是来自许多不同部落的训练治愈师（French，1997）。现在，苏族人会根据他们个人的需求来选择各自的生活方式，有的是完全依照他们本土的文化传统，有的则已经融入美国主流文化。杜兰（Duran，2006）认为，很多土著人都能从他们的文化认同和个人认同的平衡中获益。要做到这一点，来自主流文化的心理虐待以及微侵犯需要终结。例如，美国历史书中仍然说克里斯托弗·哥伦布（Christopher Columbus）发现了美洲大陆，但事实上，早在他之前，土著人民已经生活在美洲大陆了。庆祝哥伦布日，实际上也就在暗示，在欧洲人抵达之前，美洲大陆没有任何价值。出于这样的考虑，有些美国印第安人试图废除哥伦布日。西北太平洋部落每年都有抵制哥伦布日的抗议活动（帝国的泛部落分裂组织，2012）。另外，国家体育运动队也曾使用过那些对美国印第安文化不尊重的名称、符号和图像。全国大学生体育协会（NCAA）要求，凡是想要留在联赛的学校，必须在2005年11月1日冠军赛之前撤掉他们制服或其他衣服上面的攻击性文字和符号（ESPN.com新闻，2005）。那时，NCAA通报了18所学校，因为他们的吉祥物被认为是具有攻击性，或者是不可接受的。但是，并不是所有的土著部落的名称或符号的使用都受到保护。佛罗里达州的塞米诺尔部落通过了一项表决，同意大学使用他们的名称和符号，以支持佛罗里达州政府。这次讨论也强调了让美国土著人参与到所有涉及他们文化不同方面的对话而不是一味地由主流文化的代表们替他们做决定的重要性（Billie，2013）。运动队的政策变化折射出主流文化曾经对土著人的压迫；但是，对他们人权更多、更严重的侵犯依然存在，并制造着悲剧。

来自美国政府的压迫行为、种族和民族歧视以及印第安人的高贫困率等，都是他们和美国主流社会人群相比，有更高失业率、物质滥用、自杀、创伤后应激障碍以及很高的被迫害率背后的因素。过去被白人邻居以及政府伤害的经历使得美国土著人在寻求帮助的时候，并不会相信非印第安人（French，1997；Sue & Sue，2013；美国司法部，2002）。当他们向非印第安人的治疗师寻求帮助的时候，可能会出现下面的问题：来访者可能会使用部落的语言，并且使用那些与在英语国家和白人文化中非常不同的非语言沟通模式；部落的目标设定往往聚焦在当前的需要，而且是即刻、短期的目标，而不是长远的、未来的目标；部落的家庭结构更多依赖拓展家庭的活跃参与，而非核心家庭（Sue & Sue，2013）。其他可能的问题还包括，土著居民居住的地区离治疗师很远，他们缺少受过严格训练的治疗师，他们传统的学习方式（如讲故事）和他们的灵性被破坏。

在康复阶段，已经开发了许多具有文化特性的治疗策略，来为印第安人赋权，包括对受到创痛的儿童和青少年的阅读疗法、彻罗基文化疗法（Cherokee cultural therapy）、苏族的传统治愈实践以及纳瓦霍美丽方式视角（the Navajo Beauty Way perspective）。上述每一个治疗策略都在尝试再次激活文化联结和荣誉感，并且促进宗教自由（French，1997）。杜兰（2006）相信，苏族人需要话语解放来治疗因美国殖民主义对土地和族人的强暴造成的内心的创伤。与以往白人社会殖民主义观点不同，心理解放采用叙事的视角，让人们知道看待真相的方式不止一种，同时，在这个世界生活的方式也不止一种。西方心理学并不谈论灵性世界或灵魂。但是，要帮助拉科塔人获得治愈，讨论灵性世界和灵魂是十分重要的。

杜兰提到了很多源于拉科塔人传统实践的治疗策略。将这些传统实践整合进临床工作是十分有价值的，但美国印第安人的文化并不完全契合源于白人中产阶级文化的治疗导向的期望，另外一个原因则是，拉科塔人现在经历的困难正是文化和历史创伤的直接后果，这些创伤治疗并没有转化成对拉科塔人的赋权，将他们从殖民主义带来的内在的憎恨中解脱出来。对于治疗来说，很有必要的一个部分就是，白种人需要承认他们对土著人曾经的暴行，包括沙河大屠杀、伤膝河大屠杀、纳瓦霍人大迁徙、血泪之路、迈杜人大迁徙以及詹姆士镇火烧土著人等。只有承认这些暴行，拉科塔人的心灵创伤才能够得到部分治愈，因为那些逝去的人因他们的牺牲而受到尊重（Duran，2006）。

国家统计数据表明，美国印第安人中，虐待和忽视儿童的概率要高于一般人群（美国卫生部，少数民族健康办公室，2006）。杜兰（2006）认为这个数据是土著人心灵创伤的结果。是因为主流文化强迫土著人融合才造成这样的伤痛，也因此带来多米诺效应，土著人开始无视那些能帮助他们用更适应的方式去生活的传统。治疗师需要倾听土著人，自由分享信息，同时支持他们的传统行为，包括他们口头讲故事的传统（Vieth & Johnson，2013）。杜兰（2006）建议在治疗中进行自由表达，这个表达从对土著人的屠杀的承认开始。他相信，正如美国政府开办的那些学校一样，社会服务机构也充斥着"治疗种族主义"。那些治疗师一点都不尊敬土著人，所提供的照顾标准都不一样，并不会像对待白人那样做恰当的咨询记录（p.36）。杜兰认为，当融合了西方的世界观和土著人的世界观之后，土著人才能得到最好的对待。土著人的优势需要被认可，包括他们对扩展家庭、对长辈的重视以及保护土地和动物的意愿（Sue & Sue，2013）。

传统的治愈方式也可能被整合进去，从而重建身心灵的和谐，包括蒸汗屋、迅速去除身体中不纯净的部分以及草本治疗（Indian.org，2014）。美国土著人的治疗活动重视将人看作一个整体，而不是治疗某一个特定的疾病。讲故事和部落谚语都可以被用作学习工具。常见的部落谚语有："你永远无法叫醒一个装睡的人"（纳瓦霍人），"不要害怕哭泣；它会让你的心灵从悲伤的想法中释放出来"（霍皮人），"没有什么比得过响尾蛇的尾巴更有说服力"

(夏安族),"我们的第一个老师就是我们的心"(夏安族),"除非你也穿过他的鹿皮鞋,否则不要轻易评判你的邻居"(夏安族),"当一个人远离自然的时候,他的心也就僵化了"(拉科塔人)。

最近因为印第安人争取正义而闻名的领导人来自的社会团体包括美国印第安人运动、美国印第安人全国代表大会和全国印第安人青年理事会。低布鲁勒苏族部落保留地在南达科他州,其中有七个部落管理部门,分别是夏安河苏族部落、鸭溪苏族部落、弗兰德桑迪苏族部落、低布鲁勒苏族部落、沃格拉拉苏族、立石苏族和杨克敦苏族(南达科塔部落关系部门,2011)。在低布鲁勒自留地,每一个部落都是作为单独的政府来运作。每一个部落都有他们自己的领地,自己的语言、宗教和文化,和其他部落都不一样(南达科他部落关系部门,2011)。例如,玫瑰苏族试图保存拉科塔族(Sicangu Lakota Oyate)的传统。玫瑰花苞苏族由20个社区构成,分别是Antelope, Black Pipe, Bull Creek, Butte Creek, Corn Creek, Grass Mountain, He Dog, Horse Creek, Ideal, Milk's Camp, Okreek, Parmelee, Ring Thunder, Rosebud, St. Francis, Soldier Creek, Spring Creek, Swift Bear, Two Strike 和 Upper Cut Meat(玫瑰苏族官网,2013)。

西班牙裔(拉丁裔)美国人

人口普查数据

根据2010年的统计调查,美国生活着约5040万拉丁裔(Ennis, Rio-Vargas, & Albert, 2011;美国统计局,2012b)。"讲西班牙语的美国居民"作为一个统计分类,界定的是人们来自哪个国家,而不是他们所属的种族群体,包括墨西哥、波多黎各、古巴、萨尔瓦多、尼加拉瓜和其他中美洲和南美洲的国家,以及西班牙(美国统计局,2012b)。虽然53%的拉丁裔认为自己其实是白种人(美国统计局,2012b),他们往往也继承了阿兹特克印第安人的民族/种族遗产,或者是其他的双人种甚至多人种的遗产,包括印第安人、非洲人、西班牙人和白人祖先(Comas-Diaz, 2008)。拉丁裔认为种族融合与多重身份才是他们的典型特征。在这群人中,他们的肤色千差万别,这可能会导致非拉丁裔或拉丁裔的人在他们不认为自己是白人的时候将他们误认为是白人,当他们不认为自己是白人的时候,就会把他们误认为是黑人,等等。如果不邀请他们自己去界定自己的身份,而是由别人为他们选择一个身份,他们会觉得自己被严重冒犯了。拉丁裔人更多的是根据自己来自哪个国家而不是种族的类别来确定自己的身份认同。事实上,他们的自我认同的种族身份更灵活多变。他们倾向于将种族视为一个受背景影响的社会建构,而不是一个生理现实。例如,在某些背景下,可能会带来一个基于来源国的自称,有些则会是拉丁裔的自称,有一些则是非裔拉丁的自称,有些会是古巴黑人的自称等(Rodriguez, 2008)。在美国,出生地是国外的人口中有三分之一来自墨西哥,有55%来自拉丁美洲。拉丁裔人口中,最大的亚群体就是美国墨西哥裔,共有3180万人。往下依次是中美洲、南美洲和古巴人(美国统计局,2010e)。从拉丁美洲过来的移民正在稳步增加。大部分的拉丁裔都居住在三个州内:27.8%的拉丁裔居住在加利福尼亚州,18.7%的拉丁裔居住在得克萨斯州,而佛罗里达州占8.4%。

拉丁裔的家庭收入的中位数是39 005美元,在总人口中,家庭收入中位数为51 017美元(DeNavas-Walt et al., 2013)。虽然拉丁裔的男性赚的钱比一般男性要少,但是他们比拉丁裔女性赚的钱还是要多。70%的拉丁裔男性和58.2%的拉丁裔女性进入了劳动力市场

（美国统计局，2011b）。无论是拉丁裔男性还是女性，都最有可能在管理岗、技术岗以及其他相关的岗位工作。在所有拉丁裔中，有23.2%生活在贫困线下，在总人口中这个比例为14.3%。每3个拉丁裔儿童中，就有1个生活在贫困中，他们的贫困率为15.3%，远高于白人儿童（Anderson，2011；Macartney，Bishaw & Fontenot，2013）。

高贫困率总是和高犯罪率相伴随。拉丁裔的入监率是9%，而普通人口的入监率为5%（Carson & Sabol，2012）。有色人种，比如拉丁裔，无论是男性还是女性，无论是哪个年龄段，都比白种人有更高的入监率（Carson & Sabol，2012）。

拉丁裔的受教育水平也比普通人群低。25岁以上的拉丁裔中，只有64.3%的人口获得了高中文凭，显著低于一般人口87.5%的比例。但是，有14.1%的拉丁裔取得了学士学位。在拉丁裔群体内部，教育背景也大相径庭，南美的拉丁裔拥有最高的受教育水平，而来自墨西哥和中美洲的拉丁裔受教育水平最低。只有29.7%的出生在墨西哥的拉丁裔最后获得了高中学历（美国统计局，2011a）。

早在入学之前，教育成就就存在差异。研究表明，只有23%的4岁西班牙裔儿童已经做好入学准备，而4岁的白人儿童中，这个比例为37%（Aud，Fox，& KewalRamani，2010）。因为语言障碍、觉得不被学校欢迎（Nzinga - Johnson，Baker，& Aupperlee，2009）、文化误解、职业阻碍（Carreon，Drake，& Barton，2005）等原因，拉丁裔的父母不如白人父母那样热衷于参加孩子的校园活动。这些暂且不议，拉丁裔的大学入学率在上升；事实上，在18~24岁的高中毕业生中，有49%的人进入了大学，而白人毕业生中只有47%（Krogstad & Fry，2014）。

据帕西尔和科恩（Paseel & Cohn，2009）估计，在美国共有1 190万非法移民，其中有700万来自墨西哥。美国政府一直以"非法入侵"国家起诉他们。非法入侵作为一种控诉，是指个体不止一次地试图非法进入美国境内。1992年到2002年期间，关于非法入侵的起诉已经翻倍了。在这些新增的联邦法庭的判决中有48%都是关于非法入侵，只有22%是贩卖毒品罪。几乎每一个被判处非法入侵的个体最终都入监了（Light，Lopez，& Gonzalez - Barrera，2014）。虽然在这个国家，非法、无记录的人们为经济发展带来了显著效益，创造了19亿美元的税收，而且远高于消耗。这些收入最终用于美国市民的各项社会服务中，包括教育、医疗和社会服务（Capps & Fix，2005）。但是，那些没有档案的移民并不能像合法移民一样同时享受这些服务。例如，虽然非法移民也要支付社会保险，但是他们绝不会获得任何社会保险的福利（Chung，Bemak，& Kudo - Grabosky，2011）。即使他们知道他们需要社会服务，非法移民也不会主动寻找心理健康服务，因为会考虑到语言藩篱、缺少翻译以及文化差异（Bemak & Chung，2008）。

人们往往认为，在未正式登记的工人中，大部分人都贫穷且未受教育，而且那些来自墨西哥的移民，比那些来自其他国家的移民更加贫穷，受教育程度更低。但是调查显示，虽然有25%的非法移民没有完成高中学业，64%来自墨西哥的非法移民没有读完高中，但是，有4%的墨西哥非法移民确实拥有大学学历。和其他非法移民比起来，有更多的来自墨西哥的未正式登记的成年人都成为有孩子的父母，而且他们的孩子出生在美国（Passel & Cohn，2009）。

移民政策从个人层面影响了拉丁裔移民。当被问及当年的情况时，有24%的拉丁裔会暗示他们知道谁被驱逐出境或是拘留（Lopez，Gonzalez - Barrera，& Motel，2011）。因此，很多拉丁裔居民会体验到焦虑，担心自己的家庭成员或是朋友因为不是美国居民而被驱逐出境（Lopez et al.，2011）。

在奥巴马的管理中，移民政策已经发生改变了。在边境的逮捕率大量下降（70%）了，但是被驱逐出境的比例提升了（Passel & Cohn，2009）。59%的拉丁裔并不赞同这一政策（Lopez et al.，2011）。42%的拉丁裔居民支持为非法移民提供一个途径获得公民身份，在总人口中支持的比例为24%。几乎是相同比例的拉丁裔（46%）和普通群众（43%）认为，在移民政策里，边境执法必须和获得公民身份的途径占同样的权重。10%的拉丁裔和29%的普通民众认为边境安全和执法是最重要的事情（Lopez et al.，2011）。

目前已经有很多不同的尝试来解决未登记人口的问题，比如，2001年由迪克·德宾（Dick Durbin）和奥林·哈奇（Orrin Hatch）在上议院提出的梦想法案（DREAM ACT，对外来未成年人的发展、救济、教育）。在最开始的时候，梦想法案遭到大量的反对。原本这个行动计划将为未登记的学生提供永久居民身份，这些学生从美国的高中毕业，而且至少居住了5年以上，并被证明具有良好品德。另外，它也原本可以让那些未登记的移民的子女获得公共教育。2001年提出来之后，这个法案却没有在联邦层面被通过。但是，2013年11月，有15个州启用了它们自己修改过的梦想法案，以帮助那些未被登记的未成年人。绝大多数（91%）的拉丁裔都支持梦想法案（Lopez et al.，2011）。

对非法移民的担忧导致对拉丁裔市民的偏见和歧视。在卡特里娜飓风之后，他们被要求在提供证据证明了他们的居住权之后才能获得飓风的救援物资（Terhune & Perez，2005）。在2010年，亚利桑那州通过了一项名为"支持法律执行，保护邻居安全行动"法案（Arizona S. B. 1070）来减少非法移民带来的问题。这项法案包含的三项规定，最终在美国联邦政府对温莎最高法院判决中（2013），被认为是违宪的，这三项规定包括未得到许可而工作需要得到惩罚、作为外国人没有登记的惩罚以及保障警察逮捕他人的权威——即使没有任何正当理由，只要对方被认定为是非法移民。但是，第四项规定，允许警官要求因为怀疑可能有其他犯罪或潜在犯罪而被拦截的人提供身份证明，这一条并没有被废止。

由于拉丁裔人群中巨大的差异性，后面更深入的分析聚焦在墨西哥裔美国人，也是美国拉丁裔人口中占比重最大的人群（Ennis et al.，2011）。

简史

墨西哥人最初是通过购买以及征服的行动成为美国公民。公民化最大的一次转折是发生在1849年的美国-墨西哥战争结束后，墨西哥丧失了45%的领土。在西南部的疆土里，所有的墨西哥和拉丁裔群众都被确保获得公民身份。随后，开始了一个矛盾而具有破坏性的循环，那就是，当美国需要劳动力的时候，墨西哥人就被鼓励移民到美国，而当他们不再需要劳动力的时候，他们又期望墨西哥人回到自己的国家。例如，在20世纪30年代的大萧条中，30万墨西哥人和墨西哥裔美国人被遣返回国。在第二次世界大战期间，"短工"协议鼓励墨西哥人在美国境内短期工作。当战争结束后，政治家们又颁布法律来限制墨西哥人移民到美国（Bernal & Enchautegui-de-Jesus，1994）。

当时，墨西哥人的主要问题来源于他们的贩毒团伙。墨西哥是世界上第二大鸦片产地。贩毒团伙越过美国边境输送迷幻药、海洛因、大麻和病毒（美国中央情报局，2013）。

很多墨西哥人仍然不顾美国政府矛盾甚至有时候敌意的态度，执意移民到美国来寻求经济发展机会。墨西哥有近1亿1880万人口，其中有51%生活在贫困线下（美国中央情报局，2013）。经济机会的缺乏迫使很多人移民到美国（Santana & Santana, 2001）。在美国，一个人的合法状态"登记"或"未登记"将极大地影响到他在就业、教育、医疗和社会组织中获得各项权利的努力。未被登记的工作者因为担心被揭发，可能就不去寻找他们需要的社会服务（Atkinson, Morton, & Sue, 1979）。据推测，目前共有25%的农场工人、19%的园丁以及17%的建筑工人是非法移民（Passel & Cohn, 2009）。

由于家庭动力以及对美国主流文化的适应模式的差异，墨西哥裔美国家庭之间也存在大量的差异，但是依然还是有一些普遍的拉丁裔价值观存在，包括家庭成员的重要性以及家族荣誉感等。家庭（familismo）这个词，意在家庭的需要比单个家庭成员的需要更重要。家庭包括扩展网络中的亲属，而且其中有一些并不是因为血缘而联结在一起，而是一种义务或是感受；家庭的团结和荣誉都被强调（Atkinson et al., 1979）。例如，即使从墨西哥迁出后过了三代甚至好几代人，他们依然和故乡保留着亲属关系。墨西哥家庭也会在财政、情感和社会支持方面依赖教父（compadres）（Ramirez, 1998）。

由于来自集体主义文化，墨西哥裔美国人根据社会政治和历史背景来界定他们的个人身份认同，在这样的背景下他们也发展了他们祖先的历史（Comas-Diaz, 2008）。家族历史可能会包括好几代人的迁移和受到的伤害，包括未被处理的创伤。深层的家庭联结以及代际影响最后带来的结果便是从过去的不公平对待而来，传递至今的种族和性别的压迫。长辈们通过讲故事来传递家族历史，过去的创伤依然会持续影响到年青一代的家庭成员（Comas-Diaz, 2008）。

墨西哥裔家庭的贫困率是25%（Macartney et al., 2013）。在美国，有将近700万儿童在家里面使用西班牙语作为母语。由于学校一般以英语为母语开展教学活动，这些儿童可能会在跟上教学进度的过程中遇到困难（Sanchez, Bledsoe, Sumabat, & Ye, 2004），而且他们的父母可能也缺乏英语的教具来帮助他们（Aud et al., 2010）。

拉丁裔人有强烈的等级观念以及和权威的区分，并认为如果向权威人物表达不同意见是不礼貌的行为。这种观念也可能阻碍他们维护自己的正当权利（Ramirez, 1998；Santana & Santana, 2001）。从传统的角度看，男性总是假定他们扮演的就是提供者以及最终决策者的角色。他们拥有男子气概，因此他们是强壮的、忠诚的，而且会尽一切可能让家庭成员感到幸福。事实上，即便他们受到强烈的痛苦的煎熬，男性都会被期望去承受这些痛苦并继续支持他的家庭。人们总是期待男性为自己扮演的丈夫、父亲和儿子的角色以及为自己将家庭的幸福放在首位感到骄傲（Santana & Santana, 2001）。男子汉气概这个概念有时候也有性别主义和权力主义的成分。男性可能被当作女性的上级，并且对女性施用不平等的权力。这不仅不能对女性起到保护作用，男性还可能会因为嫉妒而限制他们的女友或妻子。

因为经济现实迫使女性在家庭外参加了工作，并且为家庭提供了经济支持，原先家中最年长的男性是最权威角色的传统正在发生变化。移民的女性使用她们的缝纫技能、清洁技能和烹饪技能，比移民的男性使用他们的农业技能更容易找到工作（Santana & Santana, 2001）。这也导致家庭向更加平等的方向转变（Ramirez, 1998）。对于一些家庭来说，这些角色转化带来的是压力和混乱（Santana & Santana, 2001）。

传统女性的角色是家庭主妇，负责照顾孩子。她们展示出来的是女子气质（marianismo）。这个词源于圣母玛利亚，是母爱的终极模范。女子气质，从字面上说，就是把为家庭成员带来温暖、提供支持当作自己神圣的责任。女性工作是为了给他人带来愉悦，而不是给自己，因此即使自我牺牲也在所不惜。她们也需要为家庭做出贡献。家庭生活是家庭的中心，女性需要将对家庭的忠诚放在首位。母亲，虽然看起来非常顺从，但是实际上在家庭里拥有很大的权力，因为她们具有的照顾他人的技能被认为比提供经济支持的技能更重要。母爱比亲密关系中的爱更加强烈。父母的角色被认为比配偶角色更为基础。虽然在经营家务中，母亲以及母亲的权威得到高度尊重，但矛盾的是，父亲在家庭财政决策中被赋予了最大的权威（Santana & Santana，2001）。

一般来说，墨西哥裔美国人十分接纳他们孩子的个体需要和品质。他们并不会在孩子的发展阶段特别去逼迫他们的孩子。父母双方都会用一种充满爱意的方式和年轻的孩子相处，对孩子有些放任。当孩子还小的时候，父亲扮演了玩乐伙伴的角色，当孩子长大一点后，父亲则变成了严格的人。而母亲则在孩子发展的过程中始终扮演一个充满关爱的角色，同时也是减少孩子和自己丈夫之间冲突的协调者。在家里面，适当地尊重权威这点是被强调的。孩子就应该听父母的，而且遵照父母的意见，年龄偏小的孩子需要学习和模仿年长的手足的行为。当孩子进入小学高年级后，被要求承担更多的家庭责任（Ramirez，1998）。自我价值感来自儿童内在的品质，包括独特性、友善性以及正直等，这也让他们有自尊和尊严，并从他人那儿获得尊重。

家庭成员之间是相互依赖而不是相互独立的。年青的一代需要努力工作，提升自己，超越父辈获得的成就。在传统家庭中，反抗父母的权威是不可接受的。传统来看，女孩比男孩的自由更少，而且往往被引导参与家庭活动，而男孩往往被鼓励和男性同伴开展社会交往。那些受到文化融合影响，而争取更多自由的青少年可能会为他们所生活的家庭带来危机，并且努力争取为他们在两个文化中建立的两种自我认同建立联结（Santana & Santana，2001）。年轻的成年人会一直和父母生活在一起，直到他们结婚，而当父母变得特别虚弱的时候，他们也会搬到他们的某个成年子女的家中和他们一起生活（Santana & Santana，2001）。女孩在结婚之前要保持贞操，而且不能表现出对性的兴趣。事实上，那样做的女性往往被认为是"坏"女人（Santana & Santana，2001）。

那些刚刚才开始融入美国主流文化的家庭，可能有时需要他们的孩子担任翻译。这也会阻断原先传统的家庭等级和权威，造成压力。此外，也可能导致治疗师获得不准确的信息（Sue & Sue，2013）。

墨西哥裔美国人重视在与他人互动时表达友好和问候。他们重视人格主义（personalismo），换句话说，就是在和他人互动中的个人的、个体的习惯，而不是一个职业的、充满距离的互动方式，后者往往受到主流文化的偏爱。当一个墨西哥裔美国人和一个行为举止看起来有距离而且没有人情味的人互动的时候，他们可能会感到不被尊重，而且觉得不舒服。

教会在家庭生活中是十分重要的，牧师总是受到高度尊重，而且是重要宗教仪式中的主持，包括婚礼和成人礼（15岁的女孩成为成年人）（Santana & Santana，2001）。大部分墨西哥裔美国人都是天主教徒（70%）；但是，墨西哥人也开始逐渐接受新教信仰，包括摩门教和长老教（Delgado，2006）。在过去十年里，福音教教会里面的墨西哥裔美国人增多了（Delgado，2006）。虽然信仰不同，对于很多墨西哥妇女来说，瓜达卢佩圣母依然是重要的精神母亲。她被认为是深色的圣母玛利亚（Comas-Diaz，2008；Santana & Santana，2001）。瓜达卢佩源于天主教，但是在更为本土的信仰体系中也被信奉。人们相信，是她养育了人们，为人们提供了温暖，提供了对压迫的接纳。在墨西哥和美国的政治斗争中，她被用作希望的象征（Comas-Diaz，2008）。

总体而言，在美国，墨西哥裔美国人和总人口比起来，更年轻，受教育程度更低，而且更贫穷。由于自身高出生率，撇开相对稳定的移民率，这个群体的人口也在增长（Passel，Cohn，& Gonzalez-Barrera，2012）。代际历史在家庭成员如何与他人以及与社会互动中扮演了重要角色（Comas-Diaz，2008）。家庭背景对身份认同特别重要，因此新组建的家庭以及拓展家庭都尝试比邻而居（Santana & Santana，2001）。

目前的治疗实践可能会和拉丁裔人的期望和能力相冲突，包括：①在家里面强调西班牙语而不是英语，最终可能导致用英语交流不那么顺畅；②以家庭成员为导向，而不是以个体为导向；③在权威人物面前保持安静，表现出顺从；④期待来自治疗师的单向的、结构化的沟通；⑤期待治疗是行动取向的，而且聚焦在短程目标，而且是具体的、特定的（Sue & Sue，2013）。

白人美国人/欧洲裔美国人

人口普查数据

"白人美国人"的分类是由美国统计局创造的。"白人"是指一个异质化的群体，包括具有欧洲裔美国人血统的个体，他们往往有着白皙的皮肤，同时也包括皮肤白皙但祖先并不是来自欧洲的个体。现在，"白种"美国人代表着美国国内的主流人群。如果把白色拉丁裔包含在内的话，他们占了总人口的78%，如果不算在内的话，则是64%（DeNavas-Walt et al.，2013）。非拉丁裔白人家庭的收入中位数是57 009美元。这显著高于所有人口的收入中位数——51 017美元。这个人群生活在贫困线下的比例为11.6%，而在总人口中，这个比例为14.3%（美国统计局，2011b）。只有17%非拉丁裔白人儿童生活在贫困中（美国统计局，2011a；DeNavas-Walt et al.，2013），这代表了美国国内所有民族和种族群体的最低贫困率。由于经济福利与犯罪率相连，白人只有2%的可能在监狱中度过；这个比例也显著低于总人口9%的比例（美国司法部，2006）。

从教育的角度来看，92.4%的白人已经高中毕业，而34%的白人获得了学士或是更高的学位（美国统计局，2011b）。从职业的角度看，白人上班族中，绝大多数（42.7%）在管理岗、技术岗或相关岗位工作，其次是在销售和办公室职位（24.2%）和服务岗位（14.5%）。只有10.1%的白人工作者将自己划为制造业、交通运输业；8.2%的白人认为自己是建筑业、维修业；0.5%的白人将自己划分为农业、渔业和林业工作者（美国统计局，2011b）。

简史

美国国内最初具有政治权力或"特权"的人群构成了白人新教徒。只有新教徒的男性有权利投票。他们同时也是家庭中的领导者。他们运用来自他们个人信仰系统中的价值观来创造社会机构和规范。最近才移民过来的、经济上不那么成功的群体不得不依附那些早已成立的社会机构。在国家历史的早期，许多高加索人被歧视而且并不被认为是白种人。相关的事例是对待早期爱尔兰裔美国移民的方式。在20世纪的时候，爱尔兰裔美国人像非洲裔美国人一样被歧视且受到压迫，而且也是被高度剥削的工薪阶层。他们被称为"白色黑鬼"（Ignatiev，1995，p. 34）。在内战爆发前，爱尔兰裔在废奴运动中扮演了十分活跃的角色。

南方奴隶主开始意识到为了保存自己的力量，他们需要北部工薪阶层的支持。他们通过对政治斗争提供财政为爱尔兰裔获得公民权，作为回报，爱尔兰裔要反对废奴主义者。随着时间流逝，爱尔兰裔开始意识到他们的白色皮肤就是走出边缘化的门票，而他们也欣然接受（Ignatiev，1995）。

第二次世界大战后，其他先前被边缘化的群体，来自所谓"次等"或是欧洲裔的种族群体，随着他们赚了足够多的钱足以进入中产阶级并获得一些政治影响力后，也逐渐被人接纳为白人。尽管那些分配方式试图将他们排挤出去，他们还是有足够的能力让他们的孩子获得更高水平的教育。这些受到更多教育的后代学会了日后在工作领域有用的技能（Brodkin，2001）。在第二次世界大战之后，这种变成白人的方式加速了。新的工业综合体需要技能熟练的劳动力，这次招工潮为白人群体带来了经济的繁荣。

类似的，1944年军人再调整法和联邦住房管理局的贷款使得白人男性获得贷款去购买自己的第一所房子；这也为后续的经济繁荣打下了基础。是他们的白色皮肤和男性性别角色让他们拥有了这样的特权（McIntosh，2008）。同样的福利却因为制度的原因，使得那些服过相似兵役和经济稳定的少数退伍老兵和女性并不能够得到这些。布罗德金（Brodkin，2001）认为《美国退伍军人权利法案》是美国历史上最大的平权行动；它为白皮肤的天主教和犹太男性进入中产阶级提供了特权。成为白种人的一员，就拥有了特权获得更好的居住条件。他们如同带有一枚社会地位的勋章，有了这枚勋章，就表明你是一个好的员工、好的公民，以及是一个安全的邻居（McIntosh，2008；Sue & Sue，2013）。

然而，真正的白人身份，是以放弃对原国籍的忠诚为代价的。如果一个家庭，依然还在家里说意大利语，他们就会被认为是有"某某血统"的白人，并被当作是白人中的次等类别（Frankenberg，2008，p.83）。当肤色、发质、面部特征和语言被用作评定一个人处于哪个等级的时候，一个种族和文化的等级制度就成立了。作为殖民主义的残留，这个等级制度里面弥漫着这样的观念，那就是非白人文化没那么精致，不够文明，或者是不正常的。白人被当作"平均"或是"典型"的等价物，当作真正美国人该有的品质。白人，就是所有"正常人"应该有的样子，而且一个真正的白人，只说英语（Frankenberg，2008）。

"新教伦理"，这个词由韦伯首创，被认为是白人文化的缩影。这个伦理融入了新教教义的审美方面，即重视努力工作、自给自足、自我检讨、情绪控制以及将内疚感作为控制的机制（Albee，1977）。这些价值观中掺杂了新发展的资本主义体系需要的品质，而且这些观念都是那些富裕的新教徒商人持有的。他们需要忠诚的工人，那些工人能够从工作的成果中获得满足感，而且这种满足感远高于从与他们家人和朋友的关系中获得的满足感。那些愿意牺牲和家人在一起的时间而投入支持公司业绩增长的工人，最终会以经济上的成功作为回报（Weber，1904—1905/1958）。后来，更加个人化的导向逐渐形成，在这种个人化的导向里面，成功和个人积累的财富与取得的社会地位有关，而不是社会责任的完成情况（Albee，1977）。资本主义和个人主义都是特别强大的力量，甚至能将白人的价值观转化，使他们认为商品的生产和消费才是主要目标（Frankenberg，2008）。

新的文化伦理重新定义了对于男性而言负担家计的含义。现在，他们成为家庭的主要财政支持，而不是每天都积极地参与到家庭生活中。在他们专心追求工作领域的晋升时，家庭成员需要义无反顾地支持这些负担家计的人。为了能够得到更高水平的教育以及获得更高的晋升空间，养育孩子的计划也被推迟。规模更小的家庭开始受到更多青睐，因为如此一来，家庭里每一个成员都能获得用来晋升所必需的教育和财政支持。这些负担家计的人被认为能够很好地自律，以追求长远的目标，而不会因为一时之快而被短期目标所转移注意。他们所需要的力量感来源于独立思考，而不是依赖他人（Weber，1904—1905，1958）。由资本主义带来的这些压力让白人变得相似，迫使他们持有同样的价值观，都说英语（Frankenberg，2008）。法律和教育机构都是为了适应这种新的生活方式和时间安排而设立的，同时也与新资本主义是一致的。在教育系统里面社会改革将继续让那些白人移民再社会化，从而让他们接受这些价值观和行为（Frankenberg，2008；Ignatiev，1995）。将时间划分为小块有助于将商业活动变成生活日常。"浪费时间"成为最大的犯罪。这个新的伦理规则有选择性地让那些有不同时间观念、愿意更多参与家庭活动的雇员在竞争中变得劣势（Weber，1904—1905/1958）。所有的文化群体的评价标准都是看他们在多大程度上接近"正常"，而这个正常的标准是由白人制定的；越是与之不同，就越被认为是低级的或是边缘的（Frankenberg，2008）。

在美国，类似精英教育的社会神话产生了，成功最终走向那些具有优秀品质或者是努力工作的人的怀抱。人们是自己命运的主人。一个恶性推论就是，谁在经济上更成功，在道德上就优于那些拥有较少财富和金钱的人。因此，"能动性"这个概念和另一概念混合在一起，这个概念就是只有那些道德感弱或懒惰的人才会成为弱势群体或是穷人（Quinn & Crocker，1999）。此外，这种主动将非白人群体排斥在工作领域的方式，以及这样如何阻碍了他们获得成功，都被忽视了（Zweig，2008）。父母教养行为也发生了改变，来获得白人文化下的成功。父母训练他们的儿子聚焦在长期目标，对成功的迹象保持敏感，并主动去追求成功。父母可能会让孩子觉得短时的失败是可以接受的，只要他从中学到了让自己获得最终成功的重要经验教训（Ng，Pomerantz，& Lam，2007）。这同时强化了这样的观念，即一个健康的男性是独立的且具有竞争性的。为了培养一个自信且独立的儿子，人们发现，白人父母会对他们获得的成功给予积极的回应，而弱化和失败有关的情境。随着社会的某些方面变得男女差异没有那么强烈，这些父母的教养实践也被应用到女孩身上。在中产阶级，白人父母会使用更加理性的策略，通过那些有原则的方式，鼓励他们的孩子积极主动，独立行动。副作用之一就是这些青少年在决策过程中可能没那么尊重权威（S. V. Dixon，Graber，& Brooks Gunn，2008）。总之，白人青少年认为从父母那儿获得独立自主是高度优先的（Fuligni，1998）。

白人是一个异质性很强的群体，他们由来自不同种族和拥有不同宗教信仰的人们组成。他们唯一的共同点就是在美国，他们拥有作为白人所独有的特权。因此，当白色皮肤的移民试图融入美国社会的时候，他们自动地就具有了一种优势。他们的一种潜在特权就是他们的种族分类是不存在或者是"无标记的"，他们的价值观和行为就是自然而然的，等同于这个社会的规范，而他们的文化价值观则是其他所有文化的参照点（Frankenberg，2008，p. 81；L. Smith，Constantine，Graham，& Diz，2008）。白人父母认为自己总能让自己的孩子不陷入被虐待的情形中，而且当白人的孩子们打开电视的时候，会看到他们这个种族的成员总是被描述成"好孩子"（McIntosh，2008）。

D·W·苏和D·苏（D. W. Sue & D. Sue，2013）将这些优势称为"不劳而获的特权"，因为这并不是任何个体主动行动的结果。白人文化的成员比其他种族和民族群体的成员拥有更多的社会和政治权力，同时，他们通过实施一系列或明确或含蓄的维持社会种族不平等的政策，来使得他们始终拥有更多的权力（Frankenberg，2008）。白人也许会继续认为他们生活在一个精英社会，而且对他们这些捡来的权力视而不见（McIntosh，2008）。白人也可能会觉得，要承认自己的种族主义倾向是十分困难的，因为这个社会的组织结构就是基于对有色人种压迫的本性。一种可能的解决方法是让"白"变得可见，比如挑战种族主义的评论，压倒那些试图消除有色人种声音的行为，辨识出内化的种族主义可能有的内在的消极反应（Case，2012）。

在美国社会，最初掌权的都是白人。由于偏见、歧视和边缘化的影响，在美国，大部分非白人群体对白人都有强烈的负面情绪（Sue & Sue，2013）。但是，也有许多白人没有办法接近权力，而且同样在血汗工厂工作，而且经历着财政压迫（Frankenberg，2008）。可是，他们拥有白色皮肤的事实让他们有能力去同化，而其他群体则被这种同化排斥在外。这使得他们可以居住在任何他们能负担得起的地方，而且在选举日也不用去面对各种阻碍，并且理所应当地觉得教育系统和司法体系会考虑他们的需求，而且有权利与不公正做斗争（Frankenberg，2008；Sue & Sue，2013）。许多白人个体都把自己当作"色盲"，而且认为他们只会通过对方的独特品质来评价他人；他们甚至有可能感谢种族主义的存在，因为他们极大地忽视了种族主义的普遍性以及深远影响。这些类型的信念使得种族主义一直持续到了今天，他们构成了微侵犯，直到今天，仍然对有色人种带来了深刻的负面影响（L. Smith et al.，2008；Sue & Sue，2013）。白人并没有意识到他们的肤色给予给他们的特权。例如，在大学，如果错过了一堂课，白人学生并不会觉得向教授寻求额外的帮助会让自己觉得不舒服，这个教授也可能是白人。同时，这个学生也可能会很自然地找班里其他同学借笔记并复印，而他的同学也大部分都是白人。相反，一个非洲裔美国学生可能会觉得和一个白人教授打交道并没有那么舒服，尤其是当他已经在学校经历过许多直接的种族歧视的行为，包括许多微侵犯。另外，这个学生也许只在向另外一个非洲裔美国学生借笔记的时候才觉得舒服，但是，在这个班上可能没有第二个非洲裔美国学生。最终，这可能导致这个学生落后于整个班级，然而那个白人学生却能够赶上班级的进度（McIntosh，2008）。

当前美国社会白人文化的主导地位，以及美国在世界事务中的主导权，无形之中肯定了白人文化的优越性，以及将他们的价值观强加给其他文化群体的正当性（Frankenberg，2008）。经济也不可避免地和种族相联系。中产阶级和上层阶级形成了现在被认为是来自白人文化的态度与行为。缺钱，带来的是拥挤的住宿、几乎没有的隐私以及满是压力和体力活的工作。这些因素都使非白人文化群体没有办法按照白人认为的"传统""正常"和"健康"的方式生活（Frankenberg，2008）。

社会中存在两种常见的白人特权的形式。第一种特权是被公正对待，同时有平等的途径获得教育、住房以及其他的待遇，这种特权应当扩展到所有的种族或民族团体中；第二种特权形式则带有恶意，它赋予白人统治他人的权力，这种特权需要根除（McIntosh，2008）。

中产阶级白人的价值观已经被灌输到治疗师的治疗策略中，因此，绝大多数白人来访者比非白人来访者在治疗环境中感到更舒服。这些被植入的价值观包括：①个体导向；②重视言语表达，也因此更依赖流利的英语；③强调在表达需求和解决困难的过程中，来访者积极参与；④将情绪表达作为健康的关键点；⑤未来导向，重视长远目标（Sue & Sue，2013）。

种族和民族指南注意事项

1. 评估来访者在生活中自我认同的种族或民族身份，并考虑所认同的身份能够为他们在个人、家庭、社会、职业和政治等方面可能带来的优势、资源和权力。

2. 考虑是什么巩固了主流文化中的世界观、组织机构、政策和实践，而且可能带来歧视、偏见和种族主义，并阻碍了来访者此刻的健康发展。

3. 考虑当前有什么事件加剧了歧视、偏见和种族主义，并阻碍了来访者此刻的健康发展。

4. 考虑有什么历史事件可能会影响到来访者的种族或民族身份认同，评估他们现在遇到的问题是否有可能由以下因素导致：直接或间接的压迫与创伤、对压迫的反应、被同化的压力、歧视、偏见与种族主义，或者是与主流社会和机构的价值观不匹配。

5. 根据来访者的价值观、信仰和行为评估来访者在这段时间有哪些方面是做得好的，这个评估既要考虑他们自己民族和种族的世界观，也要考虑主流文化群体的世界观；讨论他们在主流社会中的行为有没有哪些是在积极适应社会的不公正，并且得到他们的种族或民族社群的支持。

6. 考虑成功的治疗将更多地包含来自来访者这方面的内在觉察或行为，或者是包含更多改变那些压迫来访者的环境的行为，包括政策、程序和价值观的改变；考虑是否有一些来访者现在特别重视的特定文化资源、治疗策略或者是治疗师，并能被有效运用到你的治疗计划中。

自我分析指南

1. 你现在拥有多少关于来访者所属种族或民族群体的知识？
①你已经听了多少门课让你具有关于来访者民族或种族群体的背景知识？
②你已经参加了多少个工作坊让你获得关于来访者民族或种族群体的背景知识？
③你具有什么样的专业工作经历是和来访者种族或民族群体有关的？
④你具有什么样的个人经历是和来访者种族或民族群体有关的？
⑤关于来访者的种族或民族群体，你持有什么样的认识？

2. 目前，你对于和来访者种族和民族群体相关的议题的觉察水平达到了什么程度？
①你曾听说的关于来访者文化或种族群体的刻板印象有哪些？
②在你的生活中，主流文化的偏见是如何发挥影响的？
③你的种族和民族群体在你的生活中扮演了什么角色？
④对比一下你和来访者的种族和文化，什么样的差异可能导致沟通障碍、价值冲突，或者为理解来访者的生活方式和经历带来困扰，或者是让来访者的优势变得无效？

3. 目前你拥有什么样的技能让你可以和来自这个（这些）种族或民族群体的来访者开展工作？
①你目前已经具有的，对来访者的文化和种族认同工作充满价值的技能是什么？
②你觉得什么样的技能对来访者的文化和种族认同工作很重要但有待继续发展来有效发挥作用？

4. 你能采取的措施有哪些？

①你将如何改变你的建立关系阶段,从而和来自这个民族或种族的来访者建立更有效的工作同盟?

②你将如何组织你们的治疗环境来增加来自这个(这些)民族或种族群体的来访者获得更加积极结果的可能性?

③你计划对这位来访者使用的理论流派中,有哪些方面可能包含了潜在的文化或种族歧视?你将做出什么改变来改进并让治疗变得有效?

④在制订治疗计划阶段,你会做出哪些改变来让这个(这些)种族或民族群体的来访者有更多可能获得积极的结果?

性取向领域

16岁的艾瑞克(Eric)身处在家庭混乱里面,正在与他的性别角色认同做斗争(第四章)。艾伦(Ellen)感到十分孤独,同时在发现自己是女同性恋后,试图改进她和家人的关系(第七章)。尽管性取向总是被当作一个个人特点,美国心理学会(2008)认为这个定义并不准确,因为性取向包含了个体和他人的互动。这些互动是为了满足个体对亲密、爱和依恋的需要。因此,当你试图帮助艾瑞克和艾伦增强他们的人际关系的时候,你需要去考虑他们的性取向。如果一个人在人际互动中表达出了自己的性取向,这将如何影响到治疗关系呢?

一个普遍的误区就是认为同性夫妻不同于异性夫妻。这些夫妻因为同样的原因而组建家庭,但是仍然受到偏见和歧视(APA,2008)。2011年,美国有1%的家庭,或者说605 000对夫妻声明他们是同性夫妻。其中,有28%的人说自己是同性的配偶(Lofquist,2011)。同性伴侣和异性伴侣比起来,伴侣之间在年龄上的差别更大。此外,还有性别差异,更多的男性拥有比自己年长至少10岁的伴侣(25%),而女性这个比例为18%;与异性夫妻相比,出现这方面的差别可能是因为对于男同性恋和女同性恋而言他们可供选择的伴侣更加有限(Lofquist,2011)。现有研究发现,针对性少数夫妻的性排斥态度不同于针对异性夫妻的。美国夫妻调查发现,只有36%的男同性恋认可一夫一妻制,而异性恋男性中这个比例为75%。此外,71%的女同性恋者支持一夫一妻制,而异性恋女性中的比例为84%。在上述两种情况中,女性都比男性更重视一夫一妻制(Peplau & Fingerhut,2007)。

2013年6月26日,美国最高法院驳回了《婚姻保护法》(DOMA)(美国联邦对温莎案)。最高法院认为它违反了第五修正案,其中声明公民具有平等的自由,因此是违宪的。一直到2014年,关于同性夫妻是否应该被允许结婚依然是一个重大的政治争论,而且仍有一些政治家认为那些厌恶同性恋的言论是可以接受的。例如:在2011年,议员弗兰克(Frank)(亚利桑那州)认为,"婚姻平等从长远来看对国家存亡存在威胁";在2013年,米歇尔·巴赫曼议员(Michele Bachmann)(明尼苏达州)说,基督徒们必须参与到这场"精神战争"中,与那些同性婚姻相斗争(Hagan,2013)。在本书撰写期间,恐惧、厌恶同性恋存在的同时,在华盛顿地区以及其他27个州,同性夫妻可以自由结婚。此外,美国有44%的人口居住在允许同性夫妻结婚的州。计有48%的人口居住在为同性夫妻提供某些形式的保护的州(自由婚姻,2013)。

美国心理学会(2008)将性取向定义为:

对男性、女性或两性具有情感、浪漫关系和性方面吸引力的持久模式。性取向也包括个人基于这些吸引力、相关行为以及对社群中分享这些吸引力的其他人的归属感所形成的个人身份认同。

大家总是会把性取向当作一个绝对的变量，但是事实上，它却会在一个延续的范围内变化，在这一端，个体只会被同性强烈吸引，而在另一端，他只会被异性强烈吸引（APA，2008）。性取向与一个人的生物性别不同，后者是由基因决定的，而一个人的性别态度和行为，则是由文化决定的。

艾瑞克和艾伦的性别身份认同既包括了他们心理层面对成为一个女性或一个男性的主观感受，也包括他们接近社会定义的男性或女性行为密切程度（APA，2008）。性取向也和一个人的性行为不一样。比如，有一些人仅仅为了方便起见，可能会和异性或者是同性伴侣发生性行为（Savin-Williams，2001）。艾瑞克和艾伦表达了他们的性取向，而且和他们的生物性别不一样。无论那个独特的行为是什么（牵手、亲吻或是不戴套性交），目的都是为了满足对爱、依恋和亲密的需要。性取向确实界定了一个人能够从哪儿获得一段令人满意的浪漫关系，但是并没有界定情绪的稳定性（APA，2008）。

性少数群体可以通过各种各样的方式来获得自我认同，包括作为男同性恋或女同性恋、双性恋、不确定性取向、酷儿或者是泛性者（Zea & Nakamura，2014）。对性取向的自我认同对于自尊和情绪健康都十分重要。因此，对于性取向困扰的治疗需要包含帮助个体应对社会对性少数人群的偏见，并形成他或她自己定义的性取向。没有证据表明"修缮的"或者"转化的"治疗是安全的，相反，它可能会强化对性少数人群的消极刻板印象，并可能是具有伤害的（APA，2008）。

最新的关于性少数群体中的青少年心理健康的陈述，以及美国心理学会（2005a，2012）、美国精神病协会（美国精神病协会、精神病师心理治疗委员会，2000）、LGBT咨询协会（2012）的伦理守则，都强调将性少数群体当作与众不同但依然是正常的发展途径。这些指南同时还强调了助人者需要学会如何用肯定和建设性的方式回应这些来访者。在一项关于女同性恋和男同性恋的政策陈述中，美国心理学会同性恋委员会（1991，p.1）指出，"同性恋本身并不暗含在公平、稳定性、可靠性或者一般的社会和职业能力方面的损害"，而且进一步指出，从业者有义务教育公众，让他们也知道这个。社会公众对同性恋的态度并不是静止不变的，而是在飞速变化（T. Smith，2011）。2010年，由芝加哥大学的国家民意调查中心（NORC）开展的一项社会普查中，公众的意见出现明显的分歧，44%的样本人群认为"两个同性成年之间的性关系"是错误的，而41%的人则认为"这一点错都没有"。这可能是群体效应的结果，年轻一点的个体比年长的个体更倾向于接受同性恋（Smith，2011）。

性少数个体可能比他们的异性恋同辈群体更加经常寻求治疗。偏见和歧视都有可能产生负面的社会和个人影响（APA，2008）。虽然有一些性少数个体能够用一种适应的方式应对因为非异性恋而带来的负面的刻板印象和社会污名，但是这类压力更容易让性少数人群比异性恋者更经常前来寻求治疗（Cochran，2001）。对他们的歧视包括轻易地拒绝他们，比如工作上拒绝雇用他们，或者是拒绝批准他们的一项银行贷款等。歧视也包括那些细微的消极行为，这些行为会让个体感觉没有被尊重。目前，联邦法律并不会在家庭和工作场所为性少数人群提供保护（人权运动，2000）。由于每天面临来自邻居的歧视和偏见的可能性以及在学校或工作领域被欺凌或骚扰的可能性变得越来越高，有些性少数人群可能会参与到一些高风险的活动中，包括未保护的性行为以及物质滥用和酗酒（APA，2008）。性少数人群也比异性恋人群有更高的风险罹患抑郁、萌生自杀的想法、采取自杀的行为（APA，2008；Herek & Garnets，2007）。

因此，出柜的能力有时候得依靠是否有经济能力。出柜有很多现实的风险，同时也有很多显而易见的好处。个体会获得一种做自己的自由感。这种自由也让他们可以和别人建立更深的关系，这种关系是基于自我肯定的行为，而不是一种迎合社会的结果（Riggle，Whitman，Olson，Rostosky，& Strong，2008）。在一项由保沃米斯特（Bauermeister）和他的同事（2010）开展的持续两年的纵向研究项目中，女性会说保持一段同性关系降低了她们内在对同性恋的恐惧，男性则说同性关系提升了他们的自尊。与先前的研究不同，拥有一段异性恋关系对幸福感既没有积极影响，也没有消极影响，但是拥有一段同性关系则会和幸福感相联系。不容忍骚扰、欺凌和歧视同性关系的社会氛围确实为性少数青少年的健康发展提供了不少支持（APA，2008）。

通常在童年中期和青春期的时候，个体才开始意识到自己是性少数群体的一员。可能有些人会早就知道自己的性取向，但是还有一些性少数人群在清楚知道自我认同的性取向之前就参与到各种性活动中了（APA，2008）。对大部分青少年来说，身体的发展带来的生理变化让他们萌发了对性的兴趣。但是，性活动对于一个人意识到自己的性取向而言并不是必要的。但是，当性少数青少年生活在一个"歧视同性恋"或者"同性恋是不好的"环境里时，他们可能通过与之抗争而逐渐觉察到自己的性取向（Beckstead & Israel，2007，p. 222）。这是因为由父母、宗教领袖、社会媒体以及其他有影响力的社会组织所传达的关于性的文化信息仅仅包含异性恋，并否定同性恋，换句话说，这些信息总是暗示同性恋本来就没有异性恋健康（Savin-Williams，2001）。关于性少数青少年的调查表明他们自我认同的身份十分多样：61%认为自己是男同性恋或女同性恋；32%认为自己是双性恋；3%认为自己不确定，而4.5%认为自己属于"其他"（Kosciw，Greytak，Diaz，& Barkiewicz，2010）。

反对歧视、支持包容的社会舆论越来越多（T. Smith，2011）。尽管如此，社会上仍然有大量的反对同性恋的偏见存在。研究发现，语言骚扰和虐待是性少数人群常见的经历，同时，针对性少数人群的严重骚扰和暴力行为的比率仍然很高。事实上，男同性恋和女同性恋者可能会歧视双性恋或跨性别人群（APA，2008）。

对于青少年来说，一种普遍的体验是认为自己的性取向不是自己选择的结果。关于性取向的科学研究认为，这其实是先天与后天复杂交互作用的结果（APA，2008）。当一个异性恋的青少年对自己的身份认同产生困惑的时候，他可以模仿那些确信自己是异性恋的人的行为，尝试新的角色。他们的这些探索性行为至少会得到父母的一些接纳。对于同性恋和双性恋而言，他们可能就没有相同类型的尝试机会。假如他们真的发现了自己可能的伴侣，他们也通常没法从他们的家庭、同伴和社会媒体那儿获得许可去探索他们的感受。相反，他们不得不面对来自成年同伴的偏见和否定，甚至遭遇家庭暴力以及社区里出于仇恨的犯罪行为（Schneider，Brown，& Glassgold，2002）。对AIDS（艾滋病）的恐惧更是加剧了对性少数人群的偏见和歧视，即使已有证据表明，这并不是一个"同性恋"疾病（APA，2008）。虽然越来越多的人反对公然的歧视，但是对于性少数人群来说，感受到来自他人的敌意依然很普遍（APA，2008）。

对于女同性恋、男同性恋、双性恋和跨性别（LGBT）的青少年来说，学校可能成为一个危险的场所。校园里的受害经历最后会导致学业成绩落后、自尊水平偏低等。制度支持，比如学校里面支持LGBT的成年人的出现，和低的旷课率相关。包容的学校政策增加了性少数青少年的联系和参与度，例如，关于性少数议题的教育课程，同性恋-异性恋联盟俱乐部，易理解的反欺凌和反骚扰政策，都对自尊有积极影响，并会增加学业成就，减少旷课（Kosciw, Palmer, Kull, Greytak, 2014）。

有一些异性恋父母，虽然没有公开排斥性少数青少年，但是他们仍然没有全然地接纳他们。这些父母仍然假定他们的孩子最后还是会变成异性恋，而且没有准备好接纳现实。他们可能会说自己的孩子还太年轻，没有能力做决定，鼓励孩子不那么着急地做任何决定，通过这样的方式来消解青少年逐渐增强的性觉醒（Schneider et al., 2002）。有时候，性少数青少年不得不因为心理压力而忽视他们的性感觉，这样一来他们才会符合宗教和文化的规范（Haldeman, 2000）。萨文·威廉姆斯（Savin-Williams, 2001）指出，总体来说，25%~84%的性少数青少年因为担心失去情感或经济的支持，没有对家人说出自己的性取向。

由于对性少数的偏见和歧视，对于青少年说，吐露自己的性取向可能是十分复杂的事情（APA, 2008）。第一步可能包括不断增加的个人觉察以及标签自己性别认同的能力；接下来可能就是第一次对其他人坦露，然后逐渐告诉"重要"他人。但是，许多人都不是经历这样的线性过程，可能会有许多不同形式的发展轨迹，而不是一个阶段模型（Savin-Williams, 2001）。直到他/她准备好从家庭中独立出来，青少年决定全部说或暂且隐瞒的原因也十分不一样。有些性少数青少年会觉得如果他们出柜，他们的家庭关系可能会受损，而其他人则觉得这会促进家庭关系。青少年没法控制他们生活的社区的邻居以及就读的学校。那些表明了性取向的性少数青少年可能会在学校受到欺负或骚扰（APA, 2008）。因为他们都出生在异性恋父母家庭，后来，在青春期或成年期，他们可能会寻找并加入LGBT的社群。每个个体都需要决定自己希望在多大程度上融入这个社群，而这个社群与主流并不相同（Zea & Nakamura, 2014）。

此外，每个人都有十分复杂的身份。个体身份的不同部分并不是真空存在的。一个常见的交叉点就是，个体的种族或民族身份与他们的性取向。另一个相交的例子则是性取向和他/她的社会性别（Zea & Nakamura, 2014）。最后可能导致青少年在探索自己的身份认同时，不可避免地要冒着被来自其他社会团体的同伴排斥的风险（Hershberger & D'Augelli, 2000）。如果一个性少数个体对出柜有担忧的话，他可能会在社群中假装自己是异性恋。这可能导致他或她在家附近的酒吧或俱乐部约会。那些为成年人设计的酒吧或俱乐部就可能被营造得充满了性色彩。因此，性少数青少年可能需要采取策略避免这些，同时挑选安全且合适的约会对象（Hershberger & D'Augelli, 2000）。

即使进入成年期，社会也会迫使性少数人群变成异性恋身份认同者（Beckstead & Israel, 2007）。人们具有独特的人格和成长背景，希望参与到不同的社会群体中（Bartoli & Gillem, 2008）。但是，性少数人群总会感到被迫在他们的性认同和其他认同之间做出选择，比如宗教信仰或者是种族信仰（Beckstead & Israel, 2007）。有研究发现，越来越多的人将自己自我认同为女同性恋、男同性恋或是双性恋的人，而不是有同性性行为的人（Gates, 2010）。这可能是由于内在的或是外在的对同性恋的恐惧（Zea & Nakamura, 2014）。因此，可能会出现一段怀疑自己性别的时期，个体为了能够让自己各方面和平共处，这个时期可能会持续好几年。这些关于"我是谁"的矛盾斗争可能是出柜阶段的一个共同部分，最终也可能会让个体获得一个健康的、性方面整合的身份认同。但是，有些自相矛盾的个体可能会接受转化治疗；他们当中有66%是为了适应自己的宗教信仰。对于大部分人来说，转化治疗会带来负面的结果，这些结果包括更加恐惧同性恋、因为无法变化而厌恶自己、从非异性恋导向的角度责怪父母的教养错误并因此憎恨他们、抑郁和孤独感、丧失来自性少数群体的支持、对性少数需求原因的误解以及担心成为儿童施虐者等（APA，2014；Shidlo & Schroeder，2002）。虽然，使人们明确他们的性认同能够对他们有所帮助，但是美国儿科学会、美国心理咨询协会、美国精神医学协会、美国心理学会、美国学校咨询师协会和国家社会工作者协会都明确陈述，任何将同性恋当作疾病、精神混乱、情绪障碍或者是原罪的治疗，都会伤害个体的福祉（APA，2014）。

性少数人群最后往往还是会成为父母。有些时候这是因为人们依然遵从异性恋的生活方式。但是，也有一群人，例如20世纪80年代的女同性恋，则是利用人工繁育的技术，成为同性父母。此外，由于儿童福利系统的要求，性少数人群也可能同时成为养父母（Cooper & Cates，2006）。研究表明，他们像异性恋父母一样为孩子提供恰当的抚养。并没有发现由女同性恋抚养长大的孩子和异性恋抚养长大的孩子在发展模式和心理适应方面存在显著差异（Cooper & Cates，2006）。此外，年幼的儿童得到他们的性少数父母高度接纳。这种状态可能在青春期发生改变。青少年可能会会经历一段时间，因为父母的同性吸引者和他们的同性伴侣而感到尴尬。

性少数父母也会有一些现实恐惧，担心由于离婚失去对孩子的监护权（美国民权同盟，1999）。如果他们的同性家庭破裂，法律的判案依然很少，而且不稳定。判案法官个人在解释"孩子的最大利益"这条监护权法令方面拥有举足轻重的权力，在类似亚拉巴马州、密西西比州、北卡罗来纳州和弗吉尼亚州，他们记录的档案中还有明显的歧视（Cooper & Cates，2006；DeAngelis，2002）。

当性少数人群感受到由于偏见和歧视带来的明显压力时，也有一些支持性因素让他们在面对这样的压力时有抗逆力，这包括在家庭里面令人满意的关系，正向的同性身份认同，以及在某个群体的归属感（Zea & Nakamura，2014）。治疗师在伦理上被要求维护性少数群体的人权，因为这些人所需要的提升心理健康的东西就是增加公民权。媒体在支持这些人权方面也有驱动作用。当被利益而非伦理所驱使的时候，媒体在电视屏幕和大荧幕中创造了大量性少数的榜样。像艾伦·德詹尼斯（Ellen DeGeneres）这样的明星在对公众宣布出柜后，仍然保持了自己的人气。同时，越来越多的政治领袖在参选之前就公开自己的性少数状态。例如，威斯康星州的参议员塔米·鲍德温（Tammy Baldwin）将自己定义为女同性恋，科罗拉多州的议员加雷德·波利斯（Jared Polis）将自己定义为男同性恋，亚利桑那州的议员科斯腾·辛内玛（Kyrsten Sinema）将自己定义为双性恋。

互联网创造了一个私密的论坛，在这里个体能够获得大量关于性的信息。类似PFLAG（同性恋父母、家庭和朋友）和GLSEN（男同性恋、女同性恋和异性恋教育网络）等这样的机构为性少数人群的健康发展提供了支持，COLAGE（无处不在的同性恋子女）则为性少数父母的子女提供教育和支持。因此，虽然负面刻板印象、歧视甚至被仇视依然是需要抗争的力量，也有许多积极正面的力量为个体探索他们的性身份认同提供一个正常的背景。

性取向指南注意事项

1. 评估来访者在认同性取向过程中处于哪个阶段,综合考虑他们和性有关的愿望、幻想、态度、情绪和行为,以及他们的性认同是稳定的、矛盾的、存在困惑的或是浮动变化的。
2. 评估过去和当前环境中影响来访者对他们性认同的部分,包括工作或学校环境中的优势和障碍、家庭关系、社会关系以及他们获得信息和资源的水平。
3. 评估来访者出柜的(潜在)获益。如果他们还没有出柜,评估如果他们现在出柜,他们将在哪方面获得最大的好处,综合考虑他们的个人身份、家庭关系、同伴关系以及教育和职业关系。
4. 评估来访者出柜的(潜在)代价。如果他们还没有出柜,评估在出柜过程中,他们生活中的哪个部分将面临最大的风险,综合考虑他们的个人身份、家庭关系、同伴关系以及教育和职业关系。
5. 评估来访者是否需要在他们的性认同和其他认同之间寻找共同点,其他认同包括宗教归属、种族或民族传承,并考虑如何将它们与上述资源链接起来,并在这个过程中减少阻碍。

自我分析指南

1. 目前,你已经具有多少和性取向相关议题方面的知识?
①你已经参加了多少为你提供关于性取向背景知识的课程?
②你已经参加了多少能够为你提供关于性取向背景知识的工作坊?
③你有哪些和性取向有关的来访者工作的专业工作经验?
④你的哪些个人经验是和性少数人群有关的?
⑤有哪些群体效应可能影响到性少数人群的世界观?在这个历史时刻,对他们来说重要的是什么?社会将如何基于人们性方面的事情,给予奖励或是惩罚?
2. 目前,你对和性取向有关的议题的觉察水平是什么样的?
①在你成长过程中,你已经了解了哪些对异性恋和同性恋的正面和负面的刻板印象?
②在你成长过程中,社会性的同性恋恐惧是如何呈现的?
③在你现在的家庭、社会、文化和政治群体中,社会性同性恋恐惧是如何体现的?
④社会性同性恋恐惧以及每个人都是异性恋的假设是如何使你无意中将你对来访者的体验或观念边缘化或者变得失效的?
3. 目前你具备了什么样的与不同性取向人群工作的技巧?
①目前你具备的哪些技能在和性取向有关议题工作中是有价值的?
②你觉得还有什么技能有必要继续发展,从而能够更加有效地对性取向相关议题开展工作?
4. 你可以采取的步骤有哪些?
①你能够做些什么来提升你的能力,用来和这类性取向的来访者建立稳固的治疗联盟?
②你计划对这个来访者使用的治疗方法里面,有哪些方面是源于异性恋视角的?你准备

怎么做？

③你会如何设计治疗的环境，从而增加这类性取向的来访者获得积极结果的可能性？

社会经济地位领域

安（Ann），70岁的欧洲裔美国女性，受到她成年女儿的财政剥削，虽然未被雇用，但认为自己是金融精英（第五章）。莎伦（Sharon），34岁欧洲裔美国女性，成长在贫穷的工薪家庭，正在努力让她的孩子成为上层阶级的新成员（第六章）。撒迦利亚（Zechariah），19岁非洲裔美国男性，是家族中第一个考入大学的人，目前被指控为对他人构成威胁（第十一章）。如果有的话，他们的收入水平和社会地位对他们的困境产生什么样的影响？社会经济地位（SES）是一项指标，旨在反映一个人的收入以及对他们而言健康医疗、住房和教育资源的可得性。

人口普查数据

社会经济地位将增加或是限制人们在公共生活和私人生活领域的机会。2007年12月到2009年6月，美国经历了严重的经济衰退（Kochhar, Fry, & Taylor, 2011）。2009年的统计数据表明，白人、黑人和拉丁裔之间的贫富差距扩大。白人家庭的净资产是拉丁裔的18倍，是黑人的20倍。贫富差距扩大的原因之一是家庭资产的急剧贬值，它带来的影响也是不均衡的，少数族裔家庭受到的影响比白人更大。少数族裔家庭将房屋抵押的可能性是白人的2倍（Kochhar et al., 2011）。2005年至2009年期间，不同群体的家庭资产中值都下降了；但是，对于白人来说，下降的百分比为16%，黑人是53%，亚裔为54%，拉丁裔下降了66%。

对大部分人来说，房子是最大的资产。由于不恰当的借贷和储蓄造成的住房危机给许多人的家庭资产带来毁灭性的贬值（Kochhar et al., 2011）。有一些白人和亚裔因为在其他方面的投资获益而降低了这些损害，比如股票和共同基金。有45%的白人和亚裔拥有这些投资产品，而拉丁裔拥有的比例仅为25%~30%。

在2007—2008年这场金融危机中，股票的市值暴跌，7 500万人失业。这场危机对于中低收入家庭的影响与对富裕家庭的影响特别不同。在2005—2009年期间，较低社会经济地位的人群生活水平急剧下滑，而每个种族或民族群体中最富有的10%在这段时间依然获得了财富的增长。这拉大了来自前10%和后90%的人的贫富差距（Kochhar et al., 2011）。

2010年至2011年期间，全职工作者的收入下降了2%。2012年，在美国，总人口的家庭收入的中值是51 017美元（DeNavas-Walt et al., 2013）。远低于最富有的家庭的收入中值677 900美元（美国统计局，2006）。统计数据表明，在最富有和最贫穷的人群之间横亘着一道显而易见的沟壑，而且差距依然在扩大。夏皮罗、格林斯坦和普莱玛斯（Shapiro, Greenstein, & Primus, 2001）分析了预算与政策优先决策中心的数据后得出结论，最近几年，穷人的税后收入下降了100美元，从10 900美元降至10 800美元。在同一时间段，最富裕的家庭收入增加了36%，从263 700美元增长到677 900美元。收入居中的那1/5的家庭，收入增加了10%。因此，在贫困阶级和中产阶级之间的差距被拓宽了，而中产阶级也被富人远远甩在后面。收入差距的扩大源于小布什总统在他两届任期中推行的税收立法。现在，美国是世界上 34 个最富裕国家中，不平等程度排第四位的国家（Shapiro, Greenstein, & Primus, 2001）。

在美国，哪些人是穷人？他们占了总人口的 15%，约 4 620 万人（DeNavas - Walt et al., 2013）。目前，美国总人口的 14.3% 生活在贫困线下（Macartney et al., 2013）。对贫困的长期追踪研究为人们刻画了一个复杂的图像（Anderson, 2011）。在 36 个月里，29% 的人口至少有两个月生活贫困；但是，只有 3% 的人在全部时期里一直贫困。大部分人都有能力在两个月时间内脱离贫困。贫困的数据因种族或民族团体以及负责家庭事务的成年人性别的不同而不同。2012 年，最高的收入中值 68 636 美元是由亚裔家庭创造的（DeNavas - Walt et al., 2013）。但是，白人已婚家庭的贫困率是最低的。非拉丁裔白人家庭的收入中值为 57 009 美元（DeNavas - Walt et al., 2013）。统计数据表明，与父母双方共同生活的儿童拥有最好的经济生活条件（美国统计局，2004）。有 70% 父母在婚的儿童生活水平超过了贫困标准的 200%（Vespa et al., 2013）。这些已婚家庭依然是最普遍的家庭组织形式（Vespa et al., 2013）。但是，在 1970 至 2012 年期间，单亲家庭的比例从 17% 上升到 27%（Vespa et al., 2013）。已婚夫妇共有 5 600 万，同时 500 万男性户主和 1 500 万女性户主没有配偶（Vespa et al., 2013）。无论是哪个年龄段，生活在贫困中的女性都多于男性（Macartney & Mykyta, 2012）。

和单亲父母一起生活的儿童的生活状况就稍微差一点。与单身母亲生活的白人儿童的贫困率为 28.1%，与单身父亲生活的贫困率则为 14.1%。2012 年，黑人和拉丁裔儿童与单亲生活的可能性高于非拉丁裔白人儿童或是亚裔儿童（Vespa et al., 2013）。拥有最高贫困率的民族和种族群体是美国印第安人和阿拉斯加土著人，生活在贫困线下的比例是 23.9%（Macartney et al., 2013）。生活在贫困线下比例最少的人群包括白人（11.6%）、亚裔（11.7%）、拉丁裔（23.2%）、"其他种族"（24.6%）和非裔美国人（25.8%）（Macartney et al., 2013）。

女性（16%）生活在贫困中的比例高于男性（14%），同时有 22% 的贫困人口为儿童（DeNavas - Walt et al., 2013）。这些儿童中，有 100 万人生活的家庭没有固定住所（Macartney et al., 2013）。70% 的贫困家庭父母中有一位在工作；低工资、高生活成本、高医疗成本以及其他高额的必要支出组成一个致命的联合体，使得这些家庭生活在贫困线下（儿童保护基金会 CDF, 2008）。2011 年，美国大部分贫困儿童是白人。但是，从比例上来看，只有 19% 的白人儿童生活在贫困线下，而黑人贫困儿童的比例为 37%，拉丁裔贫困儿童的比例为 34%（DeNavas - Walt et al., 2013）。生活在贫困中的家庭，最常见的就是由母亲承担家计的家庭。57% 由女性抚养长大的 6 岁以下儿童生活在贫困中，共计 580 万 6 岁以下儿童生活在贫困中。2012 年，无配偶的女性户主的家庭收入中值为 34 002 美元（DeNavas - Walt et al., 2013）。

根据 2002 年世界卫生组织的报告（WHO, 2002），和其他国家比起来，美国更多地将 GDP 使用在医疗卫生领域，虽然美国的医疗卫生品质在 191 个国家中排名第 37 位。靠后的排名是由于大量人口并未加入医疗保险，同时也由于富人和穷人获得的医疗卫生质量之间存在明显的差距（WHO, 2000）。当一个家庭成员得了重病，对于贫困家庭来说，这就是一次危机。由于他们无法支付医疗费用，疾病让他们陷入更深的债务中。无法获得有效治疗可能会导致家庭成员的死亡或是原本可以避免的残疾（WHO, 2000）。2012 年，美国人口中有 15.4% 的人没有医疗保险（DeNavas - Walt et al., 2013）。

在美国，660万儿童没有医疗保险，有色儿童所面临的这个问题要比白人儿童严重得多（DeNavas-Walt et al.，2013）。在社会处于不利地位与增加的健康风险存在相关关系。儿童生活环境越不富裕，他/她获得医疗卫生服务、健康食品诸如新鲜水果和蔬菜以及那些收费的健身器材的可能性就越低。由于心理社会压力的增加，他们也会经历更大的健康风险（Currie, Zanotti, et al.，2012）。

简史

在美国，三大主要阶层的差别可以以此为基础来划分：掌握多少权力、决策的独立性以及群体的生活品质（Zweig，2008）。作为一个群体，资本家（劳动力的2%）有权主导工作和政治领域。即使是在最高层内部，权力的差异也十分巨大。管理全国最大的那几家公司的人（少于0.2%）不仅仅掌控他们自己的资金，还控制了国家的福利。这些主导的白人男性，包括联邦政府顶级政治领导人，可以说构成了美国社会的"统治阶级"（Zweig，2008，p.132）。为竞选提供大量财政支持的居民往往是白人，年龄更大，也很保守，和那些捐款较少的人相比，他们居住在一个更加集中的大都市（Bramlett, Gimpel, & Lee，2011）。从政治观念来看，他们更加支持开放贸易和移民、同性婚姻和堕胎权，而且更反对学校祷告。在其他方面，布拉姆利特（Bramlett）和他的同伴没有发现他们和一般人或低捐款地区的人们有什么显著差异。

中产阶级显然没有那些资本家的权力大，但一般他们都有稳定的工作，有车有房，而且有带薪假期。这个阶层包括专业人员（律师、医生、教授等）以及小企业主，包括工厂主；这个群体占总人口的36%。他们通过专业协会的游说来发挥一些政治影响力。这个群体和资本家之间的界限可能没那么清晰，例如，高端公司的律师和会计可能和某些资本家赚一样多的钱。中产阶级在他们所从事的领域拥有极大的权威，但他们并不是最终决策者，正是这个决策权将资本家和中产阶级区分开（Zweig，2008）。

工薪阶层，可能通过加班最终和中产阶级赚一样多的钱，但是，他们没有权力决定他们的工作任务以及工作进度安排，而且不会像中产阶级的人那样获得同样的尊重。他们的工作受到严格的控制，他们几乎没有自主权来决定如何开展工作以及控制工作节奏，没有权力做决定。这个阶层（劳动力的62%）几乎没有任何权力，除非由他们所属工会出面，工会也确实会游说他们加入其中（Zweig，2008）。

经济福利高度依赖于教育成就。学校的资金来源于财产税，富人孩子、中产阶级孩子和穷人孩子能够上得起的学校之间存在严重的质量差异。如果一个社区学校开始变差，中等收入和高收入的家庭可能会选择搬离这个社区，然后搬到有更好学校的社区。最后导致那些学校所获得的支撑学校发展的收入变得更少，进一步降低教学质量。那些家庭条件靠后的孩子不得不去那些快倒闭、设施落后、拥挤甚至经常有危险的学校上学（Books，2007）。启蒙计划（Head Start）项目让孩子学会在学校里面变得成功，所获得的基金支持也只够招收1/2乃至2/3的收入符合条件的学生（CDF，2008）。

在25岁及以上人群中，80.4%是高中毕业生，24.4%继续学习获得了学士学位或者更高的学位。超过1/3的已婚男性和女性有学士学位（Vespa et al.，2013）。接近25%的孩子生活的家庭中，至少有一个人有学士学位（美国统计局，2004）。

当父母积极参与到学校活动中时，学校教育会更加有效，但是贫穷的工薪父母没有时间做这些。国家调查显示，60%生活在贫困线以上的父母定期参与学校活动。相反，只有36%的贫困父母同样程度地参与学校活动（美国公共健康服务部，1999）。这进一步导致贫困儿童越发缺少自我认同，这也和较低的学业成就有关（G. W. Evans，2004）。当前统计数据表明，在公立学校，2/3的四年级学生没法阅读与这个年级水平相匹配的文字，或是解答对应年级的数学题（CDF，2008）。由于工资低，贫困家庭的父母必须长时间工作来补贴家用。这使得他们几乎没有时间陪孩子。因此，40%~58%贫困线之上的家庭会为他们学龄前儿童讲故事，而只有38%的低收入家庭会做这样的事情。贫困家庭的父母还更倾向于让他们的孩子看电视而不是阅读（美国公共健康服务部，联邦跨机构儿童与家庭统计论坛，2008）。一种新型的、限制贫困儿童取得学业成就的教育风险因素就是他们缺少途径联结互联网。94%的贫困儿童没法通过任何途径上网；对于更富有的青少年来说，这类缺乏仅仅只占57%（G. W. Evans，2004）。

贫困家庭也确实更倾向于生活在危险的社区中，在那儿他们的孩子可能会暴露在个人危险和创伤之下，包括街头暴力和交通事故。此外，他们可能靠近废料排放场或是其他环境危害物居住，使得他们的孩子会接触到铅和一氧化碳。因此，有35%还在学步的贫困小孩在发展过程中，接触到六种以上的环境风险因素，而对于中产阶级的婴儿来说，这个比例仅为5%（G. W. Evans）。

家庭停留在贫困中的时间越久，家庭生活恶化越严重，夫妻间会有更多争吵，父母对孩子的行为没那么负责，而且父母的惩罚行为更为严厉（G. W. Evans，2004）。穷人抑郁的概率也要更高，抑郁的父母对孩子提供的抚养也更差（Mazure et al.，2002）。和条件好一点的儿童比起来，贫困家庭的儿童也更有可能因为家庭寄养或家外安置而与家人分离（G. W. Evans，2004）。

可能统计数据会让你形成这样一个概念，就是一般来说穷人来自少数群体，但事实上，一般而言，成年穷人往往是年轻的白人女性，而且她们往往是一家之主（美国统计局，2012a）。历史和政治背景会影响社会对帮助国内和国际上弱势群体的开放性（Delphin & Rowe，2008）。当人们面对的是有明确且确信证据表明需要财政支持的情形时，都会毫不犹豫地帮助他人。例如，大量的金钱被投放在帮助2001年世贸中心恐怖袭击的受害者身上。兰德公司（L. Dixon & Stern，2004）估计，目前慈善捐助已经达到27亿美元。让相关公众没有意识到的是，一系列协调一致的政策对穷人是无视的，认为他们是无足轻重的。卡特里娜飓风带来的灾难就是一个生动的例子。人们已经预见到灾难即将来临。但是，持续40年的政府低预算政策使得防洪堤不堪一击。美国联邦紧急事务管理局（FEMA）已经被布什总统裁掉，而用于这个部门的资金被转移到针对恐怖分子的战斗中。当飓风袭来的时候，穷人们，占了户主的27%，没有任何逃生途径，也没有其他地方可以去，而唯一一个撤离方案就是自行开车撤离（Ignatieff，2005）。而这导致穷人只能活活被淹死。在灾难最初，在共和党主导的国会里面，政治保守派阻止了一项让飓风灾民获得医疗救援的援助方案（Krugman，2005）。新奥尔良州的穷人们被进一步利用来重建家园。保障在所有联邦合同上获得体面工资的戴维斯-培根法案也被废除，布什总统和副总统切尼的政治密友可以优先获得重建合同（Lipton & Nixon，2005）；他们为那些愿意接受最低工资的穷人提供工作，从而进一步剥削他们。

这样的剥削为何可以持续？通常，我们并没有穷人需求的日常证据，因为中产阶级、低收入阶级和高层的家庭居住在不同的地方，孩子在不同学校上学，而且互相之间的日常生活是相互隔绝的。这导致彼此面对的挑战和优势被忽视，并带来认知差距，穷人遭受的痛苦往往被低估（Lott，2002）。中产阶级和高层的家庭能够为他们的孩子提供途径接入互联网、高质量的学校及更安全的住房和社区环境。越是富裕的成年人越能获得高水平的教育，最终获得更大的职业成就。他们有能力支付家政、育儿和综合性医疗服务等的开支。因此，在困难时期，富裕的人就比穷人有更多的资源来让他们获得帮助（Mellander, Florida, & Rentfrow, 2011）。

在贫困青少年中，已经发现存在威胁适应性情绪和行为健康的风险，但是在相同样本大小的出生于富人家庭的青少年中，也发现类似的抑郁、焦虑和物质滥用的风险（Luthar & Latendresse，2005）。在这两组青少年中，导致这些问题的相同因素包括来自与父母的情感和身体的分离。每10个青少年就有1个受此困扰，这群青少年都是来自一所郊区学校的六年级学生，而且该调查对他们一直追踪到11年级。一个经常和家人吃晚饭的青少年则没有表现出相同的困难。对于有问题的青少年来说，出生于富裕家庭者和出生于贫穷家庭者有一个不同之处，那就是富裕的青少年在成就压力方面得分要高。有完美主义倾向的富裕青少年如果不能达到他自己或父母的标准的话，在青春期早期，将面对更高的物质滥用的风险，这个风险会持续到18岁。青少年和他们的富裕父母繁忙日程的副产品是缺少与父母的情感亲密（Luthar & Latendresse，2005）。虽然有钱的父母能够更轻易地为他们的问题子女获得心理健康服务，但是对隐私的考量以及认为作为精英群体的成员有能力自己处理好所有事情的信念可能会阻碍他们寻求帮助（Feather & Sherman，2002）。

个体的收入水平，包括所处的社会背景，影响到他的阶级认同。对15个工业化国家的调查显示，在繁荣时期，经济不平等性低的国家的个体有更高的幸福感，而且更加信任社会结构以及他人，而这和他们的阶级认同无关。此外，对于所有人来说，都有一个倾向就是将自己认同为中产阶级。但是在繁荣时期，经济不平等会带来在医疗、教育和社会流动性方面的显著差距，因此会有更多的阶级两极分化以及群体内外的冲突（Curtis，2013）。

在面对经济不利的情形时，抗逆力水平受到家庭成员之间良好的沟通以及积极的同伴关系的正向影响。这些支持性的人际关系帮助个体建立亲社会的身份认同、良好的自尊以及必要的社交技能。最后，邻里的社会凝聚力也能降低身体和心理健康出现问题的风险（Rios et al.，2012）。接受教育是摆脱贫困的途径之一，但是在进入大学的过程中会遇到许多障碍难以获得足够的背景和资金来为自己在大学谋得一席之地；教师、机构和贫困生之间的文化不匹配可能会导致误解，从而使得他们获得学术成就变得不可能（Markus & Conner，2013）。李和迪恩（Lee & Dean，2004）强调了中产阶级神话，即认为谁坚持工作，做有品质的工作，就能在经济上获得优势，却忽视了压迫、缺少机会以及缺少资源在社会流动中的影响。他们强调，最新的移民、失业者以及弱势群体更多地获得了帮助，是当这些外在的限制成为治疗对话中一个显而易见的部分时，而不是当来访者有意或无意地同化到中产阶级神话时。为了肯定寻求经济成功的动机，一些移民的成功案例可能将呈现给他们。但是，重要的是要澄清，提供的这些例子里面的"成功故事"，都是从家人或社区获得的重要资源。人们只要从别人那儿获得实质性的帮助，就能够通过努力工作和坚持不懈来摆脱贫困（Lee & Dean，2004）。

社会经济指南注意事项

1. 评估来访者的经济和社会阶层，考虑这如何影响到他们从家庭获得资源，例如和家人共处的时间，从其他家庭成员获得关注，以及获得资源支持日常生活、安全的房屋、隐私和娱乐。

2. 评估来访者的经济和社会基层，考虑这如何影响他们从社区获得资源，包括医疗服务、教育机会、社交机会、工作机会、法律资源以及社会政治权力等。

3. 思考上述1和2的内容，评估来访者的经济和社会阶层对他们在以下方面的影响：自尊和个人福利；家庭福利；在家里、学校和/或工作环境里独立决策的能力；自己影响自己生活环境的能力而不是被工作、社交或政治环境中的他人控制自己的生活。

4. 考虑环境因素（包括社会的和经济的阻碍或者机会）是如何在过去、现在和未来促进或阻碍了来访者获得经济成功。

5. 考虑上述的1到3的内容，思考社会经济地位是更多地限制了来访者还是为他们提供了支持；现在的社会经济地位是否可能是导致他们的优势或劣势的原因或与此相关，他们的总体压力水平或幸福感水平的原因是什么；以及社会经济地位如何限制或促进来访者生活方式的改变。

自我分析指南

1. 目前你具有哪些和社会经济地位有关的知识？

①你已经听了多少课，为你提供关于社会经济地位及其对来访者身体和情绪健康影响的背景知识？

②你参加过多少个工作坊，为你提供关于社会经济地位及其对来访者身体和情绪健康影响的背景知识？

③你与不同社会经济地位的个体的工作经验是什么？

④你与不同社会经济地位的个体的个人经验是什么？

⑤对低层阶级、中产阶级和高层阶级的世界观产生影响的同期群效应包括什么？

2. 目前你对社会经济地位的觉察水平是什么样的？

①你听说过哪些关于低层阶级、中产阶级和高层阶级的刻板印象？

②你原生家庭的社会经济地位对你的生活产生了什么影响（包括对你如何投票、居住在哪里、拥有什么以及你如何管理你的财政的影响）？

③你有过哪些经历能够让你和来访者有效工作？又有哪些经历可能导致你对来访者的观点或者所处情境产生偏见或是忽视？

3. 你是否已经具备与处于当前社会经济地位的来访者工作的技能？

①目前你已经具备哪些技能能够实施一个阶层分析，同时帮助来访者获得需要的财政与相关资源？

②目前你具备哪些技能能帮助你评估社会地位对来访者生理和情绪健康的影响？

③你可以做些什么提升你的能力，从而正确评估社会地位对来访者生理和情绪健康的影响？

4. 你可以做些什么？

①你能做些什么让自己在与这类社会经济地位来访者工作中更有技巧？

②你会如何安排治疗环境，以增加处于当前社会经济地位的来访者获得积极结果的可能性？

③考虑到你打算对这个来访者采用的治疗取向，在这个治疗取向中可能暗含什么样的阶级价值，导致你对来访者的观点产生偏见或忽视？

④你可以做些什么强化与当前来访者建立良好关系的过程？

⑤你可以对治疗方案做出什么样的改变，以让它对处于当前社会经济地位的来访者更有效？

暴力领域

杰夫（Jeff），22岁欧洲裔美国男性，在公园骚扰了一位女性之后，被强制要求接受治疗（第三章）。安（Ann），70岁欧洲裔美国女性，在被她的成年女儿虐待后，陷入了抑郁（第五章）。妮可（Nicole），18岁欧洲裔女性，被父亲和哥哥们虐待，而且目睹了他们对母亲施暴的过程（第七章）。丹，75岁欧洲裔美国男性，受到他成年女儿的肢体虐待，而此前女儿一直受他摆布（第十章）。约瑟芬娜（Josephina），17岁墨西哥裔美国女性，约会强奸和家庭暴力的受害者，开始虐待她尚在襁褓中的儿子（第十一章）。最后，杰克（Jake），25岁欧洲裔男性，虽然试图成为一个好父亲，但恐吓了他的儿子（第十二章）。他们的暴力经历会如何影响他们和你建立治疗关系？他们的暴力历史会如何影响你的治疗方案？

2002年，世界卫生组织（WHO）将人际暴力界定为一个世界性的公众健康危机（WHO，2002）。大量研究表明，在一种情形下暴露在人际暴力中，将增加在其他情形中人际暴力的可能性。此外，任何可能发生的被害都会增加经历严重心理和身体健康伤害的可能性（Felitti，2002；Hamby & Grych，2013）。由于童年时期的大量负面事件，例如情感虐待、儿童虐待、校园欺凌等，增加了受害者成年后遭受严重疾病的可能性，早逝的可能性也会增加（Brown et al.，2009）。人际暴力在每一个社区都会出现，终身预防会通过减少生理和心理问题来促进社区健康和福利（Brown et al.，2009）。1998年，美国有150万女性和80万男性声称自己遭受了伴侣的躯体虐待或性虐待，有300万儿童目睹了这一过程（CDC，1998）。好攻击的父母可能会强迫他们的孩子参与到虐待中，或者使其屈从于同一类型的虐待（Fantuzzo & Mohr，1999）。每年都有成千上万个虐待儿童的案例（Finkelhor，Turner，Ormrod，& Hamby，2005）。虐待老人也越来越受到关注；随着热线电话的增多，这方面的报道也持续增加（CDC，2002）。虽然暴力行动受到多方面因素的影响，但是大部分可以通过准确的行为危险性评估和有效的回应来制止（APA，2013）。我们应该去评估一个人在他一生中所经历的暴力情形；大部分的暴力受害者都曾经历过不同类型的暴力，而这会在不同情形和不同时期对他产生不同的影响（Finkelhor，Turner，Ormrod，& Hamby，2009；Hamby & Grych，2013）。因此，一个有效的治疗方案需要将每一种类型的暴力遭遇考虑进去。对于每一种暴力遭遇，治疗师需要评估这个人是直接卷入还是间接卷入（比如只是目击者），还有他或她遭受暴力的频率、事件的严重性以及在这次暴力遭遇中个体的角色（目击者、受害者、施暴者、受害者-施暴者；Hamby & Grych，2013，p.10）。

如果一个怀孕的女性被强奸，暴力经历可能在产前就开始了（CDC，2006）。2006年，

330万份儿童虐待的报告被调查。在已有的虐待案例中，忽视是最普遍的（64.1%），紧随其后的是躯体虐待（16%）、性虐待（8.8%）和情感虐待（6.6%）。施暴者中，绝大多数都是父母（79.4%）或者和受害者有血缘关系的亲属（美国卫生和人类服务部，儿童与家庭管理处，2006）。那些发生虐待的家庭的父母往往在孩子犯错或者行为不当的时候对其实施严格的体罚（儿童虐待与忽视的纵向研究联盟，2006）。虐待带来的影响是增加了低认知水平以及低学业成就的风险，以及内化和外化行为的风险（Bates & Pettit，2007）。童年的悲惨经历也长期影响个人的心理健康以及身体健康，包括行为问题，例如攻击、焦虑以及/或者抑郁（Brown et al.，2009）。这可能是因为虐待和忽视对还在发育中的儿童大脑带来发展性影响（国家儿童发展科学委员会，2005）。发展是一个持续的过程。当人们为儿童提供学习经验，而且他/她能相信这些信息的真实性，同时将包含暴力或忽视的信息也整合进他/她的世界观、人际关系以及对自己的理解时，儿童就会获得发展（Raeff，2014）。莱德（Ryder，2014）提出了一个远超出这个理论的模型，这个模型将在童年早期由于被照料者虐待或忽视的抚养经历与后来进入暴力关系或暴力行为的意愿联系起来。她的模型认为，婴儿和童年期破裂的人际关系带来的创伤性后果播下了暴力的种子。莱德研究了被定罪为暴力犯罪的青春期女孩。她发现，这些女孩生长在暴力的家庭和社区环境里面。她们生活的家庭和社区里面很多成年人都有毒瘾。这些女孩根本没有机会和一个有责任感的成年人建立安全的依恋关系，而这本身对于儿童的情绪调节和对冲动的自我控制都是很有必要的。在整个发展阶段，这些女孩一直都只有破碎的依恋关系、没有稳定的住所，缺少稳定的指导。因此，她们从来没有获得过任何帮助，来让她们提升自己和他人建立健康依恋关系的能力，她们在完全没有准备好的情况下进入了学校、儿童福利体系以及法庭等社会机构，没有办法按照社会规范组织她们的行为。她们总是通过回避和事件相关的想法和感受来短暂缓解自己反复被伤害带来的痛苦；但是，被压抑的情绪可能会在暴力行为中突然爆发，最后她们可能会成为别人的施暴者。因此，暴力的受害者可能会由于反复的创伤以及缺乏有责任的父母，转化成为施暴者（Ryder，2014）。

没有家庭暴力，也可能出现虐待儿童和忽视儿童的行为。但是，30%~60%的虐待和忽视都伴随着家庭暴力。男性侵害他们伴侣和孩子的可能性是女性的3倍（美国卫生与人类服务部，儿童和家庭管理局，2006）。当母亲试图保护她的孩子不被虐待的时候，父亲可能会侵犯她或者以变本加厉地虐待孩子作为回应，以此教育她最好不要干涉（Bancroft & Silverman，2004/2005）。而没有干涉的女性有时会因为没有保护她们的孩子而被起诉（Kantor & Little，2003）。

预计，有300万儿童会目睹父母的暴力经历（Fantuzzo & Mohr，1999）。儿童可能在生活中看到或者听到成年人的暴力行为，或者是目睹了暴力行为后的样子。这些行为既包括躯体暴力也包括性侵犯（Kantor & Little，2003；Wolak & Finkelhor，1998）。除了这些二次暴力的负面心理影响以外，暴力侵害的父母可能会强迫儿童也参与到同样的行为中，要求儿童监视受害的父母一方，或者是向儿童灌输这样的观念，即受害人自己应该对被侵害负责（Kantor & Little，2003）。此外，每年有1 500名儿童死于虐待和忽视，80%死亡的儿童都还不到4岁。每年有750 000名儿童和青少年因为遭受暴力而在医院接受治疗（CDC，2013b）。

长期经历家庭暴力的男孩和女孩还可能最后形成这样的信念，即男性优于女性，对女性施暴是正当的，暴力是一个恰当的解决问题工具（Bancroft & Silverman，2002）。男性虐妻者可能会采用破坏性的教养行为。他们可能会选出最受关爱的孩子，然后嘲笑他们和母亲的依恋关系（Bancroft & Silverman，2004/2005）。他们也可能会通过蔑视她的能力来无意地贬低母亲在教养孩子中的权威。他们也可能会故意否定她的决定。例如，如果她不让孩子做什么，虐妻者可能偏要帮孩子做这个。他还可能会鼓励孩子反对他们的母亲。总之，男孩最后可能会被社会化成为一个施暴者，而女孩则被洗脑，认为应该忍受虐待（Jaffe & Geffner，1998）。这也许是因为儿童试图将他们从一个暴力社会中学到的东西和他们已经了解到的和性别角色有关的知识进行整合。性别化的行为包括男性要求主导和控制，而女性则尝试成为抚养者，并满足其他人的需要（Worell & Remer，2003）。

当被虐待的儿童进入学校后，还有可能被其他孩子欺负。多边受害可能持续出现，但这些孩子在一段时间之后，也可能成为攻击者。多边受害与多边施暴模式的相似度高于单一受害或单一施暴（Hamby & Grych，2013）。那些有不羁气质的被虐待的孩子极有可能表现得具有攻击性。他们发展出不恰当的认知图式加工社会信息，同时对那些表示中立的他人表现出敌意。这些孩子总是回应得很冲动，而且易怒。他们从家里学会了完整的报复性攻击行为，他们认为攻击性在道德上是可以接受的，而且他们的父母会容忍他们对别人的攻击性行为（Dodge，Pettit，Bates，& Valente，1995；Watson et al.，2005）。

相反，那些抑制自己行为的儿童则更有可能将在学校里的被害经历变成内化了的症状。但是，在特定情形或者特定的家庭背景中，他们也可能变得具有攻击性（Watson et al.，2005）。芬克霍和坎特（Finkelhor & Kantor，2007）使用社会经济框架做了受害调查研究。他们研究了在不同情形下施害与被害行为如何相互关联或互不关联。他们发现，那些参与校园欺凌的人比那些没有参与的人报告了更多的内化行为。但是，导致内化行为的原因并不一样。欺凌者养成这样的行为，往往是由于自己在传统犯罪中是受害者。校园欺凌的受害者往往直接发展出内化行为。此外，欺凌者与施暴者－受害者暴露在间接形式的受害情形的概率都更高，例如目睹家庭暴力。在被害经历中，受害者和施暴者－受害者在受害经历中便现出相似性，包括在学校和在手足或同伴关系中。施暴者－受害者和欺凌者以及其他受害者相比，他们中有更高比例的人成为常规犯罪受害者。最令人震惊的是，32.1%的校园暴力受害者称在过去的一年里遭受了性侵犯，而没有经历校园暴力的人中这个比例为3.1%，最容易内化症状的儿童同时也是最容易经历虐待，成为常规犯罪受害者的儿童。

纵向研究表明，在5岁时表现出身体攻击行为的儿童在学年早期甚至是青春期还会表现得具有攻击性（Broidy et al.，2003；Watson et al.，2005）。童年被虐待的青少年更可能因为暴力或非暴力犯罪而被捕；同时在约会中也更有可能卷入暴力，更有可能出现外化的问题行为。而且他们高中中途退学、被解雇和成为青少年父母的风险更高（Lansford et al.，2007）。

某些风险因素的增加会导致青少年暴力的可能性提升。这些风险包括家庭出现物质滥用、易于获得武器、在不同家庭之间搬来搬去、经历社区暴力、参与边缘青少年团体以及贫困（Garbarino，1999；Hanson et al.，2006；Surgeon General，2001；Watson et al.，2005）。对于采取暴力行动而言，性别也是一个风险因素，尤其是在青春期和成年早期的时候（Kimmel，2008）。从幼儿园开始，在各个水平层面，男孩都表现出比女孩更多的攻击性（Watson et al.，2005），年轻男性谋杀犯罪的可能性是年轻女性的10倍以上（Garbarino，1999）。

怀特和史密斯（2004）发现，在童年被性侵犯之后，还经历了躯体虐待或是目睹了家庭暴力的男性，强奸他人的可能性是正常青少年的两倍。在被虐待经历中，父母的躯体暴力和青春期的性侵犯之间相关性最高，其次是目睹家庭暴力，再次是童年期的性虐待。怀特和史密斯还发现，大学校园里的性侵犯行为仅仅与童年受到青少年性攻击的情况相关。但是如果只看强迫性的性行为，包括强奸的话，在每一所四年制大学里面，性侵犯的数量都在增加。

营造良好的社区环境，向大家传递尊重情侣、同伴、家庭成员和陌生人的重要性的信念、态度和信息，以及反对容忍性暴力、跟踪、躯体暴力的信息，以此阻止不管是男性还是女性成为受害人。媒体常常强化了这样的社会和社区规范，即把犯罪和施暴行为刻画成正常的，并将那些具体的蔑视女性的大男子主义视为可接受的（Black et al.，2011）。

除了检验那些影响持续暴力的风险因素，有些研究也尝试了解影响那些经历家庭或校园暴力但最后没有成为施暴者的儿童的因素。一个重要的因素是儿童的照顾者，他为这个孩子提供了社会和情感支持。另外，关于如何应对暴力行为的指南也很重要（儿童忽视与虐待纵向研究联盟，2006）。其他的保护性因素包括与不会默默忍受暴力和不当行为的成年人之间的正向依恋，或者是父母对孩子学业成功的承诺（Surgeon General，2001）。莱特和他的同事（2013）指出，保护儿童不受到创伤消极影响的最重要的家庭因素包括：来自家庭成员或代理家庭成员的正向、负责任的照顾以及稳定、安全的家庭氛围。有保护性的儿童性格特点包括调节情绪的能力、认为自己是有价值而且被珍视的、达到甚至超出平均智力水平、具有适当的问题解决能力以及对待生活的积极态度。在应对创伤时，有保护性因素的社区特征包括安全的邻里环境、低水平的社区暴力、负担得起的住房支出、可及的娱乐中心、运行良好的学校以及工作机会。最后，还有一些可以作为保护性因素的文化和社会特征，例如保护家庭、学校和劳动力市场里面的儿童福利的法律，支持医疗卫生以及不再忍受暴力的法律（Wright et al.，2013）。

阻止任何形式的人际暴力开始于父母和儿童之间建立起来的健康、相互尊重的家庭关系（Wright et al.，2013）。一段健康的亲子关系包括儿童是父亲与母亲给予的有效、积极教养的接受者。这营造了一种家庭环境，情感上具有支持性，同时沟通交流也是开放的。儿童需要从他们的父母那儿学会许多复杂的技巧，而且随着他们的发展，还需要做出一些改变。随着孩子年龄的增长，父母也需要学习新的行为，发展新的技能，同时对他们提出不同的要求。父母同时也是孩子的榜样模范，向他们示范一个成年人应该如何在亲密关系中表现。因此，一段互相尊重的亲密关系，没有攻击或暴力，为儿童提供了一个具有吸引力的例子，告诉他们未来应该发展什么样的属于他们自己的关系。在他们开始和同伴或约会对象建立关系的时候，青少年可以用一个好的关系范例作为指导。儿童和青少年也可能会和别人产生冲突，他们需要坚持这样的信念，即在人际关系中，暴力是不被接受的，同时也要相信始终会有办法解决问题，善于进行非暴力沟通。在帮助儿童和青少年学会如何协调冲突、缓解压力和用安全的方式控制负面情绪的过程中，父母发挥了至关重要的作用（Black et al.，2011）。

成年人间的冲突发生的背景包括个体、刺激和物理环境，也就是说，这不是一个独立的事件（美国司法部，暴力犯罪办公室，2010）。它可能包括躯体侵犯、性侵犯、恐吓对方进行躯体或性侵犯以及情感虐待等（CDC，2006）。伴侣之间的侵犯最轻的是因为掌掴或抓挠带来的短暂的伤害，最严重的则是由于反复的刺、踢甚至使用武器等带来的严重的伤害。不致命的伤害可能导致急性或慢性的疾病。虽然司法机构将所有伴侣间虐待定义为"殴打"，但是男性的攻击比由女性发起的攻击更为致命（Samuelson & Campbell，2005；Stuart，2005）。暴力可能从一方发起，但他通常导致暴力行为转向另一方，可能是出于自卫，也可能是为了报复（Archer，2002；Graham-Kevan & Archer，2005）。

女性被性侵犯的现象更加普遍，但是男性也有可能被性侵犯。美国亲密伴侣和性暴力的调查发现，每71个男性中，就有一个男性在生命某一时刻被强奸。强奸往往是由亲密伴侣实施的，其次是被熟人，再次是被陌生人。绝大多数女性受害者在25岁之前就被强奸，42%的女性未满18岁时就被强奸。超过25%的男性被强奸时才10岁甚至不足10岁。大多数男性和女性都指出，男性是强奸的实施者（Black et al.，2011）。

情感虐待包括如下行为：直呼其名，故意让受害者在公共场合感到尴尬，让受害者在家庭和朋友间被孤立，控制财政，等等（CDC，2006）。伴侣间虐待往往是家庭的秘密。这么做的原因有很多，包括受害者认为受害是自己的错，受害是家庭普遍的现象，如果让别人知道这样的事情，对自己或家庭是危险的（Stuart，2005）。伴侣间虐待的受害者之间也十分不一样，他们处于不同的社会经济地位、来自不同的种族和民族，有不同的教育背景和性取向（CDC，2006）。他们之间的一个共同点就是，他们认为这样的暴力经历是对他们先前与施暴者关系的背叛；即使没有受到身体上的伤害，他们也可能体验到严重的情绪困扰，失去自信心，而且觉得自己一文不值。受害者可能表现出恐惧，对来自伴侣的危险信号十分警醒（Stuart，2005）。

夫妻之间的暴力可以简单分为两大类。第一类，常见情境的夫妻暴力，出现在不同类型的夫妻中，包括同性恋和异性恋，已婚和同居（Frieze，2005）。对于这些夫妻而言，暴力是相互的，而且往往发生在对家庭日常生活中的负面事件之后。这些人认为暴力作为应对压力的方式是可以接受的（M. P. Johnson & Leone，2005）。另一种形式的夫妻暴力是"亲密恐怖主义"，并没有第一种发生得频繁，但往往包含了极端行为。施暴者使用暴力和恐惧来维护自己对另一半的绝对控制，受害者往往对受害经历有严重的情绪反应（M. P. Johnson，1995；Koss，Bailey，Yuan，Herrera，& Lichter，2003）。施暴者还会使用强烈的心理虐待作为控制的另一个机制（Dye & Davis，2003）。

并没有一个简单的关于亲密伴侣之间暴力出现的解释，事实上，在之前，童年期的悲剧事件会让这种事情更容易发生（Felitti，2002）。一个检测诱发因素、潜在因素和刺激因素的复杂模型可能在预防和处理暴力的过程中最有潜在用途（Stuart，2005）。诱发因素包括生物和文化变量，他们共同阐释了个体心理能力和世界观。潜在因素包括内在的情境性变量，他们构成了个体的易变性以及亲密关系中的动力。刺激因素包括内在和情境事件，他们降低了自我控制，增加了在突发情境中的易损性。

并不是所有的暴力个体都服从治疗，科学研究试图区分哪一类施暴者最愿意接受治疗。斯图亚特（Stuart，2005）为实践者提供了一个分类来为他们提供指导。他的研究将个体分为掠夺性施虐者、情感驱动性施虐者和工具性施虐者。改变动机最低却对被害者威胁最大的施虐者是掠夺性施虐者。他们经常且周期性地施暴，而且这是受到他们自身特质所驱动，与伴侣的行为无关。在攻击之前，他们可能十分冷静，随后发现自己的暴力倾向被唤起。他们从心理和情感上对受害人带来严重的伤害，而且在事后没有表现出丝毫的共情，或者为他们的所作所为感到后悔。

工具性施虐者为了从伴侣那儿获得某些东西而施暴，而且发生暴力的情形很罕见。他们在攻击之前很冷静，而当他们想从伴侣那儿获得他们想要的东西时，逐渐被激发起来。他们几乎没有改变的动机，因为他们对个人获得的渴望强于对受害者的担忧，伤害行为也往往是施暴者在试图从受害者身上获得自己想要东西的过程中附带的。

最愿意改变的施暴者是情感驱动性的。这些人往往是受到受害者挑衅，或者至少将受害者的行为理解为挑衅。暴力行为只是偶然发生。在攻击他人之前，施暴者就被高度唤醒，而在事后变得冷静。暴力行为只是一时冲动，一般都会有相对没那么严重的行为，而且和其他施虐者的行为比起来，对受害者带来的伤害也相对比较轻。他们的行为可能影响最多的是受害者的自尊，而且施暴者会表现出对受害者的共情，而且会后悔对他们做的事情。

普通的夫妻暴力类型或者来自情感驱动施虐者的暴力关系是最有可能发生改变的（Frieze，2005；Stuart，2005）。改变的动机可能来自对伤害伴侣的懊悔、想要成为一个好父母、想要保护孩子不受伤害或者是对未来的期望（CDC，2006）。但是，暴力可能会在一段亲密关系或婚姻中持续50年（美国司法部，暴力犯罪办公室，2010）。50岁以上女性比50岁以上的男性更有可能成为躯体暴力和性暴力的受害者。他杀-自杀最常见的情形就是丈夫杀了妻子之后自杀（美国司法部，暴力犯罪办公室，2010）。但是，男性也可能同样成为受害者，有数据表明，相对来说更多的男性成为剥削或忽视的受害者（Pritchard，2002）。最常见的对年长的公民施暴的人是他们的家人。受害者信任他们，而且持续和他们保持关系（美国司法部，暴力犯罪办公室，2010）。但是，当家庭发生明显分裂之后，新的关系中也可能发生虐待老人的现象。

当发生一些明显的改变，比如医疗或精神健康条件导致攻击性行为增加或者控制与权力被深化为暴力的时候，长期关系里也可能会出现迟发性人际暴力（美国司法部，暴力犯罪办公室，2010）。施虐的个体总是会用各种方式来让他们的暴力行为或者威胁施暴的行为变得正当，以从受害者那儿获得他们想要的。据估计，每年有200万老年人被虐待，而且被虐待的形式多样，包括肢体虐待、性虐待、情感虐待、忽视、监禁和产权虐待（Dong et al.，2011）。国家老年虐待研究（Acierno et al.，2010）发现，最常见的老年虐待的形式就是产权虐待（5.2%），其次是忽视（5.1%）、情感虐待（4.6%）、身体虐待（1.6%）和性虐待（0.6%）。有证据表明，某些老年人比其他人更易被虐待；社交接触少以及早年的创伤经历与老年人的易损性最相关（Acierno et al.，2010）。最易受伤害的老年人也同时具有低水平的心理和社会幸福感。但是，严重抑郁、边缘性社交网络以及低社会参与是否是老年虐待的结果或者是否增加了老年人被虐待的风险，这仍然有待研究（Dong et al.，2011）。

总之，无论是对儿童、成年人或是老年人的暴力，研究表明，多边受害是最常见的，因此治疗师应避免被某种形式的暴力所误导，而不去评估其他潜在暴力受害形式。此外，综观各种形式的暴力，来访者本人受害者和施害者的角色可能会转换；因此，不同的暴力形式可能需要不同的干预方式（Hamby & Grych，2013）。阻碍治疗成功的因素包括这样一个事实，即，受害者和施害者都可能把暴力当作司空见惯的事情。在一个充满暴力的环境中长大的来访者可能会把清晰的沟通和非暴力的问题解决目标当作不现实的。这类来访者可能持有一个充满敌意和怀疑的偏见，从而影响他们对治疗师和其他人行为的理解。治疗师需要从即刻、短期和长期的角度，小心评估在家庭、学校、社区以及每个治疗单元里面的危险性水平（Samuelson & Campbell，2005）。受害者的经历需要确认；同时，治疗师需要澄清虐待行为是非法的，而且会对受害者带来身体和心理的伤害；对儿童目击者的伤害也应得到重视，这也可能提升某些父母改变的动机。治疗当务之急是降低暴力的风险因素，增加保护性因素，当来访者想要在生活中做出其他改变的时候，需要制定一个安全的方案。虽然，过去的暴力经验是未来暴力发生的最好的预测指标，对于大部分施暴者来说，10年内，他们的身体和情感暴力都会降低（Timmons Fritz & O'Leary，2007）。

暴力指南注意事项

1. 评估目前来访者所面临的卷入暴力的风险性因素和阻止暴力的保护性因素，考虑以下内容：

①来访者在过去曾经经历的负面的童年事件，可能包括：与物质上瘾者共同居住；父母离异；家庭被严重破坏，例如反复搬家或无家可归；父母一方抑郁或有精神疾病；有家庭成员自杀或试图自杀；有家庭成员曾严重犯罪或曾入监；成为身体虐待、性虐待、情感虐待或忽视的受害者；或者目睹了暴力事件。

②来访者在成年后经历的负面事件，可能包括与毒品上瘾者共同居住；父母离异；家庭被严重破坏，例如反复搬家或无家可归；父母一方抑郁或有精神疾病；有家庭成员自杀或试图自杀；有家庭成员曾严重犯罪或曾入监；成为身体虐待、性虐待、情感虐待或忽视的受害者；目睹暴力事件或者生活在对暴力的恐惧中。

③来访者的内在因素，包括他们控制冲动、限制自己行为的能力，调节情绪的能力，反思问题、解决问题的能力以及理解他人情绪和行为的能力。

④来访者童年时拥有的长期的社会网络和环境以及它们是支持还是抑制暴力，例如：他们是拥有一个伤害性、矛盾的或甚至不存在的情感联结还是拥有正面的情感联结；是否有家庭暴力；家庭将对暴力的忍耐作为问题解决策略的程度；在学校和社区的经验是正面的还是消极的；宗教背景。

⑤当前的环境是促进还是束缚了来自家庭关系、同辈关系、教育、职业、邻里和宗教信仰的暴力。

⑥任何可能让暴力行为或亲社会反应正当化的突发的或诱发性因素，例如武器的出现、酒精或药物的使用、极度沮丧或愤怒以及其他人对暴力行为的煽动。

2. 从不同方面评估来访者生命发展过程中的暴力经历：

①暴露方式（直接，间接）。
②暴露的频率。
③事件的严重性。
④来访者的角色（目击者、受害者、施暴者、受害者-施暴者）。
⑤从情感、认知、生理和社会功能角度考虑暴露之后的影响。

3. 评估来访者的世界观，暴力经历的影响是广泛的还是有限制的，以及它们目前是形成并促进了暴力行为还是亲社会行为。

4. 评估来访者的危险性水平，以及他们生活环境中其他人的危险性。小心考虑他们生活中施害者的特点后，评估他们的安全能不能得到强化以及如何能得到强化，既包括短期的，也包括长期的。如果从1到10评分的话，来访者现在的生活环境有多危险？来访者能在多大程度控制这个危险？

5. 评估来访者的安全性，以及他们个人的、社交的和文化世界里面的他人的安全性。

6. 评估暴力事件对来访者和其他人带来的心理和生理的影响，判断是否有更多力量支持暴力行为或支持非暴力行为，综合在当前情况下他们过没有暴力的生活的能力，考虑来访者的预后。

自我分析指南

1. 目前你已经具备哪些关于暴力或忽视对个体和他们的家庭影响的知识？
①你已经参加了哪些为你提供关于忽视、暴力和创伤对来访者生理和情感带来影响的背景知识的课程？
②你参加了哪些为你提供关于忽视、暴力和创伤对来访者生理和情感带来影响的背景知识的工作坊？
③你已经具备哪些为你提供关于忽视、暴力和创伤对来访者生理和情感带来影响的背景知识的专业经验？
④你有哪些提供关于忽视、暴力和创伤对来访者生理和情感带来影响的背景知识的个人经验？
⑤影响一个经历忽视、暴力或创伤的个体的世界观的年代效应是什么？包括：他们认为什么是重要的？人们如何沟通？什么是值得鼓励而什么是应该惩罚的？

2. 目前你对与经历暴力或忽视的来访者的相关议题的觉察水平是什么？
①你对关于忽视或暴力的生活方式的刻板印象了解多少？它们会怎么影响你此刻对这个来访者的看法？
②你曾经和暴力有关的经历会如何影响你此刻对这个来访者的看法？
③对于好的浪漫关系和好的亲子关系的刻板印象你了解多少？这会如何影响此刻你对这个来访者的看法？
④你过去的暴力经历或是忽视经历如何影响你对这个来访者的反应？
⑤你有什么样的经验能够帮助你和这个来访者有效开展工作？什么样的经历又会导致你对这个来访者的想法或境遇产生负面的偏见或是边缘化认识？

3. 在和遭受暴力或忽视的来访者工作时，你已经具有什么样的工作技巧？
①在和遭受忽视、暴力或创伤的来访者工作时，你已经具备哪些有价值的工作技巧？
②你觉得还有哪些技能在和经历暴力或忽视的来访者工作时很重要，但是还需要发展？
③你可以做些什么来增加暴力或忽视受害者获得积极结果的可能性？

4. 你可以做些什么？
①在和经历暴力或忽视的来访者工作之前，你还可以做些什么让自己的技能更加娴熟？
②思考一下你选择的治疗方法，对于暴力事件的受害者或是施害者而言，这个治疗方法包含了哪些潜在的偏见或者是不恰当的介入方法？

结论

某一个理论视角——例如，行为主义——对于理解"来访者是谁"以及"为什么他们这样做"可能会有所帮助。但是，它对于进一步调查来访者的个人特征是否有价值呢？尤其是考虑到性别、性取向、暴力经历以及其他复杂层面的影响的时候。第三章至第十二章的练习是回答这个问题的第一步，同时也为你练习将人性的复杂性整合进你的临床工作提供框架。当你对这些复杂性感到熟悉之后，拓展在本章提到的关于不同领域的阅读量，同时也进一步钻研那些没有被提到的领域，包括宗教和发展障碍。

表2-1根据章节、当前问题、转介来源以及治疗设置为你提供一个快速定位来访者访谈中突出的人性复杂度的指南。表2-2则为你提供了一个快速参考，为你呈现在第三章到第十二章的练习6中理论和复杂性领域之间如何匹配的。

表2-1 来访者访谈中突出的领域定位

领域	章节	当前问题	转介来源	治疗设置
年龄				
凯文	3	自我厌恶；恐怖症	学校	学校
爱丽丝、凯瑟琳	9	不成熟；离异；战争	学校	门诊
艾博	10	长期孤独感	自己主动预约	门诊
性别				
玛丽	4	哀伤；家庭教养	自己主动预约	门诊
黛拉	5	酗酒；忽视	学校	门诊
史蒂夫	8	情感依恋	自己主动预约	学校
种族和民族				
约翰	6	婚姻危机	自己主动预约	门诊
塞吉奥	8	毒品犯罪；种族主义	法庭	门诊
塔莉莎、马库斯	9	哀伤	自己主动预约	门诊
凯拉	12	心神不安；情感亲密	自己主动预约	门诊
性取向				
艾瑞克	4	性困扰；忽视	学校	学校
艾伦	7	利益；性亲密	自己主动预约	门诊
社会经济地位				
安	5	抑郁；老年虐待	朋友	门诊
莎伦	6	婚姻；父母教养	内科医生	门诊
撒迦利亚	11	种族主义；适应	学校	学校
暴力				
杰夫	3	性侵犯；愤怒	法庭	门诊
妮可	7	肢体虐待；恐惧亲密	自己预约	门诊
丹	10	肢体和情感虐待	老年服务机构	门诊
约瑟芬娜	11	儿童虐待；暴力	法庭	门诊
杰克	12	儿童虐待；父母教养	法庭	门诊

表2-2 在练习6案例中的理论与人性复杂方面的比较

章节	理论	来访者	对比理论	对比的复杂点
3	行为	凯文	认知-行为	年龄；暴力
4	认知	艾瑞克	认知-行为	性；暴力
5	认知行为	黛拉	家庭系统	年龄；暴力
6	女性主义	莎伦	认知	社会经济地位；性别
7	情绪聚焦	妮可	女性主义	暴力；年龄
8	动力学	史蒂夫	情绪聚焦	性别；社会经济地位
9	家庭	塔尼莎和马库斯	女性主义	种族；性别
10	文化	丹	动力学	暴力；种族
11	建构主义	约瑟芬娜	家庭系统	暴力；种族
12	跨理论	凯拉	建构主义	种族；性

推荐阅读

年龄领域

American Psychological Association Help Center. http：//www. apa. org/helpcenter/

Brems, C. (2008). A comprehensive guide to child psychotherapy and counseling (3rd ed.). Long Grove, IL：Waveland Press.

Harvard University, Center on the Developing Child, National Scientific Council on the Developing Child. http：//developingchild. harvard. edu/activities/council/

Zero to Three：National Center for Infants, Toddlers, and Families. www. zerotothree. org

性别领域

Association for Women in Psychology. http：//awpsf2015. com/

Crawford, M. (2006). Transformations：Women, gender and psychology (2nd ed.). New York，NY：McGraw-Hill.

Feminist Psychology Institute. https：//feminism. org

Kimmel, M. S. (2008). The gendered society. In K. E. Rosenblum & T. C. Travis (Eds.), The meaning of difference：American constructions of race, sex and gender, social class, sexual orientation, and dis-ability (5th ed., pp. 81-87). Boston，MA：McGraw-Hill.

Landrine, N. F., & Russo, N. F. (2010). Handbook of diversity in feminist psychology. New York，NY：Springer.

U. S. Department of Labor, Women's Bureau. http：//www. dol. gov/wb/

种族和民族领域

Hays. P. (2008). Addressing cultural complexities in practice：Assessment, diagnosis, and therapy (2nd ed.). Washington, DC：American Psychological Association.

National Alliance for Hispanic Health (NAHH). http：//www. hispanichealth. org/

National Black Child Development Institute (NBCDI). http://www.nbcdi.org/

National Indian Child Welfare Association (NICWA). http://www.nicwa.org/

性取向领域

Association for Lesbian, Gay, Bisexual, & Transgender Issues in Counseling. www.algbtic.org

Biescheke, K. J., Perez, R. M., & DeBord, K. (2007). Handbook of counseling and psychotherapy with lesbian, gay, bisexual, and transgender clients (2nd ed.). Washington, DC: American Psychological Association.

Children of Lesbians and Gays Everywhere. http://www.colage.org

Gay, Lesbian and Straight Education Network. www.glsen.org

Parents, Families and Friends of Lesbians and Gays. http://www.PFLAG.org

社会经济地位领域

Books, S. (2007). Invisible children in the society and its schools (3rd ed., pp. 1 – 22). Mahwah, NJ: Lawrence Erlbaum.

Centers for Disease Control and Prevention. http://www.cdc.gov

Children's Defense Fund. http://www.childrensdefense.org/

Institute for Research on Poverty. http://www.irp.wisc.edu/

暴力领域

Child Welfare Information Gateway. http://www.childwelfare.gov/

Hamby, S., & Grych, J. (2013). The web of violence: Exploring connections among different forms of interpersonal violence and abuse. New York, NY: Springer.

National Council on Child Abuse and Family Violence. http://www.nccafv.org/

Stop It Now! http://www.stopitnow.org

Zorza, J. (2006). Violence against women: Vol. III. Victims and abusers. Kingston, NJ: Civic Research Institute.

第三章
行为疗法的个案概念化与治疗方案

行为理论简介

你刚接到了一个来自缓刑部门的电话转介。杰夫（Jeff），22岁，白人，男性。他16岁时从高中辍学，从那时起，开始在一个快餐店当厨师。他最近开始获取他的普通教育发展学位（GED）。他已经与凯伦（Karen）结婚两年了，凯伦21岁。他们有一个儿子约翰（John），已经3岁了。凯伦有4个月的身孕。杰夫被目击攻击一个50岁的女性，被判决进行100小时的社区服务和100个小时的愤怒管理治疗。尽管在简短的精神状态检查中，杰夫并没有表现出任何的认知混淆或自杀意念，但是，他在回应有关伤害他人的心理状态的问题时变得非常愤怒。然而，他向法庭和他的缓刑官提交了释放申请，力图证明自己有和平型人格特质。

假设你是一个行为主义治疗师，所有的行为你都了解，杰夫是如何变得暴力的呢？行为主义理论认为这一事情的发生是基于经典条件反射、操作条件反射或社会学习理论（Bandura，1986；Pavlov，1927；Skinner，1938）。那怎样进行治疗呢？重点在于对杰夫的适应行为和不适应行为，以及这些行为发生的特定的环境进行行为主义的分析（Ingram，2012）。在治疗中，杰夫将会积极地学习改变或压制不适应行为模式的经验，同时增加适应行为发生的频率。如果杰夫的外在行为改变了，这也就意味着相关的认知和情感改变即将发生。但是，有些时候，控制情绪反应或调节认知观念是改变的重点（Ingram，2012）。

如果杰夫从经典条件反射习得了暴力反应，这是无意识的学习（Pavlov，1927）。经典条件反射包含反应性行为，它的发生是不受个体意识控制的。例如，随着杰夫长大，一个中性刺激（门的猛烈撞击）和一个非条件刺激（杰夫受到了父亲的殴打）总是同时发生，久而久之，杰夫对这个非条件刺激有了非习得的反射性反应——害怕的反应（血压、心率、体温升高）。通过中性刺激（门的剧烈撞击）和非条件刺激（来自父亲的殴打）的重复性关联，杰夫在中性刺激发生时便会出现反应（害怕的反应），尽管它并不再伴随着非条件刺激。

对杰夫来说，现在门的猛烈撞击成了一个条件刺激。对这个条件刺激的害怕反应成为一个条件（习得）反应。经典条件反射的反学习要求条件刺激（门的猛烈撞击）和非条件刺激（殴打）之间的关联中断。在他的整个童年时期，杰夫在他父亲出现时，对任何突然巨响都会产生害怕的反应。然而，如果他学会辨别他的父亲在场时的巨响和不在场时的巨响，杰夫的害怕反应可能在他的生活中扮演一个功能性的角色。但是，如果杰夫对任何环境中的巨响都会产生害怕的反应，他的害怕可能限制他或导致他采取不正常的行动。

如果杰夫从操作条件反射中习得了暴力反应，那么他学会了通过故意做某些事情（操作环境）来获得结果（Skinner，1938）。如果有一个好的结果，行为的频率将会增加。如果有一个坏的结果，行为的频率将会降低。好的结果包括获得正强化（获得你想要的东西）或负强化（让你不想要的东西消失）。例如，如果杰夫向他的妻子大吼"我饿了"，然后她便急忙给他食物，那么她给他食物则是一个正强化，从而增加了他大吼的频率。类似地，如果他讨厌被问问题，他提高声音的时候，她安静下来，则通过负强化增加了他大吼的频率。用什么来进行强化是因人而异的。

杰夫的行为也可以通过正性或负性惩罚来改变。如果小杰夫向他的父亲大吼，他的父亲打了他一拳，殴打将会作为一个正性惩罚来阻止他的大吼。如果他的父亲因为他大吼而不让他看电视，这是通过负性惩罚来阻止他的大吼。正性惩罚是指获得你不想要的东西，而负性惩罚则是拿走你想要的东西。通过环境，杰夫学会了区别什么时候大吼会受到惩罚，及什么时候会导致强化。

一个奖励或惩罚事件并不总是对个体有持续性的影响。杰夫过去所有奖励和惩罚的经历造成了他现在的行为方式。杰夫可能需要学习新的、对他的生活有用的行为。在这个个案中，杰夫需要在逐步发展新的能力的过程中获得奖励。如果他需要一些技能，但在这个领域内，他不太可能主动地迈出正确一步，需要对他进行提示和塑造。提示是指一些可以诱发某个行为的事件（线索、指示、手势），有强化行为的可能。塑造指增强期望反应连续发生的可能性。当之前的强化行为不再产生正性结果的时候，反学习（操作性消退）就会出现。

杰夫可能通过观察一个或多个榜样来习得暴力行为及其结果（Bandura，1986）。这一习得性行为之后基于与之相关的结果而发生。杰夫更有可能向与他类似的或比他声望高、地位高或专业的人学习。杰夫的父亲，在家里有绝对的权力，可能成为一个学习暴力行为的强大的行为榜样。杰夫通过观察他的母亲屈服于父亲的语言/身体控制行为，从他自己的支配性行为中获得了替代性强化。通过直接的或可观察的（替代的）惩罚结果，基于观察习得的行为反应可以消失。

由于行为是被首要关注的，认知观念和情绪反应可能是"习得的行为"。例如，在经典条件反射中，杰夫学会了将愤怒和对女性的敌意进行关联。因此，在任何包含女性的互动中，他可能有一个条件情绪反应，导致他出现不适应行为。类似地，他可能从父亲那里习得了这样的观念：任何向他提问的尝试实际上都是想要控制他。因此，现在无论何时，任何人向他提问，他可能会有这样的无意识想法："这个人正试图控制我。我必须证明谁是老板，不然我将会成为这个人的奴隶。"在大部分人的态度都是中立或亲切的情况下，这类型的想法却可能激发杰夫的攻击行为（Ingram，2012）。

治疗师的角色

你会怎样帮助杰夫？你将会作为一个老师、教练和应激管理者，来积极地指导治疗。首先，你会评估杰夫的行为，明确目前他行为方面的问题，包括频率、强度、持续时间、形式或质量、对环境的适应性模式。杰夫行为方面的优势也会通过类似的方式进行记录。这些信息可能通过自我报告量表、对杰夫及重要他人的访谈、行为观察或其他方法进行收集。伴随着这个过程，你将会分析杰夫问题发生的前因（诱发物——地点、时间、人物）、后果（强化、惩罚）和改变过程中的环境支持和阻碍。在做了这些测量后，你将会计划治疗方案，为杰夫提供他需要的学习经验从而进行改变。杰夫可能需要发起某些行为，提高行为发生的频率或改变特定的行为。类似地，他可能需要终止某些行为，降低行为发生的频率，或改变其他行为。在组织学习环境的过程中你将会扮演积极的和指导性的角色，来支持这些改变。

对适应性行为的积极探究也是行为分析的一部分。因为调整潜在适应性行为，增加已有适应性行为发生的频率和教导新的技能对达成治疗的成功是必需的。尽管杰夫暴力行为的问题不能被低估，但是仍能在很多方面找到优势行为。例如，杰夫展现出了区别情境的能力，可以区别出在某种情境下对他人大吼是否安全的。这说明了即使他愤怒的时候，依然可以自控。杰夫是有积极性的，并且有很好的观察他人的能力。如果给他使用这些技能的机会，他可能学习得十分有效。例如，如果给他布置一份家庭作业，让他下班后观察他的好朋友，而不是他习得自己行为的榜样，他可能会更快地意识到攻击行为的前因后果。最后一个方面，行为治疗是行动导向的，而不是观念聚焦的。杰夫可能发现让他做某些事情的具体的家庭作业更适合他的个人风格，而不是纯粹自我反省的活动。

你可能采用很多类型的训练方法来努力帮助杰夫，包括放松训练、愤怒管理训练和社交技能训练。从传统观点上说，行为治疗不会关注认知或情绪（Skinner，1938），但是，很多当代的行为主义者认为那些认知和情绪可能是条件反应，因此可以作为适当的干预目标。

杰夫的进步如何进行测量和检测呢？会设置详细、清晰、功能性的和可达到的目标，这些目标包括改变或降低不适应行为发生的频率，同时改变、增强或学习适应性行为。开始时进行以提供支持建设性改变的环境为目标的干预，如果安全的话，杰夫的妻子会参与进来，在家庭生活中改变杰夫的行为所诱发的她反应。如果在治疗过程中，杰夫和你之间没有建立信任、相互尊重的工作关系的话，将不会有一个有效的指导环境，在这样的环境中你设计出个性化的学习方案，杰夫也会积极参与进来。

案例应用：聚焦暴力领域

现在对个案杰夫进行详细的检查。有很多复杂的领域可以对他的行为提供分析。这一暴力领域被运用在行为主义个案概念化和治疗计划中。在问到他希望谁来当他的治疗师的时候，杰夫说谁有时间都可以，他希望尽快得到治疗，之后他又补充到，他希望他的治疗师"不是傻瓜"。

从行为疗法角度与杰夫会谈

治疗师：我知道你是以缓刑犯的身份来到这里，你为什么会被判缓刑？
杰夫：（很紧张）因为这个女人偷占了我的停车场，我不能忍受。
治疗师：她怎样偷占了你的停车场？
杰夫：（很愤怒）因为我的妻子凯伦那天歇斯底里症发作，所以我上班迟到了。我上班的时候，整个停车场已经满了。我转了一圈又一圈，直到一个车位空出来。我打开了转向灯，想要停车，这时，这个女人把车停在了这里。所以，我下车砸她的车窗，让她把车移开，她忽视了我。我假装离开，她下车后，我迅速走到她面前，告诉她把车后退，移出我的空间。她试图从我身边挤过去，所以我攻击了她。

治疗师：她伤得严重吗？

杰夫：（断然地）她没有受伤。停车场有个人跑到餐厅报警了。警察戏弄了我，把她送到了医院，她连一个创可贴都没用。

治疗师：警察做了什么？

杰夫：（很愤怒）他们把我带到了法院，法官问我为什么失去了控制。我告诉他我刚跟我的妻子打了一架，上班迟到了。然后我告诉法官，我的妻子怀孕了，如果我进了监狱，工作就没了。凯伦坐在那儿大哭，然后我被判了缓刑。

治疗师：凯伦在那儿帮助你获得缓刑？

杰夫：（很愤怒）整件傻事错在于她，她让我上班迟到了。我老板对打架这个事情大发雷霆。打架吓走了一些顾客，他说再错一次，我就被开除了。

治疗师：这个工作对你来说重要吗？

杰夫：（很坚定）一旦我获得我的普通教育发展学位（GED），我将有资格参与餐厅的管理培训计划。然后我可以为孩子赚足够的钱。

治疗师：为了支持你的家庭，你很努力地工作。你在工作中可以自我控制，保住工作吗？

杰夫：（瞪着治疗师，很紧张）我不会攻击我的老板，如果你是这个意思的话。

治疗师：如果你的老板给你施压，你可以控制你的愤怒。那为什么你不能控制对停车场的女人的愤怒？

杰夫：（很坚定）女人不能践踏我。如果在我威胁她的时候，她后退了，我会让开，只是感觉很紧张。她的行为把我惹火了。当我俯视她，听到她的呜咽时，我感觉放松了。我没有保持冷静，因为警察开始耍弄我。

治疗师：你又再次发火了吗？

杰夫：（轻蔑地）没有，我不得不控制我的情绪。

治疗师：你可以控制你对警察的愤怒。

杰夫：（很急躁）我不想进监狱，但是我感觉很神经质。

治疗师：感觉神经质是什么意思？

杰夫：（很紧张）一开始，我只是精神难以集中。过了一会儿，如果我依然很紧张，我就会开始上火，如果上火很严重，我就会失去控制——我会攻击别人，直到我赢了为止。

治疗师：和那个女人发生了这些吗？

杰夫：（很愤怒）我在车里就已经神经质了，在我转来转去的时候更糟糕了。然后，当她从我身边试图挤过去时，事情就发生了。

治疗师：在你来法院后，什么帮助你摆脱了紧张？

杰夫：（实事求是地）我去工作，把食物煮煳了，烧焦的味道总是让我很满足。

治疗师：在家里呢？你怎样缓解紧张的情绪？

杰夫：（很紧张）当我回到家的时候，凯伦最好每一件事都按照我希望的去做。

治疗师：如果不是呢？

杰夫：（敌对地）然后，我会打她。

治疗师：你会做什么？

杰夫：（实事求是地）这取决于她让我变得多愤怒。可能我只是推一下她，也可能会有更多身体攻击。

治疗师：在被打之后，凯伦需要去看医生吗？

杰夫：（缓慢地、断然地）不，我不会那么打得那么严重。

治疗师：你可以给我一个最近的例子吗？

杰夫：（很紧张）我打架的那天，她希望知道我什么时候回家，然后她可以开车去超市。我把她推开了，推的程度足够让她明白她最好不要控制我。

治疗师：从 1 分到 10 分来衡量的话，推的严重程度可以打几分？

杰夫：（暴躁地）不用担心凯伦，她可以承受。她怀孕之后总是抱怨，但是我打她一下相当于她父母的十几个重击。

治疗师：一天你打或者踢她几次？

杰夫：（非常沮丧）凯伦很好。我推她但并没有堵住她的嘴。我打开门的时候她抓住我的胳膊，我很用力地踢她，她放开了我，我才能走出门，但是这让我非常生气。

治疗师：为什么踢凯伦没有让你感觉放松？

杰夫：（专心地）我没有让她完全屈服，表现出我才是控制者，所以我没有得到缓解。如果大部分时间她向我乞求，结束时我会感觉很好。

治疗师：在你情绪好的时候你会做些什么？

杰夫：（实事求是地）我准备好开始做爱。（停顿）我可能坚决要求。

治疗师：在你打了你妻子后，你会有性欲？

杰夫：（冷静地）只是在大爆发之后才会有，因为大爆发之后，我所有的失意都释放了。在我去工作前的那次殴打没有缓解我的失意，我在离开的时候仍然十分紧张和急躁。

治疗师：你做爱之后会发生什么？

杰夫：（沾沾自喜地）我感觉十分放松。

治疗师：除了暴力攻击外，你有其他的方法来控制愤怒吗？

杰夫：（沾沾自喜地）我的嘴上功夫也很好，大部分情况下，一点点威胁就可以有很大的影响。

治疗师：在你愤怒的时候，有什么事情可以停止你的攻击吗？

杰夫：（紧张地）如果对方让步了，我仍然感觉很愤怒，但是我可以缓解。在工作场所，如果我还没有上火，我可以离开。我必须控制自己。我很讨厌。

治疗师：必须控制自己？

杰夫：（愤怒地）我讨厌愤怒的时候，还不能摆脱它。

治疗师：如果你上火呢？

杰夫：（断然地）就像我说的那样，我会失去控制。但是，大部分时候我会自我控制。事实上，我经常会因为是差等生和把事情看得太简单而被每一个人嘲笑。

治疗师："每一个人"是指谁？

杰夫：（不屑一顾地）我的妈妈和爸爸。他们只会做三件事情：抱怨我很懒惰，不会去任何地方，打我和忽视我。

治疗师：在你成长过程中发生了什么？

杰夫：(反思地)如果我爸爸在家，他注意到了我，他会因为我懒而找一个理由打我。如果他没有打我或踢我，那只是因为他太忙了没有注意到我。我妈妈会在我把事情弄糟时打我，例如考试时得了F或旷课。只有在我父母打架，没有注意到我时，我才能消停一会儿。

治疗师：你被打后需要去看医生吗？

杰夫：(冷静地)没有人关心。甚至当我在学校露出伤痕时，也没有一个人关心。老师认为我很懒。在14岁左右的时候，我已经学会了消失，如果我爸爸在周围的话。我也学会了不去我妈妈周围。

治疗师：你是怎样学会的？

杰夫：(专心地)通过听我爸爸的话和没日没夜地看电视。

治疗师：你看什么电视？

杰夫：(专心地)我总是很喜欢看警察、侦探、战争相关的动作片。现在还在看。

治疗师：动作片你喜欢什么？

杰夫：(专心地)快动作和愤怒。我从这些影片中学会了一些好东西：怎样去使用我的威胁和拳头。我父母认为我是个傻子，但是，当我想学的时候，我会学得很快。

治疗师：你现在在学习中对什么感兴趣？

杰夫：(断然地)只要没人试图对我施压，我就会获得普通教育发展学位(GED)。

治疗师：如果我不对你施压，你会想要学习不会冒着进监狱的危险来表达你的愤怒和获得放松的方法吗？(杰夫看起来很犹豫)我知道很多让人放松的方法。

杰夫：(挑战地)你认为你可以教会我除了我知道之外的关于性的其他方法？

治疗师：我说的是除了性和暴力之外其他放松的方法。

杰夫：(讽刺地)我们将会一起去喝酒吗？

治疗师：不是。(停顿)喝酒会帮助你放松吗？

杰夫：(实事求是地)不，但是我喜欢酒的味道。

治疗师：你一天喝多少酒，吸多少毒品？

杰夫：(急躁地)我不吸毒。我下班后和朋友一起喝一杯啤酒。

治疗师：在家吗？

杰夫：(专心地)可能，如果我看足球的话。

治疗师：你喝醉过吗？(杰夫摇头)喝酒会让你更加愤怒还是会好一点？

杰夫：(愤怒地)如果我很愤怒，不论我有没有喝酒，都会很愤怒。

治疗师：你失去控制和你喝酒之间没有什么联系？

杰夫：(挫败地)我已经告诉我你了，大部分时候我都是一个随和的人。

治疗师：你休闲的时候会做些什么？

杰夫：(沉思地)可以看电视，我也很喜欢跟同事聊我们处理事情时的故事。

治疗师：你跟同事打过架吗？

杰夫：(专心地)不，不会打得那么严重。下班后同事会在酒吧小打小闹，只是想要在第二天工作时有事情可聊。

治疗师：你打过你的儿子吗？

杰夫：没有。

治疗师：他害怕你吗？

杰夫：不害怕。

治疗师：他做过让你愤怒的事儿吗？

杰夫：（断然地）没有，他只有三岁。凯伦照顾他。

治疗师：你和凯伦打架时他会做什么？

杰夫：（沉思地）他总是跑回自己的房间。有些时候在打之前，他似乎知道会开始打了，然后他会走开去看电视。

治疗师：聪明的孩子——他知道什么触发了争斗。你瘫坐在椅子上，现在你感觉愤怒或紧张吗？

杰夫：（愤怒地）我被控制了，我经常被控制。

治疗师：你现在很愤怒吗？

杰夫：（不屑一顾地）不，（停顿）你为什么这样问？

治疗师：哦，你被推到现在的情境，我问了你很多问题。你之前告诉过我如果人们对你施压的话你会很愤怒。

杰夫：（失望地）要么治疗，要么进监狱，选择很明显。

治疗师：我们需要特别地讨论什么事情让你感觉紧张和失去控制。我们需要找出非暴力的方法来帮助你感觉放松。我这样帮助你对我来说安全吗？

杰夫：（挑战地）安全？

治疗师：如果我让你感觉紧张和愤怒，你会告诉我，还是攻击我？

杰夫：（断然地）我不想进监狱。

治疗师：你认为在这里你可以控制。（长时间的停顿，杰夫一直在摇头，之后说"是的"）如果我让你愤怒了，你回家后会打凯伦吗？

杰夫：（暴躁地）我不知道。我不计划打凯伦。如果我打了她，那一定是她做错了。

治疗师：你知道什么时候会紧张吗？

杰夫：（轻蔑地）有时候我会。

治疗师：如果在这里你感觉紧张，你会告诉我吗？

杰夫：（愤怒地）我的缓刑官说，如果我在缓刑期间攻击任何人的话，我会直接进监狱。

治疗师：下周我会制订一个计划给你，如果你愿意遵循它，你将会对你的愤怒和紧张的感觉加以控制。我确保其中包含帮助你远离监狱和成为一个有效的管理者的技巧。我需要提醒你，如果我认为凯伦或任何人有危险，我会给他们和警察打电话。

杰夫：（专心地）我不会再攻击凯伦或其他任何人，我不想进监狱。

从行为主义角度对杰夫进行个案概念化：基于假设模式

杰夫的习得历史包括可观察的语言和肢体暴力行为、暴力行为的强化，以及控制他人与性满足和放松之间的联系。他看过很多他父母之间的暴力攻击，羡慕电视中的暴力角色，学会了如何用自己的嘴和拳头来威胁他人。在杰夫小的时候，他的父母在让他做他们所希望的事情方面很成功，随着他逐渐长大，他的语言和肢体暴力行为也因为从他的母亲或其他目标人物那里获得了他想要的东西的强化而逐渐增多。因为在学校老师不打他，也不关注他经常出现的伤疤，这强化了杰夫对世界的敌对的观点，包括他认为暴力的个体拥有力量和控制权，而非暴力的个体是被动的，不能帮助他。杰夫愤怒的时候很容易失去控制，只有他完全地控制对方，攻击才能停止。如果对方是女性，控制的感觉似乎与性满足和放松相关。杰夫工作的时候，或者面对警察的时候可以控制自己的暴力行为。作为一个成年人，杰夫对他人的行为很警惕，可以很快地解读他人的行为，无论实际上是否定的还是中立的，都认为是威胁的。但是，他也学会了认真履行他的职责，来保持工作，给他的妻子和孩子提供经济上的支持。这些都很好地预示着，如果提供满足杰夫当下目标的结果，如获得普通教育发展学位（GED），他将有潜力习得新的行为。

　　杰夫通过观察他的父母习得语言和肢体暴力行为。他记得只有在他的父母忙于相互攻击而没有注意到他的时候，他才感觉到安全。杰夫意识到任何事情都可以激发父亲的暴力攻击。但是，母亲的暴力行为是由于他做错了事情而激发的。在努力摆脱他们的过程中，杰夫成为一个忠实的电视观看者。虽然杰夫第一次的语言或肢体暴力行为可能是他父母行为的缩影，但是他很自豪他从电视中的暴力人物角色身上学到了很多。排除这些观察的影响是不可能的。但是，无论是观察他的父亲如何控制母亲，还是观察在电视上男人如何控制女人，杰夫可能开始替代性地体验到男人控制女人的情绪满足和快感。随着他进入青春期，由于他在控制他的母亲方面越来越成功，这种间接的学习可能变成直接的。但是，他从没有提到要控制他的父亲。因此，无论从家庭关系还是电视上，杰夫可能已经意识到对一个权威人物失去控制会导致自我伤害。尽管目前并不清楚权威人物可能是谁，但是杰夫对工作的付出表明他有一个角色榜样，成为一个负责任的人来维持生活。因此，如果在工作中愤怒的话，杰夫会采取消极的攻击行为，例如把食物烧焦，但是对老板或同事，他不会对自己的行为有明显的失控。

　　之后，杰夫的暴力行为通过操作条件得以强化。他的父亲发现语言和身体虐待对杰夫是有用的，因此不会放过任何一个机会来伤害他。杰夫的母亲学会了评估他的学习情况，如果她感觉他在学校没有认真学习，她才会以语言或肢体虐待他。如果杰夫没有像她希望的那样努力完成学校作业，她就会通过语言或肢体攻击来惩罚他。随着他长大，他开始旷课。这直接导致他的母亲殴打他。但是随着他长大，她逐渐成为杰夫的受害者，而不是施害者。作为一个成长中的孩子，杰夫开始越来越多地与街坊和学校中的其他孩子保持联系。但是这些并不确定：杰夫的养育过程导致了他在这些环境中十分暴力，他越大，在攻击比他弱小和笨的人时就越成功。在杰夫讨论他与妻子凯伦的关系和停车场女人的事件时，他表达的关于学会控制他母亲的快感显而易见。他知道大家对于怀孕的女人会产生同情，了解到这些，他让凯伦出席法院庭审，在法庭上大哭。正像杰夫期望的那样，他获得了缓刑，没有进监狱。杰夫似乎发现为赚钱而工作是有益的。即使他情绪很差，他也会照常去工作，而且清楚工作中任何明显的失控行为都会导致他被解雇。另外，尽管他从来没有说过学校的一句好话，但是如果获得普通教育发展学位可以让他赚更多的钱，同时没有人挑剔他的话，他依然有学习的意愿。

　　杰夫的暴力行为与他在青少年时期似乎就形成的经典条件反射——激动和紧张这些生理反应相关。杰夫记不清是从什么时候开始的，他只知道现在一旦失控，他便会争斗，直到他占了上风。他选择了女人作为他的主要受害者，这可能是因为他所建立起来的性满足和冷静与控制一个女人之间的联系。对杰夫来说，只有完全地屈从于他的意愿，他才会感到满足和放松。在杰夫被警察注意到的那天，他到达工作地的停车场，迟到了，而且很愤怒，因为凯伦努力想引起他的关注，但是他只想忽视她。由于杰夫只有很少的时间打她，凯伦并没有被完全地控制，所以他开车去上班的时候依然很愤怒。类似地，恐吓停车场的那个女人是不够的，如果她不打算移开她的车，他就会殴打她。面对他的男性老板、男性警察和男性法官的时候，他可以完全控制他的紧张，以免进入愤怒的状态。这可能部分地由于在他与他的父亲或其他男性的激烈交锋中，他只获得过一些不痛不痒的胜利。他也意识到很多人在一个哭泣的孕妇面前的行为会比较温和，他利用了凯伦这一点，让自己获得了假释，而没有进监狱。杰夫也学会了一些方法来证明自己不是一个暴力的父亲。婴儿或者小孩子的任何行为，例如冲动、哭闹、需求等，似乎都不会引起杰夫的愤怒和失望。作为一个父亲，他能够察觉到小孩子的无助，并且赞成凯伦对他们儿子的照料。

现在，杰夫否认自己有任何愤怒、紧张或挫败的情绪，因为他被要求成为一个放松、悠闲的人。他可能感到他在医生面前必须维持这个面具，从而逃避进监狱的惩罚。但是，杰夫似乎会再次伤害一个女人，例如凯伦，除非治疗对他的习得历史有明显的影响。杰夫小的时候是一个多重的受害者，现在作为一个男人，是一个对女人的多重暴力施害者。他现在的暴力行为让女人受到了身体上的伤害，需要住院治疗。他避免进监狱，参与管理培训计划的愿望似乎是真诚的。因此，这在杰夫的习得历史中可能是一个好的时机，他希望学习新的谋生策略，并且通过非暴力的方式与他人交往。

行为疗法治疗方案：基于假设模式

治疗方案概述：杰夫目前的目标是通过参加愤怒管理培训以免进入监狱，以及获得普通教育发展学位（GED），从而可以在工作中获得升职。这些目标可能为现阶段杰夫投入治疗提供足够的动力。医生和缓刑官需要合作，通过一系列的会话来评估杰夫的危险等级。假如他失控，凯伦和其他女性危险最大。在长期目标1方面的进步应该是治疗的首要关注点，因为这将会降低他对医生、缓刑官、凯伦和一般女性的危险。（该治疗方案遵循基本格式规范）

长期目标1：杰夫将会学习情绪管理技能，从而控制他的生活状态，避免进监狱。
短期目标
1. 介绍给杰夫很多放松和愤怒控制策略，他可以选择他想学的来提升自我控制，以免进监狱。
2. 杰夫将会通过一系列的会话学会辨别他愤怒或紧张的生理信号，并对他所选择的技能加以实践。
3. 杰夫将会通过与他的缓刑官和男同事的冲突情境的角色扮演来练习他所倾向的放松策略。
4. 一旦杰夫在治疗外的情境中开始感到愤怒或紧张，他会使用逃避的策略来摆脱这些情境，以保证自己不进监狱。
5. 杰夫将学会在发火之前意识到自己的愤怒和挫败，在有任何负面情绪的时候进行放松训练。
6. 杰夫将会评估他最近一次的愤怒或挫败，辨别事件的起因。如果谈论这件事情导致他愤怒的话，他将会采用放松训练。

7. 杰夫将会列出一个从对他刺激最小到刺激最大的他人的行为清单，并且详细地讨论每一个行为。在讨论这些行为时，如果他开始愤怒的话，就进行放松训练。

8. 杰夫将会使用他在治疗中学习的策略来避免自己在治疗外变得愤怒。

9. 将会设置其他适合的目标，确保他在想发火的时候可以停止和冷静。

长期目标2：杰夫将会通过观察发现他的GED同学、缓刑所中的人和他的同事所使用的保持对老师、缓刑官和老板的积极立场的成功和失败的策略，以控制自己的生活，避免进监狱。

短期目标

1. 杰夫将会观察在学生迟到、提问题或做了其他可能引起老师沮丧的事情时，GED班级老师的行为，并讨论这种令人沮丧的行为其发生的前因后果。

2. 杰夫将会列出老师对自己和其他同学的行为清单，并确定是否有些行为可能是他想学习的技能。

3. 杰夫将会尽早履行缓刑承诺，以便观察当一个人通过电话或在缓刑所做了引发缓刑官沮丧的行为时，缓刑官之间会发生什么，并且在治疗中讨论是否他观察到的一些行为可能是他想学习的技能。

4. 杰夫将会列出缓刑官对他和其他人的行为清单，并确定是否有些行为可能是他想学习的技能。

5. 杰夫将会观察他的老板在有员工迟到、犯错或做了其他可能引起老板挫败的事情时的行为，并且讨论这一挫败行为发生的前因后果。

6. 杰夫将会列出老板对他和其他人的行为清单，并确定是否有些行为可能是他想学习的技能。

7. 杰夫将会观察他的妻子与儿子之间的交往，并考虑她的讲话和行为方式对他工作、学习或处理法院的事情是否有用。

8. 杰夫将会决定他想学习以上哪些技能。

长期目标3：杰夫将会意识到他在工作中、缓刑期内和家庭生活中使用这些可能的非暴力的问题解决方法所带来的影响，并决定这些影响是否帮助他获得了对于是否进监狱和获得普通教育发展学位（GED）的控制。

短期目标

1. 杰夫将会通过日志记录在工作中发生的挫败事件，以及他是如何通过非暴力的行为对每一个事件进行回应的，从而获得对于他的缓刑要求的控制。

2. 杰夫将会向缓刑官提交记录这一周内他尝试在挫败的环境中保持控制的日志，从而对每一周缓刑任务的开始加以控制。

3. 杰夫将会通过询问他的缓刑官他目前是否满足了缓刑部门的要求，从而对每周缓刑任务的结束加以控制。

4. 杰夫将会在治疗中回顾他的所有日志以及缓刑官对日志的反应，并且讨论记录日志对于他更多地控制自己不进监狱是否有帮助，从而对每次治疗任务的开始加以控制。

5. 杰夫将会反思任何可能触发他暴力行为的地方或情境，如上班迟到，并制订一个可以给他自我控制规避这些触发事物的计划，从而对他的愤怒感觉加以控制。

6. 杰夫将会在治疗中计划如何在普通教育发展学位（GED）课程中尽可能地学习，从而保持低的唤醒水平，向他的老师和老板展现他的学习潜力。

7. 如果有其他合适的目标的话，将会设置其他目标。

从行为角度对杰夫进行个案概念化：基于历史模式

作为一个成长中的人，杰夫需要生理、认知和社会心理方面的指导，但取而代之的是父母的言语侮辱和身体攻击，以及其他成年人，如老师和医生的忽视。没有人主动地教他亲社会和抚养的生活技能。杰夫成为一个积极的自我学习者，通过暴力行为来满足自身的生存需求。他没有意识到要学习亲社会技能，而且没有感受到它们的价值。作为一个成年人，杰夫对于来自他人的任何关注都会很快地察觉并进行暴力回应。来自他人的中立、正面或负面行为都被他认为是负面的和威胁的，他大部分的回应都是带有侵略性的。

杰夫目前的行为优势是当他被激励的时候，他有快速学习的能力。目前，他的动力是不进监狱，通过高回报的工作来维持他的家庭。

作为一个小孩子，杰夫意识到成年人是有侵略性的。他的父母经常互相殴打，因此他们成了杰夫的角色榜样，在亲密关系中使用暴力行为，通过暴力行为来沟通和解决问题。通过暴力攻击来教人如何去做或者对错误进行惩罚，作为唯一的教养策略，已经根深蒂固，过去对杰夫的行为有很大的影响。父母双方对于彼此对杰夫的生理虐待都表示支持。杰夫有学习非暴力技能的能力，但并没有为他提供一个支持这项技能发展的环境。

随着他入学，他意识到老师对于他的行为只有负面的回应，例如认为他很懒惰，忽视他身上明显的被虐待的伤痕。这些学习经历更强化了他对于父母的负面认同。杰夫通过电视来获得陪伴和学习如何在一个敌对的世界进行谈判。他选择观看的影片证实了他的首要经验：世界是充满敌意的，自尊和安全感需要通过言语和暴力攻击来获得。他对影片中的角色有了正向的认同，这些角色通过使用身体暴力来获得尊重，不会向他人的权威屈服。他非常关注这些角色模型，并且开始通过观察他们来进行学习。

作为一个青少年，杰夫有了力气，并且掌握了足够的暴力技能，通过言语和身体暴力来威胁他的母亲。他开始使用通过观察他的父亲和电视角色而学到的技能。他的母亲通过默许他的要求和不再殴打他强化了他的行为。杰夫在父亲面前，通过回避来保护自己。因此，杰夫学会了在家里如何保证自己的安全。他同伴交往的情况并不清楚。他的老师一直忽视他作为虐待受害者的明显的伤痕，如受伤的胳膊，他从来没有获得来自他们的任何鼓励的反应。因此，他并没有把他们当成是角色榜样。他并没有通过观察他们来学习如何通过非暴力的方式与他人交往，而且没有意识到学习方面的成就是有益的，在高中时辍学了。

作为一个成年人，杰夫持续保持着被他所选择的环境经验强化的对于世界的暴力观点。他只与其他暴力的男性交往。这些同伴活动专注于证明谁在使用语言和身体攻击方面最为专业。女性（他的妻子和母亲）通过默许他的要求强化了他的语言和身体暴力行为。杰夫所知晓的凯伦父母对她的虐待和他对于他的父亲虐待母亲的记忆更向他强调了对女性的暴力是可以接受和有用的。对杰夫暴力行为的进一步的正强化是他通过身体暴力控制一个女性之后所获得的放松的感觉。经典学习对他的自主神经症状有很大的影响，像他所形容的那样，首要表现是失控。杰夫在他的家里时常是一个受害者和暴力的目击者。在他的家庭环境中，很多中立的刺激都有可能成为条件刺激，虽然他们并不是被刻意地与身体攻击相联系。杰夫只有在面对女性的时候才可能会有失控的状态。他学会了在他可能失败的情境（和他的父亲或其他男性），或者他的收入或个人自由受到威胁的情境（和他的老板、缓刑官）中控制自己的愤怒。尽管他的生命中充满愤怒，他依然维持着有收入的工作，并且承诺供养他的妻子、儿子和即将出生的孩子。他也计划着通过获得普通教育发展学位（GED）和参加管理培训来增加自己的职业机会。因此，如果学习新的技能的结果是清晰的，对他有激励的，他有意愿去学习。

现在，杰夫的暴力行为过于复杂，并且作为一个成年男性，对多个女性施害。他的暴力回应通过凯伦服从他的命令而得到了持续的强化。他每天接触可以进一步强化他的暴力世界观的暴力角色模型。当他收到特定经典条件刺激时，他可能进行暴力回应。因此，对杰夫来说，除了暴力的习惯，还有更多。童年时期，他通过观察来学习，尽管这样做并没有使他获得来自他人的任何帮助。成年之后，他努力工作，学习新的技能，来更好地支持他的家庭。在杰夫学习历程的这一时期，他与法律制度有所冲突。在被判处缓刑之前，杰夫的暴力行为并没有受到任何负面的惩罚。因此，他没有动力去改变。如果他再有暴力攻击行为的话会进监狱的认知刺激他提升自我控制。缓刑期对杰夫来说是一个时机，可以学习对愤怒、失望和紧张的情绪进行非暴力回应的经验，同时增加或修改他的亲社会行为或学习新的亲社会行为。

行为主义视角的治疗方案：基于历史模式

治疗方案概述：杰夫目前的目标是通过参加愤怒管理培训，以免进监狱，同时获得普通教育发展学位（GED），从而可以在工作中获得晋升。临床医生和缓刑官需要合作，通过系列的会话评估杰夫的危险性。一旦他失去控制，凯伦和其他女性将会面临最大的风险。将会针对长期目标1和2同时开展工作，其次是目标3，最后是目标4。（该治疗方案遵循问题格式规范）

问题：杰夫是自己长大的（没有获得父母的关爱），没有学会如何通过非暴力的方式获得自己需要和想要的。治疗师和缓刑官需要扮演抑制他的暴力行为和鼓励适应能力发展的教育者的角色（而不是由他的父母扮演）。针对每一个目标，无论是缓刑官还是治疗师，都将强调负性行为的后果（进监狱）和正性行为的奖励（成为一个管理者，不需要进监狱，发展亲密关系）。

长期目标1：杰夫将会学习到一些并不是来自他的父母或老师的经验，这些经验是关于如何通过环境控制来抑制暴力行为，从而免于进监狱。

短期目标

1. 杰夫将会参加每周一次的缓刑会议，如果他准时到达，很有礼貌，没有造成威胁的话，会获得积极的社交奖励。

2. 杰夫将会参加每周一次的治疗会议，如果他准时到达，很有礼貌，没有造成威胁的话，会获得积极的社会支持。杰夫将会远离酒吧，不与其他暴力的个体进行私下交往，从而减少可能会导致他进监狱的暴力行为的触发因素。

3. 杰夫将会在普通教育发展学位（GED）的学习课程和管理培训课程中寻找机会，观察他人如何在社会情境下成功地保持低的唤醒水平，他将会考虑学习这些行为的价值。

4. 如果有其他合适的目标的话，将会设置其他目标。

长期目标2：杰夫将会学习一些并非来自他的父母或老师的经验，这些经验是关于如何通过愤怒管理和压力缓解策略来控制他的愤怒感觉。

短期目标

1. 将会向杰夫介绍很多放松和愤怒控制的策略，他可以选择他想学习的策略。
2. 杰夫将会通过系列的会话学习辨别他愤怒或紧张时的生理信号。
3. 在冲突情境的角色扮演中，杰夫将会练习使用他偏好的放松策略来避免自己发火。
4. 一旦杰夫在治疗外的情境中开始感到愤怒或紧张，他会使用逃避的策略，以免进监狱。
5. 杰夫将会使用他在治疗中学习的策略，来避免在治疗外的情境中发火。
6. 如果有其他合适的目标的话，将会设置其他目标。

长期目标3：成年杰夫将会学习那些他在儿童时期没有学习的非暴力沟通方式和问题解决策略，从而通过表现出冲突情境中的自我控制能力以及做好成为一个管理者的准备，来获得来自他的老板、缓刑官、治疗师等人的正向的强化。

短期目标

1. 将会向杰夫介绍有效倾听、自信沟通和问题解决的策略，他可以从中选择他想学习的。
2. 杰夫首先会在治疗会话中练习有效倾听的策略，其次是在缓刑会议中，然后是工作中，最终是在家里。
3. 一旦杰夫掌握了倾听的技能，他将会在治疗会话中练习如何在与他人的冲突情境中进行自信的回应。如果他愤怒了，他将会停止角色扮演，帮助自己放松。
4. 杰夫将会练习在治疗外的冲突情境中进行自信的回应。如果他愤怒了，他将会远离这些情境，帮助自己放松。
5. 如果有其他合适的目标的话，将会设置其他目标。

长期目标4：杰夫将会学习他在童年期没有学习的发展亲密情感的策略。

短期目标

1. 杰夫和治疗师将会讨论情感亲密的行为是指什么，以及这类行为会带来怎样的实际奖励。
2. 杰夫将会观察他人，并列出他所看到的情感亲密行为所带来的积极的、中立的和消极的结果。
  a. 杰夫将会观察凯伦对他的儿子约翰的养育行为，然后与治疗师讨论他的观察。
  b. 杰夫将会观察同事或客户的养育行为，然后与治疗师讨论他的观察。
3. 在之后与凯伦和约翰的治疗中，杰夫将会使用和治疗师在一起时练习的技能，包括抚养行为，例如在约翰表现好的时候给予鼓励和赞美，在约翰做错事情的时候，让凯伦进行管教。
4. 杰夫将会和治疗师讨论约翰在家时让他感到失望的行为类型，尝试练习如何让自己远离那个情境，以及在让凯伦管教约翰时，如何减少自己的愤怒和失望之感。
5. 杰夫将会在治疗过程中与凯伦和约翰一起练习学到的技能，对约翰表现抚养的行为，如果他感到愤怒和失望的话，让自己远离那个情境，冷静下来。

6. 杰夫将会在治疗中通过有效倾听和沟通与凯伦讨论他们一起和约翰玩的结果，以及他们是否准备在家中进行尝试。

7. 杰夫将会记录他愤怒时尝试让自己冷静的经历，使用抚养行为和非暴力的问题解决策略的经历，并在治疗中对记录进行讨论。

8. 杰夫将会在治疗中通过有效倾听和抚养行为与约翰讨论他在家中是否感到害怕。如果他对约翰说的话或做的事情感到愤怒的时候，他会让自己远离那个情境，让凯伦来管教。

9. 杰夫将会通过使用有效倾听和问题解决的技能与凯伦讨论在家中他们怎样做可以成为尽可能好的父母，以及让家对每一个人来说都是一个安全的场所。

10. 如果有其他合适的目标的话，将会设置其他目标。

学生进行个案概念化的练习案例：聚焦年龄领域

现在要对凯文（Kevin）进行一个行为主义的分析。有很多复杂的领域可能对他的行为提供深刻的洞察。你被要求将年龄的领域整合进你的行为主义个案概念化和治疗方案中。

从简短评估访谈中收集信息

凯文，14岁，白人，男性，就读于一所农村地区的高中。他学习一直很好，计划结束高中学业之后上大学。他和他的父母及两个姐姐一起生活。他的父亲是一个个体农民。7岁的时候，凯文被诊断为脑瘤，且不能进行手术。持续的化疗抑制了肿瘤的生长，但是却导致了他头发的暂时脱落。因为肿瘤，凯文在一年级和二年级的时候经常缺席课程。凯文的高中学校辅导员让他治疗，凯文告诉辅导员他不能看镜子中的自己，很讨厌自己。他的父母不赞成他治疗，但是没有阻止。

通过一个简短的精神状态测验发现，他没有自杀或行凶的想法，也没有严重的精神症状。凯文被要求和学校人事部门、他的家庭签署授权协议书，但是凯文只愿意和学校签署。当问到他在治疗中希望看到谁时，凯文说他想参加第一次治疗看看。

从行为角度与凯文会谈

治疗师：凯文，我知道你认为自己有镜子恐惧症，你能明确告诉我是什么意思吗？

凯文：（坦率地）我不能照镜子。如果我尝试的话，我会出汗，并感到头晕。

治疗师：你还记得你可以照镜子的时候吗？

凯文：（沉思）在我开始化疗，头发脱落之前，我经常照镜子。在头发脱落后，我看上去很奇怪，这很可怕。我仍然记得我从医院回到家的那一天，我姐姐看到我之后跑开了。

治疗师：你是因为没有头发了而感到害怕，还是因为她对你没有头发的反应？

凯文：（专心地）都有。在她跑开后，我冲进了卫生间，看了自己一会儿。在那一刻之前，我因为可以离开医院而感到很高兴，因此没有考虑过自己的外貌。我开始意识到自己是一个怪物。

治疗师：一个怪物？

凯文：（愤怒地）在我回到学校后，所有的孩子都那样叫我。

治疗师：所有的孩子，甚至是你的朋友？

凯文：（愤怒地）我在离开医院后就没有朋友了。没有人愿意与一个怪物交往。（长时间的停顿）我很孤单。

治疗师：有人跟你交往吗？

凯文：（沉思地）一些老师。我拒绝了他们，但是他们人很好，经常给我布置额外的作业。

治疗师：他们怎样回应你？有什么特别的吗？

凯文：（悲伤地）他们正面看其他的孩子，但不正面看我。

治疗师：医生给你说过什么？

凯文：（专心地）他们救了我，（长时间的停顿）我还能期待什么？

治疗师：在你手术之后，有哪个时间你可以照镜子吗？

凯文：（忧虑地）没有，一旦我尝试，我开始出汗，我的心脏感觉像要跳出来。这真的很恐怖。

治疗师：你的父母做了什么来帮助你？

凯文：（不带感情的）我只靠自己。我生病的时候他们带我去医院，但是他们从来没有探望过我。（长时间的停顿，轻蔑地）令人惊讶的是，我没有死，他们不得不带我回家。

治疗师：他们希望你回家吗？

凯文：（冷静地）当然，这是春天种植时间，他们需要我的帮助。

治疗师：他们有试图帮助你治疗恐惧症吗？

凯文：（忧虑地）三年级的时候，我父亲通过强迫我照镜子让我摆脱对镜子的恐惧，我晕倒了。

治疗师：当时发生了什么？

凯文：（焦虑上升）我准备乘坐学校巴士，我父亲说我忘记梳头发了。我不同意，我们为这事争吵了一会儿，然后他把我拖进了洗手间，让我照镜子。当我进去后，我母亲递给我一把梳子，并告诉我快点，不然会错过巴士。

治疗师：什么事情让你决定了现在来见我？

凯文：（大量出汗）我班里其他的男孩开始长胡子。如果我不能照镜子的话，该如何刮胡子呢？如果我不刮的话，我看上去会更像一个怪物。（绝望地）你能帮助我吗？

治疗师：是的，恐惧症是可以治愈的。我们将会一起制订一个克服你恐惧症的计划。

凯文：（专心地）其他人可能不再害怕，但是像我这样的一个怪物可以吗？

治疗师：当你靠近一面镜子时，你开始出汗，感觉心脏快要爆炸了，但是你并不是一个怪物。你今天前来咨询了，所以我相信你有头脑和能力来应对你的问题。

凯文：（充满希望地）你是什么意思？

治疗师：大部分人来到这里的时候都很害怕，不愿意说话。大部分人可以描述出他们有呼吸困难的问题或者是感觉头晕，但是不知道"恐惧症"一词。那是对你问题的一个专业描述。你对你的问题已经有了一定的洞察，也了解了一些专门的知识，这是很多成年人都不了解的。你也表现出了开放的心态来寻求帮助。

凯文：（激动地）接下来呢？

治疗师：我需要问一些其他的问题。有什么事情让恐惧症更严重吗？

凯文：（反思地）在其他孩子或者家里某个人奚落我之后，我甚至不能靠近一个有镜子的房间，我感觉很恐慌。

治疗师：只有在其他人嘲笑你的外貌的时候会引发这个反应，还是嘲笑你其他的事情，例如叫你"傻瓜"，也会有这样的反应？

凯文：（痛苦地）除了一些老师之外，所有人都认为我是怪物。那些老师经常鼓励我，认为我可以上大学。

治疗师：你的身体状况现在怎么样？

凯文：（轻蔑地）我已经很多年不需要吃药了，但是我母亲仍然强迫我吃药或维他命。

治疗师：你母亲似乎很担心你的健康，但是这不是必要的吗？

凯文：（暴躁地）我很好，甚至医生都不再追踪我了。我母亲没有理解到真正的问题是什么——我是一个被遗弃的人。我父亲只关心与我们农场相关的问题。

治疗师：除了镜子之外，还有什么事会引起你的恐惧吗？

凯文：（沉思地）只要是表面有光泽可以反射出图像的都会。学校有一个走廊，走廊有一边全是窗户。走廊亮得很奇怪。我必须低头看着地板，否则我会在窗户上看到我的影像。

治疗师：如果你看到你的影像会发生什么？

凯文：（忧虑地）我必须尽快逃离那儿，否则我会不舒服。

治疗师：大概多久你会碰到这样的事情？

凯文：（专心地）可能一个月一次，我因为某些事烦心，忘记低头看着地板了。

治疗师：你的老师或同伴有注意到吗？

凯文：（冷静地）没有老师跟我说过话，现在那些孩子知道得更多。很早我就意识到堵住他们嘴的唯一方式是打败他们。一开始是我被打，但是现在我知道怎么样使用武器。他们可能觉得我是一个怪物，但是他们会与我保持距离，如果他们知道什么对他们来说是好的话。

治疗师：在你打他们之前发生了什么？

凯文：（反思地）很多事情，如一句太直接的话，或者在走廊有人推我，或者对我一副凶相。我不经常打他们，有时我只是用我的外表吓吓他们，如果他们后退了，我不会再追究。在我小的时候，经常需要打斗。当我长到六英尺[①]高时，我的外表对我有了很大的帮助。

治疗师：你打败他们后发生了什么？

凯文：（骄傲地）很长一段时间都没有人再烦我了。有时老师会告诉我要冷静下来。我想我的学校辅导员，就是让我来这儿的那个人，认为我需要更多的自我控制。他不了解被人当作一个怪物是什么样的感受。

治疗师：之前做过什么来帮助自己解决这个问题？

凯文：（紧张地）偶尔，我试图让自己照镜子。我经常在家里地下一层的洗手间尝试照镜子，因为家里没有人会去那儿。我在下地下室的楼梯时会告诉自己冷静下来，我可以照镜子。在我到达最后一个台阶时，我的心脏开始剧烈跳动。大部分情况下，我无法走进洗手间。我也尝试过快速下楼梯，什么都不想。有一次，在我打开洗手间的门之前，我都没感到恐慌。

---

① 1英尺=0.304 8米。

治疗师：是什么让你在这一次感觉好点儿？

凯文：（反思地）我去地下室帮我妈妈取东西，所以我之前并没有计划去照镜子。

治疗师：你还做过其他的努力吗？

凯文：（紧张地）你不觉得我的努力足够了吗？

治疗师：我认为你是一个很坚强的人。你的努力让我印象很深。我只是想要确定我了解了你尝试过的每一件事情。

凯文：（带有歉意地）很抱歉我失控了。我知道你在这儿是想要帮助我。

治疗师：这对你来说是一段很困难的时间。从现在开始，直到下次咨询，我会制订出我们的"作战计划"。下周我将会和你分享我的想法，你可以提出任何建议，如果你认为这样会更好的话。

凯文：（忧虑地）任何事都可以做吗？

治疗师：如果这件事不困难的话，你在很多年之前就已经可以处理，你已经获得了勇气。但是这件事很困难。你做了一件很正确的事，就是来这里寻求帮助。我希望你可以记录这周你开始对镜子感到焦虑的时刻，尝试通过"1~10"的打分来描述每一次你有多焦虑。然后指出在每一次开始焦虑前发生了什么。尝试做一些事情帮助自己冷静下来，然后把你做的事情记录下来，打一个分，从1到……（凯文打断了）

凯文：到10，记录下来我有多成功。

治疗师：完全正确！我相信你可以做到。

练习：对凯文进行个案概念化

练习1（最多4页）

目标：证明你对行为主义理论有清晰的了解。

形式：包含A、B、C三部分的一篇综合论文。

需要帮助的话可以回顾这一章的内容。

A. 对行为主义理论的所有假设进行一个简要的综述（理解来访者如何改变的关键维度的理论假设，广泛、抽象地进行思考），作为对余下练习的引入。

B. 对如何运用每一个理论假设来理解来访者改变过程中的进步进行一个深入的描述，同时提供案例来充分解释每一个假设。

C. 描述在帮助来访者改变的过程中治疗师的角色（顾问、医生、教师、助手），在治疗中使用的主要方法和常见的治疗技术，作为论文的结束。提供足够的案例来阐明这一方法的独特之处。

练习2（最多4页）

目标：运用行为主义理论帮助凯文。

形式：A、B、C三部分每个部分有一个单独的句子概述。

需要帮助的话可以回顾这一章的内容。

A. 列出凯文行为方面的劣势/过度的行为，以及优势/技能，每一个分别提供：

1. 一个操作化的定义；行为的频率、持续时间和强度；降低行为频率或强度的事件；增加行为频率或强度的事件；行为的前因后果。

2. 讨论可能包含的学习类型：操作、经典或社会学习。

3. 讨论可以帮助改变问题行为、增加适应性行为作为替代的环境因素，以及可能阻碍改变的因素。

B. 讨论过去凯文使用的适应环境的策略，他偏好的学习方式以及他目前对于新的学习的态度。

C. 讨论目前凯文在他的环境中的适应性如何。

练习3（最多4页）

目标：理解发展在凯文的生活中的潜在作用。

形式：从A到H每个部分有一个单独的句子概述。

需要帮助的话可以回顾第二章的内容。

A. 评估与凯文的身体发育和认知发展比较相适应的年龄，以及在8岁和14岁时，这些如何影响他在家、学校或团体活动中的表现和动机水平。

B. 评估凯文与成年人的关系所比较相适应的年龄，成年人会提供限制条件、监控、技能学习和情感联结，以及在8岁和14岁时这些关系如何支持或阻碍了他的发展过程。

C. 评估凯文与同龄人的关系所比较相适应的年龄，可以提供临时社交技能学习机会和友谊，以及在8岁和14岁时这些关系如何支持或阻碍了他的发展过程。

D. 从当下凯文的各方面表现评估他所相当的年龄，包括考虑他的自我形象和效能，他最需要什么来支持自己作为一个青少年的健康成长，以及目前存在哪些阻碍或促进他成熟的因素。

E. 评估你目前关于凯文这一年龄群体的相关知识。

1. 你上了多少课程来学习青春期的相关知识？

2. 你参加了多少工作坊来学习青春期的相关知识？

3. 你与青少年有哪些专业经历？

4. 你与青少年有哪些个人的经历？

5. 哪些同辈效应可能影响了你对于青少年的世界观，包括什么是世界上最重要的，他们如何沟通，以及在这个世界上什么会被奖赏，什么会受到惩罚。

F. 评估你现在对于凯文的年龄可能如何影响你的临床工作这一问题的意识水平。

1. 你目前的年龄和与青少年的接触经历可能如何影响你对凯文的反应？

2. 你知道的关于青少年的刻板印象有哪些？

3. 你的哪些经历可以支持你与凯文的有效工作？你的哪些经历可能导致你对凯文的观点或现状出现认知偏见或排斥？

G. 评估你目前与青少年工作的技能。

1. 你目前有哪些技能可以在与青少年工作的过程中发挥价值？

2. 对于你与这一年龄群体进行有效工作而言，有哪些技能是你感觉至关重要的？

H. 你可以采取哪些行动步骤？

1. 你可以做些什么准备来让自己在与青少年的工作中更加专业？

2. 你将会如何构建治疗环境来促进对青少年的积极结果？

3. 你将会改变哪些治疗过程来使它们对于青少年而言更加友好？

练习4（最多5页）

目标：帮助你将行为主义理论和发展的知识整合进对于凯文的深入的个案概念化之中

（他是谁以及他为什么这样做）。

形式：认真计划和组织的一篇包含前提、论据和结论的综合论文。

需要帮助的话可以回顾第二章和第一章的内容。

步骤1：考虑你可以采用什么格式来组织你对于凯文的行为主义的理解，来帮助你达成以下目标：①提供一个对于他的习得历史以及这在当时如何影响了他对外界的综合和清晰的理解；②有助于作为青少年的凯文看了后觉得是信服的。

步骤2：写一个简明的概要（综述、初始的或解释性的陈述、主要特征的总结、命题、假设、论文声明、理论导向的前言）来解释凯文作为一个有镜子恐惧症和经常独自学习的青少年的优势和劣势。如果你在步骤二中遇到问题，牢记这是对练习2和3主要观点的整合，应符合以下要求：①提供一个凯文长期目标的基础；②基于行为主义的理论，包含发展的背景来理解他过去和现在的行为；③突出强调他在行为主义治疗中可能存在的优势。

步骤3：撰写你的论证材料或从行为主义视角出发，对于个案优势和劣势的详细分析，在每一段落中整合对于凯文这样一个被社会拒绝的青少年的深入理解。如果你在步骤3中遇到问题，考虑你所需要哪些的信息具有以下特点：①支持短期目标的制定；②以重视发展的行为主义治疗为基础；③尽可能地整合对于凯文在学习过程中的优势的理解。

步骤4：撰写你的结论及大致的治疗建议，包括：①凯文的整体功能水平；②目前促进或阻碍他学习心得技能的事件；③目前他作为一个学习者最基本的需求，认真考虑你在练习3中的F和H部分所说的话（一定要是简明扼要的）。

练习5（最多3页）

目标：制订一个考虑了凯文的优势和年龄的个性化和理论导向的行动计划。

形式：包括长期和短期目标的句子纲要。

需要帮助的话可以回顾第一章的内容。

步骤1：撰写你的治疗计划概述，认真考虑你在练习3的F和H部分所说的，在你的治疗计划中避免任何的负面偏见，确保你的方法对凯文作为一个个体的独特需求是适用的。

步骤2：制定长期目标（重要的、大的、有野心的、综合的、宽泛的），长期目标是指在理想的情况下，治疗结束时凯文会达成的目标，从而学习适应技能或去掉适应不良的行为，促进他作为一个青少年的成长，并克服镜子恐惧症。如果你在这一步骤中遇到问题，重新阅读你的前提和论证主题，将它们转变成目标，可能包含经典条件的、操作条件的或者观察学习目标（采用你在练习4中使用的格式。）

步骤3：制定凯文和你预期会在几周内达成的短期目标（小的、简洁的、保守的、特定的、可测量的），这可以帮助你制定他的学习进步表，为改变注入希望，计划有时效的治疗进程。如果你在这个步骤中遇到问题的话，再次阅读你的论证段落，发现可以转换为以下目标的想法：①使用对青少年有影响的特定学习模式帮助他学习适应性机能或去除不适应行为；②增强促进他本阶段学习新技能的能力的因素或减少阻碍的因素；③在学习过程中尽可能地发挥他的优势；④更有针对性地对待他的问题，他是一个来自经常忽视他的家庭中的青少年，不是一般的青少年。

练习6

目标：对关于凯文这个个案的行为主义治疗进行评论。

形式：以论文或小组讨论形式回答问题A～E。

A. 对于帮助凯文（一个有镜子恐惧症、自我仇恨和有暴力问题的青少年）来说，这个理论模型有哪些优点和缺点？

B. 基于会谈，凯文可能从他的家庭中习得了怎样的观点？你的概念化扩展为自我对话、归因、期望和观念后，将会如何巩固你的治疗计划？

C. 基于暴力领域的相关信息，你认为凯文目前的危险性有多大？他暴力解决问题的倾向如何在短期和长期内影响你的治疗计划？

D. 假设你是在8岁的凯文前来寻求治疗脑瘤的医院工作的临床医师，他的主治医生指定你帮助凯文，在他的医疗中给以支持。当你得知凯文的家人在他治疗期间既没有看望他也没有打电话给他，你感觉会有什么样的伦理问题？你将会对这种情况进行怎样的特殊处理？

E. 凯文在治疗中很快对治疗师所说的事情感到生气，并且在很长一段时间内，对他所认为的刺激事件进行暴力回应。再次阅读谈话内容，记录你对于这些行为的反应。然后在行为主义的框架下，讨论这些反应以及如何有效处理他们的想法，从而发展一个有效的治疗联盟。

推荐阅读

书籍

Antony, M. M., & Roemer, L. (2011). Behavior therapy. Washington, DC: American Psychological Association.

Ingram, B. L. (2012). Clinical case formulations: Matching the integrative treatment plan to the client (Chapter 11, pp. 225–255). Hoboken, NJ: John Wiley & Sons.

Martin, G., & Pear, J. (2010). Behavior modification: What it is and how to do it (9th ed.). Upper Saddle River, NJ: Prentice Hall.

Michael, J. L. (2004). Concepts and principles of behavior analysis (Rev. ed.). Kalamazoo, MI: Society for the Advancement of Behavior Analysis.

视频

American Psychological Association (Producer), & Persons, J. B. (Trainer). (n. d.). Cognitive behavior therapy (Motion Picture #4310774). (Available from the American Psychological Association, 750 First Street, NE, Washington, DC 20002–4242)

Chapman, A. L. (Featured). (2014). Dialectical behavioral therapy [Video series episode]. In APA psychotherapy video series II: Specific treatments for specific populations. Washington, DC: American Psychological Association.

Gondim, P. (2006, October 22). Behaviour therapy [Video file]. Retrieved from https://www.youtube.com/watch?v=MCyfMFXR-n0

Smethells, J. (2012, December 5). Snake phobia behavioral therapy [Video file]. Retrieved from https://www.youtube.com/watch?v=zKTpecooiec

网站

Association for Behavioral Analysis International. http://www.abainternational.org/ The Linehan Institute: Behavioral Tech. http://behavioraltech.org

第四章
认知疗法个案概念化与治疗方案

认知理论简介

你上周接到玛丽（Marie）打来的电话，玛丽是一个30岁的白人寡妇，有两个女儿，艾米（Amy）（8岁）和南希（Nancy）（9岁）。一个月以前，玛丽的丈夫艾伦（Allen）为了参加玛丽妹妹的订婚派对，乘坐租来的飞机回家，飞机在一场严重的雷暴雨中坠毁，艾伦和两个商业合伙人不幸离世。艾伦原计划乘坐国内航班，但是由于天气原因飞机推迟起飞，他才租了飞机。丈夫突然离世，玛丽所描述的幸福满意的婚姻结束了。她和她的女儿仍旧住在原来的家中，位于一座大城市的郊区。玛丽是主动求助的。她非常担心艾伦离世之后她是否有能力养育两个女儿。上周她参加了一个精神状态访谈做了一个心理测试，结果表明玛丽处于抑郁状态但是没有自杀意念，也没有杀人意念、认知冲突或者冲动性。

认知疗法由阿伦·贝克（Aaron Beck）发展而来（1991，贝克认知治疗与研究学院，2008；J. S. Beck 2011），此方法聚焦于"适应不良性的认知"在心理痛苦（distress）中的角色。从这个角度而言，治疗的焦点是玛丽对这些事件的认知表征，而不是她丈夫的离世及其遗留问题。问题被视为是自我－挫败（self－defeating）信念系统的结果，玛丽可能持有的失真的想象和想法是丈夫离世的结果，而那个自我－挫败系统则增强了失真想象和想法的力量。治疗的目标是通过再现玛丽的自主思维，来评估和修正她的认知偏差；教她认清失真的负面思维在她现有困境中的角色；并且记录、挑战以及修正她的思维（A. T. Beck, 1991；J. S. Beck, 2011；Sudak, 2006）。

玛丽的信念系统是如何发展出来的呢（认知图式）？认知理论假设：一个人从婴儿到老年都处于发展之中，人们发展并保持了关于自己和世界的信念。这些信念围绕着重大主题或社会实践而发展，诸如成功与失败、接纳与拒绝，以及尊重与鄙视（A. T. Beck, 1991）。有一些是核心信念并且对个体产生决定性的影响，另一些是更具特定性的中间信念，由更加具体的情境和事件中操作化的准则和假设组成。所有这些信念成为个体对世界认知表征的一部分，表现为源源不断的自我对话和自动化思维。这种自我对话是个体内部的交流系统。有些人对这种内部交流系统有着更好的觉察。通过不断的学习，个体的自我对话既包括对自我、他人以及环境的评估，也包括对过去的记忆和对未来的期待（A. T. Beck, 1991；J. S. Beck, 2011）。

这种内部交流系统是如何作用于玛丽的呢？她源源不断的自我对话流会监控、促进并抑制她的行为。她表现出适应性行为的领域（高自尊和高自我效能感）被假定为伴随着积极自我对话流的适应性信念的结果。相反，适应不良行为（低自尊、自我批评）被假定为伴随着消极对话流的适应不良信念的结果。玛丽已经学习到适应良好和适应不良的信念。

这种学习是如何发生的呢？照顾者和其他人可以明确地把这些信念告诉孩子，或者孩子可以模仿潜移默化的习得。例如，孩子可能看到家长把玻璃杯掉到地上，有的家长可能会说："哦不，我掉了一个玻璃杯！没事，我可以把它清理干净，这只是个失误，不是大事。"孩子可能会由此学到，每个人都可能犯错，错误是可以弥补的。有的家长可能会说："哦不，这是场灾难，我从来都不能做对事，这下整个晚上都毁了！"孩子就会由此学到，错误是可怕的，并且是无法弥补的。

长期受到积极世界观的影响，孩子可能会发展出积极倾向的认知图式（核心和中间信念）和自我对话，在自我对话中，他们用积极的预期、态度和评价解释自己和他人的行为。这些人对未来的假设以及对过去的回忆持有一种积极倾向。错误和不愉快的体验不足以阻碍积极信息在他们身上发挥作用（A. T. Beck，1991；J. S. Beck，2011；Sudak，2006）。

相反，长期受到消极世界观的影响，孩子可能会发展出消极倾向的认知图式和自我对话，形成一副消极的有色眼镜来看待自己和他人的行为。消极的认知倾向使人更倾向于消极地思考，阻碍他们注意到积极事件或者被积极事件影响。任何符合消极世界观的失误很容易被获取。消极倾向的人常常把任何消极的事情都解释成消极的。Aaron Beck（1991）认为被提高的、压抑的、焦虑的和愤怒的认知偏差是存在的。认知偏差可以被限定在某一特定的经验领域，或者说，它们在一定程度上是有道理的（A. T. Beck，1991；J. S. Beck，2011；Sudak，2006）。

治疗师的角色

你怎样帮助玛丽？你要成为一个教育者和假设提出者，在引导治疗的过程中承担一种积极的角色，帮助玛丽评估并修正她的自我-挫败信念系统。首先，教玛丽认识心理模式，使她懂得她的思维如何引导了她的情感和行为（A. T. Beck，1991；Sudak，2006）。其次，帮助玛丽对她的自我对话更具觉察力，使她接受"她的思想是一种可以被检验的假设"的观点。这种对认知的评估或检验关系到你和玛丽的合作关系。你将使用苏格拉底式的对话，收集有关信念系统的资料，验证此信念系统的实用性和有效性（A. T. Beck，1991；Ingram，2012）。总之，这个过程包括向玛丽提问，促使她彻底检验她的结论，增强她辨别思维扭曲的能力，将更多的想象力和弹性带到她对生活的思考中。玛丽将会在治疗室和日常生活中，依据发生在此时此地的特定事件学习辨别常见的思维偏差（common errors in thinking）。循序渐进地辩驳适应不良性思维被认为是挑战根本性的适应不良性信念的一种方式（A. T. Beck，1991；J. S. Beck，2011；Sudak，2006）。

具体来说，你们两人会探究如下问题：①她对自己和他人所持有的态度；②她对未来的预期；③她如何理解发生了什么，包括她可能持有的消极倾向；④她对过去事件的理解以及她解释这些事件的倾向。思维偏差可能包括全或无思维（二分法思维）、武断推论（跳跃至结论）、情绪化推理（使用感觉，而不是事实得出结论）、命运决定论（相信命运可以被预测），夸大或缩小（歪曲了某些事物的实际作用）、读心术（假定某些事情的发生一定与你有关系），过度概括化（极度宽泛的推理）、断章取义（删减或忽略信息），以及夸张和扭曲

（A. T. Beck & Weishaar，2000；Ingram，2012）。

玛丽要在治疗过程中探索自己的思维，也要通过坚持写思维日记等家庭作业任务进行探索，思维日记能使她更好地觉察到思维与抑郁和焦虑的情感是如何联系在一起的。在学习识别认知偏差之后，要帮助玛丽看到这些适应不良的认知与她现有的生活压力之间的关系。要帮助玛丽理解持久的自我批评与负面预期、回忆和解释是如何彼此依存，创造了自责、低自尊和低自我效能感。接下来，要鼓励玛丽注意、捕捉、监控、解释和挑战她的消极思维，然后对自己较为适应性的应对反应给予强化。要帮助玛丽识别高风险状态并想办法为失败做好准备，想出把控和处理失败的方法。

鼓励玛丽参加那些提高胜任力和愉悦感的活动，鼓励她对这些活动做出积极的自我归因，比如"我可以影响世界"以及"我不见得一定成为生活事件的被动牺牲者"。这些可控的归因被认为有可能增加玛丽的自我效能感，使她对自己、他人以及环境的消极归因能够得以转换。随着更多的积极认知变成玛丽自动意识流的一部分，她的心境和外显行为将很有可能被影响（A. T. Beck，1991；J. S. Beck，2011；Sudak，2006）

案例应用：聚焦性别领域

接下来具体分析玛丽案例的细节。很多复杂领域有可能与她的案例有关，这里我们选择性别领域分析认知案例中的概念化和治疗方案。

从认知角度与玛丽会谈

治疗师：我明白你丈夫最近去世了，你担心孩子们。你具体担心什么？

玛丽：（冷静）在养育孩子方面，我丈夫和我一直很骄傲。正确养育女儿们对于我们两个来说都很重要。（停顿）现在剩我一个人了，我感觉我辜负了丈夫的信任。

治疗师：你认为你怎么辜负了丈夫呢？

玛丽：（冷静）他是我最好的朋友，是个完美丈夫。我们对如何生活以及如何养育子女有着相同的见解；一切都在以我们的计划之中。（激动）我8岁的女儿艾米现在一次又一次地大发脾气，在家总是向姐姐南希挑起战争，对老师很粗鲁。

治疗师：你的女儿在家、在学校不礼貌。这怎么成了你的错误和辜负了呢？

玛丽：（遗憾地）艾伦过世前艾米在学校有完美的记录。她从来不会虚度一天，而且有着天使般的成绩单。现在……我每天早晨因为给她穿衣服而跟她大吵，而且她对老师很粗鲁。

治疗师：你发现这种粗鲁很难接受。

玛丽：（强调）女孩子不能那样行事。艾伦和我从来不容忍回嘴。艾米这么做，他该会多心烦啊。

治疗师：表达愤怒是错的吗？（玛丽点头）你认为人类，特别是孩子，总是能够控制住愤怒吗？

玛丽：（伤感）我知道需要教给她们自我控制，但是艾米犯错的方式，让我不知道我做了什么错事，以致她……（轻轻啜泣）

治疗师：什么想法正在压制着你？

玛丽：（听起来伤心而疲惫）我怎么能忍受呢？我现在让艾伦失望了。

治疗师：他会料想到你为艾米制定了这么高的标准吗？

玛丽：（恢复平静）那是我们家唯一的标准。艾伦是最好的丈夫和父亲。他只是用一个眼神或者提高他的声调就可以控制女儿们的旺盛精力。

治疗师：艾伦不仅树立了一个好榜样，他还用眼睛和声调进行干预。

玛丽：（强调）是的。他总是能控制住她们，所以我从来不需要去控制她们。

治疗师：他能够为她们建立界限，但是现在界限没有了。（长停顿）艾伦原本应该在的？

玛丽：（专注）他离世不是他的错。他正要赶去参加我妹妹的订婚派对，他知道他需要去。（长停顿，伤心地）天气阻止他赶过来。

治疗师：回来是对的事情？

玛丽：（自信）是的。艾伦从不会故意缺席派对。那样对我们的家庭太不尊重了。

治疗师：天气是人能控制的吗？

玛丽：（暴躁）我们知道暴风雨不是艾伦的错。（停顿）但是，如果计划得足够好，这类事情是不会发生的。

治疗师：你认为如果你计划好，坏事情就不会发生了。

玛丽：（急躁）在艾伦的商务会议之前订婚派对就定好日期了。出于对他工作的尊重，还问了他的行程安排。他感觉必须急忙赶去参加会议。他知道尽快回来是他的责任。我父母谈论过这个事情，在葬礼上还说了。

治疗师：有人告诉他必须回来参加派对吗？

玛丽：（困惑）没有，不是必须参加。

治疗师：标准是不言自明的。

玛丽：（再次很自信）是的，是这样。当孩子表现得不礼貌时，我可以在我的头脑中听到艾伦的声音："这是不可接受的。"有一个很小的声音——评估正在发生什么，告诉我应该做什么。

治疗师：什么样的声音？

玛丽：（焦虑）那就是我，像是我的良心。我总是听到自己引用这个标准……使我从没有放弃。

治疗师：如果你犯了一个错误会发生什么？

玛丽：（再次难过）我感到非常糟糕。（停顿）我就是无法原谅自己。

治疗师：你有没有感到你伤害自己的想法如此的糟糕吗？

玛丽：（再次控制住）不。女儿们需要我。我不会让她们失望；只是这样很难，因为我一直犯错误。

治疗师：每个人不都犯错误吗？

玛丽：（斩钉截铁）我无法允许自己这样。女儿们现在只有我了；如果我没有做对，我不能原谅自己。

治疗师：你能原谅女儿的过错吗？

玛丽：（强调）当然能。她们只是孩子。她们需要被教导如何正确行事。（停顿）但是……她们现在只有我了。

治疗师：你的标准告诉你要完美。你的家庭也期待你如此完美吗？

玛丽：（强烈）是的。我知道我的父母对女儿们的行为很失望。

治疗师：你怎么知道的？

玛丽：（专注）他们什么也没说，但是……他们在艾伦的葬礼上第一次看到女儿们吵架时，我从他们的脸上看出来的。在前几周里，他们不再来我家了。（停顿；玛丽摇头）我爸爸说，等我控制住局面的时候他们再来。

治疗师：你把他们的退出解释为对你或者女儿们的不喜欢吗？

玛丽：（长久的停顿，绝望地）作为母亲，我一定是犯了很严重的错误。女儿们自从艾伦去世之后就不守规矩，没有很好的礼貌。我父母为我做了很好的榜样。我妈妈是真正的淑女。她教我如何控制情绪，如何照顾他人的需要。（停顿）我试着教女儿们……（长久的停顿）

治疗师：你的父母对你和女儿们持有很高的要求。你想达到标准，可是，它们是不是太高了？

玛丽：（强调）艾伦活着的时候标准不算太高。我们知道我们可以达到标准。他现在死了。我不能让艾伦的离世毁了我女儿的未来。

治疗师：她们整个未来取决于现在的行为？

玛丽：（不确定）我不知道……行为会变成根深蒂固的习惯。艾伦对我的女性气质、我的礼貌举止、我的泰然自若非常骄傲。如果我的女儿粗鲁没规矩，好男人不会想跟她们结婚。

治疗师：你总是在想孩子的幸福。有时间想别的吗？

玛丽：（长久的停顿）某种程度上我是幸运的……艾伦有很多人身保险，所以我可以跟两个女儿继续待在家里。我不必放弃我和艾伦想给她们的那种家。他总是那么棒！

治疗师：最后，艾伦仍然在照顾你和女儿；他永远照顾着你们。现在他去世了，你从其他人那里得到帮助了吗？

玛丽：（冷静）艾伦办公室的两个人一直非常好，他们轮流来除草，帮忙修理家居用品。

治疗师：这些以前都是艾伦的工作吗？

玛丽：（焦虑）是的，但是……（啜泣了一会儿，控制住）我可能不得不告诉他们不要再来了，因为（停顿）有些邻居在背后议论了。

治疗师：流泪的时候你在想什么？

玛丽：（伤感）他们在散布我和艾伦朋友的谣言，（停顿）没有艾伦我失魂落魄，（决然）人们怎么会认为我对其他人感兴趣呢？（专注）而且他的朋友都已经结婚了。

治疗师：你和艾伦的朋友知道谣言是不确定的。这些谣言这么困扰你，对此你怎么想呢？

玛丽：（伤感）很明显，我的邻居对我没什么尊重……（抽泣）

治疗师：感受到你没有被尊重，这很痛苦。（玛丽点头）你现在跟邻居有怎样的接触呢？

玛丽：（不屑一顾）没有接触，很少。我不是真正地了解他们。我们的家为了帮助艾伦取得事业上的成功频繁搬家。我没有跟任何邻居有深入的往来，我的生活就是家庭。

治疗师：你的邻居对你来说是陌生人。他们怎么知道关于你的事情呢？

玛丽：（停顿，不确定）我不知道，我应该跟他们相处，而且我想让他们知道我是一个值得尊重的女人。我不想他们认为我不好。（长停顿）我猜我需要告诉艾伦的朋友不要过来了。

治疗师：你有其他选择吗？（长停顿）你想要别人帮助，而艾伦的朋友愿意帮忙。

玛丽：（不确定）如果邻居议论我，我一定是有什么做错了！

治疗师：一定？（长停顿）你可以靠近他们，让他们看看你是谁吗？

玛丽：（泪眼婆娑，更长久的哭泣）也许，我可以……艾伦不会让我做除草之类的事。这些是男人的活。（停顿，控制住）很抱歉，我表现得很可怜。你一定不会尊重我。

治疗师：你对此感到担心因为你的家庭高度重视自我控制。（玛丽点头）在对自己和女儿的控制背后，你感受到什么？

玛丽：（冷静）我从图书馆拿来一些关于如何向小孩子解释死亡的书。我知道我已经比较好地帮助女儿们理解了艾伦的死。就在事故刚发生之后，女儿们有很严重的梦魇。现在没有了。

治疗师：当你痛苦的时候，你仍然在精神层面照顾着你的孩子。你意识到她们正面对难题，你正在试着帮他们面对这些问题。（长停顿）这是否意味着你是一个好妈妈？

玛丽：（遗憾）不。当你更多了解我的时候，你就会看到艾伦死了之后我做得有多么不称职。等我的女儿们一切正常运转，我才会再次成为一个好妈妈。

治疗师：你的标准是很高的。有人可以达到吗？

玛丽：（痛苦）你不认为我必须尝试吗？（长停顿）没有艾伦我感觉快发疯了、失控了。

治疗师：悲恸中的人会感到不堪重负。所爱的人离世了，就是会发生这种情况。

玛丽：（焦虑地）我没有时间处理我自己了。（强调地）我必须照顾女儿。

治疗师：艾伦对你来说太重要了。悲恸不是真实的吗？

玛丽：（专注）他会希望我把全部注意力放在女儿身上。

治疗师：你已经把自己放在了巨大的压力之下。你可以做一个不完美的好女人和好妈妈吗？

玛丽：（焦虑）如果我放开我的标准，我会不认识自己。昨天我没化妆……谁会在乎呢？但是，我在乎。（绝望地）女儿们对我有需求，我已经不能给予她们。艾伦总是会把她们带到房子附近，玩追逐的游戏。她们特别怀念这种乐趣。

治疗师：如果孩子们需要嬉戏打闹，你能做到吗？

玛丽：（焦虑）我不能取代爸爸的位置。我猜他们需要我给她们找到另一个爸爸……我现在还不能面对这些。我现在快喘不过气了！（绝望地）会好起来吗？

治疗师：是的，但是这需要时间，因为艾伦太重要了！我们俩会去探索悲恸之中的家庭成员的行为标准。

玛丽：（焦虑）我不应该寻求帮助。我应该能够自己控制住这些情况。

治疗师：那些是我们明天需要一起探索的思维类型。

从认知角度对玛丽进行个案概念化：基于假设模式

玛丽对于女性的社会角色持有一套完美主义的信念体系，包括：好女人总是能够保持自我控制，好妻子总是要满足丈夫的心愿，好妈妈会有完美的孩子。当她丈夫活着的时候，她能够保持功能完好的情绪、人际关系和行为，使这套完美化的信念得以维持。但是，她丈夫的突然离世使这一切变得不可能。她在悲恸之中不能保持完美的淑女形象，她不能使女儿在为父亲悲恸之时保持完美的小淑女作风。而且，玛丽对于她的女性价值和女儿未来的女性价值有着一个无止境的消极自我对话流。这种对话使她在检视自己的过失时陷于非黑即白思维、过分概括化以及放大微小错误的思维偏差中。

玛丽的思维被性别化信念所主导，一个好女人总是看上去表现为一个完美的淑女。对于丈夫在一场悲剧性的航空事故中遇难这件事情，她没给自己一点点喘息机会。对于玛丽和她丈夫艾伦而言，女人应该总是看起来表现得像一个完美的淑女，没有理由穿着不恰当，脸上的妆容要永远保持光鲜。而且，无论有多愤怒，女人总是要有礼貌并且从来不能情感失控。玛丽和艾伦共同承担这些信念，对于玛丽而言，保持完美淑女的角色在艾伦去世之前是可能的。但是，现在玛丽必须试着自己照顾家庭和孩子。她完美主义风格的自我对话流让她无法只关注孩子和家庭而忘掉她的"妆容"，完美的淑女有着完美的外在表现。幸运的是，"需要男人处理院子周围的家务"——人们允许完美女人拥有这种需求。于是，当艾伦的朋友前来帮忙，玛丽起初是欣然接受的。但是现在，她受到罪恶感的侵袭，因为"她一定是一直与这些男人有染"的谣言包围了她。她对自己说了惩罚的话，相信如果人们传播有关她的流言蜚语，她一定是罪有应得——她一定是一个坏女人。

玛丽相信：对于艾伦而言，做一个完美妻子是她的责任，他是她最好的朋友，并且是个完美爸爸。这已经引向了这样的自我对话：她将永远是孤独的，永远不会有其他朋友，永远无法弥补孩子没有父亲的成长体验，辜负了丈夫的信任。玛丽在社区中没有一个朋友跟她一起面对艾伦的离去，因为她觉得支持丈夫的工作不断地搬家就是她的工作。她在之前的多次搬家中投入太多，一直到住进现在的小区，她都没有努力去交朋友。这可能是邻居们传闲话而不是来帮助她的部分原因。她陷入非黑即白思维，比如，或者是她需要告诉别人不要来帮忙然后挣扎着做更多的家务，或者让他们继续来并且保持现在的名声做一个混乱的女人。她的观念是她可以告诉邻居现在发生了什么，但是这不会发生，尽管事实上她有很好的社会交往技能。她还持有一种僵化的性别角色，这种性别观念正在指导她的行动。艾伦是陪孩子玩的人，而她自己不能承担这个角色，玛丽认为孩子们现在只能受到失去玩耍伙伴的影响。艾伦对自己也持有一种僵化的行为准则，如果是个男人，就应该合理计划，他就不会错过订婚派对。于是他就在坏天气里赶回家，结果在空难中丧命。即使是现在问玛丽这是否是个错误，她回答艾伦知道他应该这样做，赶回来参加派对是他的"工作"。

玛丽认为好妈妈就是完美妈妈。以前她对自己在父母角色上的表现很满意。她也许进行着这样的自我对话，她告诉自己妈妈要为孩子计划好人生，妈妈要保证孩子们在学校表现良好，妈妈要为孩子们做饭，等等。作为妈妈她是否开心还不清楚，正如她所说只有艾伦才是陪孩子玩的家长。玛丽认为自己现在远远不够完美，对自己严苛之处进行自我对话，她是这样评判自己的："如果我是个称职的父母，我的女儿们就永远不会生气或者表现出攻击行为。"玛丽从自己作为父母所犯的"过失"和"错误"中得到的唯一结论就是她一定是个坏妈妈。当玛丽谈论自己与艾伦一起的生活时，似乎很明显的是，他们都对自己的小淑女计划得很完美。这种严苛的完美主义让玛丽一个人维持时变得不可能实现。她不能从完美主义中解脱出来，即使是她仍然处于哀伤之中，她的女儿也仍然处于哀伤之中。

玛丽认为好孩子就是完美孩子。玛丽能接受这样的观念：她的孩子可能暂时性的——也许是几周之内，难以面对父亲的死。玛丽提到一些自我对话，孩子在父亲死后立即出现梦魇是可以接受的。但是，在整整一个月之后仍然持续梦魇，并且在学校持续出现失礼行为则是不应该出现的。孩子为父亲的离世而悲痛于是产生了攻击迹象，玛丽放大了这种现象的严重性，严苛的"应该"随着这个过程产生了。在孩子的父亲离世之后，无论是孩子的情感表现还是学业表现都应该是下降的。但是，玛丽把积极行动最小化并且把所有消极的事情放大化，而不是进行减轻痛苦的自我对话，给自己和孩子更长的时间去适应丧失。从期待她们是完美小淑女，到感觉她们现在无可救药，艾伦会以她和孩子们为耻，她从一个极端走向了另一个极端，玛丽不知道是否可以做点什么把女儿从有瑕疵的未来中拯救出来。

玛丽的完美主义和苛求信念在过去的生活中制造出压力时，她能够用积极的眼光看待未来。她还是可以与最好的朋友兼丈夫艾伦维持婚姻。他们可以养育出快乐、健康、优秀、完美的小淑女。她能够看出家庭成员的快乐和优秀，可以表达自己有多爱他们。因此她一定有一些结构性的自我对话支撑起这些适应性行为。但是在丈夫离世后，她经历了一次负向的认知转变。她之前没有这种不适应的经历。如果她挑战对自己和孩子的负面认知，评估自己对行为的归因是否准确，并且用中性的眼光重新评估自己和他人，她应该可以将自己的适应性思维重新建立到以前的程度。

认知疗法治疗方案：基于假设模式

治疗方案概述：玛丽的行为是基于完美主义信念系统，该系统是由严苛的性别角色刻板印象支持的，丈夫离世后的哀伤状态导致其行为出现了功能失调。要帮助玛丽对完美主义信念系统进行假设检验，用适应性思维去替代每一个非适应性思维。长期目标1~3可以同时进行也可以以任意顺序进行。（该治疗方案遵循基本格式规范）

长期目标1：玛丽要检验自己的信念：好女人一定总是完美淑女。
短期目标
1. 将注意力转移到内在，以便觉察到她的自我对话流——对完美女人的日常表现存在着某种预期。
2. 探索丈夫死后玛丽体验到哪些与此标准相关的想法感受，或者实行的行动。
3. 思考是否有哪一次表现得不够完美，但这是可理解或者是合理的，清晰地表达出她的理由。
4. 到附近散步，看看其他女人的表现，想想是否每一个女人都不完美，觉察与此相关的自我对话。
5. 对假设进行验证：为什么每个女人都不可能很完美。思考"好女人可能不是完美女人"是否有合理的原因。
6. 从艾伦的角度，描述他离世前玛丽的名声，包括可能与此相关的思想、情感和行动。

7. 从艾伦的角度，描述他离世后她的名声，包括艾伦朋友的帮助，她是如何把握这种帮助的。
8. 问艾伦的每个朋友，是否发现艾伦死前她有不恰当的行为，以及艾伦死后她是否有不恰当的行为。
9. 回想艾伦不是完美丈夫的事件，讨论即使他犯了错，他是否有可能还是一个好丈夫。
10. 围绕与"刚经历了配偶去世的好女人"有关的想法、情绪和行动，构建更多适应性自我对话。

长期目标2：探索她的信念：女人必须永远做一个完美妈妈才是好妈妈。
短期目标
1. 将注意力指向内在，以便意识到关于"完美妈妈的行为期待"的自我对话流。
2. 探索丈夫死后她所体验到的关于思维、感受和行动的标准。
3. 回想艾伦作为父亲犯的错，考虑这个错误是否表明他不是好父亲。
4. 回想一个事件：她认为自己用"对"的方式做母亲，但是孩子没有以预期的方式回应。
5. 回想一个事件：她没有按照完美的标准做妈妈，但是孩子用合适的方式回应。
6. 去公园看看其他父母，注意他们什么时候犯错，以及什么时候表现出她认为"对"的方式，思考如果没有总是做对所有事情，他或她是否还是好父母。
7. 围绕教养子女构建更多适应性的自我对话，包括这样的思想：人类就是会犯错误，这不会对孩子造成永久的伤害。

长期目标3：探索自己的信念：小女孩必须总是完美小淑女才是好小孩。
短期目标
1. 将注意力放在内在情绪，以便意识到有关"对女儿行为的期待"的自我对话流。
2. 探索丈夫死后她所体验到或实施的有关"想法、感受和行动"的标准。
3. 到公园看看其他孩子，思考为什么"不礼貌的孩子可能是事出有因，不代表是坏孩子"，想出至少三个原因。
4. 想想某个女儿没有表现为完美小淑女的事件，考虑是否可以从这种不礼貌行为中找到意义，而不是认为这个女孩不是个好孩子。
5. 为什么不舒服的小孩可能无法有很好的表现？想出至少三个原因。
6. 为什么失去父亲的孩子可能在学校举止不得体但总体上还是一个表现良好的小孩？想出至少三个原因。
7. 站在艾伦在家中的角度，试着想象他对女儿的期待，她们在试着接受他的离世。
8. 站在学校规则的角度，试着想象她对家长刚去世的小孩的行为表现有着怎样的期待。
9. 发展有关儿童行为的适应性对话：当她们为父亲感到悲痛时，当她们经历压力时，在她们未来的成长中，允许她们不完美。

从认知角度对玛丽进行个案概念化：基于诊断模式

寡妇、母亲、女儿、朋友，在这些角色中，玛丽都感觉沮丧和焦虑，低自尊和低自我效能感困扰着她。她经历了一个负向的认知转变，在这种认知转变中，她很难觉察到自己、孩子和直接社会环境的积极之处。这种负向转换以及随之而来的各种症状开始于一个月前她的丈夫突然死于航空事故。玛丽之前没有过抑郁，但是她有完美主义的历史，以及严苛的信念系统，伴随着强大的有关"正确男女角色"的中间信念，这使她很难调动能力有效率地完成对丈夫的哀伤。虽然这次她表现出明显的综合征，但是她正处于丧亲的状态，而且她一直积极关注着孩子的发展、学业和社会需要，这反映出她是一个非常理智的功能良好的个体。她总体的行为表现最符合 DSM-5 诊断中的 V62.82，单纯的丧亲之痛（美国精神病学会，2013）。玛丽表现出无法摆脱的完美主义思维特点。然而，她过去表现出的高水平的功能表明这些是她基于核心信念的个体风格，而不是人格失调。她的压力很大，她的治疗动机很强，她过去适应功能良好，因此认定她的治疗预后为"良好"或"非常好"。

玛丽如何看待自己是寡妇这件事？她认为她和丈夫的关系持续了十年，稳定而令人满意。他们对于性别角色模板和理想的家庭有着共同的核心信念和中间信念，他们是彼此最强的支持系统。为了支持艾伦的事业他们频繁搬家，他们维系着一个孤立的家庭单元。结果玛丽失去了丈夫并且失去了唯一的亲密朋友。她持有的严苛的性别角色信念，抑制了她哀伤的能力。这些中间信念包含一些假设，诸如"女人不能生气""女人不能失去控制"，以及"女人必须总是帮助他人"。这些性别角色模板加上完美主义核心信念体系给玛丽强加了一些观念，如"只有最高的标准才是可接受的"，"如果合理计划就不会出错"，以及"要么完美要么不够好"，这些非适应性的信念体系反应在她的自我对话流中，在这种自我对话中，她批判悲伤体验——再正常不过的反应，即使刚经历丧失，她也劝诫自己要完美。每次她真的需要他人支持的时候，她消极的有色眼镜使她认为环境中的所有人都不同意帮她。即使面对咨询师的积极支持，她误把这种支持重新解释为："当你更好地了解我，你就会知道自从艾伦死后我有多不称职。"由于使用了过度化和扭曲思维，她把丈夫回想为一个完美伴侣，认为自己现在不称职因而将自己评判为辜负了丈夫的信任。在丧偶之前，她的确对自己作为一个女人和妻子有着积极的看法。

玛丽如何看待自己的父母角色？鉴于玛丽的信念系统，她很努力地去做一个完美妈妈，尽管自己经历着丧失，她还是继续尽最大努力满足孩子的需求。她尽力去满足孩子的身体需要，她定期跟他们的老师沟通，而且她帮助他们理解爸爸的死。然而，她的完美主义和性别类型信念阻止她认识到自己作为一个母亲的能力，而是将她的能力观固化在她的角色标准中。而且，这些信念导致了她对于孩子目前的行为表现形成了负面假设。她认为她们的不礼貌是不可接受的，而不是对父亲的去世所做出的可理解的应激性行为。玛丽夸大了问题的严重性，以致对她们的未来做出灾难性的预测。她将她们一生中成功的唯一希望寄托在总是做一个小淑女的能力上，即使在父亲刚去世期间也是这样。她将自己在他们人生中的角色严格定位，以便于制定标准，成为完美的角色楷模，照顾她们的物质需求。父亲的角色则是经济支持者和完美玩伴。为了给孩子提供完美玩伴，玛丽认为再婚是她唯一的选择。再加上她自己的批评心声，她把艾伦的心声和父母的面孔视为批评的二重唱，否定着她每一个养育行为。尽管她们目前的行为大爆发压制了玛丽的感受，但她还是能感知到她的女儿们在艾伦死之前有着不错的社会性发展和学业成绩。

玛丽怎样看待自己的女儿角色？她和艾伦在结婚后积极融入自己的家庭。她认识到自己的核心信念，以及如何做完美女人的信念来自她的母亲——被她描述为"真正的淑女"。她的父母继续强化她的信念系统，包括完美主义和严苛的性别角色刻板印象。即使是艾伦离世后,她的父母不认为艾伦匆忙赶回家的行为是不恰当的。她们说"他知道准时赶回来是他的责任;他只不过在做他应该做的事"。也许大家庭的成员对于艾伦有一些轻微的批评的声音,比如"如果他计划得更好一些,就不会这样了"。玛丽可能不自觉地认同了这些批评,她说:"在艾伦的商务会议之前,派对的日期就定好了……咨询过他的日程……他觉得自己必须匆忙赶路……他知道回来是他的责任。玛丽不认为女人应该生气,但是在心底她可能因为艾伦参加商务会议而生他的气。她可能也感觉内疚,因为艾伦是尊重她妹妹为了参加订婚派对才失去生命的。艾伦和玛丽都知道她的家庭不能接受艾伦缺席派对的任何理由。玛丽的大家庭没有为玛丽自己的哀伤反应或者她的养育困境提供任何情感支持。在玛丽"重新掌控"局面之前,她的父母不打算跟玛丽和孩子在一起。玛丽没有抱怨父母的退出。她将此解释成合理的理由,因为自己不是成功的女人和母亲。

玛丽怎样看待自己的女性朋友和邻居的角色?她以往的角色是一个完美的妻子和妈妈。她没有自己的其他角色也没有自己的朋友,因为她总是把艾伦和孩子放在第一位。她的穿戴和举止时刻表现得像一个完美淑女,她以此试图维持自己过去的完美主义标准,尽管她还处在哀伤之中。她没有直接请求邻居帮助她,因为她相信"如果计划充分,一切都会变好的","孩子失去控制是很可耻的"。这可能让她的邻居认为她不需要帮助,或者她实际上没有真正地受到哀伤的困扰。这可能也是邻居对艾伦朋友目前在她生活中的角色传闲话的部分原因。邻居的流言蜚语无意中促使玛丽认为自己背叛了艾伦的信任,而且她的养育"错误"意味着她是不完美和不可接纳的。玛丽有足够的社会技能与邻居发展积极的关系,交到自己的朋友,如果她开始认为拥有这些关系是可接受的。

在很多方面,玛丽的家庭在艾伦离世后的功能是良好的。每个人有足够的食物,每个人住在家里,孩子在附近上学,仅仅过去一个月,她们度过了对哀伤的否认阶段。很不幸的是,不适应性的信念系统阻止玛丽在哀伤的过程中继续前进,而继续维持着抑郁、焦虑和无力感。这些信念也阻止她认识到她的孩子表现出的是合理的哀伤反应,在此时放松"高标准"是合适的。玛丽父母的行为强化了她的完美主义核心信念,可能阻止了玛丽的能力在此时表现得更加灵活。但是,玛丽的压力水平太高了,以致她无法阻止自己的标准发挥作用,这使她积极寻求临床帮助。她作为完美淑女意味着什么?她正在质疑所有与此有关的假设在这个丧失的时刻是否都是必要的,比如每天化很多妆。这为一个寡妇展现了一个被帮助的机会,去重新评估目前引导自己和女儿行为的信念系统的效率。

认知疗法治疗方案:基于诊断模式

治疗方案概述:玛丽善于言谈,理解力强,处于悲痛之中,有改变的动机;因此她是适合治疗的人选,预后改善好或很好。(该治疗方案遵循适应性的 SOAP 格式规范。在后文"方案"里有更综合性的治疗方案的概述和细节。)

主观信息

玛丽来这里表达了对孩子的关心。她认为她们的行为在父亲空难离世之后严重恶化。她发现自己作为女人和妈妈是不称职的、是失败的。她认为她没有达到自己和丈夫的为人父母的标准,因此有负罪感。她认为此时自己无关紧要,只有孩子们才是重要的。

客观信息

标准化智力测验采用韦氏成人智力量表第四版（WAIS-IV），结果显示玛丽的智商为中等水平。明尼苏达多项人格量表（MMPI-2）第二版，结果显示僵化倾向、完美主义思维、传统性别角色刻板印象、轻微的认知混淆、严重的个人扰动、处于悲痛之中。她的表现与 DSM-5 诊断中 V62.82 "单纯的丧亲之痛"最为相符。

评估

玛丽抑郁、焦虑、深受低自我评价和低自我效能感之苦。由于目前的丧亲状态导致了负向的认知转变，她很难感知到自己、孩子和直接社会环境的任何积极之处。玛丽是一个高功能、有能力的女人和母亲，在包括完美主义的核心信念以及包括刻板性别角色在内的中间信念的作用下，她的哀伤过程变得很复杂。虽然现在她表现出明显的征候群，她仍然积极关注孩子的发展、学业和社会需要，这说明她非常理智，社会功能很强。

她在 DSM-5 中被诊断为 V62.82 单纯的丧亲之痛。她目前的功能为，智力至少为中等水平，社交技能良好，教养技能良好，财务稳定，社会支持较少。

方案

治疗方案概述：在玛丽寡妇、母亲、成人女儿、朋友和邻居的角色中探索适应性和非适应性信念系统，所有的完美主义信念系统包括刻板性别角色，因此可以立即展开长期目标的相关工作。

长期目标 1：在新近丧偶女人的角色中对自己的信念系统进行觉察，思考这些信念系统如何帮到她或者给她制造了压力。

短期目标

1. 围绕"好女人从不生气"的观念，对自我对话进行觉察，并且觉察这个观念如何帮助到或无法帮助她在丈夫突然离世后应对现实。

2. 围绕"好女人从不失控"的观念，对自我对话进行觉察，并且觉察这个观念如何帮助到或无法帮助她在丈夫突然离世后应对现实。

3. 围绕"好女人总是帮助他人"的观念，对自我对话进行觉察，并且觉察这个观念如何帮助到或无法帮助她在丈夫突然离世后应对现实。

4. 进行假设检验，通过阅读有关丧亲的书检验这些想法是否是现实的，与治疗师对话，与其他悲伤的人展开讨论。

5. 基于玛丽对丧亲议题的更多知识，在她与他人或在自己头脑中讨论自己作为新寡妇的表现时，用更加适应性的思维替代完美主义和不现实的思维。

6. 其他目标酌情而定。

长期目标 2：围绕玛丽在母亲角色中对自己的看法进行觉察，并且觉察这些看法如何帮到她或者给她制造了压力。

短期目标

1. 对有关女儿行为的自我对话进行觉察，思考这是否代表了对新近丧亲儿童的现实评价。

2. 对有关玛丽对女儿训诫原则的自我对话进行觉察，思考这是否代表了对悲伤小女孩的现实干预。

3. 通过阅读有关哀伤和儿童的书进行假设检验，与治疗师对话，观察其他父母和小孩。

4. 基于玛丽对儿童发展和哀伤的新的理解水平，用更加建设性的自我对话代替完美主义和不现实的自我对话。

5. 其他目标酌情而定。

长期目标3：围绕玛丽作为成人女儿的角色时的自我看法，对自己的信念系统进行觉察，思考这些信念系统如何帮到她或者给她制造了压力。

短期目标

1. 觉察作为女儿从父母那里所学到的而且他们仍在强调的自我对话（例如，"如果你做好计划，事情总是会变对的"；"做对的事情是成人的责任"）。

2. 觉察作为女儿从父母那里所学到的而且他们仍在强调的有关丈夫责任的自我对话（例如，"回来参加家庭派对是他的责任"）。

3. 进行假设检验，阅读区别合理与非现实思维的资料，阅读这些思维对愤怒、抑郁和焦虑等情绪的不同影响，据此检验自我对话是否是适应性的；与治疗师讨论这些议题；坚持写思维日记，监控基于这些绝对主义信条引发的情绪。

4. 用更加适应的自我对话代替每一个消极自我对话，适应性的自我对话在她与父母对话时支持更积极的情绪和更具适应性的灵活行为，摆脱完美主义。

5. 其他目标酌情而定。

长远目标4：围绕玛丽作为女性朋友和邻居的角色时的自我看法，对自己的信念系统进行觉察，思考这些信念系统如何帮到她或者给她制造了压力。

短期目标

1. 对玛丽作为女性朋友和邻居角色的自我对话进行觉察，觉察那种对话是如何要求她总是打扮得很完美，总是控制好情绪，作为家长总是全面掌控。

2. 玛丽总是陷入这样的假想观念：她不能向世界展示她的悲痛，她处于困境中，不能因为任何事情请求帮助；否则她就不是一个淑女，不能得到尊重。她将通过对社会支持重要性的阅读对这个观念进行假设检验，与治疗师讨论，观察其他成人与同伴的互动。

3. 用适应性的对话代替非适应性的对话，适应性的对话让她在丈夫兼最好的朋友离世后在家庭、孩子需要时以及感到孤独时请求帮助。

4. 丈夫死后邻里间流传着有关她的流言蜚语，思考与邻居讨论目前的流言时，什么样的适应性对话会帮到她。

5. 其他目标酌情而定。

学生进行个案概念化的练习案例：聚焦性取向领域

现在要对艾瑞克（Eric）进行认知分析。有很多复杂的领域可以用来深刻理解他的行为。在这个分析中，请你尝试在你的个案概念化练习中聚焦性取向领域。

从电话初始评估访谈收集信息

艾瑞克是一位16岁的白人男性，住在中西部某大城市的贫穷衰落的地区。他现在是一所高中的学生。他是一名中等生，没有适应不良记录。他的父母7年前离婚，但是他们保持着冲突的关系。在过去的 7 年，艾瑞克曾 5 次变换住所。除了跟父母住之外，他有时会跟他的姨妈和姨夫一起住。这几次搬家也使他在 3 个学校之间来回转学。艾瑞克的历史老师杰金斯曾经对学校里提供治疗的心理咨询师提到过艾瑞克，杰金斯先生认为，艾瑞克很抑郁，而且他也担心艾瑞克的家庭环境是否安全。

心理咨询师通过一次简短的精神状态的检测，发现了他轻微的痛苦迹象，但是没有自杀或者杀人的想法或者严重的心理病理症状。艾瑞克在讨论保密原则的局限时表现出焦虑。但是他说为了让杰金斯老师高兴，他会同意治疗。

从认知角度与艾瑞克会谈

治疗师：杰金斯先生告诉我一点关于你的事情。你能告诉我你是怎么想的吗？

艾瑞克：（生气）我感觉自己时时刻刻就像是一只弹力球。有时候看上去我妈妈好像需要我，有时候是我爸爸，有时候是我的邻居，最后我住在了我姨妈和姨夫的家。我爸爸总是一定要控制所有事情。他总是把我猛地拉到一边。（停顿）我总是无法确认我有没有什么东西是他喜欢的。小的时候我多少次去试着讨好他，真是可悲。（停顿）但是我现在放弃那么做了。在他家的时候，我只是让着他。（沉思）我爸爸和我妈妈好像彼此怨恨。我妈妈曾经让她新的亲密酒友搬到我们家里。我能确定的一点是，他恨我。

治疗师：是什么让你那样想的？

艾瑞克：（沉思）就算我只是跟妈妈打个招呼，他尖叫着都快把肺嚎出来了。她只好把百分之百的时间给他。（摇头，专注）他才是入侵者，不是我啊。

治疗师：当你的妈妈关注你的时候，他生气了？

艾瑞克：（挖苦）生气这种说法是轻描淡写。如果我从学校回来对妈妈打招呼，如果他在家，她就会无视我。仅仅是我的声音都能让他尖叫。

治疗师：你妈妈具体是怎么回应的？

艾瑞克：（强烈）她让我闭嘴！她说如果我赶他走，我们就会饿死。

治疗师：当她以此威胁你的时候，你认为会发生什么？

艾瑞克：（顺从，已然放弃）她会把我踢出去一段时间，我又回到了我姨妈和姨夫家。

治疗师：在那里会发生什么？

艾瑞克：（寂寥）他们让我待在那里。他们养我。（停顿）有一次，我需要一件新大衣，他们给我买了。他们从来不会跟我真正地谈话……但是他们之间也不谈话。这跟在学校差不多。我一个伴儿也没有。

治疗师：是什么阻止你在学校结交朋友？

艾瑞克：（伤感）我转学这么多次我从来没有机会结交真正的朋友。（长久地停顿）我感觉到孤独，感觉自己是个异类。我在哪里都无法融入其中。

治疗师：你想不起来你什么时候融入其中。

艾瑞克：（焦虑）我的父母不愿意在我身上浪费时间。除了这个事实之外，我想弄清楚我是谁。

治疗师：你在逼自己去向内看吗？（停顿）在这种挣扎中你感到孤独。你注意到其他十几岁的人为此挣扎了吗？

艾瑞克：（紧张）没人经历过我经历的这些。
治疗师：你对自己说这些，这增加了你的压力。
艾瑞克：（停顿，沉思）也许吧。其他人好像有亲密朋友，我想要，但是每当我开始结交朋友，我就想，如果那只是更多的痛苦呢？
治疗师：你的家庭关系是让人痛苦的。这意味着所有的关系都一定是那样的吗？
艾瑞克：（专注地）我的家人只会彼此伤害。他们的新关系也不怎么好。（放弃）好的关系似乎是不可能发生的。
治疗师：如果我告诉你好的关系是可能的，你会怎么想？
艾瑞克：（自信地）我会受到伤害，我会被拒绝，我不想再受一点伤害了。
治疗师：如果某些人伤害你，你认为其他人也会吗？
艾瑞克：（事实上）每个人都排斥我。只有杰金斯老师在乎我。
治疗师：我明白你花很长时间跟他在一起。
艾瑞克：（爆发）那又有什么错！
治疗师：听起来你很愤怒。你想到什么？
艾瑞克：（长久的停顿；专注）昨天，有几个人把我锁在一间屋子里，他们说我是一个失败者，是一个迷恋杰金斯老师的同性恋。（长久地停顿）他们中的一个曾经在课上跟杰金斯老师顶嘴，于是，下课后我把他推到了走廊里。然后，他叫来一帮朋友把我推进屋子里锁上了。
治疗师：你还好吗？
艾瑞克：（惊讶）是的。他们只是想让我感觉自己很弱小。一旦他们觉得他们做得真的很棒，他们就放过我了。
治疗师：他们出于复仇的目的而推搡你，但是他们为什么说你是同性恋？
艾瑞克：（爆发）我从没那么想过！（长久的停顿，平静下来）我不知道。（沮丧）也许我是。
治疗师：你跌坐在椅子上。你在想什么？
艾瑞克：（挖苦地）成为一个同性恋好像不是件好事。
治疗师：你认为成为一个同性恋好还是不好？
艾瑞克：（摇头，紧张）我不能跟你或者其他人谈论这个。
治疗师：谈论此事对你来说可能很难。（停顿）性方面的事情是"我们是谁"中很重要的部分。我不知道你是不是同性恋。（长久的停顿）如果你是，这可以吗？
艾瑞克：（坚决地）如果我是同性恋我才愿意谈论这个问题。（停顿）我怎么知道呢？
治疗师：当你想到杰金斯老师的时候，你有哪些具体的想法和感觉？
艾瑞克：我想跟其他人比起来我更喜欢跟他在一起。如果他跟我打招呼，我感觉很棒。如果他生病了，我感觉很低落。我无时无刻不在想着他，想着他会怎样看待我做的每一件事。这算同性恋吗？
治疗师：杰金斯老师对你很重要。情感上的亲密与渴望更多的事情有区别吗？
艾瑞克：（不确定）你指什么？
治疗师：当十几岁的孩子经历青春期时，大部分人都开始对比较特别的人或者某一类型的人产生一些特殊的想法、愿望或者幻想，这跟他们想起其他人时有所不同。

艾瑞克：（沮丧）我想我像那些人说的一样，我是个失败者。

治疗师：你是个失败者还是其他？（停顿）你已经开始刮胡子了吗？（艾瑞克摇头，不）你会发生很多的进一步的成长吗？（长久地停顿）有没有可能对你来说还没到产生这些感受的时候？

艾瑞克：（挖苦地）攻击我的人对我的尺寸大加渲染。

治疗师：这对你来说是一件大事吗？（长久的停顿）

艾瑞克：（坦白地）在我卷入那场争斗中之前，我没有真正在意。（长久的停顿）这些对于杰金斯老师和我来说意味着什么？

治疗师：我不知道你对杰金斯老师是否有特别的感受。你好像也不知道。如果我给你一些阅读资料，而且你给自己一些时间去成长，这也许就会弄清楚了吧？（艾瑞克摇头）"探索"是学习你是谁很重要的部分。

艾瑞克：（狂怒）我不能花一辈子去弄清楚这个事情。（长久的停顿；平静下来）我非常想知道我是否应该把这些告诉杰金斯老师。这是我还没说出来的很重要的事情。他知道发生了一些事。

治疗师：如果你告诉他，你想象他会做什么？

艾瑞克（绝望）我在脑海里听到他尖叫着辱骂我，就像那些人在锁着的屋子里那样骂我，然后我看到自己破碎了、孤独了，没有人在乎我。

治疗师：这是灾难性的结果。还可能发生别的事情吗？

艾瑞克：（沮丧）我无法想象到其他事情。

治疗师：我不知道他会做什么。他可能极度崩溃，或者他可能理解并且与你谈论此事。告诉他或者不告诉他有什么风险吗？

艾瑞克：（伤感）有时候我偷偷想，他不需要我，但是他会可怜我，而且他还是会让我跟着他。

治疗师：还有什么可能会发生？

艾瑞克：（专注）没有了。他对错分明。我从我们的谈话中认识了我的父母。他是我的老师，仅此而已。我猜要是我想别的，那我一定是个怪人。

治疗师：你对自己说了很残酷的话。你认为其他学生可能对老师有自己的看法吗？

艾瑞克：（充满希望）是的，我想是的。（长久的停顿；激动地）如果我是同性恋我爸爸只会恨我。

治疗师：你见过男的或女的同性恋吗？

艾瑞克：（不确定）我想我见过一次。我跟我爸爸走在街上，有个男同性恋蹭了他一下。我觉得那不是故意的，但是我爸爸说那个男同性恋就是个笨蛋，而且打得他满地找牙。（长久的停顿）

治疗师：那个男同性恋是什么样子的，是你爸爸所说的笨蛋吗？

艾瑞克：（困惑）他看上去跟其他人也没什么区别，但是我爸爸说他总是能找出来区别。（停顿）他好像从来都不关心我。如果他关心我，他可能会打得我满地找牙，就像他在街上对那个男同性恋做得一样。

治疗师：有些父亲就是那样。但是，有的父母和朋友一样学着去理解。你家里有人能试着去理解吗？（长久的停顿）他们都会走极端并且打你或者把你踢出去吗？

艾瑞克：（专注）我的父母做什么事都走极端。他们很年轻就结婚了。他们喝很多酒，然后就什么都忘了。在这么多的战争和嫉妒之后我爸爸终于走了。（停顿）我跟杰金斯先生没有那么多废话，跟他在一起很平静。对于我来说，这是一场噩梦。（长久的停顿，呼喊）我必须现在知道！我受不了了！

治疗师：事情糟糕到你想伤害自己或者逃跑的程度了吗？

艾瑞克：（深呼吸，平静下来）没有，我还好。

治疗师：你在家安全吗？

艾瑞克：（平静）家是一个让人生气的地方，但是没有人打我或者什么的。

治疗师：那学校呢？

艾瑞克：（平静）除了那些人，没有别人威胁我。校长在其他时候无意中听到他们的事情了，并且警告了他们。他们现在躲着我。

治疗师：好。如果你下周回来，我们需要聚焦到你对自己和他人的看法，以及这些自我对话如何影响到你。我要你对自己成为同性恋的想法保持记录。

艾瑞克：（焦虑）如果我做这些作业，它会告诉我我是不是个同性恋吗？

治疗师：提问和探索需要时间，这是很正常的。你可能需要允许自己像其他人一样，花一定的时间去得到答案。

练习：对艾瑞克进行个案概念化

练习1（最多4页）

目标：确定你对认知疗法有一个清晰的认识。

形式：从A部分到C部分的整合性论文。

需要帮助的话你可以回顾本章

A. 根据所有认知理论的假设写出一个简明的概要（理论假设的关键维度是理解个案如何变化；大致的、简要的思考，为练习的其余部分写一个引导语。

B. 用几个段落深入描述如何应用每个假设来理解个案的变化过程，举例说明每一个假设。

C. 全文总结：描述咨询师在帮助个案转化时所扮演的角色（咨询师、医生、教育者、辅助者），治疗所采用的主要方法，以及主要的治疗技术。提供足够具体的案例明确说明这些方法的独特性。

练习2（最多4页）

目标：对艾瑞克应用认知理论。

形式：从A到D，每个部分用一个单独的句子概述。

需要帮助的话你可以回顾本章。

A. 列出艾瑞克的短处（担心、议题、问题、症状、能力的不足、治疗障碍）并指出艾瑞克想要得到什么帮助。

B. 列出艾瑞克的长处（擅长之处、积极特征、成功之处、技能、促进改变的因素）并指出艾瑞克意识到了自己的哪些长处。

C. 探讨艾瑞克的哪些想法跟以上长处和短处相关，思考他的以下问题：①信念系统；

②自我对话；③对自己和他人的归因；④对于现在和过去事件的觉察以及这些觉察中的偏差；⑤对未来的期待。如果你还没有这样做，思考他的思维如何影响他长处和短处中的情感、行为和动机。

D. 探讨艾瑞克的总体世界观，环境中有什么力量强化或抵触他的世界观，以及他现在思维的适应程度总体上如何。

练习3：（最多4页）

目标：理解性取向在艾瑞克生活中的潜在作用。

形式：A至I每个部分用单独的句子概述。

需要帮助的话你可以回顾第二章。

A. 根据艾瑞克与性有关的渴望、幻想、态度、情感和行为，评估艾瑞克在性别取向同一性过程中所处的阶段，以及他的性别取向是否是稳定的、矛盾的、怀疑的，或者是变化的。

B. 评估影响艾瑞克性别认同舒适度的过去环境和现在环境，包括他内在的力量和阻碍，他的学校环境、他的家庭和社会关系，以及他信息和资源的易得程度。

C. 评估艾瑞克此时公开承认自己是同性恋有可能的好处，他在哪些方面可能从他的出柜中受益最多。思考他个人身份认同、家庭关系、同伴关系以及教育关系。

D. 评估如果艾瑞克此时出柜有可能付出的代价，在出柜的过程中他在哪些方面可能承担最多的压力，思考他的个人身份认同、家庭关系、同伴关系以及教育关系。

E. 评估艾瑞克是否需要在性别认同和其他认同方面寻找一个共同基础，例如宗教信仰、种族或道德传统，并且思考如何将他与资源进行联结，并且减少这个过程中的阻碍。

F. 评估你目前与具有性取向有关的知识储备。

1. 你有多少有关性取向的资料？
2. 你上过多少有关性取向的工作坊？
3. 你有多少与具有性取向问题的来访者进行工作的专业经验？
4. 你对少数性取向者有多少个人经验？
5. 哪些效应可能影响少数性取向者的世界观？在历史这个时间点上，对他们而言什么才是重要的？鉴于他们的性取向，社会会给予他们怎样的奖励或惩罚？

G. 对于与性取向相关问题的意识，你现有的水平怎样？

1. 讨论你在成长过程中了解到的有关异性恋和少数性取向者的积极观念和消极观念。
2. 讨论你成长过程中社会上对同性恋的恐惧和厌恶是如何表现的。
3. 讨论社会对同性恋的恐惧和厌恶是如何展现在你现在的家庭、社会、文化和政治团体中的。
4. 讨论社会对同性恋的恐惧和厌恶以及每个人都是异性恋的假设怎样导致你无意识地忽视或贬抑艾瑞克的体验或观念。

H. 评估你与各种性取向的来访者进行工作的现有技能。

1. 你目前拥有哪些应对性问题或性取向问题的重要技能？
2. 你感觉哪些技能在有效推动性议题或性取向议题的工作方面是非常重要的？

I. 考虑你可以采取的行动步骤。

1. 可以做些什么来加强你的能力，以便与同性恋或来咨询的个案建立强大的治疗联盟？

2. 讨论你计划使用在艾瑞克身上的治疗手段包括哪些方面，这些治疗可能是从异性恋的角度发展出来的，讨论对此你可以做些什么。

3. 你会如何构建治疗环境以便增加与同性恋咨询个案工作的积极成果？

练习 4（最多 6 页）

目标：帮助你将认知理论知识以及与性取向相关的问题整合，以便对艾瑞克进行深刻的概念化（即他是谁以及为什么）。

形式：一篇完整的论文，包括引言、支持性的细节、结论，格式要规范。

需要帮助的话你可以回顾第 1 章以及第 2 章。

步骤 1：思考你应该使用什么方式去组织你对艾瑞克的认知性理解。这种方式应该有以下特点：①帮助你综合而清晰地理解他的信念、自我对话、归因、觉察以及期待；②支持他在目前绝望的情境下所发现的有说服力的语言。

步骤 2：写一个简要的引言（概况、前言或情况说明、主题、论文观点、理论介绍、假设、摘要、最终的因果性说明）解释艾瑞克作为个体——这个努力在混乱的家庭中理解自己的性方面问题的人——的总体功能。如果在第 2 步有困难，记得整合练习 2 和练习 3 中的关键点，这会产生以下效果：①为艾瑞克的长期目标建立基础；②紧贴认知理论并且对性取向问题保持敏感；③强调每一次艾瑞克可能带到认知治疗中的长处。

步骤 3：从认知的角度形成对艾瑞克这位同性恋的青少年的深度理解，发展支持性材料（分析过长处和短处的具体化的案例，提供数据支持引言）。如果你在第 3 步有困难，思考你需要的信息包括哪些，以便达成下列目的：①帮助你形成短期目标；②紧贴认知理论并且对同性恋问题保持敏感；③将对艾瑞克长处的理解整合进他的信念和自我对话中。

步骤 4：完成你的结论形成大体的治疗意见，包括：①艾瑞克总体的功能水平；②使他此时难以发展出更有结构性信念的阻碍；③当他评价自己思维时他的基本需要。仔细考虑你在练习 3 的 G 部分和 I 部分所说的（简要概括）。

练习 5（最多 3 页）

目标：针对性取向问题，考虑艾瑞克的优势，为他制订一个理论驱动的计划。

形式：包括长期目标和短期目标的句子概要。

需要帮助的话你可以回顾第一章。

步骤 1：拟定治疗计划大纲，仔细想想练习 3 中 G 和 I 部分，润色你的治疗计划，试着阻止每一个负面偏差的发生，确保计划符合艾瑞克作为个体的独特需求。

步骤 2：制定艾瑞克在治疗结束时能够达到的较为理想的长期目标（主要的、比较大的、雄心勃勃的、综合的、概要的），引导艾瑞克形成适应性的世界观，将他的性取向健康地整合在他的自我同一性之中。如果你在第 2 步有困难，回顾概要和支持那些主题句子的想法，仔细想想如何把它们转化成符合艾瑞克需求和处境的目标（形式同练习 4）。

步骤 3：制定你和艾瑞克可以在几周之内完成的短期目标（小的、短期的、具体的、概要的、可观测的、次级的），为艾瑞克在以下事项的进步上制订详细计划：学习分析，挑战，并且替代他的非适应性想法，特别是围绕性取向问题方面；逐渐注入改变的希望；做出时效性的治疗计划。如果你在步骤 3 有困难，重温支持性段落，想办法转化为以下特点的目标：①能够帮助艾瑞克检验他某些观念或者用适应性的思维代替其非适应性的思维；②强化此时促进其进行性取向探索能力的因素，弱化阻碍因素；③能够随时应用自己的长处分析自己的人生；④符合一个被忽视的十几岁年轻人的具体情况，不泛化。

练习6

目标：在艾瑞克的案例中评论认知治疗。

形式：以论文或小组讨论形式回答问题 A~E。

A. 用这个模式帮助艾瑞克（具有性取向问题的青少年）有什么长处和短处？

B. 思考如果采用认知-行为视角你将如何修改治疗计划，在这个视角中你要帮助艾瑞克整合对于思维作用的理解以及对于自己过去的理解。艾瑞克似乎更常用哪种学习模式？哪种角色模型影响了他的思维和行动？你认为哪种方法此时对于艾瑞克更有价值？为什么？

C. 假设艾瑞克对于妈妈男朋友和爸爸的评论有所保留，而且现在他的安全受到来自现实的威胁。思考你从暴力领域的所学到的，你必须更深层地评估哪些问题，你会具体做些什么，以便在不危害艾瑞克安全的情况下推动改变的进程？

D. 参考艾瑞克的家庭情况以及性取向方面的研究，讨论艾瑞克目前的自杀风险。有没有一些特殊的问题需要你做出更深层的精确评估？如果他的家人意识到你对他的治疗围绕他的性取向会发生什么？这会增加或者降低他的自杀风险吗？

E. 通过处理艾瑞克的案例，你在性取向以及帮助青少年处理性取向的问题上学到了什么？

推荐阅读

书籍

Beck, J. S. (2011). Cognitive behavior therapy: Basics and beyond (2nd ed.). New York, NY: Guilford Press.

Dobson, K. S. (2012). Cognitive therapy. Washington, DC: American Psychological Association.

Greenberg, L. S., McWilliams, N., & Wenzel, A. (2013). Exploring three approaches to psychotherapy. Washington, DC: American Psychological Association.

Ingram, B. L. (2012). Clinical case formulations: Matching the integrative treatment plan to the client (Chapter 10, pp. 197-223). Hoboken, NJ: John Wiley.

录像

American Psychological Association (Producer), & Beck, J. S. (Trainer). (n. d.). Cognitive therapy (Motion Picture #4310736). (Available from the American Psychological Association, 750 First Street, NE, Washington, DC 20002-4242)

Owen, P. (2013, September 15). Depression: A cognitive therapy approach [Video file]. Retrieved from https://www.youtube.com/watch?v=G1ALHcCRpkE

网络

American Institute for Cognitive Therapy. http://www.cognitivetherapynyc.com

Beck Institute for Cognitive Behavior Therapy. http://www.beckinstitute.org

第五章
认知行为疗法的个案概念化与治疗方案

认知行为理论简介

安（Ann），70岁，由她的好朋友凯伦（Karen）带到你的办公室来，而凯伦现在在外面等着。过去的一个星期安和她的邻居凯伦住在一起。安需要离开家，远离她的女儿劳丽（Laurie，43岁）。之前劳丽反复前后摇晃安，然后使劲将她推到客厅的沙发上，这一切发生在安拒绝把信用卡给劳丽在商店使用之后。安被劳丽的行为吓到了，从后门跑出去，到了凯伦的家。凯伦将安带去看医生，之后便一直照顾她。暴力给安造成了轻微脑震荡，不过她现在恢复良好。

安的丈夫杰森（Jason）一年前在他们郊区房子外除草的时候因心脏病突发而离世。杰森去世后不久，劳丽的丈夫和她签了离婚协议书。劳丽住回了安的家，表面上是为了照顾安，但这导致了劳丽和她母亲之间许多的冲突。安还有一个儿子布莱恩（Brian，47岁），住在大约2个小时车程的地方。安在电话中告诉你她在暴力事件中非常害怕劳丽，现在她只希望劳丽能够搬出去。安觉得真正的问题根源其实是在丈夫去世后的这一年里面她所遭受的深深的抑郁。

在心理测试和精神状态检查中，安没有表现出因脑震荡带来的残余认知混乱。她没有表现出自杀意念或自杀冲动。尽管没有自杀意念的征兆，她承认确实有因为严重抑郁而带来的症状。

尽管安在简短的初始评估会谈期间有明显的被虐待的顾虑，她还是拒绝联系老年保护机构，她还表示如果老年人保护机构联系她的话，她也会否认和劳丽的冲突。你按照规定上报了，安也的确拒绝向老年人保护机构承认该事件。然而，凯伦把她载到你的办公室，她也没有拒绝前来。

在传统的认知行为治疗中，第一步你会教安关于想法、感受和行为是如何互相联系的。安的抑郁并不是杰森的死亡或劳丽的暴力，而是对这些事件的解释。你还有可能向她介绍前因与后果的概念，这些对她和劳丽的行为都有很强的影响。然而，和传统的认知行为取向不同，你不会教安如何将她的不良适应信念改变为更适应的信念。你不用相信安需要通过改变这些来减轻抑郁。相反，她可能需要改变她的想法与行为的关系，它们存在于她心灵的内部世界中。你的治疗取向是基于正念认知疗法，该疗法是2013年由西格尔（Segal）、威廉姆斯（Williams）和蒂斯代尔（Teasdale）发展而来的。正念认知疗法结合了认知治疗和心理教育，所以安能够觉察到她在生活中如何相互作用的心智模式。正念认知疗法还增加了正念练习，所以安能够完全活在当下——以一种非判断的、耐心的和友好的方式。

利用正念认知疗法，安会学习到她拥有一个如何与她关于自己、他人和情境的信念交互作用的心智模式。她所遭受的抑郁源于她依赖一种自动运行的系统，该系统采用了一种根深蒂固的模式来控制她的行为，因此降低了她能够挑战现有的信念和想法有用性的能力。通过增强她对自己心智模式的觉察，她便能够意识到自己所持有的选择，从而帮助她走出抑郁，减少复发的可能。她将学会如何完全活在当下，而不是依靠自动运行的系统。

相比于陷在对自己无力停止抑郁的反刍中，安将会意识到她的反刍其实是在妨碍她战胜抑郁。相比于过去在战胜抑郁上的失败，或者忧虑将来不能克服抑郁，安将会在当下充分体验抑郁。安需要意识到她正在发生的体验，从而能够仔细判断什么时候应该或不应该容忍其中特定的某些方面。总是会有痛苦的事件使我们无法过上一种满意的生活。如何去应对这些痛苦，安有许多的选择。比如，她可以选择将她的想法和冲动表达出来；也可以选择接受它们而不表达出来；或者她可以挑战它们的有效性，然后改变它们。正念会教安去欢迎她的世界中经验的所有方面，面对它，决定是要容忍这些经验还是远离它们。正念认知疗法认为消除负性想法、情绪、感觉和冲动的努力会比单纯体验它们带来更多的痛苦。

西格尔和他的同事（2013）认为大脑有许多不同的运行模式。一种是行动模式（完成某件事）。在这种模式中，安可能有一个想要达到的目标，比如将她的女儿劳丽培养成一个有责任的大人。她采取了行动，以帮助劳丽掌握成为一个有责任的人的技能。安意识到了自己的期待和劳丽的表现之间的差距，采取了各种行动试图去减少或消除这个差距。从本质上来说，这种问题解决的策略对于某些类型的目标是没有错误的，但是在目标不在个体的掌控范围之内的情况下，这种策略可能就不合适了。通过采取行动好像一切都在安的掌控之中，其实她让自己不断经历了抑郁的发作。西格尔和同事们把这种功能不良的行为称作"被驱使的行为模式"，这种模式包括强迫性的、不断反刍的思维错误。

相比于"被驱使的行为"给她带来的痛苦，安可以让自己处在"存在模式"中（Segal等，2013，第72页）。在这种模式中，安能完全觉知、接受自己，允许自己回到和身体感觉的接触中，这些身体感觉告诉她，她是真实地活在生活里，而不只是在谈论生活。安会体验正在发生的事情，同时不需要去改变正在发生的事情。在存在模式里面，安不用试图去达成一个目标，所以她能体验到此刻经验的丰富性，而无须考虑对过去和将来的计划。安将会完全觉察到此时此刻经验中的想法、经验和冲动。和"行为模式"不同，在存在模式中不需要采取行动。安将体验什么是可能，或不可能，可以得到一个更多维的经验。当安学会了识别自己处在被驱使的行为模式中，她就能将自己转向存在模式。这种从内容到过程的转变将会保护安将来不再经历抑郁复发。

治疗师的角色

在正念认知疗法中，你的角色是作为一个引导者，帮助安学会如何最大限度地适应自己此时此刻的内部体验，让她能够从根深蒂固的、适应不良的想法中解放出来。你可以用很多练习来帮助安对自己的体验变得更加有觉察。无论你选择什么练习，你都需要是一个温暖、照顾和友好的角色。治疗环境以及你的行为需要友好，这点非常重要，你必须创造一个安能够没有顾虑地探索心灵的场所。当你指导她的时候，告诉她要对自己温柔和友好。当你和她说话的时候，你也需要温柔和友好。

最后，安可能对自己的体验，甚至是消极体验，表现出同样的友好和温柔。当旧的自动导航出现时，安对自己很严厉，那样反倒会产生不良的后果。她需要你教她如何轻松地将自己与自动导航脱离，重新聚焦在此时此地。你需要温暖和温柔地引导她学会正念。一旦她掌握了正念技巧，她将会带着温暖、同情和兴趣来练习。她将不再讨厌或恐惧她的体验，她将真正理解它们。尽管"正念认知疗法"这个名字能给安这样的一个印象，即学着仔细留意她此时此刻的体验是非常重要的，但如果安没能带着温柔和自我怜悯去留意，它也可能是有害的（Segal et al.，2013，p. 137）。

当安开始处理她内在的体验时，可能会体验到强烈的消极情绪。你需要鼓励她对这些困难采取一种温柔的好奇心，不要做任何评判或者将自己置于一定要完成目标的压力当中，这样能帮助她更深入探索这些体验。总的来说，有8种技巧是需要掌握的（Segal et al.，2013，pp. 91-92），包括聚焦、觉察/正念、处在此时此刻、去中心化、接纳、放手、存在模式以及对问题的显现能够觉察。

当你帮助安学着保持持久的、聚焦的注意力时，你就是在帮助她聚焦。当你帮助她调整曾经对她无益的模式时，你是在帮助她更加觉察或正念。她将停留在那一刻，在你没有给她提供有用的指示时，除非你觉得给予一些指令在那一刻是必要的。如果安能够让想法、感受、冲动和身体感觉都能从她的身体上经过，而不是具体分析它们，你则帮助她去中心化。如果她能接纳一种体验，能对一种甚至是消极的情绪或感受有很温柔的觉察，这能够帮助她减弱先前令她痛苦的不良适应的行为。在放手方面，你将会帮助安不要启动，或者至少走出无益的想法、情绪、感受或冲动。在存在（being）方面，你将帮助她不去追求或设定一个目标，而只是体验。最后，安的身体是一个核心场所，在这里她能学会如何使用不同的方式联结到她的体验。当你帮助她对问题的显现能够觉察时，你在帮她学习一种关键的策略，与健康的过程保持一致，而不是陷入试图逃离不舒服状态的强迫性努力中。

一旦你完成了对安的访谈，决定她适合进行MBCT，西格尔和他的同事（2013）推荐一个8次会谈的团体治疗项目。该团体治疗项目包括每周一次、时长为两个小时的高强度训练，以及每日在家中一个小时的正念练习。要远离自动导航并不容易，要做到这点，安将需要学会识别"被驱使的行为模式"，练习"存在模式"，以及学会如何在需要的时候从"被驱使的行为模式"转向"存在模式"。当安探索困难而且不舒服的情绪时，她得经常容忍消极情绪、感受和想法。作为治疗的一个成果，安将拥有许多的选择来应对她的内在世界，同时也能保持与外在世界的协调。

在治疗会谈中有许多可用的正念练习。每一次练习之后，你需要询问安对练习的反馈。通过对练习的讨论，而不是你的说教，学习才会产生效果。治疗的目的是帮助安走出心理的泥潭，让她面对问题时能从有多种选择的角度出发，而不是自动导航的角度。每个练习都将会帮助安变得更加正念，让她对自己更加温柔和怜悯。

举例来说，葡萄干练习和身体扫描能够帮助安对自己的体验进行深入的觉察。在葡萄干练习中，你会给安一个葡萄干，让她仔细观察。你教导她用每一个感官（包括触觉、嗅觉、视觉和味觉）去探索葡萄干的所有方面。安会学习观察正念状态和自动导航状态的区别。她会练习着如何通过关注细节来发现更多的信息，如何通过仔细留意事物来改变事物，如何在思想游荡的时候加以注意。练习结束之后，你和她讨论她对练习的感受。这个练习是为了增加她对当下的觉察，以及增加她对感官体验的好奇。

身体扫描练习能帮助安练习有意地沉浸然后脱离注意力。这个练习是为了帮助安回到与身体感觉的联系中。一开始她会躺在地板上，闭上眼睛。然后她慢慢地将注意力转移到身体的不同部位，觉察它们和地板接触时的感觉。她会在她身体的感觉中觉察到自己的呼吸。每一次呼气，她会让自己感觉好像要更深地陷入地板里。你会提醒她在练习时，她有可能感觉或没有感觉到任何的不同。她有可能觉得更加放松，也有可能没有觉得放松。你应该告诉她这个练习只要求她将注意力轮流聚焦在身体的每一个部位，这个练习没有成功或失败之说。练习一开始，引导安将注意聚焦在腹部。你告诉安，当她吸气的时候，她对腹部的感受的觉察可能会提高。如果没有感受的话，那也没问题。当到了应该将觉察转移到身体的另一部分的时候，你可以告诉她当她一边呼气，一边可能感受到气体从腹部离开，进入了身体另外一个部分。当然，如果没有这样的感受，那也没问题。如果安的注意力分散了，你会告诉她这是正常的，当她注意到这个现象时，只需要再将注意力拉回到正在扫描的身体部位即可。引导安轻柔地扫描完整个身体之后，她将花一些时间呼气和吸气，让呼吸更加放松。呼吸几分钟之后，你将邀请安讨论身体扫描练习的感受。讨论中，你可以询问安对练习中发生的事情是否感到好奇。如果她批评自己的表现，你鼓励她要更加温和地对待自己，而不是采取责备的态度。你要鼓励她不要去"评判"自己的表现，因为这个练习的目的是让她去感受。

为了教导安"解释"在感受中扮演的角色，她可以参加思想与感受练习。在这个练习中，她将坐在一个舒服的位置，闭上眼睛，你大声地引导她想象一个情节：安正在街上走着，看到了某个熟人，她冲这个熟人微笑了一下，同时朝这个人挥了挥手。但是这个人从身边走过，没有丝毫搭理的意思。当她想象这个场景的时候，安将会处理脑海中的一系列过程。她的身体感受如何？她想做出什么举动？接下来你可以和安讨论她对这个人行为的解释（而不是这个行为本身）是如何引起她的感受（担忧、生气、郁闷或者没感觉）。这个熟人的行为在很多种情况下可能都是中性的。然而，安现在很郁闷，她可能会将这个人的行为解释为一种拒绝。一种反刍的模式会将她置于自动导航的状态。例如，安可能心情低落、开始哭泣，她可能感觉到胃在紧缩，她可能觉得孤独。在这个练习中，安将学习到两个重要的方面。一方面，这个练习只是在她的脑海中发生，因此是她的想法，而不是事件本身让她觉得受孤立。这个假想的熟人走过她的身边，并没有向她打招呼，可能有许多和安自身无关的原因。比如，这个熟人可能被眼科医生滴了眼药水，没能看到安。再比如，安可能认错人了。这只是符合这个情境的众多原因中的两个。这个人经过安身边却没有招手，是一个想象的场景。安认为这个人是在拒绝她，只是一个念头，而不是事实。另一方面，如果安能意识到这种自动反应的模式是抑郁的一个征兆，MBCT 也许能阻止她抑郁复发。无论何时她觉察到这个模式，安需要意识到自己必须走出"被驱使的行为模式"，进入"存在模式"，否则她的抑郁将会复发。

无论你教给安何种练习，如果她想要锻炼让自己从过去的消极模式中解放的能力，她必须在治疗会谈之外练习正念。这需要每天都至少练习一个小时。除了这个正式的一小时练习，她还将会从她的日常生活中选择一种活动来进行非正式的练习，比如刷牙、穿衣或吃早餐。

作为一个临床治疗师，你也需要每天都练习正念。如果你没有严格练习，并不能成为一个合格的正念指导老师。西格尔和他的同事（2013）指出你该"如何"和安谈论正念：从自己对正念经历的深刻理解出发，在某种程度上会比练习更能帮助到安。

案例应用：聚焦社会经济地位领域

现在，安的个案将会详细地呈现。她的个案将会与许多复杂的因素牵连。我们选择社会经济地位这个领域来阐释认知行为取向的 MBCT 的个案概念化和治疗方案。

运用正念认知行为治疗与安会谈

治疗师：电话里面，你说你的朋友凯伦担心你的女儿劳丽在身体上虐待你。这是你今天来这儿的原因吗？

安：（焦虑地）不是。凯伦对劳丽的担忧是多余的。她是我女儿。她的脾气总是很暴躁。我很忧郁，这才是我需要帮助的原因。我丈夫去年去世了，我无法释怀。我试过了，但是离开他我就是没办法生活。我有很多钱，有漂亮的房子，如果我愿意的话（叹气）我可以去环游世界，但是没有他我活着也没有什么意思。

治疗师：他已经离世了，你想让他回来。

安：（深深地叹息）我们在一起 45 年了。我们在火车上偶然相遇，我们彼此都一见钟情。我得先下火车，他就也跟着下了火车，送我回家。（很长的停顿，哭泣）我们两个星期之后就结婚了。

治疗师：你在哭泣。

安：（再次焦虑）我停不下来。我独自一人或跟别人在一起，都没关系。只要我们谈到关于失去的话题，我就只能哭。我不知道该从哪里开始改变。我该说些什么呢？

治疗师：你生命中有如此多不一样的人，经历过如此多不一样的事情，而你的反应总是一样的：哭泣。

安：（轻声啜泣）你能帮我不再哭吗？

治疗师：我们会一起来治疗你的抑郁，不过你能不能先给我更多的背景好让我能更清楚地知道发生了什么。

安：（轻柔地）家庭生活对我来说一直都非常重要。杰森爱我们的孩子，但是他每天早上得去赶火车上，直到晚上 7 点才能回到家中，正好是孩子们要上床睡觉的时候。他工作表现非常好，给我们提供一切所需的东西。家里面充满了美好的事物；孩子们参与任何他们感兴趣的活动。

治疗师：你过去拥有你所需要的一切。（停顿；安点头）为什么会变成今天这个样子呢？

安：我们的儿子布莱恩没有给我带来太多的烦恼。他非常务实，头脑有条理，即便是小时候。劳丽就不一样，她充满能量，总是发脾气。她总是按照她的路子来，她从来不肯忍受我的拒绝。（很长的停顿，失落的样子）

治疗师：你看上去很失落。（停顿）你现在在想什么？

安：（后悔地）我真的辜负了劳丽，我是如此爱她。我是如此开心，因为有一个女儿，但是……（停顿，轻声啜泣；治疗师把纸巾盒递给她）当我对劳丽很纠结的时候，我总会告诉杰森。他会告诉我停下来，不过是一种犹豫的语气——他是一个非常宠爱孩子的父亲。当孩子还小的时候，他每次回到家中，袋子里面都会装着糖果。他们会跑向爸爸，把手伸进他的口袋里面。（停顿，轻声啜泣）

治疗师：你刚刚在回忆他深爱着孩子们，给他们带好吃的。但是你在哭泣，而不是微笑。

安：（轻微的叹息）是的，我知道我应该控制好自己。

治疗师：我刚刚试着去描述发生了什么。当你感到低落的时候，你就哭泣，这可以理解。（长停顿）我刚刚注意到回忆开心的事情却给你带来了痛苦的想法和情绪，而不是快乐。我好奇你是如何解释有关杰森和糖果的记忆。

安：（悲伤地）他从不会让孩子们失望。他从来不会忘记糖果。但是我对他们的成长负有责任。布莱恩有一份好工作，和他自己的家庭相处很好。但是劳丽离了婚，现在生活一团糟。就是因为她的脾气，（摇着头）我试过很多次让她冷静下来，和丈夫妥协一下。她的婚姻总是充满坎坷，就是因为她和她丈夫经常逆着来。

治疗师：不管他们有没有得到他们想要的，他们都处在自动行事状态中，不可能停止吵架。

安：（悲伤，身体瘫软在椅子里）劳丽和弗兰克都如此固执，双方都总想控制对方。我跟他们俩谈过很多次，我必须得帮助他们，但是我失败了，（停顿）彻底失败了。弗兰克不是我的孩子，但是我得为劳丽负责。

治疗师：当你把他们的行为解释为固执，你身体瘫软在椅子里，我好奇那意味着什么？

安：（哭泣，长时间的停顿）每个人都责备我是一个如此糟糕的母亲，（停顿）我比别人更加责备我自己。

治疗师：我没有任何责备你的理由。你爱你的孩子，倾其所有来照顾她。杰森大部分时间都不在家，是你日日夜夜陪伴在劳丽和布莱恩身边。布莱恩过得很好。（停顿）你把这个功劳归功于自己吗？

安：（焦虑地攥着自己的手）即使你轻声细语地说话，我能从你的话中听出你同样在责备我。杰森已经走了，所以劳丽的问题不可能是他的错误，肯定是我的错误。

治疗师：你对自己非常严厉。（停顿）你刚刚身体瘫软在椅子里，我非常好奇这对你意味着什么。你回应说"每个人都责备我"。我问你是否将布莱恩的成功归功于自己，你说这些问题完全是你的错，因为杰森已经离世了。你的想法和情绪都在自动导航状态中。即使刚刚谈论的这些问题里面有很多其他可能的因素，但是你自动地认为原因在于你，结果就是你对此承担全部责任并且一直遭受煎熬。（停顿，安始终低着头）我说得对吗？

安：（轻柔地，边啜泣边抬头）我猜我会同意我处在自动导航状态的说法。我确实花了许多时间来责备自己，同时为劳丽或杰森感到难过。从养小孩开始我就时不时地陷入抑郁，凯伦多次地告诉我要振作起来。她觉得如果我多为自己考虑，同时对劳丽更坚决一些，我就能感觉更好一些。她说如果我不这么做，劳丽在成年之后也会遇到大的问题。凯伦说的完全正确！要是我当时听她的该多好。

治疗师：凯伦帮助你责备自己吗？

安：（轻声地）哦不。四十多年来凯伦一直都是完美的朋友，她一直在我身旁提供帮助。我们俩和两兄弟结的婚，这你是知道的。她和更外向的那个——泰德——结了婚。我和害羞的那个——杰森——结的婚。他们俩一起在洛杉矶市区的一个自家的大型百货商店工作。（加强语气）当男人们工作时，我们是一起养小孩的，她一直都支持和帮助我。

治疗师：你们俩一起抚养的小孩？（安点头）你说她一直支持着你，但是"一直"可是很严格的标准哦。

安：（强忍泪水）她总是帮着我，她并不都是赞成我。她有她自己的意见，她也非常了解我的孩子。她会毫不犹豫地告诉我她的想法。（叹气）这就是朋友的意义，如果你需要的话，她会极度诚实。

治疗师：你能描述一次你觉得她是极度诚实的时刻吗？

安：（停顿，激动地）在劳丽十岁的时候，有一次她在后院大声尖叫。她不愿意回屋内写家庭作业，我试图跟她讲道理。布莱恩已经进屋了，我试着指出她应该学习哥哥这个好榜样。（停顿，紧闭眼睛）凯伦跑过来告诉我街坊邻居都能听到劳丽的叫声。她说我就像是一个湿的抹布，我得振作起来，让女儿闭上嘴。我开始哭，而我的哭声激怒了劳丽。我想让劳丽喜欢我，让我们更亲近。无论何时我试图做得更坚定，她只会说她感受到未被喜爱。

治疗师：你想要被女儿喜欢，这一点非常能够理解。（停顿）凯伦确实是很坦率，给你贴了一个湿抹布的标签。你的反应是哭，所以凯伦试图帮你，（停顿）但是却不管用。

安：（轻声地）凯伦总是对的。她大声喝止劳丽，让她闭嘴、进屋。她告诉劳丽不要像个小孩子一样，否则她会被打屁股。劳丽拖着步伐进了屋，给我抛来厌恶的表情。

治疗师：因为劳丽最后进了屋，这意味着凯伦是对的，你是错的？有其他原因吗？（安摇摇头表示否定）有没有可能是劳丽并不害怕你，而是害怕凯伦的大嗓门和威胁？

安：（好奇地）你是这么想的？那样会不好；孩子不应该害怕父母，不能这个样子。他们从来不害怕凯伦，他们爱她。我才是小孩。一个4岁的小劳丽或一个大劳丽都无所谓，大嗓门总是让我在内心深处退缩。（停顿）凯伦又对了，我这是自作自受。劳丽现在43岁了，仍然推着我走，总是花我的钱（再次轻声哭泣）。如果我试着拒绝，她就会开始哭，告诉我一直都是老样子：我从未像爱布莱恩一样爱她。

治疗师：当她说你并不是真的爱她时，她索要钱时你给她了吗？（安点头，然后盯着腿部）听上去这就是劳丽的模式，她能从你这边得到所有她想要的，因为一旦你不符合她的意愿，你态度就会软下来，同时她会毫不犹豫地叫喊。如果你变得更强硬一些，即使你没有叫喊，她也会说你并不爱她，然后你就会妥协。

安：（冷冷地）你说对了，我是个懦夫。我把她养大。（停顿）我现在必须得坚决一些。我不能软弱。她花的钱比我的收入还多。如果我不制止她的话，我将会有非常多的经济问题。我已经都停药了，因为我买不起新的药。我就要交财产税了，而她却掏空了我的账户。（开始哭泣）劳丽积累起的这笔债务是我的责任。（大哭）我试图变得坚决，现在我却遭受到了这样的冲击，甚至杰森的死都是我的错。

治疗师：你能理解劳丽摇晃你，即使她已经是一个成年人了，因为你理解她的暴脾气。但是你对自己没有同情，你为了让劳丽感受到被爱，让自己陷入经济问题中。你失去了心爱的丈夫。你把所有事情——甚至是杰森的死——都怪罪到自己身上，因此更添痛苦。

安：（哭泣）是我的错，并不是心脏病本身。他72岁了，是一个重度烟民。但是问题在于，那天我用完了洗洁精，就跑去商店买一些。如果他心脏病发作的时候我在家，也许我就能够及时把他送到医院抢救。

治疗师：我能从你的声音中听出你的痛苦，从你的姿势中也能看出来。让我们慢下来，我们俩一起来做一些深呼吸，那种又长（停顿）又慢（停顿）的呼吸，好让我们能真的有机会感受到空气进来（停顿）和出去（停顿）。不要想着说点什么。尽可能地感受你吸气进来，然后呼气出去。非常好。更深地吸一口气，感受你的胸腔随着空气的进入而扩张。你的肺部缓慢地充满空气，然后缓慢呼气时你身体又会发生变化，试着对这些过程产生好奇。

安：（抑制住泪水）我在试，但是我就会一直想着我做错的每一件事。

治疗师：当你开始想另外的事情时，只要注意到你的心思涣散了就行了，然后把它拉回到对每个感觉的觉察中，甚至是对最细微的感觉的觉察，比如说让空气进来又出去。

安：（长时间停顿，呼吸逐渐变缓）我不哭了，我现在就这么做？

治疗师：继续呼吸就行，没有做对做错之分。只需要呼吸，努力让你的注意完全转移到你身体的感觉上。如果思绪开始到处游荡，这是正常的。只需要轻轻地将你自己拽回到呼吸上。当你呼吸的时候，试图充分觉知你身体的感觉。（五分钟过去）

安：（忍住泪水）我就是会一直想着我是多么的差劲，作为一个妻子、母亲是多么失败，甚至现在作为一个寡妇也是那么失败！

治疗师：试着远离这些批评的想法，你就像是一个中立的观察者。你懂得这些想法是什么，但是不要去评判它们是对是错。你的脑袋得装着想法，就好像你的肺需要空气一样，否则它就出毛病了。当想法出现时，承认它们的存在，但是你接下来就将关注点回到呼吸上。（三分钟过去）

安：（平静地）我终于不再哭了！

治疗师：目的并不是哭或不哭。我只是想让你体验一下我们在治疗过程中可能会做的事情。我们不会评价你或给你打分。我将会帮助你更加觉察到你联结世界的心智模式（mental model）。这种心智模式中包含了导致抑郁的信念。在你决定你想要和这些想法保持什么样的关系时，我会一直在你身边支持着你。

安：（再次哭泣）我没做对，我刚刚评判我的想法了。（停顿）天啊，我又哭了！

治疗师：你可以在这儿哭泣。你可以有任何想法或情感。它们是属于你的。但是，你会不会对这个现象感到好奇，也就是说你能觉察到差劲这个想法，而不是真的感觉到差劲？

安：（焦虑地）我可能做不到。

治疗师：你的想法是你内在世界的一部分，看上去好像你无法选择想或者是不想。但是，你确实是可以选择的。我想让你此时此刻体验一下你是否可以选择想或者不去想那些令人沮丧的想法。

安：（平静地，呼吸平缓地；五分钟过去）感觉不错。

治疗师：能不能尽可能具体地告诉我你的体验是什么？

安：（平静地）我觉得呼吸是我关注得最多的。我时常注意到我的胸腔变紧，也会想到我应为杰森的死负责，但是我马上又回到感受自己的呼吸上，刚刚的那个念头也就消失了。

治疗师：当你觉察到体内和脑海里一些消极的体验时，你发现你是能够将注意力带回到呼吸上的。（停顿，安点头）你会有想法、情感、知觉以及行动的冲动，但是你能够决定哪些需要离开你的内心世界，哪些可以用来影响你的外部行为。

安：（焦虑地）在这儿我觉得能够控制我的想法，但是当我离开这儿后，我就做不到。

治疗师：这需要大量的练习，将来你能够做到的。你确实很容易进入自动导航状态，想法会控制你，而不是你控制你的想法。

安：（轻声地）需要多长时间呢？

治疗师：每个人情况不一样。不过，当你准备好了，你可以参加一个练习的项目，这个项目里面会有很多其他和你一样想锻炼这个能力的人。这个项目小组每周进行一次，共进行八周。我还会要求你每天在家中练习一个小时。如果你都做到了这些，那八周的小组练习结束之后，你就可以停止继续参加了。

安：（脸变得非常红）当我在呼吸的时候，有一个时刻我非常害怕劳丽。（啜泣）那种感觉太糟糕了。她是我的女儿，我不能害怕她。

治疗师：你的感受就是你的感受。她确实是摇晃了你，她也确实把你推倒，而且你也确实得了脑震荡。在法律上来说，这就是虐待老人。

安：（啜泣更强烈）我知道你会上报这件事。（往下看）我告诉过你我会否认的，我确实是否认了。

治疗师：我理解当时你不想让我上报，但是我担心你的安全，现在仍然担心。你今天谈了很多关于劳丽暴躁的脾气。我是法律授权的报告人员，如果我有任何关于你可能被虐待、忽视或经济上被剥削的疑虑，我都必须上报给老年人保护机构。

安：（往上看）不管你做了什么，我都不会提出控告。但是我确实理解你为什么要打这个电话，我也感激你和凯伦都很关心我。我不知道你为什么会关心我（叹气）。我这么没用，但（停顿，看着治疗师）谢谢你。我想过到底发生了什么。劳丽可以对我叫喊，如果她想要的话，但是她不能摇晃我。我是她妈妈。我努力工作，照顾她一辈子。她应该给我更多的尊敬。

治疗师：你看上去坐得更直了，而且声音也更自信了。

安：（平静地）我过去确实希望自己跟劳丽的关系更好一些。但是要说我从来没跟她好过，也是不对的。今天早上我给她打了电话，告诉她你做的事，她震惊到了。我想这是她该关注的事情，她应该知道按法律来说她实施了虐待。

治疗师：你确定你是安全的？

安：（僵硬地）凯伦可能是比较爱指挥来指挥去，但是她是爱我的。直到劳丽搬出去之后，她才会让我回家。那接下来要做什么？

治疗师：我们下周继续一对一咨询，我们会决定什么时候参加正念团体。另外，我会给你布置一些这周可以在家中进行的练习。花几分钟时间，你可以问我任何与练习有关的问题。

安：（看材料，安静的三分钟）我了解了，不过可能会比较难。

治疗师：每天做就行了，不要评判它，只要去做就可以了。

从认知行为角度对安形成个案概念化：基于假设模式

安现在生活中的心智模式是处在自动导航状态，充满了理想化的信念和抑郁的思维，以及她把自己禁锢在与抑郁的斗争中，而没有走向积极的生活。安的心智模式让她穷尽一切找到完美的解决方案。在她照看家庭和做许多人生决定时，这样的模式都有效。然而，当遇到那些能够引发深层的消极情感的问题时，安就陷入了自动导航状态，她就一直反刍着引发情绪的那个情境，而不是采取有效的行动。生活是很复杂的，总是会有消极和积极的事件。是安对这些事件的认知，而不是事件本身，导致她的情绪和行为反应。杰森的死和劳丽的身体虐待是创伤性的，是她完美主义的信念，而不是这些事件，导致了她毫无裨益的反刍，继而抑郁以及活动减少。这不是安第一次陷在反刍的循环中，在过去她是能够脱离这个功能不良的状态的。安和她丈夫保持了45年的婚姻，尽管时不时地发生抑郁的反刍，她仍记得婚姻中的那些爱。另外，她和凯伦保持了一生的友谊，凯伦愿意为安提供安全庇护。因此，如果安能够更全面地意识到她的这些经历，在面对如何应对她的想法和感受时，她就能够重新获得做选择的能力，她就有可能就具备了应对她的信念所需要的技巧和社会支持。她可以根据情况，容忍这些信念，修改或者远离它们。学习更好地觉察当下发生的事情，能够帮助安学会识别出可能陷入自动导航状态的警告信号，防止她陷入抑郁中。安最近告诉劳丽已经告知了老年人保护机构有关劳丽的虐待行为。通过将劳丽的行为定性为虐待老年人，安觉得劳丽不会再攻击她了。尽管不知道是真是假，但是这是一个积极的信号：安已经能够走出她的内心世界，试图去保护自己的人身安全了。

安处世的模式包括总是想着将来需要做什么，以及评价过去完成了什么，以确保她总是能把事情都做对。如果做错了，她总觉得可能通过正确的行为将错误弥补。她的模式中总是包含着她应该把事情都做对的信念。这个信念在有些情境中是有用的，能帮助安做出深思熟虑的决策。但不幸的是，强烈的消极情绪引发了反刍的模式，在这种模式中她反复地想着、批评着自己，不采取有效的行动。当她购物回到家中后，发现丈夫死于突发的心脏病，丧亲的痛苦把她推进了反刍的循环中，她觉得如果她当时做出更好的决定的话，这件事本来是可以避免的。当她女儿在经济上剥削她、身体上虐待她时，恐惧把安推向了对过去做父母的失败的反刍中。因为她一直渴望和女儿劳丽有一份亲密的、能够互相扶持的关系，但实际上并没有，所以她觉得这肯定是她的错，因为她并不是一个足够好的母亲。在会谈中，安忽视了所有表明安能够胜任母亲角色（作为布莱恩的母亲）的行为，夸大任何能够表明作为劳丽母亲的困难的迹象。布莱恩处世的风格可能和安比较相似，是分析型、有逻辑的，这样一来安就更容易知晓如何抚养他。劳丽的处世方式可能更基于她的情感，当她将情感表达得非常强烈时，安就被淹没了。凯伦没有被劳丽的大喊大叫淹没，她和劳丽的情感强度相当。这更让安觉得要是她计划得更好一些，她现在和劳丽就不会产生问题了。安需要认识到她的心智模式什么时候能帮她做出深思熟虑的决定，什么时候让她自动地采取错误的信念行事。

生活充满了积极和消极的事件，是安对这些事件的看法产生了建设性或破坏性的想法和感受。杰森的死和劳丽的虐待是消极的事件，但是，安的反刍阻碍了她进行有建设性的自我对话、体验支持性的情绪，以及采取有效的行动来应对这些事情。比如，安需要认识到一直反刍着抚养小时候的劳丽时所犯的错误，是在阻碍着她有效地应对成年时期的劳丽。此时，安在用非此即彼的思维来看待她的这些关系。一方面，她相信她的婚姻是完美的，她的丈夫是一个完美的父亲，凯伦是一个完美的朋友，布莱恩的生活是成功的；另一方面，她相信她总是让劳丽失望，劳丽的生活是一团糟。安的心智模型将自己的经历过滤了，她把每一件好的事情都归功于别人，每件糟糕的事情责备到自己头上。安把婚姻中所有好的方面归功于杰森的功劳，自己一点功劳都没有。安相信杰森总是能知晓孩子们的需求，即使杰森事实上很少和孩子们互动。

安的心灵世界充满了"应该"。杰森心脏病突发的那天她不应该去小卖店。她应该听从凯伦关于养育的建议。这些非此即彼的想法（比如说她帮助了劳丽或辜负了劳丽）让安处于冷淡和不活跃的状态。因为这种自我批评和非此即彼的思维方式，安时常误解了别人对她的看法。比如说，她猜想当她被问到为何陷入椅子里面时，治疗师是在批评她。一如既往，她需要仔细地留意她与人相处时的经历，就好像这些经历正在发生一样。安需要在此时此地保持觉察，评估那些指导她此刻与他人关系的认知和期望的有效性。如果她能增强对此时此刻的觉察，留意到自己能够选择如何感受、如何行动，她就能处理好当前的抑郁。她不一定非得停止为杰森悲伤或者停止惧怕劳丽。安只需要改变她与这些感受的关系。比如，当因为杰森的死带来的悲伤涌入意识中，她需要决定是否要忍受它们，是否需要修正它们包括关于杰森错误的记忆，或者是否需要分散自己的注意力，远离悲伤。现在她正陷在她抑郁的内心世界中，反刍着过往的行为及对未来的恐惧。这种心理阻碍就是为什么安会允许43岁的劳丽在经济上剥削她，在身体上虐待她，当老年人保护机构来找她谈话时她还否认。安没有全然面对当前的劳丽，而是一直反刍着劳丽10岁时发生的一件事情。劳丽的花销破坏了安获取必需药物的能力，将她的家置于可能危险的境地，因为劳丽花光了安节省下来用来支付房产税的所有储蓄。安没有对自己的账户和信用卡实现掌控，而是担心如果切断经济来源，劳丽会感觉不到被爱。

尽管这些身体虐待和财政剥削非常严重，安还是能够识别她完美主义思考中的例外情况。比如，安能够意识到杰森在经济上为这个家庭提供了非常多的支持，但是他在家里的时间却不太多。她可以说他是一个完美的父亲，但是也认识到她可能太溺爱劳丽了。安同样也从无活动的僵硬状态中走出了一步。她给劳丽打电话，告诉她治疗师已经提交了报告，认定劳丽实施了虐待。安相信告诉劳丽之后，劳丽再来虐待她的可能性就会变小了。因此，尽管老年人保护机构联系安的时候，她否认了治疗师的报告，安也显示出她有能力走出充满抑郁思维的内心世界，采取有效的行动来增加人身安全。

去年安遭受了两件造成非常大的创伤的事件，第一个是丈夫杰森的突然离世，第二个是被女儿劳丽人身攻击。作为对这两个事件的回应，安退行到一个很早就建立起的模式中：从强烈的消极的情绪中退缩，以及因为这些事件而责备自己。尽管是危险的事件，劳丽的虐待创造了一个让安走出自动导航状态的机会。它带来了许多改变，让安能够评估她是想被内心世界控制，还是想控制她的内心世界。

尽管安的抑郁状态会复发，她已经展现出能够识别自动导航状态的能力，同时也能意识到自己没能完全处理好自己的体验。尽管不确定她的努力是否会成功，安在尝试一种新的呼吸方法来帮助自己对当前正在发生的事情更有觉察。另外，她还承诺会继续下一次的治疗，其间她将会主动练习新的技能，同时又不会批判她技能掌握的质量。安长久以来只接受完美行为的模式是成功路上的一个障碍。安需要学会对自己更加仁慈和宽容，就像她一直对她女儿劳丽那样。另外一个很关键的技能是安要学会识别下面两者的区别：何时是深思熟虑地思考解决方案，何时是反刍和陷入了抑郁状态。阻碍的状态标志了安处在自动导航状态中，不能评估她的想法在引导她当前生活方面的价值。辨别这个的能力是她终止抑郁恶性循环的关键。

认知行为治疗方案：基于假设模式

治疗方案概述：安想要处理她的抑郁。长期目标1、2和3需要顺利完成，下面的每一技能建设都包含在早期的目标里。（该治疗方案遵循基本格式规范）

长期目标1：安能够充分意识到她处世的模式，要从消极情感中退出，比如杰森的死带来的痛苦和对劳丽所作所为的恐惧。

短期目标

1. 在治疗过程中安将会进行葡萄干练习，试着不要陷入对抑郁的反刍中，然后描述全然觉察一颗葡萄干与处于自动导航状态、反刍着抑郁的区别。
2. 安将会讨论在咀嚼葡萄干时身体的感觉，以及这种积极的参与和葡萄干练习期间从消极的思想或情感中退行的区别。
3. 当安在家中练习身体扫描时可能会产生消极的想法或感受，继而导致安的退行，安将学习鉴别和命名这些身体的感受。
4. 安将会通过每天三次饭后刷牙来练习对此时此刻的完全觉察，进而练习识别自己何时处于自动导航状态和从消极想法中退行。
5. 安将每天记录刷牙和做身体扫描时能在多大程度上聚焦在此时此刻。
6. 在治疗过程中，安将会讨论她在家中的经历，以及是否（如果是的话，什么时候）注意到自己处于自动导航的状态。
7. 安将会继续练习在每次刷牙的时候保持全然的觉察，还将添加练习的内容：每天早上穿衣服的时候保持全然的觉察。
8. 我们也会根据情况制定其他的目标，保证安能够识别何时处于对当下的完全的觉察，以及何时处于自动导航状态。

长期目标2：安将会思考对杰森的死及劳丽的经济剥削的感知和解释是如何导致她抑郁的感受、无能感以及退行到内心世界中的。

短期目标

1. 安将会在治疗中学习ABC模型：前因、行为和后果，她会和治疗师讨论以确定她理解了这个模型。
2. 作为家庭作业，安将会基于ABC模型，根据杰森过去照料子女的特定细节来客观地评估他的养育方式。在下一次治疗中，她将会讨论在做家庭作业时的体验。
3. 在治疗中，安将会客观地思考杰森对劳丽的行为所产生的结果，是否对现在作为成年人的劳丽的所作所为产生了影响。
4. 安将回忆一个过去和杰森相处得十分融洽的事件和一个相处得不融洽的事件，然后为每个事件找出至少三条可能的解释。
5. 作为家庭作业，安将每天记录一件关于杰森的记忆，然后为他的行为找出至少三条可能的解释。
6. 安将回忆一个布莱恩小时候能让人理解的事件和一个难以理解的事件，然后为每个事件找出至少三条可能的解释。
7. 作为家庭作业，安将每天记录一件关于布莱恩的记忆，然后为他的行为找出至少三条可能的解释。

8. 安将回忆一个劳丽小时候能让人理解的事件和一个难以理解的事件，然后为每个事件找出至少三条可能的解释。

9. 作为家庭作业，安将每天记录一个关于劳丽的记忆，然后为她的行为找出至少三条可能的解释。

10. 安将讨论她对治疗中治疗师的行为的看法，然后为治疗师的行为找出至少三条可能的解释。

11. 其他的目标视情况而定。

长期目标3：通过积极留意此时此刻内心的感觉，评估它们的真实性，发觉自己在面对外部世界时有选择的能力，这样她将能缓解抑郁。

1. 当安思考杰森的死是否是她的错误时，她将积极地留意自己内心的感受。

①安将进行五分钟深呼吸，将注意力只放在呼吸上。

②当她想到了杰森已经死亡这个事实时，安将会注意到她身体的感觉、认知、情感和行为趋势。

③安将进行五分钟深呼吸，然后讨论她现在有什么可供选择：是容忍杰森的死带来的痛苦、修改调整这些感觉还是远离它们。

④无论是在家庭作业还是在治疗中，当涉及杰森的死时，安将会练习对此时此刻对她来说最有益的决定，比如说何时忍受痛苦，何时让自己远离痛苦，何时回忆他的所作所为其实并非完美。

2. 当安思考劳丽在经济上剥削她、身体上虐待她是否都是自己的错误时，她将积极地留意自己内心的感受。

①安将进行五分钟深呼吸，将注意力只放在呼吸上。

②当她想到了劳丽花她的钱，还摇晃她这个事实时，安将会注意到她身体的感觉、认知、情感和行为趋势。

③安将进行五分钟深呼吸，然后讨论她现在有什么可供选择：是容忍因劳丽的行为带来的愧疚感和丧失感、调整这些感觉还是远离它们。

④无论是在家庭作业还是在治疗中，当涉及劳丽的行为时，安将会练习做出对此时此刻的她来说最有益的决定，比如说何时忍受她的愤怒，何时让自己远离劳丽的愤怒，何时限制和劳丽待在一起的时间，以及是否要单独和劳丽待在一起。

3. 当安思考再次经历严重的抑郁是否都是自己的错误时，她将积极地留意自己内心的感受。

①安将进行五分钟深呼吸，将注意力只放在呼吸上。

②当她想到了这不是第一次抑郁发作时，安将会注意到她身体的感觉、认知、情感和行为趋势。

③安将进行五分钟深呼吸，然后讨论她现在有什么可供选择：是容忍因再次患上抑郁而产生的愤怒和失望、调整这些感觉还是远离它们。

④无论是在家庭作业还是在治疗中，当涉及抑郁发作时，安将会练习做出对此时此刻的她来说是最有益的决定，比如说是容忍悲伤的感受，让自己远离这些悲伤，还是主动地试着改变自己的感受。

从认知行为角度对安形成个案概念化：基于主题模式

"都是我的错"，当安想到她丈夫的死、她女儿的虐待行为和她自己现在的抑郁，她心里总是这样想。安相信如果她计划妥当，她丈夫就不会心脏病发作。这个想法的背后是基于她认为如果她不去购物，她就可以拨打911，急救人员就能把挽救丈夫的生命。安相信如果她在劳丽小时候提供了合适的教养，劳丽就不会变成现在会实行身体虐待和情感剥削的人。安相信如果她能够想得更积极有效一些，即使遭遇了丈夫离世的创伤和女儿的虐待，自己也不会抑郁。安被冻结在了自动导航状态，她因消极情绪而退缩，陷入反刍的恶性循环中，她只思考着生活却不投身生活。另外，安头脑中有更多功能良好的想法，比如说她是一个有本事的人，过着舒适安逸的生活。她能认识到自己在女儿成长的过程中满足了女儿的很多需要。她能认识到丈夫是一个烟瘾很重的人，这可能导致了心脏病突发。另外，她有维系人际关系的技巧，所以她能够保持了一份45年的婚姻关系，将两个小孩抚养长大，以及和凯伦维持了一生的友谊。因此，如果安能够越来越觉察到这些经历，重新获得如何选择、如何应对自己的想法和感受的能力，她就能重新掌控自己的生活。

"杰森的死都是我的错"，安嫁给杰森45年，她眼中的婚姻是幸福的，杰森是一个了不起的照顾者。在她看来，杰森为大家提供了非常舒适的生活，家中每个人都能得到自己想要的一切。然而杰森烟瘾很重，而且直到72岁才去世。在陷入完美主义的信念之前，如果自己是个足够好的妻子，杰森就还会活着，安得为这些想法提供一些简短的凭证。她应该知道不能去商店；如果在家的话，她就能及时把他送进医院进行抢救，以上这些想法在她的脑海里反复涌现，最终让她觉得自己永远也不能从他的离世中解脱或再次开心起来。

"劳丽摇晃我都是我的错"，安的描述中，她总是想和女儿发展一段亲密的关系。她说到自己爱女儿，但是总是很难处理劳丽暴躁的脾气。尽管安觉得自己对女儿倾其所有，劳丽还是很容易就沮丧。安回忆起试图帮助劳丽冷静下来，学会使用理智，但是她想不起来任何成功的时刻。安看到劳丽和她前夫之间的许多吵架，安觉得他们俩谁也不让着谁。安时常想介入他们俩的冲突，试图帮助他们解决问题，但是总是觉得自己以失败告终。在安看来，有能力的人，比如说杰森和凯伦，就不会让劳丽失望。杰森总会给劳丽买糖果，在她生气的时候，杰森总是能够买来礼物让女儿心情变好。凯伦能大声教训劳丽，告诉她该做什么，因此总能控制得了劳丽。安觉得唯独自己是那个没有能力和劳丽相处的人，因此劳丽身体上虐待她、将她推倒在沙发上都是自己的错，尽管劳丽的行为已经符合虐待老年人的标准。另外，劳丽使用安的医疗费和生活费，这个也完全符合经济剥削——另一种老年虐待的形式——的标准。安有满足劳丽作为一个孩子的需要的时刻，她应该被尊重，并且劳丽不应该摇晃她。

"我得抑郁都是我自己的错"，安说起自己自从抚养小孩以来一直断断续续地患抑郁。有小孩之前她可能就有完美主义倾向了。然而，一天到晚独自为他们负责可能强化了她每件事情都要做对的渴望。她的大儿子布莱恩的成长在她当妈妈的"计划"之中，而劳丽的脾气就很难处理了。做妈妈频繁失败的经历可能导致安第一次抑郁发作。她的丈夫会给劳丽礼物，而不是教女儿调节情绪，可能增加了安教导女儿自控力的负担。一个完美的朋友凯伦告诉她她做事的方式不对，这更强化了安认为自己是不合格的母亲的信念。同时，她过滤掉了所有布莱恩成长良好及时常满足劳丽需求的例子。因此，她现在处世的模式陷入了反刍的恶性循环中，她瘫痪在了无能和失败的念头中：不能走出因杰森的死而带来的抑郁，都是自己的错。一些人能够从心脏病突发中恢复，这个确实可以作为安责备自己的理由。然而，回到家中发现心爱的人已经死亡的事实可能激发了她的自责。安从强烈的消极情绪中退行的模式不可能有比这还更严重的激发事件了。借由治疗关系的支持，安能够意识到杰森的年龄和抽烟习惯可能在他的死亡中扮演了重要的角色。

"所有的事情都得是我的错吗？"在她此刻的生命中，安会毫不思索地回答："是的。"然后，借由治疗关系的支持，安能够短暂地从自动导航状态中抽身而出，对劳丽的行为保持正念。杰森经常给劳丽礼物，因此鼓励了她的苛刻，安意识到了这个想法，因此她觉得并不是所有的事情都是她的错。不过，安害怕她不能独自进行正念。此时此刻有几个机会能让她摆脱自动导航状态：第一，安不想再害怕她心爱的劳丽；第二，她的朋友凯伦支持她改变的努力：催着她来进行治疗，让安留在凯伦家中直至劳丽搬走；第三，劳丽害怕被老年人保护机构认定为实施虐待行为，因此暂时看来她的攻击行为和剥削行为都得到了遏制。改变的障碍在于安根深蒂固的模式：从负性情绪中退行，以及如果不发生改变的话，将给劳丽带来第二次机会。

认知行为治疗方案：基于主题模式

治疗方案概述：此时还不清楚安是否以及何时能够参加一个八次的正念小组。个体治疗将会继续，直到能确定下来她是否应该参加这个小组。安经常使用自我责备的陈述，觉得所有事情总是自己的错。因此，一个帮助她评估自责水平的治疗方案对她来说可能会比较有用。长期目标1、2和3可以按照任意顺序完成，它们将帮助她更加觉察当下的体验，评估是否要容忍还是改变自己的想法，以及控制自己的生活。（该治疗方案遵循问题格式规范）

问题：安认为所有事情都是她的错，想到这个她就很抑郁。

长期目标1：安将确定自己为杰森的死负多大的责任——多大程度上是她的错。

短期目标

1. 安将通过思考自己为作为成年人的杰森的健康负多大程度上的责任，来练习对自己当下的体验的觉察。

2. 安将练习全然地觉察以下任何经历：与杰森讨论关于他的健康的经历。

3. 安将练习全然地觉察以下任何经历：她对杰森所做的健康的选择感到后悔的经历。

4. 安将练习全然地觉察以下任何经历：杰森心脏病突发的那天早些时候预示着一切正常的经历。

5. 安将练习全然地觉察以下任何经历：在去商店之前，安与杰森之间发生的任何预示着非正常的经历。

6. 安将练习全然地觉察以下任何经历：安一回到家中，发现杰森已经死亡。

7. 安将思考关于杰森的死亡以及现有的信念，她将评估这些信念在指导外部行为上的有效性。

8. 安将决定此刻对于她来说什么选择是最合适的：容忍这些信念，修正它们还是采取措施避免它们。

9. 有需要的话，还会再增加其他的目标。

长期目标2：安将确定自己为劳丽的脾气负多大的责任——多大程度上是她的错。

1. 安将通过思考自己为劳丽第一次脾气发作负多大程度上的责任，来练习对自己当下的体验的觉察。
2. 安将练习全然地觉察三次她能回忆起的经历：安在劳丽小时候与她讨论脾气的经历。
3. 安将练习全然地觉察三次她能回忆起的经历：安在劳丽青少年时期与她讨论脾气的经历。
4. 安将练习全然地觉察三次她能回忆起的经历：安在劳丽成年时与她讨论脾气的经历。
5. 安将练习全然地觉察以下经历：当劳丽身体上虐待她时。
6. 安将思考关于劳丽的虐待以及现有的信念，她将评估这些信念在指导外部行为上的有效性。
7. 安将决定此刻对于她来说什么选择是最合适的：容忍这些信念，修正它们还是采取措施避免它们。
8. 有需要的话，还会再增加其他的目标。

长期目标3：安将确定自己为现在的抑郁负多大的责任——多大程度上是她的错。

1. 安将练习全然地觉察以下经历：安记忆中第一次意识到自己抑郁了。她将详细讲述这次事件，她对这件事的掌控感、感受以及从别人那里得到的任何帮助。
2. 安将练习全然地觉察至少三次她能回忆起的经历：当她的孩子还小的时候自己陷入抑郁的经历。她将详细讲述这些经历，她对这些经历的掌控感、感受以及从别人那里得到的任何帮助。
3. 安将练习全然地觉察至少三次她能回忆起的经历：当她的孩子还小的时候自己并未陷入抑郁的经历。她将详细讲述这些经历，她对这些经历的掌控感、感受以及从别人那里得到的任何帮助。
4. 安将练习全然地觉察至少三次她能回忆起的经历：当她的孩子处于青少年时期时自己陷入抑郁的经历。她将详细讲述这些经历，她对这些经历的掌控感、感受以及从别人那里得到的任何帮助。
5. 安将练习全然地觉察至少三次她能回忆起的经历：当她的孩子处于青少年时期时自己并未陷入抑郁的经历。她将详细讲述这些经历，她对这些经历的掌控感、感受以及从别人那里得到的任何帮助。
6. 安将练习全然地觉察至少三次她能回忆起的经历：当劳丽和布莱恩成年后自己陷入抑郁的经历。她将详细讲述这些经历，她对这些经历的掌控感、感受以及从别人那里得到的任何帮助。
7. 安将练习全然地觉察至少三次她能回忆起的经历：当劳丽和布莱恩成年后自己并未陷入抑郁的经历。她将详细讲述这些经历，她对这些经历的掌控感、感受以及从别人那里得到的任何帮助。
8. 安将练习全然地觉察过去一周里至少三次以下经历：自己的抑郁控制了外部行为。她将详细讲述这些经历，她对这些经历的掌控感、感受以及从别人那里得到的任何帮助。
9. 安将练习全然地觉察过去一周里至少三次积极的经历，不管多细小的事情。她将详细讲述这些经历，她对这些经历的掌控感、感受以及从别人那里得到的任何帮助。

10. 这一周里安在家里和治疗中将对当前的抑郁进行冥想。她将记录下来想法、感受和冥想过程中想要行动的冲动（impulses to act）。

11. 安将在治疗中进行冥想，开始时让自己的心智模式自动化运作，然后周期性地打断它，接着容忍脑海中出现的念头，或者决定修正它，或者决定如何远离它。

12. 有需要的话，还会再增加其他的目标

学生进行个案概念化的练习案例：聚焦年龄领域

这一次要为黛拉（Darla）做一个认知行为分析。有很多方面可以为她的行为提供有益的洞察。在下面的分析中，你要试着将对年龄的分析整合到你的个案概念化中。

从电话初始评估访谈中收集的信息

黛拉是一位14岁的白人女孩，和单亲妈妈一起住在一个中西部大城市的郊区。黛拉不记得她的父亲，后者在她妹妹苏珊（Susan）（12岁）出生后不久便离开了。她现在是一名高中新生。她妈妈说初中之前黛拉都是一个优等生，没有任何学校适应问题。接着黛拉的分数开始直线下降，这和她胸部开始发育是同一时间。她妈妈表示黛拉似乎忘记了所有的端庄得体和家庭责任。她忽视对妹妹的照顾，正如忽视她的学习成绩。不过庆幸的是，尽管姐姐树立了坏榜样，妹妹苏珊的学习成绩还是很好的。至关重要的是有一次黛拉在初中校园的停车场被抓到和一群学生饮酒。由于违反了学校的未成年人不许在校园内饮酒的规定，他们被停学了6个月。黛拉妈妈认为黛拉已经失去控制，而饮酒事件只是一个例子。她相信黛拉需要接受治疗，因为她已经酒精成瘾，需要更多的自控力。

在一个简短的精神状态测查中，黛拉看上去高度镇定，没有任何心理问题的征兆，包括没有任何自杀或杀人倾向或严重的心理疾病。

从认知行为角度与黛拉会谈

治疗师：我知道关于来这里你会有很多的疑问，以及……（黛拉打断）

黛拉：（咆哮着，看着腿部）疑问？太搞笑了。我妈妈整个就在控制这件事情，我对于来这里一点兴趣都没有。

治疗师：听上去你很生气。

黛拉：（咆哮着，短暂地抬头看）如果有人强迫你来这里，你难道不生气？太荒谬了。我很好——你看她。（长停顿）

治疗师：我知道，从我们的初始会谈中，你并不想……（黛拉打断）

黛拉：（大发雷霆）讨厌，讨厌，讨厌！你根本不懂。（长停顿，拳头敲打着大腿）

治疗师：你的怒气爆发了。（长停顿）你妈妈说你被学校勒令停学了，感觉她……（黛拉打断）

黛拉：（大发雷霆）我知道她是什么样子。感觉好像她很关心，但是那都是装出来的。

她告诉每个人她担心我变成像我爸爸一样的酒鬼。(深吸一口气,呼出,轻缓但语气非常强烈地说)都是狗屁。首先,她才是每天晚上都喝酒的人,不是我。(短暂地抬头)其次,我不了解我爸爸,但是如果我真的喝太多,也是因为她的缘故。(黛拉现在往下看,用轻柔但是恶毒的口气对着自己的腿部说话)

治疗师:你对你妈妈感到非常愤怒。(停顿)你认为她喝得太多。(停顿)她把你的行为归咎于你父亲,这样貌似更糟糕,因为你父亲在你开始饮酒之前就已经消失了。(长停顿,黛拉又用拳头敲打她的大腿)我不知道你经历了什么,但是我有一种强烈的希望,希望你能在这方面接受帮助。

黛拉:(生气,冷冷地看着治疗师肩部上方)我恨她。我希望她就像爸爸一样消失。没有他们俩,我们会过得更好。

治疗师:我们?(长停顿)

黛拉:(终于抬头,微笑)我有一个妹妹苏珊,她今年12岁,她是个好孩子。不像我(笑),我是家庭的害群之马(咯咯笑)。

治疗师:作为害群之马,你是什么样的感受?

黛拉:(再次生气)你在开玩笑吗?你觉得我想成为那个总是让人失望的人吗?你觉得我想被学校踢出校门,我所有真正的朋友都在那边,而我却在这儿?(盯着治疗师的眼睛)

治疗师:"真正的朋友"是什么意思?

黛拉:(讽刺地)在学校和我一起混的每个人。

治疗师:我以为你和朋友们都被停课了。

黛拉:(生气)他们只是小孩,我们之间没有任何关系了。

治疗师:是你决定断绝关系,还是学校的原因?

黛拉:(生气)当然是我的决定。我决定我要做什么。如果我想要喝酒,我就会喝酒。如果我不想喝酒,我就不喝。我的身体我做主。我能做好的决定。(长停顿)

治疗师:(长停顿,温柔地看着黛拉)

黛拉:(安静但强烈地)你不准备说点什么吗?

治疗师:我在想大部分时间你看上去都很生气,感觉你千篇一律,不给自己任何机会去感受任何其他的东西。

黛拉:(安静但强烈地)好吧,我有权利生气!

治疗师:你好奇为什么你在这里会那么迅速地生气吗?

黛拉:(大怒)为什么我要好奇?我生气是因为我妈妈把事情弄得一团糟!(长停顿,抑制住眼泪,安静地)我不能对每件事情都担负起责任:做午饭,保证冰箱里有食物,帮苏珊去学校,帮她完成作业。

治疗师:要让家庭凝聚在一起,你觉得压力很大。你觉得苏珊需要你来处理事情,因为你们的父母以不同的方式都消失了。

黛拉:(平静,眼泪从脸上滑落)太艰难了。为什么会这么难呢?

治疗师:你才14岁,你比苏珊知道得要多,但是14岁当妈妈仍然是非常艰难。

黛拉:(试图抑制泪水)这本该是她来做的。你能让她成为一位母亲吗?

治疗师:如果你想让她来的话,我们可以试试邀请一下。我不能让她做任何事情,你也不能。(长停顿,黛拉往下看)如果你会来的话,这将是你的时间。是时候仔细看看你处世的模式，你会来控制整个过程的。我会帮助你的。

黛拉：（讽刺地，抬头看）好吧，苏珊一天都不在，我也没什么更好的事情去做了。但是我看不出来这将怎么改变我妈妈的行为。

治疗师：无论是在家里面，还是在这儿，焦点都会在你身上。你现在正在自动导航状态，对自己所有的经历都非常生气。我想让你在生命中有更多的选择。

黛拉：（讽刺地，抬头看）哦，看上去挺不错的，但是那意味着什么呢？

治疗师：如果你愿意的话，我可以开始向你展示我们可以一起做点什么。（黛拉点头）我们将会做一个练习，帮助你将注意力集中在你的内部世界，你的心灵和身体都在发生些什么。

黛拉：（生气地）没有人可以碰我的身体，我受够了那些本来可以成为我男朋友的人的那种鬼话。

治疗师：是你自己的身体，如果你不想让谁碰，就没人会碰你。（停顿）我不是说我会碰你。我是说你只需觉察到你自己身体内部在发生些什么。是你的身体，你有权利控制它。

黛拉：（平静地）听上去不错。（停顿）我会做的。

治疗师：尽可能舒服地靠在椅子上，然后闭上眼睛。（停顿）首先，试着觉察到你的后背和腹部的感受，只觉察你身体的这些部位的感受。

黛拉：（绷紧）我不舒服。我放松不了。

治疗师：这不是放松不放松的事情。只需要将你的注意力放在身体的感觉上。只需要注意到你的身体即可。做一些深呼吸，关注你身体的感觉。可能感觉不一样，或者感觉没什么差别。

黛拉：（僵硬，生气）感觉不到有什么不一样。（停顿）我想要感觉不一样，我哪里做错了吗？我讨厌这样。

治疗师：留意自己生气得多快，你对自己有多少批评。（停顿）当你觉察到愤怒的情绪时，你能告诉我你脑海里有什么想法吗？

黛拉：（紧张）我想喝酒。所有我能想到的只有一瓶啤酒。

治疗师：只要觉察你脑海中冒出的想要一瓶啤酒的想法就行。不要试图去阻止或改变这些想法。只需要试着觉察它们。（停顿）现在深吸一口气。当你这样做时，你可能感受到背部陷进椅子时更强烈的感觉，也有可能没感受到。

黛拉：（生气）我是害群之马，这就是为什么我必须得做坏事儿，跟一群男孩到处跑，喝好多酒。我必须做些什么，我必须马上做些什么。我讨厌等待。我到底怎么了？

治疗师：每件事感觉都像是负担，（停顿）即使是坐在椅子上。对于一个 14 岁的人来说，做一匹害群之马是非常沉重的负担。此刻试着放开这些负担，觉察坐在椅子上你身体的感受。（停顿）当你吸气和呼吸的时候，让你呼出去的气感觉是沿着腿部向下流动。当你这样想象时，仔细觉察这些感受——可能有，也可能没有。

黛拉：（沮丧地）我不知道该做些什么。坐在椅子上做这些感觉挺好，但是我感觉我得马上做点其他的事情似的。我该如何坐着不动？

治疗师：只需要做就行了。（长停顿）

黛拉：（紧张的）好的。我在呼吸，坐着不动。然后呢？

治疗师：我们在练习的是你密切注意某件事物的能力，比如你坐在椅子上背后是什么样的感受，然后将注意力从后背转移到你的腿上。我们在练习控制你的注意力以及练习怎么使用它。

黛拉：（生气地）我想要控制。我厌倦了做那个好姐姐，得拿高分，总是照顾苏珊。我想要照顾我自己。（停顿）我没能做到。我一直都很迷茫。男孩们控制着我，但是我还是和他们一起出去，喝很多酒直到我失去控制。到底怎么了？我妈妈喝很多酒的时候，她就是个混蛋。为什么我会跟她一样呢？

治疗师：为什么不睁开眼睛呢？（黛拉看着治疗师）你有很多问题，关于你是谁，为什么会做这些事情。这些问题问得很合理。有很多方法可以寻求这些问题的答案。我的方法是帮助你倾听你的内部世界，帮助你觉察到你为对待自己、在学校的表现、和家人相处以及约会所形成的模式。

黛拉：（紧张地）需要多长时间呢？我很着急，我有好多事情需要完成。

治疗师：你又处在自动导航状态了，黛拉，想着急急忙忙立刻去做些什么。这就是你处理压力的方式。我不能承诺准确需要多长时间来制定一个更好的方案能让你照顾自己。不过通常需要八次练习，如果你能每天都做家庭作业的话，之后就不用再来这里了。

黛拉：（讽刺地）我不再做家庭作业了。

治疗师：除非你能承诺练习这些技巧，否则是不会奏效的。没有练习的话，你就不能够停止自动导航状态，你也就不会得到问题的答案。（长停顿）这个过程需要你每天做一个小时的家庭作业。对发生的每件事都以怒气回应的话，不能让你得到你想要的。你需要改变点什么。

黛拉：（紧张地）好的，我得怎么做？（治疗师给她一个家庭作业说明的清单；两分钟停顿）我明白了。

治疗师：还有一件事儿：除了做这个练习，我想让你对一个你每天都会做的简单任务练习全然地觉察。当你做事情时，你要试着只去想、感受以及全神贯注于你在做的事情。你什么时候可以做这个？

黛拉：我会在早上选衣服穿的时候做这个。

练习：形成对黛拉的个案概念化

练习1（最多四页）

目标：确保你对认知行为理论有一个清晰的认识。

形式：一篇从A到C的综合性论文。

需要帮助的话你可以回顾该章节。

A. 形成一个针对认知行为模式的所有理论假设的简要概述（关于影响理解来访者改变过程的关键要素的理论假设；宽泛和抽象的思考，这可以作为其他练习的一个导言）。

B. 形成一个针对这些假设是如何理解来访者变化过程的全面的描述，提供具体的例子来详细解释每个假设。

C. 在结束部分，描述治疗师在帮助来访者改变中的角色（顾问、医生、教育者、助人者）、治疗采取的主要取向、最通常的治疗技巧。提供足够详细的例子来说明这个取向的独特性。

练习 2（最多四页）

目标：帮助将认知行为疗法运用于黛拉。

形式：从 A 到 I 每一个部分用单独的句子概述。

需要帮助的话你可以回顾本章节。

A. 建立一个黛拉的劣势清单（困扰、麻烦、问题、症状、技巧缺陷、治疗障碍），指出哪些是黛拉需要求助的。

B. 建立一个黛拉的优势清单（优点、正面特征、成功、技巧、促进改变的因素），指出黛拉意识到自己拥有哪些。

C. 描述黛拉如何处世的心智模式。

1. 这个模式是如何激起/代表她的劣势？
   a. 她适应不良的自我对话是什么？
   b. 她自我对话背后适应不良的信念是什么？
   c. 这些信念中导致了什么样的行为？
   d. 这些信念导致了什么样的感受？
   e. 当她在自动导航状态时，思维、感受和行为的模式总是相同的吗？

2. 这个模式是如何激起/代表她的优势？
   a. 她适应良好的自我对话是什么？
   b. 她自我对话背后适应良好的信念是什么？
   c. 这些适应良好的信念中导致了什么样的行为？
   d. 这些适应良好信念导致了什么样的感受？
   e. 她有试图采取措施去解决那一刻对她来讲是有功能性的问题吗？

D. 此刻黛拉评估自身心智模式的开放程度有多大？

1. 对黛拉来说，此刻觉察到她的经验的难度有多大？用 1~10 的量表评估。

2. 当她的思绪跑偏时，将她的思绪带回到此时此刻有多大困难？用 1~10 的量表评估。

3. 对黛拉来说，当她评估内部体验时，到选择的时刻感觉难度有多大？

4. 总体来说，此刻黛拉的心智模式具有多大程度的适应性？她在多大程度上意识到改变的需要？（给出具体的例子）

练习 3（最多 4 页）

目标：理解在黛拉的生命中，年龄扮演着什么样的角色。

形式：从 A 到 J 每一个部分用单独的句子概述。

需要帮助的话你可以回顾第二章。

A. 评估黛拉的身体及认知发展是否与年龄相适宜，以及年龄是如何并且以何种方式来影响黛拉在家中、学校和社区活动中的表现和动机水平的。

B. 评估黛拉和成人的关系是否与年龄相适宜，比如提供与年龄相适宜的界限设置、监督、技能发展和情感联结，以及评估这些关系如何促进或阻碍她的发展进程。

C. 评估黛拉和同龄朋友的关系是否与年龄相适宜，比如发展与年龄相适宜的友谊及社交技巧；评估这些关系如何促进或阻碍她的发展进程。

D. 评估黛拉此时的状态是否与年龄相适宜，包括她的自我形象和自我效能感，黛拉此时最需要什么来促进健康发展，以及此时促进成熟或阻碍成熟的因素。

　　E. 评估黛拉此时生活中的情境风险因素以及她在多大程度上试图减少这些风险。

　　F. 评估黛拉此时生活中的情境支持因素以及她在多大程度上试图增加这些支持。

　　G. 你现在有多少关于发展的知识？

　　1. 你上了多少门提供关于青少年背景知识的课程？

　　2. 你参加了多少提供关于青少年背景知识的工作坊？

　　3. 你有多少和青少年群体工作的专业经历？

　　4. 你有多少和青少年有关的个人经历？

　　5. 有哪些代际效应可能影响你对于青少年的看法：他们的世界中哪些是重要的，人们如何交流，什么会受到奖励和惩罚？

　　H. 你当前对于"发展是如何影响你的临床工作"的觉察程度如何？

　　1. 讨论你的年龄以及与青少年接触的时间是如何影响你对黛拉的反应。

　　2. 讨论你所知道的关于青少年的刻板印象。

　　3. 讨论你的经历，其中有些能够促进你与黛拉之间的有效治疗，而另外一些经历会导致对黛拉的观点或当前情况的偏见或边缘化。

　　I. 你当前有哪些和不同年龄的来访者工作的技能？

　　a. 你当前有哪些有效的技能能用来和青少年工作？

　　b. 为了有效地治疗黛拉，你觉得哪些技能是需要着重发展的？

　　J. 你能采取什么步骤？

　　1. 为了更熟练地治疗黛拉，你能做什么？

　　2. 你将如何对治疗环境结构化，增加黛拉取得好的疗效的概率？

　　3. 你可能会改变哪些治疗过程，让它们更适合黛拉？

练习4（最多6页）

　　目标：帮助你将认知-行为理论及与发展有关的知识融入对黛拉的深度的概念化（她是谁，她为什么采取当前的这些行动）当中。

　　形式：一篇完整的论文，包括假设、证据和结论，并且使用严谨的行文方式。

　　需要帮助的话你可以回顾第一章和第二章。

　　步骤1：思考采用何种方式来组织对黛拉认知行为方面的了解。这种方式将达到以下目的：①支持你为黛拉生活中的心智模式提供一个全面和清晰的了解；②支持你强调在活在当下的重要性，而不是活在过去或者对未来的期待中；③帮助黛拉在当前对成年人不信任的状态中找到有说服力的话语。

　　步骤2：发展一个简洁的假设（概述、初步的或阐释性的陈述、主张、论文陈述、理论驱动的介绍、假设、总结、总结性的因果陈述），能够用来解释黛拉——一个身处被忽视的家庭，却试图去弄清楚如何成长的青少年——总体的功能水平。如果你觉得第2个步骤有问题，记住这个步骤是融合了练习2和练习3的关键要点，它应该：①为黛拉的长期目标提供基础；②基于认知行为理论；③对发展主题敏感；④尽可能强调在认知行为治疗中黛拉所具备的优势。

　　步骤3：从认知行为的角度形成你的支持材料（对优势和弱势进行详细的个案分析，提供数据以支持开始的假设），囊括对黛拉——一个酒精滥用的青少年——的深度理解。如果你觉得第 3 步有问题，思考你将需要囊括的信息：①支持形成短期目标；②基于认知行为理论；③对发展主题敏感；④分析黛拉生活中所珍视的东西时，融入对她优势的理解。

步骤 4：形成你的结论和宽泛的治疗建议，包括：①黛拉整体的功能水平；②任何阻碍她发展出更多对自己的情绪和控制酒精的能力的觉察因素；③她的基本需要，作为她决定生命中什么是她所珍视的，什么是她还想要追求的。可以想想你在练习 3 中 H 和 J 部分你所说的内容（简洁和概括）。

练习 5（最多 3 页）

目标：为黛拉开发一个理论驱动的行动计划，包括她的优势，以及考虑到她经历的困难（在被忽视的家庭中使用酒精作为逃避）。

形式：包括长期目标和短期目标的句子概要。

需要帮助的话你可以回顾第一章。

步骤 1：发展你的治疗方案概述，仔细考虑你在练习 3 中 H 和 J 部分所说的内容，防止在治疗方案中有任何的偏见，确保治疗方案照顾到了黛拉个人需要。

步骤 2：形成长期的（重要的、宏大的、高要求的、全面的、概括的）目标，理想条件下在治疗结束时黛拉能够达到这些目标，黛拉也能够形成新的适应性的信念及心智模式。如果你觉得第 2 步有问题，重读一下你的假设和证据来寻找灵感。留心这些证据如何转变成切实可行的、考虑到黛拉的需要和具体情况的目标（使用练习 4 中的方式）。

步骤 3：形成短期的（小的、简洁的、凝练的、具体的、可测量的、次要的）目标，能够让你和黛拉在几个星期之内看到成果，这样一来你就能监控黛拉学习完全生活在当下的进程，同时能够帮助你识别一些关键的时间点，黛拉能够决定去容忍消极体验、修正消极体验或进行分散注意力的活动。如果你觉得第 3 步有问题，重新阅读你的支持段落，寻找灵感将它们转变为这样的目标：①可能帮助黛拉对特定信念的假设进行检验，来决定这些信念对此时此刻的黛拉是否有适应性；②可能提升她识别消极的内部事件的体验的时间点的能力；③可能教她新的技能，以便更好地处理消极内部事件；④当需要的时候能够使用她的优势；⑤该目标是考虑她作为一个被忽视的青少年，而不是一个一般的个体。

练习 6

目标：批判性地看待认知行为治疗和黛拉的案例。

形式：以论文或小组讨论形式回答问题 A～E。

A. 用这样的模型来帮助黛拉（在被忽视的环境中成长，有着酗酒问题的青少年），它的优势和劣势有哪些？

B. 思考家庭系统视角能够如何修改治疗方案，在此视角下你将帮助黛拉理解她在家庭中的角色，以及家庭的界限、子系统和权力等级是如何用来理解她现在的情况。在什么样的情况下黛拉看上去是家庭的一个阻碍？黛拉其实是家庭中最有责任感的成员，而不是害群之马，这样一个视角如何影响黛拉对治疗的态度？你觉得对此时的黛拉来说，哪种治疗取向是最有价值的？为什么？

C. 假设黛拉关于她当前的行为外化只是一种轻描淡写的状态，实际上她已经被强奸和侵犯了。鉴于你对暴力领域的知识的了解，什么方面你必须评估，你需要特别做什么来促使改变，同时又不危害她此时的安全？

D. 鉴于黛拉的家庭和学校的当前情况，以及她复原力的情况，讨论黛拉将来遭受进一步伤害的风险。有什么特别的地方需要评估，以获得对此风险更深入的了解？如果她妈妈意识到黛拉曾经被侵犯过，会发生什么？这会增加或减少黛拉将来酒精滥用的风险吗？

E. 当你在做黛拉的个案时，你从自己对酒精的态度，以及对帮助青少年进行情绪管理中学到了什么？

推荐阅读

书籍

Beck, J. S. (2011). Cognitive behavioral theory: Basics and beyond (2nd ed.). New York, NY: Guilford Press.

Farmer, R. F., & Chapman, A. L. (2008). Behavioral interventions in cognitive behavior therapy: Practical guidance for putting theory into action. Washington, DC: American Psychological Association.

Hays, S. C., & Lillis, J. (2012). Acceptance and commitment therapy (Theories of Psychotherapy). Washington, DC: American Psychological Association.

Herbert, J. D., & Forman, E. M. (2011). Acceptance in mindfulness in cognitive behavior therapy: Understanding and applying the new therapies. Hoboken, NJ: John Wiley.

Ingram, B. L. (2012). Clinical case formulations: Matching the integrative treatment plan to the client (pp. 191-228). Hoboken, NJ: John Wiley.

Polk, K. L., & Schoendorff, B. (2014). The ACT matrix: A new approach to building psychological flexibility across settings and populations. Reno, NV: Context Press.

Strosahl, K. D., Robinson, P. J., & Gustavsson, T. (2012). Brief interventions for radical change: Principles and practice of focused acceptance and commitment therapy. Oakland, CA: New Harbinger.

Wenzel, A. (2013). Strategic decision making in cognitive behavioral therapy. Washington, DC: American Psychological Association.

视频

aggiementalhealth. (2013, March 7). Cognitive behavioral tools [Video file]. Retrieved from https://www.youtube.com/watch?v=IEsYiCDoJks

Association for Behavioral Cognitive Therapies. (2007). Clinical grand rounds: Mindfulness-based cognitive therapy and the prevention of depression [Video file]. Retrieved from http://www.abct.org/docs/mov/GWilliams_1.htm

Beck Institute for Cognitive Behavior Therapy. (2014, February 19). Determining treatment length in CBT [Video file]. Retrieved from https://www.youtube.com/watch?v=ZSIO3itZS_I

DrAhmedHaroun. (2013, March 13). CBT for depression 1/6 [Video file]. Retrieved from https://www.youtube.com/watch?v=9QkbF197HGs

Global Presentations. (2008, November 16). Applying principles of evidence-based practice to three treatments of PTSD [Video file]. Retrieved from http://www.globalpres.com/mediasite/Viewer/?peid=1213ec7d20a74cb0abf7bc4cadb3186a

网站

American Academy of Cognitive and Behavioral Psychology. http：//aacbp. org/index. htm
Association for Behavioral and Cognitive Therapies. http：//www. abct. org
National Association of Cognitive – Behavioral Therapists. http：//www. nacbt. org

第六章
女性主义疗法的个案概念化与治疗方案

女性主义理论介绍

约翰（John），男，56岁，是一名新教徒白人，他想立即约见咨询师谈谈婚姻问题。他是一家跨国公司的执行总裁，公司总部在东北部一个大城市。你的办公室就在他们公司总部的街对面，这也是他选择你作为他心理医生的唯一理由。

在一项心理状态检查中，约翰似乎有着超高的智商。没有迹象显示他有认知混乱或者是记忆障碍。他否认有任何自杀、伤害他人的想法和物质滥用，也没有迹象显示他有冲动控制问题。但是，在陈述的过程他表现出很强的控制欲，并且多次指出他觉得自己所有需要回答的问题都只是在浪费时间。

约翰结婚30年了，他的妻子玛格丽特（Margaret）今年53岁。在大多数时间里，他的家人住在康涅狄格州的一个庄园里。约翰和玛格丽特的亲戚也和他们住在同一个城镇，并且在他们双方的家族中都有城镇新教徒教堂的创始成员。约翰上周出差回家后发现玛格丽特已经搬出了房子，只给他留了张纸条说她想离婚。他只能通过电话找到她，并且她拒绝回家。几天前，她开始拒绝接他的电话。他们的两个女儿，朱丽叶（Juliet）（25岁）和金百丽（Kimberly）（22岁）最近也搬到了加利福尼亚。她们正在用信贷资金组建自己的公司，资金是她们最近在玛格丽特父亲去世时继承的。

作为女性主义赋权疗法的支持者，你意识到环境的力量，特别是社会和政治力量，它们是如何塑造约翰对自己婚姻的价值观、期望和行为的。因此，第一步你将帮助约翰深入了解他复杂的个人身份和社会身份，这些角色的权力、优势，以及在扮演这种角色时带来的压迫。通过对这些角色认知的不断提升，约翰会认识到，他过去并没有和玛格丽特发展出自己独特的婚姻模式，而一直在适应现状并且顺应着许多潜意识中的规则，而这些规则是社会标准的婚姻规范。社会力量引导约翰和玛格丽特在他们的婚姻中扮演着刻板的性别角色，剥夺着他们将自己作为个体进行自我表达的权利。约翰现在觉得玛格丽特的行为是病态的，可能是由一些内部因素比如精神崩溃和中年危机导致的。你会帮助他认识到在社会和他们的婚姻中，权力有多不对等，而这才是隐藏在玛格丽特如今行为后面真正的原因。她一直以来，总是受到歧视、压迫，被剥夺了作为独立个体表达自身以及设定自己独特生活目标的机会。这样约翰就不会指责玛格丽特的痛苦，他和她一样，痛苦是由外部压力造成的。他会开始意识到，如果要拥有一个健康的婚姻，他必须要和玛格丽特一起建立一个平等的关系，其中她的价值是作为女人而被尊重（Worell & Remer, 2003）。

约翰是谁？刚开始他可能将自己视为一个成功的商人，实际上，基于女性主义赋权心理治疗的第一个原则，他具有多重的社会和个人身份，并且这些角色是相互依存的，组合在一起就成了他这个人（Worell & Remer，2003）。他的每一种身份可能会在不同的时期和社会背景下，或多或少地影响着他。你会帮助约翰有意识地认识到这个关于个人身份和社会身份的复杂模型，它们共同掌控着他在生活中各个方面的思想、感受、行为和价值观。你会让他更深入地思考，这些身份如何帮助他发挥优势，同时又是如何导致他现在的问题的。在约翰体验到特权的主流社会里，每种身份都有潜在的优势地位；或者在他体验到被剥夺了选择的权利或自由时，每个身份又都有潜在的劣势地位（Worell & Remer，2003，p.58）。权力是关系的本质。在一段关系中拥有更多权力的人会获得更多特权。比如说，约翰作为一家公司的总裁，他拥有最高权力。这意味着他有权力决定什么时候开会、开会的议程以及在会议上指派谁去执行什么任务。他可以做出公平或者是不公平的决定。会议中的其他人职位都比约翰低，他们有可能受到尊重和公正的对待，或者感受到压迫，这完全取决于约翰怎么做。

社会性别角色规范进一步推动了性别神话，男人和女人从根本上是不同的，同一性别的个体具有高度相似性；因此，性别同质化被看作是自然的、健康的，任何人偏离了既定的性别角色都是病态的。男权社会决定了在社会关系中，包括在婚姻关系中，男性比女性拥有更多的特权。因此，女性在婚姻中是受到压迫的，类似地，她们在公共关系中也同样被压迫。例如，相较于妻子玛格丽特，约翰作为丈夫，社会赋予了他更多的权力。这说明了女性主义赋权心理治疗的第二条准则："个人的就是政治的。"同样的压迫不仅存在于社会中也存在于个人关系中（Worell & Remer，2003，p.6）。

治疗过程中，约翰随着意识的提升，他将认识到，传统的性别角色规范是如何将人以性别来划分的。男性被视为要养家糊口的人，女性则被视为家庭和孩子的守护者。即使作为家庭的照顾者，玛格丽特在重大的家庭决策中仍需顺从约翰的意思。男性能追求他们自己的个人目标，只要他们赚钱，他们能在婚姻关系中随意使用直接的权力。比如，约翰可以直接告诉玛格丽特要做什么，比如为他的同事筹备一个派对。玛格丽特则被置于从属的位置，并且人们期待她去支持约翰的目标。作为附庸，女性可能只能通过间接的方式来获得权力，例如巧妙地操纵男人去做她们希望的事情，而非直接要求（Worell & Remer，2003）。女性总是被期望能够与她们的丈夫协调一致，适时地调整她们的行为。她们通过选择在什么时候争取，以及争取什么，来保卫婚姻（Goodrich，2008）。因此，如果玛格丽特生病了，不想举办派对，她可能会提示约翰下周的天气可能会更好，并且提到她知道约翰是多么喜欢在派对中到室外做烧烤。她并没有直接表达她的需要。她将自己的需要隐藏在约翰可能受到激励的框架中。约翰和玛格丽特很可能将他们的行为视作是个人选择。但是，随着意识的提升，他们会开始意识到，性别角色社会化和性别歧视制度化会对他们的功能产生影响，并且学着思考双性化生活方式的生活价值。

一段健康的婚姻需要什么？根据女性主义赋权心理治疗的第三条标准，平等的关系能够培养健康的想法、情绪和行为。当约翰真正的力量得到支持和珍视时，他所有的对其他人产生冲击的压迫性想法、感受和行为将会被探索。治疗师将尝试把约翰和玛格丽特之间这种分阶层的、权力不平等的关系转换成一种平等的、双方都能够作为独立个体存在的关系。约翰将不得不为自己在婚姻内和婚姻外带有压迫性的行为负责；然而社会压力会阻碍这种改变的发生。约翰需要认识到这些压力，并要承担起抵抗这些在他个人身份中，也包括存在于他的社会身份中的压力的责任。治疗师将鼓励约翰运用在治疗过程中所学到的知识改变他的个人、社会和工作关系。

社会一直鼓励约翰和玛格丽特去承担性别角色期待。除此之外，社会化过程让他们相信，男性的价值观是优于女性的。咨询师会鼓励约翰抛弃这种偏见，平等地对待玛格丽特的观点。"除了男性的观点，女性的观点也值得尊重"代表着女性主义赋权心理治疗的最后一条准则（Worell & Remer，2003，p.73）。从男性的角度来看，意义的构建源自工作场合中权力的行使，成为领导、主导制定议程并解决问题对于意义构建至关重要。为了让男性能胜任这一角色，社会教导他们要重视个体独立和情绪剥离；因为有假设认为情感剥离是逻辑决策的必要条件。然而从女性的角度来看，意义的构建源自养育他人和与他人建立情感联结。社会鼓励妇女走向世界，在那里倾向于表现得温暖、关怀、善意和关注他人福利，而不是工作场所上的竞争。然而，社会又贬低那些成功扮演这些角色的女性，认为她们的成就好像是家常便饭平淡无奇（American Psychological Association，Joint Task Force，2006；Worell & Remer，2003）。

社会对于女性的贬低有可能是公开的也可能是隐晦的。在社会上，例如家长-教师会议上约翰的观点可能会取代玛格丽特的。在家里，当玛格丽特与约翰意见相左时，约翰他可能会以他更具商业头脑为理由，否定玛格丽特在经济上做出的选择。又或者当玛格丽特对财务状况提出建议时，约翰可能就做了个鬼脸。再细微的怠慢，当它们重复发生，也会破坏女性的自尊和情绪健康状况（Goodrich，2008）。为了实现社会公平，男性和女性的成就必须给予同等的尊重。如果约翰要提升婚姻质量，他需要去倾听玛格丽特的声音，并且尊重她的意见；当然，玛格丽特也需要对约翰做同样的工作。通过治疗，约翰会将自己视为一个有自由选择权的人，他能在每一个具体的情境下自由选择与他自己最为契合的行为和态度，从而找到自我。他将不再是一个必须符合被规定了的社会性别身份的男性。

治疗师的角色

你会怎样来帮助他？你会主动应用各种治疗技术去挑战约翰，让他去思考作为一个独立的个体而非社会性别的自我，在采取行动、思考和感受时有更全面的选择。第一步，你将与他建立一个平等的关系。尽管一个真正平等的关系是趋于理想化的，现实中很难实现，因为约翰在这里是求助者，而你在这里是助人者，但你仍可以用两种主要的方式来建立一个合作关系。第一种策略是与约翰讨论女性主义赋权疗法中所包涵的价值观。对治疗过程去神秘化非常关键，他要接受关于咨询本身的一些教育。约翰需要接受那些可以帮助到他的理论和技术的教育。初始会面结束后，约翰需要获得机会为治疗师提供关于会谈的反馈，以及他觉得你和女性主义赋权心理治疗是否能帮助他。

当你觉得你的经历能帮他更好地理解他自己的经历时，你也可以适时地进行自我暴露。你会对约翰做出回应，让他感知到你对他所说的和所做的事情有什么样的情感反应。同情、互相尊重和非责备的态度都将被展示。你将积极探索约翰的长处，鼓励他评价自我，同时你会抑制他带有压迫性的想法、情绪和行为。最终，他将被视为自己经验的专家。

除了建立一种合作关系，你将帮助约翰确认他的每一个个人身份和社会身份。你将帮助他认识到在每一个身份中，他享有多少特权，掌握着哪种特权，与此同时他又受到过多少压迫以及受到过什么方式的压迫。然后，他将发现在众多身份中，他现在最主要的身份是什么，以及性别角色社会化和环境压力是如何影响这些身份角色的。你可以教导他，告诉他这些身份是如何相互依存的，它们又是如何让他感知到他是谁的。

接下来你会做什么？女性主义治疗师可以从各种各样的治疗技术中，选择一种来治疗像约翰一样的来访者，只要它们不与女性主义赋权疗法的原则相冲突。常用的技术包括重构和重新定义、文化分析、阅读疗法、自信心训练、提高意识、性别角色分析和权力分析；最后两项技术是女性主义疗法所特有的。

如果使用重构技术，你是在改变约翰对他的问题的定义。这通常会涉及问题定义方式的转变，从认为问题是由个人内心引发的，到认为问题由人际、社会或者政治压力导致的。你可以帮助他看到玛格丽特的问题并不是由一些内在的因素例如更年期所引起的，而是由于她单调的生活经历和个人价值被贬低所引起的。

在重建意义时，你是把来访者原本消极看待的某个事务，从积极的角度进行意义重建，反之亦然。你可以把约翰定义的"婚姻危机"重新定义为"人生机遇"。这可能会让约翰从不同的角度来审视自身的状况，让他可以尝试多种解决问题的新方案。

在文化分析中，你会帮助他看到，白人文化作为一个大背景，是如何影响他对他现在所面临的问题理解的。他所在文化群体给出的理解婚姻问题的解释，以及与这些问题相关的文化神话将一起被探讨。其中也包括和他一起分析，白人文化常用来形容自己婚姻问题的语言以及标签是如何影响内在的因果关系和个人责任的，比如他认为玛格丽特是患上了"空巢综合征"。他会知道这类问题在白人文化中出现的概率。当他了解自己的问题是根植于白人文化，同时感受到这种文化背景的强大力量，他将看到来自白人文化的压力是如何"导致"他的婚姻问题的。

阅读疗法中，咨询师要鼓励约翰去阅读那些有助于他理解自身婚姻问题以及他所处的文化环境的文章和书籍。他将与你就他正在学习的东西进行探讨。这将让他越来越清楚地意识到，他现在所经历的事情是特权以及压迫的结果。

自信训练中，约翰将学会在不侵犯别人权益的情况下，维护自己的权益。这对于约翰来说也许是一个特别有价值的治疗选择。以前他总是通过行使权力来表达自己的需求和愿望，这直接造成了对他人的压迫。自信训练中重要的一环就是提高意识。治疗师可以通过个案或者小组的方式来提升来访者的意识。其目的在于帮助约翰意识到，性别角色社会化是如何鼓励男人漠视其他人的需求和意愿，利用支配和控制权来获取他们想要的东西的，而约翰在他的婚姻中也是一直沿着这个路径走的，社会引导男人不断地去索取。

男人和女人在想法、感觉和行为上可能会有所不同，但这些差异并非由生物学因素造成的，而是由社会压力导致的。在性别角色分析中，咨询师将帮助约翰看到，男人和女人各自是如何被社会化的，而它又是如何直接引起男女差异的。同时咨询师也会和约翰一起探讨，社会对男性的性别期望是如何促进或者是阻碍他的发展的。这一过程包括帮助他去识别直接或间接的信息，帮助他看到自己曾经为了完成某个特定的性别角色任务而承受的压力，以及按性别规定的方式做事时感受到的压力。咨询师要教他打破这些性别压力的方法，从而让他能够作为一个独立的个体去思考、感受和做事。

最后，在权力分析中，约翰将意识到权力的不同类型，以及族群间权力的差异。例如，社会结构赋予了男性比女性更大的权力，白人的权力要比有色人种大，富人比穷人更有权力，身体健全的人比残疾人更有权力，等等。权力的行使可以是直接的也可以是间接的。作为一名男性同时拥有丰富的个人资源，如累积的财富、财产、高质量的医疗保健，这使得约翰极具优越性，并且让他获得了极大的权力。享有特权的人们可以自由地使用这些直接的权力策略。而特权稍小的人必须以更加间接的策略来获得他们所需要的东西。咨询师将鼓励约翰去探索他曾经对其他人直接或间接地行使权力的方式。咨询师也要鼓励约翰去发展平等的关系，并使用建设性的权力，而不是去控制他人，这些建设性的权力能够引起个人和外部的变化。

当约翰能够认识到外部压力的作用，能有效应对它们，对压力有越来越强的抗逆力，在他的社会和个人领域能够自我成长并且努力和他人建立平等的关系时，我们可以认为治疗过程起作用了。女性主义疗法尝试培育一个更加公正的社会。因此，如果约翰努力消除社会层面的性别歧视，那么最深层次的改变就发生了。

案例应用：聚焦种族与民族领域

接下来将对约翰的案例进行进一步的讨论。虽然人类复杂性的很多方面都能够洞察人类的行为，种族和民族维度已被选定并整合到女性主义个案概念化与治疗方案中来。

从女性主义角度与约翰会谈

治疗师：从我们之前简短的电话联系中，我知道你很担忧，你的妻子突然离家出走并且不想和你说话。

约翰：（紧张地）是的。我可能是在浪费时间，但我真是不知道该怎么处理这个情况。

治疗师：你听起来很生气。

约翰：（生气地）我觉得自己陷入了困境。我被我妻子钳住了。她不回我的电话。我的女儿们也不告诉我发生了什么。我被困在这里。

治疗师：你很生气，你希望你有更好的选择而不是来这里。有选择很重要。让咨询起作用的一部分是你需要诚实地表达，如果你感到不舒服可以随时跟我说。如果你还想治疗但是不想跟我谈，我会帮你联系其他咨询师。

约翰：（平静地）很公平。你得明白，我必须在下周末之前把这个问题控制住，因为我要出国去谈一个很重要的生意。

治疗师：时间很紧急。（停顿）你真的很有时间观念。

约翰：（惊讶地）不是每一个人都这样吗？

治疗师：并不是，这是一个文化问题。你可能不会这样想，但你确实是商业文化的一部分。这对你的生活至关重要。这种文化很重视时间，有句话说"时间就是金钱"。在电话里，你说你现在承受着很大的工作压力。

约翰：（不耐烦地）我肯定压力大啊。我是首席执行官，有一笔巨大的生意要结束——这正是我的工作。

治疗师：我认同它是压力，它是你作为一个首席执行官日常生活的一部分。在电话里，你说你不知道你妻子为什么离家出走，但是你两周后就要出国。（长时间停顿）你期望我们两周内做什么呢?

约翰:(生气地,换了个话题)玛格丽特突然离开我,(强调)她不肯接我的电话。我需要更多的信息来解决这个事情。

治疗师:她的离开很突然也很让人震惊。(长时间停顿)你想要更多的信息,但她不和你说话。(停顿)她以前有这样过吗?

约翰:(沮丧,再次转移话题)我给了玛格丽特一切。她有一个美丽的家,衣柜里挂满了漂亮的衣服,她还是高级俱乐部的会员。

治疗师:约翰,你可能没有意识到,到现在已经有两次了,我问了你一个问题,你转移了话题。你觉得这意味着什么?

约翰:(强调)我给了你更相关的信息。

治疗师:你在工作上是领导。你设定了什么是重要的,什么是不重要的议程(约翰点头),但这不是你的办公室,我们不是在谈生意。你能让我知道一些相关信息来讨论吗?

约翰:(强调)我需要你明白,这笔交易不仅仅是一笔交易,这是生意。玛格丽特和我从我们大学毕业后就一直在为此工作。

治疗师:这是你生活的目标,你认为这也是玛格丽特的目标。(停顿)你和她讨论过这个吗?

约翰:(生气地)我们没有讨论过,如果你问的是这个意思。这是我们的婚姻,她知道她要的是什么。

治疗师:你说话像个首席执行官,而不是丈夫。工作对你来说至关重要。但我认为我们需要更多地去探索你作为丈夫的部分。(停顿)作为一个男人,你承受着很大的压力,把工作放在第一位,把家里的事留给玛格丽特。她对某些事情不满意,她走了。你认为她是想要你俩共享的生活吗?

约翰:(沉思)我在大学遇见了玛格丽特。她很聪明,善于分析,有野心,忙于规划自己的未来。当然,当我们结婚,她怀孕后就需要留在家里了。家庭占据了她的时间,但她做得很好。

治疗师:你和玛格丽特都有商业抱负——你们是这样相识的。但你也希望有孩子,这意味着她需要改变她的野心。你觉得玛格丽特是因为你能追求你的事业,而她必须放弃自己的事业而感到愤恨吗?

约翰:(带有敌意)你想告诉我玛格丽特不想把我们的家庭生活放在第一位吗?

治疗师:我只是想知道玛格丽特是不是受到了社会压力,让她觉得她必须放弃自己的事业。你们在大学里相遇,你们都雄心勃勃。你可以继续专注于自己独特的天赋和能力。而玛格丽特,因为她是一个女人,在社会压力下不得不把家庭生活放在了首位。你似乎意识到,玛格丽特对于把家庭放到了事业前可能不太高兴。

约翰:(强调)我和她的母亲都有帮她调整,我们住在康涅狄格的同一个镇上。过去的三十年里,玛格丽特一直是我们当地教堂的组织者。见鬼,她甚至是学校董事会十年的主席!她举办了城里最好的聚会,每个人都想参加。现在,她将一切都切断了,正当我在事业高峰期。(轻蔑地)我的高尔夫四人组认为她只是在更年期,会是这样吗?

治疗师:她可能已经开始更年期了。但现在,请停下来,想想你刚才从玛格丽特角度说的话。她走了非常严肃的一步——离家出走。然而你的高尔夫球友并不重视,认为这并不重要也不理性。

约翰：（坚持地）嗯，女人确实有更年期，而且太情绪化了。我需要帮助她回到理性的轨道上，但她不回我的电话。

治疗师：你希望她像你一样思考，用你觉得理性的方式使用数据。你认为情感不合逻辑。但是，将人的情感打折才是真的是不合逻辑的。情感很强大，对人有很大的影响。（约翰低头做鬼脸；停顿）我能帮你的是从不同的角度去看现在的情形，看看是否有其他有用的信息来理解玛格丽特现在的情况。

约翰：（生气地）我的婚姻很好！

治疗师：如果你真的那样想，你就不会在这里了。（约翰向下看，看起来愤怒）生气和困惑都是可以的。你在一个未知领域。让我在这里抛出一个假设，你来思考。（约翰抬起头）当你出国的时候，玛格丽特离开了你，不接你电话，所以你没有机会让她这个严肃的决定显得愚蠢和不重要，是吗？

约翰：（敌对）真是讽刺。她这么多年一直抱怨我没有打电话给她，而如今她反倒不接我电话了。

治疗师：你知道她有时候不开心吗？

约翰：（轻蔑地）我知道她有时很孤独，但她需要去适应。我在快车道上，她和我一样受益匪浅。

治疗师：你雄心勃勃的工作给你带来了地位和金钱。这至少是你大学毕业后想要的。无论是在工作中还是在家里，你都是首席执行官。听起来，玛格丽特像是你的下属，需要调整她的期望和目标来适应你的目标和期望。

约翰：（坚持）如果你是说她需要成为一个妻子和母亲，那么是的。（停顿）也许玛格丽特有空巢综合征？

治疗师：将玛格丽特的行为归咎于某些症状，似乎让你现在感觉不错。（长时间停顿）当然这只是一个假设。一方面，她可能觉得当你们的女儿还小的时候当一个家庭主妇的角色更好，现在她的"鸟巢"是空的，她可能会感到伤心或焦虑；另一方面，当你们的女儿们成年后，迫使她只作为妻子和妈妈，而不是你遇到的那个雄心勃勃的学生的社会压力可能会有所削弱。还有一种可能性是，她重新找到了她自己的个人野心。

约翰：（沮丧）你不断提到的这些社会压力究竟是什么？

治疗师：你们都是在白人文化和上层阶级文化中长大的，它强调金钱和地位的重要性。你和玛格丽特去同一个新教教堂做礼拜——你们的家庭中都有教会的创始成员，它在社会上建立了一定的期望，并且以你们作为榜样。虽然它在某种程度上是奉承，但它也是一种社会压力，要求你们以既定的方式行事。而你把对于你的期望与你所喜欢的事情整合得很好，比如作为总裁在商场中展现雄心并取得成功。当你遇到玛格丽特时，她有着同样的志向。然而，你们双方母亲所持有的康涅狄格社会期望，迫使她变成一个成功男人背后的妻子，而不是一个成功的女人。

约翰：（生气地，但安静地）我不喜欢你的暗示，你说我一直在强迫她做一些事情。当然，她最初的计划是创业，但我允许她全权负责家庭和孩子的事情。

治疗师：你注意到你用的话是"我允许她全权负责家庭和孩子的事情"了吗？你是社会压力的一部分，你告诉玛格丽特你要负责，她可以承担任何你决定让她掌握的事情。我问你，玛格丽特是否也想自己能像你一样进入商场运筹帷幄？

约翰：（紧张）我们曾经讨论过这个问题，并且一致认为这是不现实的。她怀孕了，故事的结局就是这样。

治疗师：你们当时有计划要孩子吗？

约翰：（生气）没有，是意外，但我们就顺其自然了。

治疗师：尽管当时你并没有计划在那个特殊时期要孩子，但你能把这个突发事件融入你的计划中。你妻子拒绝了你的计划让你很生气。

约翰：（狂怒地）你猜我生气了。你甚至无法想象为了让公司变得强大我所投入的时间、我不得不想的事情，以及我不得不解决的危机。玛格丽特知道我要出国谈一个新的交易，而我一转身，她居然向我施加这种压力。

治疗师：你努力工作，足智多谋并有所建树，你开始期待每个人包括玛格丽特，都会尊敬你，而现在你之所以感到愤怒也是因为你觉得她不尊重你。

约翰：（生气地）我有权获得尊重！

治疗师：玛格丽特在你出差时出走到底是对你的不敬，还是意味着她确实知道你是多么强大？也许她只有在你不在时才有足够的自主权选择离开。

约翰：（带有敌意）她应该直接跟我说的。她的做法很懦弱。每当我换工作时，我总是直面我的老板。

治疗师：每当我们开始谈及你和玛格丽特的夫妻关系时，你首席执行官的商业角色总是不断出现。这个身份对你来说很重要，它渗透到了你生活的方方面面。

约翰：（振振有词地）你是在说我作为一个领导都是我的错了？

治疗师：我想问你的是，你是不是应该在工作时是首席执行官，在家时是丈夫。我同时也想知道社会压力是否也是你生活的一部分。职场可能会迫使你把工作放在第一位，并且让你在所有的人际关系中掌握控制权。我想要你清楚地意识到所有这些压力和社会环境带来的影响。然后，你能够摆脱这些社会压力，自由地做出你自己独特的选择。

约翰：（生气地）我可以选择做我想要的事情！

治疗师：你确实有很多特权。你是一个很厉害的商人。（约翰看起来很平静）作为富裕的白人新教徒，你和玛格丽特可以想住在哪就住在哪。你有钱买漂亮的首饰，能负担得起高质量的医疗保健，等等。唯一缺的似乎是时间。（长时间停顿）工作迫使你两周后出国。如果失去玛格丽特对你来说是一场危机，那么工作是否有权迫使你只用两周的时间来挽回这样严峻的局势？你为工作付出了那么多，那么你能否为了你的婚姻而推迟这次出差时间呢？

约翰：（生气地）如果我耽搁了行程，这笔交易就要泡汤了。

治疗师：作为首席执行官的你会选择出差，那么作为玛格丽特的丈夫呢？职场上人们曾经有选择把家庭危机放在首位吗？

约翰：（长时间停顿，若有所思地）我所认识的大多数男人都离婚了，有的甚至离了两三次。

治疗师：如果你出差回来发现玛格丽特要离婚，你会怎么想？

约翰：（悄悄地）我会很生气，玛格丽特那是在逼我。

治疗师：你说你很生气，但是你看起来更伤心。

约翰：（愤怒地）你别跟我说男人哭吧不是罪。

治疗师：你现在看起来很生气。人们常常认为强大的男人能够忽视自己可能有的抑郁、焦虑和不安全感。只有愤怒被视作是有男子气概的，所以有时男人通过愤怒来表达自己的伤心和焦虑。这不合逻辑也不自然。DNA 决定了我们需要表达情绪，它是生物天性，对人的关系有着重大影响。

约翰：（专心地）我不想离婚，但你别跟我说我得取消这笔交易。

治疗师：我不会告诉你或其他人应该做什么。这个治疗过程需要相互合作。你把你的优势带过来，我也把我的带过来。你有很高的战略能力。（停顿）但我想知道是不是有人告诉过你，如果你与人进行情感交流，它会妨碍你成为一个成功男人。

约翰：我父亲把我教得很好，如果那是你的意思。

治疗师：你父亲告诉你作为一个男人意味着什么？

约翰：他做的比告诉我的更多。他很忙。我很想看到他，但实际上我们很少见面，所以他在家时，我喜欢偷听他打电话。只要我没有打扰到他，他不会阻止我。我门家世代经商；这是本能的、与生俱来的能力。

治疗师：感觉是自然而然的，就好像你是自动地就知道，但实际上是有人教你。他只是让你偷听他的电话。但是，作为一个儿子，看到父亲在家里，但是只是想着工作而不是家庭，这是什么样的感觉？

约翰：（困惑地）我不知道。那是什么问题？爸爸做了他必须做的事。我知道我需要做什么。我的责任是要努力学习，为成功做好准备。我在学校努力学习，告诉他我能做到。在我高中毕业时，他给我买了一辆车，他说这是家族传统。（停顿）但我本来希望他在毕业典礼上出现。（停顿）他没来让我母亲很生气。

治疗师：你怎么知道的？

约翰：（轻蔑地）她在我的毕业晚会上喝醉了，让我们家很尴尬。

治疗师：她很痛苦，甚至用酒精来压抑这种痛苦。你认为她应该做什么？

约翰：（不动声色地）接受它就好了。爸爸总是把工作放在第一位，这是必要的。他会给她买礼物，一般是用一些珠宝来求和。她应该感到高兴。

治疗师：他通过买漂亮的东西来表现他对你母亲的关心。你学会了并且对玛格丽特也是这样做的。你们都认为女人应该满足于男人给她们的东西，而不是要求别的东西。

约翰：（生气地）你认为我不是一个好丈夫？

治疗师：在我看来，你所做的一切都是你自认为好丈夫应该做的。但我并不认为你认识到你对玛格丽特施加了多大的权力和控制。你有没有问过她是否想继续她毕业后的工作计划？（约翰摇摇头，没有）你问过她，她想从你那里得到很多钱吗？

约翰：（生气地）她当然想要钱。她出身于一个非常富有的家庭。她在郊区的小房子里是不会快乐的。

治疗师：你们两个的家庭背景都很富裕。作为你的妻子，她过着特权的生活。她可以买任何她想要的，住在一个庄园里。她缺的是设定自己的人生目标的力量和控制权。

约翰：（专心地）牺牲是生活的一部分。我想不起来有哪个星期，我不必为了谈生意而错过一场高尔夫球或者是一场晚会。

治疗师：你错过了你本想做的事情。你想成为一个优秀的供给者，你提供的一切可以用金钱买到的。（停顿）你和你女儿们的关系如何？

约翰：（专心地）我给了她们所要求的一切。我送她们读私立学校，并支付她们所有的俱乐部和活动的费用。我确实有打算多陪陪她们，而不是像我爸爸那样很少陪我，但她们的演出和活动总是与重要工作冲突。

治疗师：你凭直觉觉得她们对于她们母亲的离开可能会说些什么？

约翰：（生气地）直觉都是废话。我需要事实和逻辑分析来解释玛格丽特为什么消失。她们拒绝回答我的问题。我是她们的父亲。我值得她们的尊重。

治疗师：你希望得到尊重。但因为她们没有回答你的问题，你就觉得不被尊重。分析思维很重要。直觉也是一样，因为它依赖于我们的情感。你能从你女儿的角度考虑一下，看看直觉会不会告诉你她们对你的婚姻会有什么样想法？

约翰：（长时间停顿，悲伤）老实说，我的直觉是我真的不知道她们会说什么。

治疗师：你说话的声音听起来有点悲伤。（停顿）你是一个目标导向的人。而且，（停顿）你没有达到你的目标，你对你女儿们的了解并不如你的父亲对你的。

约翰：（长时间停顿，若有所思地）我承认我确实有一些遗憾。我为她们感到骄傲。她们非常独立。她们在远方开始了新的生活，没有找我要任何东西，尽管三个月前玛格丽特父亲去世她们继承了他的钱。

治疗师：你并不骄傲，因为她们从她们外公那里得到了一些钱？

约翰：（强调地）如果她们能在继承家族财产前就可以自己赚钱可能会更有成就感。这只是我的个人观点。

治疗师：为什么她们要搬到那么远的地方？

约翰：（一本正经地）我不知道。上个月我不在时发生了很多事情。我没有太多的事实依据来推测，像玛格丽特一样，她们飞走了。

治疗师：她们也飞走了，她们会和你说话，但不会回答你的问题。也许她们是无礼的，或者是她们不想站在父母之间。（暂停）为什么不花点时间去想一下玛格丽特的感受呢？为什么她会在你不在的时候离开？

约翰：（长时间停顿，向下看）我猜如果玛格丽特在家告诉我她要走，（很长时间）我可能会告诉她忘记它，因为她不能没有我。

治疗师：在告诉她该怎么做之前，你会听她的观点吗？

约翰：（专心地）可能不会。（停顿）我觉得自己很蠢。我应该预料到这样的事会发生的。

治疗师：你一点也不笨。你是职场事务的专家，但并不了解别人的情感需要。你尝试跟着你的父亲学习如何成为一个男人，学习作为男人所需要知道的一切，而他告诉你建立一个强大的亲密关系是无意义的。（停顿）你很聪明，目标明确。如果你决定跟你的女儿们有更多的情感联结，你可以学习如何来做。这是否能帮你解决你和玛格丽特的问题还很难说，因为她拒绝和你说话。如果她听到你女儿说你变得更细心了，她可能会更愿意和你谈谈。你愿意尝试吗？

约翰：（真诚地）我不知道。我真的很想听听你的看法，玛格丽特为什么离开？

治疗师：我还没和玛格丽特谈过，所以我并不了解她的想法，只能举出一些可能的想法。（停顿，约翰直直地看着治疗师）当我们出生的时候，人们看到我们是男孩儿还是女孩儿，他们像对待生物一样对待我们。（约翰打断）

约翰：（强调）它定义了我们。

治疗师：你知道你打断我了吗？你以前做过几次。这就是你如何运用你的权力来控制议程。我想知道，如果我的想法对你毫无价值，你为什么会征求我的意见呢？

约翰：（停顿；真诚地）我想知道你的意见。

治疗师：生理上的性定义了我们的身体看起来像什么，但却无法定义我们的心智充分发展后，我们的独特才能会是什么样子。玛格丽特想开创自己的事业。你被她吸引，因为她像你，有逻辑、目标导向，雄心勃勃！但你们的母亲都认为玛格丽特应该放弃这些野心。你也同意。你们都基于男人和女人应该做什么的思维定式，而不是基于玛格丽特作为个体所拥有的特殊天赋，做出你们认为合乎逻辑的决定。这不合乎逻辑。从逻辑上说，你有足够的钱来雇佣一个保姆，让玛格丽特可以待在职场，不管她是否是一个母亲。（约翰的头垂下来，长时间停顿）玛格丽特可能做了每个人告诉她的在孩子还小时她应该做的事。现在，女孩长大了，她终于可以自由地追求她想做的事情了。

约翰：（冷静地）我需要更多的时间来考虑这个问题。我不知道我能否接受你的想法。

治疗师：如果你决定回来，我们会对"你是如何发展你自己的优势的"进行工作——遵循那些代表男子气概的"应当"，并探讨这些"应当"是如何导致你和玛格丽特的问题的。当你了解社会压力时，你可以更自由地选择如何跟玛格丽特接触，对她说些什么。我不能答应你任何事。但也许，如果你和玛格丽特相处的方式让她觉得被尊重了，她会愿意与你交谈的。

约翰：（看着治疗师）我不能说我会回来。

治疗师：你通过权衡利弊做了很多重要的决定。让我给你一些东西读，这将给你带来更多的事实，有关今天我们一直在谈论的内容。（暂停）如果你想让玛格丽特认识到你想她，而不仅仅是一个妻子，我认为你现在需要优先考虑你的婚姻，而不是根据工作安排来调整时间。不管你是否想再次与我交谈我会等着你的消息。

约翰：（悄悄地，强调地）我不会放弃坚强！

治疗师：咨询目标是给你更多的选择和更多的优势。

从女性主义角度对约翰进行个案概念化：基于假设模式

约翰最突出的身份是一个首席执行官，但是，他其他的身份，如白人、富人和男性对他这个时候也有很大影响。这些身份占据了他大部分的时间。相比之下，他将自己作为丈夫和父亲的身份放置在一旁。约翰的一生中没有平等的关系。他将工作中对员工施加的压力也施加在了和妻子、女儿的关系中。他没有意识到二者的相似性，也没有意识到这种不公是来自这种权力。对于他妻子为他的婚姻做出的日常安排，他通过贬低她的思想和情感来给予回应；只有他作为丈夫的观点是有效的。从白人文化的角度来看，他是在完善他作为男性的角色以达到完美——富有权力的、富有的、善于分析的，并且能管理好情绪的。约翰的长处包括快速学习和决策分析利弊。此外，他有财力获得更大的工作灵活性，并获得更多的商品"时间"，从白人文化中他悉知"时间"是宝贵的。如果他愿意形成一种平等的治疗关系，可以使他自由地探索社会化信息而不是"天生的能力"在他的商业成功和个人失败中起着多大的作用，那么这些将会对他有很大的帮助。

首席执行官是约翰最突出的身份，但他却并未意识到自己作为一个白人，这个身份是如何引导他到这个位置的。他将他的成功归因于他具有独立、上进和侵略性的内在品质。白人文化鼓励他去发展这些品质，然而他所继承的财富和受到的良好教育，这些环境资源才是他取得财务成就的敲门砖。他的父亲直接塑造了对工作绝对忠诚的形象，并且强调了这种白人文化信息——一个男人的成功是靠他挣的钱来衡量的。如果你想要挣更多的钱，永远不要关注参加毕业典礼或陪你的孩子玩这些事情。目前，约翰的商业身份彻底主宰了他作为丈夫和父亲的个人身份。他试图用商业隐喻来理解他目前的家庭危机。他一直把他的家庭成员视为下属，忽视他们的意愿和价值观，好像这些都是无关紧要的。他不想放弃他在家族中的某些权力，哪怕这样他的妻子和女儿们会更加觉得受到尊敬。此外，约翰甚至没有考虑利用他的专业地位和权力，来调整即将到来的商业交易的日程。"时间"已经成为他独裁和专制的老板，他变成了忠诚的下属，只要有需要他就会自动做出任何牺牲。个人和社会身份保持紧密的联结时，约翰可能很难认识到，他可能失去他作为丈夫和父亲的家庭角色。作为一家之主和家庭经济来源的男人，是白人新教徒中的标杆。因此，约翰可能会很难认识到，他对待玛格丽特和他的女儿有多么压迫，并且还有可能存在其他类型的家庭生活。无论如何，他学会了通过努力工作和坚持来尝试解决在商场中遇到的复杂问题，在个人世界中，他同样可以学习这样做。

约翰作为有钱人的身份与其作为白人文化中一员的身份交织在一起并且相互依存。这种"白人主义"存在于他的意识之外，但他对自己所继承的财产很清楚，并且认为这是他自己的一部分。约翰开始他的工作生涯时已经受到经济特权的支持。他通过让女儿们进私立学校读书和参加会员专属的俱乐部活动，来将这些特权传递给他的女儿们，那些学校和活动都是由白人主导的。他认为这些特权的获得都是源于他辛勤工作和为成功做出的奉献，因此他认为他有"权力"受到恭敬的对待。他不知道社会已经赋予了白人和富人们世袭的特权，而有色人种和穷人早已被这些特权系统排除。约翰的权力感与其白人身份和继承权一样都是一代一代传下来的。到了他这一代，他把这些权力又传给了他的女儿们。她们在 20 多岁就能开始创业的例子就有力的证明，继承财富和白色肤色给约翰家族带来了多么大的权力。他们可以选择高社会地位的工作，搬迁到他们想住的社区，没有社区或商业机会将拒绝他们。由于社会一直以来都在支持他，让他觉得自己是高人一等的，因此约翰可能会反对发展平等关系的观点。对于通过尊重他人的思想和感情来赋予其他人权力是一个社会公正的问题这样的观点，他可能会感到很纠结。约翰可能也需要努力学会了解从女性的视角来看什么是重要的事情，因为感情依赖并不等同于金钱。

约翰认为自己是一个男人，需要承担刻板的性别角色形象，这种观念在很大程度上源于他的白人文化。这种文化强调独立性，取得成就，情绪控制高于养育和情感联结，工作成就高于家庭成就。约翰通过观察他的父亲和母亲来学习他的性别角色。他的父母关系是有等级之差的，很明显父亲掌握有绝大多数的权力。他的父亲决定他和家人在一起的时间和方式。他母亲唯一能做的就是用酒精来减轻她失望的感觉。白人文化承载着公正社会的神话。因此，对约翰来说，如果他的母亲是软弱无力的，那么她定是理所应当的。尽管约翰对于父亲经常不在家感到很遗憾，但是他认为父亲是做了他应该做的事情，作为父亲把工作放在第一位是很自然的事情。他的母亲只需要塑造一个"完美背景"——一个美丽的家庭和高成就的子女。拉丁文化中他们非常尊重母亲的角色，而在白人文化中，母亲的工作是无偿的因此也就不那么重要。约翰懂得自主性（男性价值）比情感联结（女性价值）更重要。他学会将父亲的行为看作是强大的并且值得效仿的，并且傲慢地对待他的母亲。最终约翰相信家庭中弱势的成员比如子女和妻子，应该感激他们所获得的一切并且适应他们在家庭中的无力地位。因此当他意识到他母亲很难过时，他并不知道，那并非是母亲性格软弱，而是父亲对她作为女人、妻子和母亲的贬低才使得她用酒精来麻痹自己。约翰并没有意识到父母的婚姻与他和玛格丽特的婚姻都面临着相同的挑战，它是由压抑的社会企图强制实行性别化的行为模式而导致的。而约翰现在作为刻板的男性、丈夫和父亲与家人在一起，他发现自己失去了一些很重要的东西。约翰认为自己作为丈夫与玛格丽特的婚姻关系，跟他之前所观察到的他父母僵化的婚姻模式基本保持一致；这种婚姻关系在他生长的白人富人群体中非常常见，它对约翰的婚姻期望产生了重大影响。当他开始被独立而又有进取心的玛格丽特所吸引时，他认为当他们结婚后玛格丽特自然以及必然会承担家庭主妇的角色。作为妻子，玛格丽特可以获得任何金钱可以买到的资源，除了她与约翰关系中的权力和选择自己生活目标的自由。作为一个成功的丈夫，约翰通过社会化认为自己必须提供大量的金钱和财富，他认为玛格丽特更喜欢这些物质而不是和他在一起的时间。这导致他花大量的时间在工作上，把工作带回家。玛格丽特经常在精神上感到孤独。在约翰以及他们的母亲的压力下，玛格丽特多年来屈服于她的性别所规定的角色。

现在，约翰在婚姻关系中突然失去权力，他感到既困惑又愤怒。多年来，约翰一直不愿意为了这些婚姻问题来求助；这与强调极端独立和自给自足的白人文化信仰是一致的。然而，玛格丽特的行为太过戏剧化，无法视而不见。她离开的原因尚不清楚。然而，玛格丽特从她父亲继承的财产可以让她脱离约翰的控制。她终于有能力行使自己的权力来控制自己的命运。玛格丽特作为一个独立女性的身份可能会更加突出，她可能会去追求她过去想进入商界的目标。如果她相信约翰会尊重并重视她的想法，她可能就不会突然离开，放弃尝试与他沟通达成一个更令人满意的，也许是平等的关系。虽然约翰不想放弃他在家庭中的权力，但他更不想离婚，这可能是他与玛格丽特建立一个相对更平等的关系的开端。

约翰作为父亲的身份究竟做得如何呢？约翰曾经许诺说要花更多的时间来陪伴女儿，相比他父亲对自己花的时间。但他只是模模糊糊地意识到，自己说的比做的好。他无法找到个人和工作之间的平衡，那样会让他更加了解他的女儿们，他为此很后悔；但在白人商业社区或富裕的白人社区中是不可能有人引导他去实现这种平衡的。他的女儿们确实吸取了他所珍视的经验教训：她们追求高等教育，并且认为商业成功高于家庭生活。她们之所以选择离开东海岸在加利福尼亚建立公司，可能是权力的间接释放。她们可能需要和她们的父亲保持一定的距离，来确保对自己生活的控制感。她们可能会继续约翰的路，让工作来支配她们的生活。这样一来，她们可能会认同男性的观点，认为经济上的成功比发展亲密关系更具价值。白人社区的社会压力可能使她们相信这是她们"必须"做出的选择。约翰既对她们的成就感到自豪，也困惑于她们为什么不受自己的影响做出选择；如果她们是儿子而不是他的女儿，他内心可能不会经历这种斗争。彼此相反的方式，刻板的性别角色可能会限制约翰他们父女关系的质量。约翰对其父亲隐含的不满，为他重新审视他对女性观点的贬低打开了一扇门。

约翰可能发现很难接受自己新的角色——咨询中的来访者，因为它在许多方面是与白人、男性、新教社会教给他的价值观相对立的。但在第一次会谈过程中，当他无法控制整个过程时他并没有离开。并且当他了解到在婚姻问题中,自己需要承担自己的角色责任,以及考虑社会压力在婚姻中可能发挥的作用时,他并没有逃离。约翰发现,他许多成功的白人同辈都离过婚,他不想跟风行事。此外,他是一个学习能力很强的人,喜欢挑战复杂的问题。因此,尽管他目前对于改变仍抱观望态度,但如果他承诺治疗,他很快就会认识到,男性与女性观点的冲突是他目前婚姻危机的根源。约翰需要时间来接受新的挑战——做一个更"中性"的男性。

约翰作为一个家庭中的男性,同时也是一个首席执行官,在艰难地决定自己挽回婚姻和了解女儿的目标是否足够重要,是否能超过他去谈成另一个生意的欲望。这一决定给他带来了巨大的情感困扰,因为他作为一个成功的首席执行官,这个白人文化背景和地位给他们带来了巨大的环境压力要求他维持现状。他从小被教育要成为"一个男人",并且视情感表达和权力分享为弱点;而这些技巧恰恰有助于他与玛格丽特以及他的女儿们建立联系。不论怎样,他在商业方面具有很强的问题解决能力,这可能会促使他想在家里也有同样的优势,因此会有意愿去考虑学习新的技能。约翰并不懂得协调和回应别人的需求,因为社会没有帮助他发展这些技能。这也许就是他现在的婚姻问题深深地折磨着他的原因。约翰面临着社会身份的选择,他需要决定与玛格丽特和他的女儿们建立一个更具情感联结的关系是不是"值得他花时间"。

女性主义疗法治疗方案:基于假设模式

治疗方案概述:约翰的白人文化背景促使他在所有关系中使用强权,因此,让他意识到这一点是首要任务。然后,需要强调他现在最为突出的身份,例如男性、首席执行官、出身豪门的背景。(该治疗方案遵循基本格式规范)

长期目标1

约翰将检验社会化力量是如何塑造他"白人"的社会身份的,并且思考社会化力量又是如何赋予他特权,并且强化他在与其他劣势个体比如玛格丽特交往时采取了主导行为。

短期目标

1. 约翰将记录他作为一个具有社会影响力的白人个体的角色——作为居住社区中的一员以及作为国际旅行中的一个乘客时。

①他将阅读关于"白人"种族的资料,并对照他的笔记来思考这些说法是不是对的。

②他在治疗会谈中会讨论他的笔记并且分析优劣,以此来有意识地觉察他的白人身份而不是任其在处理与劣势个体的关系时,比如与妻子玛格丽特的关系时,潜移默化地影响自己的思维和行动。

2. 约翰也将探索自己在与有色种人和其他白人相处时,想法、感受和行动是否有差异。

①在治疗期间,他将讨论他最近与白人和非白种人的互动。

②他将会发现白人文化是如何迫使他区别地对待社会权力弱于他的人的。

3. 约翰将讨论因为自己是白人就能世袭特权的公正,以及自己可能会如何使用或放弃这个特权,有意或无意地压迫有色人种以及如玛格丽特这样社会权力更弱小的白种人。

4. 约翰将考虑在与劣势群体交往时,什么时候他需要保持权威,去实现目标取得成功,什么时候他需要更平等对待他人从而带来更好的结果。

5. 约翰将通过角色扮演进行练习，在与弱势群体交往时采取不同的策略，并且懂得如何在尊重他人、不压迫他人时，恰如其分地保持自己的权威。

长期目标 2

约翰将检验刻板的性别角色社会化是如何塑造他"男性"这一社会身份的，并且他的社会性别是如何赋予他特权，以及在与玛格丽特建立相互满意的关系时，它又是如何限制他的选择的。

短期目标

1. 约翰将阅读有关性别角色刻板印象的文献，然后用一个星期去分析自己与男人和女人相处时的行为，随后就性别刻板印象对自身价值观、态度、情感和行为的影响得出初步结论。

2. 约翰将回顾他的童年，并且分析家庭、社区以及媒体中什么样的社会化压力可能塑造了他现在的性别角色，形成了他对婚姻和家庭生活的性别期望。

3. 在会谈中约翰将讨论，作为男性角色，社会让他在和女性相处时能更具优势、占主导地位，而他如何来承担这个角色，会让他无法自由选择和妻子玛格丽特以及女儿们相处的方式。

4. 约翰将阅读关于亲密关系建立技巧的文章，并利用他的分析能力来确定，当他想要与玛格丽特和女儿们建立一个平等关系时，哪些技能可能是有用的。

5. 约翰将利用他的分析能力来判断，在与女性相处时，什么情况下他需要扮演一个独裁者的角色能更有效地实现自己的社会和工作目标，而在什么情况下，采取平等的方式能更有效。

长期目标 3

约翰将研究社会化力量是如何塑造他首席执行官的社会身份的，以及它是如何给他带来特权和经济上的成功的，与此同时又是如何削弱他作为丈夫和父亲的成就的。

短期目标

1. 约翰将用一周的时间，观察公司总裁、副总裁和部门负责人之间的互动情况，他会记下他们的沟通方式以及他所见到的权力直接和间接的行使。

①约翰将判断，他们通过直接权力指导下属，是否有效地达到了他们的工作目标（根据下属工作速度，是否有高效的团队合作，以及根据工作的完成质量进行判断）。

②约翰将考虑，他们通过间接权力指导下属，是否有效地达到了他们的工作目标（根据下属工作速度，是否有高效的团队合作，以及根据工作的完成质量进行判断）。

③约翰将思考，以更加平等的方式与下属相处的利弊，它是否有可能会带来更好的想法，更多的团队合作以及更大的进展。

2. 约翰将把他工作时对下属的行为与过去对玛格丽特和女儿们的行为进行对比。

①约翰将思考他过去对玛格丽特和女儿们的专制态度是否可能导致了她们如今对他的疏远。

②约翰将考虑如果以一种更平等的方式对待玛格丽特和女儿们会不会让她们觉得更被尊重，同时为他们之间关系的改进打开一扇窗。

3. 约翰将利用角色扮演练习在不同的关系中的交往技能，然后决定哪种方式会在与玛格丽特重新建立联结时进行尝试，哪种技能他想在与女儿们建立联结时尝试。

长期目标 4

约翰将研究，社会化力量是如何塑造他"富人"这一主要的社会身份的，以及它是怎样给他带来特权，并且阻止他与玛格丽特和女儿们建立平等的、相互满意的关系的。

短期目标

1. 约翰会阅读有关美国财富积累历史的文章，并且在治疗会谈中基于此写一个家族传记进行讨论。
2. 约翰将在时间轴上写下他自己的成就史，并考虑继承财富对这些成就发挥的作用。
3. 约翰将做一个优势劣势分析图，然后评估世袭的特权与获取的特权在每个优势和劣势中产生的作用。
4. 约翰将考虑在工作和家庭身份中，什么样的价值观、态度、情感和行为能帮助他既获得成功又不会压迫别人。
5. 约翰将通过和治疗师进行角色扮演，练习与玛格丽特和女儿们建立联系的方法。
6. 约翰将制定一系列策略，以一种尊重和养育的方式与女儿们重新建立联结。
7. 约翰将制定一系列与玛格丽特重新建立联结的方式。比如她如果愿意看他写的信，接听他的电话或者与他见面。
8. 约翰会给他的女儿们打电话，用他认为可能成功的新技巧，开始一步一步与女儿们重新建立联系。
9. 约翰将在会谈中分享他所做的努力和取得的成功，由此确定他可能得到女儿的帮助获得与玛格丽特联系的时机，而这也不会危及他们父女关系。
10. 其他的目标将视情况而定，如果玛格丽特愿意与约翰联系的话。

从女性主义角度对约翰进行个案概念化：基于历史模式

约翰和玛格丽特开始交往时都很兴奋，但对玛格丽特来说自从他们结婚有了孩子之后，这种兴奋就开始盘旋直下。社会压力通过他们的父母，将玛格丽特从想要成为女强人的未婚妻转化成了白人的、富有的、只能作为他富有而强大丈夫陪衬的全职妈妈。约翰和玛格丽特在大学里相识时，他们都有复杂的社会身份，他们都有自己的雄心壮志，并且基于性吸引、共同的兴趣爱好和相似的家庭教育背景而相互吸引。约翰形容他们的关系是平等的，因为他们一起规划了一个共同的未来，在其中，他们都会从事商业并且都能促成目标，成为强大而富有的领导者。但是环境对男人和女人行为的控制权力比约翰和玛格丽特想的要大得多。当他们的关系从激情走向承诺，社会压力会说服他们在关系中承担更多的性别角色，与此同时让这些压力看起来是内部衍生的而不是外部施加的。玛格丽特第一次见约翰的家人或者带约翰回家见她的家人时，个人就变成政治性的了。性别角色刻板印象可能导致约翰大学一毕业就谈论他的工作计划。另外，玛格丽特可能已经被推到了讨论她做母亲的计划，她提出任何工作任务都被她或者约翰的父母直接或间接地否定了。面对巨大的压力，约翰基于他的经济背景和对未来的目标，可能已经得到她父母的认可。在平等主义的基础上，他们最初的关系变得越来越重要，更多的权力落入了约翰的手中。如果约翰对玛格丽特面临的困难表示关心，这种负面情绪可能会得到改善。但他描述他们的父母是在帮助玛格丽特。他表示他并没有问她是否想离开工作岗位。无论是有意还是无意，他都贬低她的女性观点。约翰目前的优势在于，在这个婚姻危机的时刻，他已经意识到他不明白玛格丽特和女儿们想要什么，他需要帮助。而对这他来说是非常困难的，因为社会已经深深地灌输给他一个信念——他是富有而强大的人，他能做所有的决定，他问治疗师玛格丽特为什么离开。虽然这让他很恼怒，但他还是能意识到玛格丽特离开的决定不是因为更年期暴发的结果，而是长期以来形成的。这表明他作为丈夫可能要承担更灵活的角色，如果玛格丽特考虑出去工作。

约翰和玛格丽特初识于大学时期。约翰敬重玛格丽特是一位有思想、目标，理性的，并且对事业有着详细规划的女人。对于他俩来说，未来商业身份将占据他们大部分时间。虽然他们一定是两性相吸，当约翰讨论他们俩的关系时，他们就在为如何变得强大和富有而制定一个议程。当他们决定结婚时，约翰和玛格丽特的关系将与他们大家庭的价值观相互协调，这导致了约翰将更多投入在工作中的角色，而玛格丽特将在工作中、朋友关系中和家庭的角色中面临更多的限制。他们的结婚计划创造了一种"婚礼策划"的环境，进一步强化了约翰和玛格丽特的性别角色。

当约翰能够自由地将精力放在工作上的时候，玛格丽特将更多地面临有关她身体外貌和婚礼无穷尽的细节决定的压力中。在家里，当约翰或玛格丽特的妈妈在的时候，约翰和玛格丽特的关系变得更具政治性，即强迫玛丽接受富人妻子的角色，对于约翰是否为玛丽减少这种压力以便她更自由地选择角色做出了努力已不清楚。性别角色的原型也许给约翰和玛格丽特不同的压力。约翰也听过很多说他的责任是为妻子和子女提供更充足的物质生活的言论，玛格丽特也许听了很多她的责任是支持丈夫并促使丈夫成功的信息。当玛格丽特的社会角色越来越被约翰的职业发展所限制的时候，他们俩之间的平等关系更有可能消失。然而，他们关系的新鲜感可能使玛格丽特精神焕发，因为她想他们俩如果都能在财务上取得成功并且在表面上是约翰取得成功。

当衍生家庭迫使格丽特放弃工作成为全职母亲时，约翰更加强化其作为家庭财务支持的角色。作为一名全职工作者，约翰更容易从家庭里外获得更多的对于他工作能力的称赞。当他接受自己的角色是为实现"他们俩"的目标，当他在家庭外面花费的时间越来越多时，约翰发现他变得越来越容易忽视玛格丽特的需要，他指出她会抱怨她变得孤独，并且想获得更多与他的联系。他的回应是让她自己习惯这样的状况。他对于社会角色原型迫使玛格丽特远离她的生活计划，而他自己却可以允许继续自己的职业计划缺少同情或理解。玛格丽特通过将她雄心勃勃的天性转到做有钱的家庭主妇应该做的事情上来充实她的生活。她参加了所有妈妈需要参与的社会活动和筹款活动，并志愿担任由母亲主导的活动中的领导角色。她的能力使得她在这些活动中取得了成功，而且她的成功也许使得约翰误解为她对她的生活很满意。

玛格丽特也许发现她作为母亲、妻子和学校董事会主席的身份是令人满意的，但是她自己并不满意。她也不太可能认为她有更多的选择。约翰从来没有问过她，她也许已经放弃告诉他了。在低估了性别权力的环境中，约翰和玛格丽特也许在情绪上越来越远离彼此。由于约翰长期以来一直持贬低玛格丽特的观点，导致他失去了以前吸引他的有思想、目标，理性的，并且对事业有着详细规划的女人。玛格丽特也许更加沉浸于妻子和母亲的社会角色，这也使她将她的不快乐归因于她错误地选择了结婚对象而没有意识到她已经被迫放弃了她个人的理想。约翰财务上的成功使她的抱怨得不到朋友或者家庭成员的支持，并且在富裕社区的社会隔离中也不太可能使她听到相反的观点。

约翰现在 56 岁了，竟然与他的妻子和两位 20 多岁的女儿没有了联系。他对于玛格丽特离开他感到困惑，因为他即将实现他们的荣耀——他达成的一项国际商业交易将给他带来如此多的钱，以致他觉得他终于实现了他和玛格丽特在大学时的雄心壮志。他只能理解为是女人的情绪问题，即由于绝经或者空巢所带来的情绪症状使得玛格丽特失去了理性。他对女性的观点缺乏尊重已经根深蒂固。在他生命中的某段时间里，他对自己与父亲相处的时间非常之少深感遗憾，并计划多花些时间和女儿们在一起。然而，像玛格丽特一样，他的两个女儿都选择了离开了他。当他向她们表达没有花费更多时间与她们在一起的时候，他并不理解她们的态度。约翰也无法想象到她们的感受，他自己也承认其实他一点也不理解她们。

当女儿们到了玛格丽特曾经的某个年龄即许多社会身份受到衍生家庭约束的年纪时，玛格丽特和她的女儿们选择离开家庭，二者可能有明显的关联。不像玛格丽特，金姆和朱丽叶更有机会为她们自己所决定的目标而努力。这也许与她们白人的基因、上层社会的价值观以及继承了玛格丽特父亲的财产有关。他们的祖父是否会支持这种藐视父亲的权威来控制她们自己命运的做法目前尚不清楚。当约翰作为公司首席执行官处于其事业高峰的时候，玛格丽特也许处于其人生最低谷，并且对女儿们的个人决定也缺乏清晰的认识及控制。她对于其个人观点了解远比她自己所知道的少，至少在一段时间内，她拒绝约翰控制她的生活。如果约翰想重新拥有与他结婚时有思想、目标的，理性的，并且对事业有着详细规划的女人，他也许需要重新与玛格丽特约会。至此，所有的都是理论假设，玛格丽特的观点无法知道。当约翰将他的视线放在事业目标上的时候，由于内心的忠诚他很有可能实现它。因此，如果约翰决定尝试着去理解导致想与他离婚的玛格丽特所面临的社会压力，他可能会考虑采用一种更雌雄同体的身份，这样他就能了解自己的女儿们，并与玛格丽特建立一种互相尊重的关系。

女性主义疗法治疗方案：基于历史模式

治疗方案概述：约翰和玛格丽特的富有、白人文化背景促进了她对他们关系满意度下降的趋势。约翰需要探索，随着时间的推移他们之间关系的变化，以及他作为男性、首席执行官和出身于富裕的家庭背景是如何影响这种关系的。这可以帮助他了解为什么玛格丽特想要离婚。（该治疗方案遵循问题格式规范）

问题：玛格丽特离开了约翰，想和他离婚，而约翰不想离婚。

长期目标 1：约翰将探索他和玛格丽特第一次见面时的关系，以及随着时间的推移，他们出身于富裕的白人家庭，这种共同身份是如何影响他们的关系的。

短期目标

1. 约翰会浏览所有他能找到的记录了他和玛格丽特早期关系的纪念物。
①约翰将在治疗过程中讨论他们参加了什么课程和组织，这与他们大学生的身份可能有什么关系。
②约翰也将在治疗期间讨论他们在大学里的社交网络，以及他们在种族、宗教、社会经济地位等方面的差异，以此让他能够明白缺乏与不同人的接触，是如何让他更难觉察施加在自己和玛格丽特身上的社会压力，并导致他们履行性别角色的刻板印象。
2. 约翰将联系他和玛格丽特的老朋友，他们可能会告诉他关于他以前与玛格丽特的故事。

①约翰将在治疗会谈中讨论这些朋友的社会背景、角色、兴趣等以及他们与玛格丽特和他的相似或不同之处。

②约翰将在治疗过程中讨论这些相似性或者差异会如何引起无意识假设——和他们一起生活会是什么样子？

③约翰将在治疗中讨论他和玛格丽特在性别角色刻板模式中扮演到了什么程度。

3. 约翰将研究在他和玛格丽特上大学时，大学人口在经济水平、种族和民族多样性方面的不同程度。

①约翰将在治疗中讨论"白人"在大学中占有多大权力，如果他有过类似经验说明了权力和压迫在关系中的作用。

②约翰将在治疗中讨论他和玛格丽特共有的白人和富人背景，在他们选择大学时是不是有影响。

③约翰将在治疗中讨论他和玛格丽特共有的白人和富人背景，在他们选择专业和职业时有什么影响。

④约翰将在治疗中讨论，学生群体的缺乏多样性可能导致他在成为家庭的唯一经济来源后，对发生在他和玛格丽特之间的权力差异缺少意识。

4. 约翰将考虑当他们开始交往时，玛格丽特与他分享了多少她个人的价值观和计划，他是否意识到自己并不同意她的价值观和个人计划。

①他将讨论他记得的那些让她感到兴奋的大学课程和未来的计划，以及他是否直接或间接地向她表示，如果她打算和他结婚，他希望她改变其中的一些计划。

②他将讨论他所记得的那些让他感到兴奋的大学课程和未来计划，她是否直接或间接地向他表示，如果他打算和她结婚，他将需要对这些计划做些调整。

5. 约翰将思考，他做了哪些事情尊重了玛格丽特的观点，而哪些方式没有尊重玛格丽特的观点，以及玛格丽特通过什么样的方式尊重了他的观点，哪些方式没有尊重他的观点。

6. 约翰将考虑，他与玛格丽特的关系怎么样才是平等的，什么时候他施加了更多的权力和控制。

长期目标 2

约翰将检查当他和玛格丽特开始计划结婚时，他们之间的关系，以及在此期间，他们来自富裕的白人家庭这一共同身份是如何影响他们的关系的。

1. 约翰将阅读有关性别角色刻板印象的文献，然后分析他的父母亲以及在他社交圈中其他成人的行为，并思考性别角色刻板印象是否在约翰和玛格丽特从男女朋友到新婚夫妇这种关系的变化中产生了影响。

2. 约翰将回顾他的童年，并且分析他的家庭、社区和媒体带来了哪些社会化的压力塑造了他现在的性别角色和对婚姻家庭生活的性别期望。

3. 约翰回想他童年时期，男性比如园丁、清洁工、汽车维修工是否有跟他一样的自由选择的权力。这可能会如何影响他们在家庭中的性别角色。

4. 约翰将和他的父母以及玛格丽特的父母进行谈话，听他们说当玛格丽特准备结婚时，她是怎么做的，比如她对婚礼有多少控制权，他们对婚礼有多少控制权。

5. 约翰会回想自己在准备婚礼时和婚后的表现，以及比较他和其他人对婚礼决定权的控制力。

6. 约翰将回忆关于他们在哪里结婚，他们婚后住在哪里，这些问题是如何决定的，并且这些决策方式对他和玛格丽特的关系是如何产生影响的。

7. 约翰将试图回忆，玛格丽特是否向他表示过她对目前的生活方式感到不满，以及他对她所说的有多少听进去了。

8. 约翰将回想玛格丽特是否表达过自己对移居乡下不感兴趣，以及他是如何回应这个问题的。

9. 约翰将回想玛格丽特是否曾表示，她想继续工作而不是做全职太太，以及他是如何回应这个问题的。

10. 约翰将反思环境的力量，它以他们父母和社会团体为媒介，是如何影响他们选择在哪里生活，以及他和玛格丽特是否能继续追求事业的。

长期目标3

约翰将研究当他和玛格丽特有了第一个孩子时他们之间的关系，以及在此期间，他们的共同身份——来自富裕的白人家庭是如何影响他们的关系的。

1. 约翰将回想他和玛格丽特是否曾经讨论过他们是否想要孩子，以及如果他们想要孩子，他们会扮演什么样的角色。

2. 约翰会回想他是否曾告诉过玛格丽特，他想成为一个有责任心的父亲，以及她对此的反应是什么。

3. 约翰会回想玛格丽特是否曾告诉过他，她想回去工作，做一个职场的母亲，以及他是如何回应这个问题的。

4. 约翰将反思环境的力量，它通过他们父母和社会网络的形式，是如何影响他们决策的——为人父母他们要承担什么样角色。

5. 约翰将讨论他们作为父母承担的性别角色刻板模式是否导致他在和玛格丽特的关系中拥有特权，占据了主导地位。

6. 约翰将讨论他们作为父母承担的性别角色刻板模式，是否导致他丧失了成为积极家长的机会。

7. 约翰将阅读有关亲密关系建设技巧的文章，并利用他的分析能力来确定，当他决定尝试以平等的方式与女儿们及玛格丽特重新建立联结时，哪些技能可能会有用。

长期目标4

约翰将研究他和玛格丽特最近这段时间他们之间的关系，哪些地方让他感受到离实现他们共同的生活目标更近了一步，以及在此期间，他们的共同身份——来自富裕的白人家庭对他们的关系是如何产生影响的。

1. 约翰将阅读有关美国财富积累历史的文章，然后在治疗中描述他认为他的家庭在社会中所拥有的权力和控制多少是基于个人的努力获得的，有多少是基于财富继承获得的。

2. 约翰将在时间轴上画出他自己的成就史，并考虑继承财富在这些成就中的作用。

3. 约翰将做一个优势劣势分析图，然后评估世袭的特权与个人努力获得的特权在每个优势和劣势中产生的作用。

4. 约翰将思考他从富裕的白人家庭中所习得的哪些价值观、态度、情感和行为导致了他为了继续积累财富而忽视了自己的家庭角色。

5. 约翰会考虑对他来说哪个更重要，是通过国际贸易继续积累更多的财富，还是在这个危机时刻设法与家人重新建立联结。

6. 约翰将把他在工作中对待下属的行为与他过去对待玛格丽特和女儿们的行为进行对比，并考虑他可以做什么来尊重她们的观点。

①约翰将找他的下属就需要人出差去成交一笔重要的交易进行谈话，并且征询他们的想法，在行程的前、中、后阶段需要准备什么东西以确保交易成功。

②约翰会考虑当他在处理他的家庭危机时，他的下属中是否有人具备处理工作问题的必要技能。

7. 约翰将通过角色扮演来练习建立平等关系的技巧，如果他决定和下属沟通让他代替自己去成交交易时，这些技能就能派上用场。

8. 约翰将与治疗师进行头脑风暴，想出用不同方式来告诉自己的两个女儿，他承认他过去的行为太强势，并向她们澄清他想弥补，尝试着做一个会尊重她们想法的慈父。

①约翰将决定他是否会打电话给他的女儿，试着就他们的父女关系开启一段彼此尊重的对话。

②约翰将与治疗师讨论，他何时可以让女儿们替自己联系玛格丽特，请求她给自己一个机会谈谈自己很后悔让她想要离婚。

9. 约翰将与治疗师进行头脑风暴，想出用不同方式来告诉玛格丽特，他承认他过去对她太过强势了，并向她澄清他想弥补，尝试着和她建立平等的关系、尊重她的想法。

10. 其他的目标将视情况而定，如果玛格丽特愿意与约翰取得联系。

学生进行个案概念化的练习案例：聚焦社会经济地位领域

到了用女性主义疗法来分析莎伦了。在这个分析中，你需要将社会经济地位整合到你的个案概念化和治疗方案中。

从电话初始评估访谈中收集信息

莎伦是一位 34 岁的白人女性，住在一个大的农业县的小城镇内。她再婚一年了。她的第一次婚姻持续了 10 年，最终因丈夫长期酗酒而离婚。她与第一任丈夫有两个孩子，阿德里安，10 岁，苏茜，8 岁。莎伦和她的孩子单独生活了一年后，开始和她的第二任丈夫爱德华约会。他们恋爱 6 个月后结婚。爱德华是一家大银行的区域经理，莎伦是其中一家银行的经理。她是由内科医生推荐过来的，原因是在过去的一年逐渐变瘦，并且表现出焦虑和抑郁症状。

通过简短的精神状态检查，莎伦对她的医生转诊治疗表示出明显的愤怒，但是，出于对他的尊重，她同意来。莎伦没有显示出杀人或自杀的想法或严重的病理学症状。她一再坚持说她的婚姻很幸福，在银行工作很兴奋。

从女性主义视角与莎伦会谈

治疗师：你愿意先谈一谈你在银行的工作吗？

莎伦：（真诚地）我爱我的工作，我以前一直是个家庭主妇，虽然我爱我的孩子，但是工作责任中挑战极限的感觉让我非常振奋。

治疗师：你喜欢工作因为它有挑战性。（停顿）你能更详细地说一说吗？

莎伦：（微笑）我一开始是个出纳，第一周我吓坏了。但是后来我很惊讶于我能轻松掌握整个银行流程。我开始自学，经理注意到我的工作并且第一次提拔了我。（激动地）我的工作获得认可真是令人激动。

治疗师：当你谈这件事时我能看出你的喜悦，当别人认可我的工作时我也会感觉很好。

莎伦：（微笑）这只是一个激动人心的旅程的开始。银行还帮我付了业余大学的学费。我喜欢大学的课程。当我取得学位时，我再一次得到晋升，首先是经理助理，现在我成了经理。

治疗师：你的努力和顶尖能力得到了赞赏……（莎伦开始皱眉头）怎么了？

莎伦：（轻蔑地）没什么大不了的，大部分人都认可我的能力。我只是想到了一些流言，从我去年晋升开始传来传去。

治疗师：你能和我说一说流言吗？

莎伦：（愤怒地）流言说我是靠陪上司睡觉才拿到前几名的，因为我上次晋升时我和爱德华结婚了。我是在教堂里遇到爱德华的，我们开始约会时我才发现他是区域经理。几个星期之前，他在路程有两小时之外的另一个银行晋升到这里，我们之前从来都没见过。

治疗师：爱德华和你的晋升无关。晋升是你应得的，你理应好好享受。不幸的是，我们国家仍然有大量性别歧视，往往否定女性的成就。

莎伦：我觉得只是因为我公司里有恶毒的同事，我才不相信女性主义的废话。

治疗师：你知道你公司里发生了什么，当然我不知道。但是政府统计数字显示，男性在每一份工作中的收入都比女性高。当你了解对女性普遍发生的一切，可以提高你对自己事情的理解。

莎伦：（烦躁地）我不是想反驳你，但是我和爱德华都有强烈的感觉，我们住在机会均等的国家里，如果你要灌输女性主义思想，爱德华不会愿意我来的。

治疗师：你可以随时反驳我。我不想灌输你任何思想。我有一个治疗理念，这影响我所做的一切：我相信男女应该平等对待，并对他们的努力给予同等的尊重。

莎伦：（真诚地）我同意。我只是不想被告知该怎么去想。

治疗师：我能理解。既然你在大学里过得很愉快，我不知道你是否愿意看一看我在这门课上的一些书。你可以阅读联邦统计数据并得出自己的结论。

莎伦：（真诚地）我很愿意，但是如果我不同意你的观点怎么办？

治疗师：你可以告诉我你不同意什么，我们可以讨论。如果你发现我的治疗理念是错误的，我有一个列表，列了我们社区其他的治疗师，你可以找一个令你舒服的治疗师。

莎伦：（专心地）你说我可以不同意。我需要知道你的意思。我希望你告诉我你在想什么，因为我说你所持的女性主义理念是胡说八道。

治疗师：我不同意这是胡说八道，但我们不必事事一致。我非常欣赏你一边自学银行业务，一边抚养两个孩子。你不需要我或别人告诉你该怎么想。

莎伦：（实事求是地）好。首先，现在我的生活很好，工作也很好。谣言只是令人讨厌，再谈下去也没有意义。

治疗师：那什么值得讨论？

莎伦：（看起来焦虑的）我担心我的孩子。他们很难适应我的新婚姻。当我和他们的父亲还没离婚时，他们的父亲采取放任的方式抚养他们。爱德华是非常不同的。他有规则，阿德里安和苏茜难以调整。

治疗师：爱德华和你讨论过这些规则吗？

莎伦：（专心地）没有，从第一天起他就开始做一个积极的父亲，我对此很感激。但是他比我大，从来没有孩子，他没有意识到我比他更了解孩子，他期望太高。

治疗师：你和他讨论过这个吗？

莎伦：（认真地）没有确切讨论过。因为即使在家里，我们都谈论银行业务。我偶尔提出孩子们的问题，但似乎我们很快就回到业务上了。他很喜欢伴侣能分享他工作的乐趣。

治疗师：即使作为夫妻在家里时，你的工作身份才是最重要的。

莎伦：（困惑地）我不明白你的意思。

治疗师：每个人都有许多身份，并由此定义他们是谁。比如，你是一个银行经理、一个新婚妻子、一个母亲。每一种身份都是相互依存的。好像当你扮演妻子的角色时，你的银行技能也能发挥作用。每个身份在与他人的关系中，都带有一定程度的权力或压迫。在工作中，你是经理。银行里其他的人都是你的下属。所以，你比他们有更多的权力来决定银行应该如何开展工作。

莎伦：（防备地）我非常努力才获得了这个职位和权力。

治疗师：你确实很努力，理应得到你的职位。我想指出的是，你的职位带给你权力，能控制银行里的工作走向。另外，爱德华作为区域经理，比你更有权力。

莎伦：（真诚地）是的，这是真的。

治疗师：如果你们即使在家也讨论工作，他仍然处于更高的地位。爱德华是不是更像是你的老板而不是你丈夫？（莎伦困惑地）你说你一提起孩子，他就把话题改回到工作，只有老板对下属才设定话题。

莎伦：（沉思）仔细想一想，是这样的。他确实在家里大部分时间控制话题。他也决定我们在家里做什么，但这是因为他向我们介绍新东西。

治疗师：他为你决定什么？

莎伦：（沉思）不是大事——就是帮我融入他的朋友圈。他想让我打网球，因为我们是乡村俱乐部里的一员。他一直是男单锦标赛的冠军。

治疗师：爱德华很喜欢比赛。

莎伦：（着重地）他确实很喜欢，他也有点失望，因为我们不曾打网球和高尔夫——我们现在都在上课。爱德华出生在富裕家庭，他不明白我是怎么长大的。只要我能得到，我会去做任何工作，哪怕是一份毫无前途的工作。在我第一次婚姻中，我们靠微薄的薪水过活，更别提这些贵族运动了。

治疗师：爱德华出生富裕。他理所当然享受的东西对你来说是全新的，比如需要昂贵装备的运动。我想知道他是否还有比你更快的职业上升通道。

莎伦：（平静地）这是一个保守说法。他父亲也在银行业。爱德华虽然靠自己起步，但是他从父亲的建议中获益良多。这份工作对我和家人来说是向前进了一大步，我很感激。虽然我自己起步，但是爱德华给予了我巨大帮助。（激动地）他觉得我们是一个不可阻挡的团队！

治疗师：你真的经历了个人能力的巨变。

莎伦：（停顿，不确定地）是的，这些都很好，除了阿德里安真的不喜欢高尔夫球课，但是爱德华认为未来阿德里安需要靠高尔夫取得商业上的成功。

治疗师：爱德华打算帮助阿德里安设定未来目标，在商界取得成功。但是阿德里安太小了，他是不是可以选择自己在业余时间做什么？

莎伦：（防备地）爱德华真的为阿德里安考虑，他想让阿德里安成功，我很感激。但是，阿德里安不是他的儿子。

治疗师：你们家人花时间放松吗？

莎伦：（轻声地）爱德华觉得这是浪费时间做阿德里安所说的"闲逛"。（停顿）我知道爱德华刚愎自用，但这只是他的一面。他对我们非常慷慨。我们从婚礼上回来，他就给了孩子们一个惊喜，他把房子里的两个房间改成了孩子们的卧室。他还在孩子们的房间里用电脑安置了学习角，我们都惊呆了。

治疗师：我注意到你用"我们"而不是描述你自己的反应。

莎伦：（专心地）我指的是孩子和我。爱德华选择了婚礼当天送货，因此当我们回到家一切都是巨大的惊喜。

治疗师：他在财产方面非常慷慨，但你愿意他征询你的意见而不是对其感到惊讶？

莎伦：他不是有意遗忘我，他是一个行事果决且执行力强的人，并不是向别人请教咨询的类型。

治疗师：这曾经让你觉得你的观点无关紧要吗？

莎伦：他重视我的意见，但他的经验带给他更广阔的视野。

治疗师：在社会中，丈夫和父亲经常在决策中占据主导权。

莎伦：我不认为是因为他是男性而由他做主，事实上我非常仰慕他的智慧和决断能力。我觉得他只是低估了我作为母亲的意见。

治疗师：你认为这个问题有多严重？

莎伦：我不认为这个问题非常严重。阿德里安和苏茜自从有他当爸爸后得到了太多，但是苏茜哭得太多而我和爱德华都不喜欢她这样，爱德华甚至有些恼怒，因为他认为她应该能更好地控制自己的情绪。我试着提醒孩子们想想爱德华给我们的生活带来的改变，让他们想起自己心爱的衣物和房子。之前我们住在一个很小的公寓里，孩子们被迫挤在一个屋子里，我们也没有多余的预算可供娱乐例如看电影。

治疗师：你在婚后获取了很多的资源，那为何苏茜要哭泣？

莎伦：她在上芭蕾课时被人欺负，那些小朋友说她的衣服很蠢。其他小朋友都是在幼儿园时便相识，只有她是新进的学生。我告诉她所有的事情都会好起来的，她的衣服也会越来越漂亮。

治疗师：女性（包括女孩）在一些特定的视角下承担着很多的社会压力，这会压抑她们的天性。

莎伦：这点我同意，这也正在苏茜身上发生。我也希望自己有更多的时间能帮助她摆脱困境。我生活中的一大悔恨便是没有足够的时间陪在孩子们身边。当我是全职妈妈时，我将他们俩放在我生活中的首位，但我并不能带给他们漂亮的衣服和玩具。现在却恰恰相反，我整天匆匆忙忙，但能给他们带来更好的物质生活。

治疗师：作为母亲你希望更多地和孩子在一起。然而，你同时还是一位妻子，这两个角色在时间分配上本身就有着不可调和的矛盾。

莎伦：（难过地）的确如此。我在其中左右为难，爱德华并不能理解我想跟孩子在一起的心情。每当我准备和孩子们过一个安宁的周末，便会发现爱德华已经替他们报了课程，我也只好开车送他去上课然后放下他们。

治疗师：我从你的脸上可以看出你的痛苦，爱德华了解你的感受吗？

莎伦：（悲伤地）他试着减少我的担心——却没有计划，久而久之他感觉自己在浪费时间。我的母亲甚至认为我是故意和爱德华过不去。

治疗师：她没有考虑你的担忧。（停顿）你有权利来担心，你爱你的孩子，你想与他们在一起是理所应当的。

莎伦：（生气）妈妈却告诉我，我太过于担心了。她只是提醒我，过去的事情有多糟，爱德华真的是家庭的救星。他帮助她重新贷款买房，她现在经济上宽裕多了。

治疗师：说到钱，爱德华真的为大家带来了很多帮助。当你在努力摆脱债务的时候，谁有更多的钱似乎谁就是真的救世主。然而，你现在的钱让孩子们更快乐了吗？

莎伦：（悲哀地）孩子们在收到东西后那一刻是开心的。但他们似乎不喜欢他们就读的私立学校。其他的孩子都是浑小子，我真的不想让我的孩子像他们一样。（焦急地）我担心孩子们，但爱德华认为他们只是需要时间去适应。

治疗师：改变很难。人们经常需要时间来适应，但你不想适应对你来说是不健康的事物。

莎伦：（长时间停顿）阿德里安和爱德华有很大的问题。他在学校努力学习，但有时他只是想躺在那里什么也不干。我希望爱德华能理解。上周阿德里安的棒球棒不小心将客厅的花瓶打破了，爱德华真的失去理智了。

治疗师：你说"失去理智了"是什么意思？

莎伦：（伤心地）爱德华打了他几下屁股。我不会叫它虐待，但我不打我的孩子。阿德里安冲着爱德华大叫说他虐待儿童，然后爱德华罚他一个月不能出门，时间太长了。阿德里安确实无礼，但孩子们有时会失去理智。（急切地）我希望爱德华能理解。

治疗师：爱德华在教训他们后有没有在孩子身上留下瘀伤或其他痕迹？

莎伦：（认真地）没有；他确实打过他们俩，但从来没有留下任何痕迹。爱德华最尖锐的武器是他的舌头。如果他不喜欢他们他会贬低他们。他试图激励他们更加努力。他认为他的父亲通过设定严格的标准来帮助他，使他达到高的标准。他认为阿德里安很聪明但太情绪化。我想是我鼓励孩子和我谈他们的感受的。爱德华认为阿德里安个性懦弱需要变得坚强。

治疗师：你希望这样吗？

莎伦：（冷静地）我认为阿德里安很好，但试着向爱德华学习不会害他。

治疗师：爱德华在工作和家庭中都很有权力。那你呢？你母亲的角色似乎并不像你应得的那样受到尊重。

莎伦：（紧张地）他给了我那么多。

治疗师：他给了你物质财富和工作中的培训机会。你给他什么了吗？

莎伦：（专心）当然。我一直是他的好妻子，支持他的兴趣，照顾他。但（长时间停顿）我真的不知道我是不是能期望我没有的东西。

治疗师：这应该由你自己来定义对你来说什么是好的婚姻。但我认为双方应该有平等的发言权，并且都被尊重。爱德华因为他的银行知识有权获得尊重，但你的育儿知识也值得尊重。

莎伦：（不确定）值得受到尊重的这种感觉我有些陌生。

治疗师：爱德华在很多方面都是很好的合作伙伴。他不会停下来考虑你具有而他却没有的关于如何抚养孩子的宝贵知识。你如何处理爱德华不了解孩子们的压力？

莎伦：（不安地）我想我得告诉你我最近体重减轻了很多。我只是不想吃。我知道那很疯狂。（悲伤地）爱德华却很喜欢。（强调）他说我会成为乡村俱乐部里最漂亮的女人。

治疗师：医生对此怎么说？

莎伦：（不确定）他说我太瘦了。但我不饿，我得到了很多称赞。

治疗师：有很多社会压力让女人变得苗条。有的来自电视、电影和广告。市场上有很多减肥产品在卖，但对女性来说都不健康。

莎伦：（难过地）我真的不想节食。但苏茜已经开始模仿我吃得少。我不想她也这样！

治疗师：对你来说建立这个新家庭有很多好处。我知道当你的医生说这句话的时候会让你生气，但是我必须诚实地告诉你，你看起来很焦虑和沮丧。我想这可能来自你想在这个新家庭里做个好妻子和好母亲的压力。

莎伦：（焦急地）我不想失去爱德华。

治疗师：如果你选择继续治疗，我们需要考虑如何平衡你作为妻子和母亲的身份而不失去食欲。

莎伦：（长时间停顿，冷静）我想我会再来的。

练习：形成对莎伦的个案概念化

练习1（四页）

目的：确认你对女性主义有一个清晰的了解。

方式：写一篇综合性的文章，包括以下 A、B、C 三个部分。

需要帮助的话，你可以回顾本章。

A. 简要概括女性主义赋权疗法的所有假设作为之后练习的介绍（关于理解来访者是如何改变的关键维度的理论假设，广泛地、概括地）。

B. 详细描述治疗师是如何运用这些假设，通过阶段性的变化过程来理解来访者的治疗进展的，提供具体的例子来充分解释每个假设。

C. 总结概括，描述治疗师在帮助来访者改变过程中的作用（顾问、医生、教育者、帮助者），治疗的主要方法和常见的治疗技术。提供详细具体的例子来阐明这种方法的独特之处。

练习2（最多四页）

目的：应用女权主义理论来帮助莎伦。

方式：A 到 D，每一部分都使用单独的一句话概述。

需要帮助的话，你可以回顾本章。

A. 对于莎伦作为母亲、妻子、女儿和银行经理的每一个身份，在适当的时候进行讨论：

1. 过去性别角色刻板印象在这个身份发展中的作用（如果有的话）。

2. 目前来自家庭或者社会的压力在身份认同中维持性别刻板印象所起的作用，如果有的话。

3. 莎伦在每个身份中经历了多少特权或压迫。

4. 在每个身份中有多少女性的观点被认为有价值。

5. 当莎伦在某个身份中起作用时，她与他人关系的平等性如何。

6. 在莎伦的第一次婚姻后，这种身份发生了什么样的重大变化（如果有）。

7. 此时莎伦这一身份的弱点是什么（关系、问题、困惑、症状、技能缺陷、治疗障碍）。

8. 目前莎伦这一身份的优势是什么（强项、积极的特点、成功、技能、促进变化的因素）。

B. 讨论莎伦的每种身份在这段时间里是如何相互依存的，哪种或哪几种角色是她最显著的身份，莎伦目前被赋权的情况，以及她目前的生活方式中性化的程度。

C. 莎伦目前的环境和社会背景是如何促进或抑制了她的个体发展的？她是否意识到她作为女性角色的社会期望是如何影响她的生活的？这些社会压力对她的消瘦、焦虑和抑郁产生了什么作用？

D. 莎伦的整体功能如何？如何利用她的优势，以支持她获得更多权力并且与其他成年人建立平等的关系？在这个时候女性主义需要提供给她什么特别的帮助？

练习3（最多四页）

目的：进一步了解社会经济地位对莎伦生活的潜在影响。

方式：A到I，每一部分都使用单独的一句话概述。

需要帮助的话，你可以回顾第二章。

A. 评估莎伦的经济和社会阶层，并考虑它是如何影响她在家庭中获得资源的，如与家人相处的时间，以及日常生活资源、安全的住房、隐私和娱乐。

B. 评估莎伦的经济和社会阶层，考虑它是如何影响她的社区内资源获得的，如医疗、教育选择、社会选择、职业选择、法律资源和社会政治权力。

C. 在考虑A和B的基础上，评估莎伦的经济和社会阶层对其自尊、个人福利和家庭福利的影响；在学校、家里或者是在工作中能否独立做决定；在工作、社会和政治领域能够自己影响自己的生活环境而不受他人的掌控。

D. 考虑在过去、现在和可预见的未来中，环境因素对莎伦经济独立的积极支持作用或者阻碍作用（社会和经济障碍或是机会窗口）。

E. 基于对A到D的思考，想一下社会经济地位对莎伦来说更多的是限制还是支持。考虑社会经济地位可能会给莎伦目前的优势劣势、整体压力水平和整体幸福感带来什么影响，以及社会经济地位会如何抑制或促进莎伦目前生活方式的改变。

F. 你目前掌握了哪些有关社会经济地位的知识？

1. 你修过多少门课程，让你了解社会经济地位及其对来访者身心健康的影响？

2. 你参加过多少次研讨会，让你了解社会经济地位及其对来访者身心健康的影响？

3. 在与不同社会经济地位的个体合作时，你获得了什么专业经验？

4. 你有过与不同社会经济地位的人相处的个人经验吗？

5. 什么样的群体效应可能会给下层阶级、中产阶级和上层阶级的世界观带来什么影响？

G. 你目前对社会经济地位的意识水平是怎样的？

1. 讨论你听到的对下层阶级、中产阶级和上层阶级的刻板印象。
2. 讨论你原生家庭的社会经济阶层对你目前生活的影响，例如你如何投票，你住在哪里，你拥有什么，你如何理财。
3. 讨论那些可以支持你与莎伦有效进行工作的经验，以及可能导致负面偏见或者将莎伦观点边缘化的经验或者现有情况。

H. 你现在会运用哪些技术就来访者的社会经济地位进行工作？

1. 你现在会运用哪些技能进行阶层分析并且帮助来访者获取所需的财务或相关资源？
2. 你现在会运用哪些技能帮助你评估社会阶层对莎伦身心健康的影响？
3. 为了提高自身评估社会阶层对莎伦身心健康影响的能力你能做什么？

I. 你能采取什么行动？

1. 你准备做些什么让自己能够在和来访者就社会经济地位进行工作时更有技巧？
2. 你如何构建你的治疗环境，来提升来访者从社会经济地位中获得积极结果的可能性？
3. 描述你打算和来访者一起工作的治疗方向，讨论隐含在这个治疗方向中可能导致偏见或将莎伦经验、观点边缘化的阶级价值。
4. 你能做些什么来增进与莎伦建立关系的进程？
5. 你能从社会经济地位的角度对治疗过程做些什么改变以更有效地帮助来访者？

练习4（最多六页）

目标：帮助你将赋权女性主义疗法的知识和社会经济地位的作用进行整合，对莎伦个案进行深度个案概念化（她是谁，她为什么会这么做）。

方式：写一篇综合文章，对结构进行精心组织，其中包括前提假设、支持性的细节以及结论。

需要帮助的话，你可以回顾第一章和第二章。

步骤1：思考你应该使用什么方法形成你从女性主义角度对莎伦的理解。这种方式应该：①支持你全面而清晰地理解她的身份角色以及她在社会中的权力；②提供可能让她觉得具有说服力的语言，尽管她对女性主义的看法很矛盾。

步骤2：提出一个简洁的前提假设（概述、初步或解释性的观点、命题、论题、理论驱动的导向、假设、总结、得出因果关系的陈述），阐述莎伦作为一个新兴的上层阶级女性的优势和劣势，她关心她的孩子与他们的新继父之间的关系。如果你有在采取第二步时遇到困难，记住，第二步应该整合练习2和练习3的主要观点，它应该具备以下特点：①为莎伦长期目标的设定提供依据；②是根植于女性主义理论，并对社会阶层问题敏感；③突出女性主义治疗中莎伦具有的优势。

步骤3：规划你的支撑材料（对优劣势进行详细的案例分析，提供数据支持前提假设）从女性主义的视角，在每段中进行深入分析。莎伦作为一个女性，努力寻找生活与工作身份的平衡最后导致了焦虑、抑郁和消瘦的产生。如果你在进行第3步时有困难，可以想象你需要包含的信息是为了如下目的：①支持短期目标的建立；②是植根于女性主义赋权疗法原则的，特别是当它们涉及社会经济地位时；③将你对莎伦优势的了解与社会压力对其生活影响的评估整合在一起。

步骤4：得出女性主义的结论并提出完整的治疗建议，包括：①莎伦社会功能的总体情况；②目前促进或者是阻碍她赋权的东西有哪些；③当她尝试建立能让自己发展独特能力的平等关系时，有哪些基本的需求（简明扼要的）。

练习5（最多4页）

目标：为莎伦制订一个个性化的、理论导向的行动计划。要求该计划充分考虑莎伦的优势并和社会经济地位诊断角度关注的问题密切相关。

方式：包括长期目标和短期目标的句子概要。

需要帮助的话，你可以回顾第一章。

步骤1：概述你个人的治疗方案。注意你在练习3的G和I部分的内容，避免在你的治疗方案中出现任何的偏见，并且确保你的治疗方式能够适应莎伦个体的独特需求。

步骤2：建立一个能使莎伦完美结束治疗并产生赋权的长期目标（主要的、大量的、宏大的、复杂的、一般性的）。如果你在第二步有困难，回看你的前提假设并支撑论点，然后将它们转化成你的目标，来满足莎伦作为一个母亲、妻子和银行经理的需求（使用练习4的方式）。

步骤3：建立一个你和莎伦能在几周内看见成效的短期目标（小的、简要的、概括的、明确的、可测量的），这能帮助你跟踪莎伦理解社会力量对她生活影响方面的进程，逐渐灌输改变的希望，并计划一个具有时效性的治疗阶段。如果你在第三步有困难，回看你的支撑段去寻找可能转化成目标的观点，这些观点需满足以下要求：①可能促进和女性主义的原则、社会经济地位的观点相关的改变；②可能会对目前促进她赋权，或者削弱妨碍她赋权的障碍的东西做强化；③只要可能，利用她的优势使她了解社会压力在她生活中扮演的角色；④满足她作为一个新婚母亲的个性化需求，而非通用的观点。

练习6

目标：以莎伦为例评判女性主义疗法。

方式：以论文或小组讨论的形式回答问题A到E。

A. 在帮助莎伦时这种模式的优点和缺点是什么（一个带着两个孩子的新婚母亲从底层社会到了上流社会）？

B. 讨论本案使用认知行为理论的效果，寻找会谈中是否存在不合理思维的迹象，比如绝对化标准，正确/错误的思维，适应不良的情绪、行为，等等。然后，比较在个案中使用认知行为与女性主义方法的力量差异。最后，总结讨论你认为此时最能帮助莎伦的理论，并解释为什么。

C. 将性别维度应用于莎伦和爱德华。然后讨论你是否认为社会性别和社会经济地位是影响莎伦婚姻关系的最大影响因素。同时，讨论如果爱德华是一个园林绿化小公司的老板，她仍然是一个银行经理，他们婚姻关系中的动力可能会有什么改变。

D. 在与莎伦合作时，可能会出现哪些伦理问题，考虑到她明显地排斥"她和她的婚姻与性别角色刻板印象有关"的观点？女性主义的其中一个原则是莎伦有权来找到自己独特的身份。如果几个星期后，她告诉你，她还是选择让爱德华继续掌握家庭的决定权，她希望你能帮助她与孩子们来讨论这些事情，你会做什么？

E. 当你试图为莎伦实施这个模式时，你了解了你自己的性别角色假设吗？你如何回应莎伦关于她与丈夫的关系以及爱德华与孩子的关系的评论？在你与莎伦建立良好的工作关系的过程中，这个模式可能会带来哪些支持或者限制？

推荐阅读

书籍
Brown, L. S. (2010). Feminist therapy. Washington, D 治疗师: American Psychological Association.

Enns, C. Z., & Byars-Winston, A. M. (2010). Multicultural feminist therapy. In H. Landrine & N. F. Russo (Eds.), Handbook of diversity in feminist psychology (pp. 367-388). New York, NY: Springer.

Worell, J., & Remer, P. (2003). Feminist perspectives in therapy: Empowering diverse women. New York, NY: John Wiley & Sons.

录像
American Psychological Association (Producer), & Brown, L. S. (Trainer). (n.d.). Feminist therapy (Systems of Psychotherapy Video Series, Motion Picture #4310828). (Available from the American Psychological Association, 750 First Street, NE, Washington, DC 20002-4242)

Amber May (Producer). (2012, August 1). Feminist therapy [Video file]. Retrieved from http://www.youtube.com/watch?v=YuFmc3y72Nw

网站
Feminist Psychology Institute. https://feminism.org

Psychology's Feminist Voices. http://www.feministvoices.com

第七章
情绪聚焦疗法的个案概念化和治疗方案

情绪聚焦理论简介

艾伦（Ellen）打来电话，在答录机上留言。她是一位32岁的白人女性，最近跟结婚10年的老公弗兰克（Frank）离婚了。她现在跟两个儿子，1个8岁，1个10岁，一起生活。在经历了一段长期不幸福的婚姻后，艾伦意识到她是同性恋，决定同弗兰克离婚。她说弗兰克还没有接受离婚或者她的性取向。艾伦希望能够在解决她和弗兰克的关系以及和另一位同性恋发展一段建设性的关系方面得到帮助。她最后的话是"如果你认为我的同性恋取向是个问题，就不要回电话。我希望从开始就说清楚，它是我问题的解决方案的一部分"。

在初始评估访谈中，一个简短的精神状态检查显示艾伦没有伤人、杀人或自杀的想法，没有认知混乱或冲动。不过，艾伦表明她在孩童时期有被虐待和忽视的历史，她还有因酒精中毒导致反复住院的长期酒精滥用历史。但她表示在过去两周她没有饮用任何酒类。

你（治疗师）提供一种情绪聚焦疗法，这种疗法的起源来自人本主义疗法、存在疗法和完形疗法的传统，以及认知科学和神经科学中的情绪研究（Greenberg & Goldman，2007；Perls，Hefferline，& Goodman，1951；Rogers，1951）。你相信人有一个固有的、基于情绪的系统，它帮助人从已有经验中获得意义，激发人的成长与发展。艾伦在一种压力状态下找到你，她不想要你指出她的错误。她不需要为这个担心，你永远不会告诉她：女同性恋是或者不是问题。她是自己经验的专家，只有她能决定事情对她而言是适应还是不适应。如果她能够相信自己可以全面加工她的经验，那她也有一种天生的能力让自己以适应的方式来成长和改变。你的角色是促进这个过程（Greenberg & Goldman，2007；Rogers，1951）。下面是埃利奥特（Elliott）和格林伯格（Greenberg）（1995）给出的情绪聚焦疗法的细致分析。

艾伦不断地从自己的经验中创造意义，以此来理解自己、他人和自己的处境。当艾伦全面地加工她的内部和外部经验时，可以从中得到灵活且适应的指导，从而产生健康的功能。在这个过程中，艾伦需要把她的情绪唤醒保持在一个对她而言最佳的水平。有些时候她需要接近她的情绪，强调它们，忍受它们，以便让自己认识到处境的重要性（处境的意义）并采取适当措施。另一些时候如果艾伦不能让自己容纳或疏远这些情绪，降低唤醒状态，让她能够适应性地思考处境并采取恰当的行动，创造意义的过程就会受到阻碍。对艾伦而言，情绪管理对适应的功能性有决定作用，它包括知道什么时候与自己的情绪有更多接触，让情绪指导她；什么时候需要控制自己的情绪，让自己用理智来加工经验。如果艾伦当前功能适应不良，实际上是情绪加工受阻的结果。

最近艾伦开始相信她的内部经验。这让她把自己重新定义成一个同性恋者，而不是异性恋者。现在她正在为性取向转变对生活其他方面所具有的意义做挣扎。艾伦并没有一夜之间就改变对自己的看法。相反，随着她对新旧经验的整合，这些看法一直处在构建的状态中。旧经验以情绪图式的形式，像漏斗一样过滤新经验。情绪图式在儿童期发展，然后以一种预期的、模式已定的方式，自动并无意识地指导行为。这种固有的、基于情绪的系统每时每刻为艾伦提供一种对事情如何发展的全面感知。

一个情绪图式可以围绕一种初级或次级情绪发展。初级情绪是对于所发生事情的直接反应。如果艾伦对她的父亲生气，这种生气就是一种初级情绪。但是，如果艾伦在体验到生气后，立即体验到父亲会因为她表达生气而打她的恐惧，这时恐惧就变成了一种次级情绪，它起到掩盖生气这种初级情绪的作用。为了从这些经验中获得建设性的意义，艾伦需要克服这种恐惧，让初级情绪浮现，然后全面加工她的生气。负面情绪总是一种线索，用于在经验领域里探索意义。

情绪图式不是简单的感觉。虽然感觉在情绪图式的发展过程中有重要作用，但是情绪图式代表的是高级别的组织结构，它把感觉、身体感知、认知（信念、感知、期待）和动机倾向或行为倾向整合在一起，帮助艾伦理解她是谁，她如何与他人联结，以及对她而言什么是重要的。在这些情绪图式自动地影响艾伦的行为时，她对新经验的加工或对旧经验的进一步加工会调整或改变她已有的情绪图式，也会建立新的情绪图式。

艾伦的优势来自健康的情绪图式和适应的情绪，而她的困难则来自适应不良的情绪图式或者在面对困难体验时的适应情绪。健康的图式指导艾伦用提高生活质量的方式满足她的需求。每一个健康的图式包括感觉、身体感知、认知和动机或行为倾向。不完整的、不健康的或者矛盾的图式不会因地制宜地指导艾伦，但还是会试图满足她的合理需求。

一个健康的情绪图式可能是什么样子？艾伦在学校的表现总是很好。这也许是因为一个有效指导她学习学术知识的健康的图式。这个图式也许包括自信的感觉、她能学到新东西的期待和她的学业在过去一直很成功的感知。也许与让她重视上课和学习的动机倾向相结合。这个图式帮助艾伦在学术环境中学习时是适应的，这可能预示着艾伦能够在治疗环境中顺利学习新事物。

什么是适应的情绪？它是一种指导艾伦适应当前情况的情绪。如果有人在工作时侮辱艾伦，她可能会感到生气。如果她用果敢行为来保护自己，回应这种生气，那么这种生气就有适应的情绪功能，让她采取适应的行动。同样，如果在一个被浪漫伴侣用善良和爱对待的环境中，艾伦也会感到爱。如果她用向伴侣表达爱意和情感来回应，那么这种爱就充当了一种适应的情绪。

艾伦有一些情绪加工问题，所以她不能把全部经验整理到健康和完整的情绪图式中。如果艾伦有一个不完整的图式会有什么问题？例如，艾伦可能有和另一个成人形成情感性亲密关系的欲望或动机倾向。但这个图式可能只作为想要情感联结的早期渴望而单独存在（一种不清晰的感受信息）。这个图式是不完整的，因此并不能帮助艾伦满足这个需求，指导她该如何行动。在治疗中，你会帮助艾伦对她情感联结的渴望有更多的觉察。她能讨论它，并把这种渴望对她的意义说出来（将它符号化）。通过将艾伦的注意力聚焦在身体感知，她也许会认为这些感知是在反映一种悲伤感觉，虽然她非常想要体验情感性亲密但却不知道如何处理她的悲伤体验。通过更深层地加工这种渴望，艾伦也许会意识到她不知道如何与另一个人分享她的感受。通过这种进一步的情绪加工，她的不清晰的感受信息被转换到一个完整的、适应的图式中，在这个图式中她有希望的感觉，意识到自己以前能够有效学习并且能够继续有效学习，同时有动力努力去练习新的社交技巧，以便她可以与另一个人建立情感上的亲密关系。

一个完整的但适应不良的情绪图式是什么样？由于父亲的虐待行为，艾伦可能已经发展出一个指导她和男人互动的图式，其中包含为了自身安全，所有女人都需要顺从男人的认知。动机倾向可能让她做出顺从行为，包括向下看、低声说话和附和男人的身体反应。她也许感到不满足但却是安全的。这个图式在减少父亲对她的虐待行为时可能是有功能的，但在指导她回应暴力和非暴力两类男性的行为时却是僵化的。因此，它不能指导艾伦获得一段情感上令人满意的关系。

两个冲突的图式如何影响艾伦？她也许有两个情绪图式，以不一致的方式指导她；这可能导致自我评估的分裂，经验中的两个矛盾撕扯着艾伦。例如，她可能有一个指导她性行为的情绪图式。这个图式通过艾伦在儿童期观察父母，或者其他被她看到的性伴侣的互动发展而成。艾伦在成长过程中也听到了很多厌恶同性恋的评论，所以这个指导她性行为的图式也许包含了恰当的性行为只发生在一男一女之间和同性恋的性行为是不被接受的认知。与这个在儿童期发展出的图式相反的是，作为成人的艾伦有一个最近发展的图式，支持她同性恋的个人认同。这个图式也许包含希望和满足的感觉、刺激的感觉，使她更理解自己，让她产生了她作为婚姻伴侣并不失败，同性恋是问题解决方案的一部分这样的认知。这个图式也许包括让她去接触并约会其他女人的动机倾向。然而，告诉她如何在性关系中表现的"性行为"图式与促使她与女人约会的"个人认同"图式是不一致的。这使艾伦陷入混乱和内部冲突，如果酒精没有抑制住她矛盾的认知和行为倾向，她没有醉倒，就不能约会。

最终，因为艾伦被父亲严重虐待身体，并且目击了父亲对母亲的性虐待，她可能会经历一些问题，它们来自她在童年期为了回应那些问题经验而发展出的适应的情绪。艾伦也许已经认识到当有人（父亲）经历生气时，其他人（她、母亲）就会严重受伤，因此艾伦害怕表达生气情绪。害怕也许已经变成一种适应的情绪，因为它让艾伦做出保护自己的行为。只要父亲提高声音，她的害怕会让她顺从，这可以缓和父亲的愤怒——因此，它是适应的。现在，这个以前适应的情绪也许限制了她表达生气或与生气的其他人解决问题的能力。治疗可以帮助艾伦全面探索这种情绪并降低它的效力，让她理解它在她的关系中的角色。然后艾伦可以决定她的顺从行为对于她应对生气的人是否具有功能，以及对她来说对其他人生气是否安全。

一方面，指导艾伦从经验中加工意义的健康的情绪图式和适应的情绪也许占多数，只有极少的或者有限的情绪加工问题。另一方面，艾伦也许已经发展出了一种有问题的整体加工风格，在大部分时间妨碍恰当的情绪管理。这种有问题的整体加工风格可以表现为情绪过度管理（一个人同情绪割裂）、情绪管理不足（一个人情绪泛滥）、过度依赖经验性加工（一个人过度使用情绪或身体觉知），或者过度依赖概念性加工（一个人过度使用推理策略）。

如果艾伦有一种有问题的整体加工风格，会伴有强烈痛苦的情绪（核心痛苦）或者压倒一切的想法（核心问题）。这些来源于以下四种成因：用语言表达经验有困难，不能从概念上加工它们；个人内部的动力，例如自尊或自我定义的挣扎；人际间的动力，例如能够形成同时满足个人亲密和个人自主需求的依恋关系的挣扎；存在的动力，挣扎于死亡、丧失和生命等的意义。艾伦可能有不止一个核心痛苦或核心问题。每一个都是功能失调或者表达不足的情绪图式的一部分，或者是在面对问题经验时的一种适应的情绪。

只要艾伦不是全面地加工她的经验，她选择和行动的自由就会被限制。治疗会聚焦在帮助艾伦达成如下目标：①对她的经验有更全面的觉知；② 将这些经验更全面加工获得意义；③判断对她而言一个情绪图式中是否有任何方面不具有功能。如果她做出判断，她接着会调整它，改变它，或者创建一些原本缺失的新东西。作为将情绪功能性加工的结果，艾伦会对生活中的自己有一个新的认识，对他人有一个新的认识，对自己有更好的理解和接纳。

治疗师的角色

你（治疗师）会怎么帮助艾伦呢？总的来说，你会遵循两个首要原则：第一个原则是建立一个合作、珍视和真诚的治疗关系。为了做到这一点，你会投身于形成对艾伦的参照系有共情性理解，你会和她发展一段值得珍视的关系，并且你会让她参与设定共同目标和治疗任务的过程。第二个原则是，你会让每一个治疗单元的内容是非指导性的，因为艾伦自己才是需要讨论内容的专家，你通过提供给她做特定治疗任务的机会来促进她的自我发现。这些任务会促进她对痛苦的情感状态和相关的材料进行全面的加工，并促进这些新经验与她关于自己和环境的建构的合并。你的挑战是在艾伦自我探索的治疗性协调和特定任务的介绍之间创造一个平衡，前者对于帮助艾伦学习信任她的内部经验至关重要，后者可以帮助艾伦从自身经验中构建意义。

你是如何决定哪些任务在当下能够帮助艾伦的呢？你当下会聚精会神地聆听，并跟随她的情绪。你会寻找出一个情绪加工问题（未解决的认知－情感问题）的标识，然后建议一个能够帮助她应对这个当下阻碍的任务，帮助她全面体验她的内部和外部的世界。当艾伦和她的经验有联结时，你也可以检查艾伦声音的质量，因为这可以为她从你这儿需要什么提供线索。有四种不同的声音质量可以被识别：如果她用一种专注的声音说话，说明她已经准备好将一些经验的新的方面表达出来。如果是一种情绪性的声音则表明她接触到了她的感受。如果她用一种受限制的声音，说明她担心在她接触情绪发生后不知道会发生什么。遇到这种情况，在艾伦能更全面地探索她的经验之前，她需要在治疗关系中发展出信任和更多的安全感。最后，如果艾伦用一种仿佛来自外部的声音，用一种排练或者死记硬背的方式描述她的经验时，她的注意力则在你对这些描述所产生的反应，而不是发展一种对这些含义的内部理解。遇到这种情况，你要帮助她转向内部，用一种生动的方式再现每一个经验，以让每一个经验能够在当下被加工。

艾伦会开始你建议的任务吗？她的自主性和自我指导性的探索至关重要，因此只有当她准备好这么做的时候她才会接受这个任务。艾伦总是处在将新经验与她对自己和世界的感觉合并的过程中，当她这么做的时候，她在当下重建自己和自己的需要。所以，行动计划不会被直接从一次咨询搬到下一次咨询。艾伦会决定每次咨询的节奏和方向。然而，如果你预期艾伦有一个核心痛苦或核心问题，这些内容会在多次咨询中浮现。你建立了一个合作、平等的治疗关系，所以当你每一次见到艾伦的时候，你会等着从她那里出现的内容并跟随她的指引。你绝不会给她的经验强加意义，因为这可能阻碍治疗进程，妨碍她以对她最有帮助的方式对自己的经验进行重新整理。

那些具有标志性的值得探索的经验可能来自艾伦对情绪过度控制的整体加工风格。因此，在艾伦表现出最大限度降低对个人经验的情绪时，就是你可以向她建议一个能够促进她更全面体验情绪的任务的第一个信号，或标志。发生在当下的一件小事情也可以成为标志，像一个非语言行为。例如，艾伦在讨论一些事情的时候可能会向下看（非语言行为）。你可以让艾伦注意她对这个行为的身体感受，先帮她将之符号化（用语言表达），然后再考虑它可能有的含义。

下面讨论六种不同类型的情绪加工问题（过程诊断）。针对每一种类型，都有一个与之相关的任务，可以帮助艾伦发现和/或转化它的适应的含义。第一种类型叫有问题的回应，指的是艾伦发现在预期的回应和现实的回应之间有矛盾；她对这个经验感到某种程度的疑惑或烦恼。在这种情况下能提供帮助的任务是系统性唤起的展开。在共情回应的同时，你帮助艾伦再次生动地体验并探索这种有问题的回应。你会减慢这个令她疑惑的体验的加工过程，这样你可以帮助艾伦更深入地检查它的每一个细微部分，让她能够识别感知的触发点（在反应之前，发生了什么），识别她与之相关的立刻产生的思维（这个体验的进一步符号化），识别自己回应时的感觉（这个体验的感觉怎么样），以及自己的动机（她想要的关于它的感觉和思考是什么）。最终，艾伦能够从这个问题经验中得出更适应的意义。

人的自我有多样性，并不是一个单一运转着的自我。艾伦处于一种持续建构自我统一感的状态中。如果她有第二种类型的情绪加工问题，则会是自我评估分裂，她自己的两个方面以反对彼此的方式工作，而不是被完全整合到她对自己的感受中。例如，在她的认同中，一个方面可能批判或强迫另一个方面。一个方面可能批评她在关系上的无能，因为她的婚姻失败了；另一个方面可能认为是因为是性别的混乱，而不是关系上的无能，导致了这段关系的失败。这两个方面需要被恰当地整合到艾伦的自我概念中。双椅对话的治疗技术对于这种情况有帮助。艾伦会扮演她自己的每一个方面（作为妻子角色的批评者 VS 新发展的同性恋者身份）。你会指导她让一个方面与另一个方面对话，直到双方的信息都被完全加工。这可以帮助她整合两方面的声音。她也许因为经验的创伤性或难以接受性，在以前否认了自己经验的某些方面。艾伦会在你的帮助下显露同情和自我接受，因为她经验中的这个方面是她自己的一个有效部分。

与之相关的，第三种类型的情绪加工问题是自我阻断式分裂。多年以来，艾伦可能一直让一部分自己（试图成为好妻子的部分）妨碍或最大限度降低自己表达或全面加工她对婚姻不满的情绪。双椅扮演任务也许对这种情况有帮助。艾伦可以在她自己有意识的控制之下，通过打断涌现的成为好妻子的想法，慢慢处理这种分裂（她在过度控制她的不满情绪）。然后艾伦可以完全表达她的不满，并将它加工成建设性意义。

第四种类型的情绪加工问题是脆弱感。它代表了痛苦情绪，它可能与艾伦在过去保守秘密的部分经验有关。也许艾伦一直认为她应该受到父亲虐待，因为她怀疑自己生性邪恶或微不足道。不管这种脆弱感在什么时候开始浮现，艾伦可能都会逃避体验它，她害怕接受这个经验就意味着她是坏的、微不足道的。在这种情况下，要完成的任务是对此进行共情性的肯定。你会向艾伦展示你理解并珍视她，作为她自己的她——一个离异者，有两个孩子的同性恋母亲，在童年时被虐待等；你珍视全部的她。这种接纳可以帮助艾伦发展出更多的希望感和力量感，让她能接受自己的所有方面。

第五种类型的情绪加工问题是一种匮乏性的或不清晰的感受信息。这与艾伦对自己的部分经验混乱或缺少身体反应有关。体验性聚焦是一个在这种情况下非常有帮助的任务。假设艾伦总是在睡前关灯的时候感到麻木，但是她不知道原因。你帮助艾伦转向内部，近距离关注这种麻木的同时允许她更多地加工它，帮助她增强对这种麻木的感觉，让她能够将这种感觉表达出来，帮助她把这种感官形象化。她说这种麻木像是一个冰块，冰块在融化前是冻住的、暂停的，艾伦感到迷茫。记住这个冰块的比喻，现在艾伦能把它符号化（用语言或其他符号表达）成一个冰块，当父亲打她的时候她并不一定要感受到痛苦。后来艾伦这个冰块融化了，因为她的母亲对待她就像这个经历没有发生过一样。艾伦能够从这种对不清晰的感受信息的强烈聚焦中，建构新的意义。尽管她的过去不能被改变，但是这种被殴打的意义可以改变。她可以不再认为她是融化的冰。现在她可以相信他的父亲有虐待性，而她的母亲在否认这一点。现在她的自我感包括作为一个成年人，她能够保护自己不受虐待。艾伦现在可能在晚上关灯时，保持着完全的觉知，她作为成年人在床上是安全的。

最后一种情绪加工问题是未完成事件。假设艾伦对在她5岁时母亲去世这件事有一种没有亲自处理过的遗弃感或愤怒。使用空椅（想象她的母亲坐在上面）对话在这种情况下可以是一个有价值的任务。首先艾伦看着这把空椅，从她自己的角度说话。然后，艾伦移到"母亲的椅子"上，从母亲的角度继续这段对话。艾伦不停变换座椅和观点，直到她可以把这个未完成事件的所有方面补充完整。现在她可以得到一个适应的结论，她已经处理了自己对母亲过世的感觉。

所有加工诊断（标志的识别）都是尝试性的，可能会也可能不会被进一步的情绪加工证实。所有六种治疗任务的作用都是将潜意识和自动化情绪图式带入艾伦的意识中，进而深入探索。如果艾伦发现了一个图式，它能够建设性地指导她，却在过去被她忽视，她可以更关注它，增加它指导自己的潜能。如果她发现了一个具有破坏性的指导图式，她可以将它重建，改变它，或者创造一个对她更有帮助的不同图式。

治疗结束时艾伦会得到什么？她可以全面接触她的情绪，并能用它们指导她的行动。如果她感到自己被情绪淹没，她可以用所学的技巧来减少自己的唤醒，如自我舒缓，向他人寻求支持和分散注意力等策略。相反，如果她同自己的情绪隔离，她可以用所学的技巧变得对自己的情绪状态有觉察，如关注自己的身体感受、向内聚焦的技巧。总的来说，她可以相信自己的经验，利用更大范围的情绪性信息，发展一种以自己的方式对个人经验反馈想法和感受的能力。她会知道在和他人的关系中，她可以成为自己，因为她值得，她能指导自己的命运。

案例应用：聚焦性取向领域

艾伦的案例现在会被详细说明。她的案例涉及错综复杂的很多领域。这里选择用情绪聚焦的个案概念化和治疗方案说明性取向领域的考察。

从情绪聚焦角度与艾伦会谈

治疗师：欢迎。（停顿）你想从哪里开始？
艾伦：（难过地，向下看）我最近同我的丈夫弗兰克离婚了。我和他在高中时认识。他是我第一段也是唯一一段认真的感情，他一直都掌管我们的钱，负责我们在哪儿生活，怎么生活。他是我的一个也是唯一的朋友。（往上看）

治疗师：同你唯一的朋友离婚是多么难啊。

艾伦：（沮丧地）是的，确实很难。我有普通朋友，但是（停顿，凄凉地）我需要一个新的伴侣，一个让我爱的人——晚上当我的儿子入睡后，我感到非常孤独。

治疗师：你在寻找一种摆脱孤独的方法。（停顿）你可能会做什么？

艾伦：（尴尬地）我知道我需要见（长时间停顿）其他女同性恋。但是我怎么才能接触到其他女人呢？我一直觉得认识新人很难。弗兰克，他是主动接触我的——我不可能主动接触他。（戒备地）上周末我去了一个同性恋酒吧，我计划着喝正好的酒帮助我（停顿）社交。但是（停顿，向下看）让我能够开始同其他人说话，还是花了很长一段时间，喝了非常多的酒。我们去了酒店，（长时间停顿）我不记得这个女人的名字，也不记得自己做了什么。（向上看，厌恶地）第二天早上我自己一人在酒店醒来。我看着浴室镜中的自己，突然开始呕吐，吐了自己一身。（生气地）我不得不回家并面对我的孩子。（长时间停顿）他们看到我回家时穿着和昨天一样的衣服（停顿）全身被呕吐物弄脏；他们就那样盯着我。我说谎了。我说我得了感冒，去了医院。（停顿，悲伤地）对他们撒谎感觉很糟，真的很糟糕。（困惑地）但是我还能做什么呢？

治疗师：这种感觉并不好。你不记得发生了什么。（停顿，艾伦向下看）你说谎。（停顿）这种醒来就吐，还要向你的孩子说谎的生活并不是你想要的。（艾伦向上看）

艾伦：（坚定地）我不想要。这已经不是我第一次不省人事了。在我整理好我的生活之前，我很多时间都在喝酒。孩子们经常看到我在沙发上昏迷。（停顿，坚定地）我不会再喝醉了！我会跨过这个陷阱的。

治疗师：你听起来下决心不会再喝醉了。（艾伦点头）这会有多难呢？

艾伦：（坚定地，向下看）我不喝酒。（停顿，向上看）我是说，我在发现自己是同性恋之前不喝酒。（困惑地）但是当我去酒吧的时候，我就开始喝了。

治疗师：你看起来很困惑。

艾伦：（温和地）是的，我不懂。我花了人生的大部分时间隐藏自己。（长时间停顿，坚定地）现在我知道我是谁，我的隐藏结束了。但，为什么我会喝醉呢？

治疗师：感觉像是这个新的你非常了解你自己，并不会犯这种错误。

艾伦：（长时间停顿；看向咨询师）我算不算强大？

治疗师：强大的人有没有在理解自己时挣扎？他们总能知道要做什么吗？

艾伦：（悲伤地）我猜这不现实。（长时间停顿）我说我可以同女人发生性关系——甚至当弗兰克冲我喊不可以的时候。这让我感觉到自己非常强大，我以为不会再有任何问题了。

治疗师：如果是就太好了。（停顿）在你度过了过去的一切之后，终于从不安和痛苦中解脱了。

艾伦：（长时间停顿，不安地）我太害怕和另一个同性恋谈话了，我不得不喝醉。（强有力地）这就是我来这儿的原因。从现在开始我会面对我的恐惧，而不是用酒精掩盖它们。

治疗师：你在向治疗，而不是酒精，寻求帮助。（长时间停顿）还有什么事帮助你避免酒精陷阱吗？

艾伦：（沉思地）我的孩子们需要有一个细心的母亲。他们在学校从来没表现好过。（停顿，痛苦地）我被自己的挣扎所困扰，而忽略了他们，就像我父母对我做的一样。我母亲总是喝醉。我不想像她那样，但是我却跟她一样。我从来没有辅导过他们的功课——甚至在老师给我写纸条时。他们去年被留级了，这（停顿，哽咽）让他们非常不开心。（长时间停顿，决然地）我让我自己喝醉，不关心——这些结束了。

治疗师：你对孩子们的关心增加了你戒酒的决心。（艾伦点头）你愿意试着理解你自己，并做一个好家长。

艾伦：（坚定地）对，我决心要帮助我自己和我的孩子。（焦虑地）关于如何做一个好妈妈，我有太多不知道的。我给他们食物和衣服，但是仅此而已。我注意到他们有时看起来不开心，但是我不知道该怎么做。现在的情况是，一些事情发生了，然后我向他们喊叫让他们停止——我听起来和我的父亲一样，我恨这样！我知道，（哽咽）内心深处，他们需要一个更好的母亲。（啜泣）

治疗师：（长时间停顿）这个房间里有非常多的痛苦，它来自你内心深处。

艾伦：（含泪地）我的孩子们需要的不是一个醉鬼做母亲。他们不得不叫醒酒醉时候的我，让我给他们弄点吃的。我是一个如此恶劣的母亲。（恐惧地，陷入沙发中）如果他们知道我是一个同性恋，他们会如何反应？弗兰克说过一些恶劣的话。他们会觉得他是正确的吗？弗兰克只是想让我回去，但是他那样说我是在做一件非常恶劣的事。

治疗师：这么多痛苦。（停顿）这么多担心。（停顿）你的身体看起来想要藏在沙发里。（长时间停顿）

艾伦：（颤抖地）不，我不能。（坐起来）我不能躲藏。过去的我会那样，会忽略我的孩子，哪怕感觉不对也会继续跟弗兰克在一起。但新的我会去学习成为一个好妈妈。（停顿）但是每次当我试着强大起来，告诉孩子们我是同性恋的时候，我的胃都会恶心。（向下看）他们必须知道。（焦虑地）我想要他们接受我，爱我，爱真正的我。

治疗师：想象他们会像弗兰克一样反应让你觉得害怕。（长时间停顿）你担心他们不再爱你了。（长时间停顿）当你醉倒在床上的时候，他们爱你。他们会因为食物来找你，因为他们知道你会为他们准备食物。当你是一个清醒的同性恋母亲的时候，他们还有一样的自信吗？（长时间停顿）

艾伦：（向上看，强有力而且明确地）他们会的。（停顿）我和弗兰克一起建造的家是一个悲惨的地方。我们在多年前就该离婚。如果我给孩子们一个可预见的、幸福的家，应该会有更多的爱，而不是更少。但是我不总是觉得强大到可以做到。我会变得非常孤单；对于我来说见新认识人又这么难。弗兰克会打电话说，他知道我很孤单，感觉糟糕。（长时间停顿）他想要这个悲伤的、顺从的我——哪怕是个醉鬼。（困惑地）我需要更多，但我不知道该怎么得到它。

治疗师：和弗兰克结婚，你知道事情并不对。（停顿）你试着从酒精中找到出路，但是你知道这只是个陷阱。你越来越清楚你需要什么，但不知道如何得到它。弗兰克不知道事情不得不改变。

艾伦：（轻柔地）改变就这样自然开始了。我因为酒精中毒又一次住院，在给我输上液之后，医生和护士照例开始询问那些关于饮酒的问题。（长时间停顿，惊奇地）当时有一个医生是一位年轻的、有吸引力的女性，我非常清楚地察觉到她。就是这样。我了解我自己。

（停顿）我是一个同性恋。我知道自己这一整天都感觉很好，即使我是在医院。（停顿）但是夜晚对我来说太难熬了，孩子们睡着了，我很孤单。（轻柔地）孤单到痛。弗兰克打电话来，他也孤单。（停顿）他说他总会想要我。

治疗师：你和弗兰克帮助彼此排解孤单。你试过那种方法，但它并不够。内心深处（停顿）总是感觉不对。（长时间停顿）现在你知道为什么你跟弗兰克在一起不行了。

艾伦：（长时间停顿，激动地摇晃身体）知道我是同性恋并没有解决我的全部问题，但它确实让戒酒变得容易了。我清楚地知道我不想利用弗兰克了。

治疗师：你以前谈到弗兰克的时候，你的身体会陷到沙发里，你的声音也会低落。现在你讲到自我认识如何帮助你的时候，你看起来更高了。在你接受了自己本来的性取向之后，从你的脸上，我可以看到你的自由。它为你提供了活力，让你可以自由探索你的人生。

艾伦：（矛盾地）是的，我确实有时觉得自由，但是我也会感到害怕和困惑。弗兰克一直说成为同性恋是我的问题。我的父亲非常厌恶同性恋。他会羞辱把他当成同性恋的人。有一次就因为一个人把他当成同性恋，他打了这个人。（紧绷地，大声地）弗兰克说你会治好我的同性恋，然后我就会回家！

治疗师：你感到非常自由，直到弗兰克否认了你的性取向。他认为你需要治好它。如果你的父亲知道了，他可能会打你。你是在想我会不会同意你的父亲和弗兰克吗？

艾伦：（长时间停顿，轻声地）你同意吗？

治疗师：不，我不同意。（停顿）当我看着你的时候，你的身体似乎想要说些什么。你现在能允许自己专注在身体想要表达的内容上吗？

艾伦：（长时间停顿）我感到非常紧张和非常生气。（停顿）我必须释怀，不然大家都会离开我，我已经孤独够了。

治疗师：如果你想要更多地体验你的愤怒，我不会走开。

艾伦：（长时间停顿，愤怒地说）很多时候我内心都在翻腾。弗兰克喜欢酗酒的我。对我父亲来说，我是一个出气筒。我母亲大部分时间忽视我，因为她自己酗酒——我想要她帮我，但她从来没有帮过我。（身体僵硬）没有一个人能够接受我就是我自己的样子。

治疗师：你的身体看起来非常紧绷和克制。

艾伦：（强有力地，身体僵硬）这种感觉很糟糕。我必须停下来。

治疗师：你可以在任何时候停下来，（停顿）但是你的感受是你的一部分，也许它需要感觉糟糕一段时间。你的父亲虐待你，你的母亲忽略你，弗兰克说你一定会做回一个醉鬼。你感到异常艰辛。（长时间停顿）这些听起来很棘手，很强烈，但是你看起来很包容，就好像你翻滚的内心中没有波澜一样。

艾伦：（恐慌地）我不能显出波澜，我可能会爆发。

治疗师：你的父亲确实爆发了，他对待你像出气筒一样，而不是一个需要父亲关心的儿童。（艾伦点头并啜泣）有这么多的愤怒在你的内部，更多地体验愤怒会毁灭你吗？

艾伦：（紧绷地）我可以控制它，压制住它。

治疗师：你可以控制你的愤怒。要控制的愤怒是你的，但它也许有一些重要的事情想告诉你。

艾伦：（紧绷地）我不想伤害任何人。

治疗师：愤怒一定会让你揍其他人吗？（艾伦专注地看着咨询师）愤怒不一定非得是危

险的。

艾伦：（疑惑地）如果你错了怎么办？

治疗师：我也许会错。只有你确切地知道。你有想要伤害他人的想法吗？

艾伦：（专注地）没有。我也许会喊叫，但我从没有打过我的孩子或任何人。（长时间停顿，看上去气愤地）当我允许自己想这些的时候，我对他们所有人感到愤怒——包括弗兰克。我总是喝醉。我显然遇到了麻烦，需要帮助，但是没有人注意或者在意！

治疗师：现在你看起来愤怒，（停顿）听起来也愤怒。（长时间停顿）但是你并没有气到转向暴力。（长时间停顿）这可能意味着什么？

艾伦：（停顿）我是一个孤独的人，但是我从来没有打过任何人。我不想要爆发，不想冲我的孩子或者弗兰克喊叫。（长时间停顿）我想要接纳。我想要他们爱我，关心我，（停顿）即使是同性恋的我。

治疗师：你值得被接纳。

艾伦：（轻柔地）我需要每个人都接受我是同性恋。如果我可以对持有孩子们的监护权感到安全……（长时间停顿，望向空中）

治疗师：你为什么看向其他地方？（长时间停顿）你在担心你会丢掉监护权吗？

艾伦：（轻柔地）我不知道。弗兰克从来没有用它直接威胁过我。但是他希望我回去。他对孩子们说过一些厌恶同性恋的嘲笑评论。当他最后意识到我不会回去的时候，（低声说）他也许会变得有恶意——他能那样的。

治疗师：你的声音变得越来越轻柔。

艾伦：（痛苦地）在我的成长过程中，我听到的有关同性恋的全都是侮辱。我猜这也是我长时间隐藏自己的一部分原因。如果闹到法庭的话，我父亲一定会反对我。我母亲，（停顿）我总是希望她可以站在我这边，但是她太害怕了不可能反驳我父亲。他会殴打和强暴她——我能听到她的尖叫。（停顿）如果弗兰克说他不得不要回孩子们，因为我是一个坏的影响源，法官会怎么做？（怀疑地）如果我在法庭上否认会怎么样，（停顿）就说我编造了这些来惩罚弗兰克？

治疗师：你听起来很矛盾。

艾伦：（坚定地）我不想撒谎。我已经撒谎够久了。我想要让孩子们知道我是谁，并懂得这其实没什么。他们中有一个可能是同性恋。我不想让我的儿子经历我的这些痛苦。我想要他们喜欢自己。

治疗师：自我接纳是重要的。

艾伦：（痛苦地，沉在沙发里）如果我再说谎，我会陷入混乱。我也许又会喝酒。（长时间停顿；坐起来，摆正身体，自信地）不，我不会那么做。事情会变得不一样。我有一个保持强大的计划。我来到这里。而且，我开始准备改姓氏。

治疗师：当你提到新姓氏的时候，我感觉到你迫切想要改变。

艾伦：（笑）我给我自己选了一个新姓氏。我憎恨我父亲。他是一个酒鬼和虐待者，我不想要他的姓氏。我和弗兰克的婚姻完全是一个谎言，所以他的名字也不是我的。我打算起一个新姓氏来记录我新的开始。

治疗师：在你讲这些的时候，我能明显感到你的力量。

艾伦：（笑）当我在挑选姓氏的时候，不知道为什么，但我确实感到更重要。

治疗师：你在笑。你看起来是放松的。

艾伦：（真诚地）尽管我不知道如何开始，但是我知道我要什么。（停顿）这次我不打算为了逃避孤独感而醉得不省人事。

治疗师：孤独感觉不好，但是醉得不省人事感觉更不好——你失去了自己。当你脱离这种不省人事，真正体验人生时，前面会有非常多的激动。

艾伦：（长时间停顿，焦虑地）我会需要帮助。

治疗师：我在这儿。（停顿，艾伦笑了）你笑了，而且在椅子中坐得低了一些。

艾伦：知道弗兰克是错的，真是一个安慰。你不打算改变我。

治疗师：你担心我会不接受你或者不接受你自己的目标。（艾伦点头）你对于自己是同性恋感觉良好。你感到更多的个人控制感，而且你用选一个新姓氏把它符号化。（艾伦点头）令你困的地是如何将这个新的自我理解整合到找一个浪漫的伴侣、成为一个关心孩子的母亲以及发现如何跟弗兰克及你父母相处中。

艾伦：（笑）是的。（停顿）谢谢你的倾听！

从情绪聚焦角度对艾伦进行个案概念化：基于假设模式

艾伦在一个虐待和忽视的环境下长大，导致她发展出一种抑制情绪体验并忽视身体感受的整体加工风格。这让她难以发展出健康的、充分表达的情绪图式来指导行为。相反，很多图式都是不完整的或适应不良的。例如，艾伦有一个对身体安全需求过度表达的图式。在这个图式中，男人一生气她就会害怕，还包括她必须表现出顺从，否则就会有危险；小声说话并附和男人说的内容；为了不挑战他的权力要向下看；以及在被要求时，提供性的服务。此外，对于发展情感性亲密，艾伦只有一个由孤独感觉和渴望情感联结组成的不完整的图式。它没有包括解释父母关系中有哪些地方功能失调和如何在清醒的状态下接触他人的认知。艾伦的性取向情绪图式是以一种她不能确定的混乱的感受体验和恐惧同性恋的认知为中心的。最近，艾伦与和自己性取向有关的情绪和身体感官有了更多的接触。她已经可以将她之前那种不清晰的感受信息归类为性唤起。这种加工带来了更完整的图式，现在包括想要和另一个女人发展一段性关系的动机。但不幸的是，艾伦还不知如何用适当的举措去接近其他女性，所以她再次依靠滥用酒精。除去功能失调行为的短期复发，艾伦对自己性取向的更多觉知让她感觉非常好。艾伦已经准备好进一步从她过度控制情绪的整体加工风格中退出。她联系了一个治疗师，帮助自己在女同性恋、伴侣和母亲身份上发展积极的新的自我认同。她想要儿子们在成长过程中摆脱对同性恋的厌恶。艾伦对情绪加工相对的开放态度很好地预示了她能够将她的多数经验加工成建设性含义，让她能将多数适应不良的情绪图式变成功能性的。

艾伦由于被虐待和被忽视的养育经历，发展出一种压抑情绪的整体加工风格。这种风格被她过度表达的安全图式大力加固。她发展出这个图式来应对自己对父亲的强烈恐惧，它包括如果男人生气她就必须表现得顺从，小声说话并附和男人说的内容；为了不挑战他的权力要向下看；以及在被要求时，提供性的服务。尽管艾伦并没有被卷入父亲的性行为中，但是她目睹了父亲对母亲实施的很多性暴力行为；因此她预计男人很可能会殴打并性侵她。艾伦将父亲描述为实施身体虐待，以及对待她像出气筒一样的人。她将母亲描述为在大多数时间忽视她的人——一个对酒精比养育更感兴趣的人。为了逃离这些关系带给她的恐惧、痛苦和愤怒，艾伦学会了离开自己，不去感受让她痛苦的情绪（保持麻木），不允许自己意识到这一连串的消极情绪。每当这些情绪有进入她意识的危险时，艾伦就会用酒精来控制它们。对艾伦而言，对情绪的觉知意味着被它们吞没以及伤害他人的可能。为了释放"不去体验"的整体加工风格，艾伦需要在学习如何管理她的愤怒、孤独和爱的情绪方面得到帮助，让它们能够有效地指导她而不是吞没她。尽管她害怕自己的情绪，但是在意识到一位女医生带给自己的性吸引后，艾伦体验到的积极影响让她有动机去冒险做更多情绪性调适。

对于发展情感性亲密，艾伦只有一个由孤独感觉和渴望情感联结组成的不完整的图式。她只有一个想要亲密的初步想法。她在父母对待她或是彼此对待的行为中，没有看到情感亲近的任何信号。她父亲在家的社会行为不是身体上的虐待就是言语上的虐待。她母亲不是被虐待就是喝醉了。艾伦从他们那里学不到任何健康的情感联结技巧。艾伦将自己描述为总是想要与人有更多的关系，但是又太害羞而不能发起这些关系。她在生命早期遇到弗兰克。弗兰克看出了艾伦的孤单并接近她。为了避免自己的近于瘫痪的焦虑，艾伦很快就陷入了让弗兰克成为她所有社会互动发起者的模式。弗兰克看起来并不介意艾伦成为一个酗酒的顺从妻子。尽管这样，他还是想要她。在过去，艾伦会因为太感激自己不孤单而不去追问原因。在断断续续的10年中，艾伦让自己相信弗兰克是她的朋友和伴侣，她不会再孤独了。从某种意义上讲，她无法避免地认识到这段婚姻并不令她满意。这些时候她会离开弗兰克。但她只有很短的一段时间寂寞，因为弗兰克会引诱她回到他们的关系中。弗兰克并没有主动做过任何伤害她的事情，但他坚持艾伦必须改变，如果她是同性恋的话。弗兰克已经开始在孩子们面前说一些厌恶同性恋的嘲笑评论。这一方面让艾伦感到害怕，另一方面也激发了艾伦不再回到麻木生活的信心。她不想让孩子们也听到厌恶同性恋的言论，以防某天男孩们发现他们自己是同性恋。这可能是艾伦更加自我信任的情绪图式的一个开始，她是孩子们福祉的捍卫者。

尽管有要成为一个好家长的动机，但是艾伦关于亲密的情绪图式中并没有包含作为一个有效的家长该如何行动的任何行为。它只包含如何不去行动的指导；她知道自己一定不能忽视孩子们，也知道自己一定不能打他们。但是，艾伦在成长中并没有学到如何做一个有回应的家长，有效指导孩子的行为。在艾伦成功做到不对孩子进行身体虐待的同时，她确实也会失去对愤怒的控制，很多次朝他们叫喊——就像父亲对她那样。当她知道孩子们在学校表现不好或者意识到自己让孩子们失望的时候，她就像母亲那样用酒精来麻痹自己。她会因为自己朝孩子叫喊，在他们面前喝醉，以及没有帮助他们做作业而批评自己。但是，她并没有因为自己给他们做饭、洗衣服和洗澡而表扬自己。她用某种方式教会孩子们，哪怕她喝醉了，只要孩子们让她知道他们饿了，她还是会给他们做饭。因此，艾伦的养育行为可能比她自己现在感知到得更好。至少她意识到孩子们在学校学习的重要性，意识到父母应该帮助孩子做作业，意识到孩子们在学校的困难是一个问题。这些认识可能成为形成一个养育的健康情绪图式的基础。艾伦害怕如果她拒绝回到弗兰克身边，他会试图收回孩子们的监护权。当她是一个酒醉的母亲时，虽然弗兰克从没这样威胁过要这样做，但她看过弗兰克对他人进行过报复。她害怕如果她拒绝和弗兰克的性关系，他会报复她，而且他说过一些厌恶同性恋的嘲笑评论，这表示他已经开始考虑了。艾伦考虑过在争夺监护权时，向法院隐藏自己的性取向，但她对这种自我感受的欺瞒有了更多察觉，也许她不会再这么做。艾伦已经从一种情绪困惑的状态中出来了，这很好地预示了她的未来，她不想再回到这种状态。

直到最近，唯一指导艾伦性取向的情绪图式卷入进了她一直混乱不清的感受信息和对同性恋恐惧的认知当中。除了身体上伤害艾伦，她的父亲在言语上也虐待她，在这些憎恨的评论中很多是诋毁性少数群体的。这些评论来自让艾伦害怕的人，进一步麻木了艾伦识别她身体内同性恋线索的任何能力。直到最近艾伦才突然变得和自己性唤起的身体感觉合拍。她现在已经能够将一名女医生带给她的性吸引用语言表达出来，并意识到自己是同性恋。在这个洞察之前，艾伦努力压抑她的所有情绪。她以前认为如果她体验情绪，她会失去对它们的控制，就像她父亲一样。然而，当她被这名女医生吸引的时候，她能够控制这些吸引情绪，她拥有它们，而且没有伤害任何人。

艾伦在一段不满意的异性恋婚姻中待了10年。艾伦允许自己感觉到的唯一情绪是孤独。艾伦对这些身体信号的回应是和弗兰克发生性关系，他是艾伦唯一的亲密朋友。尽管和弗兰克的性关系可以立刻帮助艾伦排解孤独，但是她和弗兰克的亲密关系从没让她完全满足过。她有一种不清晰的感受信息，让她知道这感觉不对。然而，每当她试图脱离这段关系，探索这种不清晰的感受信息时，对于孤独的恐惧就会把她拉回弗兰克身边。也许自我认识已经在这些年逐渐建立起来，但艾伦觉得在急诊室时，它仿佛突然而至。当她觉察到承认自己是同性恋这种新的感觉有多好时，她不清晰的"错误"感觉也好像消失了。忽然之间，她对在和弗兰克的关系中没办法感到满意可以说通了，是因为她的性取向而不是她作为性伴侣能力缺乏。这种自我觉察带给艾伦更多的能力感和完整感，促使她有更多的动机想进一步了解自己，并帮助男孩们发展完了解自己性向所需要的技巧。

艾伦在一个虐待和忽视的环境中被抚养长大，为了自己的安全，她发展出一种压抑情绪的整体加工风格。当她和其他人互动的时候，她用很小的音量，总是让她的情绪处在严格控制中。她认为情绪的表达总是会给他人带来危险，而艾伦永远不想伤害她的孩子。尽管艾伦有酗酒史，但是一扇机遇之窗已经打开，它可能从此结束艾伦对酒精的需要。一个意料之外的赋权体验触动了艾伦，打开了这扇窗。当艾伦在医院进行治疗的时候，她对另一个女人感到了性唤起的涌动。这种积极的情绪体验让艾伦开始接受在儿童时期被迫排除在意识之外的那部分自己。她从这种性觉察中得到的愉悦促使她选择治疗，作为获得一致自我感的新策略，而不是惯常使用的酒精。然而，对于允许自己体验情绪她还是新手，很容易被情绪淹没。治疗师需要关注艾伦当下是否已经有足够体验的信号，不让她再回到滥用酒精。艾伦自我感的演变中，她已经开始采取一系列建设性的行动认可自己的同性恋并作为问题解决方案的一部分。为了将这种转变进一步符号化，艾伦给自己换了一个新姓，以强调新的自我意识的开始。这个积极迹象表明艾伦这次可能真的要学习接受自己。

情绪聚焦的治疗方案：基于假设模式

治疗方案概述：艾伦在进一步加工经验方面需要帮助，以便她能够发展出一种灵活的加工风格，让她能够适度体验适合所在处境的情绪。制定长期目标1是为了帮助艾伦察觉她的本能反应，她会从任何能够引发她情绪的人或处境中撤离。在计划中的其他目标开始之前，艾伦需要至少部分达成这个目标。当然，艾伦可以在她认为最合适的时间加工她的任何经验，而不是遵循有顺序设定的那些目标。长期目标1至3会分别聚焦一个现阶段指导艾伦多数行为的情绪图式。艾伦有一个由虐待的养育造成的对安全过度表达的情绪图式，一个寻求情感性亲密的不完整图式，和一个指导她作为女同性恋行动的不完整图式。（该治疗方案遵循问题格式规范）

问题：艾伦更喜欢逃避情绪，而不是体验它们。

长期目标1：艾伦可以完全觉察让自己远离情绪的整体加工风格。

短期目标

1. 艾伦可以对最近一次她父亲让她惊恐的事件有所觉察，并能尽量详细地描述它。
2. 在艾伦描述这次事件时，她可以清楚说出她身体内的感觉。
3. 艾伦可以觉察她对这次事件的本能反应，就她想要看哪里，她希望听到什么和她更想要做什么而言。
4. 艾伦可以对最近一次她感到极其孤独的事件有所觉察，并能尽量详细地描述它。
5. 在艾伦描述这次事件时，她可以清楚说出她身体内的感觉。
6. 艾伦可以觉察她对这次事件的本能反应，就她想要看哪里，她希望听到什么和她更想要做什么而言。
7. 艾伦可以对最近一次她觉得必须和弗兰克发生性关系的事件有所觉察，并能尽量详细地描述它。
8. 在艾伦描述这次事件时，她可以清楚说出她身体内的感觉。
9. 艾伦可以觉察她对这次事件的本能反应，就她想要看哪里、她希望听到什么和她更想要做什么而言。
10. 艾伦可以考虑关于如何回应这些事件的任何模式。
11. 艾伦可以考虑这种行为模式是否正在帮助她达到想要做一个好女人、一个好母亲和一个好的性伴侣的目标。
12. 在需要帮助艾伦意识到她用撤回的本能反应回应所有情绪时，可以增加其他目标。

长期目标2：艾伦可以完全觉察她的安全情绪图式，这样她可以决定这种图式是否需要修改，以适应地指导她作为一名同性恋成人与暴力和非暴力个体的互动。

短期目标

1. 艾伦可以对她记得的最近一次父亲带给她的惊恐有所觉察。
2. 当艾伦接触她对父亲的恐惧时，她可以觉察当下她身体内的感觉。
3. 艾伦当下可以待在这些她正体验的感觉中，并把恐惧用语言表达出来。
4. 当艾伦完全接触她的恐惧时，她可以清楚说出她身体内的感觉。
5. 艾伦可以清楚说出与这些体验有关的任何更深远意义。
6. 艾伦可以考虑她的安全图式是否在当前同父亲的任何对抗中能有效地指导她。
7. 艾伦可以考虑她的安全图式是否在她和弗兰克的关系中能有效地指导她。
8. 艾伦可以考虑她的安全图式是否在她和那些没有暴力的男性的关系中能有效地指导她。
9. 艾伦可以考虑她的安全图式是否在儿子们进入青春期身体逐渐发育成熟时能有效地指导她。
10. 艾伦可以处理这些经验以获得进一步的意义，并根据她正与之互动的人适度修改或改变她的安全图式。

11. 在需要帮助艾伦发展一个在暴力和非暴力关系中都能有效指导她的灵活的安全图式时，可以增加其他目标。

长期目标3：艾伦可以完全清楚表达她的情感亲密图式，让它能有效指导她这个同性恋母亲。

短期目标

1. 艾伦可以对她记得的最近一次她渴望与母亲的情感联结的事件有所觉察。
2. 当艾伦想起她和母亲的关系时，她可以觉察她身体内的感觉。
3. 艾伦可以将这些感觉符号化。
4. 艾伦可以清楚说出让她必须开始、不理或结束和母亲关系的任何动机。
5. 艾伦可以从和母亲的过往经验中得出更多意义，并决定作为一个成年女同性恋，她是否要继续从母亲那里寻求情感亲密，还是向另一个也许更有能力用适合的方式回应她的示好的年长女性寻求。
6. 艾伦可以对她记得的最近一次她渴望与儿子有更好的情感联结的事件有所觉察。
7. 当艾伦想起这个事件时，她可以完全探索她身体内的感觉。
8. 艾伦可以用语言将这些感觉符号化。
9. 艾伦可以完全探索她最近一次在抚养儿子时处于喝醉状态的麻木感觉。
10. 当艾伦想起这个事件时，她可以完全探索她身体内的感觉。
11. 艾伦可以用语言将这些感觉符号化。
12. 艾伦可以描述她这种情感加工给她带来的任何动机。
13. 艾伦可以把注意力集中在自己想要成为一个主动并有帮助的家长的欲望上。
14. 当艾伦想到成为一个主动并有帮助的家长时，她可以完全探索自己身体内的感觉。
15. 艾伦可以用语言表达出她想要成为一个主动的家长的欲望，她对于过去的养育想对孩子们说什么，以及对于她设法和孩子们建立的新关系，她想对孩子们说什么。
16. 在需要帮助艾伦发展和他人健康的、年龄适合的情感亲密时，可以增加其他目标。

长期目标4：艾伦可以完全清楚地说出她的性图式，让它能有效指导自己作为一个女同性恋者。

短期目标

1. 艾伦可以生动地回忆她来到急诊室，尤其是她意识到有性吸引力的医生的那一时刻。
2. 当艾伦生动地回忆这个经历时，她可以探索她体验到的身体感觉。
3. 艾伦可以将这些身体感觉用语言符号化。
4. 艾伦可以清楚说出她对于治疗师会拒绝她或试图将她变成异性恋的任何的害怕。
5. 当艾伦考虑治疗师是否厌恶同性恋时，她可以探索她身体内的感觉。
6. 艾伦可以将这些感觉用语言符号化。
7. 艾伦可以考虑如果治疗师像弗兰克一样，不认为她是同性恋，可能带给她的意义。
8. 艾伦可以生动地回忆她为了接近另一个同性恋而喝醉的事件。
9. 当艾伦回忆她在第二天的厌恶时，她可以探索自己身体内的感觉。
10. 艾伦可以将这些感觉用语言符号化。
11. 艾伦可以清楚说出由于生动回忆这个事件带来的任何行动趋向。
12. 艾伦可以将她的同性经验完全加工成适当的意义，并制订一个如何全面准备参与一段令人尊重且享受的同性经验的计划。

13. 在需要帮助艾伦发展和其他同性恋成人的一段健康的性关系时，可以增加其他目标。

从情绪聚焦角度对艾伦进行个案概念化：基于人际关系模式

　　过去，艾伦对于如何与一个浪漫伴侣联结，如何做一个好母亲，以及如何同自己联结的观点，都是基于她是异性恋的这个假设。就这点而言，艾伦自己视为一个失败者，一个失败的妻子和母亲。在加工这些经验时，她使用了一种避开情绪的整体风格；酒精滥用支持了这种风格。然而，这给她留下了对孤独根深蒂固的恐惧和未化解的愤怒。最近，这些关于她自己的消极感知和感觉经历了一个重大的改变。她加深了对自己内部经验的觉察，认识到自己是同性恋。透过这个更深的自我认识，她重新评估了过去的"失败"意义。她已经意识到否认自己关于性取向的内部经验是问题的根源。虽然艾伦的自我觉察增加了，但是她仍旧对情绪过度管理。对于她和亲密伴侣、孩子和扩展家庭的关系，她在完全加工同性恋带给她的意义方面需要帮助。艾伦的优势在于她增长的觉察：关注个人内部经验的价值，对其他女性带给自己的性感觉的认识和接纳，以及相信自己喝醉是"错误"的内部感受信息，让自己戒酒。

　　艾伦最近意识到她想要和另一个女人建立亲密关系。最初，她因为治疗酒精滥用而住进医院。令人感到惊奇的是，她随后发现一位女性出诊医生对自己产生了性的吸引。这引发了她对自己性取向那种不清晰的感受信息的更深理解。这个增加的理解帮助她建构了一种理解，解释自己为什么不能和丈夫建立一段满意的亲密关系。基于对自己更多的性意识，艾伦试图形成新的关系。然而她发现，因为害怕而且不知道如何行动，她只有在喝醉的时候才能出击。在回顾她的酒醉约会经历时，她意识到这"感觉错了"。加工这种指向自己的问题回应，让艾伦意识到自己的行为和她想要在与他人的关系中尊重自己的动机并不一致。她意识到她并不知道该如何指导自己发展一段健康的亲密关系。

　　艾伦反思了她过去与弗兰克的关系，发现作为情侣，他并没有给她想要的支持。艾伦希望在做一个更清醒的人方面得到支持，而弗兰克对她的麻木和醉酒感到满意。在不断的逃避后，艾伦终于允许自己认识到她对孤独的恐惧是如何让她在这段不幸的婚姻中待了10年。和弗兰克发生性行为的当下让她感到不孤独，但却并不足以让她避开深深的痛苦和脆弱。弗兰克没有意识到艾伦想要成为一个好母亲的愿望，对她自我破坏式的酒精使用也不关心。艾伦确实多次尝试同弗兰克分开，但对孤独的恐惧又把她送了回去。同样，为了满足自己的身体和情感需要，艾伦和她的父母保持联系，尽管他们无能或对她缺乏兴趣。目前，艾伦认识到弗兰克和父亲都厌恶同性恋，而且如果她继续坚持自己同性恋的身份，他们可能会和她在法庭争夺孩子的监护权。弗兰克从来没有直接这样威胁过，但是一旦艾伦明确拒绝与他和解，并公开保持同性恋的身份，她害怕他会开始"报复"。艾伦对争夺监护权的担心是一种现实的害怕，因为有些法官做过厌恶同性恋的监护权判决。尽管她害怕失去监护权，但是艾伦意识到她不能再回到否认自己作为人的需求的时候。她的优势在于她渴望自我接纳，并且她认识到男孩们也需要学习去接纳自己的性向；她不想成为他们的坏榜样。她不知道要做什么，但是她非常清楚用酒精来麻木自己的感觉不是办法，暂时逃回弗兰克身边来逃离孤独也不是办法。虽然艾伦还是不知道要采取什么行动，但是在应对这个挑战时，她的优势是她增加了的觉察力，她意识到过去她进入婚姻关系中是为了摆脱孤独感和脆弱感，并希望他人可以接纳自己。艾伦保持真我和真正与他人联结的深深的渴望，在被更全面地加工后，可以帮助她发现为了实现这个动机所需要的行为。

艾伦已经认识到自己是一个不参与和被动的母亲。在艾伦强烈地将个人意识聚焦在自己的养育行为和孩子的福祉后，她得出了这个结论。她认识到，孩子们在学校很长时间一直有问题，但是她从没有帮助过他们的课业或者要求与老师会面来试图找到孩子们需要哪些帮助。艾伦对于在儿童期母亲忽视自己、父亲对自己只有喊叫或殴打也有一些觉察。对于这些经验，她有一种不想成为他们那样的家长的模糊感觉，但还没有加工，没有建构出意义，帮助她以积极的方式养育孩子。艾伦也许有自我评估分裂，一方面"批评的声音"贬低她过去的抚养行为，而另一方面"被动的声音"哀怨地表示出对于如何做出不同行动的困惑。艾伦需要完全整合并接受自己作为母亲的两个方面。这会促使她搜寻能够增加孩子们福祉的养育行为。艾伦也不确定同性恋是否会，或如何，影响她的养育，以及在什么时候和怎样向孩子们解释她的性取向。当她设法发展一个积极的养育角色时，优势在于她已经认识到为了让孩子们发展出一种作为男性的积极自我感，他们需要尊重自己的内部体验；艾伦不想他们在理解自己的性取向时，经历和她一样的挣扎。此外，她也许已经开始发展一个有效养育的情绪图式，标志就是她的初始愿望，她有成为一个好母亲的潜质。她对孩子们的担心也强化了她离开酒精的决心，酒精以前是一个妨碍她采取建设性行动的阻碍。

作为相信内部经验和发现真正性取向的结果，艾伦最近已经跟自己发生了更强的联结。在此之前，艾伦用酒精让自己对很多内部经验完全不能觉察或者只是部分觉察，导致她无法发展出积极认同或参与到与他人的建设性关系中。对拒绝和孤独的恐惧是她使用酒精阻碍自己完全加工个人经验的背后动机。现在，她的精神麻木结束了。尽管艾伦还会感到害怕，但她日益增长的力量感和自我决定的渴望将她推向适应性的成长。艾伦已经被赋予了探索个人感觉以及相信个人直觉的力量。她通过选择一个自己认同的新的姓氏来将这种变化符号化。想到这个姓氏会让艾伦充满自信和激动的感觉。充分表达这个新的情绪图式可以进一步给积极的自我成长带来力量。现阶段对艾伦继续成长的阻碍来自她的现实恐惧，成为出柜的母亲会失去儿子们的监护权。然而，她对于那些愿意聆听并尊重她的自我认知的人，抱持开放的合作态度。通过将个人经验加工成建设性的观念并提高生活的意义，艾伦在继续自我探索的道路受到了极大鼓舞。

情绪聚焦疗法治疗方案：基于人际关系模式

治疗方案概述：艾伦的长期目标在本质上都是关于人际的。它们也许会随着治疗进程和艾伦对自己的感觉和需要有了更深的理解而被改进或重新聚焦。艾伦可以在任何治疗时间决定这次治疗的焦点是哪一段人际关系。鉴于艾伦滥用酒精的历史，临床工作者需要监督艾伦的酒精使用情况。（该治疗方案遵循基本格式规范）

长期目标1：艾伦可以在同性亲密关系中完全探索如何同他人联结。
短期目标
1. 艾伦可以完全加工她在喝醉时和第一次同性恋约会时问题性的互动方式。
①她可以强化这种"错误"的感觉，并用语言表达出来这种体验是如何在她想要去和

另一个同性恋伴侣联系时，增加她的动机去尊重她自己。

②艾伦可以强化她对发起同性关系的恐惧，并把这种恐惧、约会时滥用酒精和"错误"感觉之间的关系用语言表达出来。

2. 艾伦可以对她的孤独感有所觉察，并可以体验在伴随而来的身体感觉方面，它们强化得有多快。

①艾伦可以清楚表达出伴随这些感觉的认知。

②艾伦可以考虑这些情绪的强度是如何可能阻止她试图形成一段新关系的。

3. 艾伦可以完全加工她的"错误"感、恐惧感和孤独感，形成建议性的意义，由此以指导她采取行动，在约会时有"正确的"感觉。

长期目标2：艾伦可以探索作为一个同性恋家长，如何同她的孩子联结。

短期目标

1. 艾伦可以完全探索她在自我批评与消极性方面的认知冲突，将它们拟人化并让每个方面交替同彼此说话，直到他们被完全了解。

①在艾伦扮演每种声音的角色时可以对自己的身体有所觉察，并识别伴随这些身体感受的情绪、动机和行动趋向。

②艾伦可以允许自己在养育上接受两种声音的建设性方面，从这种加工中提取新意义。

2. 艾伦可以完全探索她在养育方面的初始希望和感觉。

①艾伦可以把这些感觉用语言表达出来，描述她对作为一个有效的家长的信念。

②艾伦可以把注意力集中在她想要成为一个积极家长的愿望，并考虑哪些行动类型可能会实现这个愿望。

3. 艾伦可以探索她的儿子对她出柜的困惑想法，包括她对儿子会憎恨她是同性恋的恐惧。

①艾伦可以把对儿子的担心用语言表达出来，她担心如果她在儿子成年前继续保密，他们也许会内化厌恶同性恋的想法，并憎恨是同性恋的自己。

②艾伦可以完全探索由出柜带来的结果，以及这些结果对她有的意义，做出决定。

长期目标3：艾伦可以探索她作为一个同性恋家庭成员，指导自己和前夫及扩展家庭的其他家庭成员方面的矛盾感受。

短期目标

1. 艾伦可以在愤怒增强的时候，通过聚焦在愤怒时的身体感官，探索她在同前夫和其他家庭成员的关系中体验到的抑制不住的愤怒感。

①艾伦可以用语言表达出来自这种体验的动机以及它是否和他人要她顺从或不能做真实的自己有关。

②艾伦可以完全加工被更深理解的愤怒，并决定这时和家庭成员直接沟通自己的需求是否对自己有用。

2. 艾伦可以通过生动地体验她在同前夫和其他家庭成员的关系中的痛苦和孤立的脆弱感，探索这些感受。

①艾伦可以用语言表达出来自这种体验的动机。

②艾伦可以从这个生动的再创造体验中构建意义，并决定在前夫和其他家庭成员关系中试图改变她的角色会是否会更适应。

3. 艾伦可以觉察到在试图同前夫和父母产生联结方面，她的痛苦感和孤立感是如何驱动与愤怒感不同的行为。

①艾伦可以先聚焦注意力在她自己想接近他们（避免孤立的痛苦）的动机，然后是想回避他们（增加个人掌控和自我确认感）的动机。

②艾伦可以进一步加工这些有差异的趋势，直到她能发展出在她有失去儿子们监护权的现实担心时，可以恰当地指导她的自我发现的意义。

长期目标4：艾伦可以探索她的新姓氏带给她的自信感觉和激动感觉，以及它如何影响她作为一个同性恋和自己的关系。

短期目标

1. 艾伦可以再次体验与她的新姓氏所联系的自信感觉和激动感觉。

①艾伦可以用语言描述这个新姓氏对她的意味是什么，包括关于它的动机和行为。

②艾伦可以考虑酒精是否会成为这个新命名的人的生活的一部分。

③艾伦可以考虑异性恋行为是否在任何时候会成为这个新命名的人的生活的一部分。

2. 艾伦可以再次体验在她认识到自己新的性动机时，发生的自由和自我接纳的感觉，允许自己有心理空间以完全觉察这些情绪。

①艾伦可以用语言描述这些感觉对她的意义。

②艾伦可以考虑在保持这些积极情绪方面，对她最有价值的行为是什么。

③艾伦可以讨论自己的新的叙事，她想要如何同他人互动，以及她可以如何保持一种健康的生活方式。

学生进行个案概念化的练习案例：聚焦暴力领域

这次要给妮可做一个情绪聚焦的分析。你可以从很多复杂的视角对她的行为进行洞察。针对这个案例，你要在个案概念化和治疗方案中聚焦暴力领域。

从简短初始评估访谈中收集信息

妮可（Nicole）是一位18岁的白人女孩，居住在一个乡村小镇。她现在是一位高三学生。她的学习成绩优异，会在明年上大学。她的核心家庭有三个哥哥，哥哥们现在都还住在家中。她的父亲是一位汽车维修店的主人，儿子们都为他工作。妮可说他的父亲和兄长已经将殴打女人变成了一种生活方式，包括她自己和她的母亲。她现在有机会离开家，搬到男朋友蒂姆那里，但是她又害怕去。她想要在应该离开还是留下这个决定上得到帮助。

妮可在完成一门高中心理课程后，认为自己需要治疗。她的父母不知道她来寻找帮助，而且妮可希望这个信息能够被保密。在一个简短的精神状态检查中，妮可并没有伤害他人或自杀想法或其他严重心理问题的临床迹象。然而，当提到保密原则的局限时，妮可显示出一些焦虑。这些焦虑随后在得到18岁已经不再处于儿童保护服务范围的保证后降低。她倾向于接受已经开业的首席治疗师的帮助。

从情绪聚焦视角与妮可会谈

治疗师：你好，妮可。我可以怎么帮助你？

妮可：（认真地）我的男朋友正在给我施加压力，让我春天毕业后搬去跟他住。（困惑地）我不知道告诉他什么。（停顿）我们从高一开始就在一起。他真的是我最好的也是唯一的朋友，但是……（停顿）

治疗师：（停顿）但是……（停顿）

妮可：（犹豫不决地）我确实在乎，但是他想要更多，我不知道我能不能给。

治疗师：他想要的不止友情，你不确定你是不是这样。

妮可：（确定地）我在身体上确实想要他。每当我想到要和他有性关系的时候，这种急躁的感觉就会淹没我。只是亲吻太困难了。

治疗师：你知道这种急躁意味着什么吗？

妮可：（焦虑地）我不知道，每当我试图跟蒂姆讨论它的时候，他都会生气，回避我一段时间。（停顿）然后我们就忘记它了。

治疗师：听起来令人困惑。你不能真正地理解它，也不能解决它。你现在愿意尝试更多地体验它吗？

妮可：（长时间停顿，然后恐慌地）那感觉让人毛骨悚然，我觉得完蛋了。（低声说）我不想要继续这样做。

治疗师：（停顿）在你更多地体验它时，它超越了急躁，变成了某种威胁，让你不得不逃开。

妮可：（焦急地）这下好了。我来这儿是为了在这方面得到帮助，我却不能忍受谈论它。（停顿）我真是个失败者。

治疗师：这种情绪正在淹没你，但这是不是意味着它总是这样呢？

妮可：（悲伤地）你觉得这是在浪费时间吗？

治疗师：你想要解决它，但是在这一刻，你觉得太难了。

妮可：（试验性地）也许我们可以先谈点其他的，我能稍后处理它。

治疗师：谈论什么让你感觉合适？

妮可：（长时间停顿，焦急地）我想要你告诉我所有的事情都会解决的。

治疗师：如果我能那么承诺，会让你感觉安心。

妮可：（悲伤地）你不会承诺任何事情，对吗？

治疗师：我会承诺聆听，关注你说的内容，尽我所能来理解你。

妮可：（停顿；抱有希望地）你真的会为我那么做吗？

治疗师：你是重要的。（妮可笑了）你笑了。有人发现你是重要的，这种体验感觉很好。

妮可：（小心地）不知道为什么我并不能真正接受这一点。我知道我对蒂姆来说是重要的。我知道他有多爱我——他一直这么告诉我。他总是很温柔，但是当他碰我的时候，我感到害怕。（停顿，焦急地）我不知道为什么，他没有逼过我任何事情。（停顿）我不想要失去他。

治疗师：他对你来说是重要的。你不想要失去被重视的感觉。

妮可：（紧张地）不，（停顿）我不想，（停顿，焦急地）但是搬到一起……（长时间停顿）

治疗师：你不想失去蒂姆，但是说到和他搬到一起，你的身体变得紧张，你觉得不安。

妮可：（困惑地）嗯，这很奇怪，因为我一直憎恨住在家里，这是我逃离的机会。

治疗师：（长时间停顿）你在纳闷是什么阻止你从家里逃开。

妮可：我在家里是个出气筒，我妈妈也是。我不记得有哪个时候我俩身上没有正在愈合的伤痕。

治疗师：我担心你处在危险中。

妮可：（断然地）不。我没事。我的整个人生都是这么过的。我知道当我需要的时候，怎么从房子里逃出去。

治疗师：这种危险的环境对你来说很平常。（停顿）它有多糟糕呢？

妮可：（不带感情地）当我还小的时候，我常常伤得非常重。我不知道如何识别出即将降临的灾难的迹象。有几次我被打断了一只胳膊或腿。自从我变成青少年之后，我就只有一些伤痕了。我能识别出事情正在升温，能跑到门边，快速去蒂姆家。我已经这么做过很多次了。

治疗师：你怎么跑到门边的？

妮可：（不带感情地）我总能在第一拳之后逃开。我可能假装退让，表现得像是我要做他们想要的，或者我让他们彼此打起来，这很容易做到。然后我从浴室的窗户或者前门溜走，更近的那一个。

治疗师：在你跑出房子之后，你怎么到蒂姆那里？

妮可：他就在离我几个街区的地方。他的父母让他住在地下室。我能进去地下室的门，他们甚至都不知道我在那儿。

治疗师：如果蒂姆没在怎么办？

妮可：我有钥匙。（真诚地）真的，这对我来说很平常。虽然我从来不需要，但是如果我需要的话，我知道受虐待女性的避难所在哪里。

治疗师：你对这个已经想了很多。你有一个逃跑计划，（停顿）但是（妮可打断）……

妮可：坦白说，某种程度上我知道我必须离开。我想离开，（停顿）但离开之后会发生什么呢？

治疗师：在家里有危险，（停顿）但你知道要如何躲避。在一个新的环境里，它是未知的。

妮可：就是这样。（长时间停顿，焦急地）也许其他的地方更糟。

治疗师：一个令人害怕的想法。

妮可：（匆忙地）我害怕。我想要感觉安全。

治疗师：你听起来有焦虑。你想要感觉安全。你有安全过吗？

妮可：（平静地）在学校。在学校没有任何攻击。

治疗师：学校是一个安全的地方。还有其他地方吗？

妮可：（柔和地，向下看）蒂姆从来没有打过我。他会生气，但是……（停顿）

治疗师：但是？

妮可：（匆忙地）我还没有跟他生活。

治疗师：蒂姆有过生气的时候，目前没发生过什么可怕的事情。你想知道如果你们生活在一个屋檐下会不会有所改变。

妮可：（焦虑地）人们在一起生活时，关系会变得非常紧张。

治疗师：生活在一起会加剧紧张，也许会发生可怕的事情。

妮可：（停顿）这是冒险。我不认为我能忍受这个。（停顿）让我们谈谈其他的吧。

治疗师：你的恐惧充满了这个房间。

妮可：（绝望地）帮帮我，（停顿）求你。

治疗师：你在颤抖。你内心的所有恐惧正在倾泻。

妮可：（大喊）我快要爆炸了！

治疗师：（低语）这么多恐惧。你生活中经历的全部恐惧。如果它全部涌现出来……（长时间停顿）

妮可：（焦虑地）我不喜欢这样。它让人感觉可怕。

治疗师：尽管这种恐惧都涌上了你的心头，但在这里感觉它是安全的。

妮可：（强作镇定）在我做什么不好的事情之前，我需要逃离它。（停顿；惊慌地）现在我需要停下它！

治疗师：如果你需要的话就逃开。

妮可：（绝望地）学校，如果我们多讨论一些学校的话就可以。

治疗师：（长时间停顿）学校。（长时间停顿）

妮可：（深呼吸）学校是平静的。如果你做功课，老师冲你笑。发生的最坏的事情是老师刁难你一下。

治疗师：平静，微笑，也许有些刁难。

妮可：（放松地）刁难那些不算什么。老师做决定，他们可以发号施令，我能接受这点。他们告诉你做什么，但他们不会伤害你。很多老师都鼓励过我，让我感觉很好。

治疗师：老师们比你有更多的权力，但是有些老师信任你。

妮可：（惊奇地）他们喜欢我。如果不是有这么多老师告诉我，我不知道我是否会意识到对于上大学来说我足够聪明。

治疗师：他们帮助你把自己视作一个聪明的人。这让你感觉怎么样？

妮可：（若有所思地）很好，我猜。这是唯一一个我对自己感觉自在的地方。

治疗师：你在这儿感觉怎么样？（长时间停顿；妮可看起来沉思的样子）我看出你正在深入思考某些事情。你能跟我说说它吗？

妮可：（平静地）我在这儿也确实感到安全。从某种程度来说这很奇怪，因为我才见到你，而且我不相信直接跳到结论。

治疗师：你的意思是？

妮可：（紧张地）这个世界中有很多不受控制的愤怒。为了保护我自己，我不得不非常小心。

治疗师：愤怒存在于世界中，这让你感到危险。

妮可：（焦虑地）我不想要更多伤害。我也许能够通过搬到蒂姆那儿逃开它。蒂姆说他想要和我分享一个安全的地方。

治疗师：他需要一个安全的地方；你需要一个安全的地方。

妮可：（严肃地）没人威胁蒂姆。他只是被他的家庭忽略了——有点像弃儿。我真的是他的家庭。我喜欢这样，但是……（妮可看起来不堪重负）

治疗师：你看起来走神了。（妮可点头）你需要身体的安全，他需要情感的安全。你们都可以从彼此那得到一些想要的。（停顿）但是你害怕如果和蒂姆走得太近，他可能会不再是一个让你安全的人。

妮可：（焦虑地）如果他听到我这么说，他会非常生气。经历了家里很多可怕的事情后，他已经成了我最好的朋友。

治疗师：他已经是你最好的朋友。但是这种对愤怒的害怕总是跟随着你。

妮可：（点头）嗯……（停顿）我不能……（长时间停顿）我不……（长时间停顿）

治疗师：你觉得用语言表达你的感觉真的很挣扎。

妮可：（渴望地）我需要多了解一些。我不想要害怕我最好的朋友。有时候我觉得我竟然会害怕蒂姆这件事太奇怪了。他知道我在我的家庭里经历了多少痛苦，而且我知道他关心我。

治疗师：但是这种害怕却还在。它是真实的，它环绕着你。

妮可：（悲伤地）它从来没有完全消失过。（停顿）我总是在克制。

治疗师：当你克制的时候，你的身体感觉怎么样？

妮可：（迷惑地）我不知道。蒂姆时刻关注着我，我从他的眼睛里看到爱。我确实爱他。（看别处）总有一部分我在远处观察，像是在一个安全的距离监视接下来发生的事情。

治疗师：他不害怕你，所以他可以让自己完全投入这段关系。你保留了一部分自己，让你能感觉安全。

妮可：（点头）有时我不得不冲到厕所去透透气。在镜子里我看到自己的脸上的表情。（停顿）我不知道它意味着什么，但是我在母亲的脸上看到过这种表情。

治疗师：你不理解它，但是你认识它。你的母亲会理解吗？

妮可：（轻蔑地）我不知道。我们不常说话。有什么意义？（停顿）她从来没有帮过我。她也不会帮助我。

治疗师：你和母亲分享一种表情，但是你们不想分享想法。（长时间停顿）为什么她不帮助你？

妮可：（气愤地）在我小的时候我常常呼喊着向她求救，直到我发现她完全是我父亲的傀儡。她唯一做的事情就是在我父亲寻找我的时候，为我在厨房的藏身之所保密。

治疗师：她从没主动帮过你，但是让你逃开是不是说明她关心你？

妮可：（不相信地）我不知道这是不是她说明她关心我。我觉得这是在说明她有多消极——从来不做任何事，除非被告诉做什么。（长时间停顿，生气地）我过去常常问自己为什么我的老师们都比我自己的母亲更关心我。（停顿，认命地）我现在习惯了。

治疗师：老师们的关注让人感觉很好，但也让你生气，因为你并没有从你的母亲那里获得这种关注。你认为正在发生什么？

妮可：（长时间停顿；沉思地）我父亲不能容忍我母亲对我有一丁点的关注；他自己需要不断的关注。当我和哥哥们还小的时候，我们都经常被他摔。现在他们能够反抗他了，他对他们就变得像兄弟了。如果其中一个哥哥因为母亲为他们做事不够快而揍母亲，他会笑他们试图对待我像对待他们的奴隶一样，但是我经常逃跑。

治疗师：先是你的父亲，然后是你的哥哥们，用武力让你的母亲当他们的奴隶。你正试着逃避这种情况。

妮可：（重重跌在沙发里）我感到筋疲力尽。我今天真的够了。

治疗师：你今天体验了很多困难的事。你准备休息了。但我还是担心你在家的安全。

妮可：（疲惫地）你的关心很友善，但是没必要。我的父亲和哥哥们每周工作到很晚；我只有在周末才会碰到他们。如果事情变得不对劲，我可以开溜。如果我出乎意料被抓住，在第一拳之后，我也总能逃开。

治疗师：哪怕一个伤痕也太多了。你值得安全。如果你是17岁，我会给儿童保护服务打电话，保护你远离这种虐待。

妮可：（怀疑地）当我更小的时候，叫过几次儿童保护服务。我父亲总能智胜他们。别担心，我会没事的。

治疗师：我尊重你决定的权利。我只是强烈地坚信你有安全的权利。

妮可：（若有所思地）我能看到你是认真的。（停顿）我会考虑的。

练习：形成对妮可的个案概念化

练习1（最多4页）

目标：验证你对情绪聚焦疗法有一个清晰的理解。

形式：由A到C部分构成的一篇整合性短文。

需要帮助的话你可以回顾本章。

A. 形成一个对情绪聚焦疗法所有假设的简要概述（理解来访者改变的关键维度的理论假设；宏观、抽象地思考），作为对练习其他部分的介绍。

B. 通过段落中的对每种假设提供充分解释的具体示例的改变过程，形成一个对每种假设是如何被用来理解来访者的进步的全面性描述，来充分解释每一种假设。

C. 描述治疗师在帮助来访者改变中的角色来结束你的短文（顾问、医生、教育者、助人者），治疗所采取的主要方法和主要治疗技术，作为论文的结束。提供足够的具体示例来澄清这种方法独特之处。

练习2（最多4页）

目标：协助对妮可应用情绪聚焦疗法。

形式：由A到G，每部分有一个单独的句子概述。

需要帮助的话你可以回顾本章。

A. 妮可现阶段把什么视为自己的缺陷（担心、议题、问题、症状、技能缺陷、治疗障碍、阻碍她成长的地方）？针对每一点，考虑以下内容：

1. 每一个缺陷可能代表的情绪加工问题，问题经验的适应情绪或适应不良情绪图式的方面的标志是什么？

2. 综合考虑以上所有信息，妮可生活中可能运行的适应不良的情绪图式有哪些？

①几个缺陷可能是相同的情绪图式。

②适应不良的图式可能是不完整的，也可能虽然完整，但以适应不良的方式指导来访

者，或者在涉及其他图式的时候提供冲突的指导。

B. 综合考虑情绪加工问题和它们隐含的情绪图式的标志，妮可是否有一种整体加工风格（情绪过度管理、情绪管理不足、概念加工主导、经验加工主导）？

1. 基于你对 A 部分的回答，跟这种整体加工风格有关的核心痛苦或核心议题是什么？（也许有不止一个核心痛苦或议题）

2. 这种核心痛苦或议题是否和难以符号化的内部经验、个人化问题、人际问题或者存在的顾虑有关？

C. 讨论妮可在谈话过程中使用的声音类型（专注的、情绪的、限制的、外向的），给出具体示例支持你的选择。然后讨论它们是否预示着她从一般情绪聚焦疗法获益的能力，以及现阶段她可能获益最大的技术类型。

D. 针对你在 A 部分指出的每一种标志，讨论那些显示妮可现阶段可能从中获益的情绪加工任务类型。你在 C 部分指出的妮可的声音对促进或抑制她现阶段能从每项任务中获益的多少有怎样的影响？

E. 妮可现阶段把什么视为自己的优势（长处、积极特征、成功、技能、促进改变因素、没有阻碍她发展的地方）？针对每一点，考虑以下内容：

1. 每一个优势可能反映地或者来源于健康的情绪加工，一种适应的情绪图式的方面或者适应的情绪的什么要素？

2. 综合考虑以上所有信息，妮可生活中可能运行的健康的或者尽管不完整但部分健康的情绪图式有哪些？（几种优势可能是相同的图式）

3. 妮可的优势如何反映出一种自我成长的积极趋势，以及如何给予这些优势更多注意，让它们在目前的困难中帮助妮可？

F. 综合考虑 A 至 E 部分的信息，妮可现在从她自己、他人和环境的经验中创造的意义有哪些类型，以及这些是如何和她整体的功能水平联系的？

G. 目前存在的什么样的障碍或机会之窗，使得妮可可以从中完全加工其个人经验并提取适宜的意义？

练习 3（最多 3 页）

目标：形成对暴力在妮可生活中的潜在角色的理解。

方式：由 A 到 J，每部分使用一个单独的句子概述。

需要帮助的话你可以回顾第二章。

A. 评估目前对妮可而言暴力的风险因素，以及阻止暴力的保护因素，考虑以下问题：

1. 妮可在过去遭遇到哪些负面的儿童事件？考虑以下事件：同药物成瘾者生活；父母离异；严重的家庭中断，如反复搬迁或无家可归；有一位抑郁或精神患病的父母；同有过或试图自杀的人生活；同犯过重罪或进过监狱者生活；经历身体、性或情感虐待或者忽视和目睹暴力。

2. 妮可被暴露于哪些负面的成人事件中？考虑如下事件：同药物成瘾者生活；严重的家庭中断；同抑郁或精神患病的人生活；同有过或试图自杀的人生活；同犯过重罪或进过监狱者生活；经历身体、性或情感虐待或者忽视；或目睹暴力或生活在对暴力的恐惧中。

3. 妮可有什么内部因素也许可以保护她远离暴力？考虑她是否有能力控制冲动，限制自己的行为，管理情绪，进行反思式问题-解决，或理解他人的情绪和行为。

4. 妮可童年中的长期社会网络和环境是支持暴力还是限制暴力？考虑相对于积极情感联结，是否有创伤性的、矛盾的情感联结或缺乏情感的联结；家庭暴力的水平；家庭对于将暴力作为一种问题解决策略的容忍水平；积极或消极的学校或邻里经验；宗教背景。

5. 目前妮可的家庭关系、同辈关系、教育程度、职业、目前的邻居或者宗教信仰是否有对暴力环境的支持或限制？

6. 是否有任何直接的引起或诱发因素，可以或者可能解释一种暴力行为或亲社会反应？可以考虑下面的问题：暴力工具的出现或缺席，酒精或药物使用的水平，沮丧或愤怒的水平，妮可生活中其他人对暴力的鼓励或阻拦。

B. 评估妮可生命中暴露于暴力的风险。

1. 暴露的类型（直接的、间接的）。

2. 暴露的频率。

3. 事件的严重性。

4. 妮可在暴露中的角色（目击者、受害者、加害者、受害者-加害者）。

5. 暴力暴露对情绪、认知、身体和社会功能方面的当前影响。

C. 评估妮可的世界观，暴力起到一种普遍的还是受限的作用，它目前正在产生或促进暴力还是产生或促进亲社会行为。

D. 评估在妮可现阶段的环境中她的危险以及他人的危险。考虑是否——如果是，如何——安全感可以得到立即和更长远的提高；对妮可生活中暴力加害者特征的仔细考虑，在1~10之间评分，她现阶段的环境有多危险？在1~10之间评分，妮可对这种危险有多少控制？

E. 评估在妮可的人际、社交和文化世界中她的安全以及他人的安全。

F. 评估暴力对于妮可和她生活中的其他人的整体的心理和生理影响，评估是有更多的力量支持暴力还是支持非暴力，并确定妮可在这个时候，能否过一种免于暴力的生活。

G. 你目前对于暴力以及忽视对个体和家庭的影响有什么样的认识？

1. 你参加了多少课程，让你了解忽视、暴力和创伤在来访者的身体和情感福祉方面影响的背景？

2. 你参加了多少工作坊，让你了解忽视、暴力和创伤在来访者的身体和情感福祉方面影响的背景？

3. 你有什么专业经验，让你了解忽视、暴力和创伤在来访者的身体和情感福祉方面影响的背景？

4. 你有什么个人经验，让你了解忽视、暴力和创伤在来访者的身体和情感福祉方面影响的背景？

5. 在世上什么是重要的，人们如何交流以及这个世界奖励什么，惩罚什么，在这些方面，可能对有忽视、暴力和创伤背景的个体世界观产生影响的群体效应有哪些？

H. 对于来自暴力或忽视背景的来访者，你目前对该议题的觉察水平是什么？

1. 讨论你对忽视和暴力的生活方式的刻板印象，这些是否可能影响你现阶段对妮可的观点？

2. 讨论你过去体验或接触过的暴力，以及这些可能如何影响你现阶段对妮可的观点。

3. 讨论你对好的浪漫关系模式和好的亲子关系的刻板印象，以及这些是否可能影响你现阶段对妮可的观点。

4. 讨论你过去接触的暴力和忽视可能会如何影响你对妮可的回应。

5. 讨论你对来访者来自暴力和忽视背景的刻板印象，以及这些可能如何影响你同妮可的工作。

6. 讨论可能帮助你和妮可有效工作的那些经验以及那些可能让你对妮可的观点或当前情况产生消极偏见或边缘化的经验。

I. 与来自暴力或忽视背景的来访者工作时，你目前有什么技巧？

1. 与有忽视、暴力或创伤背景的个体工作时，你目前有什么有价值的技巧？

2. 你认为为了与有暴力或忽视背景的个体有效地工作，学习什么技巧是重要的？

3. 鉴于妮可有一个暴力和忽视的背景，为了增加妮可得到积极结果的可能性，你能做什么？

J. 你会采取哪些行动？

1. 鉴于妮可来自一个暴力和忽视的背景，为了让自己可以更有技巧地和妮可工作，你会做什么来为自己做准备？

2. 讨论关于你的治疗方法在对暴力受害者个体的忽视或不恰当干预方面的所有偏见。

3. 鉴于妮可来自一个暴力和忽视的背景，为了增加妮可得到积极结果的可能性，你可能如何建构治疗环境？

4. 鉴于妮可来自一个暴力和忽视的背景，为了让妮可更喜欢治疗，你可能改变哪些治疗的过程？

5. 讨论可能对于你和妮可——一个暴力受害者，发展一种有效治疗关系的所有有价值的经验。考虑是否有任何经验可能让你对妮可的观点产生消极偏见或边缘化认识，或者它们是否会增加你对妮可的理解。讨论为了增加妮可得到积极结果的可能性，你可能会尝试的做法，以及你为什么认为这些会有帮助。

6. 评估你关于暴力的过去经验，你对暴力生活方式的刻板印象，或者嵌在你的治疗方法中的偏见是否可能对妮可的观点产生消极偏见或边缘化认识，或者增加妮可或她生活中其他人的危险，并考虑为了增加妮可得到积极结果的可能性，你可能会做什么来修改你的方法。

练习4（最多6页）

目标：帮助你整合情绪聚焦疗法的知识与关于暴力的议题，形成对妮可的深度的个案概念化（她是谁以及她为什么这么做）。

形式：一篇整合的文章，包括假设、支持性细节和经过认真计划组织的结论。

需要帮助的话你可以回顾第一章和第二章。

步骤1：考虑你在组织对妮可的情绪聚焦性理解时，该用什么模式。这种模式应该帮助你对她如何加工情绪提供一种全面和清晰的理解，并帮助她发现对当前困惑状态有说服力的表达方式。

步骤2：制定一个简要的假设（概述、初步的或解释的描述、主张、论点描述、理论驱动的介绍、假设、小结、最后的原因描述）解释妮可在决定住在哪里时的困难。如果你对步骤2有困难，记住它应该是练习2和3关键想法的整合，而且它应该：①为妮可的长期目标提供基础；②根植于情绪聚焦疗法，并对暴力议题敏感；③强调妮可用情绪聚焦疗法的优势。

步骤 3：从情绪聚焦角度制作你的支持材料（一个分析其优势及不足的详细个案分析，为辅助介绍性假设提供数据），在每个段落中纳入对妮可作为暴力受害者的深入理解。如果你在步骤 3 需要帮助，考虑为了达成以下目标你需要在文中包含的信息：①帮助短期目标发展；②根植于对暴力议题敏感的情绪聚焦疗法；③整合妮可的优势是如何被用于将情绪加工成进一步有意义的理解。

步骤 4：形成你的结论以及概括的治疗建议，包括：①妮可整体的功能水平；②在现阶段促进或阻碍她全面加工经验的任何东西；③现阶段她在提高积极成长的自然倾向方面的基本的情绪加工需要，仔细考虑你在练习 3 的 H 和 J 部分所说的内容（简洁和综合性的）。

练习 5（最多 3 页）

目标：为妮可制订一个个性化的理论驱动的行动计划，考虑她的优势并对暴力议题敏感。

形式：包括长期目标和短期目标的概要性句子。

需要帮助的话你可以回顾第一章。

步骤 1：制作你的治疗计划概述，为了避免治疗计划中的任何消极偏见，根据妮可作为个体的独特需要定制治疗方法，计划仔细考虑你在练习 3 的 H 和 J 部分所说的内容。

步骤 2：制定远期（主要、重大、有志向、全面、概括）目标，理想情况是妮可能够在治疗结束时达到目标，并能让她在新的经验中自由地进行适应性成长，居住在一个非暴力的环境中。如果你对步骤 2 有问题，重新阅读你的假设和支持性话题句子，寻找能够转化成帮助内外部经验的情绪加工这一目标的想法（用练习 4 的风格）。

步骤 3：制定近期（小的、简短、概括、具体、可测量的）目标，你和妮可在几周内能看到它们实现，并且能帮助你掌握妮可在加工自己经验方面的进展情况，为改变注入希望，计划有效率的治疗小节。如果你对步骤 3 有问题，重新阅读你的支持性段落，寻找能够转换成目标的想法：①可能帮助她全面加工她的暴力和非暴力经验；②可能增强促进经验形成新意义或减弱对该发展阻碍的因素，从而在可能的时候利用她的优势加工她的经验，根据她作为一个被虐的受害者，而不是只有一般性需要者制订个性化的治疗计划。

练习 6

目标：根据妮可的案例，评论情绪聚焦疗法。

形式：以论文或小组讨论形式回答问题 A~E。

A. 这个模型帮助妮可（一个有暴力历史的青少年）的优势及不足是什么？

B. 讨论妮可用女性主义疗法而不是情绪聚焦疗法的利弊（包括考虑它与妮可对自己困难所持观点的匹配性，她在这种治疗计划的框架下工作的潜在动机，以及对暴力议题的反应）

C. 用年龄维度，描述妮可暴露于暴力下的童年是如何影响她身体、认知及心理功能的。包括对妮可作为一个即将成年的人，它是如何影响她的优势及不足进行分析。

D. 用一种给妮可权利来决定她在治疗中是否讨论身体安全的治疗方法会引出哪些伦理问题？你在视妮可为自己经验的专家和治疗关系中一个平等的伙伴对她继续治疗时，能够试图确保她的安全吗？

E. 情绪聚焦疗法的治疗师使用一种过程－指示，而非内容－指示的方法。讨论你作为临床工作者的个人风格，考虑它和这种治疗方法的匹配度如何。你的风格整体最适合更多指导性的治疗，例如行为和认知疗法？还是更适合非指导性的治疗，例如情绪聚焦疗法和建构主义疗法？

推荐阅读

书籍

Elliott, R., Greenberg, L. S., & Lietaer, G. (2004). Research on experiential psychotherapies. In M. J. Lambert (Ed.), Handbook of psychotherapy and behavior change (5th ed., pp. 493–539). NewYork, NY: John Wiley & Sons.

Geller, S. M., & Greenberg, L. S. (2012). Therapeutic presence: A mindful approach to effective therapy. Washington, DC: American Psychological Association.

Greenberg, L., & Goldman, R. (2007). Case-formulation in emotion-focused therapy. In T. D. Eells (Ed.), Handbook of psychotherapy case formulation (2nd ed., pp. 379–411). New York, NY: Guilford Press.

Greenberg, L. S. (2011). Emotion-focused therapy: Coaching clients to work through their feelings. Washington, DC: American Psychological Association.

Greenberg, L. S., McWilliams, N., & Wenzel, A. (2013). Exploring three approaches to psychotherapy. Washington, DC: American Psychological Association.

视频

American Psychological Association (Producer), & Greenberg, L. S. (Trainer). (n.d.). Process-experientialtherapy (Systems of Psychotherapy Video Series, Motion Picture #4310290). (Available from the American Psychological Association, 750 First Street, NE, Washington, DC 20002-4242)

Ellis, D. J. (Featured). (2014). Rational emotive behavior therapy [Video series episode]. In APA psychotherapy video series: I. Systems of psychotherapy. Washington, DC: American PsychologicalAssociation.

Goldman, R. N. (Featured). (2014). Case formulation in emotion-focused therapy: Addressing unfinished business [Video series episode]. In APA psychotherapy video series: II. Specific treatments for specific populations. Washington, DC: American Psychological Association.

Johnson, S. (2014, Feb. 19). Emotionally focused therapy [Video file]. Retrieved from https://www.youtube.com/watch?v=xQCg-jC25fo

Paivio, S. C. (Featured). (2014). Emotion-focused therapy for trauma [Video series episode]. In APA psychotherapy video series: II. Specific treatments for specific populations. Washington, DC: American Psychological Association.

PsychotherapyNet. (2012, May 21). Sue Johnson emotionally focused couples therapy (EFT) in action video [Video file]. Retrieved from https://www.youtube.com/watch?v=xaHms5z-yuM

网站

Emotion-Focused Therapy Clinic. http：//www.emotionfocusedtherapy.org

International Centre for Excellence in Emotion Focused Therapy.

http：//www.iceeft.com International Society for Emotion Focused Therapy. http：//www.iseft.org

第八章
心理动力学的个案概念化与治疗方案

心理动力学理论简介

由于具有青少年工作领域的专业经验，你刚刚接收了一个从青少年感化局转诊来的病人。病人名叫塞吉奥（Sergio），是个 17 岁的拉丁裔男孩，最近因为向高中同学兜售大麻而被捕，并被判处 1 年的缓刑和强制治疗。塞吉奥的父母和大家族一起居住在乡村的社区中，那里在墨西哥裔和非墨西哥裔人群之间有着明显的种族冲突氛围。塞吉奥有三个同胞弟妹，分别是 12 岁的弟弟拉乌尔（Raoul）、10 岁的妹妹安娜（Ana）和 8 岁的弟弟何塞（José）。塞吉奥的父母及家族原本是流动工人，他们春夏两季在美国务工，其余时间则返回墨西哥。后来他们在美国永久定居下来。他们的收入水平在贫困线以下。在家中，塞吉奥被认为是恭顺的儿子、有责任心的家庭成员。在学校，塞吉奥的学业成绩总是在平均水平上下浮动，并且在此之前，他从未有过其他不良表现。

尽管塞吉奥承认酗酒且吸食大麻，但简短的精神状态检查结果却表明：他并没有显示出认知混乱、自杀或伤害他人的意念，以及物质滥用的迹象。

你对塞吉奥实施了有时限的心理动力学治疗，这种治疗认为人际关系是导致社会适应或适应不良的首要原因，治疗的目标是改善塞吉奥与自己和他人建立关系的方式。有时限的心理动力学治疗起源于客体关系理论、人际理论、自体心理学以及其他心理学理论（Levenson & Strupp，2007）。塞吉奥和其他所有人一样，有着基于生物基础的与他人联结的需要，并在与他人的联结中感受到安全和爱（Bowlby，1973；Levenson & Strupp，2007）。塞吉奥来治疗时，有可能抱怨困扰他的焦虑、抑郁或愤怒等症状，但是，他的人际交往模式而非这些症状将成为治疗的焦点。下面将对有时限的心理动力学治疗进行详细介绍，这些知识主要来自列文森（Levenson）和斯特鲁普（Strupp）（2007），以及斯特鲁普和宾德（Binder）（1984）的工作。

适应不良的人际交往模式是如何发展起来的呢？这源自人际交往中的问题，尤其是童年早期人际交往中的问题。在塞吉奥的生活情境中，只有发展出与他人建立关系的不良模式，他才不会被视为异常。为了满足与他人联结的基本需要，塞吉奥在现实中不断尝试，于是前述情况得以发展。这种有缺陷的关系模式有可能被新的生活经验所修正或完全改变。除非在当前的关系中得到支持，成年人多会僵化地维持童年期学到的关系模式。

塞吉奥的人际问题怎样才能在治疗中被改良或解决呢？治疗关系是疗效因子。在治疗中，塞吉奥必然会重现他在过去的关系中发展起来的重复性适应不良模式（CMP［s］），但是，当他在治疗中与你建立联结时，将经历一种与过去完全不同的结果，这种不同于以往的结果帮助他达成一种理解：在当下以及过去的人际关系中，他是如何与他人及自己建立联结的。

所有的来访者都会在有时限的心理动力学治疗中经历新的关系结果，并学会更灵活地与他人建立联结，但并不是所有的来访者都会得到如下的领悟：即他们的重复性适应不良模式是如何发展起来的。塞吉奥有可能从领悟中得到收获，因为他很聪明，有能力反思自己和他人的动机。另一些来访者并不具备这样的能力，但他们仍然能从有时限的心理动力学治疗中获益，对这样的来访者来说，治疗师将帮助他们在治疗中发展出更健康的互动模式，并帮助他们将学到的新互动模式泛化到治疗之外的生活当中。

为什么现在塞吉奥需要接受治疗呢？虽然治疗的焦点会集中在他当前的生活中，但他对治疗的需要却植根于他的童年早期。如果塞吉奥有一个健康的早期发展的话，他对于亲密（与他人建立关系，形成并维持依恋，影响他人并受到他人的影响，以及获得感情的能力）和自主（通过对自身能力的探索而获得的独立和自律的意识）的需要将会在与抚养者的关系中得到有效且持续的满足（Bowlby，1973；Strupp & Binder，1984）。在这样的健康关系中，塞吉奥能够了解抚养者回应他的能力的局限性，并学会容忍需要满足的合理延迟。通过这些适龄的且极小的挫折，塞吉奥将学会在必要时抚慰自己。这些经历带来的结果是，塞吉奥拥有了积极的自我意识（信任自己），对自己和他人有现实的、恰当的期待，能够采用灵活的方式与他人建立联结。这些健康的态度和关系模式将会内化，在他的内心中形成关于人际世界是如何运转的模型。

与上述相反的情况是，如果塞吉奥的需要没有在早期的人际关系中得到持续的满足，他就会发展出一种或多种重复性适应不良模式（Bowlby，1973；Strupp & Binder，1984）。塞吉奥将会发展出有缺陷的、僵化的关系模式，通过间接的尝试来获得需要的满足，并逃避焦虑和抑郁。在塞吉奥发展出的内化的人际世界模型中，有着关于自己和他人的自我挫败的预期，他也会有较低的自尊和自我效能。

塞吉奥内心的人际世界模型代表着他的个人化解释：对现实的解释；对他为自己所扮演的角色的解释，包括他的思想、情感以及在与他人的关系中的愿望；对他为他人所扮演的角色的解释，包括他对人际互动的期待和观念；对自身内摄的解释。这些内摄过程包括他的思想、情感和涉及他人的愿望。塞吉奥内化的人际模型应该包括多种不同的人际互动模式，以使他能够在不同的情境和关系中灵活应对。但是，如果塞吉奥有适应不良的人际世界模型，他就具有至少一种重复性适应不良模式。在这种情况下，有时限的心理动力学治疗将会帮助塞吉奥把注意力集中到他的最常见或最有问题的关系模式中。

塞吉奥早年的生活经历是否必然会影响到他当前的行为呢？生活环境会随着年龄而改变，但塞吉奥的人际行为仍然会被从早年生活中发展起来的幻想、恐惧和错误的观念所引导。如果是这样的话，塞吉奥的有问题的人际交往模式就会在所有当前的关系中重复，包括兄弟姐妹或同伴关系、工作或学业关系、亲子关系乃至治疗关系。然而，他的人际世界模型是随时对变化的可能性保持开放的，并会随着他青少年期人际关系的改变而改变。当塞吉奥离开家，完全像一个成年人那样生活的时候，他内心的人际世界模型会发生改变，这种改变基于他与新认识的人的交往以及这些人的行为变化。因此，塞吉奥的功能不良的人际交往方式得到保持、没有改变的原因必须有二：第一，他在早年发展出了功能不良的人际交往方式；第二，这种交往方式持续地在他当前的关系中被巩固和加强。

当前的关系是如何巩固不良人际交往方式的呢？一种途径是，塞吉奥和其他拥有不良人际交往方式的人共同组建了"互补的适应不良关系"。假设在塞吉奥小的时候，他只有表现得顺从，才能从专制的父母那里得到照顾。尽管他渴望得到更大的自主性，但他更可能掩盖这一需要以维持和父母的情感联结。作为成年人的塞吉奥可能会无意识地寻求和其他专制的人建立关系，因为他知道如何从这样的人那里获得需要的满足。

另一种加强塞吉奥的不良人际模式的途径是，他无意识地从他人那里寻求那些他最恐惧或最希望的反应。例如，通过表现得顺从，塞吉奥可能激发出他人的专制行为。最终，塞吉奥会用符合他的不良预期的方式来解释社会交往。举例来说，如果一位教师问塞吉奥想参与哪个课堂项目，他可能会解读为"如果我没有选择正确的项目，就会受到老师的惩罚"。通过这样的方式，塞吉奥生活中的其他人可能会在无意间强化他的不良交往模式。在不寻常的环境中偶然发生的不正常人际情境不属于重复性适应不良模式。例如，如果在他就读的高中有一位专横的教师，所有学生都在这位教师面前表现得顺从，那么塞吉奥在他面前表现出的顺从行为更多地要归因于这位教师而不是塞吉奥。另外需要注意的是，塞吉奥的一些人际模式是否典型地代表了他所在的文化群体，和（或）代表了对文化要求的适应，而不是一种有别于所处文化的特殊人际模式。即使塞吉奥有意识地去觉察他内部人际世界模型的许多方面，其大部分仍然会是前意识或潜意识的（Strupp & Binder，1984）。

治疗师的角色

在有时限的心理动力学治疗中，你对塞吉奥的人际行为既观察又参与，在检视他的人际行为的过程中，成为他信任且依靠的盟友，并为他提供一种新的可以去认同的人际模式。治疗目标主要有两个：①在治疗关系中达成新的人际体验；②帮助塞吉奥对他是如何与自己和他人互动达成新的理解。你需要对与塞吉奥发生联结过程中的想法和感受保持高度的觉察，这种觉察为如下两方面提供了很关键的信息：找出他的人际问题的本质；决定做一些有针对性的事来帮助塞吉奥在治疗关系中得到新的体验。

你的首要任务是：确定塞吉奥身上是否存在能够与他当前生活中的纷争清晰联系起来的重复性适应不良模式，尽管这些模式可能具有历史的意义。另外，如果时机合适的话，可以用塞吉奥听得懂的语言向他解释这些模式。如果你觉得促进关于人际模式的领悟并不会给塞吉奥带来最大利益，你也可以只在当下具体问题的层面上和他讨论人际问题。

为了评估塞吉奥的人际关系，并确定他身上是否存在僵化的、功能不良的人际模式，你需要得到如下四个问题的答案：

（1）塞吉奥在人际交往中的角色是什么？这包括了他与他人互动中的行为、感受、想法和目的。塞吉奥的表现有可能是为了唤起特定的恐惧，或者从他人那里得到期待的反应。

（2）塞吉奥期待他人对他的人际行为做出什么样的反应？这包括了塞吉奥对于他人如何回应自己的人际行为的全部想法和期待。

（3）他人是怎么对待塞吉奥的，以及塞吉奥是如何看待他人对待他的行为的？这包括了其他人是如何对塞吉奥的人际行为做出反应，以及塞吉奥如何解读这些反应的意义。塞吉奥有可能会误解他人的反应，以使其符合自己之前的期待。

（4）塞吉奥在与自己发生联结时的角色是什么（他的内摄）？这包括了他对待自己的行为（自我惩罚、自我养育等），也包括他对待自己的想法、感受和目标。他很有可能用感知到的重要他人对待自己的方式来同样地对待自己。

可以尝试通过将塞吉奥的人际行为归入上述四个方面来理解塞吉奥的人际模型，这么做是有价值的，因为这样帮助你将大量关于塞吉奥经历的信息缩减到简洁的框架中，而且还帮助你澄清塞吉奥对你的反应，以及你对他的反应。有时你可能感到困惑，因为难以区分塞吉奥的一些想法、情感和行为到底是针对他人还是自己。如果它不影响你对他整体人际风格的理解，这种区分可能并非必要。被识别出的重复性适应不良模式代表着你对塞吉奥当前人际困难原因的假设，而随着你获得更多关于他的人际关系的信息，这种假设可能需要修改。你同时需要对塞吉奥的人际行为中灵活和适应性的部分保持觉察，这反映着他的人际优势。

一旦你发现了塞吉奥的关键重复性适应不良模式，而塞吉奥又足够聪明、有反思能力的话，你的下一个任务是帮助他达成相关的领悟，让他看到他的人际模式是如何呈现在你们的治疗当中的。然后，你接下来要做的是帮助他探索这种模式是如何影响到他当前的生活的。在治疗中，一旦塞吉奥开始展现出改进交往模式的迹象，无论是在治疗中还是治疗之外，你都需要给予评论，并帮助塞吉奥珍视他的人际优势（Levenson & Strupp，2007）。

这些任务是如何达成的呢？你必须通过在沟通中对他感兴趣、共情的倾听发展出对他内在世界的理解，来建立起和他的良好治疗关系。你也可以为他提供一种他可以认同的新人际模式，新的模式比他基于童年经验建立的旧模式更加具有适应性。一开始，塞吉奥并不完全能够从你们之间良好的关系中获益。如果冲突产生的话，他将试图在和你的关系中重现他的重复性适应不良模式。作为你们之间人际互动的参与观察者，你通常会跳出这个过程来审视并评价：从移情和反移情方面来看，治疗关系中发生了什么？移情过程是：塞吉奥不可避免地会试图在和你的关系中重复他的内化人际模式（关于自己和他人的想法和信念，以及自己和他人的互动）。你需要对这一点保持警觉，并给出评论：塞吉奥是如何试图引起你的特定反应的，例如独裁、控制、操纵、利用、批评等，以重现他的重复性适应不良模式。

你同样将经历对塞吉奥的反移情反应。作为一种矫正性体验，反移情为你理解塞吉奥的需要提供了重要的线索。首先，你需要识别出将你卷入其中的人际模式，然后决定如何以治疗师的角色来打破这种僵化的模式。通过从许多能帮助塞吉奥改善人际关系的方法中选择合适的、最有利于他的方法，你有针对性地在治疗中满足了他的人际需要。可能他需要你在他表现出挑逗的行为时保持平静而不是生气，也可能他需要你对他希望被当成男人一样对待表示尊重。如果你体验到的反移情和塞吉奥的其他重要他人不一样，你需要检视反移情是否更多地和你自身的独特经历有关，而不是和塞吉奥有关。

你对人际过程的解释为塞吉奥提供了关于他的重复性适应不良模式的认知和经验性的学习。注意这些解释是否是具体的、和他当下的问题紧密联结的，或者带来更多的关于人际模式的洞见——但这要视塞吉奥的思考能力以及反映自己和他人的能力而定。对此时此地的解释比对早年关系的解释更重要，叙述的事情比历史的真相更重要。推理需要被维持在最小的限度，而解释需要基于他能够理解的现实。如果你说得太复杂，或者有拒绝意味，就可能会让解释的过程具有危害性。塞吉奥经受着情感的痛苦，拥有根深蒂固的人际互动脚本，然而从你这里得到了不一样的反应（即不同于他基于过去的关系而产生的期待），他就将收获更大的能力去质疑他之前的一些假设：那些关于他的自我形象，以及关于他人的态度和意图的假设。如果塞吉奥获得了检视自己的重复性适应不良模式的信心，他将发展出更多的信心来面对他之前压抑的与之相关的情感和幻想。在这个过程中，你是可以依靠和信任的盟友。由于治疗中具有支持性的良好关系以及共情的倾听，使塞吉奥能够在关系中发展出关于思想、情感和行为的更多模式。治疗的时限需要在开始治疗时得到确立，并在治疗过程中和塞吉奥持续讨论。对短期的动力学治疗来说，一个计划之中的结束对巩固治疗收获是不可或缺的。

案例应用：聚焦种族和民族领域

本书不会详细讲述塞吉奥个案的详细过程。有许多复杂的分析角度可能适用于塞吉奥，但种族和民族的角度会在这个动力学个案的概念化和治疗计划中被重点考虑。让我们假设治疗师不是墨西哥裔，那么种族问题将会是这个个案中的重要因素。

从心理动力学角度与塞吉奥会谈

治疗师：下午好，塞吉奥。如你所知，你的缓刑监督官昨天给我打了电话，替你约了我。他选择我是因为我有许多和青少年工作的经验。他告诉我你的家庭是从墨西哥过来的。我从来没有去过那儿，但我从照片上看，那真是个很美丽的国家。（长时间停顿）你能不能告诉我，在你看来，你为什么会到这里来？（长时间停顿）我听说你的家人在家的时候会说西班牙语。西班牙语是一门能表达自己的很厉害的语言。（停顿）很遗憾我不会说。是不是你更愿意和会说西班牙语的人说话？

塞吉奥：（不高兴地向下看）我来这里是因为我不得不来。

治疗师：你受到了强迫。（停顿）当你感觉被强迫的时候，你很自制地来了。

塞吉奥：（开始平静下来，但变得阴沉）是的，我很自制地来了。这让你很惊讶吗？

治疗师：在你来之前，我告诉他们尊重你的想法。但我的意思不知怎么被误解了，而你觉得受到了无礼的对待。

塞吉奥：（生气）我希望能得到尊重，而不是被你和其他人戏弄。

治疗师：戏弄人是不对的。我从来没有故意这样过。但是，如果你觉得受到了戏弄，我很感谢你能告诉我。

塞吉奥：（停顿，真诚地）如果你真是这样想的，（看了治疗师一眼）那很好。

治疗师：我确实是这样想的。（停顿）我读了你这个案子的法庭记录，我看到你的所有家人和你一起去了法庭。

塞吉奥：（挑衅地）我的家人是我的全部。

治疗师：我想知道，你是不是觉得我永远不可能理解你有多爱你的家人？（塞吉奥点点头，向下看，并长时间停顿）你能跟我讲讲你的家人吗？

塞吉奥：我和父母住在一起，和外公外婆是邻居。所有的街坊都是墨西哥家庭，其中的许多还和我们有亲戚关系，或者在墨西哥的时候就跟我们住得近。我的叔叔何塞最先来到这里。后来他的老板，农场的祖克曼（Zuckerman）先生需要更多人帮忙，于是我们就都来了。夏天的时候，我们很辛苦地在这个老板的农场上工作。他是个不错的人，和镇上的其他白人不一样。

治疗师：你爱你的家人，你尊敬这个老板。你为他们做了许多。

塞吉奥：我尊敬我的父母和祖辈。（停顿，强调地）每个人都应该尊重他们。他们总是很辛苦地工作。（停顿，温情地）他们为我和我的兄弟姐妹倾尽了所有。

治疗师：他们用爱在照顾着你。（塞吉奥点头）那你做了什么呢？

塞吉奥：（真诚地）我试着帮忙。夏天我们都帮着收获庄稼。在农场不需要工人的几个月里，我妈妈还在一家工厂做缝纫的活儿。当她工作的时候，我就照看我的几个弟弟和一个妹妹。我试着在家庭作业和家务活上帮他们。

治疗师：对你所做的，你的弟弟妹妹们有什么反应呢？

塞吉奥：（低头微笑，看着自己的膝盖）他们尊重我，而我照顾他们。

治疗师：你描述了一个很紧密的、彼此照顾的家庭。你们之间出现过问题吗？

塞吉奥：（不高兴地）我们之间没问题。我们有一个紧密的社区——我们住在一起。我们尽量避开白人，除了在工作的时候，但是他们仍然给我们带来麻烦。

治疗师：你指的是什么呢？

塞吉奥：（厌烦地）我们的一些邻居是白人，他们总是暗中监视我们。

治疗师：他们做了什么呢？

塞吉奥：（讽刺地）他们走出来到门廊上，看我们在院子里工作或者打球，听我们说话。

治疗师：他们监视得怎么样？

塞吉奥：（轻声地笑）他们不懂西班牙语。所以他们听不懂我们说的话。他们假装在那里很忙的样子，但实际上他们没有多少事可以做。

治疗师：你在家的时候总是说西班牙语吗？

塞吉奥：（防御地）那是我们的语言。

治疗师：我无意冒犯你。我只是想知道，是不是你们总是说西班牙语，所以你的邻居们不能听懂你们在说什么。（长时间停顿）有没有可能你的邻居们犯一些错误，就像我这样，是因为无知，而不是他们不尊重你们？

塞吉奥：（平静地）不可能，他们的表情和动作说明了一切。（停顿，生气地）去年，因为我很晚在外面没有回家，他们把我的父母报告给了警察。

治疗师：你对父母是如此尊敬，所以对任何把你的父母当成坏父母的人，你都很生气。（塞吉奥点头）后来发生了什么呢？

塞吉奥：（生气地）一些儿童保护工作者来调查我们。（停顿）他们对我的父母很不尊重。但是我的父亲，（停顿）他坚持让我们回答完他们的问题，好让这件事过去。他们告诉他，我需要在11点之前回家，这是针对青少年的宵禁令。他对他们说"好的"，但是（停顿）我的父母知道什么是对我好，而不是那些愚蠢的家伙。

治疗师：你的父母对你有什么期望呢？

塞吉奥：（沉思地）工作日的时候，我需要在放学后回家照看我的弟弟拉乌尔和何塞，还有妹妹安娜。周末的时候，父母允许我和表兄弟（primo）们到处去玩。（治疗师表现出困惑）（译者按：primo 是西班牙语中"表兄弟"的意思）抱歉，我是说表兄弟。在我回家之前，他们并不会期待我几点到家。

治疗师：所以你有可能很晚才回家。

塞吉奥：（平静地）有时候凌晨才回家。我自己有分寸的。我很愉快。

治疗师：你的父母信任你，尊重你关于几点回家的决定。

塞吉奥：（平静地）他们知道我已经是个男人了，他们尊重我的判断。

治疗师：你知道他们会尊重你。他们知道你是值得信任的。

塞吉奥：（微笑）是的。（停顿）当然，在我小时候，他们引导我，照料我，但我现在不需要了。

治疗师：你和表兄弟们一起在外面玩什么呢？

塞吉奥：（微笑）我们就是在某人的家里或者院子里吃东西，听音乐，开玩笑，或者开车去兜风。（停顿）这不关别人的事。

治疗师：你和表兄弟们在一起的时候，感觉怎么样呢？

塞吉奥：（微笑）很好啊。我总是觉得被他们接纳，他们了解我。（陷入沉默）

治疗师：你在想什么呢？

塞吉奥：（紧张地）你会不会告诉我的缓刑监督官，在他给我愚蠢的宵禁令之后，我还是有时在外面待到很晚？

治疗师：我不会那样做的。但我知道缓刑监管部门的规定是很严格的，如果你的缓刑监督官知道了这些，他会对你严厉惩罚。

塞吉奥：（沉思地）我的父母也担心这个。

治疗师：是吗？（塞吉奥点头）如果你在缓刑期间早点回家，对你来说意味着什么呢？

塞吉奥：（强调地）我不愿意一个不了解我也不尊重我的官员来告诉我该做什么。

治疗师：如果你觉得被尊重了，像你父母对你那样，你愿意听吗？

塞吉奥：（平静地）当然愿意了。大人就是教导我们小孩的嘛，（生气地）但是我的缓刑监督官根本不了解我，而且他根本不尊重我。

治疗师：他做了什么不尊重你的事情吗？

塞吉奥：（紧张地）他没有像对待一个男人那样对待我，允许我说话。他只是告诉我坐下，听话，按照他说的去做。我去见他仅仅是出于对父母的尊敬（停顿），来这里也是——来这里并不是因为他。

治疗师：即便这个官员做了让你觉得不尊重你的事，你仍然出于对你父母深深的尊敬，履行了和他之间的约定。

塞吉奥：（真诚地）我不想给父母带来更多麻烦。当我陷入这个麻烦时，我试图帮他们。

治疗师：通过吸大麻的方式。

塞吉奥：（无奈地）这里关于大麻的法律很愚蠢。墨西哥很多人吸大麻只是为了放松。我认识一些墨西哥人，他们每个夏天都会带大麻越过边境来到这里。我家里的经济很紧张，所以我问这些人，我能不能帮他们卖一些大麻来赚钱帮我的父母。学校里的许多白人孩子有很多钱花。

治疗师：你的父母知道你在做什么吗？

塞吉奥：（悲伤地）不知道。他们知道之后很生气。他们说我违反了这里的法律，我应该遵守法律。

治疗师：你的父母吸大麻吗？

塞吉奥：（生气地）不，当然不！

治疗师：我很抱歉，但你刚才说这"没什么"，并且"很多人都吸"。

塞吉奥：（羞怯地）我父亲觉得吸大麻是浪费生命，他也不准我吸。但是，我确实知道很多人在吸。如果一个白人吸，没有人会在意。

治疗师：你怎么知道呢？

塞吉奥：（受挫地）我有眼睛。我之前在高中学校周围看到了很多毒品，有些人还被抓住了，但是只有我被送给了警察。

治疗师：只有你被送给了警察？

塞吉奥：（生气地）是的，我是墨西哥人，他们认为我们一切都不好。

治疗师：很明显，种族问题才是你在学校的真正问题，而不是贩卖大麻。

塞吉奥：（生气地）他们折磨我，因为我是墨西哥人，还去上他们的学校。他们希望我们夏天在他们的农场上工作，但是工作之后不要在留在镇上。他们希望我们回到墨西哥，直到明年夏天又过来。他们根本没考虑过居无定所的困难。

治疗师：（温柔地）他们不知道这有多困难。他们做了什么来表明这样的态度呢？

塞吉奥：（生气地）没有人愿意租给我父母房子，除非是在偏僻的角落。所有的墨西哥人都住在年久失修的房子里，而在小镇的另一边，大多数白人住在漂亮的地方。我们去购物的时候，他们用一种滑稽的眼神看我们，他们也不准孩子们在学校里和我们一起玩。

治疗师：你听起来很愤怒。

塞吉奥：（沉思地）我不知道。我想我曾经是。但是安娜最近有一天哭得很伤心，因为他们班里的四个女孩儿要去参加一个生日聚会，但她没有被邀请。我告诉她忘了那些女孩儿——她们是坏女孩。我们不需要她们。我们也有很多聚会，也不会邀请她们。我们有很多快乐的时光，我们并不需要她们中的任何人。

治疗师：你和家人很亲密，而且享受和他们在一起的时光。但是为什么你会说那些女孩很坏呢？你了解她们的什么事呢？

塞吉奥：（强调地）我问了安娜，她们都是白人。白人不信任我们，除了少数的例外，比如祖克曼先生，还有我的一些老师。

治疗师：这让你感觉到明显的种族歧视。你是一个强大的哥哥，不希望妹妹被伤害。（停顿）有没有这样一种可能，那些女孩当中的某些人像祖克曼先生一样真的喜欢安娜？

塞吉奥：（停顿，沉思地）有可能吧。我没有想过。我知道他们中的某些人像祖克曼先生一样很好，但是大多数人是种族主义的，而且安娜如果能认识到这一点会更加安全。

治疗师：你希望妹妹不会像你那样经受到种族歧视的痛苦。（塞吉奥点头）还发生了其他的什么事吗？

塞吉奥：我父母的英语不太好，不能阅读商店里的标牌或者什么东西上的标签。我会帮他们买东西，因为我的英语更好一些。在所有的商店里，我都被一直跟随着，就好像我是个小偷一样。一开始的时候，我不知道该做什么。现在我会捉弄店员。有时候我会说："我今天太忙了就不偷东西了，可能明天再来吧。"然后我就离开那家店，什么也不买。

治疗师：不被信任的感觉很不好。（塞吉奥点头）你有时候通过戏弄他们来回击。他们是怎么样反应的呢？

塞吉奥：（讽刺地）他们害怕了。他们认为我说的是真的。他们都很蠢。为了挣到去他们的破商店买东西的钱，我父母很辛苦地工作。我们社区里的每个人都很辛苦地工作。我们是诚实的人，我们应该得到尊重。

治疗师：辛勤的工作确实应该受到尊重。当有人跟随你的时候，你有权利感到愤怒。你戏弄了他们，他们害怕了。（停顿）你经常这样做吗？

塞吉奥：（沉思地）有时候，我会在收银台前花很长的时间把身上的钱掏出来。

治疗师：他们知道你在戏弄他们吗？

塞吉奥：（紧张地）他们只会想，我很笨、很慢，（停顿）像所有的墨西哥人一样。

治疗师：墨西哥人不笨也不慢。

塞吉奥：（生气地）我听到他们这样说了，他们还以为我听不到。

治疗师：他们这样说伤害了你。（停顿）有时候你会认为他们说得对吗？

塞吉奥：（沉思地）只有当我和他们在一起的时候会。只要我回到家里，我就不觉得我笨。在学校我也表现得很好。我的数学老师希望我更努力地学习。他是学校里的好老师之一。他不在意皮肤的颜色，而只是尝试去帮助所有的人。他注意到我在他的课堂上认真听讲——即便是其他许多人没有听讲的时候。如果我花更多的时间在自己的家庭作业上，我的学习会更好。但是我八岁的弟弟何塞在学习上遇到了很多困难，我需要花很多时间来帮他，帮他是更重要的事。

治疗师：你为他们做了许多，而弟弟何塞特别需要你。对于你在商店的做法，你父母是怎样想的呢？

塞吉奥：（平静地）他们不希望我这样戏弄人，所以我试着改掉这个习惯。（停顿）我父亲说这样做很孩子气，他是对的，我是一个男人，不应该这样做。

治疗师：你很在意像一个男人一样做正确的事。你现在有什么打算吗？

塞吉奥：（强调地）我需要决定怎么来帮助我的父母。当我第一次听到他们的经济困难时，我告诉他们我会辍学，找一个全职的工作，他们反对我这样做。如果我能从高中毕业，他们会很骄傲——我会是家里的第一个高中毕业生。但是我家里需要更多钱。

治疗师：有人能帮你找到一份兼职工作吗？

塞吉奥：（认真地）我问了祖克曼先生能不能给我一份工作。他说他在冬天不需要招聘更多人，他也不知道谁需要。他说如果我需要的话，他会给我一份推荐信。

治疗师：墨西哥人社区里有谁能帮到你吗？

塞吉奥：（平静地）没有。在冬天，我们都很饿。

治疗师：听到你们的社区在冬天没有足够的基本物资，比如食物，我很难过。

塞吉奥：（悲伤地）这就是我们生活的现实。如果白人都像祖克曼先生一样，我们会生活得很好。

治疗师：祖克曼先生了解你们。他会怎么评价你在他那里的工作呢？

塞吉奥：（平静地）他会说我总是很准时、不请假、很努力地工作。

治疗师：听起来像是谁都想雇的类型。（塞吉奥点头）你对这一点有信心。你的缓刑监督官能帮你找到工作吗？

塞吉奥：（不确定地）他为什么会帮我？对他来说，我就是一粒灰尘。这就是他总是命令我的理由。

治疗师：没有人愿意被总是命令。他应该对你更尊重。我不是说他没有种族主义，我只是说，他也可能对白人缓刑服刑者这么做。他可能认为玉不琢不成器。

塞吉奥：（沉思地）他是白人，所以我觉得他会讨厌墨西哥人。

治疗师：（坚定地）有可能。但是也可能他只是在履行缓刑监督官的职责。

塞吉奥：（长时间停顿）我在他面前表现得很笨，我想这样做可能是不对的。

治疗师：如果你在他面前表现出真实的一面，情况会更好吗？（塞吉奥沉默着）一个种族主义的缓刑监督官有没有可能学会像对待男人一样尊重你，并且帮你找到工作？

塞吉奥：（不确定地）我不知道。

治疗师：这个镇上有许多种族主义者。但是，不管一个人是不是种族主义者，你对他们的行为将会影响到他们如何对待你，长期来说，会影响到许多人如何对待你。一些人的种族主义倾向是如此严重，以致无论你做什么都改变不了他们，但这样的人不是全部。我很感激你以尊敬的方式对待我，以及我的问题。你下个星期还愿意再来吗？（塞吉奥说愿意）谢谢你今天过来。

从心理动力学角度对塞吉奥进行个案概念化：基于假设模式

塞吉奥来自一个亲密的家庭，在这个家庭里，他关于养育、亲密、情感联结以及独立自主的基本需要都很好地得到了满足。他对父母有很大的认同，认为他们是慈爱且自我牺牲的。这带来的结果是，他发展出了具有普遍适应性的内部模型来理解自己、他人以及人际关系。这种适应性表现在以下方面：他关于自己和家人的叙述大部分是健康的、他对他人的积极行为、他对他人的现实的期待、他对他人对待自己的行为的准确认知、以及他建设性的内摄。在一个看似高度种族主义的白人社区里，塞吉奥的父母在抚养孩子的过程中面临着一些困难但他们持续地努力着。他们只能向大家族中的墨西哥人寻求帮助。这可能造就了一种"我们"与"他们"（墨西哥人与白人）的心态。通过对父母的强烈认同，塞吉奥可能通过对白人的消极认知和期待内化了这种倾向。这并不是好与坏的绝对划分，塞吉奥能够认识到白人之间，以及非墨西哥裔的有色人种之间是不同的（邻居和商店店主与教师和治疗师不同）。但是，在塞吉奥最近与白人社区成员以及法律制度的冲突中，这样的消极认知和期待是重要的因素。

塞吉奥是如何对待他人的呢？他与父母、同胞和亲戚们拥有积极的人际关系，他在这些关系中表现得主动而且善于交际。他在墨西哥社区中的行为是善于交际且负责的，表现在善待他人、尊重长辈的意愿以及对同胞弟妹的悉心照顾。但在面对白人时，他的行为从灵活变得僵化。在面对那些他认为居高临下、不尊重他或者羞辱他（邻居、同学、商店店主）的白人时，他表现出退缩、被动攻击或者小小的口头攻击。当面对那些他认为相对接纳他的白人或非墨西哥裔的人时（一些教师、祖克曼先生和治疗师），他可以表现得开放、思路清晰并且自信。

塞吉奥对他人有着什么样的期待呢？他对其他墨西哥人如何对待他有着积极的期待。他对于父母对他的爱和尊重有着稳固的信任。他觉得父母信任自己独立的能力，信任自己能够为自己的生活做决定。他也相信他的弟妹们爱他，感激他为照顾他们所付出的时间，并鼓励弟妹们的成长进步。他对白人社区的期待的基线水平是消极的。他预期邻里、学校和商店里的白人对待他的行为是不尊重的、有侮辱性的。这些令人难以忍受的行为很可能确实发生了，但是，有可能正是他的行为方式激发出了这些非常消极的行为和刻板印象。如果没有他的这些行为方式，或许白人和其他非墨西哥裔的人不会表现出令他讨厌和害怕的猜疑行为。虽然他有这样的总体上的知觉定势，但他也表现出了对是非的基本判断能力，对一些白人和非墨西哥人给以积极的人际反馈（例如一些教师、祖克曼先生和治疗师）。塞吉奥的消极期待是有现实基础的，因为在他的社区中发生过种族主义的事件。

他人是如何回应塞吉奥的，而塞吉奥对他人的人际行为又有什么样的理解呢？他的墨西哥家人和朋友喜爱和他交往、尊重他的判断，他也对此感觉良好。另外，他对大多数白人的行为有负面的理解。他觉得他们大都不相信他、辱骂他。当社区中发生和种族有关的事件时，他可能会误解或者感觉不到一些模棱两可或非歧视性的社区行为。例如，新搬入的人容易引起邻居的好奇心，塞吉奥可能感觉这是一种敌意。同样，在一所学生之间关系紧密的学校里，新转来的学生容易被冷漠地对待，这可能被塞吉奥觉得是种族敌意。对家人忽视进行举报的行为被塞吉奥误解为种族对立，这与他的文化背景不适应，却是符合美国关于虐待和忽视的法律的。但是，在带毒品去学校的同学里只有他被逮捕了，而这样做的白人同学都没有，这让他清晰地感觉到自己作为墨西哥人被有区别地对待。因此，即便塞吉奥对于迫害的一部分感知是准确的，他仍然非常需要认识到，他有时候扮演的角色促进或者造就了白人对墨西哥人的消极看法。例如他对白人的故意激怒、挑衅或恐吓的行为。塞吉奥显示出了一种如下的开放性：能够思考他的认知何时是准确的，以及何时是不准确的。

塞吉奥的内摄是什么样的呢？他觉得自己是能干的、有爱心的、负责任的家庭成员，他相信如果有机会的话，自己会是一个好的工人。他为自己照顾弟妹的能力而自豪。他对自己的主要态度是积极的，他欣赏并敬重自己的能力。当想到祖克曼先生愿意为他找到一份农场的工作出具推荐信时，他体会到骄傲和自豪。当他做了一些和父母的价值观相违背的事情时，例如在学校兜售大麻、戏弄商店店主，他感到强烈的羞愧。在他对白人同伴和邻居做出的评价中，有迹象表明，他有可能遭遇了对墨西哥人的消极成见。

塞吉奥已经学会了如何从与其他墨西哥人的关系中有效地满足亲密和自主的需要。他的完全适应性的功能目前被僵化、不灵活的对白人的消极认知和期望所抑制。这样的情况加深了他对大麻的使用伦理的文化误解，导致他当下成为毒品犯罪者。他的毒品交易行为没有被认为是反社会倾向的，他的缓刑定罪为他提供了一扇有挑战的机会之窗，使他在治疗的设置之下来重新审视自己对白人的消极认知和信念。在治疗关系中，当塞吉奥表现出造成人际疏离的行为——例如戏弄他人、表现得愚笨或有敌意时，他能够体验到一种跟以往镇上的非墨西哥人对他的反应完全不同的反应。塞吉奥可以探索他对于融入白人社区的无意识斗争，以及使用分裂（好/坏）的防御机制的倾向。他将认识到，他与白人的交往风格比与墨西哥裔美国人的交往风格要低效得多。这样的领悟会帮助他的缓刑达成令人满意的结局，也使他被定罪这件事不会对他在美国主流文化中取得成功造成持续的消极影响。塞吉奥很想获得一份工作，如果能够在这方面为他提供主动的帮助，他改变的动机会更强，将有助于进一步巩固他在白人社区的人际胜任力，并为他作为一个"能在情感上和经济上为家庭提供帮助"的男人的自我认同提供支持。

心理动力学疗法治疗方案：基于假设模式

治疗方案概述：治疗师需要对塞吉奥在治疗期间遭遇更多公然的或隐蔽的种族主义事件的可能性保持警觉，不然，这可能会成为治疗成功的障碍。第一个长期治疗目标是：聚焦于治疗关系，并视情况扩展到其他关系（缓刑监督官、教师、邻居、同伴、父母）。第二个长期治疗目标将在治疗结束的过程中被达成。虽然帮助塞吉奥找到一份有报酬的工作并不是心理动力学视角的典型目标，但这是塞吉奥的案例中文化敏感治疗的关键因素，因为这是他为了帮助家人而非常想要达到的目标。塞吉奥表现出了对他与白人的充满冲突的人际交往的反思能力，这提示我们短期治疗有可能是有效的（该治疗方案遵循基本格式规范）。

长期目标 1：塞吉奥将会利用他在治疗关系中的体验，增强他关于白人和非墨西哥裔人的内部人际世界模型的灵活性。

短期目标

1. 塞吉奥将觉察到他当前在与大多数白人和非墨西哥裔人的关系中所扮演的角色；他将会列出这些人的名单来促进这个觉察。

①塞吉奥将觉察到他在和祖克曼先生的关系中所扮演的角色，以及这种角色是如何提升了祖克曼先生维持并发展与墨西哥人的良好印象的可能性。

②塞吉奥将觉察到自己是如何使用了诱发行为（eliciting maneuvers），例如戏弄商店店主，以及这种行为是如何增加了一部分白人和非墨西哥人裔拒绝他的可能性，如何使他们维持了对墨西哥人的消极刻板印象。

③塞吉奥将觉察到在和所有人的交往中自己的情绪、幻想和愿望，并意识到他的负面表演行为可能导致了他对好/坏（墨西哥人/白人或非墨西哥人）的区分。

2. 塞吉奥将觉察到他对特定白人的期待，以及伴随这些期待的情绪。

①塞吉奥将觉察到他对白人会如何对待他的消极期待，以及这样的期待是如何影响到他在一周内与这些白人交往时的情绪。

②塞吉奥将觉察到他对墨西哥人会如何对待他的积极期待，以及这样的期待是如何影响到他在一周内与这些墨西哥人交往时的情绪。

3. 塞吉奥将会讨论一周来他人是如何对待他的，以及他有哪些证据来支持自己的看法。这里的他人包括了特定的墨西哥人、白人和非墨西哥裔的人。

①塞吉奥将会讨论他在过去一周里对墨西哥人、白人和非墨西哥裔人的积极看法，以及他有哪些证据来支持自己的看法。

②塞吉奥将会讨论他在过去一周里对墨西哥人、白人和非墨西哥裔人的消极看法，以及他有哪些证据来支持自己的看法。

4. 塞吉奥将对自己内摄的角色有更多的觉察，这些角色包括墨西哥人、儿子、兄弟、年轻的成年人、缓刑服刑者以及正在接受治疗的人。

①塞吉奥将更充分地体会到：在过去的一周里，处于上述任何角色中时，面临种族主义事件时的愤怒和羞愧，并思考负面的社会刻板印象是否会影响到他的内摄。

②塞吉奥将更充分地体会到：处于上述任何角色中时，他在与他人的积极交往中产生的自豪感、爱和尊重，并思考这些交往是如何影响到他的内摄的。

③塞吉奥将更充分地体会到：他作为年轻成年人对亲密情感和独立的需要，并思考这些需要是否被他所扮演的角色很好地满足了，以及这个过程是如何影响了他的内摄。

长期目标2：通过找到一份有报酬的工作来支持家庭的经济，塞吉奥将更有能力满足自己自主的需要（被自己、家人和其他人认为是一个成年人）。

短期目标

1. 塞吉奥将觉察到他在为祖克曼先生工作时所扮演的角色，以及当老板是其他白人或非墨西哥人的时候，他作为雇员的情绪、幻想和愿望。

2. 塞吉奥将会和治疗师、教师和缓刑监督官一起探索：美国的雇主对雇员的行为有什么样的期待，特别是与工作行为和药物使用有关的期待。

3. 塞吉奥将会对祖克曼先生为什么那样对待他有更多理解，也会对关于下述情况的情绪、幻想和愿望有更多理解：当他第一次开始工作时，白人和非墨西哥裔人雇主是如何对待他的，他的什么行为能够引发雇主对墨西哥人的正面印象。

4. 塞吉奥将会觉察到关于自己作为好员工的内摄，并进一步探索他作为一个力争帮衬家庭经济的年轻成年人所具有的积极和消极的情绪。

从心理动力学角度对塞吉奥进行个案概念化：基于人际关系模式

塞吉奥与父母、同胞、白人老板以及白人社区成员的不同关系，反映出他在不同方面的优势和劣势。塞吉奥童年的大部分时间生活在墨西哥，来到美国后，他尝试着适应来自他人的新的期待。他被缓刑监督官送来接受治疗，原因是在学校使用并兜售大麻，而他是这样做的人中第一个被逮捕并判处缓刑的，这使他感觉受到种族歧视。他预期白人教师和警察不会尊重他和他的家庭，因为他们是拉丁美洲人。尽管塞吉奥的父母可能赞同他对于大麻和种族主义的观点，他们也坚决要求他停止使用大麻，因为这违反了美国的法律。塞吉奥的缓刑监督官希望他不要在深夜在外游荡，虽然他的父母认为这没什么，因为这在墨西哥是很普遍的事。虽然在和所有他认为有种族主义倾向的白人的关系中，塞吉奥都表现出反抗行为，但他与家人的交往方式却完全不同。他对帮弟弟完成家庭作业有很强的责任感，同时尝试挣钱来补贴家庭的基本所需。他认为自己是一个勤劳的工人，所以他的老板祖克曼先生愿意给他写推荐信。他有根据情况与不同的人交往的能力，这预示着，他能够在和从没经历过墨西哥文化的白人的交往中发展出新的模式。

塞吉奥在父母面前的角色是恭顺的儿子。他意识到，来美国生活对他的父母来说比他要困难，因为父母的英语不如他说得流利。虽然在商店被跟随，并且无意中听到商店里的其他人说一些种族主义的言论，塞吉奥还是继续为家里采购东西。他认为父母比他更有智慧，并且总能基于他的最大利益来给出建议。他很清楚父母为他和他的同胞们做了什么样的辛苦工作。为了能让家人和家族的人在冬天不再挨饿，塞吉奥愿意从高中辍学去打工挣钱。但是，他的父母希望他能在学业上取得成功，并因他将成为家里的第一个高中毕业生而骄傲。塞吉奥对他的长辈的内摄是：他们值得他的尊敬，家族的人们彼此帮助，他们都是辛苦工作的好人，而他很骄傲自己是他们当中的一员。

塞吉奥在同胞弟妹面前的角色是乐于助人的兄长。他放学后直接回家帮他的弟弟何塞完成家庭作业。甚至当他自己的事需要更多时间时，他也把帮助弟弟放在更优先的位置。塞吉奥觉得何塞在学业上比自己有更多的困难，并扮演着负责且值得依靠的帮助者的角色。他觉得帮助何塞学习是他的责任。他同样会顾及同胞弟妹们是否快乐。当他得知妹妹安娜受到种族主义伤害时，他深深地感到痛苦。一些安娜以为是朋友的小女孩没有邀请她参加最近的生日聚会。塞吉奥马上把这件事贴上种族主义的标签，并且鉴于他在小镇上的遭遇，这未必不是她被排斥的原因。但是，他有能力认识到，他对种族主义的预期和看法并非总是准确的。塞吉奥作为兄长的内摄是：他很在乎弟妹们，弟妹们也很在乎他，他作为一个负责任的兄长，总是把弟妹们的需要放在自己的需要之前。

塞吉奥作为白人社区的墨西哥人的角色从灵活变得僵化。在白人和非墨西哥裔人面前，他感到部分地被接纳（一些教师、祖克曼先生、治疗师），他能够开放自己的内心、清晰地思考并保持坚定。他在白人祖克曼先生面前表现出辛苦工作、值得信赖的雇员的形象。他整个夏天都在祖克曼先生的农场上工作，祖克曼先生欣赏他的工作，并且愿意为他在冬天找工作出具推荐信。祖克曼先生是白人，但塞吉奥能够认识到他的行为不是种族主义的，并且他觉得塞吉奥及其家人是值得尊重的。塞吉奥期待自己能够在工作上取得成功，并且认识到，即便是白人老板，也会欣赏他的努力工作。塞吉奥作为工人的内摄是：他总是准时、辛勤工作并且从不请假。

在那些居高临下、不尊重他或者羞辱他的白人和非墨西哥裔人（邻居、学校同伴、商店店主）面前，塞吉奥的行为表现出退缩、被动攻击或者小的口头攻击。他开始预期邻里、学校和商店里的白人对他不尊重且瞧不起。这些预期很可能是建立在真实的压迫性行为的基础上，因为塞吉奥生活在经常发生种族主义事件的社区中。然而，他的行为方式可以引起白人们非常消极的行为和印象，而这些行为和印象是他最讨厌和害怕的。如果他不表现出挑衅性的行为，例如在商店收银台前假装找不到钱了，可能会减少白人和非墨西哥裔人的不良对待。塞吉奥表现出了检验他的基线水平的期待的能力。尽管他对白人和非墨西哥裔人的总体知觉定势是负面的，他仍然能够从一些白人和非墨西哥裔人（一些教师、祖克曼先生、治疗师）那里接收积极的人际反馈。当社区内发生种族主义事件时，塞吉奥有可能误解或感觉不到一些模棱两可或非歧视性的社区行为。例如，新搬入的人容易引起邻居的好奇心，塞吉奥可能感觉这是一种敌意。同样，在一所学生之间关系紧密的学校里，新转来的学生容易被冷漠地对待，这可能被塞吉奥觉得是种族敌意。当他做一些和父母的价值观相违背的事情时，例如在学校兜售大麻或在商店戏弄店主，他的内摄包含了强烈的羞愧感。

塞吉奥有着灵活的人际反应模式。他是辛勤、可靠、善良的儿子和兄长，他是尽责、恭敬和充满感激的祖克曼先生的员工，他也是恼人、迟钝、挑衅的缓刑服刑者。这时，塞吉奥对他的缓刑监督官隐藏了他的积极身份认同，如辛勤和可靠的家庭成员。他的认知、期待和内摄都强化了他的信念："我在服缓刑只因为我是墨西哥人。"这个信念有可能是正确的，他的缓刑监督官也有可能是种族主义者，这将成为塞吉奥结束缓刑、发展出在非墨西哥裔人社区生活的更有效的技能的强大阻碍。然而，塞吉奥帮助父母应对家庭经济困难的强烈动机是一扇改变的机会之窗。即使他的缓刑监督官、老师们或其他社区成员有一些种族主义倾向，他们仍然有可能帮助他找到一份有报酬的工作。对塞吉奥来说，相比成功地激怒种族主义者得到的短暂满足感，从社区的白人成员那里获取实际帮助要重要得多。这种认识能帮助塞吉奥更充分地探索和社区白人成员、教师及缓刑监督官之间的关系，不破坏他们的规则，而他也可以为自己的墨西哥裔美国人的传统感到骄傲，并在通往职业成功的道路上保持这些传统。

心理动力学的治疗方案：基于人际关系模式

治疗方案概述：治疗师需要对塞吉奥在治疗期间遭遇更多公然的或隐蔽的种族主义事件的可能性保持警觉，不然，这可能会成为治疗成功的障碍。另外，如果治疗师是白人，他/她需要知道，塞吉奥会在治疗关系中来检验治疗师是否是种族主义者，所以，长期治疗目标1和长期治疗目标2需要先被开启，这样治疗师就有许多机会来展现对塞吉奥家人的尊重。帮助塞吉奥找到一份有报酬的工作（长期治疗目标1）并不是心理动力学视角的典型目标，但这是塞吉奥的案例中文化敏感治疗的关键因素，因为这是他为了帮助家人而非常想要达到的目标。塞吉奥表现出了对他与白人的充满冲突的人际交往的反思能力，这提示我们短期治疗有可能是有效的（该治疗计划遵循基本格式规范）。

长期目标1：塞吉奥将充分探索如何能在不触犯法律的情况下，发展出一个计划来帮助他作为墨西哥裔美国人的父母改善经济状况。

1. 塞吉奥将觉察到：在作为墨西哥裔美国人的父母面前，他所扮演的恭敬有礼的年轻男人的角色。

2. 塞吉奥将探索到：他对作为墨西哥裔美国人的父母如何对待他有什么样的期望，以及父母如何看待他使用大麻的行为。

3. 塞吉奥将觉察到：在他因为使用和兜售大麻而被捕的之前和之后，他对父母是如何对待自己的有什么样的看法。

4. 塞吉奥将更清楚地觉察到自己的内摄：他作为墨西哥裔美国人的儿子，希望自己成为父母引以为傲的男人，以及他因为使用和兜售大麻而被捕如何影响了这个内摄。

长期目标2：塞吉奥将充分探索他和作为墨西哥裔美国人的弟妹之间的联结，以及他如何才能成为他们适应美国白人社会文化的榜样。

1. 塞吉奥将更清楚地觉察到：他作为兄长，他的弟妹会从他的所作所为中学习如何做一个墨西哥裔美国人。

2. 塞吉奥将探索他对弟妹的期望，以及他使用和兜售大麻会对弟妹产生的影响。

3. 塞吉奥将觉察到：在他因为使用和兜售大麻而被捕的之前和之后，他对弟妹们是如何对待自己的有什么样的看法。

4. 塞吉奥将更清楚地觉察到自己的内摄：作为年轻的墨西哥裔美国男人，他是弟妹的兄长和榜样，以及他因为使用和兜售大麻而被捕如何影响了这个内摄。

长期目标3：塞吉奥将充分探索自己与作为白人雇主的祖克曼先生之间的联结，以及在对墨西哥裔美国人持有种族主义观念和看法的白人面前，如果不表现出对抗性的行为，如何能够为自己的墨西哥裔美国人传统而骄傲。

短期目标

1. 塞吉奥将觉察到他在为祖克曼先生工作时所扮演的角色，以及当老板是其他白人或非墨西哥裔人的时候，他作为雇员的情绪、幻想和愿望。

2. 塞吉奥将会和治疗师、教师和缓刑监督官一起探索：美国的雇主对雇员的行为有什么样的期待，特别是与工作行为和药物使用有关的期待。

3. 塞吉奥将会对祖克曼先生为什么会那样对待他有更多理解，也会对关于下述情况的情绪、幻想和愿望有更多理解：当他第一次开始工作时，白人和非墨西哥裔人雇主是如何对待他的，他的什么行为能够引发雇主对墨西哥人的正面印象。

4. 塞吉奥将觉察到他作为好员工的内摄，以及他因为使用和兜售大麻而被捕如何影响了这个内摄。

长期目标4：塞吉奥将更充分地探索和社区白人成员、教师及缓刑监督官之间的关系，并不破坏他们的规则，而他也可以为自己身上的墨西哥裔美国人的传统感到骄傲，并在通往职业成功的道路上保持这些传统。

短期目标

1. 塞吉奥将觉察自己在大多数白人社区成员面前所扮演的角色，例如在教师、商店老板和他的缓刑监督官面前。

a. 塞吉奥将觉察到他在和祖克曼先生的关系中所扮演的角色，以及这种角色是如何提升了祖克曼先生维持并发展对墨西哥人的良好印象的可能性。

b. 塞吉奥将觉察到自己是如何使用了诱发行为，例如戏弄商店店主，以及这种行为是如何增加了一部分白人和非墨西哥人拒绝他的可能性，如何使他们维持了对墨西哥人的消极刻板印象。

c. 塞吉奥将觉察到在和所有人的交往中，自己的情绪、幻想和愿望，并意识到他的负面表演行为可能导致了他对好/坏（墨西哥人/白人或非墨西哥裔人）的区分。

2. 塞吉奥将觉察到他对特定白人的期待，以及伴随这些期待的情绪。

a. 塞吉奥将觉察到他对白人会如何对待他的消极期待，以及这样的期待是如何影响到他在一周内与这些白人交往时的情绪。

b. 塞吉奥将觉察到他对墨西哥人会如何对待他的积极期待，以及这样的期待是如何影响到他在一周内与这些墨西哥人交往时的情绪。

3. 塞吉奥将会讨论一周来他人是如何对待他的，以及他有哪些证据来支持自己的看法。这里的他人包括了特定的墨西哥人、白人和非墨西哥裔人。

a. 塞吉奥将会讨论他在过去一周里对墨西哥人、白人和非墨西哥裔人的积极看法，以及他有哪些证据来支持自己的看法。

b. 塞吉奥将会讨论他在过去一周里对墨西哥人、白人和非墨西哥裔人的消极看法，以及他有哪些证据来支持自己的看法。

4. 塞吉奥将会讨论，如果无论对方是不是种族主义者，他都对其表现出尊重的话，他将会有什么样的内摄。

a. 塞吉奥将会讨论这对他找到一份有报酬的工作有什么样的作用。

b. 塞吉奥将会讨论，如果他对不尊重自己的人表现得尊重的话，他有可能遭受到的情感挫折或者痛苦。

c. 塞吉奥将会讨论，他表现出什么样的行为能为自己和家人带来好处。

d. 塞吉奥将会讨论，为了照顾好自己的家人，成年男性必须做出什么样的牺牲。

学生进行个案概念化的练习案例：聚焦性别领域

让我们来做关于史蒂夫（Steve）的心理动力学分析。有许多复杂的分析角度可能都适合于他，但你只需要在完成你的心理动力学个案概念化和治疗方案时聚焦性别领域。

从简短初始评估访谈中收集信息

史蒂夫是大学四年级的学生，主修艺术专业。他形容自己是个有天分的艺术家，并且有着良好的体魄。他和朋友们住在校园外的公寓里。他会定期去看望父母，他们住在另外一座城市，距离史蒂夫有两个小时的路程。他的家庭是中产阶级家庭，家里为他上大学提供了经济支持。他谈到，毕业临近了，距离现在只有1个月的时间了，他越来越担心自己在离开大学后是否具备经济独立的能力。

在简短的精神状态检查中，他显示出对自己的未来有中等程度的焦虑。然而，他并没有显示出自杀或伤害他人的想法，也没有显示出严重的精神疾病。他表示更希望与男性的治疗师会面，但如果女性治疗师能和他约在更早的时间，他也愿意接受女性治疗师。

从心理动力学角度与史蒂夫会谈

治疗师：我从打来的电话里了解到，你感到压力已经有1个月了。

史蒂夫：（生气地）我觉得自己来这儿是很蠢的事情，我应该有能力自己解决这件事。

治疗师：你对自己需要别人的帮助很生气。

史蒂夫：（困惑地）我也不知道我为什么要来。我一直自己解决问题。（强调地）我所有的朋友都自己解决问题。我很抱歉浪费了你的时间。

治疗师：你确定寻求我的帮助是浪费我的时间吗？

史蒂夫：（坚决地）当然！如果你不能照顾好自己的话，你就是个失败者。（停顿）人们为什么会想要帮助一个失败者呢？

治疗师：我有可能不把你看成失败者吗？

史蒂夫：（轻蔑地）不可能。如果我的任何一个朋友知道我来了这儿，他都会嘲笑我。

治疗师：你觉得我会把你看成失败者，而你的朋友会嘲笑你。

史蒂夫：（认真地）一点没错。你知道我是很独立的。（沉思地）一开始，他们可能会认为我在开玩笑，然后他们会取笑我，并且管我叫"精神病先生"。

治疗师：当你遇到困难的时候，你的朋友不会帮助你吗？

史蒂夫：（嘲笑地）只有失败者才会遇到困难。我的所有朋友都是艺术家，他们都很自信。他们谈论艺术、艺术理论、这儿的一些很愚蠢的艺术教授，或者这里大部分学生低下的审美水平。

治疗师：你在一个年轻的艺术家群体里，这个群体主动和其他大部分学生保持距离。

史蒂夫：（平静地）是的，我们几乎都是独自行动。我们有不同层面上的目标。我们都有自己擅长的才能，并且自己把它发扬光大。

治疗师：听起来你们经常独处。

史蒂夫：（强调地）当然，你必须在独处中来创作。（热诚地）令人难以置信的是，靠自己独自一人能够创造出很重要的、或许只有少数人能够真正懂得欣赏的东西。

治疗师：你和艺术独处，和困难独处，甚至和朋友们独处。（停顿）你不停地在挪动身子，你现在有什么样的感觉吗？

史蒂夫：（更加紧张地）我的后背最近经常疼。这让我无法工作。

治疗师：你身体里的疼痛让你慢下来，给你带来更多思考的时间。

史蒂夫：（认真地）是的。我想了很多。但是我所想的内容并不能和朋友们分享。（轻声地）如果他们知道了，他们只会笑话我，并找个理由离开我。

治疗师：如果你告诉我，会发生什么呢？

史蒂夫：（沉思地）我想你的工作就是倾听。（停顿）我听见大四的学生们总是在谈论他们毕业之后的打算。有的要结婚，有的要工作。他们所有人似乎都有派对或庆祝活动。我没有被邀请去任何一个派对，而且我的父母也没有建议我办一个。（困惑地）并不是说我需要这些东西——这些真的是无关痛痒的东西。

治疗师：但是这让人很奇怪，你和朋友联系的方式看起来与大多数别的学生不同。

史蒂夫：（点头）是啊，我从来没有表现得像个孩子，我总是表现得非常自信，甚至在我的家人面前。我只需要我的艺术。

治疗师：你的艺术。（停顿）艺术对你来说意味着什么呢？

史蒂夫：（第一次听起来开心地）让我感到真正的自由和富有表现力。

治疗师：有什么东西发生了改变吗？（停顿）你看起来不像感到很自由的样子。

史蒂夫：（轻声地）它曾经让我感觉很棒，但现在不是了。在画室里，我仔细端详我朋友们画的画，我在想他们画的是谁。

治疗师：你问过他们吗？

史蒂夫：（讽刺地）如果我问他们那样的问题，他们只会笑我。我们总是嘲笑大多数人的生活是多么无聊，彼此不断地争斗和忌妒。（焦虑地）我现在不嘲笑别人了，而我也没有什么人可以忌妒的，我不知道。

治疗师：当你和朋友在一起的时候也感到孤独，因为你觉得自己不能安全地和他们分享内心的想法。当你感到孤独的时候，有没有什么人是可以帮到你的？

史蒂夫：（坚定地）没有。我的家人很忙也很独立。他们根本不会理解。为了我学艺术这事，我父亲仍旧会大发雷霆。他觉得我是在浪费他的钱。如果他知道甚至我自己都不确定要不要继续搞艺术的话，这真的会打击到他。

治疗师：为什么说你是在浪费他的钱？

史蒂夫：（讽刺地）嗯，他是银行的主管。（停顿）在我小时候，他所有的时间都在挣钱。他不明白我为什么喜欢艺术。他说既然我不是毕加索，我将会永远依赖他。

治疗师：但是，（停顿）你是如此自信。

史蒂夫：（焦虑地）我不需要朋友。（停顿）但是，如果我不能自己挣钱，我将永远在我父亲的控制之下。

治疗师：他的控制？

史蒂夫：（认真地）如果我需要他的钱来开画室的话，他会让我卑躬屈膝。

治疗师：卑躬屈膝？

史蒂夫：（焦躁地）花时间去银行工作，去参加他的聚会，去讨好他的朋友。（抱头，恐惧地）我不能再画画了，我感到压力很大！

治疗师：你不能向父母表达自己，不能向朋友表达自己，现在甚至不能通过艺术……

史蒂夫：（绝望地）我不能再坐在这个椅子上了，我的背疼死了！

治疗师：这已经是第二次，当我们谈论到孤独时，你把话题转移到你的背。我想知道，你的疼痛在你的生活中扮演着什么样的角色？

史蒂夫：（生气地）这是最近几个月才开始的，自从上次我和家人谈到钱的问题后。

治疗师：发生了什么呢？

史蒂夫：（认真地）我需要挣钱。这样的想法一直在我的脑海中。（停顿）但是艺术与金钱和竞争无关。艺术是关于人内心的东西。我曾经多次为此和父亲发生争执。（生气地）他是块顽固不化的铜墙铁壁。他总是说："你会成为一个吃软饭的。"

治疗师：他对你的男子气概上纲上线。

史蒂夫：（讽刺地）从我两岁时就这样了。

治疗师：告诉我关于这方面的更多情况吧。

史蒂夫：（激烈地）每次当我寻求帮助的时候，我仍然能够听到大脑里回响着父亲的话："要做个男人。"

治疗师：寻求什么样的帮助呢？

史蒂夫：（讽刺地）我的鞋，我的家庭作业……（停顿）当我表现得像个孩子时，对他们来说是件痛苦的事。但是我尽可能快地学习，尽量不因为同样的事两次寻求帮助。

治疗师：你希望得到父母的赞赏，但他们并不赞赏你寻求帮助的行为。

史蒂夫：（平静地）在我家，寻求帮助是失败者的行为，我听他们说这个观点已经一千遍了："自己做，努力一些，像个男人一样，不然你永远是个失败者。"

治疗师：谁说的这话？

史蒂夫：（生气地）他们都这么说，但我父亲说得最大声。

治疗师：在你家，独立很重要，而寻求帮助是愚蠢的行为。你对此有什么感觉？

史蒂夫：（果断地）我觉得我父母是正确的。我就是个失败者。

治疗师：你在说你自己的坏话。你是从父母那里学到这样对待自己的方式吗？

史蒂夫：（实事求是地）当然。但是我的朋友们也把依赖的人叫作失败者。人们需要自己照顾好自己。你不这样认为吗？

治疗师：当你需要帮助的时候，你的父母、朋友以及你内心的声音都在批评你，而且你假设我也会如此。当小孩子或者成年人需要帮助的时候，这里面有没有除了他们是失败者之外的其他的可能性呢？

史蒂夫：（长时间停顿，平静地）或许小孩子寻求帮助是可以的，毕竟你不是一生下来就什么东西都懂。但我的情况不一样，我已经是成年人了。

治疗师：你说男人需要富于竞争性、能挣钱，并且不需要帮助。真的是这样吗？

史蒂夫：（疑惑地）我为什么还坐在这里？我在这里有什么意义？

治疗师：你的一部分想要离开，另一部分想知道成年男人寻求帮助是不是可以的。

史蒂夫：（跳起来，生气地）我受够了你愚蠢的评论！（冲治疗师晃拳头）说不定你就是个失败者!

治疗师:(大声地)我不喜欢被人叫作失败者,我也不喜欢别人在我面前晃拳头!

史蒂夫:(坐下,防御地)我不是这个意思……(长时间停顿)我只是觉得很烦躁,我不能创作出任何东西,而且……(垂下了头)。

治疗师:(长时间停顿,平静地)我抱歉刚才冲你喊。我不喜欢被叫作失败者,你也不喜欢。(史蒂夫抬起目光,长时间停顿)你有没有注意到,当有人冲你喊叫的时候,你内心里的什么东西希望你也冲那个人喊叫?

史蒂夫:(沉思地)这是经常发生在我和父亲之间的事,即便我事先提醒自己保持冷静。

治疗师:这是正常的反应。(停顿)或许你愿意知道我对你的看法,我不认为你是个失败者。

史蒂夫:(温和地)谢谢。(停顿,激动起来)我想画画。

治疗师:你需要画画。(停顿)成为艺术家是成为你自己的重要部分。(史蒂夫点头)当我们一起在咨询中工作的时候,我们不会忘记这一点。

练习:形成对史蒂夫的个案概念化

练习1(最多4页)

目标:核查你是否对有时限的心理动力学治疗有清楚的理解。

形式:写一篇综合性的文章,将从A到C的部分整合起来。

需要帮助的话,你可以回顾本章。

A. 简介有时限的心理动力学治疗的所有假设(对于引起来访者改变的关键因素的假设;广义上地、概括地),来引入本练习的其他内容。

B. 详细地描述如何用每一个假设来理解来访者的进步。把来访者转变的过程分段落来写,并给出具体的案例来充分解释每一个假设。

C. 在文章的结尾处,总结临床工作者在帮助来访者改变时扮演的角色(顾问、医生、教育者、帮助者),治疗中用到的主要方法和常用技术。提供具体的案例来说明每种方法的特点。

练习2(最多4页)

目标:能够将动力学理论应用在史蒂夫的案例中。

形式:从A到D,每个部分有一个单独的句子概述。

需要帮助的话,你可以回顾本章。

A. 评估史蒂夫在和父母、同伴、老师的交往中的适应或不适应程度,并分析他在每一种人际关系中的交往风格。可以使用下述三种模式中的任何一种来分析:重复性适应不良模式、适应性良好的交往模式,或者适应和不适应兼有的混合模式。确保在每一种人际交往模式中都包括了他在人际交往时所扮演的角色,他对他人对待自己的态度和目的的期待,他对别人对待自己的行为的看法,以及他对自己角色(内摄)的认识。

B. 根据以下三点,从总体上来评价史蒂夫这次和治疗师之间的交流:①史蒂夫身上出现的所有移情的迹象;②治疗师身上出现的所有反移情的迹象;③他的人际模式中出现的对解释保持开放的迹象。

C. 史蒂夫在他所有的人际关系中表现出了哪些优势（强项、积极的品质、成功、才能、促进改变的因素）和哪些不足（担忧、问题、困难、症状、缺乏才能、治疗障碍）？他通过所有的人际关系来满足亲密和自主的需要，这一点做得怎么样？

D. 史蒂夫是否在治疗中表现出了和生活中不同的人际优势或不足？如果是的话，这些不足会如何影响到治疗进程，这些优势会如何被用来促进治疗的成功？

练习3（最多4页）

目标：形成对史蒂夫生活中的潜在性别角色的理解。

形式：从A到I，每个部分有一个单独的句子概述。

需要帮助的话，你可以回顾第二章。

A. 根据史蒂夫的自我形象、情感生活、期望、认知、行为和对个人资源的利用，来评估当下主导史蒂夫的性别角色给他带来的个人成本或收益。

B. 根据史蒂夫和恋人、家人以及朋友的关系，来评估当下主导史蒂夫的性别角色给他带来的人际成本或收益。

C. 根据史蒂夫在学校或生活中的人际关系，以及他对社会资源的利用，来评估当下主导史蒂夫的性别角色给他带来的社会成本或收益。

D. 传统的性别角色对史蒂夫的心理和身体健康产生了多大的积极或消极影响？史蒂夫对此的觉察又发挥了怎样的影响？

E. 总体来说，史蒂夫有多大的力量和选择权来过不被性别角色影响的、有着特定需求和目标的生活？史蒂夫会遭遇多大的希望他符合性别角色的压力？

F. 你目前了解哪些关于性别问题的知识？

1. 你上过多少能让你了解性别问题的课程？
2. 你参加过多少能让你了解性别问题的培训？
3. 你有过哪些通过性别分析来了解问题的职业经历？
4. 你有过什么样的个人经历让你考虑过性别对个体的影响？
5. 哪些同辈效应可能影响你对性别的世界观，男人和女人在社会上的角色，男人和女人如何交流，以及什么对男人和女人来说是奖励和惩罚？

G. 对于性别在你的生活中扮演的角色，你目前的觉察水平如何？

1. 什么样的性别角色主导了你目前的生活？
2. 你的性别角色与史蒂夫的有多大的相同或不同？
3. 美国文化中的哪些性别刻板印象可能会影响你对来访者的看法？
4. 讨论你所知道的对男性的刻板印象。
5. 讨论你的哪些经历能让你有效地和史蒂夫一起工作，并讨论你的哪些经历会让你对史蒂夫的观点或处境产生偏见或排斥。

H. 你目前具备什么样的和史蒂夫工作的技能？

1. 在对史蒂夫的咨询中，你目前具备什么样的有价值的技能？
2. 如果要对史蒂夫实施有效的性别分析，什么样的技能可能是重要的？
3. 你能够做些什么来发展出和史蒂夫的积极的咨访关系？
4. 你的治疗方法的哪些方面可能有性别偏见，你如何应对？

I. 你能够采取什么样的行动步骤?

1. 你能够做些什么准备,让自己在和史蒂夫的工作中技能更加熟练?
2. 为了增加史蒂夫获得积极效果的可能性,你可能会如何布置治疗环境?
3. 你可能会更改哪些治疗程序,以使其对史蒂夫更加友好?

练习4（最多6页）

目标：通过史蒂夫案例的深入的个案概念化,帮助你把心理动力学理论和性别问题的知识整合起来（他是谁,他为什么做了他所做的那些事）。

形式：以有详细计划的组织方式写一篇综合性的文章,包括前提假设、详细的支持证据和结论（见第二章）。

需要帮助的话,你可以回顾第一章和第二章。

步骤1：考虑你应该用什么方式来组织你对史蒂夫的动力学理解。这种方式应该：①能让你达成对史蒂夫的心理动力的综合而清晰的理解;②考虑到他"需要治疗意味着我是失败者"的顾虑,需要使用对他来说有说服力的语言。

步骤2：写一个简要的前提假设（概述、初步或解释性的陈述、议题、主要论点、基于理论的介绍、假设、总结、结论性的因果陈述）,来解释史蒂夫作为一个害怕他的能力不能使其在艺术上取得成功的年轻男性的总体功能。如果你在完成本步骤时遇到困难,切记这是对练习二和练习三的主要观点的整合,并且：①为史蒂夫的长期目标打下基础;②基于动力学理论,并且对性别问题敏感;③强调史蒂夫带到动力学治疗中来的优势。

步骤3：从动力学的视角写出你的支持性材料（对个案优势和不足的详细分析,对前提假设提供数据支持）,将每段材料整合为对史蒂夫的深入理解,包括他与社会所定义的男子气概的斗争。如果你在完成本步骤时需要帮助,请考虑以下可以支持他发展出短期目标的信息：①基于动力学理论,并且对性别问题敏感;②尽可能整合对史蒂夫与他人交往时的优势的理解。

步骤4：得出你的结论和广泛性的治疗建议,包括：①史蒂夫的总体功能;②此时任何能够促进或者阻碍他改变人际模式的东西;③此时他在人际过程中的基本需要,仔细考虑你在练习三的G部分和I部分说过的话（简洁并且概括）。

练习5（最多3页）

目标：为史蒂夫发展出个人化的、基于理论的行动计划,这个计划要考虑到他的优势并且对性别问题敏感。

形式：包括长期和短期目标的句子概要。

需要帮助的话,你可以回顾第一章。

步骤1：写出你的治疗计划概览,仔细考虑你在练习三的G部分和I部分说过的话,尽量避免在你的治疗计划中出现负面的偏见,并且确保你的治疗方法能够适应史蒂夫作为个体的独特的需要。

步骤2：建立长期目标（主要的、宏大的、远期志向的、综合的、广泛的）来帮助史蒂夫发展出作为成年男性的灵活的人际交往模式,在理想状况下,他将在治疗结束时达成这个目标。如果你在完成步骤2时遇到困难,再次阅读你的前提假设和支持性的论点,将你的观点转化为如下目标：帮助史蒂夫领悟人际交往模式;帮助史蒂夫获得灵活地与他人交往的能力（使用练习四的方法）。

步骤3：建立你和史蒂夫预期能在几周内达成的短期目标（较小的、简单的、扼要的、具体的、可测量的），这将帮助你记录史蒂夫在发展人际领悟和人际技能方面取得的进展，灌注改变的希望，并制定有效的疗程。如果你在完成步骤3时遇到困难，再次阅读你的支持性段落，将你的观点转化为如下目标：①能够帮助史蒂夫在和治疗师的交流中获得新的人际经验；②能够帮助他获得对作为男人如何与人交往的新的理解；③能够增加促进他与人灵活交往的因素，或者满足他自主和自我养育的需要，或者减少阻碍这些发展的因素；④尽可能利用他的优势来建立灵活的、作为成年男性的人际交往模式；⑤是针对他的人际需要，而不是泛泛的。

练习6

目标：评论史蒂夫案例中的短期动力学治疗。

形式：以论文或小组讨论形式回答问题A~E。

A. 在帮助史蒂夫这样一个与僵化的性别角色刻板印象做斗争的大学生时，这个模型的优势和不足分别是什么？

B. 讨论与动力学治疗相比，采用情绪聚焦疗法的优势和不足是什么。注意考虑他的治疗目标（更多的情绪亲密性、生涯方向）以及他激发自己的积极性来使用这个方法的能力。

C. 基于社会经济地位的考虑来讨论史蒂夫的案例。在富有的家庭中长大会如何影响他的人际交往模式，并影响他对未来的恐惧？在史蒂夫的案例中比较阶级和性别问题的重要性。总的来说，针对来访者的不同社会经济地位，你的治疗方案会有多大的不同呢？

D. 史蒂夫在社会上比较孤立，与家人也严重不和，并且对未来感到无望。讨论支持史蒂夫脱离家人的性别刻板印象，会增加还是减少他自杀的风险？如果要更加有自信地评估史蒂夫的风险，你需要在下一次咨询中了解他哪些进一步的资料？

E. 随着你对来访者策略性地使用自己的内部反应，心理动力学治疗要求你对自己有大量的自我觉察。再次仔细回顾你和史蒂夫之间的谈话，思考你对他的内部反应，注意他的哪些话引起了你的哪些反应。讨论反移情的问题，你的反移情有多少是对史蒂夫的人际模式的反应，有多少是由于你自身的成长史带来的？

推荐阅读

书籍

Binder, J. L. (2004). Key competencies in brief dynamic psychotherapy：Clinical practice beyond the manual. New York, NY：Guilford Press.

Greenberg, L. S., McWilliams, N., & Wenzel, A. (2013). Exploring three approaches to psychotherapy. Washington, DC：American Psychological Association.

Levenson, H. (2010). Brief dynamic therapy. Washington, DC：American Psychological Association. Levenson, H., & Strupp, H. H. (2007). Cyclic maladaptive patterns：Case formulation in time-limited dynamic psychotherapy. In T. D. Eells (Ed.), Handbook of psychotherapy case formulation (2nd ed., pp. 164-197). New York, NY：Guilford Press.

录像

American Psychological Association (Producer), & Freedheim, D. K. (Trainer).

(n. d.). Short - term dynamic therapy (Systems of Psychotherapy Video Series, Motion Picture # 4310833). (Available from the American Psychological Association, 750 First Street, NE, Washington, DC 20002 - 4242)

Frederickson, J. (2011, October 5). Intensive short term dynamic psychotherapy part 1 [Video file]. Retrieved from https: //www. youtube. com/watch? v = cKzmk2 - xnzY

PsychotherapyNet. (2009, May 6). Time - limited dynamic psychotherapy (TLDP) with Hannah Levenson video [Video file]. Retrieved from https: //www. youtube. com/watch? v = yTHM2o3dvao

网络

California Society for Intensive Short - Term Dynamic Psychotherapy. http: //www. istdp. com/
Hanna Levenson, PhD. http: //www. hannalevenson. com/institute. html
Society for Psychotherapy Research. http: //www. psychotherapyresearch. org/? 104

第九章
家庭系统疗法的个案概念化和治疗方案

家庭系统理论简介

你刚从三年级的沃尔特斯（Walters）老师那里接收一位转介的学生。她说这位名叫爱丽丝（Alice）的九岁白人女孩有长期存在的行为问题，在教室中经常无礼，并且不遵守老师的指令，在同学中也比较专横幼稚。爱丽丝是一位新转来的学生。在今年夏天，她的母亲凯瑟琳（Katherine）（30岁）和父亲戴夫（Dave）（32岁）离婚，然后她才搬到这里。她的妈妈得到抚养权，她基本上每周末和她的爸爸和祖母度过。戴夫把爱丽丝当作好朋友，为了能和凯瑟琳复婚，他让爱丽丝监视凯瑟琳以帮助他找到破镜重圆的方法。在离婚之前，戴夫尊重凯瑟琳作为母亲的角色，但现在一切都被遗忘了，因为戴夫一心一意想和凯瑟琳重归于好，却没想过带来的负面效应。在上周的家长会上，凯瑟琳把这些信息告诉沃尔特斯老师。沃尔特斯老师告诉凯瑟琳她将把爱丽丝转介给你，所以凯瑟琳不得不预约你，以便了解更多情况。

治疗前，首先对个案进行了简短评估。爱丽丝和凯瑟琳智力正常。爱丽丝没表现出影响学业成绩的认知障碍和学习障碍。凯瑟琳也没表现出认知障碍、暴力和自杀倾向及情绪控制困难。

你将采用萨尔瓦多·米纽秦（Salvador Minuchin）的结构家庭治疗方法来处理爱丽丝的境遇。爱丽丝可能有一个单独的重点问题，例如学习障碍，这导致了她在校的不良表现。你将采取的治疗方法认为爱丽丝的问题应该是其家庭冲突的反映。爱丽丝在生活中经历的大部分冲突涉及她与他人的互动。将她的家庭作为一个单元，爱丽丝目前的情况可以由其家庭互动模式给予很多新的、非责备性的解释；她作为一个个体，只是在尽她最大的努力在这样的关系中，尤其是在她的家庭关系中满足自己的需求。

每个家庭都是一个有结构的社会群体。这种结构的目的是保障家庭任务的完成，比如支付账单，打扫房间，辅助孩子的功课以及照料生病的家庭成员，家庭结构还影响了如何满足每位成员对独立与情感亲近的需求。为了让家庭结构发挥其功能性，这些家庭任务必须相互协调，家庭成员的个人需求也必须以可靠的方式得到满足。

一个家庭的结构可以根据其基本特征来分析。一个重要的特点是家庭系统是由其次系统或者更小的单元组成的，次系统围绕着一些特殊功能得以发展，这些特殊功能需要在家庭内达成，例如养育子女。家庭次系统也会根据性别、代际或者两者得以发展。家庭的另外一个重要的结构特征是在家庭次系统之间形成边界，使它们分别作为独立的整体和非家庭成员。

边界决定了各次系统之间的交流、家庭成员被鼓励个体化程度和情感的亲近程度。家庭系统还有一个层次结构，决定谁负责协调任务和做决定。这个既有权力又有权威的层级结构通常是位于顶部的配偶次系统。

如果爱丽丝的家庭运转良好，将有助于家庭成员发展合适的自主性（个体化）和联结性（归属感）。如果爱丽丝的家庭系统紊乱，通过治疗干预帮助家庭成员改变互动模式，并帮助家庭结构发展成为能够更有效满足家庭成员在整体与个体化之间转变的需要。接下来更详细的内容主要是根据萨尔瓦多·米纽琴和他同事的相关研究（Minuchin，1974；Minuchin & Fishman，1981；Minuchin，Nichols，& Lee，2007；Nichols，2008）。

当凯瑟琳和戴夫结婚住在一起后，就形成了一个新的家庭系统。他们家庭当时只有两位成员，但是有3个更小的家庭次系统：凯瑟琳的次系统、戴夫的次系统及夫妻次系统，每个次系统都有它需要完成的任务，并且次系统内的家庭成员倾向于发展成为互补性的角色。刚开始戴夫和凯瑟琳需要根据家庭任务改变自己，彼此协商。他们也需要制定沟通及冲突解决的互动规则。他们既需要忠诚于作为一个整体的夫妻次系统，也要忠诚于个体次系统（戴夫次系统、凯瑟琳次系统）。这种个人的忠诚能确保戴夫和凯瑟琳在顺应彼此的同时，也能满足个人自主性的需要。

随着戴夫和凯瑟琳的互动模式逐渐稳固，他们之间开始只能使用有限的被允许的行为，这是因为他们各自被授权从事有限的家庭任务。例如，在婚姻初期，因为住得比较近，戴夫发起了这个家庭与扩展家庭间的社交，随着时间的推移，他和凯瑟琳都希望自己能够始终确保维持和家庭成员间的互动模式，模式越持久越重要。结果就会形成这样的家庭规则：只有戴夫可以建立社交关系。这个规则或隐或显地不断发展，慢慢会成为家庭成员判断行为是否合适的准则。

随着家庭成员不断增加，家庭会发展出更多的次体统。当爱丽丝出生的时候，两个新的次系统便应运而生。为了满足爱丽丝发展的需要，父母次系统便形成了，同时爱丽丝也形成了自己的次系统。爱丽丝和她的妈妈其实也能根据性别形成女性次系统。

父母以及爱丽丝之间的互动有一定的社会化的功能。爱丽丝在与她的父母互动中学到了对比自己更强、更有资源的人应该有什么样的期望，除此也学会了什么行为会得到奖赏、什么行为会受到惩罚。

如果又有孩子加入家庭系统，那么兄弟姐妹次系统便应运而生。孩子们将会在兄弟姐妹次系统中学到很多社交技巧，例如如何在同辈群体中适应与交涉，对同等地位的人应该有什么期望等。如果一个年长的孩子帮助年幼的孩子与其他人打架，那么这将会发展成一个期待，进而演变成家庭规则"年长的应该照顾年幼的"。当年幼者有足够能力照顾自己的时候，这个规则仍然会持续有效。如果年长者始终充当保护者的话，年幼者很难学会保护自己。就像这样，家庭期望不断地得到满足以后，指导家庭成员行为的家庭规则便随之而产生。

爱丽丝家庭次系统中产生了哪些边界？边界是看不见的屏障，会决定次系统之间互动的频率和方式。边界也存在于家庭系统作为整体与外界进行互动的过程中。米纽琴将边界分为清晰、模糊和僵化三种类型。当家庭成员得到支持、养育和允许保存个体化的部分时就会产生清晰的边界。在这个个案中，尽管父母次系统拥有最大的权利，但父母会根据实际情况调整家庭规则。随着青少年自我决定和自我控制的意愿不断增强，次系统间沟通的频率便得到提高，渐渐地次系统间能够交流与协商，家庭规则也适应了现实情况和发展的挑战。

模糊的边界存在于家庭成员间只有支持和养育，不允许个体化的部分存在。这里没有清晰的权利等级，家庭成员间协商和沟通的频率特别的高。这会导致家庭成员过度的卷入（对另一个人有极强的情感依赖）。过度卷入的孩子经常是不成熟的，对父母有过多的依赖，不能够自立。这些成长中的孩子需要更多的自我控制，但是又害怕个体化是对其他成员的一种抛弃，或者害怕自己不能够成功地自立。家长也担心如果孩子获得更多的自立，会发生灾难性的后果。并且，与父母过度卷入的孩子或许会认为当父母正在完成重要任务或者正在进行重要谈话的时候，他们有权干扰父母或者要求得到注意。在这种家庭中，父母的权威并没有得到尊重。在与外界的互动过程中，过度卷入的家庭成员也会持续希望被照顾或者提出一些不切实际的要求。

僵化的边界存在于家庭成员间更多地鼓励个体化和重视个人的兴趣，但是被养育的需求没有得到满足。僵化的边界会限制家庭成员的沟通，导致情感的疏离。家庭成员间几乎没有沟通和协商的空间，只有次系统间的限制接触。结果，每个家庭成员形成了一个孤岛，独自面对成功与失败。

家庭成员之间会存在不同的表现，有的家庭成员与其他人疏离，有的会卷入其中。例如，凯瑟琳和爱丽丝在情感上会过度地卷入来弥补离婚带来的缺失，然而由于离婚导致戴夫和爱丽丝在一起的时间减少，戴夫会逐渐与爱丽丝疏离。戴夫可能会像孩子一样，重新卷入原生家庭之中，进而从父母那里获得联结的需要。整个家庭与外部世界的边界也有可能是清晰的、模糊的或者僵化的。

爱丽丝家的权力和权威是如何分布的？一个家庭的等级指的是家庭中谁最有权力和权威来制定规则和做决定。在一个健康的家庭，家长相比孩子拥有更多的权力和权威，年长的孩子要比年幼的拥有更多的权力和权威。在一个功能完好的父母次系统中，戴夫和凯瑟琳之间应该有强有力的协作，作为一个团队来抚养爱丽丝。这种协作应该是相互尊重和关心的，这样才不会削弱对方在家庭中作为父母的权威。除此之外，来自扩展家庭中的成员，如爷爷、奶奶，也应该支持孩子父母的权威。当孩子出生的时候，他们的自主性和被养育的需要会得到认可，但是绝不会允许他们影响父母同盟关系或做重要的家庭决定。在一个健康的家庭中，大人拥有最终的权威，而孩子们拥有依附的需求。

在一个功能失调的家庭中，代际联盟会对家庭的阶层产生影响。例如，爸爸与奶奶的联盟会降低父母次系统中母亲的参与度。另一种代际联盟也会出现在孩子与父母中的一方结盟，虽然这使得孩子在家庭中获得了一些附加的权力，但是这不利于孩子个人的成长，这会让孩子处于压力当中，因为他们被期望处理一些他们从未经历过的境况。

有时候家庭结构保持稳定（动态平衡），然而所有家庭都会经历由于内外部需求的改变而带来的压力与成长。内在需求的改变主要来自家庭成员的出生或死亡，或者是随着家庭成员年龄的改变而带来的需求变化。如果家庭成员生活在一起，米纽琴认为他们会经历四个阶段：夫妇的形成、有幼儿的家庭、有青春期子女的家庭、有成年子女的家庭。外部需求包括职业改变、学历改变，以及扩展家庭成员的死亡。为了满足家庭成员的需求，这些改变要求家庭成员调整、协商（调整家庭规则）以适应这些改变。

所有的家庭都会出现问题，但是健康的家庭有能力处理这些问题。在家庭出现变化的初期，健康的家庭会主动调整以适应环境的变化。当有合理压力驱动改变时，不平衡的状况就会出现，但是家庭会试图维持过去的结构而不去适应。失调阶段的不健康体现在压力状态下家庭结构的瓦解。

由于父母的离异，爱丽丝不再是核心家庭中的一员。家庭系统也分化出许多其他的结构，包括扩展家庭、单亲家庭、离异夫妻、再婚夫妇等。决定家庭健康程度的不是家庭本身的结构，而是家庭系统在动态平衡时期以及失调时期，是否具有平衡家庭成员养育需要与自主性需求的能力。你可以假设爱丽丝的家庭基本上是健康的，但是需要重构来解决自身的问题，治疗的目的是改变家庭结构。

为了帮助爱丽丝的家庭，你会采用四步干预模型（Minuchin et al., 2007）。第一步是讨论家庭成员对家庭目前存在的抱怨的看法，并探索出可供选择的解释；第二步是关注在目前的抱怨中，家庭成员之间是如何互动的；第三步是以一种结构性的视角来探索过去，帮助成年家庭成员了解童年经历与当前的家庭问题有什么样的联系；第四步是探索家庭成员间更适合的关系模式，并确定如何利用自身的优势与资源来克服现有的问题，并发展出更具功能性的家庭结构。

在治疗的过程中，你和爱丽丝的家庭成员不是去发现引起家庭问题的真正原因和让家庭结构更具有功能性的正确方法，而是每个家庭成员将会参与到家庭现实故事的构建，这些故事能够帮助家庭更好地运转，能使家庭成员更满意和更适应。

治疗师的角色

你将如何帮助爱丽丝？你是一位专家、一位教练、一位合作者和一个帮手。你的首要任务是了解这个家庭。你将以合作者的身份加入他们，以便了解每个成员在家庭中经历了什么，你也会和他们一起体验这种现实，这就叫加入这个家庭。你也需要展现出对每个家庭成员的理解与尊重。家庭经常把问题归因于某个个体。你要提出一个替代性的观点，或者重构这个问题，要认识到家庭成员之间的角色是互补的，问题存在于家庭结构之中，而非家庭成员个体。

家庭是理解家庭成员的背景，因此为了帮助他们更好地理解结构性的问题，所有家庭成员都需要至少参加最初的会谈。然后，再和次系统成员甚至是个体成员一起会谈会比较有价值。会谈中，你将鼓励家庭成员间直接沟通，并把互动模式与过程带到治疗会谈中。当家庭成员用正常的方式互动的时候，这就是角色扮演，你将会在观察者与参与者这两种不同的身份中轮换。

一旦你理解了这个功能失调的家庭结构，你需要明确地表达出对这个问题的界定，告诉大家它是如何存在于所有家庭成员之间的互动之中，而非仅仅属于某一个人。有许多你可以用的方法来放大家庭中存在的问题。一种是让每一个家庭成员清晰地表达出他或她在作为症状的承载者（那个被认为是有问题的成员）身上所看到的优点。所有家庭成员的优点与缺点都可以被突出。这将帮助那个被认定的"病人"摆脱成为家庭麻烦制造者的尴尬局面。在一种非指责和非评判的态度下，每个家庭成员在维持家庭问题中所扮演的角色被强调，同时对问题进行另一种概念化并对问题进行重构，有助于促进家庭成员间新的互动模式的建立。没有一个"正确"的重构问题。如果对问题的重构有助于家庭以建设性的方式重构，那就是成功的。

治疗中的第三步是帮助成年家庭成员洞察那些会限制对自己或他人认识的无益的家庭假设。在结构理论早期的历史中，洞察力并不被看重，因为治疗目标只是改变家庭成员间的互动以达到结构的功能性发展。然而，现在的研究建议帮助成年家庭成员发展洞察力，更好地理解童年经历与当下家庭成员间互相争斗之间的联系，有助于提高他们以更加灵活的方式看待自己和他人，以及持续改善互动模式。（Minuchin et al.，2007）

对过去的讨论总是和当下家庭成员所关心的事情有紧密的联系，因此这能帮助他们更好地理解为什么家庭会"陷入"功能失调的模式中。接下来便进入了治疗的第四步，这时你将帮助家庭成员寻找"解困"的方法，包括尝试各种彼此间联系的新方式，以便丰富他们建立新的家庭结构的选择。每个家庭成员都需要做一些改变，他们会被要求思考自己能做什么、不能做什么，以实现家庭新的互动模式。你只表达这样的意愿，因为你不能强迫一个家庭的成员以不同的方式互动。当有新事物时，你希望在家庭成员间建立合作。如果某一家庭成员改变了互动模式，那么会对整个家庭系统产生一定的影响。在每一段会谈中，你将会帮助家庭成员积极地体会彼此联系的新方法。这种家庭结构的新形式是基于你和家庭成员一起进行的重构，这代表一种家庭被建构的事实。如果新的家庭结构中的互动会比之前的更令人满意，那家庭成员将会选择继续保持这种新的结构。

你如何将彼此之间相联系的新体验带给爱丽丝的家庭成员呢？你的总体计划是将打破原有旧的家庭结构，调整边界和子系统，使之对当前家庭的发展阶段更有功能性。你将如何开始呢？在当下的会谈中，当他们互动时你需要主动地扰乱那些旧的次团体，你会回馈在会谈中你看到与体验到的东西，同时仍保持对家庭成员关于家庭中所发生事情描述的尊重。

你可以增强家庭成员间的冲突所展现出来的强度，这样他们就会质疑他们互动的方式，并寻求替代性的行为、认知和情感反应。结构化治疗提供很多增加强度的技术。例如，凯瑟琳和戴夫可以膝盖碰着膝盖、面对面地坐着，一起谈论他们之间的冲突，这是一个操控物理距离来提高强度的方法。如果凯瑟琳说"我对婚姻的失败感到非常难过"，你可以说"你因为婚姻的失败感到非常痛苦"，这是一种通过操纵语言来提高强度的方法。

对于每个家庭而言治疗都是个性化的，需要采用各种技巧来帮助家庭成员使他们之间的互动更加高效。加强适当的联盟和建立清晰的边界经常会被提起。当你对单个家庭的需求比较敏感的时候，你会相信一个有孩子的健康家庭需要有一个有凝聚力的父母子系统。因此，尽管他们已经离婚，但你仍需帮助戴夫和凯瑟琳建立一个强韧的父母联盟，并且在爱丽丝的子女子系统面前支持父母子系统的权威性。其次，如果有模糊边界的子系统，你需要强化边界和在合适的时候鼓励家庭成员更加的独立。如果是边界疏远的次系统，你需要促进成员之间更多的直接沟通，以便加强他们之间的情感联系。例如，戴夫有可能限制了他和爱丽丝之间的联系（变得疏离），因为他认为与凯瑟琳的离婚要求他与爱丽丝也要疏远。你可以引导戴夫重新解读离婚这个背景，例如，"你现在不用再和凯瑟琳争吵，有更多的美好时光可以与爱丽丝共度"。如果这种对戴夫离婚事实的重塑能够帮助他与爱丽丝重建情感联系，那么这个重塑就是成功的。你可以通过指出戴夫一直保持的与凯瑟琳的情感联系和展示他与爱丽丝重建联系的能力，来强调戴夫的优势。塑造能力（强调优势）将有助于戴夫在与凯瑟琳和爱丽丝的互动中，能够采用更具有建设性的行为来替代当下所使用的方式。

另一种重要的技术叫作明晰界限。如果一个孩子打扰了父母，你可以鼓励父母对其进行制止。这有助于塑造更高水平的父母权威，并强化了父母与子女次系统之间的界限。有时孩子可能表现得像一个"小大人",这是由于孩子获得了一些本应该属于父母的权力。这在给孩子更多权力与自由的同时,也让孩子不得不做一些他尚未发育到相应水平的决定。如果两兄弟在打架,父母会对此持续干预,让他们住手,这有助于孩子从中学习到如何解决自己的问题。

在"去平衡"的技巧中,你需要改变次系统成员之间的关系。例如:当家庭中的两个人持有对立的观点、不愿妥协,那么这个家庭就会僵持在问题解决中。在这背后经常会隐藏着对改变的恐惧。你可以支持权力斗争中的一方,给其赋权。这样做的目的是使他们摆脱僵局,能够公平和平衡地解决现有的问题。在治疗的过程中,根据需要轮流与每个家庭成员结盟,协助问题解决。

你需要做多少?每个家庭都有使自身结构朝着更能适应现状改变的能力。你需要尝试不同的技巧,直到促使家庭成员超越现有的联系,发展出更具功能性的家庭结构来保证他们的福祉。导致变化的关键并不是技术本身,而是你能够帮助家庭发展出一种新的、更令人满意的完成家庭任务的方式,满足每个家庭成员与年龄相符的自主与养育的需求。

案例应用:聚焦年龄领域

接下来将详尽地分析爱丽丝的个案。有许多复杂的与这个个案相关的领域。年龄领域将被应用于家庭系统的个案概念化和治疗方案中。

从家庭系统角度与爱丽丝和凯瑟琳会谈

治疗师:你们好,凯瑟琳、爱丽丝。你们能告诉我为什么来这里吗?
凯瑟琳:(平静地)爱丽丝遇到了一些麻烦,主要是在新……(被爱丽丝打断)
爱丽丝:(控诉地)学校里的每个人对我都很刻薄。
治疗师:凯瑟琳,你刚才还想说什么?
凯瑟琳:(平静地看着治疗师)爱丽丝的老师认为她不知道如何与别的孩子协作与分享。
治疗师:看着爱丽丝,告诉她你是如何认为的?
爱丽丝:(恶狠狠地)我恨沃尔特斯老师,她总是只告诉我应该做什么,却从不帮助我。
治疗师:爱丽丝,你的妈妈有一些重要的事情要告诉你。
凯瑟琳:(转向爱丽丝,平静地)我希望你能结交朋友。
爱丽丝:(愤怒地)我不想和他们任何一个人做朋友,他们都很自私。我们在班里做手工的时候,当我需要一些工具的时候,他们从不给我,总是说:"还没轮到你。"(凯瑟琳试着拉爱丽丝的手,却被爱丽丝拒绝)然后,如果我强行从他们脏脏的手里夺走工具后,沃尔特斯老师会把我从那个小组中请出。
治疗师:你认为受到了不公平对待,感到很愤怒。问问你的妈妈,对此你应该怎么做。
爱丽丝:(轻蔑地)她帮不了我,她自己也经常受别人欺负。
凯瑟琳:(平静地看着爱丽丝)戴夫总是对我指指点点,我并不喜欢对别人发号施令。

爱丽丝的老师说她在学校比较霸道，这一点是从她父亲那儿学到的。

治疗师：爱丽丝，你看起来有点局促不安。

爱丽丝：（愤怒）她又说爸爸的坏话了。他们俩都会这样做。（跺脚）我讨厌这样！为什么不说一些有意义的事情呢？

治疗师：告诉你的妈妈你想让她做什么。

爱丽丝：（瞪着凯瑟琳，叫喊）妈妈在我面前不要说爸爸坏话，也不要和爸爸打架。（朝向治疗师）他们非常吵，经常在我面前相互怒吼。

治疗师：盯着你的妈妈，她需要知道你有什么感受。

爱丽丝：（在妈妈面前挥舞着拳头，大喊大叫）我讨厌这样！你只要搬回家去，这场战争就会停止。

凯瑟琳：（平静，但有点难为情）爱丽丝，你的爸爸已经和我离婚了，我绝不可能搬回去，现在我们的家在这里。

爱丽丝：（居高临下地）爸爸说当你理智一些便可以回家。

凯瑟琳：爱丽丝，不许这样和我说话……（被爱丽丝打断）

爱丽丝：（居高临下地）他说你已经忘记了对他的承诺。你本应该在家照顾我，而不是出去找工作。爸爸和奶奶都这样说。

治疗师：凯瑟琳，爱丽丝打断你说话很多次了，你可以接受吗？

凯瑟琳：（关心地）好吧，这次离婚对她伤害很深。戴夫为了每一件小事都会争吵，这样经历了漫长的三年。她总是和爸爸非常亲近，我不想破坏这种状态。我也试了很久与她爸爸一起解决这些问题。我不吃惊他妈妈仍然责备我，因为之前她也一直这样做。

治疗师：你是一个好妈妈。你意识到了离婚对她的影响，以及爸爸对她的重要性。但是，她总是这样打断你是可以的吗？记着，你可是她的妈妈。

凯瑟琳：（反射性地）我认为爱丽丝想做发号施令者，她不喜欢听我的，她的老师也说她在学校不听话。

治疗师：你认为爱丽丝需要什么？

凯瑟琳：（坚定地）她需要听老师的话，好好学习，并且交到年龄相仿的朋友。

治疗师：你对她的学习和社会需求有很好的把握。那你觉得她该怎么样调整以适应这次离婚呢？

凯瑟琳：（平静地）我并不想抱怨她的父亲。他总是对我特别的愤怒，每次来接她的时候都会和我吵一架。我过去经常受戴夫和他妈妈的气，但我现在为自己而战，不过争吵确实比较大声。

治疗师：争吵是发生在你和戴夫之间的，所以不应该把爱丽丝卷入其中。看着她，并告诉她需要从你这听到的。

凯瑟琳：（看着爱丽丝）非常抱歉，我让你卷入我和你爸爸的争吵之中。我们可能会争吵到问题解决为止，我尽量不让它发生在你的面前。

治疗师：（爱丽丝一直低着头）爱丽丝，你能看着妈妈吗？（爱丽丝看着凯瑟琳）

凯瑟琳：（真诚地）爱丽丝，我会尽量尝试，我希望你也能做些什么。

爱丽丝：（轻蔑地）我才不要遵循哪些愚蠢的规定！我已经告诉了爸爸，他说我没必要遵循这些规定。

凯瑟琳：（愤怒）他没有……（治疗师打断）

治疗师：凯瑟琳，不要忘了尽量不抱怨戴夫。用一种坚定的声音告诉爱丽丝你是如何看待这些规则的。

凯瑟琳：（坚定地）老师告诉我，相比学校其他孩子，你更加焦躁，更少分享，更不愿帮助别人。爱丽丝，你其实非常的聪明和可爱，你本应该是老师最好的学生。都是我的错，在离婚前，我帮你代办一切，我忽视了你正在成长。

爱丽丝：（看着凯瑟琳，抱怨地）我讨厌做扫除，我不想做。

治疗师：爱丽丝，你正在为妈妈树立一个好的榜样。你看着你妈妈，告诉她你并没有责怪任何人的想法。

爱丽丝：（看着凯瑟琳，抱怨地）妈妈，我喜欢你（帮我）做的任何事情。

治疗师：好的，这很简单和清晰——但是只有婴儿需要妈妈帮着做一切事情。你已经9岁了，如果你做到了9岁孩子应该做到的事情，想想你会获得什么相应的好处呢？

爱丽丝：（非常积极地）妈妈，如果我做了这可恶的扫除，你会给我什么奖励呢？

凯瑟琳：爱丽丝，你的老师说……（治疗师打断了她，悄悄告诉她："告诉她你怎么想的"）爱丽丝，如果你能承担起责任，完成你需要做的事情，我允许你邀请一个朋友来家里过夜。

爱丽丝：（兴奋地大叫）今晚？

凯瑟琳：我不知道（看着治疗师）。爱丽丝，今天不行，你首先需要把任务完成。如果你能负责任地完成，我们可以想想下周你邀请谁过来。

爱丽丝：（悲伤地）所有的同学都讨厌我。

凯瑟琳：（悲伤地）我真不知道这个问题是怎么开始的。

治疗师：爱丽丝还没意识到其实自己可以做很多事情——例如在学校交朋友。爱丽丝，在你搬来之前，你都有哪些朋友？

爱丽丝：（平静地）我爸爸的农场在乡下，我基本上都是和表哥表姐一起玩，和他们在一起特别舒服，因为他们总是随我的心愿，不像这里的孩子那么强势。

治疗师：现在你能见到你的表哥表姐吗？

爱丽丝：（愤怒地）只有我和爸爸在一起的时候才行。他们都是爸爸那边的人，都不和妈妈说话。

治疗师：为什么不呢？

爱丽丝：（愤怒地）他们说妈妈离开爸爸是不对的。

治疗师：他们又把你置身于家庭争斗之中。如果你告诉他们让你置身于这场争斗之中会使你很不舒服，然后会发生什么呢？

爱丽丝：（焦虑）或许他们会像恨我妈妈一样恨我吧。

治疗师：那会很痛苦，任何人都不希望这样的事情发生。

爱丽丝：（抱怨和渴望地）那么，我现在该怎么样去交朋友呢？

治疗师：让我们看看你的妈妈有没有一些好的经验你可以学习的。凯瑟琳，在你痛苦的时候会有大人来帮助你吗？

凯瑟琳：（悲伤地）我父母在爱丽丝出生前就死了，并且我是独生女。

治疗师：朋友呢？

凯瑟琳：（反射性地）农场比较封闭，我的社交圈局限于戴夫的家人。我也遇到过其他一些人，但并不熟悉。

治疗师：凯瑟琳，当我们谈话的时候爱丽丝有什么反应呢？

凯瑟琳：（平静地）她看起来很悲伤。

治疗师：你能帮助她吗？

凯瑟琳：（平静地）爱丽丝，我也不善于交朋友，但是我会想办法帮助你，我知道你需要朋友。

治疗师：凯瑟琳，你是一位感觉敏锐的母亲。你现在能做一些事情来帮助爱丽丝吗？

（凯瑟琳走过去抱住爱丽丝）

（爱丽丝趴在凯瑟琳的腿上，并相互拥抱着，她们都笑了）

治疗师：你们都笑了，看起来挺开心的。虽然家里一直都不是很快乐，但是我们需要尽力让家变得更快乐。我们都知道爱丽丝需要朋友。她也需要知道自己作为孩子需要肩负的例如作业一类的职责，也要为一些非成长性的事情负责，如离婚。

凯瑟琳：（仍然抱着爱丽丝，但扭转着看着她的脸）在问题解决之前，我们需要一直来这里。我真的很爱你。

爱丽丝：（甜蜜地）我也爱你，妈妈。

治疗师：凯瑟琳，如果戴夫也能加入的话会更好，将有助于爱丽丝理解她的新家庭和更好地在学校表现。

凯瑟琳：（叹息，快速地看向爱丽丝，后又转向治疗师）我可以接受，但不知戴夫是否愿意。

治疗师：爱丽丝，你记得住爸爸的电话号码吗？（点头）太好了，你可以告诉我，我会给他打电话，邀请他加入。无论他是否同意，我们后面的三周仍相约这里。

从家庭系统角度对爱丽丝进行个案概念化：基于假设模式

当父母耗费 3 年的离婚将爱丽丝的家庭一分为二，这个家庭便进入了一段混沌无序的时期。尽管在离婚开始时爱丽丝只有 6 岁，但凯瑟琳和戴夫都太愤怒了，父母联盟仍是彻底被粉碎。在凯瑟琳-爱丽丝家庭以及戴夫-爱丽丝-奶奶家庭中都没建立起清晰的权力等级，所有成年人都忘了爱丽丝仍需要被养育和给予与年龄相符的指导这一事实。在凯瑟琳家，爱丽丝过于缺少自主性，凯瑟琳替代爱丽丝做了所有的事情，为了让她感受到被爱，这就导致虽然爱丽丝已经 9 岁了，但仍表现得如同 6 岁。在戴夫家，她被爸爸和奶奶当作小大人，在这种角色下，他们在她面前说凯瑟琳的坏话，责怪她离婚，并直接或间接地让爱丽丝意识到让凯瑟琳回归这个家庭是爱丽丝的使命。鉴于此，爱丽丝在一个家庭有过多的自主性，而在另一个家庭几乎没有，这就不难理解为什么她会陷入与老师权威性的争斗。因为家庭，爱丽丝变成了替罪羊，并且由于她专横、幼稚和悲伤，被老师要求去做治疗。她需要从父母的争斗中出来，做回 9 岁的孩子，这样她才能学着与同伴和谐相处。虽然家庭规则和职责看似已经化为乌有，但是戴夫和凯瑟琳在离婚之前还是建立了一个有效的父母次系统。除此之外，爱丽丝是一个特别阳光的小女孩。这就预示着，一旦一个新的家庭平衡建立，爱丽丝便能更好地与父母和老师相处，也能重新展现出与年龄相仿的行为。

凯瑟琳和戴夫没有建立能够有效地分享关于爱丽丝的重要信息和对她进行有效指导的夫妻同盟。离婚前，戴夫在家庭农场工作，凯瑟琳是全职妈妈，他们都非常关注爱丽丝。不幸的是，这场离婚是一场三年的持久战，在这期间适应良好的 6 岁爱丽丝长成了易怒专横的 9 岁爱丽丝。有可能，由于她的年龄，她认为自己应该为父母的离婚负责。她的爸爸和奶奶也无意中让她认为她有责任劝说妈妈回到农场。爱丽丝从她的妈妈那儿得到的信息是离婚是无法挽回的。这些信息只会让爱丽丝对她的母亲生气。而凯瑟琳对此给予了放纵，这更让爱丽丝认为她应该为家庭中发生的事情负责。尽管有三个成年人对她进行亲切的照顾，但没人在家给爱丽丝足够的指导。离婚大大减少了爱丽丝与父亲在一起的时间，他对离婚的愤怒也影响了他对爱丽丝成长的需要有识别与回应的能力。凯瑟琳和戴夫由于在她面前争吵和在她面前相互抱怨对方，无意中把她置于家庭斗争的中心。戴夫的母亲也支持这样。爱丽丝在父母间徘徊，并觉得有责任帮助他们复合，但是她不知道自己应该是什么样的角色，任何一个 9 岁的孩子都不可能有这样的技能或者应该处于这样的境地之中。

凯瑟琳和戴夫都没能在家里建立合适的等级，无法让爱丽丝有清晰明确的规则去服从。9 岁的爱丽丝会发现她需要遵循的规则是混乱的，因为爸爸和妈妈要求的都不一样。然而，缺乏规则使得她很难接受成年人作为权威人物。离婚前，家庭等级是清晰的。戴夫是一个在家庭起主导地位的丈夫和爸爸，他总要有最后的发言权，并作为一个权威的角色。虽然有时他比较霸道，但是他对凯瑟琳作为母亲的角色非常尊重和维护，绝不允许爱丽丝在他面前不恭地与母亲讲话。离婚后，凯瑟琳尽量不让戴夫指使自己，但这导致了许多发生在爱丽丝面前大声的对抗，这让她很痛苦。作为一个聪明的女孩，爱丽丝很快就发现在爸爸家里与爸爸奶奶一起对抗妈妈的时候，她能获得更多自己想要的。爱丽丝也发现每当妈妈给她设立规矩的时候，她只要控诉离婚便能从妈妈那里获得更多的权力。凯瑟琳很容易被爱丽思的眼泪所操纵，这就会消除掉她试图设定的任何限制。虽然爱丽丝已经从离婚中获得了权力，但她并没有发展出适当的情绪控制能力或学习重要的社交技巧，比如如何分享和妥协。爱丽丝经常会感到焦躁和气愤，因为她一直夹在父母之间。爱丽丝需要回到家里的孩子子系统中，只需承担与年龄相适应的责任。

凯瑟琳和戴夫也未能给爱丽丝建立起在学校需要遵守的等级，告诉她需要遵守老师制定的规则，学会与其他同学合作与分享。爱丽丝的父母在家没有给爱丽丝设定相应的行为期待，所以她在学校也希望老师不会对自己的行为设定限制，也不想要其他的任何限制。现在，爱丽丝在学校一直扮演着小大人。然而，不像她的父母，沃尔特斯老师是不会放任的，并且采取措施帮助她的父母不要继续放任，也推荐他们去接受治疗。交朋友对于爱丽丝正处于的这个年龄阶段非常重要。随着年龄的增长，将会变得越来越重要。凯瑟琳也意识到了爱丽丝需要学会分享、妥协和与同龄人交朋友。不幸的是，搬离农场以前，爱丽丝主要和成年人或者是表哥表姐一起玩，他们总会根据爱丽丝的意愿来更改游戏规则。但是学校的同学不会这样对待爱丽丝，并且她没有足够的社交技巧来有效地处理类似的情景。反而，她变得更加专横，试着命令她的同学听从她的意愿。因此，她也变得越来越被疏离，她认为在学校与同学们发生的争吵都是他们的错误。

爱丽丝与凯瑟琳的家庭和爱丽丝、戴夫与奶奶的家庭都处于混乱失调的阶段，之前的家庭角色已被中断，但是新的家庭内平衡还未形成。每个家庭的父母都需要对孩子负责，爱丽丝在学业以及社交技巧的学习上需要得到来自父母的更多支持。然而，她的父母更多的是在争吵与埋怨对方。成为家庭的替罪羊让爱丽丝也很痛苦。然而，她所承担的角色或许能给治疗师一个机会来鼓励家庭进行改变。戴夫和凯瑟琳唯一能达成一致的便是他们都爱爱丽丝。她在学校发生的与老师和同学间的问题能激发她的父母放下自己的痛苦去看到爱丽丝所遇到的困境。不幸的是，"家里都有谁"这个重要的问题每个人的回答方式都不同，这是家庭变革的一个阻碍。一个9岁的女孩希望家庭团聚是完全可以理解的，戴夫也希望这样，但是凯瑟琳不同意，她认为婚姻已经到头了。治疗师需要寻找方法帮助他们打破僵局，这样每个家庭才能建立新的平衡。

家庭系统疗法治疗方案：基于假设模式

治疗方案概述：最佳的方案应该是一部分治疗会谈是围绕解决凯瑟琳-爱丽丝家庭问题展开的，一部分是围绕戴夫-爱丽丝家庭问题展开的，还有一部分是凯瑟琳、戴夫和爱丽丝都参加的涉及有效的父母共同教养，然而鉴于凯瑟琳和戴夫之间紧张的形势，最后一部分或许很难实现。治疗方案是根据最理想的家庭成员参与者设计的，但是与戴夫相关的目标有可能会被删除或者修改，凯瑟琳或许是对的，戴夫不会参加。（该治疗方案遵循问题格式规范）

问题：爱丽丝陷入了父母的离婚战役中，并且这对她的成长有了一定的负面影响。

长期目标1：尽管爱丽丝和戴夫离婚了，他们仍能建立有效的夫妻同盟。这样他们才能分享关于爱丽丝的重要信息，也才能把她当孩子一样照顾好。

短期目标

1. 凯瑟琳将老师告诉她的关于爱丽丝在学校的问题告诉戴夫，并把成绩单拿给他。
2. 凯瑟琳和戴夫将具体地讨论爱丽丝的情绪混乱处于怎样的状态，而这个状态是他们公开闹矛盾的直接结果。
3. 凯瑟琳和戴夫要一起制订一个在爱丽丝辗转于各自家庭时，尽量减少他们彼此间争吵的计划。
4. 为凯瑟琳和戴夫指出为了父母共同教养见面时的"潜在目标"，他们以及爱丽丝一起讨论以何种方式同意或不同意这些目标。
5. 凯瑟琳与戴夫一起讨论，他们是否愿意与爱丽丝一起完成父母共同教养的任务，如果不同意的话，还能怎么做来保证针与爱丽丝的清晰沟通。

长期目标2：家长将在家里建立合适的等级，实现家长主管和爱丽丝服从的局面。

短期目标

妈妈的家庭规则

1. 凯瑟琳为爱丽丝制定与其年龄相适应的家庭行为规则，以及违规的后果。
2. 凯瑟琳将与爱丽丝一起讨论她在家时做家庭作业以及管理自己房间的职责。她告诉爱丽丝，如果她能完成任务，就代表她已经达到9岁孩子的要求，就可以晚上晚睡15分钟，如果不能完成的话，就需要早睡15分钟。
3. 凯瑟琳会和爱丽丝一起看适宜的电影或电视，其间会为她指出像爱丽丝这个年龄的孩子之间的友谊行为。
4. 凯瑟琳会指导爱丽丝与治疗师一起玩有意思的棋盘游戏，而在那儿需要爱丽丝协作和分享。

5. 凯瑟琳会帮助爱丽丝邀请一位同班同学和这个同学的母亲或父亲一起来家里玩。

6. 凯瑟琳可以提供一些可口的零食以及指导一个游戏，来帮助爱丽丝玩得更开心。

爸爸的家庭规则

1. 戴夫为爱丽丝制定与年龄相符的规则（在农场、奶奶家、表哥表姐家），以及违规的后果。

2. 戴夫和爱丽丝一起讨论在农场家的规则。他告诉爱丽丝，如果她能在农场像9岁孩子一样完成他安排的任务，她就能在晚上晚睡15分钟；如果没能完成的话，就需要早睡15分钟。

3. 戴夫、奶奶会陪爱丽丝一起看适宜的电影或电视，其间会为她指出像爱丽丝这个年龄的孩子之间的友谊行为。

4. 戴夫、奶奶需要陪爱丽丝一起玩棋盘游戏，游戏中希望爱丽丝能够表现出9岁孩子应该有的好的运动精神，帮助她如何有效地与同龄的孩子玩耍。

5. 戴夫、奶奶会邀请爱丽丝的一个表哥或表姐和她一起游戏，要求双方都必须遵守相应的规则，帮助爱丽丝如何有效地与同龄的孩子玩耍。

长期目标3：家长为爱丽丝制定在学校合适的等级，通过与老师一起为爱丽丝制定需要遵守的规则，要求爱丽丝与同学协作和分享。

短期目标

1. 凯瑟琳、戴夫和爱丽丝一起讨论她所认为的老师在学校的角色和自己作为学生的角色。

2. 凯瑟琳和戴夫一起讨论如果爱丽丝的老师抱怨她不听话的话会有什么结果。爱丽丝只能听，不能插话。

3. 凯瑟琳、戴夫和爱丽丝一起讨论，如果她在学校听老师话、遵守规则，回到家会有什么奖励；如果在学校老师不满意的话，回家后会有什么惩罚。

4. 爱丽丝需要告诉父母她在学校与某一同学所发生的具体问题，并向父母请教如果再遇到类似的问题该怎么办。

5. 凯瑟琳和戴夫互相讨论爱丽丝可以尝试的好的策略。此时爱丽丝只能听不能插话。

6. 凯瑟琳和戴夫与爱丽丝一起讨论他们所认为的最好方法，爱丽丝会告诉他们自己想最先尝试哪一个。

7. 爱丽丝会与父母分享有一个小孩是她现在最想交的一个朋友，并向父母请教如何能保证交朋友的时候不让老师生气。

8. 凯瑟琳和戴夫一起讨论有什么好的策略爱丽丝可以尝试。爱丽丝只能听，不能插话。

9. 凯瑟琳和戴夫与爱丽丝一起讨论他们所认为的最好方法，爱丽丝会告诉他们自己想最先尝试哪一个。

10. 凯瑟琳和戴夫一起讨论，如果别的小朋友不愿意和爱丽丝做朋友的话，爱丽丝该怎么办。

11. 制定其他适宜的目标来帮助爱丽丝更好地与老师、同学相处。

长期目标4：凯瑟琳、戴夫与爱丽丝针对他们的离婚进行清晰的沟通，将爱丽丝从家庭争斗中带出，父母合作使她重回子女次系统。

1. 凯瑟琳和戴夫每人都举出爱丽丝让他们感到特别自豪的行为。
2. 凯瑟琳举出戴夫为爱丽丝做的让她感到很尊敬的一件事。
3. 戴夫举出凯瑟琳为爱丽丝做的让他感到很尊敬的一件事。
4. 凯瑟琳和戴夫一起讨论爱丽丝在学校出现的哪些问题是由于她在父母间撕扯才导致的结果。
5. 凯瑟琳和戴夫一起讨论他们能否做出承诺不在爱丽丝面前抱怨彼此,因为这样会使爱丽丝很痛苦。
6. 凯瑟琳和戴夫一起讨论他们能否在自己所属的家庭中开一个家庭会议,与爱丽丝一起讨论离婚这件事情。
7. 当在治疗中大家一起看家庭相册的时候,爱丽丝会与大家分享她脑海中来自家庭的快乐记忆。
8. 爱丽丝坐在凯瑟琳的腿上听她告诉自己她对戴夫感觉比较好的事情,同时对原有家庭系统的改变表示遗憾。(如有需要,可以拥抱爱丽丝当作情感支持)
9. 爱丽丝坐在戴夫的腿上听他告诉自己他对凯瑟琳感觉比较好的事情,同时对原有家庭系统的改变表示遗憾。(如有需要,可以拥抱爱丽丝当作情感支持)
10. 凯瑟琳会明确地告诉爱丽丝无论她从爸爸家里听到什么,他们的婚姻已经结束了,尽管如此,她也希望爱丽丝能够全身心地爱她的父亲。
11. 戴夫会明确地告诉爱丽丝无论她过去听到什么,他们的婚姻已经结束了,尽管如此,他也希望爱丽丝能够全身心地爱她的母亲。
12. 还有其他的一些目标需要被设定来帮助爱丽丝更好地从父母的离婚中解脱出来。

从家庭系统角度对爱丽丝进行个案概念化:基于症状模式

爱丽丝由于专横、不成熟和悲伤,被学校要求去做治疗。尽管她看起来很聪明,并且实际年龄已经9岁了,但是她的行为显现出与她年龄不匹配的幼稚,在与成人或同龄人在一起时也会有一些破坏性的行为。在她这个年龄,她本应该建立重要的同伴友谊,然而她却仍困于学习合作与分享的早期发展任务之中。一个9岁的孩子应该会求助于老师或其他成年角色,同时与父母保持紧密的联结。然而,爱丽丝并不寻求老师的认可或者承认老师的权威。爱丽丝也因为父母的离婚斗争感到非常的痛苦和沉重的压力。这些症状可以看作是对不正常的家庭系统的反映。爱丽丝核心家庭中失调的家庭结构导致当她面对成人时,无法对自己的权力形成真实的认识,也无法培养自己与同辈调整、适应与协商的能力。由于核心家庭的解散和离异家庭开始的争斗,形成了一些新的次系统和边界,对于缺乏很多能力的爱丽丝来讲事情变得很棘手。然而在失衡的这段时间里,家庭的优势也渐渐形成,包括凯瑟琳对她作为母亲角色的承诺,有能力觉察和回应爱丽丝对情感支持的需要,并且凯瑟琳和爱丽丝都希望探索新的关系模式。

为什么爱丽丝在大人面前如此霸道?在她的核心家庭里,凯瑟琳和戴夫并没有建立稳固的父母同盟。戴夫在家里有最终的决策权,然而他也的确要求爱丽丝尊重她的母亲。但是自从离婚后,出于对凯瑟琳的报复,他鼓励自己的母亲和女儿贬损凯瑟琳作为母亲的角色。凯瑟琳在婚姻中发展了一个与丈夫互补的模式,服从丈夫的意愿避免冲突,现在她也这样对待爱丽丝，所以不知不觉中就削弱了自己作为母亲的权威。凯瑟琳的顺从行为让爱丽丝觉得没必要发展协商与和解的技巧来与大人建立关系。爱丽丝的父亲把她带进了小大人的角色，使她在"孩子－大人"的关系中对自己的权力有了错误的认识。爱丽丝尝试把这种放大的权力带入学校之中。当她看到学校的其他同学遵守老师的规定时，并不认为这些规定自己也需要遵守。目前，爱丽丝在家努力向凯瑟琳表现出幼儿化的角色，因为她不想在家里帮忙。凯瑟琳认识到让她表现出适龄的行为和遵守学校和家里的规定会使她更健康。目前并不知道戴夫对此的观点。

为什么爱丽丝在与同龄人的相处中会显得不成熟？作为一个独子，爱丽丝的社交主要是和大人以及表哥表姐。这些年长于她的人总会让着她，满足她的意愿，这种在学校阶段出现的以自我为中心的游戏风格在她的家庭系统和拓展家庭系统中无意间得到维持。因此，当她在学校与同龄人互动的时候，她需要调整她的风格来适应平等的关系，但她不知道该怎么做。她只能不断升级自己的专横，极力迫使其他个体进入大家都顺应她的需要的家庭模式中。爱丽丝认为她和同学们发生的争斗都是对方的问题。凯瑟琳意识到爱丽丝需要学会分享、妥协和交同龄朋友。

为什么爱丽丝悲伤？凯瑟琳和戴夫都高度认同自己作为父母的角色，他们爱并关怀着爱丽丝。虽然这促进了情感联结，但是现在这些联结都已瓦解。离婚大幅减少了爱丽丝与父亲在一起的时间，他对离婚的愤怒也干扰了自己对爱丽丝发展需求的回应。凯瑟琳和戴夫由于在她面前争吵和向她抱怨对方，无意中将爱丽丝置于家庭斗争之中。戴夫的家庭也支持这样。爱丽丝感到已被父母撕裂，并且有责任帮助父母重归于好，但并不确定自己应该是什么角色。9岁的孩子本不应该拥有这样的技能或处于这样的境地。在治疗师的支持下，爱丽丝已经要求母亲不要再把自己置于那样的角色，她也正试着告诉爸爸和奶奶同样的事情。凯瑟琳已经承担起过去"父母－孩子"边界模糊的责任，她也接受治疗师对她在新的家庭里全面承担大人的角色给予的支持。

爱丽丝、凯瑟琳和戴夫正处于一个失衡的阶段，先前的家庭角色已经瓦解，新的家庭动态平衡还未形成。戴夫正试着恢复原有的家庭结构。凯瑟琳和爱丽丝正试着建立一个新的家庭系统。在新的家庭系统里，凯瑟琳需要增加她作为家长的权威，爱丽丝也需要承担相应的责任和学习如何与权威人士（父母、老师）协商、调整自己以适应。爱丽丝正处于这样的一个发展阶段：她能够有理解因果关系的认知能力，并能够理解他人的需要。这些能力有助于她拓展社交能力以适应她所在的多重系统的要求（妈妈家、爸爸家、学校系统）。凯瑟琳受到强烈的鼓舞去做一个称职的母亲。然而，戴夫和他的家庭更多地关注于过去的离婚冲突，而非爱丽丝此时成长与发展的需要，这样的话，他们的行为或许会成为阻碍治疗成功的因素。

家庭系统疗法治疗方案：基于症状模式

治疗方案概述：爱丽丝在学校的问题是受家庭关系的扰动而产生的。对爱丽丝最有效的方案需要所有的大人都能参与到治疗中。然而，虽然戴夫和他的母亲会被邀请加入治疗，但是因为不清楚他们是否能来，所以无法制定相关的目标。虽然他们仍对离婚气愤，但治疗师会邀请他们加入，以关注爱丽丝的问题为引子，探讨父母共同的教养策略。目标1、2、3同

时会被展示。(该治疗方案遵循基本格式规范)

长期目标1：爱丽丝会减少对父母离婚的悲伤。

短期目标

凯瑟琳-爱丽丝家庭系统的约定

1. 凯瑟琳会保证在治疗前后和戴夫讨论教养问题的时候不会让爱丽丝听到。
2. 凯瑟琳试着不和爱丽丝讨论自己和戴夫的问题。
3. 在治疗中和爱丽丝一起看家庭相册的时候，凯瑟琳和爱丽丝会一起讨论关于家庭的快乐记忆。
4. 爱丽丝坐在凯瑟琳的腿上听她告诉自己她对戴夫感觉比较好的事情，同时对原有家庭系统的改变表示遗憾。(如有需要，可以拥抱爱丽丝当作情感支持)
5. 凯瑟琳会明确地告诉爱丽丝无论她从爸爸家里听到什么，他们的婚姻已经结束了，尽管如此，她也希望爱丽丝能够全身心地爱她的父亲，也希望戴夫不会因为他们离婚而生气。
6. 凯瑟琳会和爱丽丝一起分享在新的家庭里一起拥有的快乐记忆，治疗师会帮着她们拍摄一些在治疗中快乐的场面放入她们的家庭相册。
7. 其他适宜的目标也会被制定来帮助爱丽丝更好地感受来自凯瑟琳的爱，并且明确表明她可以一直爱自己的父亲戴夫。

如果可能的话，安排戴夫、奶奶和爱丽丝的家庭系统治疗(如若不然，则给爱丽丝布置一些家庭作业在探访的时候来做)

8. 爱丽丝要求爸爸不要在她的面前讨论他和妈妈间的问题，解释这会让她很难过。
9. 爱丽丝要求爸爸告诉奶奶，她听到奶奶责备妈妈，这让她很难过。
10. 戴夫和他的妈妈一起讨论如何在爱丽丝面前不责备凯瑟琳，其间爱丽丝可以听但不能插话。

凯瑟琳和戴夫离异家庭系统的约定

11. 凯瑟琳和戴夫共同讨论如何搁置分歧，从爱丽丝的利益出发继续养育爱丽丝。

所有家庭系统的决定

12. 其他适宜的目标也会被制定以增强他们把爱丽丝养育成一个快乐、爱自己父母和奶奶的孩子的能力。

长期目标2：爱丽丝减少自己不成熟的行为，更好地与同龄人建立友谊。

短期目标

凯瑟琳和爱丽丝家庭系统的约定

1. 凯瑟琳将与爱丽丝一起讨论她在家庭作业以及管理自己房间方面的职责。她告诉爱丽丝，如果她能完成任务，就代表她已经达到9岁孩子的要求，就可以晚上晚睡15分钟，如果不能完成的话，就需要早睡15分钟。
2. 凯瑟琳会和治疗师一起讨论自己会尝试交朋友，以及如何开始一段友谊。爱丽丝可以旁听但不能插话，这样她的妈妈就为她在交朋友方面树立了榜样。
3. 凯瑟琳带着爱丽丝与一个潜在的朋友外出午餐，这样可以为爱丽丝展示朋友间在协作、倾听和分享方面合适的行为。如果爱丽丝达到9岁孩子的要求，她就能在午餐时得到一份甜点；如果不能达到要求的话，她就不能在午餐和晚餐时吃到甜点。

4. 凯瑟琳会和爱丽丝一起看适宜的电影或电视，其间会为她指出像爱丽丝这个年龄的孩子之间的友谊行为。

5. 凯瑟琳会指导爱丽丝与治疗师一起玩需要协作和分享的有意思的棋盘游戏。

6. 凯瑟琳会帮助爱丽丝邀请一位同班同学以及同学的妈妈或爸爸一起来玩。凯瑟琳会首先和那位同学的家长联系来确定时间，然后指导爱丽丝通过电话非常友好地邀请那位同学。

7. 在保持合适的大人-孩子边界的同时，凯瑟琳帮助爱丽丝把这次约会安排得有趣，这样的话这个同学还会再来。

8. 其他的目标也会被制定来帮助爱丽丝与同龄人更好地社交。

长期目标3：爱丽丝会减少自己在大人面前霸道的行为。

短期目标

1. 凯瑟琳和治疗师一起讨论爱丽丝在家需要遵守的规定，爱丽丝如果不打断谈话的话，晚上能晚睡15分钟；如果爱丽丝打断谈话的话，她需要早睡15分钟。

2. 凯瑟琳需要做一个行为列表，包含爱丽丝需要在家遵守的规定。爱丽丝每天都遵守全部规定就能得5分。

3. 爱丽丝会和妈妈讨论她每周需要得多少分才能表明她是一个足够好的倾听者，才可以外出吃饭。

4. 爱丽丝会和妈妈讨论她每周需要得多少分才能表明她是一个足够好的倾听者，才可以邀请一个新朋友来家里过夜。

5. 其他的目标也会被制定来帮助爱丽丝更尊敬地对待她的妈妈和其他成人。

学生进行个案概念化的练习案例：聚焦种族和民族领域

现在需要为非裔美国夫妇塔妮莎和马库斯做家庭系统个案概念化和治疗方案。虽然有很多复杂的点可以工作，但是你被要求聚焦于种族和民族方面进行个案概念化和方案制定。假设治疗师不是非裔美国人，治疗师和来访者之间的种族和民族方面的冲突对面谈非常关键。

从简短初始评估访谈中收集信息

30岁的非裔美国人塔妮莎（Tanisha）和32岁的非裔美国人马库斯（Marcus）已经结婚7年。他们于两年前从密歇根州底特律的郊区搬至宾夕法尼亚西部。塔妮莎认为她的婚姻基本上是幸福的，但是她和马库斯需要寻求帮助来处理自己的幼女勒蒂莎（Latisha）的夭折。塔妮莎是被一个密友推荐给这个咨询师做治疗的，她的朋友之前接受过这位治疗师的婚姻治疗，并且对结果很满意。虽然马库斯并不知道她预约了咨询，但是她确信他会来。

在简短的精神状态评估中，塔妮莎有一些临床抑郁症的症状，但是没有自杀或伤害他人的想法及其他的精神疾病。塔妮莎对马库斯的描述没有表现出他具有抑郁和其他精神疾病。

从家庭系统角度与塔妮莎和马库斯会谈

治疗师：塔妮莎、马库斯，感谢你们的到来。我之前和塔妮莎讲解过如何开展治疗和一些我需要遵守的关于个人隐私的道德与法律规定。马库斯，在我们开始前你还有什么疑问吗？

马库斯：（紧张地）不用，塔妮莎已经告诉我了，并且把你给的小册子拿给了我。

治疗师：好的。如果你对我正在做的和治疗过程本身有任何疑问可以随时询问。（停顿）我们开始了，你们当中哪一个人可以讲一讲你们家庭的事情？

塔妮莎：（紧张地）在这里生活的家人只有我和马库斯。（塔妮莎看着正在低头的马库斯）不久前，我们决定开启一段新的生活，马库斯接受了升职，所以我们才搬到这里。我们在底特律有许多家人，我们每年会回去四到五次看他们。我们也经常保持着电话和电邮通信。虽然搬这么远对我们确实比较艰难，但是我和马库斯都比较看重事业。

治疗师：哦，回到底特律的家对你们非常重要。（停顿）现在有其他人和你们生活在一起或者是在附近吗？（长时间沉默）

塔妮莎：（短暂地看了一下马库斯，遗憾的）没有。去年暑假马库斯的妹妹因为在附近的大学上课和我们一起生活了一段时间，我们真的希望她能读个学位，能和我们生活在一起。但是她现在在莱特州立大学，那里离她的妈妈和亲戚比较近。

治疗师：接受教育和在家人身边对她都很重要。

塔妮莎：（试探性地）对……（被马库斯打断）

马库斯：（愤怒地）说这些有意义吗？在底特律的家人很好，所以谈论他们纯属浪费时间。

治疗师：马库斯，我不想浪费你们的时间。了解你们的家庭成员是理解你们到我这儿到底需要什么的过程的一部分。（马库斯和塔妮莎彼此看着对方；塔妮莎的拳头紧握）

治疗师：看着你的拳头，塔妮莎。（塔妮莎让自己的手放松）你需要说一些事情。为什么不把座椅朝向马库斯？不要朝向我。这样才能方便你们讨论需要告诉我什么是你们家庭现在所需要的。（塔妮莎把椅子朝向马库斯，并抬头看着正在点头的治疗师）

塔妮莎：（迟疑地，看着治疗师）我想（停顿）接下来告诉你……（被治疗师打断）

治疗师：不好意思打断了你，我需要你和马库斯讨论，我会听着。

塔妮莎：（迟疑地，看着马库斯）我们来这里是想有一个新的开始，但是我仍然无法控制去想我们5年前夭折的小女儿。（停顿）一想到她我就忍不住哭泣。你已经能够迈过这个槛了。（停顿）我感觉我在工作中会暂时忘却，但是在家却做不到。（停顿）你想再要个孩子，我也喜爱孩子，但是我不想（长时间停顿；塔妮莎用手捂着脸；马库斯靠近她，轻轻拍着她的膝盖。）

治疗师：这是一个非常沉重的话题。

马库斯：（生气地说）这个话题到此为止。

塔妮莎：（满含泪水地）马库斯，这是我们来这儿的原因。我们的孩子勒蒂莎，出生时就有一些缺陷，但是我怀孕的时候非常健康，他们也不知道为什么。在我分娩的时候也没出现任何问题，但是一生出她，（停顿）很容易就发现出问题了。她的心脏和肺有先天缺陷。

他们把她转院到克利夫兰医院，因为那里有专门治疗这样孩子的机构。她最终也未能离开那所医院。那一年，我每周都会去看她，我可怜的孩子鼻子里插着管子。她从没有出去玩过，也没有见到过除了我以外的其他家人，因为医院非常的远。我的爸爸身体很差，我的妈妈担心他所以不愿意和我出这么远的门，我的婆婆和我去过几次。（开始轻轻地哭着）

马库斯：（生气地）我告诉你，这是一个错误的想法。（瞪着治疗师）我们回家吧，宝贝，这对我们没用。（马库斯拉着塔妮莎的手站了起来）

塔妮莎：（猛烈地）不，我要留在这。我知道你不喜欢讨论这件事情，马库斯。但是我们已经做过的是没用的，我需要帮助，我们需要帮助。（马库斯坐回原位）

马库斯：（怒视治疗师）讨论勒蒂莎是没有用的。

治疗师：我能感到我让你很生气，我并不想这样。当然你比我更了解塔妮莎，但是我的眼睛告诉我她需要处理这件事情。

马库斯：（指责地）原谅我的迟钝。但是你不是非裔美国人，所以你不知道她想要什么。

治疗师：即使我不是非裔美国人，但我的目标是帮助你们一起解决它，我不会将我的计划强加于你们。（停顿）看得出来你们是一对坚强的夫妇，可以给我一个机会让我帮助你们处理勒蒂莎的死亡所带来的创伤吗？

马库斯：（靠在椅子上，疲倦地）我不是与你做对，但是塔妮莎需要放下这件事情。我想再要个孩子，但是如果她不想生的话，我们就还这样过着，我们现在也是幸福的。（慢慢离开自己的椅子，好像要再次站起来）

治疗师：我能感受到你不想谈论你们的女儿，但是你愿意多说一些和塔妮莎在一起的幸福时光吗？

马库斯：（视线从治疗师移向重新坐回椅子上的塔妮莎，疲倦的）好的，我会说一些。（看着治疗师）我是一个离这有20分钟路程的一个城镇的邮政局长，我过着舒适的生活，塔妮莎也同样。她是来爱德公司的区域经理。我们一起有足够的钱买一栋非常漂亮的房子，并且装满漂亮的东西。我们每年都会休假，去年我们去了墨西哥，前年我们在阿拉斯加旅行。（看着塔妮莎，强调地）塔妮莎，你也承认我们过着富足的生活。

塔妮莎：（悲伤地）我从未说过我们不富足。我为我们拥有的美好事物感到愉快。但是我多么希望我们的孩子可以健康成长。我曾经有个计划，我计划着自己会辞职，有一个像我妈妈所拥有的一样的大家庭。我喜欢屋里充满着成长着的孩子。（渴望地）我不在意我因为在家而损失很多钱。

马库斯：（温柔地）我也想这样。我们仍然可以做到。

塔妮莎：（摇着头，悲伤地）你并不理解我说的。我们的勒蒂莎死了，我不想要其他的孩子，我只想要她。（她用手捂着脸，长时间停顿）

治疗师：试着看看马库斯，塔妮莎。他想提醒你尽管你们因为女儿的夭折经历了惨痛的丧失，但是你们一起仍有美好的生活。他想提醒你尽管没有她，你们有多么的强大并且彼此爱着对方。（塔妮莎抬头看着马库斯，并示以微笑）你们彼此爱着，但却不在同一个家庭生活阶段。他已经完成了勒蒂莎的死亡带来的哀伤，他留下的是对你的爱和当另一个孩子父亲的心愿。塔妮莎，你仍然深深地处于哀伤之中。伤痛和苦难如此沉重，以致你深深地陷入她的死给你带来的恐惧之中。你现在无法考虑再要一个孩子。（停顿）你能否拉着马库斯的手，感受他帮你脱离这些痛苦的力量？

马库斯：（当塔妮莎拉着他的手时，他把椅子往后推，瞪着治疗师，叫喊着）我再也不想待在这里了！我们不是木偶，不要把我们差来差去。

治疗师：你们都是坚强的人而非什么木偶。（长时间停顿）是我用来帮助你们探讨这件事情的技术有问题，还是问题在于我？

马库斯：（坚定但礼貌）你不是非洲裔美国人，你不理解我们的家庭，你也不理解我们经历了什么，所以我希望你不要再参与这件事情了。

塔妮莎：（愤怒地）马库斯，我每天都在想我们的女儿，但是你根本不想听这些。你总是这样。我需要倾诉这些，但你只是恼怒和离开。其实不只是你一个人会恼怒。我因为女儿的事情如此痛苦已经很久了。我不得不告诉你我对你不和我一起看我们的女儿有多么的气愤。

马库斯：（防御地）去那里没有意义。她看不见我们，也听不到我们——之前的医生也是这样说的。

塔妮莎：（大声地）我握着她的手。她可以感受得到。她是我们的孩子，她需要我们。

治疗师：你们对医生的话有不同的理解。塔妮莎理解的是说话是帮助不了女儿的，所以她试着触摸。你，马库斯，听到的是没有希望了，并且你在她真正死亡之前就放弃了她。

马库斯：（愤怒地）不要这么操纵我。我告诉你，我是不会讨论勒蒂莎的。塔妮莎，我们需要彼此，但是我们不需要这样。看看你自己，你比我们开车来这里的时候情绪低落多了。

塔妮莎：（疲惫地）我只是爆发出内心的东西。我想待在这里，如果你不愿意的话，（长时间停顿）你可以走。（长时间停顿）

治疗师：马库斯，我知道来这里并非是你想要的，但是希望你能考虑留下来，因为现在这里对塔妮莎来说是一个对的地方。

马库斯：（摇着头，长时间停顿）在这种情境下和你在一起我感到不舒服。

治疗师：和一个不是非裔美国人的人讨论如此隐私的事情会让你感到比较奇怪，并且还是刚刚认识的。（停顿）马库斯，你感到被操纵了。非常抱歉让你有这样的感觉。我帮助夫妻讨论问题的方式是指导性的。我会试着用与刚才不同的方式来帮助你们讨论勒蒂莎。我听到塔妮莎说她需要帮助，来帮她从勒蒂莎的死亡中走出来。我刚才正是试着通过会谈帮助塔妮莎完成这个任务——而不是强加给你们一些东西。如果这没有用，我建议我们可以试试其他方法。我会一直探索，直到找到对你们两个都有效，并且让塔妮莎感觉更好的方法。（停顿）你怎么看呢？

马库斯：（专心地）你可以尝试，但是你不会理解我们的，因为你不是合适的种族。我知道这很直率，但是我不能伪装。

治疗师：你是对的。无论我经历过什么，但是这都和非裔美国人无关，所以我永远不会像你一样了解你的经历。

马库斯：（跳了起来）那么，我们都同意这是一个错误了。

治疗师：我同意我不是非裔美国人，我们之间存在的差异会成为我们治疗成功的障碍。但是，从另一方面来说，在我们的分享中我也注意到我们都是努力工作的、有雄心壮志的、绝不会忘记与家人联结重要性的人。我不想让你按我的方式生活，我只是想帮你找到一种作为父母与勒蒂莎联结的方法，允许你们一直是美好与坚强的马库斯和塔妮莎夫妇。

塔妮莎：（命令式地）马库斯，你这样是帮不到我的。我希望你放下种族的观念，只是讨论我们的女儿。

马库斯：（愤怒地）不，我们无法搁置它。（长时间停顿）

治疗师：我不是非裔美国人这一点显然是非常重要的。我为什么不去隔壁房间，给你们两个独处的时间来讨论，与我一起工作对你们彼此意味着什么呢？一旦你们决定我们是否将一起进一步深入工作，或者让我给你们其他治疗师的名字，告诉你们他们的文化背景以及强项，你们就可以过来找我。

塔妮莎：（强调地）不，我不想讨论这些。马库斯，纠结在种族上是另一种逃避不谈勒蒂莎的方式。我想要的是讨论她。

马库斯：（咄咄逼人地）塔妮莎，如果不是非裔美国人的话，即使出于好意也不能理解我们，并且会把事情变得更加糟糕。

治疗师：如果我没帮上忙反而把事情弄得更糟糕将会是非常可怕的。我能理解你为什么会极力阻止。（长时间停顿）我在这儿的目的是给你们内部力量的支持，而不是把你们的婚姻变成我所认为的婚姻应该是的样子。有很多你需要的事情我无法理解，除非你帮助我理解。（塔妮莎又开始哭）

马库斯：（强调地）难道你没有看到这样是在伤害她吗？我绝不允许这样。

治疗师：你爱她。你想保护她免受悲伤。但是，这能保护她免受因女儿的先天缺陷和死亡给她带来的伤痛吗？

塔妮莎：（靠向马库斯，并握着马库斯的手，镇静地）他（马库斯）是一个好人，他做了很多来照顾我。但是你是对的，他不理解我不能放下勒蒂莎。我们在底特律的郊外买了大房子，这样她就有院子可以玩耍。（痛苦地）这是我们从底特律搬走的原因之一。那个房子有什么意义？特别是当马库斯丢掉勒蒂莎的东西以后，留给我的就只剩下记忆。他不能把那些拿走。

马库斯：（沮丧地）我并没有把那些东西扔掉。你妹妹家的儿子需要这些东西，她没钱给他买。把东西锁在屋里并没有什么好处。离开那个房子对你来说更好。

塔妮莎：（镇静地）我猜你可以看到，就像现在这样，在我们结婚的前3年他总是这么的专横。但是现在你无法指挥我忘了这些。（将椅子移到离马库斯更远的地方）我想在这儿，我需要在这儿，我不能再对此沉默下去了。我已经试过沉默了，但是对我毫无益处。

马库斯：为什么在这儿？如果我们不得不接受治疗的话，那咱们找其他治疗师吧。

塔妮莎：能帮助我们的就在这儿。马库斯，给她一次机会吧。

马库斯：（撕扯）我只能让步再做1周。但是即使有用，我也不会再为此付账。

治疗师：你的妻子已经为此哭泣5年了，1周是不够的。3周可以吗？那么，如果你们讨论认为我是问题所在，我会试着给你们推荐其他治疗师。但是，如果你们认为是有效的，希望你们能坚持下来。

马库斯：（坚定地）好的，那就3周。（讽刺地）你嘴皮子很快，我就答应你好了。

治疗师：对此我无法反驳。

练习：形成对塔妮莎和马库斯的个案概念化

练习1（最多4页）

目标：检验你对家庭系统理论是否有一个清晰的理解。

方式：根据下面 A 到 C 三部分内容撰写一篇综合性论文。

需要帮助的话你可以回顾本章内容。

A. 对家庭系统理论做一个简单的概述（在对理解来访者如何发生改变这一关键纬度的理论假设；广泛、抽象性地进行思考）作为对余下练习的引入。

B. 形成一个全面的描述，即如何运用这些假设来理解来访者在阶段变化过程中的进展，同时提供具体的例子充分解释每一个假设。

C. 做论文的总结，描述在帮助来访者改变的过程中治疗师的角色（顾问、医生、教师、帮手），在治疗中使用的主要方法和常见的治疗技术。提供足够特殊的例子来阐明这一方法的独特之处。

练习2（最多4页）

目标：使用家庭系统理论帮助塔妮莎和马库斯。

方式：从 A 到 E 每一部分有一个单独的句子概述。

需要帮助的话你可以回顾本章内容。

A. 此时塔妮莎和马库斯作为个体和夫妻你都看到了哪些优势（强项、积极特征、资源）？

B. 此时塔妮莎和马库斯作为个体和夫妻你都看到了哪些劣势（障碍、问题、症状、治疗障碍）？

C. 根据下面的描述，在家庭情境下针对这些优势和劣势如何能被理解做一个详细的分析：

1. 马库斯和塔妮莎认为家庭成员都有哪些，他们对此达成一致了吗？
2. 有哪些家庭次系统，每个次系统的组成和功能是什么？
3. 次系统之间、核心家庭和扩展家庭之间、家庭和其他社会系统之间的边界都属于什么样的类型？
4. 在家庭中谁最有权力去做些什么，家庭规则是什么，这和过去相比有变化吗？（也就是说，在家庭等级和联盟方面存在什么样的问题？）
5. 每个家庭成员以及整个家庭系统在满足情感的独立性和亲密性需求方面情况如何？
6. 此时，勒蒂莎在家庭系统中扮演什么样的角色？
7. 塔妮莎和马库斯是否对勒蒂莎的出生缺陷对家庭系统的影响有同样的认知，在当前的家庭系统中，这又是如何影响他们的期望与行为的？

D. 这个家庭目前处于哪个阶段？这个家庭是处于动态平衡还是失调阶段？整体上看家庭功能如何？

E. 此时，家庭结构出现什么样的变化会是有益的？家庭的哪些优势可以带入治疗中？此时是否有一些因素会促进或抑制家庭结构的变化？

练习 3（最多 4 页）

目标：理解美籍非裔文化遗产对于塔妮莎和马库斯婚姻和现状的潜在影响。

方式：从 A 到 J 每一部分有一个单独的句子概述。

需要帮助的话你可以回顾第二章。

A. 依据美籍非裔文化遗产给他们在个人、家庭、社会、职业和政治领域带来的力量、资源和权力，来评估它对塔妮莎和马库斯的影响。

B. 思考有哪些根深蒂固的主流文化世界观、体系、政策和可能会导致歧视、偏见、种族主义以及阻碍塔妮莎和马库斯的健康发展。

C. 思考当前哪些事件会导致歧视、偏见和种族主义的增强，以及会阻碍塔妮莎和马库斯健康发展。

D. 思考哪些历史事件会对这对夫妇美籍非裔传统产生影响。并且评估当前的这些问题是否是由于直接或间接的压抑或创伤所导致的，以及他们对这些压抑，同化压力，歧视、偏见、种族主义或与主流社会不匹配的价值观的反应。

E. 依据他们的价值观、信念和行为来评估这对夫妻的功能是否运行良好，兼顾美籍非裔文化世界观和主流文化世界观；讨论他们在主流社会的行为是否代表对不公平的适应，并且受到美籍非裔文化的支持。

F. 思考成功的治疗是否包括这对夫妻的更多内部的意识和行动，或者是否包括更多的行动来改变对这对夫妇造成压力的外部环境，如政策、程序和价值观；思考是否有一些具体的文化资源、治疗策略或者是塔妮莎和马库斯认为比较有价值的助手可以在治疗中得到有效的利用。

G. 你现在对美籍非裔文化传统有哪些认识？

1. 你参加过多少能够充实你对美籍非裔文化认识的课程？
2. 你参加过多少能够充实你对美籍非裔文化认识的工作坊？
3. 你有哪些处理非裔美国人个案的专业经历？
4. 你有哪些和非裔美国人相处的个人经历？
5. 描述一下非裔美国人的文化世界观。

H. 你对与文化传统相关问题的认识处于哪个水平？

1. 描述一下你所听到的关于非裔美国人的刻板内容。
2. 描述一下主流的白人文化是如何影响你的生活的。
3. 描述一下生活中你在种族文化团体中所扮演的角色。
4. 通过比较你和塔妮莎、马库斯之间的种族和文化归属，哪些不同会导致交流障碍、价值冲突，或者是难以理解他们的生活方式和经历，或者是忽视他们的优势。

I. 你在与塔妮莎和马库斯工作中运用了哪些技巧？

1. 在与塔妮莎和马库斯工作中，你现在有哪些有价值的技巧？
2. 你认为哪些技巧会提高与非裔美国人工作的效果？

J. 你会采取什么样的行动？

1. 在关系建立阶段，你会如何改变你和非裔美国人来访者间的互动关系以建立一个更加有效的工作联盟？
2. 你如何和非裔美国人来访者一起构建一个可以促进积极效果出现的治疗环境？

3. 你计划在塔妮莎和马库斯个案中使用的理论的哪些方面会隐含文化或种族偏见，你将会如何改变来提高治疗效果？

4. 针对治疗方案的阶段你会改变什么来提高治疗效果？

练习4

目的：帮助你将家庭系统理论和种族与族裔问题方面的知识整合，以建立对塔妮莎和马库斯个案的深度个案概念化。

形式：认真计划和组织的一篇包含前提、论据和结论的综合论文。

需要帮助的话你可以回顾第一章和第二章。

步骤1：思考采用哪种模式来组织你所理解的这对夫妇的家庭系统。这种模式应该符合以下目标：①能支持你对他们的家庭结构和家庭功能有全面的理解；②考虑到他们对于在家庭和非裔社区外寻求帮助上存在分歧，能使治疗语言对于塔妮莎和马库斯更具有说服力。

步骤2：做一个简洁的假设（概述、初步的或解释性的陈述、议题、论点陈述、理论导向介绍、假设、总结、结论性因果关系的陈述）来解释塔妮莎和马库斯作为一对失去孩子并且在是否需要更深的处理这种丧失方面存在分歧的一对夫妇所呈现出的问题。如果你在第二步遇到麻烦，记着这应该是练习2和练习3主要观点的整合。可以确立如下目标：①能为这个家庭的长期目标提供基础；②以家庭系统理论为基础，并觉察到塔妮莎和马库斯美籍非裔文化传统；③强调家庭带给家庭系统治疗的力量。

步骤3：根据家庭系统的视角，在对塔妮莎和马库斯作为一对美籍非裔夫妇的每一阶段都有深刻理解的前提下丰富你的支持性材料（根据收集到的数据，针对个案的优势与劣势做一个详细的案例分析来支撑上面的引导性假设）。如果你在第三步遇到困难，细想你需要涵盖的信息是为了：①支持短期目标的制定；②以家庭系统理论为基础，并意识到民族与种族方面的问题；③只要有可能，就能够整合对塔妮莎和马库斯家庭结构优势的理解。

步骤4：得出结论和给出治疗建议，包括：①这对夫妻的整体功能水平；②此时对这对夫妻发展新的家庭结构起到促进或阻碍作用的事物；③目前这对夫妻作为一个家庭系统的基本需要。认真思考在练习3中的H和J部分你所写的内容（简明扼要）。

练习5（最多3页）

目标：为塔妮莎和马库斯制订一份个性化的、理论驱动性的治疗计划，要考虑到他们的优势和注意到他们的美籍非裔文化传统。

形式：包括长期目标和短期目标的句子概要。

需要帮助的话你可以回顾第一章。

步骤1：形成你的治疗计划概要，认真考虑你在练习3的F和H部分所说的内容，在你的治疗计划中避免任何的负面性偏见，确保你的方案能满足塔妮莎和马库斯的个性化需求。

步骤2：制定长期目标（重要的、广博的、有雄心的、综合的、宽泛的），长期目标是指在理想的情况下，治疗结束时塔妮莎和马库斯会达成的目标，能够引导他们在婚姻中建立一个适合的动态平衡状态，并且能够处理好勒蒂莎在他们生活中的角色。如果你在第二步中遇到问题，重新阅读你的假设和支持主题陈述的想法，认真思考如何将它们转化为结构性的目标（采用你在练习4中使用的格式。）

步骤3：制定塔妮莎、马库斯和你预期在几周内家庭结构可以达成的短期目标（小的、简洁的、保守的、特定的、可测量的），能帮助你记录进步、逐渐灌输改变的希望和计划更有时效的治疗会谈。如果你在第三步有困难，再次阅读你的支持性段落，发现可以转换为目标的想法来达到以下目的：①加强对塔妮莎和马库斯从原生家庭中带入婚姻的对家庭期望的认知；②可以支持结构性的改变；③可以增强促进因素和减少阻碍，使他们对女儿死亡的处理更加有效；④可以利用他们个人、社会关系和扩展家庭任何可以利用的优势；⑤要个性化地满足他们作为美籍非裔夫妇的需求。

练习6

目的：对关于塔妮莎和马库斯这个个案的家庭治疗进行评论。

形式：以论文或小组讨论形式回答问题 A～E。

A. 对于帮助塔妮莎和马库斯（一对沉浸在哀伤中的美籍非裔夫妇，与扩展家庭离得很远，并经历着来自文化的压抑）来说，家庭系统理论有什么优势和劣势。

B. 从正反面来讨论采用女权主义对来自少数族裔、并且压迫问题比较突出的马库斯进行治疗。讨论将性别议题整合到这对夫妻的治疗中有多么的重要。

C. 讨论马库斯所持有的一个白人治疗师是无法理解他、塔妮莎以及他们的境遇的想法是否正确。如果治疗师是非美籍非裔的有色人种，那会有什么不同呢？如果这对夫妇是白人，但是治疗师是非裔美国人，那又会有什么不同呢？

D. 一旦马库斯认为治疗师由于和他的家庭在文化上存在差异，因此无法胜任该治疗时，会引出什么样的伦理问题？在治疗师本人决定是否给这个家庭提供治疗或者将他们转介给其他人之前，还有什么需要进一步评估？

E. 你会如何回应马库斯对治疗师充满挑战的评论，如果刚好发生在你的身上，你会如何处理（如果你是非裔美国人，而这对夫妻是白人，并且他们提出同样的问题）？如果你在某些方面与来访家庭在文化上存在差异，你会如何做来巩固治疗关系和促进产生积极的结果？思考在治疗前你该如何准备，你该如何差别化地调整治疗的结构，以及在治疗的进程中需要显现出哪些不同。

推荐阅读

书籍

Alexander, J. F., Waldron, H. B., Robbins, M. S., & Need, A. A. (2013). Functional family therapy for ado - lescent behavior problems. Washington, DC：American Psychological Association.

Minuchin, S., Nichols, M. P., & Lee., W. - Y. (2007). Assessing couples and families：From symptom to system. Boston, MA：Allyn & Bacon.

Nichols, M. P. (2008). Family therapy concepts and methods (8th ed.). Boston, MA：Pearson Education.

视频

Alexander, J. F. (Featured). (2014). Functional family therapy for high - risk adolescents [Video series episode]. In APA psychotherapy video series Ⅱ：Specific treatments for specific populations. Washington, DC：American Psychological Association.

Family Institute of Kansas City, Missouri (Producer), & Corales, R. (Trainer).

(1986). The major theories of family therapy teaching tapes: VT 112 structural [Motion picture]. (DVD #7AQ3717 available from Insight Media, 2162 Broadway, New York, NY 10024, 1-800-233-9910)

Jamestermcb. (2009, August 2). Structural family therapy [Video file]. Retrieved from https://www.youtube.com/watch?v=91wTCgPa_xw

PsychotherapyNet. (2009, June 30). Kenneth Hardy family systems therapy video [Video file]. Retrieved from https://www.youtube.com/watch?v=WBfaIN0rKWM

PsychotherapyNet. (2009, August 4). Tools and techniques for family therapy video [Video file]. Retrieved from https://www.youtube.com/watch?v=62HTYRM14rs

RockinChikk. (2012, February 24). Structural family therapy example [Video file]. Retrieved from https://www.youtube.com/watch?v=bOrnOcHWXgA

ToniHerbineBlank's channel. (2012, January 23). About internal family systems [Video file]. Retrieved from https://www.youtube.com/watch?v=_Yz4JNKIK_Q

网站

American Association for Marriage and Family Therapy. http://www.aamft.org/

Bowen Center for the Study of the Family: Georgetown Family Center. http://www.thebowencenter.org

Family Systems Institute. http://www.thefsi.com.au

第十章
文化取向的个案概念化与治疗方案

文化理论概论

艾博（Amber）（45岁）是加利福尼亚一家电脑软件公司的首席执行官。她从未结过婚，但在25岁时和马丁（Martin）（46岁）一起生活过5年，有着稳定的恋爱关系。后来马丁选择结束了这段关系，原因在于他决定准备要孩子，而艾博并不想要。在艾博的家里，她是老大，还有两个成年的妹妹。在成长岁月里，他们一直和富有的父母生活在旧金山的一处高级富人区。在大学里，艾博学习的是计算机工程专业。在获得哈佛大学学士学位和耶鲁大学的博士学位以后，她回到了加利福尼亚州。艾博每周探望父母一次，并且不定期探望生活在不同州的妹妹们。

艾博的父亲是白人，母亲是美国黑人。尽管她的父亲是一位成功的银行家，母亲是一位成功的艺术家，但是由于他们婚姻的结合，他们被一些亲戚朋友所排斥。艾博认为她的父母在一起很幸福，并且有着一个非常平等的关系。同时她也对自己的职业生涯很满意，认为成功实现了自我价值。但是她也表明自己从六个月前开始感受到一种深刻的孤独感。

艾博接受了一系列深入的心理状态测试，包括智力和人格的评估。在韦氏成人智力量表第四版中（WAIS-IV），艾博在智力测试部分表现卓越，没有表现出认知障碍和记忆困难的迹象。在明尼苏达多项人格调查表第二版（MMPI-2）测试中，艾博表现出一种开放和诚实的态度。尽管她的焦虑和抑郁评分略高，但并没有显著的病理学迹象。

海斯（Hays, 2008, 2013）创立了多元文化治疗理论（MCT）。多元文化治疗（MCT）认为人与人之间的每次相遇是一个多元文化的体验，每个人的身份受其在不同社会群体中的成员身份所影响。为了理解这种孤独感，艾博需要了解自身复杂的文化影响是如何相互作用以获得其内外的感知的，及其运作模式。艾博生活中所处的社会团体数量及其文化的影响，可能会在其生活的不同方面加强或减弱。因为它是一种自然的人类过程，所有的社会团体都形成了自身的固定化模式。随着时间的推移，他们可能会认为自己的价值和经验比其他群体更为标准或有效。不幸的是，这导致了社会上权力分配的不平等。多元文化治疗理论认为，艾博身处多个社会群体中所感受到的压迫感是其心理困扰的主要根源所在。在社会中占主导地位的群体形成了组织和社会规范来反映他们的"真理"。如果艾博背离社会所认为合适的社会规范，她可能将会成为别人攻击或微暴力的对象。建立多元文化的理解将有助于艾博意识到她有很多生活方式的选择，并且都是有价值的，这些生活方式都嵌套在一个文化背景之下，且或占据主导地位，或代表少数群体。艾博的孤独可能是由于其自身的特定因素造成的，也可能是别人压迫行为的结果。确定这个因果关系将对治疗产生重大影响。在造成她痛苦的社会不公正领域里，为了能使苦恼得到真正的缓解，她可能需要在个人或社会生活中更加积极。

艾博出生在一个复杂的文化背景下，身处许多交叉的社会群体之中。每个社会团体都有自己的世界观，指引着成员的信仰、期望、价值观、行为和生活规则（Sue & Sue，2013）。作为一个混血夫妇的孩子可能意味着，从受孕的那一刻起，艾博的成长发展由于其白人父亲和黑人母亲处理怀孕的方式而受到不同的文化期望。事实上，她父母的一些亲朋在他们婚后与其停止往来关系可能会对艾博产生一定的影响。艾博的出生并没有像大部分儿童那样受到普遍的认可。尽管没有得到家人的全力支持，艾博的父母仍然在事业上非常成功。然而，或许正是由于缺乏家庭的支持，艾博在家庭中扮演着主要照料者的角色。在她的成长过程中，如何看待世界、选择计算机工程的事业、决定做一个怎样的女人，这些都一定程度上受到所谓"真理"的影响，即社会群体所展现的所谓正确的生活方式，影响着她的同一性。艾博的生活真理最初是由她父母的价值观和信仰所塑造的，随后被许多她所身处或被排斥的社会群体不断地加速改变（Sue & Sue，2013）。如果从文化的角度去理解艾博，你不能仅仅看到她是一位有着深棕色皮肤、身材姣好并且拥有计算机工程博士学位的女性，你需要去了解其所延承下的文化传统对她和父母乃至祖先有哪些意义，以及这些文化传统正在如何影响艾博的世界观。也许艾博已经通过将其所有的文化因素融合在一起发展出了自己独特的人生道路。同时，也许有一种根源性的文化影响因素对她的信仰、价值观和态度起着最为重要的作用（Comas-Diaz，2012）。

在多元文化理论中，你将会逐渐拆分并理解艾博的每一个文化影响因素。有时，一些文化影响因素比其他任何因素对同一性的作用都要重要。多元文化理论将使用 ADDRESSING 框架帮助艾博全面地理解文化影响因素是如何影响其态度、情绪、行为及其人际关系的。这些文化影响因素包括：

(1) 年龄（Age）和代际的影响；
(2) 发展性（Developmental）或残疾（Disabilities）；
(3) 宗教（Religion）与精神取向；
(4) 种族（Ethnic）身份；
(5) 社会经济（Socioeconomic）地位；
(6) 性（Sexual）取向；
(7) 土著（Indigenous）传统；
(8) 原始国籍（National origin）及主要语言；
(9) 性别（Gender）相关信息，包括角色、期望和关系。

虽然有其他文化影响因素也在影响着艾博，但是在 ADDRESSING 框架中最为突出的部分代表着美国社会中一贯的压迫来源（Hays，2013）。这是一种外在的压迫，很可能在她的孤独感中扮演一个重要的角色。

在分析这九种文化因素对艾博的影响时，需要去评估她是否为优势群体成员，抑或是少数群体成员。优势群体并不一定反映在其数量的多少。这种优势和主导是由团队控制环境的能力所决定的。占主导地位的社会团体控制了大型的社会机构和组织，从而建立了日常生活的规则。他们将其价值观融入诸如学校和司法正义系统等机构。优势群体成员会将庆祝自己的宗教节日作为一件很平常的事情，因为他们将其纳入国家法定假日或学校和工作的传统休息日中（Hays，2008）。他们可以很自由地考虑自身的经验和价值观，并且将其作为常规。他们的价值观即为真理。他们有机会过自己的日常生活，却没有考虑到少数群体的身心实际情况。优势群体与少数群体成员的接触可能很有限。例如，有子女的家庭会住在学校附近，老年人会住在成人社区；富人们住在郊区的封闭式社区，而穷人们则住在市中心。这种地理上的分离可能会激化群体间彼此的信仰和价值观的误解。

少数群体这一身份代表着一个人获得的权力会受到优势群体的限制，意味着一个人现实的生活方式可能会被主流机构所曲解，比如媒体，目的是保持现有的权力结构。只有保持少数群体成员的边缘化并排除其有影响的地位，才能确定优势群体的主导地位，维护社会的权力与控制。少数群体的成员必须非常清楚主导文化有权力和影响的价值观、信仰和期望，他们在就业、住房、教育和社会服务方面依赖于优势群体。人们生活的环境对于其心理调适的影响是非常强大的。社会公正才能促进精神健康，不公正的经历是心理困扰和功能障碍的主要根源（Sue & Sue，2013）。而作为少数文化群体中的一员往往会受到更大的压迫，同时也带来了文化上的特定优势，如团体凝聚力和自豪感，少数文化所给予的优秀特质和品格，以及群体间的帮助和互动。艾博已经从对种族主义和种族歧视的应对中学会了如何将自己的自尊与自我评价联系在一起，而不是依靠别人的判断来评价。

在年龄和代际的文化影响中，儿童（23.5%）和老年人（13.7%）在美国是少数群体（Vespa，Lewis，& Kreider，2013）。艾博是一个45岁的成年人，在美国，她是优势群体成员，受到更多的尊重。艾博意识到，随着更年期的到来，她将开始一个逐渐衰老的过程，从受到最多社会尊重的中青年优势群体逐步"降级"到所谓有着认知和健康问题的老年群体。如果艾博是65岁而不是45岁，年龄歧视可能是她孤独感的一个重要组成部分。帕摩尔（Palmore）（2001）发现，年龄歧视在微暴力中很频繁，并且会逐渐扩展。例如，人们可能会认为老人由于年纪太大往往无法保证安全驾驶。更甚的歧视又如，有的老人可能无法在职场晋升或无法获得贷款，因为他们被假定为已经失去能力，或会因疾病而衰弱，这些都可能会导致他无法偿还贷款。

除了其年龄本身的影响，艾博也受到了代际的影响。这种影响体现在她对自己和他人的看法上。艾博出生于1969年，在她年少时期，身边有一大批关于种族偏见和歧视的社会活动。马丁·路德·金在她出生前一年被暗杀。因此，对于她的同辈来讲，作为混血儿的意义可能和2000年出生的混血儿完全不同，他们看到了奥巴马当选为第一位有着非洲裔血统的美国总统。

在发展性或后天性残疾的文化影响中，残疾人是少数群体，2010年占据了美国总人口的19%（Brault，2012）。目前有五项联邦法律试图保护残疾人士免遭歧视，包括《美国残疾人法案》《康复法案》《劳动力投资法案》《越南退伍军人调整援助法案》以及《公务员制度改革法案》。然而这些法律并不强制那些在法律制定前存在的餐馆或工作场所重新修筑无障碍设施。如果艾博身体健全，她就有很多无形的特权，比如当没有电梯或电梯停止服务时，她有能力通过步行进入任意建筑。她可以在任意不熟悉的场所参加婚礼或派对，而不用提前研究该场所是否有无障碍设施。如果艾博坐在轮椅上，她可能会感到孤独。例如，当她在工作时穿过大厅，没有人会跟她打招呼，因为大家都在看自己眼睛所直视的方向，没有人会低下头看艾博眼睛的方位。艾博并没有表示自己此时有任何残疾。然而，随着年龄的增长,她却可能会经历到这些,或者至少是增加暂时性残疾的可能性。作为公司的首席执行官,艾博可能负责为公司节约资金,从而减少相关无障碍设施的修筑,但是这可能使得工作环境对残疾人更加不友好、不便利。

在宗教和精神取向的文化影响中,非基督徒是美国的少数群体。2008年人口普查数据(美国人口普查局,2012c)表明,基督徒占总人口的57%,其中31%自称为基督徒的人为新教徒,19%为天主教徒。第二大类人则是无宗教信仰的世俗者,占据人口比例的11%。在人口普查的众多少数民族宗教中,最大的群体是犹太教(人口比例0.9%),其次是穆斯林(0.4%)、佛教(0.4%)及印度教(0.2%)。而艾博可能是基督教新教徒,因此是主导的宗教团体。由于长期的歧视和偏见,白人和黑人的基督教教堂之间一直存在着长期的分离(Boyd-Franklin & Lockwood, 2009)。艾博属于哪里?如果艾博住在父母家附近,那么她可能继续在她小时候的教会。然而,如果她自己家附近的教会中大部分是富裕的白人,那她可能会成为所谓"被容忍"的少数群体。

在种族的文化影响中,非白种人是少数群体。艾博的父亲是白种人(和77.9%的人一样),他的母亲是美国黑人(占据人口比例的13.1%)。艾博属于哪类人呢?根据人口普查的数据,混血人种目前占总人口比例的2.4%(美国人口普查局,2012d)。如果他们看起来像是一家人,艾博还会讨厌那些歧视她的白人吗?如果那些白人并不接受她作为家人呢?作为一个混血人种,艾博每天都会经历着微暴力,这些微暴力是主导的白人群体对她母亲所属的黑人族群成员所犯下的罪行。她可能也意识到了一些黑人族群成员对他父亲所在的白人群体的一些刻板印象。混血儿可能会在压力下选择一边站队。例如,在参加宗教活动时,她可能要在白人教堂和黑人教堂中选择一个出席。这些都是她和她的姐妹们"必须做"的选择,因为她们既是白人又是黑人。艾博种族团体中的成员们可能认定只有一个健康的适应性生活方式,那就是在选择走哪条路时抛开冲突与矛盾(Comas-Diaz, 2012)。另外,其复杂的混血文化身份可以帮助她在面对生活压力时发展出显著的抗压能力。她可能已经学会了如何从两个文化团体中找到解决问题的最佳应对策略,如何成功地在白人社区和黑人社区之间运作以获得更多的社会资源,如何以同情和尊重的方式向那些权力较少的人使用自己的权力。

在性取向的文化影响中,所有非异性恋者都是少数群体。艾博与一个男性一起生活了五年,并且似乎有进一步追求男性伴侣的兴趣。这说明她是优势群体异性恋的一部分。然而,如果她是一个双性恋者、女同性恋者,或是性少数群体中的一员,她将是数量远少于优势群体的少数群体的一员,并且经常饱受歧视。尽管一些专业团体,诸如美国心理协会(2005a,2012)、美国精神病协会(American Psychiatric Association, Commission on Psychotherapy by Psychiatrists, 2000),以及专门为同性恋、异性恋、变性人等咨询的团体,都强调性少数群体有着不同的适应性发展模式。但是针对他们的歧视与偏见仍然存在。由于生活在一个充满敌意的环境中,他们可能会产生更多的心理障碍(American Psychological Association, 2008;Herek & Garnets, 2007)。

在社会经济地位的文化影响中,收入较少的群体,受教育程度低的群体,职业社会地位较低的群体,以及生活在农村的群体是少数群体。艾博生活在旧金山,并且有一位银行家父亲和一位成功艺术家母亲,她被认为是精英群体的一员。她很可能居住在一个上层社会的街区,并且和官商世家的孩子们来往。她享有一流的教育并且能够加速成功的步伐。

她认为她的成功完全靠自己的努力。她目前还没有意识到在她成长过程中所享受到的特权，以及这些特权对于她目前首席执行官的职位起到了多么重大的影响。艾博被培养成占据劳动力2%的资本家集团中的一员。该集团拥有在工作场所和政治舞台上的主导力量（Zweig，2008）。令人震惊的是，相比之下，穷人则占据人口比例的15%，这些人中大部分生活在贫困线以下（Macartney，Bishaw，& Fontenot，2013）。尽管有其自身优势，但他们几乎没有权力来控制从事何种工作、住在哪里、吃什么食物，以及孩子们在哪里上学。处于不同的社会经济地位的人对彼此的生活知之甚少是很常见的。因为他们在不同的社区生活，在不同的地方工作，孩子们在不同的学校学习（Books，2007；Lott，2002）。因此，艾博很可能不知道其生活中有多少特权，而这些特权又是如何帮助她担任目前软件公司首席执行官职位的。

在土著传统方面，美洲印第安人和阿拉斯加土著人是美国北部的原始居民。目前有510万人被确定为土著人（美国人口普查局，2012a）。艾博生活在旧金山，在那里土著们每年都要举行抗议活动要求取消哥伦布日（Pan Tribal Secession Against the Empire，2012）。白人殖民者努力消除土著文化和其存在的痕迹（Duran，2006），这所造成的心灵伤害很可能会让艾博产生共鸣。尽管她是优势群体的一员，而非土著群体，但她听过家里人的故事，看到过她母亲创造的艺术，这些详细地展现了美国的奴隶制和种族歧视。这可能会使她对于美国土著人的种族灭绝更为敏感。她会更加小心谨慎，以免对那些土著人有攻击性行为或微暴力。

在原始国籍的文化影响中，难民、近期的移民和国际学生是少数群体。在美国有很多非法移民，大约有1170万来自拉丁美洲（Passel & Cohn，2009）。移民合法与否有着重大的影响。在奥巴马总统任职期间，2012年非法移民的人数相比1992年增加了一倍之多，大多数人被判非法入境罪入狱（Passel & Cohn，2009）。甚至当他们意识到自己需要社会服务时，非法移民由于害怕被驱逐出境、语言障碍、没有翻译以及文化差异等原因而无法寻求身心的健康服务。

在原始国籍方面，艾博属于优势群体。因为不仅是她自己，她的父母和她的祖父母都出生在美国。然而，种族偏见和歧视的行为在美国仍然很常见。艾博自身对待偏见的经验可能会使她对移民群体的需要更为敏感，或者她可能会从他们身上感到更多的威胁，因为他们可能会从她所属的社会团体中抢走机会。

最后，在性别文化影响方面，女性和变性人是少数群体（American Psychological Association，2012；American Psychological Association，Join Task Force，2006；U. S. Census Bureau，2010a）。在2010年，女性占据美国人口的51%，而这个比例随着年龄的增长也在逐渐地扩大（U. S. Census Bureau，2010a）。尽管现实中女性人口的比例更大，但是男性仍然占据更多的权力和权威地位。

当艾博在哈佛和耶鲁大学求学时可能经历过很严重的偏见与歧视。因为她所在的计算机工程课程中女性人数较少。艾博也表示，很多新客户会认为她是一个秘书，当他们一起开会时会要求她倒咖啡。这些行为就是微暴力。艾博可能多次地经历着这样的行为，并感受到了显著的压力（Sue & Sue，2013）。而变性人在社会人口中所占比例不足1%，是少数群体，被歧视的程度非常高（American Psychological Association，Task Force on Gender Identity，Gender Variance，and Intersex Conditions，2006），且目前没有任何权力和社会影响。

艾博既是一个优势群体成员也是一个少数群体成员。她当下的身份，在一些特定的社会环境中和特定的人相处时会有不同，将受到她与他人之间不同的社会权力的影响。从她预估、觉察与感知到的压迫中，艾博由于相对缺乏对生活重要方面的控制力会感到有些压力。相反，在她所期望、察觉与感知到力量的相互作用中，她会体验到资源和力量的增加。因此，一方面艾博可能已经在某些情况下受到优势群体的迫害，在另外的一些场合中她也可能扮演的是加害者的角色。探究分辨艾博何时是加害者、何时是被害者，这将会决定艾博需要做出多大程度的自我改变以降低她的孤独感，以及需要从事多少社会活动以改变受压迫的环境。寻求社会正义是多元文化治疗的一个关键构成，如压迫是心理应激和功能障碍的主要原因。治疗将会帮助艾博发现有多种方法可以使生命变得更有价值，而每一种途径都嵌入一个多元文化的背景下。

治疗师的角色

治疗师的主要任务是帮助艾博确定她的文化影响因素对其自我感知、他人感知及其世界观的影响。通过分析艾博生活中的力量来源和压迫来源，你会帮助她意识到孤独何时来源于外部力量的压迫，何时来源于自己的期望、看法与行为。多元文化治疗是一种技术上的折中模型。艾博的文化认同是非常复杂的，许多不同类型的干预可能都是必要的，包括那些通常不被认为是主导心理治疗方法的干预措施（Hays，2008）。你需要保持灵活的思维，并且尊重艾博的价值观和信仰，因为你所考虑的技术可能会以文化一致的方式建立在她的个人优势和资源上。例如，你可能在艾博的治疗计划中加入特定的文化治疗仪式。从历史上看，教会在美国黑人的社会福利方面扮演了重要角色。如果教会服务对于艾博而言是一种文化力量的资源，这将会被整合到她的治疗计划中。文化影响因素在许多方面都会影响治疗计划。例如，美国黑人的文化价值体现在关系中需要表示出尊重。艾博表示，作为首席执行官，她认为员工对其所下达的指令往往不够尊重。在艾博身上可以反射出更多美国黑人的文化，以及如何在关系中表示尊重。之后她可以决定是否需要召开一个全员大会，或与个别工作人员谈话，或给员工准备一份注意事项的备忘录，或通过其他方式搭建一个框架以告知员工该如何按照她的希望来接受指令。可能是由于一些员工的文化脱节使得其表现让艾博认为不够尊重，而并非是故意不敬。尽管如此，艾博仍然需要在工作环境中做一些实际的改变。如果员工种族主义是建立这种不尊重的基础上，艾博需要考虑她是否想耐心、努力地和员工建立更具建设性的关系，还是直接动用她在公司的权力解雇掉那些有问题的员工并重新雇佣新的人员，从而直接改变这种有敌意的环境。

在艾博进门前，你需要自己做好准备。在她面前你是一个有能力的治疗师。每个人之间的互动，包括治疗关系，都是一个多元文化的经验（Comas-Diaz，2012）。你与艾博之间的文化差异会对治疗产生影响。因此，你需要了解自己的信仰系统和世界观是如何影响你们之间的工作的。倾听艾博对自身经历的叙述将会很重要。然而，你必须找到一些方法来扩大你的知识基础，你需要和那些会帮助你认识到自身世界观局限性的人多接触（Hays，2008，2013）。你必须仔细考虑那些你所认为适当的干预治疗，这些可能更多地受到你自身世界观的影响，而不是此时对艾博最好的真正合适的干预措施（Sue & Sue，2013）。无论你认为自己是否准备好成为一个有效的助人者，你都需要以一个谦卑的立场来对待治疗。可能有些你认为并非"传统的"的知识来源将会帮助你更好地理解艾博。比如，你是否可以从音乐、饮食、电影、文献以及宗教观察等方面来理解艾博文化影响的根源？你需要超越那些传统的知识来源，因为那些也受限于自己的文化模式（Hays，2013）。

如何知道去哪里扩展知识基础呢？你可以从使用 ADRESSING 模式开始，比较自身与艾博在特权、压迫部分的异同。比如，艾博谈到了她在经历着更年期。你有过更年期的个人经历吗？你如何评价生育在女性身份方面的价值？你如何评价个人发展中里程碑事件对女性的影响？你是否意识到一些对大龄女性或积极或消极的刻板印象？开始觉知自己了解哪些大龄女性问题是你为艾博治疗所做的第一步准备。第二步，你需要让自己更了解更年期，以便充分地理解艾博是如何思考、感受、体验并逐步成为一个大龄女性的（Hays，2013）。艾博在治疗中的身份是混血儿，而你的身份是单一血统、混血还是多元混血？如果她询问你在日常生活中接触过多少混血儿，你会有怎样的感受？当你感觉到在某些方面被批判或者能力受到质疑时，很难不去防御或者关闭自己的思维。然而，为了帮助艾博，你必须表现出对她的看法、经历的同情与怜悯（Hays，2008，2013）。如果你和混血儿接触的经验有限，那就直接承认。让她验证自己的权利，比如你是否有足够接触混血儿的经验，这种验证对她很有帮助。这里有个隐含的假定，她担心如果你没有这样的经历治疗进展可能会不顺利，而实际的进展可能会很令人满意。形成类别和系统是人类典型的应对策略，助人者也不能免俗。事实上，当你进入希望帮助艾博的关系中时，不会产生自动的技能。

在你和艾博第一次治疗会谈中，你会询问她关于自己及其社交网络中的他人是如何描述她的。使用 ADDRESSING 系统，你会帮助她意识到生活中复杂文化的影响。她最先意识到的可能是目前最受压抑的部分，而最难意识到的是自己享有特权的部分。这是因为在优势群体中，个人不被鼓励去意识到他们的身份带来的权力和特权。它只是像无形的云一样围绕在他们的身边，并以一种优越的、不同的方式影响着那些少权力群体。在少数群体的成长过程中对于权力的差异是很敏感的，然而优势群体中的成员则把他们的特权视为理所当然。在倾听艾博叙述的过程中，你需要时刻警惕社会文化偏见，尤其是那些导致她被压迫和她压迫别人的信号。

当你和艾博一起评估完文化影响对其孤独感的作用之后，你会意识到一方面艾博需要在和世界互动的过程中做出哪些改变。例如，艾博可能无意识地进行微暴力并疏远他人。而另一方面，来自外部的压迫可能也需要改变。也许她的雇员们因其权力而接近她，实际上却怨恨她这个老板。如果他们不能学会对她的指令进行有效的回应，艾博可能需要重新招聘一些能够做到的新员工。造成艾博孤独的原因可能是这些内外行为态度的结合。你不能先入为主地为艾博计划如何使其社会关系变得更融洽。你需要相信在孤独之外有很多不同的路径，它们都能带来有价值的人生（Comas-Diaz，2012）。因此，你需帮助艾博建立自己的想法，她想实现什么目标，如何评估治疗效果，并将这些纳入你的治疗方案中，以便帮助她过上满意的生活。有时你和艾博的世界观、价值观会产生矛盾，而你不能强加自己的文化价值观在她身上。当她需要在各种社会身份中获得平衡时，你需要帮助她扩充自己的选项。

无论你选择哪种干预方法来帮助艾博，使用 ADDRESSING 框架将创造一个使社会正义需求变得明确的环境。艾博会分辨出她的哪一种社会身份正在经受着压迫，以及如何影响了她。此外，她也将发现自己的哪些社会身份一直表现出对别人的压迫。相比于自己被压迫，艾博将会在对别人造成压迫的环境中做出更大的改变（Hays，2013）。

案例应用：聚焦年龄领域

我们将对艾博的个案现进行更进一步的详细分析。有很多复杂的领域都可能与其个案相关。年龄已经在文化概念和治疗方案里成为一个考察领域。

从文化角度与艾博会谈

治疗师：我能明白你之所以来这里是因为你感到很孤独。那你能先跟我介绍一下你自己吗？

艾博：（思考）我刚刚45岁……（停顿）虽然很愚蠢，但是我的年龄突然让我感到困扰。

治疗师：尽管在这一刻你觉得自己很愚蠢，但是弄清楚年龄对你来说意味着什么可能是很有价值的一件事。

艾博：（恼火）关注我的年龄是很愚蠢的。我并没有站在死神的门口，我只是有几条皱纹。

治疗师：年轻女性在广告和电影里总是光芒四射，而年长的女性则有着易急躁和过时的刻板印象。

艾博：（恼火）我不愿意认为自己会相信那些废话。我知道我是谁……（长时间停顿）

治疗师：尽管有时我们没有意识到，我们中的大多数人都接受了那些刻板印象。（长时间停顿）刻板印象可以帮助我们了解我们不熟悉的事情，但如果我们不去自觉地检验它对我们指导的有效性，它就可能约束或伤害我们。

艾博：（若有所思地看着治疗师）自从上个月过了45岁生日后，我觉得自己比平时更加孤独了。我开了一个盛大的派对。我发现自己好像站在一个黑暗的角落里，看着我所有的客人在吃东西、在笑。每个人似乎都过得很开心，除了我。（长时间停顿）这很愚蠢，因为我从来没有想过要孩子。

治疗师：但是现在呢？

艾博：（生气）我的月经周期已经紊乱了，并且伴有潮热。我的妇科医生说我的更年期开始了。这些症状让我感觉很不好。（停顿）但是，我开始想到一些我不想思考的事情。

治疗师：更年期提醒着你将不会生育了。以前是你自己做的选择，但现在是生物学为你做出了选择。

艾博：（生气）我喜欢成为做选择的人。我已经很努力地工作去成为有权力和控制力的人，以此成为一个决策者。

治疗师：生物学并不关心你是否是一个强大的首席执行官。（停顿）你是否后悔了没有要孩子？

艾博：（轻声地）我的父母曾强迫我要孩子。总是不得不确认自己有不生孩子的权利是件很累的事情。当我成人后我已经受够了照顾孩子这件事了。（长时间停顿）

治疗师：你之前需要照顾孩子吗？

艾博：（思考）准确地说我并不是必须。一方面，我的父母总是到处跑去做各种事情。

我真的很崇拜我的父母，想和他们一样。另一方面，我是家里最年长的孩子，我的两个妹妹在父母不在时像胶水一样黏着我，她们总是在哭，她们很孤独。我一开始不介意，照顾她们的饮食起居，辅导她们的家庭作业。但我作为她们的养育者确实很累了，她们总是有什么事都来找我。我得一直干活到深夜然后才能完成我的家庭作业。当我上大学时，我选择了离家很远的波士顿，我想最终只照顾自己。

治疗师：只照顾自己。（停顿）然后……（停顿）

艾博：（高兴）我觉得很自私，但我很喜欢。就这样一年又一年地过去了。我在研究生期间遇到了一个很好的人，我们一起共度了五年非常美好的时光。（兴奋）在我接近 30 岁时，我的事业开始真正起飞，我真的很享受这个过程。（停顿；恼怒）然后，他给了我一个"是时候稳定下来了"的演说。（停顿）那是些什么鬼？我从一开始就说得很清楚，我想要事业。我们俩都在努力工作，而且做得很好。我们哪里不"稳定"了？

治疗师：你觉得你已经很明确地说明了你的事业是优先事项。然而，不知为何他觉得这只是一个年轻女孩的狂欢，而不是一个长期的选择。

艾博：（生气）就是这样。他表示他之前以为当我们再年长一些时我会停止工作，做一个全职妈妈。我不知道他这些想法是从哪里来的。我从来没有表示过对这感兴趣。（越来越大声）最让我感到愤怒的是他那么肯定他的计划就是正确的，如果我不认可，那么一定是我哪里出了问题。（长时间停顿；轻声）我提出了这些，但他说我必须得立刻做出决定，否则他就要离开……（长时间停顿）然后他就真的离开了。

治疗师：真的很令人震惊。（长时间停顿）

艾博：（生气）一想到这个我就觉得生气。我们之前在一起时一直在讲要做平等的伴侣。他总是听我谈论我的工作，同样我也是。（沮丧）我可以理解，他可能改变了对孩子的想法。在我们第一次见面时他和我一样不想要孩子。（长时间停顿）但是似乎每次当我说我不想要孩子时他总是假设我并不是那个意思。（长时间停顿；生气）当我说他在控制并改变我们关系中的所有规则时，他说他能说出我的决定是什么，然后他就收拾好行李，离开了。之后他和其他女人约会了 4 个月，结婚了，现在有 3 个孩子。（叹息）

治疗师：（试探）这声叹息有什么含义？

艾博：（平静）我并不后悔结束这段关系。我也不认为我后悔没有孩子。我后悔没有在他表现出石器时代的性别歧视时大声尖叫。我本来可以改变的，但他不需要了。我们在一起五年了，但是几个月之后他就可以和别人结婚。我本来就要放弃我曾经一直努力工作所得到的权威地位，但是他却要保留住自己的一切并且得到这段关系。

治疗师：他并非一定要做出选择，他可以同时保留权力和关系。你的孤独是否代表着你某种程度喜欢这样？

艾博：（生气，大声）我不这样认为。我父母是很好的伴侣。我曾经一直以为我们也会是很好的伴侣，但是突然很震惊地发现自己那些年一同生活过的人简直是个混蛋。

治疗师：你想让他知道你之前表达过的那些想要的生活是非常真实的想法，是他想要改变那些规则，而不是你。你后悔没有在他离开之前对他说更多。

艾博：（平静地）是的，这感觉太像他抛弃我而不是我们一起决定分手。这一切发生得也很突然。我想过好多次，我之前没有从他身上发现任何迹象，我怀疑这和他的父母有关。（治疗师疑惑地看着艾博）我们总是在周五的晚上和我的父母共进晚餐，而在周日的教会活动后和他的父母共进早午餐。尽管我们几乎在五年里的每个周末都要一起吃饭,但是他们好像和我在一起时从未感觉很舒服。

治疗师:(惊讶)这好像没什么道理。

艾博:(认真)我曾经有一次问过他,是不是因为我的父亲是白人,而他的双亲都是美国黑人。他否认了。但是当我父母每隔一阵邀请他们周五来共进晚餐时,他们却从未邀请过我的父母。就像他们和我在一起时一样,他们好像和我父母在一起时也很不舒服。

治疗师:(实事求是地)你也注意到了这种模式。

艾博:(实事求是地)尽管我的父母并不陪我做游戏或在夜晚给我盖被子,但是他们确确实实告诉我不要把种族鸿沟当作儿戏。他们说他们之前也都承受了很大的社会压力阻挠他们订婚,但是他们拒绝被分开,同时也付出了一定的代价。在他们婚后,他们各自都有很多亲戚朋友找各种借口不和他们联系。

治疗师:(停顿)找借口?

艾博:(生气)他们不会承认自己是偏执狂。我的父母在和他们见面之前已经赚了很多钱。所以除了种族之外不可能有任何其他原因。

治疗师:你的父母都很富有,并且可以带来特权和权力。然而,由于种族原因,你的一些亲戚可能还会对他们造成压迫。作为跨种族的夫妻,他们是一个少数群体,并且在个人层面经受着一些压迫。

艾博:我的母亲对其美国黑人的身份感到骄傲。她所创造的是非洲文化传统和黑人奴隶经验的强大的艺术结合。她了解自己家族上述几代人的历史。他们一代一代地讲故事,直到有自由将这些记录下来。我的母亲是第一个不通过文字,而通过画作将这些记录下来的人。她对自己的种族和家庭感到骄傲。

治疗师:她意识到你们的家族在奴隶制中遭受的痛苦,以及通过在代际间分享故事所获得的家庭的力量。我想知道如果她的混血孩子被那些非洲裔、欧洲裔,或者混血的人们所拒绝,她是否会希望自己能够感受到这种痛苦?

艾博:她的处理方法是画一幅充满愤怒的画作,然后告诉我们把它吹走。

治疗师:你觉得身为混血儿对你目前的孤独感有影响吗?

艾博:(愤怒,但若有所思)这可能会有些影响,不是吗?新客户对我都很无礼。事实上,他们经常认为我是一个秘书,并要求我给他们倒咖啡。(长时间停顿)这可能是因为我的肤色,但我认为这种不尊重更多的是因为我是一个女人。女人会被这样对待让我感到很愤怒。作为成年人,我们是总人口的少数群体,非常小的一个少数群体,但是仍然……(停顿)

治疗师:控制权来源于社会中最高权力和控制力,而不是靠人口数量的多少。

艾博:(叹息)好吧,我讨厌这样来看待这个世界。(真诚地)我必须得承认,我喜欢在工作中所拥有的权力和控制力。把工作做好给我带来了非常多的满足感。(长时间停顿,快乐)我真的很爱我的工作,我的努力也给了我智慧的挑战和经济上的安全感。(长时间停顿,愤怒)我不应该感到孤独!这真是气人。我本应该把这个搞定。我把事情做得很好。我真的可以。

治疗师:当在工作中出现问题时,你可以处理掉它,但之后你会感到很孤独。这背后的原因可能是什么?

第十章 文化取向的个案概念化与治疗方案

艾博：（长时间地停顿，轻声）男人们总是能和那些没有他们赚得多的女人们一起约会。但是每当遇到我，他们就总是会问我是做什么的，什么时候我讲真话时，他们眼中的光就在逐渐消失。

治疗师：如果你不说实话？

艾博：（平静）我试过稍作回避，只说我是从事电脑软件的相关工作。但是之后他们就想开车把我接到家里或者直接让我下车，而不是在餐厅见面；他们想要被邀请到我家。但是如果他们看到了我的公寓，他们表现得好像发现我有性病一样。

治疗师：你的工作成就是你生活中本应值得骄傲的一部分，你却不得不将其在人群中掩藏起来，这是很令人沮丧的一件事情。

艾博：（强调）是的！男人们就会很骄傲。每当我想到这件事，我就会想起我们家的房子里挂满了我母亲的画作，但是当全家人在餐桌上的时候，我们却总是听我们父亲讲他在做些什么。

治疗师：你父亲可能不知道，通过垄断家庭话题，他巧妙地在告诉家人们你母亲的成就并非像他的那样重要。

艾博：（激动）他对她的工作感到骄傲。他为我也感到骄傲。我对此非常确定。因为我听到过他告诉他的朋友我有一个哈佛大学的学士学位和一个耶鲁大学的博士学位。（停顿）而我现在却想不起来他是否有确切地在听我在哪个地方学习或我现在正在做什么。

治疗师：偏见可以在无意识的水平上运行。他绝对可能为你们俩感到骄傲，但仍然没有真正地在听。尽管你在工作中有权决定讨论的日程安排，但是在家里，是你父亲有权决定这些。每当你与任何人进行互动，都会出现权力与控制的问题。无论是谁处于权力上层，都可能有意无意地去压迫另一个人，比如并不尊重他们的看法或经历。

艾博：（恼怒）如果有人不听我讲话会让我感到很生气。你为什么认为这和我的孤独感有关？

治疗师：这可能不会与你的孤独感有关。但是如果一个男人和你出去约会，他是否会无意识地想去设定好行程？如果你陷入了个人权力的绝对掌控之中，这会让他们觉得很不舒服，之后他们就会和你保持距离。

艾博：我并不在乎钱啊，所以他们为什么一定会在乎？

治疗师：这可能是因为男人们希望赚更多的钱。你平时自信的口吻以及在表达观点时的那种确定感，这些都展示出在你的生活中经历了很多的特权和权力。这一点可能会让男人们觉得你不会对他们感兴趣。

艾博：（沮丧）我认识的很多男人都比和他们在一起的女人赚得多。

治疗师：这符合女人喜欢成功男人的刻板印象。哪些文化形象展现了男人是和成功女人在一起的？（停顿）

艾博：他们是跟随她影子的下属，并不和她平起平坐。（停顿）如果她爱上他，在电影里是因为这个男人在某种程度上更懂得生活或更理解他人。不知为何他们总是要让那个男人比那个女人在某种程度上更优越，尽管她挣的钱更多。

治疗师：即便我们试图反对接受社会刻板印象，它的影响仍然是非常强大的。（长时间停顿）你现在看起来是生气的，而不是孤独的。

艾博：（生气）我觉得自己要疯了，我不能躲起来。我想说这些问题都是因为我的深色皮肤，我想说这些都是因为钱。

治疗师：你想说，但是……（长时间停顿）

艾博：（仍然生气）甚至到去年，我还记当几个男人发现我是一个首席执行官时跳出了5英尺外，这让我很享受。

治疗师：但是……（停顿）

艾博：（生气）是我的年龄。我对自己是如此的愤怒。一些皱纹和潮热让我预期自己之后的生活都是一个人。

治疗师：当女性有这些年龄迹象时感到越来越艰难，因为你看到中年男人在电影中仍然是浪漫的，他们和二十几岁的女人在一起，（停顿）而不是和他们年纪相似的女人。男人经常和他们的妻子离婚，当他们再婚时，又是一个更年轻的女人。

艾博：（生气）我发誓我还是不想有孩子。但我想我确实想安定下来，并且停止所有的约会。

治疗师：我们花了很多时间谈论在你孤独的背后可能有哪些文化的影响。现在你认为我们是否遗漏了哪些相关的因素吗？

艾博：（疲倦）我想我们已经差不多了。就是因为我已经是个老太婆了。

治疗师：下周，我们会做一些类似的事情。我们将梳理你所有的文化影响因素，并发现它们是如何给你带来力量，或者如何帮助你解决这种孤独。（艾博低着头）你想回来做这件事吗？

艾博：（停顿，抬起头）当然。

从文化角度对艾博进行个案概念化：基于假设模式

艾博从属于许多社会文化群体，其规范影响着她的人际互动和世界观。她的孤独感是种族压迫的结果吗？艾博是混血儿，妈妈是非洲裔，爸爸是欧洲裔。在这两个社群里，她都没有觉得很契合或者感到自在。上流社会的身份会将她区分开吗？作为一家新公司的首席执行官，她有着一份丰厚薪水，并且享受着权力的掌控感。她控制着每天生活的环境，尽管仅有社会2%的人口和她一起生活在这个环境里。她的性别问题呢？在软件工程的世界里，男人才是主导。艾博觉得她的男同事们比她获得了更多的尊重。她最近所意识到的中年问题又如何呢？艾博已经开始了更年期，她对老年女性的消极成见可能导致了她的痛苦。权力和控制的问题遍及艾博所处的每一个社会环境中。在一些互动中，她的孤独感可能来自其他人压迫的作用，比如种族歧视。在另一些互动中，孤独感可能来自一些她作为压迫者的事例中，她主动将自己与他人隔离，比如无视餐厅服务员。通过对文化差异的深入研究，艾博可以定义自己独特的幸福之路，而不受其他任何群体所定义的"正确"路径的限制。艾博之前能够很好地锻造学业和事业的成功，这预示着当外力对她造成压迫时，她也能设法建设性地使用自己的力量学习如何寻求社会正义。

美国黑人的世界观经常被描述为注重集体主义、重视公共福利、与家庭成员及扩展家庭成员有着强烈的情感联结，以及关注当下生活的世界观取向。而白人文化通常被描述为注重个人主义、重视自主性、强调个人责任，以及关注未来生活的世界观取向。艾博和哪一种更契合？一方面，她可能会经历巨大的压迫，因为这会把她的世界观撕裂成两份，而她并不属于这两边的任何一边；另一方面，作为一个受双重文化影响的个体，她可能有机会从两种文化影响中获取力量。艾博的父母曾为她可能遭受的压迫做好了准备。她从父母的口中得知了在他们结婚之初失去了很多亲朋的故事。艾博的母亲向她讲述了自己娘家所经历的种族歧视和压迫的故事。这些故事帮助艾博从美国黑人的文化传统中汲取力量。除此之外，她从父亲那里得到了一个信念，即只要有毅力并辛勤地付出，她也可以成为另一个在如哈佛、耶鲁这样著名大学里获得成功的家庭成员。艾博崇拜她父母双方所获得的成就。因此在其个人的知识系统里，两种文化群体都可以获得成功。所以当混血儿艾博在经历其黑人男友家庭长达五年的微暴力时，她感到很不舒服。然而这并没有影响到她对自身价值的个人评价。

在社会经济地位的文化影响方面，艾博有着极大的社会权力。她是一个受过良好教育、出身于富裕家庭的富有女性。她是一家电脑软件公司的首席执行官。在其世界观里，作为一个富有的人，她应该拥有相应的权力和特权，因为她认为那是通过自身的努力和个人能力所获得的。随着艾博的成长，她逐渐有这样的期望和观点，即如果你努力工作并且有很好的想法，你就会获得成功。因此，她非常清楚在大学和研究生期间自己工作得多么努力。当她开始工作时仍然一如既往地在努力，因此她现在已经获得了首席执行官的地位。艾博却没有意识到其父母的财富是如何支持她成为一名具有博士学位的计算机工程师的。在旧金山，很少有家庭能送一个孩子到波士顿的一所私立学校上大学。除此之外，如果艾博没有进入一个有很强竞争力的高中，她也很难获得那些进入哈佛所需的学术技能。这些特权经历将艾博和那些没权没钱的人区分开来。因此，艾博有权用所谓"普通的成功"和"她自制的成功"这样的思维来思考自己现在的经历。当人们不去听她说的话，或者对她的意见不够重视时，她很震惊。因为，她富有的背景一直教导她的是：一个好的生活意味着追求成功、权力、影响力，以及金钱。艾博目前的孤独感很可能由于她是一直在向别人直接实施压迫行为的人，而相比之下她所受到的压迫还要小一些。她也很可能使用微暴力将别人推远。艾博逐渐意识到其所拥有的财富在孤独感中所扮演的角色，因为她已经开始尝试在第一次遇到一个潜在约会对象时，就要从首席执行官的角色里脱离出来。艾博承认，某种程度上，看一眼她所住的公寓都可能导致一个约会的突然终止。尽管艾博已经可以看到她的财富的本身就为他人设定了一个距离，但她目前仍然没有意识到她的态度和行为同样也扮演着这样的角色。

从性别的文化影响因素来看，虽然艾博身为女性，在人数上更占优势，但却并没有像她的男同事那样获得尊重，这样的事实让她很沮丧。她很容易就受到各种形式的主动性歧视以及她所谈到的微暴力，比如在会议中被当作秘书。尽管很努力地工作并奉献了很多，但艾博意识到她的男同事们的事业道路向上发展得更加平稳。即便是现在，作为公司的首席执行官，有些时候她仍然要在男下属执行她的命令时表现得很坚持。虽然掌握了很多具有权力和权威的职务，女性领导人却被认为是不称职或者反常的。艾博在很多方面都表现得比较中性。她拥有女性的世界观，认为和一个男人保持持久的关系是很重要的。然而她又拒绝了女人的一些观点，比如生活的主要满足感应该来自生养子女。她照料了两个姐妹的成长，她认为这就是她对年幼者照料的生涯。她接受了男人们的世界观，竞争、成功、获得财富让她感到刺激和满足。当她开始和前男友马丁在一起时，他们都表示不想要孩子，并且对于在关系中作为平等伴侣一起努力工作的前景很激动。5年后，一个令人震惊的改变发生了。马丁告诉她如果不结婚生子，他就要分手。当她再次重申不想要孩子的观点时，马丁离开了，并且在几个月之内就和另一个女人结婚了，那个女人很快成了一个全职妈妈。马丁是强大的男性优势群体成员，在其社会化过程中，他不会意识到在艾博成功道路上所要面对的那些障碍，因为他不必去经历那些。特权阶层的人不必知道他们和基层人民之间的差异，也不必了解社会的规则。他"只是期望"艾博会按照他的想法回心转意。他可能没有意识到这只是他所期望的。然而，随着时间的流逝，艾博并没有改变。马丁坚持要用自己的权力去控制他们间关系的未来，但是这在艾博看来并不平等。传统的性别角色刻板印象包括，女性应该嫁给优秀的能够养家的男人，而养家的男人应该比女性更富有。反向刻板印象并不是真实的。对男性直白的刻板印象是，如果一个男人娶一个比他富有的女人，意味着他是一个吃软饭的人。这就解释了为什么男人们一看到艾博的豪华公寓就好像想要逃离。艾博没有稳定的恋爱伴侣，并且进入了更年期，违背了一个成功女性的刻板印象。艾博知道自己面临着发展满意亲密关系的障碍，这让她感到很孤独。

在年龄和代际的文化影响因素方面，艾博是中年人，因此是在社会中拥有稳定地位的特权集团成员。社会中有着对人们在不同年龄段应该怎样生活的刻板印象。童年应该是无忧无虑的，但对于艾博而言并非这样。由于艾博父母事业的快速发展，他们将大量的事情留给了艾博和妹妹们自己处理。艾博担任起了母亲的角色，给她的妹妹们做带到学校的午餐，并且保证她们的作业都按时地完成。社会对大学生的刻板印象是他们是逍遥自在的。艾博为了能使自己成为生活中的唯一重心，她故意选择了从家几乎要横跨大陆才能到达的学校。她很喜欢这样的生活，因此在哈佛大学获得学士学位后，就继续在耶鲁大学攻读博士学位。在耶鲁的研究生院，她遇到了她以为会共度一生的那个人。他们都完全投身于电脑软件行业的快速生活。她正热爱着这种生活时，却被完全地震惊了。在接近30岁时，她在事业上很成功，她的伴侣却跟她说是时候结婚了，而她要回家照顾孩子。艾博对此感到措手不及。她一直以为他们彼此是一种很平等的伴侣关系，并且都不想要孩子。尽管她可以接受他改变主意，但他离开的方式让她感到压迫和不被尊重，而且他很快和别人结婚了。艾博现在45岁，中年的刻板印象表明，她处于一个最可能获得职位稳定和事业成功的阶段。在事业前期，她一直为自己的想法而努力奋斗。现在，艾博是一个公司的首席执行官，虽然总体而言她是成功的，但是她仍然被一些员工无礼地对待。代际的影响可能导致这一代的员工仍然习惯看到男性的首席执行官，而对她的管理方式感到不适。

年老的刻板印象包括精神的衰退和胜任力的降低。这些可能一定程度上有意无意地影响着艾博。艾博刚刚开始出现潮热，她逐渐意识到自己开始走下坡路，变成一个老女人，就像那些文学中描述的一个痛苦的老女人、老处女、老太婆。艾博确定了年龄和代际的影响，这些目前对她的孤独影响最大。她不关心皱纹的本身，但它们代表着向老年的滑坡。男性首席执行官们经常被发现带一些年轻女性参与商业活动。女性的首席执行官们可能会带来她们的丈夫或儿子。艾博会带谁参加？她之前热爱那些快速发展的技术领域。在她人生的早期，她想把事业放在首位；而现在，拥有有孩子的选择似乎从生理上逐渐消失，她开始怀疑自己的决定。随着岁月的流逝，她开始思考哪些选择是她自己做的，而哪些选择是她碍于社会压迫所做的。那些同样雄心勃勃的男性却不会遭受这些压迫。

艾博正经历着长达6个月的孤独。目前还不清楚她的孤独是否是由外部因素造成的——如种族的歧视和偏见，还是由其内部因素造成的——如艾博花费了太多时间在工作上而没有时间遇到足够多的人。将艾博的感情之痛更多地归咎与环境有关而不是她自身的态度或行为，这将会是一种微暴力。她已经确定了目前生活中最突出的4种文化影响因素，包括种族文化传统、社会经济地位、性别以及年龄和代际的影响。无论其中哪种文化影响因素将艾博划归于少数群体，她都处于一种可能会被优势群体压迫和边缘化的位置。这时，她会清楚地意识到自己作为一个中年妇女被压迫——她是被抛弃的人，没有男人选择的人，不能生孩子的人。但当处于优势群体中时，如社会经济地位，艾博可能需要逐渐意识到自身态度和行为是如何展现特权和权力的，这些可能会压迫到别人，并将她和其他人分离开来。事实上改变的机会有很多，如艾博作为一个首席执行官有着很大的权力，她可以用积极的方式帮助自己和员工减少生活压力。

文化取向治疗方案：基于假设模式

治疗方案概述：艾博前来寻求帮助是为了解决其强烈的孤独感。她目前意识到最重要的文化影响因素包括她的年龄与代际、性别、种族文化传统以及社会经济地位四个方面。在长期目标的前四个目标中，艾博将会评估在这些文化影响因素中自身所经历的权力、特权的差异，以及对其孤独感的不同影响。这些都是为第五个长期目标做准备，即她的治疗过程即将结束。（该治疗方案遵循基本格式规范）

长期目标1：艾博将评估年龄和代际方面对其目前孤独感带来的文化影响。

短期目标

1. 艾博将要阐明她对青年人、中年人及老年人优缺点的刻板印象。
2. 艾博将要阐明自身的优势与不足，并能区分出哪些特点属于青年人，哪些属于中年人，哪些属于老年人。
3. 艾博将要评估她这一代人作为个体对自身和社会的期望，并且思考这些代际影响是否导致她的一些特定期望，或是否对她的世界观有影响。
4. 艾博将要阅读一本关于发展的书籍，将其目前对衰老的看法与医学、心理学等方面的数据进行对比和比较。
5. 艾博将要评估一段和青年人正在进行中的人际关系，以考察她中年人的身份对于这段关系的影响。她可以思考代际因素对其行为的影响，以及她所认为的来自年龄因素的影响，并比较这二者之间特定的差异。
6. 艾博将要评估一段和老年人正在进行中的人际关系，以考察她中年人的身份对于这段关系的影响。她也将思考代际因素对其行为的影响，以及她所认为的来自年龄因素的影响，并比较这二者之间特定的差异。
7. 艾博将要阐明那些可能对其目前的孤独产生作用的年龄和代际影响因素，包括环境压力下的外部控制影响，以及她作为一个逐渐衰老的人的内部控制影响。
8. 艾博将要制定行动步骤，以减少因其个人、社会和工作环境中的年龄和代际因素导致的任何情感距离。
9. 艾博将要思考她在经济、教育和社会资源方面所拥有的权力，并为自己设定两方面的计划：一方面针对她的私人生活；另一方面针对她的工作生活，包括她所需要的行动步骤，即如何使用权力减轻其个人、社会和工作环境内部中对老年人的压迫。

长期目标2：艾博将评估其富有的背景及作为首席执行官的职业背景对目前孤独感带来的文化影响。

短期目标

1. 艾博将要阐明她对穷人、中产阶级及富人优缺点的刻板印象。

2. 艾博将要阐明她刚从学校毕业进入工作岗位时的优势与劣势,她作为一个首席执行官的优势与劣势,以及当她退休时她所期望的收入和生活方式。

3. 艾博将要阅读一本书,了解当前的经济形势及其对穷人、中产阶级和富裕阶层的影响,并且分析这些新知识是否改变了她对不同社会地位人群的刻板印象。

4. 艾博将要评估她近期的一次人际互动,比如和公司的秘书或保洁员,并从他们的谈话、他们所使用的语言、在这次人际互动中他们观察别人的方式以及谁有权力发起并结束这次社会互动等方面,思考其收入和权力的差异所带来的影响。

5. 艾博将要评估她近期的另一次人际互动,比如另一个软件公司的首席执行官,并从他们的谈话、他们所使用的语言、在这次人际互动中他们观察别人的方式以及谁有权力发起并结束这次社会互动等方面,思考他们的丰厚收入和巨大权力所带来的影响。

6. 艾博将要阐明那些可能对其目前的孤独产生作用的社会经济影响因素,包括环境压力下的外部控制影响,以及她作为一个逐渐衰老的、富裕的首席执行官的内部控制影响。

7. 艾博将要思考她在经济、教育和社会资源方面所拥有的权力,并为自己设定两方面的计划:一方面针对她的私人生活;另一方面针对她的工作生活,包括她所需要的行动步骤,即如何使用权力减轻其个人、社会和工作环境内部中对低收入人群的压迫。

长期目标3:艾博将评估女性的性别身份对其目前孤独感带来的文化影响。

短期目标

1. 艾博将要阐明她对男性和女性优缺点的刻板印象。

2. 艾博将要阐明自己作为女性的优势与不足,并能区别自身经历和其他女性的相似与差异之处。

3. 艾博将要阅读一本书,内容是关于性别在个人和社会环境中所扮演的角色,并思考性别分别在哪些情况下能够对其目前状况提供相应的帮助。

4. 艾博将要考虑在20多岁时和马丁的那段关系,并阐明在开始和结束这段关系时,有哪些两性的刻板印象在此之中扮演了重要的角色。

5. 艾博将要评估她目前和一位男性间的人际关系,这名男性并非她的雇员,思考女性性别角色对这段关系的影响,关注其中的一些现象,如是谁打断了谁的谈话、是谁设定了谈话的主题、是谁改变了主题、是谁有权结束这段社会互动,是谁开启另一个社会互动,以及在关系中是谁掌握了绝对的权力。

6. 艾博将要评估她目前和一位女性间的人际关系,这名女性也并非她的雇员,思考女性性别角色对这段关系的影响,关注其中的一些现象,如是谁打断了谁的谈话、是谁设定了谈话的主题、是谁改变了主题、是谁有权结束这段社会互动,是谁开启另一个社会互动,以及在关系中是谁掌握了绝对的权力。

7. 艾博将要加入一个女性企业家协会,并思考组织中的动力,将她认为的组织的优势、不足与那些男性主导的组织——如她所属的软件工程师群体——进行对比。

8. 艾博将要阐明那些可能对其目前的孤独产生作用的性别影响因素,包括环境压力下的外部控制影响,以及她作为一个逐渐衰老的、富裕的、女性首席执行官的内部控制影响。

9. 艾博将要设定并采取一个有着具体行动步骤的计划,她要在其所关心的长期发展的关系中发挥其中性的优势，如制订计划的能力、设定可达成目标的能力和用未来取向解决问题的能力，以便在她个人、社会和工作环境中减少性别歧视。

长期目标4：艾博将评估混血文化传统对其目前孤独感带来的文化影响。

1. 艾博将要阐明她对白人、美国黑人以及混血儿优缺点的刻板印象。
2. 艾博将要阐明她和父母各自的优势与不足，并且能够比较其家人所经历的种族问题和一般人群有哪些相似与差异。
3. 艾博将要阅读一本关于美国混血儿经历的书籍，并思考在哪些情况下能够对其目前状况提供相应的帮助。
4. 艾博将要评估她目前和一名白人间的人际关系，这名白人并非她的雇员，思考她的混血身份对这段关系的影响，关注其中的一些现象，如是谁打断了谁的谈话、是谁设定了谈话的主题、是谁改变了主题、是谁有权结束这段社会互动，是谁开启另一个社会互动，以及在关系中是谁掌握了绝对的权力。
5. 艾博将要评估她目前和一名美国黑人间的人际关系，这名美国黑人并非她的雇员，思考她的混血身份对这段关系的影响，关注其中的一些现象，如是谁打断了谁的谈话、是谁设定了谈话的主题、是谁改变了主题、是谁有权结束这段社会互动，是谁开启另一个社会互动，以及在关系中是谁掌握了绝对的权力。
6. 艾博将要评估她目前和一名混血儿间的人际关系，这名混血儿并非她的家庭成员，思考她的混血身份对这段关系的影响，关注其中的一些现象，如是谁打断了谁的谈话、是谁设定了谈话的主题、是谁改变了主题、是谁有权结束这段社会互动，是谁开启另一个社会互动，以及在关系中是谁掌握了绝对的权力。
7. 艾博将要阐明那些可能对其目前孤独中产生作用的种族影响因素，包括环境压力下的外部控制影响，以及她作为一个逐渐衰老的、富裕的、混血的、女性首席执行官的内部控制影响。
8. 艾博将要思考她从白人文化传统中获得的规划控制日程的优势是否能够帮助她得到更多与他人社交的时间。
9. 艾博将要思考黑人传统的集体主义世界观对其对待他人的态度和行为的强大整合是否会帮助她减少孤独感。
10. 艾博将要阐明从个人角度她将会如何在个人、社会和工作环境中减少种族歧视。

长期目标5：

艾博将评估不同世界观的影响，包括源于其年龄代际、社会经济地位、性别、种族的文化影响，探寻这些影响对其孤独感以及关于创造自己独特的、真正的幸福成功生活的作用。

1. 艾博将要阐明她所经历的年龄代际影响因素与首席执行官身份间的冲突。
2. 艾博将要阐明她所经历的年龄代际影响因素与作为一个魅力女性之间的冲突。
3. 艾博将要阐明其所处的白人文化和美国黑人文化对中老年人的文化刻板印象之间的矛盾。
4. 艾博将要阐明其所处的白人文化和美国黑人文化对女性的文化刻板印象之间的矛盾。
5. 艾博将要阐明其所处的白人文化和美国黑人文化对富人的文化刻板印象之间的矛盾。
6. 艾博将要阐明当她作为女性和作为首席执行官时的行为冲突。
7. 艾博将要阐明在对自己的文化影响进行分析后如何更好地表达自己的世界观。

8. 艾博将要思考为了减轻孤独感，她要在个人行动和社会公正方面做哪些事情。

9. 艾博将要思考拥有一个多元文化的世界观是否会增加她个人、社会和工作环境中的满足感，以及如何在这些环境中对不同文化群体表达更多尊重以减少和他人的社会隔离。

从文化角度对艾博的个案概念化：基于诊断模式

艾博是一个具有多元文化的个体，每当她与他人互动时都是彼此间文化影响因素相互作用的结果。她有一个很灵活的头脑，能够同样汲取其美国黑人和白人两种文化传统中的力量。她懂得努力工作和付出会得到回报，因此她起初进入了哈佛大学获得了学士学位，后来又在耶鲁大学获得了计算机工程博士学位。艾博在工作环境中是非常独立的个体，并且作为软件公司的首席执行官掌握了大量的权力和特权。尽管她是如此的成功，但艾博在过去六个月里仍旧感觉非常的孤独。这个问题与社会关系相关，将会通过艾博的年龄、性别、种族以及社会经济地位的文化影响因素进行检验，以确定其是受到外部压迫的影响，还是受到诸如自身观点、行动带来的内部压迫的影响，抑或是两种压迫共同作用的结果。尽管艾博很孤独，但是她仍旧保持一个高水平的工作状态，并定期和父母进行社会互动，同时和其他人保持社交关系。在心理测试中她没有表现出认知混乱、自杀或他杀的意念，或者冲动控制问题。她拥有着高智商并且长期坚持努力地工作，都反映出其具有一定的个人能力和资源，能让她实现人生的目标，获得满意的生活。目前她的 DSM-5 诊断是与独自生活相关的 V60.3 诊断。（American Psychiatric Association，2013）。艾博目前在职业上有很高的能力水平，在财政金融方面很有安全感，同时有着很好的家庭支持系统，及所需要的治疗资源。

艾博是一个多元文化的个体，虽然她本身可能不会有意识地去确定自己的身份，但是她已经建立起作为多元文化个体所拥有的灵活头脑。她能够认识到有很多方式可以获得幸福感，如何生活也有很多不同的途径。由于艾博生长在一个结合了美国黑人和白人双重文化传统的家庭中，这就培养她建立起了灵活多元的观点。艾博的母亲来源于一个有着深远历史背景的美国黑人家庭，他们将自己的传统世代相传，甚至可以追忆到奴隶时代。他们最初口口相传，后来将故事写下来，以使得其家族历史得以延续。艾博听着这些故事长大，并且看着她的母亲是怎样将其通过画作直观地表达出来。无论是听故事还是看到母亲将这些文字赋予形象，都使得艾博去思考过去，以及这些过去是如何影响当下的。使用文字和形象是两种不同的获取经验、保持影响的方式，无论是在意识还是潜意识层面，艾博知道要表达强有力的观点不止有一种途径。

艾博的父亲展示了一个快节奏的职业生涯，这让她感到十分振奋。然而，虽然她的白人文化传统鼓励她实现自由并取得高水平的成就，其美国黑人文化传统却强调强大的家庭联结。为了平衡这两种文化传统，艾博重新搬回了旧金山，以便在首席执行官的生活中能够更常见到家人。艾博意识到尽管父母选择了不同的路径，但是他们最终都很成功，也没有被社会孤立。然而艾博作为一个混血女性，却正在经历着重大的压迫，且即将逐渐迈向老年，这些都可能是导致她孤独的因素。

艾博的多元文化思维也让她对男性和女性的意义有着更灵活的看法。她的双亲都是有着雄心壮志的事业导向型人才。然而她的母亲是个画家，父亲是一个银行家。不管是有意识还是无意识，艾博懂得拥有一个成功的人生有很多不同的途径，而她也不需要仅仅就按照男性或女性的性别角色刻板印象去生活。因此，艾博选择了中性的角色。从男性角色的角度，她专注于追求控制与力量，并在商界建立威望。从女性角色的角度，她致力于花时间和家人在一起并想拥有一个相伴一生的伴侣。艾博每周一次和父母共进晚餐。当她和前男友马丁一起生活时，他们也和马丁的父母每周共进一餐。当他们为期五年的关系终结时，艾博非常苦恼。因为她以为已经找到了一个可以相伴一生的伴侣，同时他也主张在关系中双方保持平等。然而当她意识到马丁想掌控家里的权威时，她发现那不是自己想要的关系。艾博想要一个稳定的家庭生活，并且想要结婚。但是，富有的单身男性首席执行官这个群体人数实在是太有限了，这可能对其目前的孤独感有所影响。艾博的灵活思维允许她接受约会对象的男性没有她富有。但这时她发现现实恰好相反。男人们觉得她经济上的成功对于其恋爱关系是一种障碍。尽管艾博目前不知道如何寻找自己的人生伴侣，但她清楚自己想要的是一种平等关系。她很担心中年人身份会对此带来阻碍。

艾博辛勤工作和坚持不懈的成果最初体现为其高水平的专业成就，并进入哈佛大学攻读本科。她并没有在那里停滞，而是继续其卓越的表现，从而进入耶鲁大学的一流博士专业，并选择了男性主导的计算机工程专业。尽管性别偏见减缓了其向上流动的过程，但是她仍旧努力地工作，并表现出色，因此她现在已经成为一家软件公司的首席执行官。虽然她对那些男高管总是不按照她所坚持的那样接受指令而感到很沮丧。但她在 45 岁时仍然拥有权力，并且可以继续持续很长时间。虽然 45 岁对于接下来的工作生涯是一个"好事情"，但是对于生物世界而言，45 岁就是个"坏事情"了。尽管艾博在 20 多岁时主动拒绝生育，然而更年期的迹象让她感觉自己好像失去了是否生孩子的选择权。艾博认为老年女性的自我认知是其孤独感背后的主要力量。她想知道那些同龄的未婚男性是否能够成为她的人生伴侣。她对他们还有吸引力吗？艾博看到那些男性首席执行官总是带着年轻女性参加活动，但是人们却不能接受她和一位年轻男性以同样的方式相处。艾博对于年长女性的观念都是负向的。她对接下来的单身生活的关注可能对其目前的社会隔离产生很大的影响。

艾博崇尚自由，并且有能力为自己制定规划。因此，尽管她深爱着马丁，但是当他要求艾博在放弃事业回家生孩子或是分手之间做选择时，艾博选择保留自己的事业。她并不纠结于放弃马丁作为人生伴侣这件事。但是随着进入更年期，她开始意识到自己的选择面在逐渐缩小。艾博认为年龄是最有可能造成目前孤独的原因，尽管她一直在参加约会和各种派对，但并没有和很多人有过性接触。也许受到母亲的集体主义价值取向和女性的性别角色刻板印象影响，艾博寻求和一个男人建立稳定的关系。这个男人要像她那样重视自由。尽管艾博的孤独感已经持续了 6 个月，她却一直保持着高水平的工作状态，继续和父母保持每周一次的联系，并有着积极的社会互动安排。她有很多优势，包括灵活的头脑、坚持不懈努力工作的传统、在快节奏工作环境下敏捷思考的能力，以及在和别人互动时保持独立自主的能力。此时改变的机会就是艾博已经准备好采取具体措施以减少社会隔离。艾博意识到很多文化影响因素此时都可能产生影响，而她有过成功解决复杂问题的经历。她的父母各自都才能卓越，并且为平等的伴侣关系做出了榜样。最后，她灵活的思维能够帮助其在治疗过程中接受新的观点。如果艾博更加了解其自身文化影响的无数种可能性，她将为其独特的身份创造一个更贴合的世界观。一旦她明确了自己的价值观和态度，寻找平等伴侣的过程将会变得更加顺畅。

文化取向治疗方案：基于诊断模式

治疗方案概述：艾博是一位拥有多项优势的聪明女性。她的治疗目标之间彼此连贯性都很好，她通过这个方案很快就会进步。孤独问题将会首先从其自身的角度来描述。其次，从其他渠道获得的信息将会被汇总到一起。最后，一个建立在她独特优势上的详细方案将会被呈现出来（该治疗方案遵循 SOAP 格式规范）。

主观信息

艾博主动陈述的是她非常孤独，并且已经孤独了相当长的时间。而社会隔离在其个人层面带来了很多痛苦，特别是年龄作为一种标志提醒着她已不再是育龄女性。而在许多主导文化影响方面，艾博却仍享受着许多权力和特权。

客观信息

标准化测试表明，艾博在韦氏成人智力量表第四版（WAIS-IV）测试中表现出了卓越的智商水平。

在明尼苏达多项人格调查表第二版（MMPI-2）测试的表现中，艾博表现出一种开放和诚实的态度，虽然没有显著的病理学迹象，但是有一些抑郁和焦虑的症状。她有着很好的语言沟通技巧，且和父母及姐妹们保持着固定联系。她经常约会，并且在工作环境中很成功。因此她的孤独感更有可能与 DSM-5 诊断中独居相关问题的 V60.3 诊断相匹配。然而艾博生活在一个高度种族歧视的社会，混血传统很可能在其目前困境中扮演着重要的角色。如果真是这样，其他有可能的诊断，如 V62.4 的文化适应困难诊断或 V62.4 的歧视和迫害目标诊断，都可能更好地解释了其目前的孤独感。

评估

艾博期望能够在目前作为首席执行官的生活中获得满足。虽然拥有金钱和权力，但是她发现这些只是事业上的成就感和满足感，在私人生活中却加深了她的孤独感。她发现一些不满来源于外部因素，如前男友的父母将她作为种族歧视的目标，以及"美国黑人"在社会大众中的待遇——他们往往被消除了其他的文化身份。她还感受到了前男友和一些工作环境中的男性对她的性别有着双重标准。然而，她不认为这些是其目前孤独感的主要来源。一些迹象表明，更年期的临近对她作为女性如何看待自己有着重要影响，这对其孤独有着显著的作用。同时，她认为自己对男性的吸引力大大降低了，将会更难找到人生的伴侣。尽管她此时还没有显示出明显的症状，但是这种深深的孤独感也是亟待解决的。艾博有着高水平的智商，并且长时间地努力工作，有着不言败的精神，这都反映出其具有个人能力和资源，能让她实现人生的目标，获得满意的生活。

艾博这次做的诊断是比较温和单一的 V60.3 独居相关问题诊断。她目前在职业上有很高的能力水平，在财政金融方面很有安全感，同时有着很好的家庭支持系统，及所需要的治疗资源。

方案

治疗方案概述：长期目标中的前四个目标可以按照任意顺序处理，第五个目标则需要在前三个目标完成后才能进行。

长期目标 1：当艾博评估文化因素对其孤独感的影响时，她也将评估灵活的思维为自己提供了哪些优势。

短期目标

1. 艾博将要阐明她对青年人、中年人及老年人优缺点的刻板印象。

2. 艾博将要阐明自身的优势与不足，并能区分出哪些特点属于青年人，哪些属于中年人，哪些属于老年人。

3. 艾博将要评估她这一代人作为个体对自身和社会的期望，并且思考这些代际影响是否导致她的一些特定期望，或是否对她的世界观有影响。

4. 艾博将要阅读一本关于发展的书籍，将其目前对衰老的看法与医学、心理学等方面的数据进行对比和比较。

5. 艾博将要阐明她对穷人、中产阶级及富人优缺点的刻板印象。

6. 艾博将要阐明她刚从学校毕业进入工作岗位时的优势与劣势，她作为一个首席执行官的优势与劣势，以及当她退休时她所期望的收入和生活方式。

7. 艾博将要阅读一本书，了解当前的经济形势及其对穷人、中产阶级和富裕阶层的影响，并且分析这些新知识是否改变了她对不同社会地位人群的刻板印象。

8. 艾博将要阐明她对男性和女性优缺点的刻板印象。

9. 艾博将要阐明自己作为女性的优势与不足，并能区别自身经历和其他女性的相似与差异之处。

10. 艾博将要阅读一本书，内容是关于性别在个人和社会环境中所扮演的角色，并思考性别分别在哪些情况下能够对其目前状况提供相应的帮助。

11. 艾博将要阐明她对白人、美国黑人以及混血儿优缺点的刻板印象。

12. 艾博将要阐明她和父母各自的优势与不足，并且能够比较其家人所经历的种族问题和一般人群有哪些相似与差异。

13. 艾博将要阅读一本关于美国混血儿经历的书籍，并思考在哪些情况下能够对其目前状况提供相应的帮助。

14. 艾博将花费一个星期的时间用日记记录自己的想法，因为她每天穿梭于不同年龄、性别、代际、社会经济地位、种族等不同类型的人之间，并且思考她能从中学到些什么以帮助她建立起自己独特的世界观，能够让她知道该如何生活得既成功又快乐。

15. 如有必要，将开始设定下一步的目标。

长期目标2：艾博将要探索如何运用其努力工作、永不放弃的精神来减少孤独感。

短期目标

1. 艾博将要在参加教会活动时有意地坐在比她年长的人的旁边，在活动开始和结束时与其寒暄，并注意在做这些事情时的社会联结感与分离感。

2. 艾博将要在工作中实行两个行动步骤，以便减少任何可能在年龄和代际方面感受到的情感距离，并注意在做这些事情时的社会联结感与分离感。

3. 艾博将要在私人生活中实行两个行动步骤，以便减少任何可能在年龄和代际方面感受到的情感距离，并注意她做这些事情时的社会联结感与分离感。

4. 艾博将要思考自身在经济、教育和社会资源方面所拥有的权力，并为自己设定两方面的计划，一方面针对其私人生活，另一方面针对其工作生活，这将对建立一个健康的老年观有很大的帮助，并注意在做这些事情时的社会联结感与分离感。

5. 艾博将要参加一个女性企业家协会的会议，并将她的感觉与在男性主导的会议中的感觉进行比较，以考察其是否影响了她的社会联结感与分离感。

6. 艾博将要设定并采取一个有着具体行动步骤的计划，她要在其所关心的长期发展关系中发挥其中性的优势，如制订计划的能力、设定可达成目标的能力和用未来取向解决问题的能力，以便在其个人、社会和工作环境中减少性别歧视。

7. 艾博将要交替地在两家健身房锻炼身体，一家是基督教青年会的健身房，另一家是昂贵的私人健身俱乐部，并且比较她的社会联结感与分离感。

8. 艾博将要思考自身在经济、教育和社会资源方面所拥有的权力，并为自己设定两方面的计划：一方面针对其私人生活；另一方面针对其工作生活，包括她所需要的行动步骤，即如何使用权力减轻其个人、社会和工作环境内部中对低收入群体的压迫。

9. 艾博将要参加全国有色人种协进会会议和共和党团体会议，考虑是否这些环境加剧了她的社会联结感或分离感。

10. 艾博将要思考当她与其他人接触时的行为方式受哪种种族文化影响更大，是美国黑人的集体主义世界观，还是白人的个人主义世界观？她和他人接触的社交时间及场合又是怎样的？

11. 艾博将要制订一个有前瞻性的策略计划（白人传统），以及在和人接触时使用当下现实取向的策略（黑人传统）计划，以增加自身的社会联结感。

12. 艾博将要阐明从个人角度她将会如何在个人、社会和工作环境中减少种族歧视。

13. 如有必要，将开始设定下一步的目标。

长期目标3：艾博将要发挥其独立行动能力的优势来制订自己的计划，建立起多元文化世界观，以让其社会联结感能够实现最大化。

短期目标

1. 艾博将要阐明她所经历的年龄代际影响因素与首席执行官身份间的冲突。
2. 艾博将要阐明她所经历的年龄代际影响因素与作为一个魅力女性之间的冲突。
3. 艾博将要阐明其所处的白人文化和美国黑人文化对中老年人的文化刻板印象之间的矛盾。
4. 艾博将要阐明其所处的白人文化和美国黑人文化对女性的文化刻板印象之间的矛盾。
5. 艾博将要阐明其所处的白人文化和美国黑人文化对富人的文化刻板印象之间的矛盾。
6. 艾博将要阐明当她作为女性和作为首席执行官时的行为冲突。
7. 艾博将要阐明在对自己的文化影响进行分析后如何更好地表达自己的世界观。
8. 艾博将要思考为了减轻孤独感，她要在个人行动和社会公正方面做哪些事情。
9. 如有必要，将开始设定下一步的目标。

学生进行个案概念化的练习：聚焦暴力领域

现在我们要对丹（Dan）做一个多元文化的分析。可能有很多复杂的领域对其行为产生了影响。在这个分析中，你需要试着聚焦于暴力这一领域来进行个案概念化。

第十章　文化取向的个案概念化与治疗方案

从电话初始评估访谈中收集信息

丹是一个75岁的丧偶男性。当妻子康妮（Connie）去世时，他们的女儿海伦（Helen）搬回了家里照顾丹。丹和康妮结婚52年，他现在仍然住在他们一起生活了一辈子的房子里。丹是一名建筑师，从父亲梅耶（Meyer）那里继承了家族的建筑公司。丹和康妮有两个孩子，大儿子格里（50岁）在大学毕业后就移居了法国，并很少回美国探亲；女儿海伦（48岁）在大学毕业后回到家乡，住在父母家附近的一个小公寓里。海伦在36岁时和罗德里格（Rodrigo）结婚了，罗德里格是一名墨西哥籍美国移民，在一家墨西哥餐厅做厨师，而艾伦的工作是牙医助理。他们有一个儿子叫做胡安（Juan），现年12岁。在胡安10岁时，海伦与罗德里格离婚了。

丹在接受访谈时看起来有些病态的消瘦与憔悴。在其接受肺炎输液时，护士发现了丹的手臂上有很多瘀伤，他的医生已经向成人保护机构提交了委托报告。丹否认家中有任何问题，但同意来参加这次访谈，为了医生能够保证不去联系海伦或者问她任何问题。当丹进来接受这个短暂访谈时，他表现得很生气，并且回答问题也很简短。在智力状态检查中，丹在智力范围表现出了卓越的水平。他对自己做了很多自嘲，使用了诸如痴呆、衰老、白痴、迟钝之类的标签。他没有表现出认知混乱、记忆丧失、抑郁或有自杀意念的迹象。虽然有迹象表明丹每天定时喝酒，但是他拒绝提供足够的信息来判定其是否有物质滥用的可能性。即便他因有遭受老年虐待的迹象而被推荐过来接受治疗，但他否认了所有的说法。

从文化角度与丹进行会谈

治疗师：我阅读了你的内科医生提交的报告。（长时间停顿）他说你的手臂被擦伤了。

丹：我不想讨论这一点，我想让你知道我不是一个习惯任人摆布的人。如果我不想谈论这些，你就不能让我谈论那些愚蠢的伤。

治疗师：你可以选择这样。（长时间停顿）你把自己描述为一个不想被人摆布的人。（丹直视着治疗师）我们对你坚强的那部分多谈一些可以吗？

丹：（小心地）你想知道什么？

治疗师：说实话，我想知道你是一个什么样的人。我们能从这个话题开始吗？就是75岁对于你来说意味着些什么，不意味着什么？

丹：（讽刺地）我并不痴呆，如果这就是你所暗示的。我没有因为身体笨拙而受伤。我一直都保持运动，还在打网球和高尔夫球。

治疗师：网球是很棒的运动。（长时间停顿）现在很多人似乎都忽视了运动对身心健康的重要性。（停顿）所以，既然你的身体灵活，你的伤痕是怎么造成的呢？

丹：（骄傲地）不要认为你能让我说我不想谈论的话题。我的记忆力一如既往地优秀，就像我的体重一直保持着大学毕业时的体重一样。我从未暴饮暴食，然而我女儿海伦却并不这样，她是如何让自己变得如此肥胖的一直超越了我的想象。

治疗师：你一开始表现得对自己的运动才能很骄傲，而后来又是如何批评海伦的？

丹：（讽刺地）我为什么不应该批评她？她是我女儿。从她十几岁时就开始发胖，那时

283

候她就应该开始注重自己的外表了。我妻子曾经试图帮助她控制饮食。康妮和我一样，我们在大学的网球队相遇，并且在我们的一生中都在保持身材。我的长子，格里，他也会打网球，并且也保持着好身材，至少他寄回家的照片里他的身材也不错。海伦一直是我们家的局外人，总是偷偷溜进厨房找食物，每天都一直在吃。

治疗师：你感觉自己的身体很健康，一直没有什么变化。你认为有没有哪些关于年龄的重要事件能够帮助我更好地理解你现在的生活？

丹：（生气地）好吧，康妮五年前去世了，海伦现在和我一起生活。这是一个多么可怕的改变！海伦从未学会如何体面地下厨，她是如此地热爱食物，你会以为她在烹饪方面投入很多努力。她是如此爱唠叨，并且一直让我去做我不想做的事情。我的康妮就不是那样的。但是再怎么哭都没有用了，她死了。这就是我想告诉海伦的事情，但是她仍然一直在哭。

治疗师：（疑惑地）你不想听到她哭？（停顿；丹点头表示同意）你有没有试着安慰她？

丹：（厉声地）在她小的时候我就不相信她的情绪崩溃，现在我当然仍旧不信，说得委婉点，她已经完全足够成熟了。

治疗师：所以，你们从未像其他父亲和女儿之间那样，在她小的时候，她爬到你的腿上哭，而你去安慰她？

丹：（骄傲地）在我的家庭里，我们很早就学习面对困难要保持沉着冷静。让每个人都知道你的感受是没有意义的。无论怎样你自己是唯一一个关心这些的人。哭泣是幼稚和不成熟的。

治疗师：听起来你很崇尚自我克制？

丹：（紧张）任何理性的人都会。

治疗师：并非所有文化传统都认为男人应该情感淡漠。比如，拉丁和意大利文化就鼓励男性应该有更多情感表达。

丹：（强调）我的家庭是佛蒙特州的，在我们的身体里并没有流淌着情绪的血液，真是感谢上帝。

治疗师：我明白了。你对自我克制感到很高兴。那么，海伦为什么在康妮去世后搬了进来？

丹：（沮丧地）我并没有让她这么做。（停顿；生气）我去年扭伤了脚踝，并且经常需要她帮忙看医生。海伦以此为借口不去工作并且和我住在一起。我不想让她这样。我所希望的仅仅是一点看医生的帮助。她说我的医院预约对她的工作带来了麻烦。她从未自立自强过，然后就这样辞职了。这就是她，从来没有任何坚毅的品格。

治疗师：你的脚踝扭伤了，并且需要有人帮助你去医院检查。你已经完全康复了吗？

丹：（爆发）你看到拐杖了吗？还是轮椅？你瞎了吗？

治疗师：（坚定地）抱歉触到了您的痛处。我并非认为你行动不便，只是想了解你现在的情况。我能感受到你现在很愤怒。（长时间停顿）有时候当人们从健全到行动不便会感到很愤怒，因为这限制了他们的自由。

丹：（有敌意地）我完全可以自立。（强调）相反，海伦才是那个只有8岁儿童自立能力的人。

治疗师：你今天说了很多关于海伦不好的事情，为什么？

丹：（停顿，忽略该问题）我和海伦的问题并不是一个大问题。我跟我的医生说过了。（停顿）但是他却将我手臂上的伤痕作为一个很严重的事情，还打电话给了那些保护机构，好像我需要被保护起来一样。我可以告诉你这是怎么造成的，但你不要对此大惊小怪。（停顿）海伦每天唠叨得我很心烦，所以我走进书房看起了电视，并且喝了几杯苏格兰威士忌。我想我可能喝了太多，因为我完全想不起来受了什么伤。但是我不能对此否认，因为我不聋也不瞎。看医生那天我确实喝得有点多。

治疗师：似乎对你来说让我知道你在任何方面都没有问题这件事很重要。

丹：（坐立不安并且生气）是啊，难道你不是吗？

治疗师：是的，我也想让别人都知道。（长时间停顿）如果我在视力或听力上出现了问题，这个损伤对于我来说是很沉重的。如果我出现了感觉障碍，我真的会过得很艰难。

丹：（有敌意地）你承认了，你的身份正在被用来做一个好的间谍。

治疗师：（平静地）你的这些反驳和贬低是什么意思呢？（治疗师长久地直视着丹）我想知道你是否认为需要通过羞辱我来向我证明你是一个强大的人。

丹：（不带感情地）我就是一个强大的人。我之前是一家成功公司的负责人，就像我父亲之前一样。我也是家里的主宰，家里每个人都知道。

治疗师：你和妻子分享这种权力吗？

丹：（爆发）：你难道不读《圣经》吗？丈夫才是家里的主宰。

治疗师：你又生气了。我并没有对你的宗教信仰不敬，我需要对此了解些什么才能对你的家庭不产生误解？

丹：（长时间停顿，专注地盯着治疗师）好吧，既然说到这儿，我并没有信奉宗教。我只是想把你从这种让人恼怒的冷静态度中拉出来。

治疗师：（直视丹的眼睛）我并没有在冷静地和你玩权力游戏。（停顿）你的一生都在做一个如此强大的男人，从我这里获取帮助让你感到是一个陌生的体会。（长时间停顿）通常，我的平静会帮助别人在谈论他们为什么来这里感到更加的舒服。但是好像对你并不起作用。

丹：（惊讶地）你说得好像真的一样。

治疗师：的确是这样。我举个例子来让你确信这一点，今天我已经听了你这么多侮辱的话了。但是我对此是否有所怨言，这取决于我。（停顿）因为我是自我克制的。

丹：（大笑）好吧，如果你能意识到我可以让你生气，我想我就可以不那么做了。

治疗师：太好了，那我们来看一下还有哪些其他方面可以达成一致。你一直是一个有着坚定信念的强大男人。你在事业上很成功，并且喜欢在家里做主。这些年来你的年纪在逐渐增长，但是这些事情并没有改变你。但是你担心其他人可能会认为你的年龄大了人就衰老了。你是一个出身富裕的富有男人。在你妻子去世前，所有的事情都是按照你的计划在走。宗教对你并没有帮助，甚至和你并没有什么关系，因为你不信教。

丹：（不满意）康妮身体很健康，她不应该死。这没有道理。我们正要去欧洲看望我们的儿子格里，我们已经多年没见过他了。（长时间停顿）好吧，让我们换一个话题。探讨她的死亡也不会让她回来。我已经告诉海伦很多次了，哭泣不会有任何帮助。我曾经给了她一些威士忌，但是她却扔掉了，把地毯弄成一团糟。喝酒比哭更有意义，至少威士忌味道还不错（丹看着地面点了点头）。就像我一次又一次地告诉海伦那样，哭没有任何帮助。

治疗师：不同的人需要用不同的方式哀伤。你很清楚你和海伦是不同的人，你喜欢运动而她不喜欢。为什么你们要用同样的方式哀伤？

丹：（不带感情地）因为一种方式聪明，一种方式愚蠢，而海伦总是选择那些愚蠢的方式。她一直让我很失望，而我又无法将她从房子里踢出去。那个笨蛋辞掉了她的工作。她已经步入了中年，还那么肥胖，谁还会想雇佣她？她还要抚养那小子，如果她有能力的话，她还要待在家里好好照顾他。

治疗师：为什么你叫自己的外孙为"那小子"？

丹：（生气地）我可以想怎么叫就怎么叫。她给他取名叫胡安，我很讨厌那个名字。我们家族里从未有人叫过胡安。比如，约翰是个好名字，但是海伦不会听的，甚至是那个从未和她在一起的该死的墨西哥人也不会听的。

治疗师：你在家时也那样谈论胡安和他的父亲吗？

丹：（严厉地）不，当然不。我告诉过你我不是白痴。我不想伤害那孩子，这不是他的过错。这都是海伦的错。她和几个朋友一起去墨西哥旅行，回来的时候她就和一个一心想成为美国人的墨西哥人结婚了。

治疗师：他们之前在一起多久？

丹：（严厉地）如果你问我的话，10年多吧。

治疗师：如果只是想成为美国公民，10年听起来也很久。就像在美国，也许百分之五十这样的婚姻最后都是因为他们并没有相处而离婚。

丹：（生气地）这就是康妮说的，但是她总是给海伦找借口，对海伦并没有帮助。（长时间停顿）康妮认为那个叫罗德里格的人很不错，就因为他很会做玉米饼或者是其他墨西哥的食物。他是什么？一个女人？他为什么要做饭？

治疗师：很多男人都喜欢做饭。

丹：（大叫）在我的世界里，男人就是男人，他们当然不会为他们的妻子做饭。如果他努力工作，他就没有做饭的时间。

治疗师：你对男人应该做什么不应该做什么有很强硬的态度。顺便一提，（长时间停顿）你不必对我那么大声说话。即便你说得很小声，我也会仔细听你在说什么。

丹：（坚定地）如果你不把那些"男人也可以做饭"之类的女人的废话强加在我身上的话，我也可以不喊。没有人能够让我相信那些我不想相信的话。

治疗师：我并没有试图强迫你任何事情。没有哪两个人能够有完全相同的观念。但是我认为从一个更开放的角度来看，好的生活方式有很多种，应该对别人更加尊重。你不是唯一一个想要被尊重的人。

丹：（被激怒）我为我的直言不讳而骄傲，我能够告诉别人我的想法。

治疗师：那你可以在保持尊重的基础上对他人直言不讳吗？（长时间停顿）从我的角度来看，你的言论对有些人很具攻击性，比如那些有着墨西哥血统的人、女人以及残疾人，特别是对海伦。

丹：（开始站起来）如果你认为我会容忍你将我当作一个种族主义者，我马上离开。我对海伦说过同样的事情，如果她反对我对她丈夫的评价，她离开就好了。

治疗师：如果每个人都离开对你而言会感到很孤独。（丹低头看着地面；长时间停顿）我的任务并非侮辱你。但是我得实话实说，那些你所认为的直言不讳，我发现其中会有一些攻击的成分。即便那些言论并没有直接针对我。你已经失去了心爱的妻子，难道还要失去海伦和胡安吗？

丹：（讽刺地）将我称为种族主义者能够帮助我不去伤害海伦和胡安？

治疗师：是你使用了"种族主义者"这个词汇，而不是我。（长时间停顿）尽管你不想选择如此，但是你现在的一种身份就是一个嫁到墨西哥家庭的女儿的父亲。（长时间停顿）你现在有一个墨西哥裔美国人的外孙。你为从佛蒙特州而来感到骄傲。（长时间停顿）海伦和胡安是否应该为来自佛蒙特州和墨西哥而感到骄傲？

丹：（生气）好吧，不要对我如此敏感。是的，我称呼海伦的名字，她是我的女儿，看在上帝的份上，胡安是我的外孙。我是家里的老大，我想说什么就说什么，就像我一直做的那样。所以不要再把我说的好像种族主义者一样。

治疗师：我伤害了你的感情了吗？（丹点头）对不起，（停顿）我并不这样认为。记得吗，你告诉我你自控能力很好。（丹大笑，长时间停顿）然而，你也说得很清楚，海伦并没有很好的自控力。我担心你的那些伤痕是由于你对海伦所爱的人说了什么无礼的话，比如胡安，她攻击了你。

丹：（安静了几分钟，看着地）不，我一直在商界，我知道如何不开口。你可以不必担心。这是一个意外，但是并不是像我告诉医生的那样的方式发生的。我跟你说过，海伦吃那么多让我感到很愤怒。那天很晚了，我也累了。我已经告诉她一万遍了我不想把钱花在垃圾食品上，然而她一次又一次地去商店带回一堆垃圾来吃。我跟她说我要教胡安学习打网球，那会帮他保持一个健康的身材（看向地面）。

治疗师：（长时间停顿）所以，她是去了商店买回了更多的垃圾食品，然后发生了什么？

丹：（严厉地）我得说她表现出的一些勇气让我感到很骄傲，她唯一和我作对的就是那些该死的食物（看向地面，揉着他的胳膊）。

治疗师：你能仔细地描述一下发生了什么吗？

丹：（严厉地）我当然能，但是……（长时间停顿）。

治疗师：我知道这很难讲，但是我向你保证我能接受。告诉我吧。

丹：你不必想得那么戏剧化，并不是什么大事。她在周日的时候带着一块蛋糕还是饼干之类的东西回家。我对着她大喊，这是我的钱，我并不想让这些垃圾出现在我的房子里。她给自己切了一大块蛋糕，并且在我的面前摆来摆去。我伸手将蛋糕从她的盘子里拿出来。她就把盘子放下然后走向我。我应该就那样站着，但是我退后了一步并且摔倒在地毯的裂口处。

治疗师：（长时间停顿）对不起，我仍然不相信。（停顿，直视着丹）你那么的富有，应该不会有一个有裂口的地毯。

丹：（长时间停顿）你相信吗，如果我说那个男孩（看着治疗师的脸），我是说胡安，推了我一把。（治疗师摇头）好吧，所以是海伦。她把我向她拉了过去，当我开始大叫时，她来回推搡了我好几次，然后突然松开了手，让我失去了平衡摔倒在地。她知道我的情况，她认为我可以承受这些。她不知道会伤了我的手臂并且让我跌倒。我的医生本不应该多管闲事的。

治疗师：那个医生必须得做点什么。有防止老人被虐待的法律，他的道德规范要求他尽量去保护你，就像我所做的一样。尽管像你这种强大的人并不觉得需要任何人来保护自己。

丹：（脸非常红并且大声说）：就是这样，我不需要帮助。

治疗师：我能听出你又生气了，海伦脾气和你一样吗？

丹：（喃喃自语）不，海伦一点都不像我，也不像康妮。她更像我岳母，她也很胖。

治疗师：外表对你而言很重要，我不知道你是否意识到这一点。但是你没有告诉我关于海伦的其他任何信息，除了她很胖，很愚蠢，嫁过一个什么样的男人。

丹：（恼怒地）我知道你在干什么，我并不喜欢你对我的家庭有任何侮辱性的语言。

治疗师：你可以这样说，这就不是侮辱；但是如果我这样说，这就是侮辱，是这样吗？（丹点头）如果海伦不满18岁，而你一次又一次地这样说她，我会向儿童保护机构举报你对儿童使用言语虐待。

丹：（讽刺地）你在开玩笑吗！

治疗师：（坚定地看着丹）不，教育胡安多吃水果和蔬菜而不是蛋糕和饼干，这在法律上是父母们应有的选择。然而，如果你当着他的面一次又一次地称呼他为"那小子"，而不是称呼他的名字，并且在他面前称他的父亲是一个"该死的墨西哥人"，在儿童保护法里你就是在对他使用言语虐待。

丹：（不带感情地）法律真的是在不断地变化。我无法想象我的父亲会对这个虐待儿童的法律有什么想法。不叫孩子的名字就是言语虐待？天啊，我父亲动不动就脱下皮带把我的背抽得青一块紫一块的。如果我的试卷成绩不是 A 而是 B^+，他就会立马拿皮带抽我。他会对你这个虐待儿童法律怎么看？（看着地面并且摇头）

治疗师：是的，社会这些年关于养育孩子的观念已经发生了改变，现在如果你的父亲拿皮带抽你的背部，我会打一个报告，然后你可能会被送去寄养中心寄养一段时间。

丹：（急切地）你是不是就要用这种方式对待我？就因为海伦有一点粗暴就要把我从我的房子中带走，然后送到某个地方？

治疗师：不，区别在于你是个成年人。你很聪明，并且能够有完全对自己负责的能力。如果你不想指控海伦，那就什么事都不会发生。

丹：（缓慢地强调）很好，这就是我想要的。没有介入。

治疗师：你想要让我介入吗？

丹：（讽刺地）我为什么要再来？

治疗师：我知道你喜欢威士忌，但是这不是在家里阻止事情越变越糟的最好的方式。

丹：（低头，紧张）你认为海伦可能还会那么做？

治疗师：（直视着丹）是的，（停顿）我认为你和我应该为此一起工作。

丹：（直视着治疗师，紧张）也许我会再来的。这可能并不像我想象的那样可怕，但是我得好好想一想。

练习：形成对丹的个案概念化

练习1（最多4页）

目标：为了检验你对文化理论已经有了很清晰的理解。

形式：一篇包括了以下 A~C 部分的完整论文。

需要帮助的话，你可以回顾本章。

A. 对所有假设的文化理论建立一个简明的概述（这种理论假设对抽象地理解来访者的变化和拓宽思路有着关键性的重要作用），并将其作为接下来练习的引言。

B. 分段详述如何使用这些假设去理解来访者在改变过程中的成长，并提供具体实例对每一个假设进行充分解释。

C. 通过描述治疗师（顾问、医生、教育者、助手）在帮助来访者改变过程中的作用得出你文章的结论，包括在治疗中所采取的主要方法以及共同的治疗技术。提供充分的具体实例来说明每种方法的独特之处。

练习2（最多4页）

目标：使用多元文化理论来帮助丹。

形式：从A到F每个部分有一个单独的句子概述。

需要帮助的话，你可以回顾本章。

A. 列出丹的不足之处（困扰、问题、难题、症状、能力缺陷、治疗障碍），并指出其中丹想要改变的部分。

B. 列出丹的优势之处（强项、积极特征、成功之处、技能、促进变化的因素），并指出其中丹已经明确的部分。

C. 对ADDRESSING模式的九种文化方面的影响都要进行以下讨论：①丹享有哪些权力和特权；②在这一方面中丹是处于被压迫的状况还是在对别人进行压迫；③丹在这一方面获得了哪些权力和威望；④丹在这一方面受到了哪些途径的压迫；⑤此时这一方面在丹对自己的整体认知中是如何体现的。

D. 此时对于丹影响最大的文化因素是哪一个？为什么？

E. 对你在D部分的描述进行思考，你会如何描述丹的整体世界观和价值观？

F. 对你在D部分的描述进行思考，哪些方面是由丹的内部因素影响造成的，哪些方面是由丹的外部因素影响造成的？

练习3（最多6页）

目标：对暴力在丹生活中可能扮演的角色进行理解。

形式：对A~J中每一部分有一个单独的句子概述。

需要帮助的话，你可以回顾第二章。

A. 对丹目前所存在的暴力危险因素以及预防暴力的保护性因素进行评估，思考下列问题：

1. 丹以前有过哪些不良的童年经历？例如，吸毒成瘾，父母离异，家庭严重不稳定——如经常搬家或流离失所，父母双亲一方精神抑郁或有精神疾病，和自杀或有自杀倾向的人一起生活，和有严重犯罪或已经入狱的人一起生活，在身体、精神或性方面被虐待或被冷暴力，或是曾目睹暴力。

2. 丹成年阶段有哪些负性经历？例如吸毒成瘾，父母离异，家庭严重不稳定——如经常搬家或流离失所，父母双亲一方精神抑郁或有精神疾病，和自杀或有自杀倾向的人一起生活，和有严重犯罪或已经入狱的人一起生活，在身体、精神或性方面被虐待，曾目睹过暴力或生活在暴力恐惧中。

3. 丹有哪些内部因素可能保护其避免暴力？思考丹是否有能力控制冲动、对自己的行为设定底线、调节情绪、对问题解决进行反思或对他人的情绪和行为表示理解。

4. 丹童年时所处的长期社会网络和环境对暴力是支持还是限制？思考其是否有痛苦的、矛盾的或不存在的情感联结，抑或是积极的情感联结；思考其家庭暴力的水平，以及其家庭作为问题解决方式对暴力的容忍水平；在学校和邻里生活中正向和负向的经历；以及其宗教背景影响。

5. 对于丹关系中的暴力，目前是否有环境上的支持或限制因素？例如，同辈群体、教育程度、职业、当前所处的社群以及当前的宗教信仰。

6. 是否有一些可能的诱发因素有充分理由带来暴力行为或亲社会反应，或使这些更可能发生？思考一下，例如是否拥有武器、酒精和毒品的使用程度、沮丧和愤怒的水平以及其他人对待暴力的态度。

B. 对丹一生中所经历的暴力行为进行评估。从以下角度进行思考：

1. 所经历的暴力类型（直接、间接）。
2. 经历暴力事件的频率。
3. 事件的严重性。
4. 丹在暴力事件中的角色（见证者、受害者、施暴者、既是施暴者又是受害者）。
5. 目前暴力事件对丹的情绪、认知、身体和社会功能的影响。

C. 对丹的世界观进行评估，其是否对暴力具有促进或限制的作用，其是否正在促进暴力的产生还是在促进亲社会行为的产生。

D. 评估当前环境中丹与其他人的危险程度，以及如何在当下和长期中提高安全水平。包括对其生活中施暴者性格进行认真分析。在1～10量表中，丹此时生活环境的危险程度是几分？丹对这种危险的控制力有多少？

E. 评估目前丹与其生活环境中他人的安全程度，包括他的私生活、社会生活及其文化领域。

F. 评估暴力对丹及他人的身心影响，是否有更多力量对暴力或非暴力进行支持，以及丹此时对于没有暴力的生活预期是怎样的。

G. 就你目前所知，暴力和冷暴力对于个体及其家庭的影响有哪些？

1. 你参加过多少关于暴力、冷暴力以及创伤对于来访者身心健康影响的培训课程？
2. 你参加过多少关于暴力、冷暴力以及创伤对于来访者身心健康影响的工作坊？
3. 你有过哪些关于暴力、冷暴力以及创伤对于来访者身心健康影响的专业经验？
4. 你有过哪些关于暴力、冷暴力以及创伤对于来访者身心健康影响的个人经验？
5. 何种群体效应可能会对有着暴力、冷暴力以及创伤经历的个体产生影响？例如，在世界上最重要的是什么？人们是如何沟通交流的？以及社会是如何奖励和惩罚的？

H. 对于丹的暴力或冷暴力背景，你目前相关问题的意识水平如何？

1. 讨论你对暴力、冷暴力生活方式的刻板印象，以及这是否会影响此时你对丹的看法。
2. 讨论你过去接触暴力的经验，以及这些是如何影响此时你对丹的看法的。
3. 讨论你对良好恋爱关系及良好亲子关系的刻板印象，以及这是否会影响此时你对丹的看法。
4. 讨论你过去接触暴力、冷暴力的经验是如何影响你对丹的回应的。
5. 讨论你所有经验中，哪些可能有效地支持你和丹的工作，哪些可能会对丹的观点和现状带来消极偏见或边缘化的影响。

I. 你目前有哪些技巧和能力能够与有着暴力或冷暴力背景的来访者工作？

1. 你目前有哪些技巧和能力能够和丹进行有效的工作？
2. 你认为目前有哪些技巧和能力能够提高与丹工作的效率？
3. 你认为可以做哪些事情来提高与丹工作取得积极成果的可能性？

J. 你将采取哪些行动步骤？

1. 为了在与丹的工作中表现得更熟练，你需要做哪些准备？
2. 讨论关于你治疗方法中的任何偏差，依据在于干预措施对于既是施暴者又是受害者的丹是否恰当，以及是否忽视了其他更合适的干预措施。
3. 你将如何建构治疗环境来提高和丹工作取得积极成果的可能性？
4. 你将如何改变治疗过程，以便让丹或其他有着暴力、冷暴力背景的人更容易接受？

练习 4（最多 7 页）

目标：帮助你将自己的多元文化理论及社会经济地位相关问题整合进丹的深度个案概念化中（他是谁，他做了什么，他为什么这样做）。

形式：完成一篇经过精心组织构架的完整论文，包括假设、详细依据以及结论。

需要帮助的话，你可以回顾第一章、第二章。

步骤1：思考你应该用什么方式来组织对丹的多元文化理解。这种方式应该达到以下目的：①为你全面、清晰地了解其所属的社会文化群体提供支持；②为保护他免受进一步的老年虐待提供会让他觉得更有说服力的语言。

步骤2：制定一个简要的前提（概述、初步或解释性的陈述、命题、主旨句、理论导向介绍、假设、总结、因果关系陈述）。这个说明解释了丹作为一个个体此时的能力水平，他目前比较年老，并且一直在对其生活环境和强健体格的变化进行理解和适应。如果你对步骤2有些困扰，这应该是练习2和练习3关键信息的整合，它应该：①为丹既不被其女儿施暴也不主动实施暴力的长期目标提供基础；②根植于多元文化理论，并且对暴力问题有着敏锐的洞察；③在治疗过程中尽可能地凸显其多元文化的优势。

步骤3：通过对丹这样一位近期被女儿虐待致伤的老年人的深度理解，从多元文化角度对其进行整合以丰富你的支撑性材料（对优势和劣势进行详细的个案分析，为介绍性前提提供数据支持）。如果你在步骤3中有困惑，思考一下可能需要的信息，以便达到以下目的：①支持短期目标的发展；②根植于多元文化理论，并且对暴力问题有着敏锐的洞察；③通过分析丹的世界观和价值观对其优势进行整合性的理解。

步骤4：得出你的结论并提出具体的治疗建议，包括：①丹的整体功能状态；②此时发挥其文化优势的障碍；③当他评估世界观和价值观时的基本需求。认真思考你在练习3中H和J部分所说过的话（尽量简明扼要）。

练习 5（最多 4 页）

目标：基于丹的文化优势，为其制订一个具有理论导向的行动计划，并保持对暴力及冷暴力相关问题的敏感度。

形式：包括长期目标和短期目标的句子概要。

需要帮助的话，你可以回顾第一章。

步骤1：制定治疗方案大纲，仔细思考你在练习3中H和J的部分所做的叙述，以防止在治疗中有任何偏差，保证你的方案能够满足丹作为个体的独特需求。

步骤2：制定长期（主要的、重要的、宏观的、全面的、宽泛的）目标，如果理想的话，丹会在治疗结束时实现它。这将使丹建立起适应性的世界观并意识到在其家庭关系中暴力所起到的作用。如果你在步骤2中存在困惑，重读你的前提和论据，注意它们是如何转化为与丹现实处境需要相关的目标的（使用练习4的形式）。

步骤3：制定一个你与丹可以在几周内看到成果的短期（很小的、简单的、具体的、特定的、可测量的、次要的）目标。你可以与丹就此讨论治疗进展，帮助他逐渐意识到关于暴力和权力方面的世界观和价值观，向他灌输改变的希望，帮助他计划及时有效的治疗疗程。如果你对步骤3有所困惑，重读你所写的论据段落，寻找可以转换成以下目标的方法：①能够帮助丹对其权力具体价值进行评估，其生活现状、身体状况发生了哪些改变，这使得他对周围人的态度有了哪些变化；②能够提高或降低丹追求安全生活能力的促进因素和阻碍因素有哪些；③在分析其生活时，无论何时都能够使用到的优势资源有哪些；④有针对性地将其作为一个同时施暴与被施暴的老年人来看待。

练习6

目标：对在丹的个案中所使用的多元文化治疗进行评估。

形式：以论文或小组讨论形式回答问题 A~E。

A. 关于丹（受虐老人）的治疗模型有哪些优点和缺点？

B. 思考如何使用动力学视角来改变治疗方案，以帮助丹理解其对女性的掌控与冷暴力的不良循环模式。丹在女性面前扮演着怎样的角色？他对女性有着什么样的看法和期望？丹对自己作为一个男人是如何看待的？你认为对于此时的丹而言，动力学和多元文化理论相比，哪一种方式更有价值？为什么？

C. 通过丹对女儿海伦的控制情况，能反射出其平时在工作中是如何与下属相处的。然而他对待权力地位比他高的人则是另一种方式。从民族和种族的维度去思考，丹成长于白人文化群体，这对他与海伦以及下属的人际关系会带来哪些影响？既然你已经和丹使用了文化治疗的方法，从民族种族的角度来看，丹的动机可能有哪些？从你自身的文化背景来说，你认为和他讨论白人的问题有多大的困难？

D. 思考丹的家庭状况以及关于暴力的研究，讨论丹目前的自杀风险。你是否需要更深入地评估一些特定的问题以便获得更准确的评估结果？如果海伦开始意识到丹在治疗中所谈论的事情，会发生什么事情？这会使他的自杀风险增加还是减少？

E. 你从海伦虐待丹的事件中所学到的东西有哪些？对你自身有哪些影响？特别是对像丹一样的老年虐待受害者的态度有哪些影响？

推荐阅读

书籍

Comas-Dias, L. (2012). Multicultural care: A clinician's guide to cultural competence. Washington, DC: American Psychological Association.

Hays, P. (2013). Connecting across Cultures: The helper's toolkit. Thousand Oaks, CA: SAGE.

Sue, D. W., & Sue, D. (2013). Counseling the culturally diverse: Theory and practice (6th ed.). Hoboken, NJ: John Wiley & Sons.

视频

Hays, P. (2012). Culturally responsive cognitive-behavioral therapy in practice [DVD]. Washington, DC: American Psychological Association. Available at www.apa.org/pubs/videos/4310900.aspx

Lindner, E. (2011, October 31). Linda Hartling: Relational-cultural theory [Video file.] Retrieved from https://www.youtube.com/watch?v=Ew4zBnz_GVc

McGill Transcultural Psychiatry. (2013). Community mental health and cultural therapy in Jamaica [Video file]. Retrieved from http://vimeo.com/52488730

Wellesley Centers for Women. (2014). Forming healthy, thriving connections [Video file]. Retrieved from http://www.wcwonline.org/Videos-by-WCW-Scholars-and-Trainers/forming-healthy-thriving-connections

网站

Dr. Pamela Hays. http://www.drpamelahays.com

Jean Baker Miller Training Institute. http://www.jbmti.org

第十一章
建构主义的个案概念化与治疗方案

建构主义理论简介

撒迦利亚（Zechariah）正在参加一次由一所中等规模的乡村大学纪律委员会为他安排的一次会面。撒迦利亚是个 19 岁新生，是非裔美国人。他有一个 17 岁的妹妹和两个弟弟，年龄分别是 15 岁和 13 岁。他们由自己的母亲和祖母抚养长大，一起生活在东北地区的大城市，离这所学校大约有四个小时的车程。基督教在撒迦利亚的家庭生活中扮演着一个重要的角色，而且他是用先知撒迦利亚的名字而命名的，而且撒迦利亚的教义在他的童年中一直被反复引用。撒迦利亚被推荐学习对愤怒的管理。他不同意推荐，认为这反映了种族主义的大学制度。然而，他打算与他们合作。他决心在学术上获得成功并成为家族中第一个毕业的大学生。在一个简短的精神状态检查中，并没有发现撒迦利亚存在认知困惑，有伤人和自杀的意念以及冲动控制的问题。

后现代主义传统包含许多不同的观点，而不是提供一个统一的理论让治疗师来遵从。这一传统其实受到各种取向融合的影响，这些取向包括女权主义、人本主义和系统理论（Neimeyer, 2009）。尽管建构主义本身存在各种取向，但所有的建构主义方法有一点是共同的，即相信人们总是从自己经验中形成意义来理解自己和这个世界。要做到这一点，个人需要赋予他们经验的各种现象以秩序。人们施加的秩序帮助他们理解自己的经验以及衍生的意义。事实上，这种秩序也是个体对他们经验的某些方面的侧重，这种侧重影响着他们对生活的看法，并对他们自己的优势和困难都有所帮助。这是因为他们从自己的经验中获得的意义其实代表着一系列由社会建构出的现实，而不是一个客观现实，这一客观现实对于他们是跨越时间、跨越不同的个体、在一种文化内或者跨越文化的。虽然生活在一个由客观的外部刺激组成的世界里，撒迦利亚的意义建构更像是他的社会建构世界的一个功能。虽然没有绝对的"真理"存在，源于主流社会群体和机构的社会建构可能会把他们对现实的看法强加于弱势的个体和群体（Neimeyer, 2009）。

你如果是一个关系取向的建构主义者，那么，你会认为撒迦利亚应将自己和其他人的对话交流当作一个媒介，通过这个媒介来将他的经验施加以秩序化，使意义建构得以发生。撒迦利亚是他的生命故事里的主人公，为了理解这个撒迦利亚需要和你讨论它。这个互动对话是建构知识的过程，让他建构知识以理解自己，理解你以及他的处境。而这个意义生成的过程是通过对话中使用的语言来实现的。当他告诉你他在大学里正在经历什么时，他其实正在从事一种社会活动，本质上是一种关系行为。你会用一个表意方法来帮助他。撒迦利亚来赴约之前，你除了鼓励他讲述自己的故事之外其实并没有别的打算，并全心地参与和他一起共同创造一段具有疗愈性的经验。这是一个共同创造出来的经验，在（纪律委员会听证会之后）因为一个人（撒迦利亚）告诉了另一个人（你）关于（他和室友的问题），这会高度影响什么样的故事展开，以及撒迦利亚从中得到什么样的意义（Neimeyer，1995、2000）。

关系建构主义者强调"人际关系和对话交流在人类生活中的主导地位"（Neimeyer，2000，p.216），并试图解释很重要的概念"自我"。你相信撒迦利亚通过他讲述过去的故事来保持一种连贯的自我意识。这些"传奇的自我"总是开放的，随着对话交流中撒迦利亚的经验被探索和阐释而不断地被修改；撒迦利亚其实并没有一个真正的可感知的自我，或者是真正的一个实体。他的这些故事是以第一人称叙述的方式用来达到以下目的：①把不同的经验融入一个连贯的整体；②使他处于与他人的关系当中；③暂时提供一种虚构的身份来理解自己。撒迦利亚到底是谁呢？一所大学的学生？一个非裔美国男性？一个长子？一个愤怒的青年？这个答案要取决于在当时他和什么人发生联系以及发生了哪种类型的交流互动；即使他能够立即意识到他的自我意识其实是一个在与每个人互动中不断建构的过程（Neimeyer，2000）。因此，是否他把自己当作一个大学生，还是一个兄长，或者一个生气的人其实更多地取决于当下对于他起到什么样的作用，而不是什么是客观的"真相"或者有依据的现实。

撒迦利亚不断地通过努力探索和阐述他的经验来生成意义。撒迦利亚正试图在自己的理解范围内整合那些过去的经验，事实上这些经验是异质的、复杂的，有时甚至是相互矛盾的。因而，讲述出许多不同的故事都是有可能的，也不存在一个故事要比另一个更客观真实。那么一个对话是如何进行的呢？当撒迦利亚将他的生活和你发生了联系，他将自己的经验组织为那一刻有意义的单元。由于他这样做，他可能会觉察到这些经验中的一些模式或主题。例如，他可能还记得许多例子，比如帮助他的弟弟妹妹。从这些故事里可能生成的意义包括他是一个充满爱心的哥哥（他是谁），他会主动地帮助他的兄弟姐妹（他做什么）。这些对自己的理解，或者又称为自我理论，对他来说可以被认为是功能性的。这种理解使得他认识到自己目前的日常生活中遭受的约束似乎是合理的，如果给他提供进一步扩充和调整的机会以便整合成新的经验，这种理解还能导致他的积极情绪状态。

撒迦利亚需要治疗吗？一方面这取决于是否有一个连贯的、增益人生的叙事来引导当下的他。要确定是否是这种情况，需要考虑以下这些问题：他正体验着很多积极的情绪吗？他当前的叙事给他一种具有适应性和连贯性的视角来看待自己吗？他和别人能有效地相互联结吗？他在自己的家庭、学校和工作环境里有没有采取支持这些适应性的目标的行动？他能够适当地把新的体验容纳到正在进行的叙事中吗？如果答案是肯定的，那么他的叙述就是增益人生的，他就不需要接受治疗。另一方面，如果他正在体验着大量的负面情绪，如果他正在体验一场混乱、消极的、不连贯的或者过于僵化的观点，如果他是挣扎在功能失调的关系当中，如果他不能采取适应性措施，或者如果他无法适应新的经验，这就表明他需要治疗。

此刻，撒迦利亚使用问题饱和的叙事方式定义他自己的身份：他面临作为一个新学生的问题，室友认为他具有暴力倾向的指控，各种违纪行为，感到被压迫和人微言轻的感觉，这些都在支配着他对自己和对世界的看法。而其他的一些经验，例如他在课程上的成就，寻找非裔美国人朋友的幸福，接收到的来自他的家庭成员的爱和尊重，是轻薄（没有很好地阐述的）的故事，没有被强有力地体验到。此时更多是浓密的（精心阐述的）压迫的故事。

如果他选择参与治疗，他将会觉察到这些体验以及它们引起的情绪，可以通过进一步探索和阐述来得到加强，这样他们能够对痛苦形成强大的对抗性叙事，一个目前支配他的结构。撒迦利亚将主导从治疗经验里得到的任何意义，但是你要通过触及他的情绪反应（语言的和非语言的），来引导他进一步发展出有益于生活的叙事（Neimeyer，1995、2000），这种叙事为他建设性的行动提供更多的选择（Neimeyer，2009）。

治疗师的角色

你的治疗过程将涉及尊重撒迦利亚从自己的经验中获取意义的干预（Neimeyer，2009）。治疗过程开始于撒迦利亚和你之间的谈话。虽然是他的言行来定义治疗如何开始，但在他的现实中你不是一个被动的参与者。你需要完全在场，你倾听他，没有任何其他事情或分心。你需要这样一种存在：你能觉知你自己是个独立的个体，与你正发生联结的他也是独立的个体（Neimeyer，2009年，p60）。你将通过询问、对来访者所说的进行回应、鼓励他比较深入地体验自己的情绪和身体感觉，参与到来访者的叙事过程。这样，你将和撒迦利亚短暂地创建出他的部分经验（次要情节）。这些经验假定有一个线性事件的开始和结束，尽管实际可能没有客观的线性因果关系（凯利，1955）。

例如，撒迦利亚可能发现他在早上心理学课程上有一段混乱的经历。你会通过帮助他回想更多课堂的细节来确保他从更多角度思考他的行动、想法、情绪以及和其他人的互动，以鼓励他更深入地探索这段经历。通过这一过程，他将对他所经历的部分获得更深的理解。这时他讲，教授一个特别的表述在某种程度上具有侮辱的性质并让他感觉到自己被"拒绝了"。撒迦利亚在这个课堂上一直努力学习，所以他不明白为什么教授会这么忽视他。在治疗的整个过程中处理负面情绪是生成意义的主要部分，因此撒迦利亚被拒绝的情绪体验需要全面地探索。你将帮助他找到他从教授的话里面建构出的意义。将课堂上发生的事情联系起来的过程并不是消极被动的——你要帮助他充分体会他将什么与你联结，你也会意识到你自己对他有关经验的反应。你还将帮助撒迦利亚寻找这些故事背后更深层次的主题，他告诉你的有些故事可能在他生活的整体建构中扮演着关键角色（Neimeyer，2009）。

撒迦利亚认为他所描述的这段经历起始于教授对他的评论，结束于他被拒绝的感觉。然而，如果选择不同的时间段的话，就会呈现出对前后因果的不同解释。例如，根据你的问题，你可能会选取另外一段由于闹钟定错而导致撒迦利亚迟到了的经历。迟到的撒迦利亚冲进教室时扰乱了课堂讨论，教授因此做出回应批评。通过这种方式，是"迟到"而不是教授的评论而导致现在的被拒绝。因此，没有真正可以用于确定因果的线性关系，确定因果的其实是我们感知到的线性。

在撒迦利亚讲述自己故事的同时，你将努力实现叙事性的共情，即治疗师适应他的感情和想法并对来访者显示的自我同一性进行反应和验证。你应该保持好奇并鼓励去探索而不是指导或说教。他的情绪总是包含着重要的意义，这些情绪一旦显露出迹象，不管出现在咨询中的情绪是言语还是非言语的，都应该积极地去探索。在处理他的经验和支持意义建设的过程中，你会让他参与到三个基本过程：尽可能让故事得到充分的阐述；详细地说明故事的每一方面，不管这个故事是否令人混淆、不完整或者有疑问；把从他的经历中得到的理解他自己的世界和他所处的位置的人际意义和连贯性、乐观的感觉结合起来，一个具有自我调节性的生活方式需要这种感觉来支持（Neimeyer，2009）。

你们一定会在某些方面使用你在会话中用的语言。治疗可以将注意力转向这种语言，这种语言根植于嵌入着主流文化的各种假设，连同撒迦利亚那些自我理论背后的那些家庭或文化的假设；其中的一些假设可能会在适应性方面指导他，但其他的一些假设可能是有问题的，需要我们去挑战这些假设。例如，一个与父亲存在乱伦关系的儿子可能被贴上"乱伦受害者""乱伦幸存者"的标签，甚至是"尽管乱伦但却成功"的标签。语言中一些微妙的和直接的变化是可以强烈影响儿子对自己与他人的关系的观点。因此，相对于探索大学里发生的那些外部突发事件，撒迦利亚对他的处境的理解可能会限制他对自己进行更多的探索；治疗师试图扩大他的选择。如果对于撒迦利亚来说，大学的社会建构是具有压迫意义的，治疗师可以作为社会变革的代理人。治疗师可以帮助撒迦利亚修改、重新解释或抵制压迫他或其他人的文化故事（Neimeyer，2009）。

你将如何鼓励适应性的意义建构呢？整个过程将开始于你和撒迦利亚开始解构他的故事（把它从一个整体分成很多部分，这些部分包括设定、角色和情节等），然后进一步阐述他可能没有完全注意的方面。这将使他能够引申出更多的意义。而在这个过程中有很多治疗技术可以使用。当你主动倾听时，你将会建议采取一些与他当下需求共鸣的技术。因为治疗过程是一个高度协作的过程，技术永远不应该是强加在撒迦利亚身上的，他有权被告知并决定自己是否想要尝试一些技术。来自不同治疗流派的治疗技术可能会在会谈的自发互动中展现出作用。然而，在意义建构中为了鼓励撒迦利亚，故事中的自我隐喻可以用来提供实践性指导。这个隐喻可以从三个方面进行探索和阐述，这三个方面包括：①叙事形式和特征；②观点和声音的要点；③谁是作者谁是听众。每个方面都对治疗师与撒迦利亚的交谈如何干预影响到意义建构的过程提供了思路，使得其提供更多叙事的可能性。那些没有提供新的意义建构机会的叙事被认为是单薄的叙事，需要进一步探索和延伸；这也就是所谓的让叙事变得丰厚。下面的描述是来自 Neimeyer 关于的如何使用这些方面来帮助撒迦利亚发现更多新的可能性的"作者-主人公"的论述（2000）。

叙事形式和特征是一个用来理解撒迦利亚的自传式叙述的结构，这个结构包括描述叙事背景的细节（在哪里）、叙事中的角色（谁）、叙事情节（什么）、叙事的主题（为什么）和叙事的目标（目的）。背景出现于针对发生了什么的循序渐进叙述过程中，即撒迦利亚个人历史的某一特殊方面并指出这段经验的时间和地点。你会帮助撒迦利亚尽可能多地回想背景细节，你还会重视他赋予这些细节的意义，这样他可以更彻底地探索他的建构。

角色指的是谁是故事中的演员，以及叙述者讲述的那些人的假设的动机。即使撒迦利亚可能确定他自己理解室友的动机，你还是可以帮助他探索更多的可能性。个体的意图往往很复杂，通过考虑这些可能性，撒迦利亚将会让他的故事有更多的心理深度。这个过程可能会使撒迦利亚对他人有更深的洞察。撒迦利亚自己的意图也可以通过这种方式进行仔细的审视，而你可能用各种隐喻或其他技术来帮助他理解自己复杂的内在经验。最后，这项工作将会帮助撒迦利亚看到在他自己的故事里他的"自我"和"他人"的建构其实是相互关联的。

帮助撒迦利亚充分阐述故事里的情节，或者在他故事中的某个插曲（或者是次要情节），以提高他自己对发生的所有行动的认识，提高他对行动中的规则的认识。对事件不恰当的理解会干扰到撒迦利亚是否拥有一个连贯的自我认同。如果他在回忆情节的细节时存在困难，治疗师要去帮助他再次生动地去体验这些经历。通过这样来引导他去填补自己故事中的空白。例如，撒迦利亚可能对别人隐藏自己的某些方面，以试图将自己从创伤、负性经历或者他自己的一些让人讨厌的行为中分离开。治疗师要通过更加的自我肯定和接受的方式帮助他澄清自己这些部分的意义。同样，因为某些方面的经验会致使他采取矛盾的行为，他可能因此会感到迷惑。治疗师要帮助他澄清这些困惑的经历，协调把所有经历都考虑进去的意义，并制订行动计划指导他以确认的方式生活。治疗师会帮助他仔细考虑经验的每一部分，以帮助他明白到底发生了什么。

如果叙事的理由是虚构的，帮助撒迦利亚让叙事的理由变得明确是你要为自己设定的目标。这些目标是未来导向的，这些目标也反映出他可以采取的积极行动。采取这些行动将会支持他在积极适应他人的过程中拥有一致性的自我认识。虽然，事实上并没有特定目标能够代表他"应该"如何，但是这些目标代表对他开放的更多可能性。这些目标可能还包括他试图做出新的积极自我建构而寻求社会认可。尽管这些目标可能满足他或满足大学纪律委员会的要求，但是治疗的成功从来都不是限于目标达到。之所以这么说，是因为生命是一个持续的建构过程，这个过程其实没有可知的终点。只要这些目标能够让撒迦利亚的叙事指向未来，那么目标就是成功的。

当撒迦利向治疗师展示他的叙事时，就会存在一个既是内心的也是人际的焦点。内心的焦点是通过观点和叙事的声音和角度而体现的。撒迦利亚可以选择从五个不同的视角来讲述他的故事。第一，他可以从一个内心独白的角度来开始，当这些经历自发地出现，他可以提供关于这些经历未经审查的、自由流动的描述。第二，他可以从戏剧独白的视角来试图明确地说服他的听众接受他的观点。第三，他可以使用写书信的方式叙事，这种范式就像内心独白一样也是一种自我探索的形式。然而，在写信的时候，这种自我探索会更有条理，自由浮动的空间也会更少。作者假定读者会对信的内容有一个反应。因此，为了那些可能的其他读者，这种叙述需要进一步地理顺。第四，撒迦利亚可能会以一种超然的自传体方式来呈现他的叙事，试图表明他在审视自己生活时的客观性。第五，他可以选择匿名的方式来叙事，撒迦利亚可以通过故事中的多种角色来阐明自己的观点。通过这种方式，叙述出来的故事不会有一个只有唯一焦点的"主我"。

在讲述自己故事的时候，撒迦利亚讲述的语气可以提供一种线索，这些线索可以发现他在叙事中总结出来的意义。比如，撒迦利亚是否使用一种恳求的语气，就像告诉自己他已经尽其所能了？他会使用一个谴责的语气为发生的那些事情而去指责自己吗？撒迦利亚自己其实可以有很多声音。但是如果只可以听到一个声音，那么在构建他自己身份的时候就会冒着忽视自己其他重要方面的风险。

为什么撒迦利亚会选择提到故事的一些细节而不是另外一些呢？这又将如何影响咨询师呢？讲故事其实是一个互动的过程，这个互动指的是讲述者（作者）和倾听者（观众）之间的交互影响。从这个角度来看，它有一个人际互动性质的焦点。撒迦利亚或隐含或明确地把治疗师当作一个倾听者，让治疗师参与到他如何来决定告诉你他的故事、决定需要怎样和你分享那些异质性经历的过程。此外，来访者在谈论自己时使用的语言是受他的社会背景影响的。撒迦利亚所处的文化提供了使用的语言，他可以用它来试着理解并重塑他自己的经验。治疗师要帮助撒迦利亚去理解言语（用词汇来描述经验）其实是一个过程，它发生在一个人和另一个人交流时。个体使用的语言或隐约或明确地强调经验的不同部分，因而会使个体对从故事里建构出的意义存在偏见。撒迦利亚需要使用新的语言从自己的故事里来发展出更具功能的意义来，或者在情节当中使用替代性的叙事。

总之，许多技术，不管是用口头或书面的形式执行，都可以帮助撒迦利亚解构满是问题的叙事并创建一个增益人生的叙事。解构的过程将为撒迦利亚提供新的可能性去思考，去感觉，或者去行动，好像他重新建构新的人生故事。在治疗结束时，撒迦利亚将以一种更为增益人生的方式来讲述他的故事。这些会反映出什么呢？他的这些关于自己的故事包括自我接纳、认可和连续性等主题。他会把自己定位于以一种更为积极的方式来和他人发生互动。他会积极、正面地通过接受别人的正面认可的方式来与社会发生联结。新的故事能够引导他实现作为学生和令人敬爱的家庭成员的目标。治疗师要认可撒迦利亚做的每一个建设性的改变，包括他如何看待自己，如何看待他在世界上的地位，以及他是如何与别人互动的。然而，与治疗设置相比，这些强大的、寻求健康的身份的认可最好还是来自他生命当中的重要他人。因此，治疗师要帮助他决定什么时候以什么方式记录自己在与他人互动中自己出现的那些新的方面。就如意识到把认可来访者的独特性堪称非常重要的一部分那样，治疗师要支持撒迦利亚发展关于自己的特殊模式的意义，这种意义来自他自己生命中强调的那些模式当中。撒迦利亚建构的健康意义会把他引向目标导向和探索健康的行为、思考和情感当中。治疗师将帮助来访者解除那些对他产生约束甚至压迫的个人和社会建构（Neimeyer，2009）。那么，治疗需要多长时间呢？每次咨询的结束都需要考虑这次咨询的价值以及来访者觉不觉得下一次咨询是有价值的（Neimeyer，1995，2000）。

案例应用：聚焦社会经济地位领域

现在我们会更细致地审视撒迦利亚的状况。虽然人类的复杂性提供了多个方面让撒迦利亚洞察到他对自身、他人以及他的处境的建构，但我们选取的是社会经济地位的领域，将这个领域与建构主义相结合，形成对撒加利亚的个案概念化并制定出治疗方案。

从建构主义角度与撒迦利亚会谈

治疗师：（把报告的副本递给撒迦利亚）这是委员会的那份报告，我觉得你会想看一下。（在撒迦利亚浏览报告的时候有个长时间的停顿）我感到很困惑，你第一学期的学习成绩非常不错，平均绩点是 4.0。对我来说，这意味着你肯定是一个非常自律而且成就感很高的年轻人。但是，委员会的报告却认为你非常冲动和容易被激怒。

撒迦利亚：（紧紧抓住这份报告，平静但有力量）这都是种族主义。这里的人到底怎么了？（大声和坚定地）我在听证会上有几次生气是因为我的室友在对我撒谎。但这些，并不能够认定我是一个容易愤怒的人。（停顿）我敢说，在我去委员会听证之前，他们就已经预先判断并认定我有罪。

治疗师：是什么让你这么认为？

撒迦利亚：（实事求是地）坐在我对面的委员会成员，其中有 10 位在整个听证会的过程中一直盯着我，他们都穿着昂贵的西装。而我穿着我的教会服装，这些衣服是从凯马特商店买来的，我怀疑这些人是否需要去凯马特商店。（译者注：凯马特商店，美国一家大众化廉价超级市场）

治疗师：你觉得是他们的衣服使他们和你分开。很难想象到比你有钱得多得多的人会公平地对待你。还有什么别的么？

撒迦利亚：（生气地）我和我的室友被一个愚蠢的屏幕给隔离开了。我的律师已经提前提醒过我了（停顿），但是，我……（哽咽）

治疗师：这个屏幕严重打击了你。这对你意味着什么呢？

撒迦利亚：（愤怒地）我是说我被"透明的"东西而隔离开。他自由地指控我，而且……（停顿）亨利——就是我的室友——告诉委员会说他很害怕我，他不能确保他见到我后可以作证。（停顿，双手放在椅子上，手指关节都发白了）他们想让亨利能够远离这些。

治疗师：这些很折磨，也很痛苦，而且感觉就像是在针对你一样。

撒迦利亚：（聚精会神地）我不得不坐在那里，去听他们对我所有的指控。亨利一直坚持说我从一开始就在威胁他。因为屏幕不是很大，我可以看到他的手就在桌子上。他手里拿着一本《圣经》，好像他很虔诚似的。陪审员温柔地向他询问一些问题，好像他已经濒临崩溃的边缘了。当轮到我时，我就问亨利，我是不是一次又一次地尽力对他以朋友相待？而他只是不停地嘀咕说我只是试图想恐吓他。（撒迦利亚的声音越来越响亮）我问他除了睡觉之外，我是不是很少待在房间里，而他却说那是因为我总是外出去喝酒。（撒迦利亚的拳头猛击椅子的一侧）我没有出去喝酒。我一直在图书馆里学习，但只要是我的事情，他却可以假定都是不好的。

治疗师：他为什么会这么做呢？

撒迦利亚：（专心地，并低下头）很明显，他就是一个种族主义者。（抬起头，带着讽刺的语气）你也认为种族歧视已经成为过去了吗？

治疗师：包括这所学校在内，这个世界依然充满了许多关于压迫、痛苦以及苦难的故事。（停顿）很遗憾，这样的故事不停地出现。每一位学生都有权利感受到欢迎并得到尊重。

撒迦利亚：（轻轻地）在我很小的时候，我曾经梦想大学应该就是你说的这个样子的。我还记得每个周六，我妈妈都会带我到市中心的公共图书馆周围散步——那个图书馆是那么的宏伟。妈妈会告诉我说，大学校园里到处都是这样的建筑，而且，未来的某一天，我如果足够努力，也可以去那里。我特别兴奋。我的确很努力，然后我来到了这里。第一天开始的时候还是很令人愉快的。但是，现在……（停顿）

治疗师：一想起大学就令人振奋，（停顿）但是肯定有些地方出现了严重的问题。

撒迦利亚：（认真地）我知道我来到这里会面对挑战的。

治疗师：（停顿）你刚才说的"挑战"指的是什么？

撒迦利亚：（带着讽刺的语气）我成长在一个周围都是非裔美国人的环境里。然而这所大学寄给我的学校宣传册里，里面全是白人面孔。我就知道我在这里将会是一个局外人。我很想去美国弗吉尼亚州的汉普顿大学，那是一所专门为非裔美国人建立的私立学校（停顿），但这个公立学校的学费要低得多。当我们坐在厨房的餐桌旁看着我接到的这两所学校的录取通知书的时候，我能够看到我妈妈的眼神。虽然她没有说什么，她的眼睛里充满了骄傲，但我也有看到……（停顿，眼睛开始有泪水滑落而出）

治疗师：（轻声地）你需要，（停顿）你的家人需要首先考虑读书的成本？

撒迦利亚：是的，（停顿）这个地方给的钱最多，我也真的需要去有钱的地方。（长时间的停顿；他静静地看着自己的双手，似乎是在思考些什么）我知道这不会是容易的，但是我没有料到那个傻瓜亨利的存在。当我第一次看到这个瘦瘦的白人孩子进入我房间的时候，坦白说，我其实真的无法相信。我以为我将和我的兄弟住在一起。当我和他打招呼的时候，亨利甚至都不看着我。他当时带着两个沉重的行李箱。对于他来说，行李箱看起来太重；他是一个这么小的家伙。我走过去把其中的一个行李箱放在他的床铺上。整个周末我都表现得很友善，现在看来都是白费。

治疗师：你试图帮助他并主动和他接触，但是他并没有理解你所做的这些事情的意义，即使是帮他拿箱子这么明显。

撒迦利亚：（轻轻地）在我问他问题的时候，他几乎不会回应我，但是我并不介意。我告诉我自己，也许他是害羞的，我需要继续努力。在那个星期天的早上，我看见他正在阅读《圣经》。我自己是经常去教堂的，我便与他谈论耶稣，但是（停顿）他表现得非常不情愿。我是一名浸信会基督徒，而他认为我不可能会去天堂。他认为只有来自他的教堂里的人们才能听到真正的神谕，其余的那些人是可恶的。（停顿，认真地）耶稣拯救了我们所有人，（停顿）但是我还是很尊重他，离开时也只是挥挥手。因此我曾在教堂里为此深深地祈祷，但我感觉不到和他有任何精神上的联结。（迦利亚的话听起来悲伤，并抬起头来看治疗师）

治疗师：听起来你仍然为这件事情感到很伤感。你不停地主动和他接触。你努力去建立友谊的基石，但是却什么都没有。即使是谈论上帝，也只是让你觉得这个屋子空荡荡的，不存在一点理解。

撒迦利亚：（悲伤地）是啊，这就是一个空虚的房间，我在那里感到的是孤独，所以我写信给我的妹妹和兄弟来寻求帮助。这一切却在第二天很快地崩溃了。我回到宿舍，刚洗完澡出来，就看到他正在把他的钱藏在他的床垫里。这真的很伤人。前一天我还和他在谈论上帝，告诉他耶稣在我生命中有多么的重要，但他却依然认为我会偷窃。我变得很抓狂，我抓起我的衣服就立刻离开了房间。

治疗师：你想和他分享一些你的很多深层次的东西，他不仅拒绝了去了解你的机会，而且还紧紧抓住他脑海中形成的对你的错误印象。

撒迦利亚：我直到下午5点才回来。那个时候我已经冷静下来了，我想再一次努力去突破他的心防，打破他对我的成见。（停顿）先知撒迦利亚就曾有一个艰难的任务，就是试图让那些迷了路之后的以色列部落，重新聆听到神谕，所以我理所当然地认为我是能够将这个白人男孩感化的。我决定不告诉他我看到了什么，而是邀请他一起去吃晚饭。他拒绝了，他甚至都没有抬起头来，眼睛一直盯着电脑屏幕。在那一刻，我只是想立即搬出这间公寓，但我没有足够的钱。（摇了摇头）那样的话本可以解决所有的事情，但我却不得不留下来。

治疗师：因为没有足够的钱，你有一种深深地被束缚的感觉。

撒迦利亚：（悲伤地）是的，你说得对。不管我说什么，他都不会听到我的。我从小就被教育要对你的邻居讲真心话——这句话来自于撒迦利亚书8章16节。总是说真话是一个艰难的标准，但我每天都会执行。我告诉纪律委员会真相，但是他们对我充耳不闻。亨利才是问题所在。（着重地）不是我，是亨利。我从来不曾，未来也永远不会与暴力有关。我一直遵循着耶稣基督的道路。

治疗师：你的故事里没有一点暴力。你的故事是围绕着对上帝的深沉和真诚的信仰。我能听到你的使命感。

撒迦利亚：（认真地）谢谢你的理解，我对别人有威胁的话本身是一个谎言。（停顿）我决定原谅室友的无知，但会离他远点儿。我会寻找一些兄弟。这里很大，我肯定能够找到他们。

治疗师：你打算去寻找新的朋友去了，你也会坚持，就像你坚持学业那样。你已经认识到亨利不会成为你的朋友，但你选择了继续前行。

撒迦利亚：（微笑着）我很幸运地在自助餐厅里遇到一群好哥们儿。他们是去年来到这座校园的，他们马上就能明白发生了什么事情。

治疗师：看得出来，遇到了理解自己的人让你感觉像是松了一口气。

撒迦利亚：（强调地）他们明白我内心里糟糕的感受，并伸出了援助之手。这始于一个为我举办的欢迎聚会。然后，我们去了购物中心，他们帮助我买一些可以挂在我房间的海报。除了衣服之外，我没有带任何东西。但宿舍里到处都是亨利的印记。这些海报帮我摆脱空虚，让我不再被无视。

治疗师：想要被别人看到，留下自己的标志在你的生命当中是一个非常重要的主题。

撒迦利亚：（认真地）我厌倦了被忽视的感觉，好像这个空间仿佛只属于他，他能够决定我是否可以留在那里。当然公平地讲，他从来没有说让我出去。

治疗师：他和你说话的方式，不和你说话的方式，都像是对你说，"离开这里"。

撒迦利亚：（温柔地）是这个样子的。（微笑着笑）好吧，在我知道亨利会在教室上课的时候，我们把海报挂在了墙上。（认真地）我要给他那个，（停顿）他确实去上课去了。

治疗师：他确实是伤害到了你，但是你仍然尽力公平地对待他。（停顿）在这份报告里，提到亨利指控你张贴海报，试图恐吓他搬出公寓。

撒迦利亚：（认真地）这些张贴的海报都是我心目中的英雄——马丁·路德·金教士，W·E·B·杜波依斯和马尔科姆·X。我想每天看到那些海报会提醒我要坚强，用我自己的方式去对抗不公。我也很想知道亨利对我这么做的反应，所以当他走了进来的时候，我假装在看书。他吓了一大跳就跑出去了。我就开始笑了出来，（停顿）这实在是太疯狂了，但是现在我觉得不好笑。

治疗师：我有些不大明白，为什么你会留意他的反应呢？（停顿）难道你其实期望发生一些不好的事情吗？

撒迦利亚：（不好意思地）我知道无知的亨利是不会理解海报上的文字的。（长时间的沉默）

治疗师：海报上都说些什么呢？

撒迦利亚：（认真地）马丁·路德·金说，"你的腰不弯，别人就不能骑到你背上。"

治疗师：这对你意味着什么？

撒迦利亚：（严肃地）我的室友，或者其他人可以侮辱和试图贬低我，但是如果我不让他们这么做，他们就不会成功。

治疗师：这是一条很有力量的信息。这是一种自我确信，即别人是不能决定你是谁的。（长时间的沉默）那其他的海报呢？

撒迦利亚：（充满力量地）W·E·B·杜波伊斯如是说："现在就是行动的时刻，不是明天，也不是某些更方便的时期……"

治疗师：这对你意味着些什么呢？

撒迦利亚：（平静地）我需要尽可能地努力学习和倾听，因为这是我的时间。（停顿）我当时看到，他看的是马尔科姆·X的海报。我知道，我心里想的是我本应该买另一张海报。（抬头，羞怯地）海报中，马尔科姆·X高举起拳头那张。（停顿）当我拿起那张海报的时候，我猜我的愤怒占据了一切，并且把宽恕远远地抛在了脑后。

治疗师：他用很多令你痛苦的方式拒绝你。你也有权力去愤怒。不过，上面说了些什么呢？

撒迦利亚：（专心地）"保持内心平和，谦逊礼貌，遵守法律，尊重他人；但是，如果有人对你动手，那么就送他去墓地。"

治疗师：也许是墓地这一部分内容困扰着他。（撒迦利亚和治疗师都呵呵地笑了起来）

撒迦利亚：（再次严肃起来）马尔科姆激励了我的整个一生。我很后悔利用这种方式来吓唬我的室友。我只是想小小地打击他一下。当我在听证会上看到这个笨蛋的手真的在颤抖的时候，我心里真的很难受。他的确是害怕我，这让我很受伤，我并没有危险性。

治疗师：你内心有很多自己的东西，（停顿）但它们似乎都包含宗教信仰的内容，而且是追求和平，而不是暴力。你和亨利的互动之所以包含了愤怒，是因为他先入为主把你建构成一个和消极信念联系在一起的人。亨利对你终身努力成为先知撒迦利亚的了解少之又少。而对于亨利来说，那张海报可能传递了一些负面含义，因为他对非裔美国人的建构中充满了恐惧。

撒迦利亚：（愤怒地）他认为我们都是暴力的。对我来说，海报意味着我应该继续像我的家人教我的那样去生活，而且，如果有人试图压制我，我就应该争取按照我所选择的方式去生活的权利；我是个强者，不是透明人。

治疗师：报告里提到一些你威胁要杀死他的内容。

撒迦利亚：（悲伤地）那天晚上，那些兄弟和我出去吃晚餐，但我意识到我忘带钱包了，所以我跑回了楼上，发现亨利翻看我的抽屉。我让他走开，说话的方式就跟我看到我的弟弟妹妹在翻我的东西时一样。（愤怒地）当然，我使用了强硬的措辞和语调，但他没有任何理由去翻我的抽屉。我的律师也在听证会上指出了这一点。

治疗师：他说了他在找什么了吗？

撒迦利亚：（哼着鼻子）他正在寻找枪支和毒品。他坚定地认为我和我的朋友是黑帮成员，他正在寻找给警察的证据。

治疗师：他在听证会上承认了吗？

撒迦利亚：（愤怒地）是的，但他佐证的辩解是他不知道我是从哪里弄到钱来到这所学校的。我得到了一份总统奖学金，这是通过我在学校的努力学习获得的。是我自己赢得的，它其实一点都不容易。我买的书都是二手书，这样子我还可以把一部分奖学金寄回家帮助我生病的祖母。（眼泪汪汪地低下头）

治疗师：即使你通过努力来到这里，你也需要钱，但是你仍然把一部分钱给了那些你爱的人。

撒迦利亚：（坚定地）我的家人会为我做任何事，我也愿意为他们做任何事。

治疗师：当你开始讨论你的家人的时候，爱就在你的脸上闪烁着，但是这道光只是一闪而过。

撒迦利亚：（悲伤地）他指控我不劳而获真的让我很受伤。我的家庭并不富有。但是我们所拥有的，都是我们通过努力工作获得的。我妈妈做两份工作，一份是白天在公寓大厦做保洁，一份是晚上去一家百货商店做保洁。她每次回到家都已经精疲力竭了，但总是能找到时间关心我的学业。我的祖母已经退休了，但是我们还没有足够的钱供养她让她不再继续工作。当我知道她的关节炎有多么严重但她还得继续工作的时候，感到很难过。

治疗师：你的家庭的故事里充满了自我奉献和爱。（停顿）当你讲到你祖母的关节炎，我可以看到你脸上的痛苦。

撒迦利亚：（低着头）我的祖母应该现在就去看医生。我妈妈说她很担心我，担心到睡不着觉。她不能去看医生也是因为我们欠医生太多的钱。我的妹妹告诉我，上个周末急诊室对我妈妈真的很粗鲁，说我的祖母并不是紧急情况而不应该在急诊室里。没有人愿意帮助我们。绝大多数人都不愿意在我们身上花时间，也不会关心发生在我们身上的事情。我们并不指望他们。（坚定地）我们自己说了算。

治疗师：你的祖母，一位自我奉献的、棒极了的人，她需要医疗保健，但是并没有得到这些。这是令人厌恶但是一直挥之不去的主题，就是尽管他们很善良，努力工作，但这个世界依然把你的家人当成了透明的一样，而勤奋工作的人应该得到所有人的尊敬。

撒迦利亚：（坚定地）我不会在听证会上成为一个透明人。我的律师告诉我不要说太多，但我不能坐在那里什么也不说，或许我确实大喊大叫了。我有和别人一样的权利。（轻声地）不管怎么样，这是学生手册里说的。

治疗师：我理解为什么你不想被当作透明人。但是董事会如何分辨出你的愤怒其实是因为你被诬告的义愤，还是这只是一个失控的年轻人的愤怒呢？

撒迦利亚：（坚定地）难道我在课堂上的记录不足以说明一切吗？这份报告只有一行记录提到了我的好成绩。其他的所有内容都是关于他们如何根据一个晚上发生的事情来评判我。是的，那天晚上我失去了冷静，并且声嘶力竭地朝他大喊。不过，我从来没碰过亨利一下，而且绝对没有这个意图。（悲伤地）他自称是上帝的子民，但他却对我撒了谎。（照着报告读了出来）"他威胁要杀我。"也许我说过这些话，但他完全误会了。他怎么就不明白呢？

治疗师：你们两个在那里听到的和看到的都是同样的话，但你们每个人的理解是完全的不同。

撒迦利亚：（沮丧地）我一直都是对我的朋友、我的兄弟和妹妹说这些话的。你说，他为什么要这样子小题大做呢？我远离了他的视线，但他为什么不能远离我的呢？他们需要做的就是给我安排一个新室友。我不需要任何东西。我也不需要待在这里。

治疗师：我知道了你的情况，我也同意你的说法。我必须写报告向董事会说明你是不是对其他人有威胁。（撒迦利亚皱眉）我将会报告你是这所学校的荣耀，我们非常幸运你来到这儿。

撒迦利亚：（长时间的沉默）谢谢你，我也非常感激你说的这些。

治疗师：我不知道他们接下来会做什么样的反应。他们可能会放弃坚持要求你来这里。也可能不会。你觉得预约下周对你有必要吗？

撒迦利亚：（坚定地）我认为没有必要。但是，我需要这个学位，所以如果他们坚持的话我会回来的。（停顿）某种程度上与你交谈是一种缓解。我不想因为这些让我的家人担心。

治疗师：你多次提到你拥有和其他任何人一样的权利。我只是想让你知道你和这所学校其他同学有同样的权利，来这里讨论大学校园的种族歧视，谈论因为担忧祖母而引起的压力，或是找到自己毕业之后的职业规划。咨询中心对这里所有的学生都是免费的。

撒迦利亚：（平静地）如果纪律委员会告诉我它是必需的话，我一定会回来的。如果他们不这样做，（停顿）我也会考虑你说的话，也会让你知道我的决定。我喜欢这个想法，就是充分利用免费的服务，尤其是在家里时，每个服务都需要付出很高的代价。

治疗师：如果你决定想讨论更多的时候，我会在这里的。

从建构主义的角度对撒迦利亚进行个案概念化：基于假设模式

撒迦利亚透过自己四个主要的人生故事来理解自己被推荐来咨询中心这件事情，第一个故事涉及他的母亲和对爱与希望的感受，第二个故事有他在大学里的非裔美国朋友和对被理解和接纳的感受，第三个故事涉及他的室友亨利以及对精神痛苦和被拒绝的感受，第四个故事牵扯到这个学校的纪律委员会以及对愤怒和无能为力的感受。在每一个故事里，撒迦利亚建构的每一个叙事性自我都会受到谁听这个故事、他在叙事时强调哪些细节以及他在讲述这个故事时所得到的意义等方面的影响；他没有真实的自我，只是不断地表现出想让别人注意到自己的存在。这时，撒迦利亚从他的这些故事所建构出的意义就是，他是一个勤奋的学生，一个忠实的朋友，一个充满爱的兄长、儿子和一个虔诚的人。与此形成鲜明对比的是，在亨利对纪律委员会的故事里面，撒迦利亚是一个小偷、毒贩、酒鬼，是一位应该被开除并且危险的年轻人。这两种叙事其实没有一个能代表着绝对客观性的真实。两个故事都是由讲述者（撒迦利亚、亨利）和听众（临床医生、纪律委员会）共同构建的。撒迦利亚要想获得一个大学学位并帮助家庭摆脱贫困，需要他为自己建构出一个功能性的现实，只有这样才能让自己以一种更适应的方式来实现这些目标。

当撒迦利亚来到大学的时候，他在实现家族成员里第一位大学生的梦想。这个故事开始于他还是个小男孩的时候的公共图书馆里，他的母亲带他浏览了所有的书后开始告诉他大学是什么。撒迦利亚在访谈中着重强调了这个故事，这个故事里另一个人物就是他勤劳的母亲，她虽然为了照顾她的孩子们做两份工作，但是总会找时间来询问撒迦利亚在学校的情况以及检查他的功课。另一个人物是他的祖母，患有严重的关节炎，本应该早就退休的她为了帮助这个家庭养家糊口而一直在工作。剩下的主要角色是他的三个弟弟妹妹，他们仰望着这位哥哥，撒迦利亚也低着头微笑地看着他们，他就是那个令他们骄傲的大哥哥。这一故事情节涉及的是这些内容：在一个充满爱的家庭中，他们努力工作维持收支平衡，成年人们一直与最低收入工作、缺乏高等教育以及没有医疗保险斗争着。撒迦利亚通过一系列的细节来表达自己以后的希望，包括顺利毕业并且获得一份好工作，有能力让他的家人走出贫民窟，能够帮助他的弟弟妹妹们去上大学。他在这个故事里感受到的情绪是对更美好生活的爱和期望。在他等待纪律委员会的最终决定时，撒迦利亚从这个故事里获得的意义是，这所大学到处都是那些不择手段的种族主义者，他们一直在试图打碎他的梦想、压制他的家庭。因此，尽管撒迦利亚否认了所有指控，他也愿意来到咨询中心以试图阻止自己被驱除出这所大学。

大学作为贫穷和苦难的避风港的叙事也同时出现了问题。在撒迦利亚的原始叙事中，他本来要去一所私立的针对非裔学生的大学，在那里，到处都是可以理解他的生活环境的兄弟姐妹。不幸的是，他不可能负担得起私立教育的成本。一所公立大学根据他优秀的高中成绩给了他一份总统奖学金。出于谨慎，撒迦利亚明白，为了家人他需要重新书写有关教育的叙事情节，他要到这所白人为主的学校里来读书。虽然事先知道，学校的非裔美国人很少，但是撒迦利亚还是愕然地发现他生命中的新角色，他的室友是一位白白瘦瘦的原教旨主义基督徒而不是一位非裔美国人，不是一个兄弟。为了试图拥抱出现在他四年的梦想旅程中剧情的崭新人物，撒迦利亚提起了亨利的一个手提箱摆在了他的床上。撒迦利亚强调，在这一点上，尽管他的第一感觉是受到冲击的，但他还是伸出友好之手并把亨利包含在了他的梦想旅程中。亨利对刚搬进来的那一天同一时刻和同一地点的叙事版本一开始就似乎完全不同。提着沉重的行李箱，千里迢迢到他的房间后，亨利突然面对一个高大的非裔美国男性，这是他在一所白人为主的学校里很难想象的。好像这样子还不够可怕，这个吓人的年轻人还没说一句话就抓起他的一个箱子。当然，撒迦利亚是把手提箱放在亨利的床上，虽然他的意图并不是向亨利展示自己比亨利更高大和更强壮，但是，亨利第一次见到撒迦利亚就感到恐惧。对于与新室友一起的开学第一天而言，他们这两个年轻人的叙事都不是按照自己原先期望继续进行的。对随后发生的一切侧重点不同但为进一步更糟糕的文化误解奠定了基础。

　　星期天的早上，他们在大学的第二天，撒迦利亚和亨利是有机会开始他们共同叙事第二章的。一如既往，这是他们两个之间的共同建构；同样，他们也会强调叙事的不同方面并各自得到不同的意义。对撒迦利亚而言，他的故事是这么开始的，当他看到亨利在床上读一本《圣经》时感到开心。撒迦利亚的家人十分虔诚，他自己的名字就是以先知撒迦利亚的名字命名的。为了努力开始和亨利的共同叙事，撒迦利亚开心地告诉亨利说他自己是一个浸信会会员，也许这样他们两个可以一起谈论耶稣基督的话题。撒迦利亚想找到一个和亨利相互联结的东西，他们都很关心的一些主题，以作为建立一个真正的友谊的基础。然而不管亨利是不是有意侮辱，亨利向撒迦利亚表示出他们不会一起谈论耶稣基督，因为只有他的教会的成员才真正理解这些话语，也只有他的教会的成员才会去天堂。撒迦利亚不了解亨利和他的信仰。作为少数群体的一员，他经常被白人所忽视。而现在，尽管撒迦利亚有着深刻的信仰，但亨利却告诉他上帝根本就看不见他。撒迦利亚没有表达出对亨利说的这些话语的痛苦感，而是挥手再见去了教堂。他努力地祈祷着，但是却找不到任何方式从精神上和亨利联结起来。对亨利而言，撒迦利亚听说他可能要去地狱后就挥手再见，可能会进一步强化了他的信念，就是撒迦利亚并不像他声称的那样是一位有深刻的精神的人。或许，被经年累月地告知不会有人去天堂，亨利对那些被诅咒的人的反应已经见怪不怪了。在此时在他们共同叙事的这一节点上，两个年轻人都不能够做到了解彼此。

　　撒迦利亚和亨利的叙事的第三章涉及继续沿着越来越糟糕的误解路线前行。撒迦利亚很偶然地遇到亨利在他的床垫里藏钱。亨利是如何解释这种行为的他其实是不知道的，撒迦利亚也从来没有就这件事情问亨利。在撒迦利亚的叙事中，亨利称他是一个小偷并再一次完全地显示出对撒迦利亚的基督教传统的漠视，而这个传统是撒迦利亚的成长过程中非常重要的一部分。充满愤怒的撒加利亚仍然能够控制住自己，在亨利还没有意识到自己被发现这样做的情况下撒迦利亚离开了宿舍。撒迦利亚走过校园去寻找其他的兄弟，其他的非裔美国人，他们能创造出一系列叙事，这跟他与亨利之间发生的事情比起来没那么的令人困扰。他们在食堂里碰面，撒迦利亚带着放松的心情和他们分享自己和亨利之间发生的事情，以及被人忽视的感觉。他们的叙事情节中都出现过有主角被种族主义伤害的部分。分享这些故事会使撒迦利亚重新恢复希望，即使存在种族主义以及被压迫的经历，他也可能在大学里获得成功。

撒迦利亚和他的兄弟们开始着手创造一个新的叙事，在这个叙事里他在自己的宿舍里不会不被重视。他们帮助他购买海报并张贴在他的宿舍里，这些海报上面都有一些鼓舞人心的信息，比如 W·E·B·杜波依斯、马尔科姆·X、马丁·路德·金牧师等人所说的话。撒加利亚从这段经历中获得的意义是来自自己朋友的忠诚，来自这些勇于面对自己承受压迫的伟大非裔英雄身上的力量和坚持。每个海报都在突出非裔美国人经验的一部分。从不同的角度，如通过决心、努力地工作和捍卫自己的人权来强调非裔美国人会战胜种族主义。撒迦利亚打算每天看到这些海报以提醒他意识到自己的文化优势和提醒他自己并不是透明的。

然而，一个愤怒的声音一直影响着撒迦利亚，他选择了马尔科姆·艾克斯的海报就是故意使亨利恼火："要平和，要有礼貌，遵守法律，尊重每一个人；但是如果一些人要压迫你，那就送他去墓地。"虽然撒迦利亚是一个非常虔诚的年轻人，他的一部分知道亨利会觉得这张海报很吓人，但他的另一部分让他无法拒绝这样做。就像撒迦利亚希望的那样子，亨利确实被马尔科姆的话吓到了。然而，撒迦利亚只是想要在当下冲击一下亨利，他从未打算去恐吓亨利。

撒迦利亚和亨利的共同叙事的最后一章的语境发生在一场纪律委员会的听证会上。由于被亨利指责具有暴力行为，撒迦利亚充满了义愤和愤怒。在观察这些纪律委员会的成员时，撒迦利亚注意到，所有的人物看起来都是一样的；他们都是白人，穿着昂贵的衣服，当他讲述自己的故事时，他们显得充满了敌意和不信任。他们似乎并不认为他优秀的出勤以及平均4.0的绩点可以充分表明：亨利的叙事中对他角色的建构是错误的。撒迦利亚认为自己一直向亨利展现友好的姿态，但一直被亨利拒绝。亨利告诉纪律委员会的故事令撒迦利亚震惊了。亨利把撒迦利亚的性格塑造成是黑暗的。他声称撒迦利亚是来校园卖毒品的，而不是来接受教育的，撒迦利亚的兄弟是帮派成员，而不是真正的大学生。更令人震惊的是撒迦利亚在听证会上看到亨利的手紧紧地抓着一本圣经，使劲用力以至于他的指关节都变成了白色。亨利的姿势让撒加利亚认识到亨利是真的认为他是危险的，这也就意味着撒迦利亚所有的友善和虔诚的行为都被亨利无视了。

在亨利的叙事中与暴力有关的情节的关键是什么呢？那一晚上，撒迦利亚回到房间时发现亨利正在翻他的个人物品，于是撒迦利亚朝着亨利咆哮。两个年轻人都把晚上的咆哮包含进自己的叙事当中；然而，他们建构的意义却是非常不同的。撒迦利亚只是愤怒，但他从未打算真的这么干。这是如同他在家的时候，当他的兄弟姐妹侵犯他的隐私时候的反应。然而亨利却把这些威胁信以为真，这让撒迦利亚感到既愤怒又困惑；他从未动过亨利以及亨利的任何东西。尽管陪同撒迦利亚的律师强调亨利搜索撒迦利亚的物品是有罪的，但是董事会的决定被撒迦利亚认为只有用种族主义才可以解释。撒迦利亚被要求参加咨询中心的愤怒管理，并以此作为他继续待在大学的条件。撒迦利亚对此感到愤怒但又无能为力。事情本来应该是亨利因为他的种族主义和偏执性的侵扰而接受干预，但是董事会成员只是基于亨利的视角而做出了判断。

撒迦利亚想要从大学毕业，尽管觉得受到种族歧视，没有正义，在纪律听证会上被碾压，但他还是来心理咨询中心预约了。他在自己的大学叙事当中遇到了一个新的角色，一位毫不费力就能看见他身上优点的治疗师，这些被看到的优点包括学习刻苦、有毅力、友好、有灵性、和家庭联结紧密。治疗师有能力影响到纪律委员会并打算告诉他们撒迦利亚对他人没有危险性，学校也应该对于拥有这样的学生感到幸运。撒迦利亚没有暴力倾向并且有许多的优点。那么他应不应该参加与治疗师的预约呢？因为他的家人指望着他把他们从贫困中摆脱出来，撒迦利亚需要承受很大的压力。由于祖母的健康问题以及他的家人负担不起医疗保险，撒迦利亚也承受着很多来自家庭的担忧。在咨询中心接受咨询可以给撒迦利亚提供一个机会之窗让他摆脱校园里的忽视，在面对校园种族主义时获得社会支持，获得减少种族歧视行动的盟友，而这一切都不会对自己和家人带来经济上的负担。撒迦利亚是以这次被推荐到咨询中心为契机，以此获得应有的社会支持，还是依靠自己的诸多优势使他的教育规划在毕业典礼上获得一个令人振奋的结局，作为自己人生故事的主角，决定权在撒迦利亚自己身上。

建构主义治疗方案：基于假设模式

治疗方案概述：如果纪律委员会不再继续要求撒迦利亚来咨询中心，他可能不会再回来治疗。撒迦利亚本身有许多的优势，他可以凭借从大学校园里的兄弟以及他的家人那里获得社会支持让自己成功地毕业。下面制定的治疗方案是按照撒迦利亚决定回来利用这个机会，以便从咨询中心得到进一步的社会支持的情况制定的。（该治疗方案遵循问题格式规范）

问题：撒迦利亚因为暴力行为而面临大学的纪律指控。

长期目标1：撒迦利亚将重新叙述他和亨利之间到底发生了什么，并从中建构出更深层的意义来减轻他被拒绝的感受和精神上的痛苦。

短期目标

1. 撒迦利亚将会重新回想当自己第一次来到大学并和一个陌生白人而不是他的非裔兄弟共住一个房间时的想法。

2. 撒迦利亚将重述关于他来到一所白人为主的大学读书、遇见亨利并和他成为室友的故事，并更充分地探索和自己家庭贫困相关的具体内容。

3. 撒迦利亚将重述他对亨利的第一印象，包括一些额外的细节，这些细节可能会反映亨利的社会经济地位。

4. 撒迦利亚将会对他和亨利之间发生了什么进行探求，寻找更多的细节来帮助他审视两个知性的年轻人是如何卷入如此具有破坏性的叙事当中的。

5. 撒迦利亚将把他在校园的兄弟放进他发展的叙事当中，把他们作为积极的角色榜样，学习他们的决心和毅力，帮助他在学校取得学术成就。

6. 由撒迦利亚来决定是否将治疗师放在对他与亨利的叙事的复述和扩展当中，这样会有利于他的心理恢复并帮助他继续朝着自己的学术目标推进。

长期目标2：撒迦利亚将对他那些被忽视的经历进行重新叙事以减少他的无能感和愤怒。

短期目标

1. 撒迦利亚将通过在学生团体里变得积极主动，探索发展出一个关于他在校园里的叙事，即撒迦利亚从什么地方可以着手以减少被忽视的感觉。

2. 撒迦利亚将出席一个全国有色人种协进会（NAACP）会议，从成为一个国家集体的一部分来支持非裔美国人的权利,并从中考虑可能建构出什么样的意义。

3. 撒迦利亚将会每周见一位教授一起讨论他未来的目标以增加作为一个成功的学生可见性,他可以在校园里通过这些得到有效的指导。

4. 撒迦利亚将会每周和一个来自不是非裔,但也是少数群体的新生见面,撒迦利亚会和这个学生一起探索校园里的歧视问题。

5. 撒迦利亚将考虑他个人有关被忽视的叙事与自身来自一个贫穷的家庭的关系,他还要根据他在早期目标中强调的这些细节来考虑是否能从这个叙事中得出任何新的意义。

6. 要由撒迦利亚来决定是否与治疗师共同创建一个叙事,这个叙事将讨论到如何结束他的被歧视经历以有益于他的积极成长。

长期目标3:撒迦利亚将对他和他的家人之间发生的事情进行重新叙事,深化他从中得到的意义并提升他对希望和爱的感觉。

短期目标

1. 撒迦利亚会打电话给他的母亲并分享他和亨利在纪律委员会听证会上的经历,听听她对亨利的看法、她认为撒迦利亚自己应该如何处理这件事情,并看看他们一起能够建构出什么样的意义。

2. 撒迦利亚将和每个兄弟姐妹轮流谈谈他和亨利的经历,这种讨论将会置于在他们能够理解的水平,并确保种族主义不会对他们的自我建构产生消极的影响。

3. 撒迦利亚将会和他的祖母交谈并分享他和亨利在纪律委员会听证会上的经历,听听她对亨利的看法、她认为撒迦利亚自己应该如何处理这件事情,并看看他们一起能够建构出什么样的意义。

4. 撒迦利亚将会和学校里的兄弟们讨论并分享他和亨利在纪律委员会听证会上的经历,听听他们对亨利的看法,他们会认为撒迦利亚自己应该如何处理这件事情,并看看他们一起能够建构出什么样的意义。

5. 撒迦利亚将会和学校里的牧师讨论并分享他和亨利在纪律委员会听证会上的经历,听听牧师对亨利的看法、他认为撒迦利亚应该如何处理这件事情,并看看他们一起能够建构出什么样的意义。

6. 撒迦利亚将会和治疗师交谈,分享所有的其他故事要素,这些要素是在他努力寻求社会支持的过程中发展而来,他自己要决定是否继续通过咨询来讨论这些可能对自己更有价值的要素。

7. 如果需要推进撒迦利亚从自己与亨利和纪律委员会的经历中进一步发展出建设性的意义,这就需要设计出其他的目标。

从建构主义的角度对撒迦利亚进行个案概念化:基于症状模式

由于他在这所大学里的负面经历,撒迦利亚此时会感到沮丧、困惑、愤怒,尤其是在撒迦利亚及他的室友与大学纪律委员会交流的时候体验到歧视和压迫后。他满怀兴奋和希望地来到这所大学,在这个叙事背景下,他可以在学术上取得成就,他的家庭也会开始摆脱贫困的旅程。他的自我建构中包含着家人的爱、强大的精神信仰和具有非裔美国人血统的骄傲。然而,当撒迦利亚根据最近感知到的现实生活来调试自己对大学校园怀抱的梦想时,他也正在承受着在他的自我建构中若隐若现的矛盾情绪。撒迦利亚目前正在用一种拒绝的语气来叙述,这个叙事是一种问题饱和式的,故事里面充满了问题。他把自己建构成为一个处于主流社会边缘的"他者",而这个自我建构支配着他的叙事。尽管当时那种痛苦的消极情感深深地影响了他,但他的内心仍然拥有另一个沉思之后的声音,这个声音让他很容易关注到自己经验的其他方面,而且这样的声音也是治疗关系里一个有力的盟友。此外,撒迦利亚已经从他的宗教、家人以及过去取得的学术成就里发现了积极的和适应性的意义。这也是个好兆头,预示着他能够共同建构出一个崭新的、有利于提升生活乐趣的叙事,这个叙事能把他推向一个没有贫穷,且具有适应性的未来。

撒迦利亚感到沮丧,然而,这反映了一个在他的情绪状态中深刻的变化。作为家里第一位可以进入大学学习的成员,这让他在大学里的人生叙事一开始就充满了喜悦。当撒迦利亚还是一个小孩的时候,他的母亲就已经给他开启了一个面向未来的叙事,在这个叙事里,学习成绩好的他就可以进入一个满是高楼大厦和书籍的世界;对于他和他的兄弟姐妹来说这就是一种摆脱贫困的方式。撒迦利亚从此开始努力奋斗,现在也继续努力学习,他的目标就是接受良好的教育并在未来获得经济上的成功。虽然在过去贫困和种族主义一直拖累着他的家人,在他获得了著名的总统奖学金后,主导的声音变得自信和充满希望:他最终能够带领他的家人走出贫困,走出被忽视的情境。

在和室友互动时,撒迦利亚越来越感到困惑和失望,因为这种互动表明,他们不会成为共同进步、一同取得学业成就的"兄弟"。相反,亨利似乎决心构建出一个稳定的叙事,这个叙事充满了负面的种族偏见并主动地忽视撒迦利亚呈现出来的和亨利相对立的叙事,这个对立的叙事包含了撒迦利亚开放和友好的行为以及深刻的宗教信仰。没有任何迹象表明,他的所有努力,比如急切伸手帮助拿亨利的行李箱、邀请他吃饭,或与他讨论圣经,影响到了亨利对他们两人关系的建构。在讲述这些的时候,撒迦利亚的声音开始变得缺乏信心。在他的一生中,撒迦利亚曾被迫在压迫自己的关系里和别人互动,一直以来,这样的经历让他觉得被忽视和边缘化。当他上大学的时候,他希望借此躲进一个更令人振奋的现实。如果可以自由选择,他当时本会去汉普顿大学,那是一所为非裔美国人办的私立学校;在那样的环境中,他本应自由地被自己种族的人环绕,就不会像现在这样,"种族"成为他日常生活中的一个问题了。然而,贫困让他不能够选择这样的学校。他需要把他的个人愿望放在一边,并接受由一所以白人为主的公立大学提供的奖学金,因为他们的奖学金更多。

当亨利一再拒绝撒迦利亚对建立友谊的主动表示时,撒迦利亚内心伴随着深深的愤怒和失望感予以抗争。他一直认为与室友的互动,和他作为一个可爱的儿子、孙子以及哥哥的互动模式是一样的。因此,撒迦利亚现在的经历让他加倍地心烦意乱。但是,撒迦利亚依然试图从这些经历中寻找意义,即使这样的经历可能将他逼入绝境,并从中生出愤怒。他从一个宽容和友好的角度来解释亨利对自己的所作所为;他认为亨利的行为是由于害羞或缺乏社交技巧的结果。撒迦利亚一直想成为他的名字——先知撒迦利亚那样的人物,并将亨利从无知中引导出来,和他建立友谊。但是,一旦亨利的所作所为变得更加糟糕,从委婉地拒绝发展为公然地侮辱时,撒迦利亚这样的一种自我建构就变得站不住脚。亨利在他的床垫下面藏钱,在撒迦利亚看来就是在贬低他的精神信仰,似乎就在那一天,他们之间形成了完全充斥着压迫和种族主义的叙事情节;现在,撒迦利亚对他们之间关系的建构只剩下愤怒和失望的声音。

然而，撒迦利亚不愿被动地接受这个由这些负面情绪所掌控的稳定叙事。他找到了其他的非裔美国人学生，希望找回曾经支持他身为非洲裔美国人而自豪的建构，这样一来，种族主义的行为将不再支配他对大学生活的建构。当撒迦利亚能与这些学生分享他的愤怒和失望的感觉时，他们向撒迦利亚讲述自己在校园里遭受的种族主义的叙事；撒迦利亚作为个体而被忽视的感觉减少了。他们积极地帮助撒迦利亚重获希望和乐观的感觉。他们帮助他购买海报，并张贴在他的宿舍里，这些海报上印着那些鼓舞人心的话语，这些话来自 W·E·B·波依斯，马尔科姆·X 和马丁·路德·金。撒迦利亚从这个经历所得出的意义是来自他朋友们的忠诚和来自那些强大的非裔美国英雄在面临压迫时所展现出的力量和坚持。此外，这些海报能够让他感觉自己在房间里是能被看到的，有主人翁的感觉，而且他体验到的作为人类的价值也增加了。但是，愤怒的声音一直在影响撒迦利亚，他故意选择了马尔科姆·艾克斯的海报来抗议亨利。

撒迦利亚对他的海报给宿舍带来的变化感到满意，但是一旦他感受到亨利从这些海报中引申出的恶毒的建构后，他的情绪很快转移回到了愤怒。亨利不懂非裔美国人的文化，又或者决心为自己保持一个稳定的现实感，亨利从这些海报中得出的意义反而强化了他对非裔美国人的负面刻板印象。在这种情况下，海报代表了对亨利安全的威胁，而且他也变得非常害怕撒迦利亚。亨利随后的行动对他来说是合乎情理的——他从撒迦利亚的物品里搜寻非法毒品和武器。撒迦利亚当场发现了亨利的所作所为。当时，撒迦利亚完全有理由愤怒，只是他用了以前和自己朋友、手足相处时使用的强有力的语言、非语言行为来威胁亨利。然而，由于亨利从小生长在一个极为严格的宗教社区里，而且似乎对非裔美国人没有什么正面的建构，亨利将这次爆发的愤怒解读为撒迦利亚是真的意图要伤害他；他向纪律委员会举报了撒迦利亚。贫困在这个故事的情节中一直发挥强有力的影响。如果有更多的钱，撒迦利亚本可以搬出宿舍。然而，他被经济上拮据的窘境所困住，深陷在亨利充满敌意的现实当中。贫困和种族主义的主题再次主导了撒迦利亚对自己、对自己的家庭以及世界的叙事；在他叙事过程中，挫折/沮丧成为主流的声音。

撒迦利亚对现实的建构被他在面对纪律委员会时的恐惧感所支配。他担心他的祖母的健康处于危险的边缘，因为用来支付祖母的医疗费用的钱被用来为他辩护了。他还担心他如果被大学开除，那摆脱贫困的梦想也会因此终止。虽然家人认为精神层面和充满爱的关系比物质财富更重要，但是撒迦利亚还是深刻体会到富裕可以带来的诸多好处，比如说可以让他的家人获得更好的医疗服务、更好的住房和更优质的教育资源。这使得撒迦利亚愿意做出这样的个人牺牲，即要抑制自己的愤怒并顺应纪律委员会对他们所理解的真实情况。然而，背景的严酷性以及他的室友和董事会成员们的做法，使得整个事情变得似乎对他不利。在撒迦利亚的故事里，好像他的大学室友的白人特权在学校里确实有分量，因为大多数的室友纠纷都是在学生宿舍层面解决，而不是上升到学校纪律委员会。在听证会上，这种特权会对亨利有利。尽管他很害怕，但撒迦利亚做了一些努力，试图捍卫他对现实的看法，这可能会取得一些积极的影响，尽管当时董事会似乎支持亨利，不过撒迦利亚也没有被开除，而是要求去接受咨询。

撒迦利亚参加了在咨询中心的约谈，但是也为因被推荐接受愤怒管理而感觉到被疏远。尽管如此，仍然理性的撒迦利亚能够意识到有更多积极的意义建构的可能。这时，作为一个非裔大一男生，撒迦利亚的人生叙事是多样的，充满矛盾的，并且充满了积极和消极情绪之间的冲突。他用某种方式将他的大学生活经历变成一块一块的，在他的拆分方式里，只突出了被忽视和种族主义的主题；过去从童年开始的经历也一直在强化撒迦利亚意义建构出的这些主题。尽管他和他的家人常常会发现自己处在绝望的经济环境当中，但是，他在建构那些指向未来、充满希望、充满亲情和宗教信仰的叙事过程中也展现出心理的弹性（resilience）。撒迦利亚其实不需要接受愤怒管理的课程（anger management）。在他获得学业成就的路上，他人的偏见和刻板印象会成为一道障碍，但是他可以获得支持跨越这些偏见和刻板印象。他愿意把咨询中心的约谈视为对所有学生开放的资源，而不是一个强制要求，这一点可能成为他从治疗中获利的契机。而共同的叙事治疗中可能仍然包含种族主义或压迫的片段，他从中建构出的意义则很有可能不再被认为是他继续追求获得学士学位，支持他的兄弟姐妹来读大学，以及他大学毕业后用挣来的钱帮助他的家庭摆脱贫困的阻碍。纪律委员会的权力远远大于撒迦利亚。治疗关系将成为消除在撒迦利亚实现更好人生的目标中取得成就障碍的有力工具。

建构主义治疗方案：基于症状模式

撒迦利亚因为需要愤怒管理的帮助而被转介到咨询中心。他其实不需要这方面的帮助，他有着丰富的积极情绪，具有适应性的思想和行为，而且他将运用这些来继续把自己建构成为一个成功的学生，这个成为他的人生故事主题。在当前环境中，撒迦利亚因为缺乏经济支持，再加上他的非裔美国人身份而受到压迫，然而，咨询中心和治疗关系可以成为撒迦利亚能够利用的资源，支持他在这样的环境里获得成功，而且还不会对自己的家人带来负面影响。咨询的目标是在一个协作式框架内提出的，如果这些目标确实对他来说是有意义的，那么咨询的同时这些目标也将实现。（该治疗方案遵循问题格式规范）

问题：撒迦利亚已经形成了问题饱和式叙事，这样的叙事是以一种消极互动为基础的，这些互动发生在他和他的室友以及大学纪律委员会之间。

长期目标1：撒迦利亚将会通过和咨询师共同建构出新现实来降低他体会到的抑郁，在这个新的现实里，他会意识到大学生活和他此前的预期是如何的不同。

短期目标

1. 撒迦利亚将与治疗师讨论，当他告诉他的家人自己被大学录取的时候，每一个家庭成员的反应。

2. 撒迦利亚将与治疗师讨论，当他的邻居和教会成员知道自己被大学录取时的反应。

3. 撒迦利亚将与治疗师详细讨论他和他的家人在自己第一天来到校园时一起对生活构建出的愉快叙事。

4. 撒迦利亚将会记录那天他所看见或发生的积极事物，他所记录的这些事物符合他在来到校园之前所构建的美好叙事。

5. 撒迦利亚将和治疗师讨论这些积极叙事的细节，并思考这些细节对他的意义，尤其是对他实现自己的求学目标——让自己的大学求学经历充满喜悦——的意义。

6. 撒迦利亚将与大学里的那些兄弟们会面，与他们讨论这些积极叙事的细节，并让他们把在校园里见过或经历过的任何积极的事物都告诉他。

7. 撒迦利亚将考虑这些积极的经历对于他的意义，并思考他最初的快乐叙事是否能在这时有效地指导自己的生活。

8. 如果撒迦利亚在思考他的教育目标时仍然感到沮丧，就需要制定出其他的工作目标。

长期目标2：撒迦利亚将会通过和治疗师共同构建出新的现实来减少他的困惑，这个共同建构的现实将涉及如何和信仰社群、学术社群打交道。

短期目标

1. 撒迦利亚将会与自己所信仰的教派的牧师见面讨论他在亨利的故事里的困惑，即只有特定的基督教教派成员才会前往天堂。

2. 撒迦利亚将与牧师讨论他如何成为一位被牧师的教会接纳且熟知的成员。

3. 撒迦利亚将与治疗师讨论他和牧师之间的事情，主要谈论如何与牧师一起共同建构自己大学的宗教团体。

4. 撒迦利亚将预约与他的大学教授见面，并同这位教授一起构建出一个清晰的叙事，这个叙事的内容是大学老师对学生有什么样的期望。

5. 撒迦利亚将与治疗师讨论他与教员们一起构建出的在自己大学社区内应该扮演什么样的角色的经历。

6. 如果有需要，还可以设立其他的目标来帮助撒迦利亚更加明确老师对校内大学生的期望。

长期目标3：撒迦利亚将和咨询师共建出新的现实，这个现实是关于如何与那些可能对非裔美国人存有消极刻板印象的人打交道，以此来降低自己的愤怒。

1. 撒迦利亚将会仔细观察那些他每天看见的不是非裔美国人的学生，并记录下其中某个学生和他一样地向他人表达友好和关怀态度的行为。

2. 撒迦利亚将与治疗师讨论，他如何与这个友好的学生开始建立可能会发展为友谊的关系。

3. 撒迦利亚将会接近这个学生，并尝试开启一名大学新生与他人发展社交网络的叙事。

4. 撒迦利亚将与咨询师讨论他与这个可能的朋友交往过程中成功或失败的经历，也会讨论什么样的细节让他相信这次相遇是友谊的开始，哪些细节让他意识到哪儿是个盲点，还需要努力。

5. 撒迦利亚将和他在学校里的兄弟们讨论他与不是非裔的同学交往时所付出的努力，并听听他们在类似事情中的经验。

6. 撒迦利亚将和他在学校里的兄弟们讨论他们考虑一起加入的校园俱乐部，这样他们就不会成为俱乐部里面唯一的非裔美国人，并且他们可以通过共同参与让大家知道，并不是所有的非裔美国人都是一样的。

7. 撒迦利亚将与治疗师讨论他尝试构建出的那些和不是非裔美国学生一起互动的叙事的经历，并在这些叙事当中扩展那些包含这些学生个人特征的细节。

8. 如果有需要，可以设立其他的目标，这样可以让撒迦利亚对自己和校园里不是非裔美国学生的交往经历感到满意而不是生气。

长期目标4：撒迦利亚将通过和治疗师共建出新的现实来减少他的恐惧感，这个现实是关于在他和纪律委员会发生这些事情之后，如何在学校取得成功。

1. 撒迦利亚将会和治疗师讨论如果律委员会继续认为他是暴力的，他对失去继续在大学接受教育的机会的恐惧，也会讨论如何改变他们对自己的观点。

2. 撒迦利亚将考虑需不需要进一步会见他的律师，以确保他在大学接受教育的权利得以保障。

3. 撒迦利亚会联系他的家人，并讨论他的祖母的健康状况是在改善还是恶化。

4. 撒迦利亚将进一步建构他的叙事，在这个故事里，他如何可以在保持学习成绩的同时，在情感上支持他的祖母和他的家人。

5. 撒迦利亚将制订一个详细的应急计划，以应对在需要的情况下，他如何离开大学去看望他的祖母，同时还要遵循适当的大学政策来应对意外的缺勤。

6. 为了让撒迦利亚对自己充满信心，相信已经尽自己所能采取了最佳预防措施，既能保持和家人的联结，又能取得学业成就，还有需要的话，还可以设立其他的目标。

长期目标5：撒迦利亚将通过和治疗师共建一个关于他自己在大学社区里成为一个引人注意的成员的现实来减少他的被隔离感。

1. 在参加每一堂课时，撒迦利亚将准备几个深入思考的问题对当天课程涉及的材料进行提问，在课程开始之前、课程期间或者课程结束的时候他都可以问这些问题，以此来开始建立他在每个教授那里的存在感。

2. 撒迦利亚将记录下他如何感知教授们对他提出的问题的反应和支持这些感知的那些细节。

3. 撒迦利亚将会和治疗师讨论他的笔记并构建出一个叙事，这个叙事是关于对他而言经验是怎样的以及继续这种有益地和老师们互动的模式是否会增强他在校园的存在感。

4. 撒迦利亚会在他每一次上课时自问一个问题，或者回答教授的问题，开始与其他学生建立这样的一个事实，这个事实就是，他是一个准备充分并且善于表达的学生，他是可被看到的并且值得他们尊重的。

5. 如果需要增加在校园里被重视的感觉，撒迦利亚将会和治疗师讨论这些经历并发展出其他的目标。

学生进行个案概念化的练习案例：聚焦暴力领域

下面要对约瑟芬娜做一个建构主义的分析。有许多复杂性的维度可以提供对她的行为洞察。请你在进行建构主义概念化和治疗计划时聚焦在暴力领域。

从简短初始评估访谈中收集信息

约瑟芬娜（Josephine）是一个17岁的墨西哥裔美国母亲，她出生在美国。她已经和一位25岁的墨西哥男性罗伯托（Roberto）结婚13个月了；他们认识3个月后就结婚了。他们是远亲，罗伯托是刚刚从墨西哥过来的非法移民。他们有一个16个月大的儿子，名字叫卡洛斯（Carlos）。过去的一年里，这个家庭一直住在位于农村的一所小房子里。他们是刚从新墨西哥州搬到这里的。在新墨西哥州，约瑟芬娜的父亲由于希望从事农业工作而拥有一个小仓库。在卡洛斯出生之前，约瑟芬娜和罗伯托一直在当地的农场里采摘各种各样的作物。自卡洛斯出生后，约瑟芬娜就留在家里照顾孩子。约瑟芬娜因为对卡洛斯有身体虐待而被儿童保护服务处（CPS）转介来接受治疗。自两周前儿童保护服务处介入调查起，罗伯托突然离开了这个家并杳无音讯。在此期间，卡洛斯一直待在抚养院接受照顾。在一次简短的精神状况检查中，尽管没有迹象表明她有自杀/杀人的意念或严重的精神疾病，但约瑟芬娜表现出明显的抑郁和焦虑迹象。当治疗师指出保密原则的局限性，并告诉约瑟芬娜儿童保护服务处希望得到有关她治疗进展的定期报告，并以此决定什么时候再让她来照顾卡洛斯是足够安全的，约瑟芬完全接受不了这些。儿童保护服务处已经选择你作为约瑟芬娜的临床医生，她在这个问题上没有发言权。

从建构主义角度与约瑟芬娜会谈

治疗师：欢迎来到我的办公室。（停顿）你知道，儿童保护服务处的个案工作者认为你在育儿技巧方面需要帮助。（长时间的停顿）如果你愿意给我说说你自己的事情并告诉我，你认为哪些内容比较重要，希望我们来交流，我会很珍视你的分享。（约瑟芬娜此刻低着头，手里握着挂在脖子上的小饰物）

治疗师：我注意到你的脖子上戴一些重要的东西。

约瑟芬娜：（迅速地抬起头又低下来；轻声地）是的，它非常重要。

治疗师：（长时间的沉默）你能告诉我它对你意味着什么吗？

约瑟芬娜：（抽泣着说）它能够保护我。（大声地哭出来）你会像别人那样觉得我做得不好。

治疗师：哪些人？

约瑟芬娜：（绝望地）在儿童保护服务处的这些人，他们说我对我的儿子来说有多么多么的危险。但这串念珠让我接近瓜达卢佩圣母，我要成为像她那样的一个母亲。我每天都向她祈祷寻求帮助。

治疗师：你的天主教信仰对你而言非常重要。（约瑟芬娜点头）你能告诉我圣母是怎样给你帮助的吗？

约瑟芬娜：（眼泪从她的脸上流了下来，轻声地）我向她祈祷，但是自从我被定罪为一名儿童施虐者，我就再也没有感觉到她的存在了。

治疗师："儿童施虐者"（停顿），这是十分严厉的措辞。

约瑟芬娜：（急切地）成为一个好母亲是我的责任。我确实努力了，但是卡洛斯总是不停地哭，也不管我有多累。（停顿）他不想停下来。医生向我解释为什么他这么爱哭时，只是说卡洛斯还是个小宝宝。我真的不明白，因为我的小表弟就没有哭得这么厉害。（非常焦急地）医生和护士们对我非常冷漠，还没有礼貌，所以我也不敢向他们问更多的问题。

治疗师：你想了解为什么卡洛斯这样如此难以照顾，但是你在试图搞清楚原因的时候感到很孤独。

约瑟芬娜：（面无表情）他的哭泣让罗伯托非常生气，因为他在辛苦工作一整天后需要睡觉。罗伯托告诉我说，只有一个非常糟糕的母亲才会让她的儿子这么不高兴。

治疗师：你的脸色非常苍白，看起来说到这里非常的悲伤。（长时间的沉默）

约瑟芬娜：（痛苦地）我只是想起来……（停顿，面无表情）没事了，这些其实并不重要。

治疗师：我从你的脸上看得出来这非常重要。（长时间的沉默）你能告诉我吗？

约瑟芬娜：（低声）罗伯托觉得我是一个糟糕的母亲才让他的儿子哭泣的，他因此会打我。

治疗师：是你让卡洛斯哭的吗？

约瑟芬娜：罗伯托认为一个好的母亲会让她的儿子快乐，所以卡洛斯的哭是我的错。（绝望地）我总是努力让卡洛斯在罗伯托回家前就睡着，但是（悲伤地）罗伯托下班后会去喝酒，回来后总是会弄出很大的动静吵醒卡洛斯。我试了很多方法，但是都没有用。（低声地）几周前，我发现我的梳子在旁边。我想着，如果我只是用我的梳子轻轻打一下他的脚，以此传递给他"我不同意"的信号，我并没有想去伤害他。他的眼睛睁得大大的，而且很快就安静下来了。我就认为这是一个控制他的安全方式。

治疗师：你会隔多久就这样子打他的脚？

约瑟芬娜：（低语）一开始的时候，我只是轻轻碰他，他就立即停止了哭泣。（长时间的沉默，低下头）第二天晚上，我也不知道为什么，但是第一次敲他的时候没有效果，我就打了他第二次，只是想让他安静下来，因为罗伯托喝醉了，并且……（长时间的沉默）

治疗师：你担心罗伯托会打你？

约瑟芬娜：（焦虑）不，没有打。只是用他的腰带抽了我几次（低下头）。

治疗师：当他用他的腰带抽打你的时候，你的身体和内心都很受伤。

约瑟芬娜：（悲伤地）是的，而现在我对卡洛斯做了同样的事情，但是（停顿，突然地）上周卡洛斯哭得太厉害，我都受不了了，然后我看到他脸上的表情——他看起来很像罗伯托。（面无表情）我知道我必须严厉起来，否则他将成为像他父亲那样的坏人。

治疗师：由于卡洛斯看上去像罗伯托，你很担心，如果你没有很好地养育他，他可能会像他父亲伤害你那样去伤害别人。（停顿）一个母亲本应该就是严厉的吗？

约瑟芬娜：（强调）不是的，我的母亲就很慈爱，并且圣女也是这样子的。（低声地）我感到很羞愧。（停顿）但是当时我很绝望。我想如果我一直坚持，每次他开始哭的时候就打他的脚，但是……（长时间的沉默）直到我注意到他的脚已经伤成那样，（停顿）我才停下来。我的确停下来了，（停顿）但是已经太迟了，我已经被举报了。

治疗师：有没有人可以帮你呢？

约瑟芬娜：我曾经试着问过一次医生应该怎么做，但他当时很忙，而且他说卡洛斯只是暂时刚好在出牙期。（停顿）他没有时间来帮助我，因为其他人在等着他。

治疗师：你意识到你需要帮助。你去问了医生，但他没有向你提供需要的帮助。（约瑟芬娜哭了起来）你有没有试着去寻求你父母的意见呢？

约瑟芬娜：（悲伤地）当我第一次从医院回来的时候，我试过给我妈妈打电话。我当时太累了，卡洛斯一直在不停地哭。我父亲接的电话，冷冷地问我需要什么。（停顿）我试图解释我不知道该做什么。他对我说"去问你的丈夫"，然后就挂了电话。但是我不能问他，我一问他就会生气。

治疗师：其他的一些亲戚呢？

约瑟芬娜：（无精打采地）我知道我的教母会帮助我，但是她没有电话。我曾给她写过一封信，但是要写清楚发生了什么事太难了。她还误解我的意思了。她只是回信说我父母真的很想念我，而且如果我可以表现得像个好女人那样他们会原谅我的。（悲伤地）他们不会原谅我的。他们会听说我是一名儿童施虐者，这就是结局。

治疗师：结局？这是什么意思？

约瑟芬娜：（悲伤地）他们会和我断绝关系。我真的伤害了卡洛斯。我父亲会为此生气。什么样的母亲才会伤害她的孩子呢？（无神地凝视着前方）

治疗师：你看起来有些迷茫。（约瑟芬娜点了下头）有没有过一段时间你没有这么迷茫，别人也没有称你为儿童虐待者？

约瑟芬娜：（低声地）这是很久很久以前了。就是去年，我成人礼的那一天——那是我还是一个好人的最后一天。（长时间的停顿）我特别兴奋。所有的老师都注意到我在微笑。我在学校非常努力但总是很安静。我试着努力成为一位像我母亲那样谦逊和甜美的女孩。但是，在那一天，我集中注意力写家庭作业。我心里一直想着我帮助妈妈准备所有的食物以及那些要来看我的亲戚们。

治疗师：你感觉到很兴奋。你是怎么看待你自己的呢？

约瑟芬娜：（平静）我是一个好女孩。我知道这些。我总是帮助我的母亲，还有其他需要我帮助的亲人。我帮过很多的表兄弟姐妹们辅导作业。我就是想像我的母亲那样，但是……（长时间的沉默）

治疗师：但是……（停顿）

约瑟芬娜：（轻声地）我想和她一样温暖和善良。我学会了她所有的秘方。从我很小的时候起，我就对治病就很感兴趣。我们那里有一个女巫师，或者说是"医生"（西班牙语：治愈者urandera），在我们那个镇上，大家都会让她来看病，而不去找医院的医生，因为那些医生很冷漠并且对我们也不够尊重。（笑了）只要家里有人生病了，她会带着蜡烛和一个特殊的十字架，并把十字架放在病人的头上。她会用草药来制成特殊的药物并且用特殊的祷文向上帝祈祷。（真诚地）我想像她一样。我觉得上帝已经选定我成为一位治愈者了，但是我还想去医学院学习我可以学到的一切。我不会成为医院里那种医生。（她的声音就像一条线那样）我会像女巫师那样去尊重我的病人，我还会知道她的治疗技术，而且……（她用双手捂着自己的脸抽泣，手里还紧紧攥着她的念珠）

治疗师：（长时间的沉默）那串念珠肯定对你来说有着十分重要的意义。你现在痛苦地紧握着它，指关节都变白了。

约瑟芬娜：（轻声）这是我在成人礼上得到的特殊念珠。我用它向上帝祈祷并呼唤瓜达卢佩圣女来帮助我。

治疗师：在成人礼之前，你认为自己的形象是像你妈妈那样的好女人——善良，关怀——而且你也打算将关怀进一步发展，变成一个女巫，当你周围的人生病的时候帮助他们。（停顿）上帝是如何选定你的呢？

约瑟芬娜：（自信）我能感觉到。当我与女巫在一起的时候，她会看着我的眼睛，我就感到一股强烈的脉冲涌进来。那天晚上我就会梦见自己成为一个治愈者。这是上帝传递给我的消息。我在学校努力学习，努力地让这个成为现实。但是恰恰相反，我……（绝望地看着治疗师）

治疗师：痛苦淹没了你。（约瑟芬娜点了下头）你觉得你背负着这样的命运，而你和你的家人一定会因此而自豪，你命中注定会帮助你周围的人。现在你把所看到的自己定义为一个坏女人。对于这个对自我的认识，在我看来是说不通的，因为我已经听到你是多么愿意去帮助别人。

约瑟芬娜：（痛苦，喘不过气）快，太快了，一切就都改变了。（停顿）牧师在给我祝福的时候，我跪在一个印有我名字的枕头上面。我的教母知道我梦想成为一个治愈者，她就绣了我的名字和一些她自己创造的特殊符号来给予我力量让我去实现梦想。我跪在那儿，第一次戴着这串念珠，我被上帝以及爱我的家人围绕着。（轻声）我父亲把我的鞋子换掉了，让全家人都知道我现在已经是一个女人了。他的眼睛含着泪水，骄傲的眼泪。（停顿）当我和罗伯托结婚了之后，他看起来就像一片雷暴云那样对我说再见。所有的骄傲都消失了。

治疗师：快，如此之快，一切都变了。（长时间的沉默）这是怎么发生的呢？

约瑟芬娜：（用一种紧张的，尖锐的声音）我想是因为那次聚会让我沾沾自喜了。我虽然没有喝东西，但是我得到的这些关注让我感到晕眩。我戴着三重冕、一条漂亮的项链和一副耳环，穿着我母亲为我缝制的美丽礼服。（停顿，悲伤地）我听起来这么自私。

治疗师：这是一个非常重要、有意义的一天，感到兴奋是有道理的。

约瑟芬娜：（专心地）我父亲应该领着我跳一支舞的，但是有些孩子把饮料洒到他的身上了。他笑着说他必须换身衣服，这个时候罗伯托大步地走了过来，牵起我的手说他会和我跳舞。我很惊讶他想与我共舞。他是从墨西哥来的表亲，刚刚抵达美国。我父亲之前收到罗伯托父亲的一封来信说罗伯托快要来美国了，所以自然邀请他参加了我的聚会。他是那么高，那么帅。（长时间的停顿）我的手被他的手攥着有些疼。跳完舞之后，他在我耳边小声说让我到外面去见他。（长时间的沉默，痛苦地）我拒绝了，他也只是笑笑。

治疗师：他为什么笑呢？

约瑟芬娜：（悲伤地）他可以告诉我我是一个什么样的女人。（停顿，专心地）我只是想过在外面有一个浪漫的散步，（停顿）也许会是一个晚安吻。我在学校认识一些约会的朋友。我知道约会并不适合我，但他们的故事还是让我感到兴奋。

治疗师：你知道你不应该去约会，但他在你的成人礼那天与和你一起跳舞。他是你的家人，所以你认为他是一个好人。

约瑟芬娜：（认真地）我确实是这么认为的。我的父亲允许他牵起我的手。我因此就认为他是一个好人。

治疗师：如果你的父亲听到罗伯托说的悄悄话，他会说些什么呢？

约瑟芬娜：（强调地）他会把他赶出屋子。他本不会生气。我知道这有些不对，但我从未想过……（长时间的沉默；轻声）这都是我的错。我本不应该让它发生。

治疗师：什么是你的错？

约瑟芬娜：（长时间的沉默，泪眼汪汪地）我像一个坏女人那样与罗伯托发生的性关系。

治疗师：你看起来困惑。（约瑟芬娜点点头，茫然若失的样子；长时间的沉默）发生什么事了？

约瑟芬娜：（害怕地）我马上就感到害怕。罗伯托身上能闻到酒味。我知道他比我大，是可以喝酒的，但我此前从来没有见过一个喝醉了的男人。我试图摆脱他，但他比我强壮得多。我不能……（因抽泣而停了下来）

治疗师：回忆起这些对于你来真的是很痛苦的。

约瑟芬娜：我应该直到结婚前都保持着纯洁的。在作为一个女人的第一个晚上，我就失去了我的贞操。（停顿）我没有什么借口来为我不道德的行为辩解。

治疗师：罗伯托要比你大很多。很多年前，他就长大成人了。他本应该更明白这些，本应该对你尊重的。

约瑟芬娜：（长时间的沉默）既然你说到这儿，（停顿）是的，他本应该听我的。我一闻到酒精的味道，我就告诉他我想回去。但他对此视而不见，也无视了我试图推开的举动。他把我的衣服拉起来。（长时间的沉默，悲哀的），这仍然是我的错。

治疗师：对于我来说，我可能有不同的理解。对于你来说，这是个特殊的夜晚，是你作为女人的初夜。你没有像成年人那样去做决策的经验。你所犯的错误就是不该尊重和信任一位自己并不了解的亲戚。

约瑟芬娜：（真诚地）他看起来是特别帅气，所以我理所当然地认为他人很好。

治疗师：一个年轻女人的错误。（长时间的沉默）你有没有告诉你的家人发生了什么事？

约瑟芬娜：（绝望地）我怎么可能告诉他们？那样的话我就会带走他们所有的骄傲。不管怎么样，最后也的确是这个样子，但至少他们还会有三个多月来爱我。

治疗师：当他们发现的时候，发生了什么？

约瑟芬娜：（低语）他们深感羞愧。我的父亲是一个温和的人，但他揍了我一顿。他从来没有这样子做过。然后他离家几天。当他回来时，他不跟我说话。我的妈妈每天和我一起祈祷。之后罗伯托在墨西哥的父亲寄来一封信；我的父亲之前写信告诉了他关于我的事情。他们都同意我们必须结婚。罗伯托不愿意，但是要么这么做，要么他得回墨西哥。他只有一个假的工作签证，这点我的父亲知道。（哭泣）

治疗师：你的痛苦是如此强烈，发生的这一系列事情又是如此具有破坏性，以至你不再认为自己是一个好人，即使你曾经做过那么多好事。

约瑟芬娜：（轻声地）当我从你的嘴里听到我的故事时，我感觉自己看上去不像这样一个邪恶的人。但是没有什么可以改变我对我儿子所做的一切邪恶的事情。

治疗师：即使你犯过错，仍然是善良的。你的确伤害到了卡洛斯，这些伤害也很严重。

约瑟芬娜：（悲伤地）我知道。我对发生那样的事情感到很愧疚。

治疗师：从法律的角度，你的确是在虐待他。然而，你也是一个年轻的母亲，这个母亲遭受丈夫对自己家暴，家人又生活在很远的地方，她的小儿子需要大量的照顾。在这样的现实里，很多事情都会走偏。

约瑟芬娜：（悲伤地）我将继续祈祷。

治疗师：你内心深处的信仰和对圣女的祈祷都是非常重要的开始。但是，你的故事里面有一个重要的组成部分，那就是你对家人深深的依恋。你需要别人来帮你成为一个好母亲。如果你的父亲知道你当时并不同意和罗伯托发生性关系，如果他知道罗伯托还打你了，会不会改变他对你如何融入家庭的看法？（长时间的沉默）或许，至少他可能会原谅你，并把你带回家，这样你的家人就可以帮助你与卡洛斯。

约瑟芬娜：（忧虑地）我不知道，也不敢问。如果他拒绝呢？（长时间的沉默）我不知道如何开始，但我希望我的儿子回家。我想成为他的母亲。

治疗师：你想明天再来这里并多谈谈这个吗？

约瑟芬娜：（轻声）我将继续祈祷，（停顿）是的，我明天会过来的。

练习：形成对约瑟芬娜的个案概念化

练习1（最多4页）

目标：确认你清晰理解了建构主义理论。

形式：一篇包含 A 到 C 部分的综合性小论文。

需要帮助的话，你可以回顾本章。

A. 形成一个涵盖建构主义理论所有假设的简洁概述（该理论关于理解来访者如何改变的核心维度的假设；概括地从理论上进行思考），以此作为对这个练习的其他部分的引入。

B. 为了更好地阐释每个假设，会有一些特定的例子，在这些例子中会呈现出来访者的改变过程，你需要形成一个关于如何运用那些假设来说明来访者取得进展的全面描述。

C. 通过描述治疗师在帮助来访者改变过程中的角色（治疗师、医生、教育者、助人者），在治疗中采用的主要方法和常见的治疗技术来作为论文的总结。你需要提供足够的具体例子来阐明这种方法的独特之处在哪儿。

练习2（最多5页）

目标：帮助你把建构主义的理论应用到约瑟芬娜身上。

方式：从 A 到 E 每个部分有一个单独的句子概述。

需要帮助的话，你可以回顾本章。

A. 列出约瑟芬娜的弱点（担忧、难题、问题、症状、技能缺陷、治疗障碍）。

B. 列出约瑟芬娜的优点（长处，积极的特性，成功经验、技能、促进改变的因素）。

C. 对约瑟芬娜的每一个主要人生故事各写一个简短的概要。

1. 每一个情节概要都要说明该叙事的要素，包括对叙事的背景（在哪里）、人物（谁）、情节（什么）、主题（为什么）、目标（目的）以及用什么语气来讲述这个故事。

2. 每一个情节概要都要突出混乱的、不完整的、有问题的或者是与负面情绪相关的故事。

   a. 讨论这些可能会如何与约瑟芬娜的某个或多个弱点联系在一起。

   b. 哪些故事解构的风格可能会对帮助约瑟芬娜从这些令人不安的经历中形成更具有适应性的意义与价值？

3. 每一个情节概要应突出这类故事：完整的和积极情绪相关的、和积极意义建构相关的。

   a. 讨论这些可能会如何与约瑟芬娜的某个或多个优点联系在一起。

   b. 通过什么方式来深入了解或细化她的故事中的那些积极的方面，能够为她在自我增益的叙事发展过程中打开新的人际意义创造可能？

D. 讨论当下约瑟芬娜的人生叙事是如何满是困境的，要考虑到她的叙事性自我，她和别人的关系，她对自己的境遇和过去创伤的看法，考虑她所有的负面情绪、不适应的目标、她的刻板程度，或是适应新经验的困难，并把它们整合到正在进行的叙事中。

E. 讨论当下约瑟芬娜生活叙事中的韧性，包括她的叙事性自我，她和别人的关系，她对自己的情况和过去的创伤有什么看法，考虑她所有的积极情绪、适应的目标、她的灵活性或者适应新经验的舒适程度并把它们整合到正在进行的叙事中。

练习3（最多6页）

目标：通过聚焦暴力领域来形成对约瑟芬娜、对她的家人以及她的境遇的理解。

形式：从 A 到 J 每个部分有一个单独的句子概述。

需要帮助的话，你可以回顾第二章。

A. 评估当下导致约瑟芬娜使用暴力的风险因素和阻止暴力倾向的保护性因素，可以考虑以下这些问题：

1. 儿时的约瑟芬娜曾经遭遇过什么样的负面事件？这些事件包括：和一个瘾君子生活在一起；父母离异；严重的家庭破裂，例如不停地搬家或者无家可归；父母一方抑郁或患有精神疾病；和一个曾经自杀过或企图自杀的人生活在一起；和犯了严重罪行或服过刑的人生活在一起；经历过身体上、性以及情感的虐待或忽视；亲眼看见过暴力行为。

2. 成人后约瑟芬娜遭遇过什么样的负面事件？包括和一个瘾君子生活；严重的家庭破裂；和一个患有抑郁症或精神疾病的人生活在一起；和一个自杀过或者试图自杀的人生活在一起；和犯了严重罪行或服过刑的人生活在一起；经历过身体上、性以及情感的虐待或忽视；或亲眼看见过暴力或生活在对暴力的恐惧中。

3. 约瑟芬娜身上有哪些内在因素也许能保护她避免暴力？包括她是否有控制冲动的能力、限制自己的行为和调节情绪的能力、反思能力以及问题解决能力，或者理解他人的情绪和行为的能力。

4. 童年时期，约瑟芬娜所处的长期社会网络和生活环境是纵容还是抵制暴力的？包括是否有痛苦的、矛盾的或不应该存在的感情联结与积极情感联结，家庭对暴力作为一个解决问题的策略的容忍程度，积极或消极的学校或社区经验，以及宗教背景。

5. 目前环境中有哪些支持或者约束暴力的方面来自约瑟芬娜的家庭关系、同伴关系、受教育程度、职业、现在生活的社区或是现在的宗教信仰。

6. 有什么直接的诱发因素可能为她的暴力行为提供辩护，或是导致亲社会的反应，抑或是使暴力行为更可能出现？值得考虑的因素包括：武器存在与否，酒精和药物的使用程度，挫败和愤怒的程度，约瑟芬娜的生命中的其他人给她带来的是对暴力的支持还是排斥。

B. 评估约瑟芬娜的生命历程中接触暴力的情况，包括：

1. 接触的类型（直接的、间接的）。
2. 接触的频率。
3. 事件的严重性。
4. 约瑟芬娜在其中的角色（目击者、受害者、施暴者，既是受害者也是施暴者）。
5. 目前，因接触到的暴力对她的情感、认知、身体和社会功能的影响。

C. 评估约瑟芬娜的世界观，暴力对她的世界观的影响是泛化的还是有限的？评估目前她的世界观是促进暴力行为还是亲社会行为。

D. 评估目前约瑟芬娜的危险性以及她所处的环境中其他人的危险性。如果有必要，考虑是否需要以及如何立刻并长久地增强她的安全性，包括仔细考虑约瑟芬娜的生活中暴力实施者的特征。如果从 1~10 进行评分，当前约瑟芬娜的环境有多危险？如果从 1 到 10 进行评分，她对这种危险的控制程度有多少？

　　E. 评估约瑟芬娜的安全性，以及在她的个人、社交以及文化世界中其他人的安全性。

　　F. 评估暴力对约瑟芬娜和她生活中的其他人在心理和生理上造成的影响，评估是否有其他的力量鼓励暴力或非暴力行为，并依据当前她生活在没有暴力环境中的能力来评估她的预后。

　　G. 目前你拥有的关于暴力和忽视对个人和他们家庭的影响的知识有多少？

　　1. 你学习了哪些课程，教给你关于忽视、暴力以及创伤对来访者身体和情绪的影响的知识？

　　2. 你参加了哪些工作坊，是向你介绍关于忽视、暴力以及创伤对来访者身体和情绪的影响的知识？

　　3. 你的从业经验中，有哪些经历让你了解忽视、暴力以及创伤对来访者身体和情绪带来的影响？

　　4. 你个人有哪些经历让你了解忽视、暴力以及创伤对来访者身体和情绪带来的影响？

　　5. 有哪些同辈效应可能会影响那些经历忽视、暴力以及创伤的人的世界观，诸如什么是重要的，人们如何交流，在这个世界上，什么会被奖励，而什么又会被惩罚？

　　H. 目前，对于约瑟芬娜这个来自暴力或忽视背景的个体，和她相关的各类议题，你的觉察水平是怎样的？

　　1. 讨论你对忽视和暴力的生活方式有什么刻板印象，以及这些刻板印象是否会影响你对约瑟芬娜的看法。

　　2. 讨论你过去遭受过的暴力和被忽视，并讨论这些可能会如何影响你现在对约瑟芬娜的看法。

　　3. 讨论你对恋爱关系和亲子关系的刻板印象，这些是否会影响你现在对约瑟芬娜的看法？

　　4. 讨论你的那些能够为你和约瑟芬娜进行有效工作提供支持的经验，也要讨论哪些经验会导致当下你对约瑟芬娜的观点和处境产生负面偏见或排斥。

　　I. 你已拥有或可以学习哪些技能来对遭受过暴力或被忽视的来访者开展工作？

　　1. 你目前拥有的哪些技能对与约瑟芬娜的工作有价值？

　　2. 你觉得哪些重要的、需要进一步发展的技能可以让你更有效地对约瑟芬娜开展工作？

　　3. 有哪些你可以做的事情，能增加约瑟芬娜获得正向结果的可能性？

　　J. 你可以采取的行动步骤有哪些？

　　1. 你可以做哪些准备工作来让自己在和约瑟芬娜的工作中更有技巧？

　　2. 讨论你给约瑟芬娜选择的治疗方法中是否存在偏见，尤其是针对施暴者或受害者而言，是否忽视了某些有效的干预方法或是纳入了一些不恰当的干预措施。

　　3. 你会如何组织治疗环境来增加约瑟芬娜取得积极结果的可能性？

　　4. 你可能会改变治疗的哪个过程以使它们更能让约瑟芬娜或是其他经历过暴力和被忽视的来访者接受？

　　练习 4（最多 6 页）

　　目标：帮助你把建构主义理论的知识和暴力问题整合进入对约瑟芬娜的深度概念化

（她是谁以及为什么她是这个样子）。

形式：一篇整合的文章，包括一个假设、论证的细节以及遵循精心策划的组织风格的结论。

需要帮助的话，你可以回顾第一章和第二章。

步骤1：考虑你应该使用什么方式来组织对约瑟芬娜的建构主义理解。这种方式应该符合以下目标：①提供一个能对她的叙事进行全面、清晰的理解的支持，并且令人难忘；②能够使用一种她觉得具有说服力的语言，毕竟她是因为虐待儿童被强制转介过来的。

步骤2：发展出你的简明假设（概述、初步或解释性陈述、提出议题、陈述论点、介绍理论导向、假设、小结、归纳原因）来阐释约瑟芬娜身为一位妻子和新妈妈，一位在暴力和虐待叙事之外迷失了自己是谁的母亲的叙事。如果你在第2步遇到困难，请记住它应该是练习2和练习3中的关键理念的整合，它应该：①为约瑟芬娜设立长期目标提供基础；②扎根于建构主义理论并聚焦在暴力领域；③突出对约瑟芬娜具备的进行建构主义治疗的优势。

步骤3：从建构主义的角度来发展出你的支持性材料（有关优、劣势的详细案例分析，提供数据支持初期假设），每一段都应包含对约瑟芬娜的深刻理解：一位在自己的叙事中既是施暴者又是受害者的年轻女子。如果你在这一步遇到困难，想一下你需要这些信息的目的：①有利于短期目标的发展；②建立在建构主义理论的基础上并聚焦在暴力领域；③融合进对约瑟芬娜具有的可以共同建构出新的、一致性的叙事性自我的优势的理解。

步骤4：得出结论并提出一般性的治疗建议，包括：①约瑟芬娜的整体功能的水平；②当下任何促进或阻碍她构建更加自我增益的人生叙事的因素；③她在构建更加自我增益的人生叙事中的基本需求，尤为留意你在练习三中所说的 H 和 J 部分的内容（要简洁概括）。

练习5（最多4页）

目标：为约瑟芬娜制订一个个性化的、理论导向的行动计划，这个计划要考虑到她的优势并聚焦在暴力问题领域。

方式：包括长期目标和短期目标的句子概要。

需要帮助的话，你可以回顾第一章。

步骤1：形成你的治疗计划概述，仔细回想你在练习3里 H 和 J 部分所说的内容，尽力避免在你的治疗计划中出现任何负面的偏见，并确保你的治疗方法能够适应约瑟芬娜的独特需求。

步骤2：建立长期的（主要的、大的、有雄心的、全面的、广泛的）目标，理想情况下约瑟芬娜在治疗结束的时候能够达到这些目标，而且这些目标将会为她和卡洛斯创建一个更具适应性的、没有暴力的叙事。如果你对步骤2的理解有些困难，请重新阅读你的前提假设和论点，尤其注意它们是如何被转换为解构或重构约瑟芬的叙事的目标（运用练习4的模式）。

步骤3：设立短期（小的、简明的、封闭、具体、可衡量的）目标，这个目标是你和约瑟芬娜在几周内就能实现的，而且你也可以用它们来记录约瑟芬娜在将新经验整合到她自己之前的故事中时取得的进步，灌输改变的希望，计划有时效的咨询对话。如果你对第3步有疑惑，请重新阅读你的支持段落，从中寻找可以转变成这样的目标的想法：①有助于约瑟芬娜解构继而重构她的叙事性自我，而且聚焦在暴力问题领域；②当下能够有效增强她的养育技能或减少阻碍的因素；③无论何时都能够利用她的优势让她从她的生活故事中建构出更具适应性的意义来；④对于同时作为施暴者和受害者的约瑟芬娜来说是个性化的，而不是泛泛地适用所有人的。

练习6

目标：对约瑟芬娜建构主义治疗进行评论。

方式：以论文形式或者通过小组讨论形式回答问题 A～E。

A. 对约瑟芬娜（一位与自己大家庭切断关系的年轻母亲，而且既是暴力的受害者和也是暴力实施者）而言，建构主义治疗的优点和缺点分别是什么呢？

B. 讨论对约瑟芬娜和她的原生家庭使用家庭系统治疗的利弊。把家庭系统疗法和你的建构主义疗法进行比较，你认为当前哪一种方法对约瑟芬娜最有用？如果当约瑟芬娜第一次意识到自己怀孕的时候，你就进入了她的叙事，你的决定又会发生什么样的改变？

C. 约瑟芬娜的墨西哥裔美国人血统对她的现状中造成了什么影响？详细讨论这种传统可能会如何增加暴力的风险因素或者增加阻止暴力的保护因素。

D. 作为一个授权报告人，你承担着尽最大可能保证卡洛斯安全的伦理责任，但你没有对约瑟芬娜的平行责任。考虑到这一点，并思考如果你对他的母亲使用建构主义治疗，短期内，卡洛斯的安全程度如何？从长期来看，这些风险是增加还是减少，原因可能是什么？在建构主义的框架下，你可能会怎么根据每一次的咨询来调整治疗方案，并对安全性的议题进行评估？

译者注：授权报告人（mandated reporters）是指那些定期接触弱势人群，而且法律要求有义务在看到或推测对方受到虐待的时候上报的人。

E. 在给一位虐待婴儿的成人提供有效治疗时，你个人会面对哪些挑战？在约瑟芬娜这个案例涉及的事实是否会改变这些挑战？这个个案中是否存在什么因素让你在提供治疗的时候感到困难，比如她的性别、墨西哥裔美国血统和宗教背景等？

推荐阅读

书籍和文献

Neimeyer, R. A.. Frameworks for psychotherapy. In R. A. Neimeyer & J. D. Raskin (Eds.), Constructions of disorder: Meaning - making: 207 - 242 [M]. Washington, DC: American Psychological Association, 2000.

Neimeyer, R. A. (2004, February 15). Constructivist psychotherapies. Retrieved from the Internet Encyclopaedia of Personal Construct Psychology website at http://www.pcp-net.org/encyclopaedia/const-psther.html?new_sess=1

Neimeyer, R. A. (2009). Constructivist psychotherapy. New York, NY: Routledge.

视频

American Psychological Association (Producer), & Neimeyer, R. (Trainer). (n.d.). Constructivist therapy (Systems of Psychotherapy Video Series, Motion Picture #4310704). (Available from the American Psychological Association, 750 First Street, NE, Washington, DC 20002-4242)

Construtivismo Clínico SPPC. (2011, July 13). Part I: Constructivist psychotherapies distinctive features and evolution [Video file]. Retrieved from https://www.youtube.com/watch?v=GgiqgyrjxBs

网站

Constructivist Psychology Network. http://www.constructivistpsych.org

Society for Constructivism in the Human Sciences. https://sites.google.com/site/constructingworlds/

第十二章
跨理论的个案概念化与治疗方案

跨理论模型简介

杰克（Jake），25岁，白人，男性。他娶了珍妮佛（Jennifer）——一个24岁的白人女性。他们有个儿子，杰米（Jamie），6岁。他们生活在某中西部小城市的一个蓝领社区。杰克（Jake）靠着在一家大型食品配送公司驾驶一辆卡车谋生。因为他获得了"快速到达"的奖金，他经常连续几天开车而不休息。他的妻子是一位家庭主妇。他们与大家庭成员没有联系，没有关系网络。杰米（Jamie）上周被从家中带走，为了一份儿童身体虐待的报告。法院系统要求杰克（Jake）参与治疗，并以此作为儿童保护服务部门（Child Protective Services，简称CPS）将杰米（Jamie）送回家的先决条件。CPS将每周进行家访，以监控家庭环境。

通过一个简短的精神状态检查，杰克没有显示认知混乱的迹象，而且至少是平均智力。他没有表现出自杀或杀人想法的迹象；但是，他很快变得气愤，表现出显著的冲动的迹象。他拒绝回答关于酒精或毒品使用的任何问题。

你是跨理论模型的支持者，跨理论模型是通过研究改变过程（Prochaska & DiClemente，1984，1986）发展出的一种系统的折中方法。杰克会发生改变使他的儿子回家吗？答案不是一个简单的是或否，因为你认为改变是一个持续的过程，而不是一个静止的状态。此外，你相信杰克将有动力去改变他自己认为是问题的事情。虽然杰克可能不准备立即改正他的暴力行为——法院期望达到的改变——他可能准备思考他的行为和这种行为对自己的生活的意义（改变的早期阶段）。以下跨理论模型的概述来自支持改变的行为系统（Pro-Change Behavior Systems）（2008），Prochaska（2005），Prochaska和DiClemente（1984，1986），Prochaska和Norcross（2009）的工作。

你如何定义杰克需要改变什么？跨理论模型假设有五个同样有效改变的层面，杰克可以在不同层面上定义、感知或理解他的每个问题：症状/情境（1级）、适应不良的认知（2级）、当前的人际冲突（3级）、家庭/系统冲突（4级）和内部冲突（5级）。所有的行为模式的治疗干预指向1级，所有认知模型干预指向2级，所有人际模型干预指向3级，所有家庭系统模型介入指向4级，建构主义、动力学、情感聚焦和女性主义治疗属于内心的/人际关系的5级干预。不过定义他的问题在任何层面都是合理的，随着问题的界定从症状/情境到人际冲突，杰克（Jake）将越来越意识到他的问题的原因，这些问题的前因越是深深根源于他过去的历史，解决这些问题所需的治疗时间将越长。跨理论模型既尊重可用于指导性治疗的多种理论观点的价值，又提供了一套在多种观点中进行选择的指南，以使杰克（Jake）既参与（相对于退出）治疗又发生改变（相对于仅仅出现）的可能性最大化。

杰克可以仅仅在某一个改变的层面上定义他的问题；然而，改变的各种层面仅是理论基础上的不同。杰克总是在思考、感觉，并受到他过去的历史和现在的关系的影响，因此他的症状和生活问题发生在一个相互关联的多层面的背景下。例如，杰克被治疗是因为他对儿子的虐待行为。在症状/情境水平上，他可能在他感到愤怒或被威胁的情况下失去控制，并且如果他喝酒或不能感觉到他的行为的消极后果，则失去控制的这种倾向可能会增加。在适应不良的认知水平上，杰克在听到要求时可能会认为，"如果有人支配我，我永远不会安全"。在当前的人际冲突水平上，杰克可能与妻子就关系中的控制问题发生争论，以致被任何来自他人的企图"控制"所激怒。

在杰克的成长过程中，他目睹了他的父亲打他的母亲，他被父母双方虐待。因此，在家庭系统层面，杰克认为暴力是家庭生活的一个自然组成部分。在内在冲突层面上，杰克现在感到无助、失控、恐惧，除非他相对于他人处于统治地位。他的快乐和自尊的体验都与他把自己的意志强加于他人的能力有关。只有在这些情况下，他才觉得自己像一个男人。当配偶或另一个成年人试图与杰克发展一种交换关系时，他可能因为无意识和深切地依赖恐惧而用暴力做出反应。从跨理论视角来看，在这五个层面中的任何一个层面观察杰克的愤怒都是合理的，对这些层面中的任何某一层面的干预都可以帮助他处于建设性的改变过程。如果他有多个问题，你将分析每一个问题的不同水平的改变。然后，在治疗期间你需要选择一个或多个层面用于定义每个问题；如果你把杰克的问题定义在对他有意义的层面上，杰克会最有动力去改变这个问题。

杰克动机的改变可以被看作是五个可能的改变阶段之一。这些阶段反映了一系列增强改变的动机过程，包括杰克对问题行为的态度以及他对此可能采取的任何行动。如果杰克对于他的虐待行为处于改变的第一阶段，即前预期阶段，他不知道或不足以意识到这是一个问题，他并不打算在可预见的未来去改变他的行为。他认为继续暴力的好处多于坏处。如果杰克处于改变的第二阶段：沉思，他意识到一个问题存在，并考虑就这一问题做些什么。他会考虑做出改变的利和弊；然而，他没有承诺采取行动，并且非常矛盾是否这样做。如果他处于改变的第三阶段：准备，杰克计划在下个月采取行动改变。在过去的一年里，他可能已经采取了一些小措施去改变或未能成功采取行动改变；他可能告诉别人他的改变计划。

如果杰克处于改变的第四阶段：行动，杰克正在积极改变他的行为，并试图克服他的暴力倾向。行动是最明显的行为层面的改变；然而，杰克需要经历早期阶段的思想准备，进而采取有效的行动。在这个阶段，杰克必须成功地改变他的暴力行为至少一天。他的改变可能持续六个月；杰克的挑战是不要再退回到使用暴力。如果杰克到了改变的第五阶段——维护阶段，他会努力防止复发暴力行为，并努力巩固已有的有效改变。这个阶段从六个月持续到最初采取行动改变后的某一不确定时间。如果杰克能够维持到结束，他有绝对的信心（100%的自我效能感）已经克服了他的暴力倾向，他没有经历诱发或复发。到达结束阶段这对于任何人都是困难且不常见的；大多数人继续经历诱发、复发（Prochaska，1999）。

当杰克接受治疗时，对于他的暴力行为，他可能处于改变的哪一阶段呢？绝大多数来访者（80%）在改变的早期阶段接受治疗，并抵制需要立即采取行动的治疗计划。治疗将需要向杰克提供改变他的"决策平衡"的经验，以便进入下一阶段改变的好处大于不这样做的坏处（Pro-change Behavior Systems，2008）。因此，为了使治疗有效，必须正确地识别杰克的问题处于改变的哪个阶段，然后确定治疗目标，推动他朝着这个问题改变的下一个阶段发展。杰克可能处于他每个问题的不同改变阶段。

虽然你更喜欢杰克在改变的阶段以线性方式前进，但他的进步更可能是螺旋式的上升。个人经常开启改变的模式，复发，然后再前进。每次杰克走向行动和维护，他将变得更强大，也更有效地致力于改变过程。杰克也将发展信心（自我效能感），尽管可能复发但依旧可以保持积极的改变。

什么将促进杰克在改变过程中的进步？有10个改变过程杰克可以使用或有可能学习使用以促成改变。改变过程是杰克可以用来改变与特定问题相关的思维、行为或影响的一种类型的活动。对接受治疗和未接受治疗的人群的研究表明，成功的改变者使用了类似的改变过程。跨理论模型将这些改变过程总结为帮助关系、意识提升、自我解放、自我再评价、对抗条件、刺激控制、加强管理、情感唤起、环境再评估和社会解放。

如果杰克利用帮助关系，他是开放的，并相信他的问题有人关心。如果他采取意识提升，杰克会扩展关于他自己和他的问题的信息。杰克的自我解放涉及他增加对改变的承诺，并相信他自己的能力。自我再评价涉及杰克评估自己的感受和对自身问题的思考，并认识到适应性的替代暴力的行为是他自己想要的。对抗条件涉及杰克替代原有问题行为的行为和认知。刺激控制包括杰克避免或反击引发自己问题行为的刺激，增加支持他适应行为的暗示和帮助。加强管理的方式可以是杰克因做出改变而奖励自己或被他人奖励；否则，他的暴力造成的消极后果将会增加。情感唤起涉及杰克深刻地体验和表达他对于自己问题的感受，以及对于潜在解决方案的感受。环境再评估的方法是杰克将评估他的问题和适应行为如何影响他与他人及周围环境的关系。最后，社会自由解放层面，杰克将认识到，相比暴力行为社会更支持非暴力行为；因此，如果他改变了，他将有更多的选择如何不依靠社会控制机构，如儿童保护服务去过自己的生活。

研究表明，处于前预备期、沉思和准备阶段改变的个体，通过启发性的治疗干预能得到最多的帮助，虽然准备阶段也可能涉及小的行动步骤。相反，在行动和维持阶段的个人以行动为导向的治疗干预最有帮助。因此，你应帮助杰克使用最适合的改变过程，帮助他在改变的过程中从当前的状态向前进步。这可能不是一个顺利的过程。杰克可能会因过度使用、误用或忽视一个重要的改变过程而陷入僵局。你的角色将是确定阻碍改变的因素，然后为杰克提供恢复改变过程的策略。

治疗师的角色

治疗是一种合作性的、人与人之间的共同努力。你将担任顾问或教练，促进杰克开始建设性改变的能力。治疗的第一步将是你对杰克关于改变的阶段，改变的过程和改变的程度的教育。这种教育将有助于赋予杰克权力，因为这将让他看到自己参与改变的过程，无论他目前是处于前预备或是行动阶段。

治疗的第二步是在五个改变水平上评估杰克的每个问题。治疗师将选择哪个层面去干预？虽然任何层面改变的干预对杰克都有意义，但只要有可能，你应该帮助杰克在他能够最快改变的层面上改变；这通常是症状/情境水平，因为来访者对他们问题的意识水平通常在这个层面上是最大的。如果杰克能够在症状/情境水平上成功地保持改变，则不需要进一步的治疗。如果他最有动力在其他层面上去做改变，你应试图"满足杰克"对自身问题的界定，除非你有一个非常令人信服的理由不这样做。用你的界定来帮助杰克改变，你需要说服他且理由应是充分有效的；你不能强加改变——杰克必须是这个过程的积极参与者。

治疗的第三步是评估杰克目前经验到的每个问题的改变阶段。选择在某个改变层面的治疗计划的基本策略，是以杰克在改变过程中已经走得最远的那个层面来指导。例如，如果杰克在处于4、5级层面的前预备期阶段，在1、2级层面的沉思阶段，在3级层面的准备阶段，你应选择3级进行干预，除非由于某种原因杰克反对它。

最后，你将帮助杰克实施改变的过程，这将有助于他在每个问题选择干预的改变水平上进入改变的阶段。这种匹配对于积极的治疗结果是至关重要的。前预备期阶段杰克需要面向觉察的过程。如果在前预备期阶段你试图让杰克参与面向行动的过程，它会破坏治疗联盟，他也可能会退出。在开启新的针对他的暴力行为的过程之前，你应评估杰克为了控制自己的暴力行为目前正在做什么，以及他过去曾经尝试改变的过程（如果有的话）。你应最大限度地挖掘杰克的自我改变努力，发掘被忽略的努力过程，减少过度使用的过程，纠正不适当使用的过程，以及教授可能更适合杰克的改变阶段和改变水平的新过程。杰克的意见将受到尊重，你应积极寻求杰克在治疗过程中的优势和资源。如何使用级别、阶段和改变过程来评估杰克暴力行为的例子如表12－1所示。

表12－1　如何使用级别、阶段和改变过程评估杰克的暴力

改变的级别水平	改变的阶段	适当的改变过程*
1. 症状/情境 杰克是暴力的	前预备阶段	以觉察为导向
2. 适应不良的认知 杰克有暴力的想法	前预备阶段	以觉察为导向
3. 当前的人际 杰克与他的妻子和儿子冲突	准备阶段	以觉察和行动为导向
4. 家庭/系统 杰克在一个暴力的家庭长大	前预备阶段	以觉察为导向
5. 内部 杰克对依赖有着深刻的、无意识的恐惧	前预备阶段	以觉察为导向

＊增进觉察的改变过程包括意识提升、情感唤起关注感受、社会解放、环境再评估。促进行动的改变过程包括加强管理、帮助关系、对抗条件、刺激控制。

你可以考虑三种治疗策略用来支持杰克的改变过程。第一个被称为改变水平等级策略。首先，你在症状/情境级别让杰克尽可能多地改变。如果杰克能在这个水平维持，则治疗结束。如果实现维持之前在改变过程中停滞，你就转向认知改变水平，并再次努力使杰克在这个水平上进入维护阶段。如果你成功做到了，治疗将结束。如果杰克再次在改变的过程中陷入停滞，治疗将转移到人际关系的干预，等等，直到杰克对于改正自己的暴力行为成功地到达维持阶段。

第二种方法是关键级别的策略。治疗可以从杰克和/或你根据与改变的焦点相联系的问

题而确定的改变水平开始。在当前的人际关系层面如果杰克表示他想就与儿子的关系进行工作，你可以跟随他的需要，使用专门针对他的改变阶段的技术（改变的过程）。但是，你可能不同意杰克。根据你的评估，你可能会考虑在人际层面的干预对他成功的改变是至关重要的。你不能把特定改变水平上的工作强加于杰克。改变不应该在这个"关键"级别，除非你可以激励杰克认同他的困难在这一级别上。

最后的治疗策略是最大影响策略。这一策略涉及同时在所有五个级别层面进行干预。这种方法可能适用于复杂的临床情况，其中显然多个级别水平的干预会涉及来访者问题的病因或维持方面的困难。在多个级别进行干预对你来说是具有挑战性的，当来访者（如杰克）有复杂问题需要长时间治疗时，这是最适合的。

案例应用：聚焦暴力领域

现在对杰克的个案进行详细的检查。有很多复杂的领域可以对他的行为提供分析。暴力领域被选择在跨理论个案概念化和治疗方案中加以关注。

从跨理论角度与杰克进行会谈

治疗师：我知道提供儿童保护服务的牛顿（Newton）女士建议你来这里。

杰　克：（愤怒地）这不是一个建议。这是胁迫。我不来这里他们不会考虑让我把杰迷从寄养机构带回家。

治疗师：为什么他们带走杰米（Jamie）？

杰　克：（愤怒地）他们说我是一个危险的人。

治疗师：听起来你很生气。

杰　克：（严厉地）没什么，我很冷静。

治疗师：这就是你平静时的声音？

杰　克：（讽刺地）当然，我吓到你了？我的个案工作者说我很可怕。

治疗师：我确信你刚刚吓到了我。但是我现在不害怕了。我很好奇你现在的感受，听起来你对我很愤怒；你的表情看起来很生气，你的身体看起来很紧张，但是你却说你很冷静。

杰　克：（紧张地）让我们谈谈我的儿子；这就是我之所以来这里的原因。他害怕我。我不希望这样。我害怕我老父亲，我不希望我的孩子也这样！

治疗师：他对你很重要。

杰　克：（怒冲冲地）当然他对我很重要！他是我的孩子！

治疗师：你对我很生气吗？

杰　克：（紧张地）不完全是，但是……杰米上周吓坏了，然后跑到邻居家。他们给儿童保护服务打了电话。这就是为什么我必须要跟你谈话。

治疗师：他吓坏了？

杰　克：（困惑地）我对他大喊让他必须清理他在厨房里制造的垃圾。他开始胡言乱语，所以我打了他几下让他冷静下来，但他没有冷静下来，而是穿过厨房的玻璃门远离我跑开了。

治疗师：他一定很害怕。接下来发生了什么？

杰　克：（事实上）到邻居的房子那儿我追上了他，把他放在我的摩托车上，带他去医院。窗户上的玻璃让他受伤了。我骑着摩托车慢慢平静下来。这通常对我是管用的。但他还在颤抖。我不得不把他从摩托车上拖下来，把他送到急诊室。当我们在等待医生的时候，儿童保护服务的工作人员出现了。我告诉他们离开杰米。（停顿）然后奇怪的事情发生了。

治疗师：发生了什么？

杰　克：（困惑地）他和他们一起离开了。我告诉他留在我身边。他和他们走了。他的表情有点滑稽，似曾相识。骑着自行车回家的路上，我记得那是我看我老父亲时脸上的样子。

治疗师：你不想让他这样看你。

杰　克：（愤怒地）不，我不像我的老父亲。我讨厌他。我不是他。

治疗师：他是什么样的呢？

杰　克：（面无表情地）他根本不是人。他讨厌生活中的任何东西——人、动物、植物。他是毁灭者。他想毁了我，但是我战胜了他。

治疗师：你是怎么做到的？

杰　克：（自豪地）我活下来了。他总想把我赶出去，这已经成了他的习惯。他做不到。我对他来说太强大了。

治疗师：你总是让他觉得太强大吗？

杰　克：（紧张地）我很小时候，他占了上风。他欺负我很多次，我真的害怕他。但是，当我八岁时，这一切都改变了。我永远不会忘记那一天。我得了重感冒。我从梦中惊醒。我弄湿了床。我试图在他发现之前把它清理干净。他抓住我，把我的脸推到床单上，把我打得青一块紫一块。然后他让我坐在潮湿的床单上。即使一只狗也不应该被那样对待。我停止了害怕，开始计划。

治疗师：计划？

杰　克：（满意地）计划怎么报复。我从那天晚上开始。他喝醉了，倒在客厅沙发上。我走到院子，把狗放进屋，然后把狗屎放在我爸爸的背上。

治疗师：然后发生了什么事？

杰　克：（半笑地）当他醒来的时候，他把那只可怜的愚蠢的狗砸了。他错了。并不是那只哑狗做的。是我做的。他从来没有怀疑过。

治疗师：你妈妈是怎么适应这个的？

杰　克：（轻蔑地）她是个别人看不见的女人。

治疗师：看不见？

杰　克：（轻蔑地）她在那里又没在那里。她也被他吓坏了。

治疗师：为什么？

杰　克：（平静地）我每被打一次，她就会被打两次。定期地，在打她之后，我的爸爸会把她丢在一家医院。后来，他会让她出来，她会真正安静一会儿。他知道如何控制她。

治疗师：控制？

杰　克：（事实上）让她不再干扰。

治疗师：有人试图帮助你或你妈妈吗？

杰　克：（紧张地）在这个世界上，你必须自己拯救自己。在小时候我就明白了这一点。我14岁的时候救了我自己和妈妈。我终于成长为和我爸爸一样高大，我可以决定我自己了。那一次他喝醉了，但他仍然反击。我把流着血的他从后门扔出去。到早上，他走了，再也没有回来。

治疗师：你终于安全了。他走了。

杰　克：（若有所思地）他并没有完全消失，他经常在我的脑海里。

治疗师：这是什么意思？

杰　克：（愤怒地）如果发生什么事，他辱骂的声音就在我头脑里喊叫着。只有骑摩托车有帮助。如果我发动引擎，开得很快，他愚蠢的声音才会停止。

治疗师：你听到他的声音有多久了？

杰　克：（愤怒地）好像持续在我的整个生命中。

治疗师：你怎么知道是他的？

杰　克：（愤怒地）这是他的话，不是他。我们日日夜夜听了十四年。它们深深烙印在我的脑海里！

治疗师：这些话是他的，但声音来自你。

杰　克：（愤怒地）当然！

治疗师：你听起来又生气了。

杰　克：（怒视着，大声地）我必须说多少次我不生气？

治疗师：我很抱歉让你感到矛盾。我只是想让你知道，如果我让你生气，我想请你告诉我。

杰　克：（显而易见地）好。让我们继续吧。

治疗师：重要的是与杰米建立关系，在那里你要相信他不害怕你。你也不希望像你的老父亲一样。

杰　克：（强调）我和他不一样！（停顿）杰米应该喜欢我。

治疗师：告诉我你喜欢和杰米做什么。

杰　克：（若有所思地）我带他骑自行车。我认为这是我们可以一起做的事情。当他年纪大了，我会给他一辆自行车，我们可以一起骑。

治疗师：杰米喜欢和你一起去吗？

杰　克：（沮丧地）他哭了。我的妻子说他害怕自行车，因为我骑太快了。这很蠢。你需要骑得快点。孩子必须去适应它。

治疗师：你想让他喜欢，但他反而变得怕你。

杰　克：（强调）他害怕自行车！

治疗师：你多久带他出去一次？

杰　克：（紧张地）也许每周一次。我不能再带他，因为他的母亲会干涉。

治疗师：你的妻子阻止你了？

杰　克：（不确定地）是的，她觉得他太小了还不能骑自行车；她说他应该在家学习阅读。

治疗师：这对你来说有意义吗？

杰　克：（紧张地）嗯，她是一个好母亲。她关注孩子。我想让杰米学习生存。这是一个艰难的世界。（若有所思地）她关注他是好的。（停顿）她也关注我。

治疗师：你的妻子照顾你。

J：（长时间停顿）我们有问题，但我想它会解决的。

治疗师：有什么问题？

杰　克：（愤怒地）这些都是偏离主题的废话。保护服务说如果我没有来见你，我将必须离开这个家，否则杰米将会在寄养机构待至少6个月。我的妻子请求我来这里或从房子里出去，因为她想要杰米尽快回家。

治疗师：所以你选择来这里？

杰　克：（愤怒地）我别无选择！我想要保住我的妻子和孩子。我可以忍受来这里。（停顿）我不会像我爸爸一样消失。

治疗师：你的婚姻有什么其他问题吗？

杰　克：（停顿，冷静地）她几乎总是照我说的去做。她总是等我回家。她说话很多。像你一样，她总是问很多问题。对于这些我通常是觉得没问题的。

治疗师：你的妻子和儿子对你来说真的很重要，而且你希望在虐待报告之前把事情处理好。

杰　克：（坚定地）是的。

治疗师：除了你的父亲和杰米以外，你有没有打过其他人？

杰　克：（愤怒地）我没有打杰米。我只是碰了他几次。

治疗师：你有没有打过其他人？

杰　克：（愤怒地）有时人们需要使用武力击退别人。这没什么大不了的。

治疗师：有时候你觉得你必须打人？

杰　克：（紧张地）没什么严重的。也许几年前的某次，在一场足球比赛中一些事情失控了，我不得不在监狱里度过周末。我失去了工作，因为我不得不在工作中与一些人发生身体冲突。

治疗师：你不得不？

杰　克：（强烈地）你要相信我是不得不这样。从我爸爸开始，我发誓永远不要让另一个人再次打击我。老板也不可以，在这个地球上没有任何人可以再次打击我。

治疗师：听起来好像你曾陷入了很多身体的冲突。

杰　克：（轻蔑地）这是一个残酷的世界。人们总是希望看到你把事情搞砸了。有很多人像我的老父亲一样的人。但我迅速地先发制人从而没遭受重大打击。

治疗师：你的妻子制服你了吗？

杰　克：（轻蔑地）没有，她还好。

治疗师：你曾打过她吗？

杰　克：（紧张地）不，我告诉你我跟我的爸爸不一样！

治疗师：那现在有人你需要去制服吗？

杰　克：（愤怒地）CPS全是混蛋，但我不能碰他们。

治疗师：为什么不呢？

杰　克：（愤怒地）我不蠢。那样我会失去我的妻子和孩子。

治疗师：你可以阻止自己去抨击他们从而拯救你的家人？

杰　　克：（紧张地）是的，我在控制。

治疗师：那么我可以战胜你吗？

杰　　克：（讽刺地）你似乎更像是一个谈话者而不是一个战士。

治疗师：你说得对。（停顿）对我们来说，最重要的我们需要讨论的事情是除了骑自行车之外你还能做什么来帮助杰米喜欢你。

杰　　克：（紧张地）这是我想要的。

从跨理论角度对杰克进行个案概念化：基于假设模式

杰克的暴力行为可以在五个不同的改变水平上理解，具体包括：①在一些特定的情境下杰克表现出暴力行为；②有一些特定的互动情形会诱发杰克产生暴力的想法；③杰克更可能在与试图控制他的人的互动中出现暴力行为；④杰克的父亲对他、他的母亲和家里的狗极其暴力；⑤杰克在恐惧和被忽视中长大，形成了和父母的不安全依恋关系，认为保护自己免于危险的情形的唯一办法是控制所有其他人。这五种对于杰克暴力行为的不同理解都是同样有效的，但如果问题以对他最有意义的方式界定，他最有可能考虑改变。目前，他最能够在人际关系水平意识到自己的暴力行为。在这个层次上，他认识到他与他的儿子杰米的关系正处于严重的危机之中。他不明白他对于造成这个问题的影响；然而，他试图在杰米的生活中依旧保持好父亲的角色。在理解他的暴力行为的其他方式中，杰克没有意识到或不知道任何需要改变的。他看到控制与他相关的人有更多的好处，而非坏处。杰克目前的优势是，他能够觉察到他最可能和最不可能实施暴力的情况，他可以认识到其他人恐惧的行为表现，他认识到他父亲做的事情使他成为一个不称职的丈夫和父亲。这些技能可以用来帮助杰克从准备到行动，在他与他的儿子的关系中成为一个较少使用暴力的父亲。

在症状/情境层面上，当杰克感受到来自他人的可能的身体侵犯的任何暗示，以及他认为他在试图控制他的任何意见时，杰克会采取暴力的行为。例如，当他参加足球比赛时，如果他被任何人推搡，他就会认为这是故意的冒犯并表现出愤怒。他对任何问题的直接反应是愤怒。这导致他发现杰米把厨房搞得一片狼藉后朝他大吼，这种叫喊导致 CPS 进入杰克的家庭。杰克正处于改变的前准备期阶段，正在考虑他曾是有暴力的这一观点。杰克通常不会在行动前反思自己的情绪和想法。相反，发生了一些事情，他立即变得愤怒，并积极行动。他不知道他的第一次大喊大叫伤害了杰米，他的儿子吓坏了，穿过厨房的玻璃门逃离他。然而，杰克能够回想这个事件。因此，当杰克在医院里看到他儿子的脸上困惑的样子时，能够认出它是一种恐惧的表情。他不想让杰米害怕他就像他害怕自己的父亲一样。杰克有亲近儿子的动机，并希望有积极的父子关系。因此，他可能愿意学习能够帮助他与杰米建立积极关系的改变方式。当杰克不处于肾上腺素冲动的状态时，也可以停下来思考。例如，他承认，如果他以任何方式对儿童保护服务工作者使用暴力，他将失去对儿子的监护权。同样，他认识到，如果他想把孩子带回家与妻子团聚，他不能向临床医生说出挑衅的内容。因此，杰克希望控制局面的强势愿望能够因为他希望达到的结果得到缓和。在症状/情境层面可能有助于杰克的改变过程，包括提高他对自己愤怒的直接诱因的觉察，以及他可以使用的让自己平静下来的策略，以便不失去对他对自身行为的控制。

在适应不良的认知水平上，杰克有许多暴力的想法。除了他对别人的暴力想法外，每当他犯错误时，他的自我对话充满了对自己表达的伤害性信息。杰克说他已经内化了他父亲的声音，能够一遍又一遍地听到他情感上辱骂性的话语。杰克改变的前预备阶段能够意识到他的任何想法都不同于其他人。在一个非常危险的家庭环境中长大，他假设每个人都有暴力的想法。听到他的父亲在他的童年时期对他实施的言语虐待，杰克认为每个人的父亲都是这样的——除了他自己；他不认为他在某些方面像他的父亲。对于世界的看法，杰克认为它是一个危险的地方，如果你不首先战胜对方你将会被利用。并不是杰克所有的信念都围绕着暴力。他还认为，他的妻子是一个好母亲，他可以表达妻子悉心照顾自己的具体事情。他还认为，丈夫和父亲必须支持他的家人。所以，即使他有时工作中遇到困难失去工作，他总是努力寻找并获得另一份工作。虽然失去了杰米的暂时监管让杰克非常震惊，他仍在准备，他需要改变他对世界的基本态度。有可以帮助杰克认识到这一点的改变方式，包括提升他对意外事故发生当天对杰米行为的觉察，以及其他情况下如他带杰米骑摩托车上时的意识。如果杰克意识到他当前的信念系统是如何干扰他与儿子的密切关系的，他更有可能评估他当前信念的有效性。

在目前的人际关系水平上，杰克否认他曾经在家里是暴力的。然而，不清楚杰克对暴力的定义是什么，因为他确实承认那天打了杰米因此 CPS 才进入他的家庭。杰米那天晚上对他的父亲很害怕，穿过一扇玻璃门到了邻居家。杰米在医院选择跟 CPS 工作人员在一起，而不是他，杰米的这一行为推动杰克在考虑他与儿子的关系时，从改变的前预备阶段，通过沉思到达准备阶段。杰克的觉察来自三个方面：第一，他承认他的儿子的脸上的恐惧表情是针对自己，而不是 CPS 工作人员。杰克为他在儿子脸上看到的恐惧的样子所震惊，而不是感觉自己像一个有力量的人。第二，他尊重珍妮佛照顾儿子的能力，她请求他来接受治疗，这样他们就不会有失去杰米的风险。最后，CPS 把杰米带到寄养机构照顾，如果杰克不跟进治疗的话，他们有权力使杰米远离珍妮佛的监管。杰克有与儿子保持良好的父子关系的内在动机。现在，他认识到与杰米的任何关系都处于危险之中，由此他想改变一些东西，并准备倾听珍妮佛，甚至是临床医生的忠告。由于他准备行动，但不知道该怎么做，需要一些以觉察为中心的工作，帮助他学习良好的育儿策略。他需要先学习一些新的育儿策略并练习这些策略，然后努力使用它们与杰米建立良好的关系。杰克的优势之一在于，他认识到他的妻子关怀他的儿子，并承认这使她成为一个好妈妈。一些暴力的男性嫉妒他们的妻子对孩子的关注，从而唤起更多的暴力。这不是杰克。他想让他的儿子得到这种关注。杰克也非常清楚，他需要与临床医生和 CPS 工作者保持新的关系从而使杰米回归他的监管。杰克已经能够使他的攻击行为得到一定控制，即使他对当前的情况非常愤怒。

在家庭系统水平上，杰克在一个暴力的家庭长大，他和他的母亲都被父亲虐待。他谈到他的父亲是邪恶的化身。在他的幼年时期，他一直处于恐惧之中，无法控制家中的暴力行为。然而，他认识到他的父亲是家里唯一安全的人。杰克被激发要成为家里不再害怕的成员。他开始变得强壮，可以保护自己。他谈到童年的一个关键时刻，即他认识到他可以战胜他的父亲。杰克仔细计划这一时刻；然后，当他的父亲喝醉倒在沙发上，杰克把狗的粪便放在他父亲的身上。他的父亲杀了家里的狗，没有来追究他，杰克知道这一次他已经战胜了父亲，这是杰克结束对他父亲恐惧的开始。当他还是一个十几岁的孩子时，他永远地摆脱了他的父亲，当看到他的父亲打母亲时，他出面干涉了，狠狠地打了父亲，他的父亲成为施害者。他的父亲第二天离开了家，再也没有回来，不幸的是，杰克在与家人沟通时已经内化了父亲的情感虐待风格。目前，杰克完全不知道，当他采取了新的家庭角色来保护自己和母亲，他已经成为家庭的施害者。他现在吓到了自己的儿子杰米，正如他自己的父亲曾经吓到了他。改变的过程可能帮助他了解他在家庭中的童年角色，他作为一个青少年在家庭中的角色，以及他目前作为一个暴力父亲的成年人的角色，这可能会帮助他慢慢觉察他所希望的妻子和儿子在与自己的关系中的感受。

在人际水平上，杰克对于依赖其他人有着深刻和无意识的恐惧。他的父亲直接虐待他的身体和情感，并允许杰克看到他对母亲的暴力攻击，也间接虐待了杰克，这让杰克很失望。杰克的母亲无法以任何方式保护他免受暴力。无论是故意还是无意，她都允许了杰克被他的父亲恐吓，并且没有给他提供任何知识去理解暴力不是家庭生活的正常部分。因此，杰克内化了某种信念，即认为世界是一个暴力的地方，父母不能依赖，唯一的保护自己免受暴力的方法来自在每个关系中成为最强大和最有力量的人。杰克也没有获得任何帮助去学习控制自己的情绪或学习以非暴力方式解决问题的技能。结果，随着年龄的增长，杰克变得越来越具有攻击性。但是，杰克结婚了，并说他尊重他的妻子作为一个母亲的行为。成年杰克重视妻子的意见，并希望他的儿子喜欢花时间与他在一起。这表明，杰克仍然希望与家庭成员的感情亲密，尽管他没有办法靠自己保持安全的依恋关系，也没有办法帮助杰米这样做。

杰克在受挫时表现得很暴力，他认为世界上充满了暴力，他不断地恐吓他的儿子，害怕自己的父亲，对这个世界缺乏安全感有着根深蒂固的认识和感受。在大多数理解暴力的水平上，杰克没有意识到他需要改变。然而，在目前的人际关系水平上，杰克意识到了，他做了一些事情直接导致他失去了对儿子的监护权，他非常希望他的儿子回家。因此，虽然不同意他本身是暴力的，但杰克对学习可以帮助他与杰米建立积极的亲子关系的策略持开放态度。支持这种改变的机会之窗是，如果杰克不遵循他们的治疗建议，CPS 有权力把杰米留在寄养机构。

跨理论治疗方案：基于假设模式

治疗方案概述：杰克否认他有任何愤怒或暴力方面的问题。另一方面，他确实承认，如果他不改变一些东西，他不能重新获得他儿子的监护权。杰克总是积极地与杰米保持良好的关系，但直到事故发生时他已经完全不知道事实上自己与儿子并没有维持这样的关系。现在，杰米脸上恐惧的表情使杰克震惊，进而使得杰克开始进入改变自己以改善他与儿子的关系的准备阶段。因此，他控制自己的暴力行为并学习建设性关系行为的能力将在改变的一个关键性的水平发挥作用——当前的人际关系水平。首先，杰克将从准备到行动，然后从行动到在人际关系改变水平的维持。暴力风险在整个治疗过程中需要被评估，并根据需要增加额外的目标。（该治疗方案遵循问题格式规范）

问题：杰克希望与他的儿子杰米有一个充满爱的关系，但杰米表现出害怕与杰克待在一起的迹象。

长期目标1：当杰克失去监护权的时候，会更加意识到他的儿子杰米表现出恐惧的原因。

短期目标（在人际改变水平上由准备到行动）
1. 杰克会和珍妮佛一起观看一部儿童电影，回来接受治疗，讨论电影中的孩子们害怕什么及为什么他认为他们害怕。

2. 杰克将读一本关于儿童恐惧的书，回来接受治疗，讨论他读到的使他惊讶和没有使他惊讶的内容。

3. 杰克将与临床医生讨论一本关于儿童游戏的书，并讨论他认为杰米可能会准备玩哪些游戏以及为什么。

4. 杰克将和临床医生一起看电视节目，注意孩子们对受到成年人大声喊叫的反应。

5. 杰克将一步一步地谈论在他对杰米大吼让他清理自己的垃圾之前、当时及之后发生了什么，思考他是否学到了一些儿童发展方面的知识进而有助于解释为什么杰米选择逃离来回应杰克的怒吼。

6. 杰克将与临床医生讨论他在玻璃门事件发生后是怎么表现对杰米的关心的，并思考他是否学到了有关儿童发展的任何知识可能有助于解释为什么杰米在杰克攻击他几次后穿过玻璃门。

7. 杰克将与临床医生讨论在他将杰米从邻居的房子里带到他的摩托车上然后到达医院的过程中如何表现对杰米的关心，思考他是否学到了有关儿童发展的任何知识可能有助于解释他们到达医院之后杰米的行为。

8. 杰克将与临床医生讨论他是否已经学到有关儿童发展的任何知识可能有助于解释为什么杰米在医院里跑向 CPS 工作人员而不是他。

9. 杰克将读一本关于养育幼儿的流行书，并思考书中的什么技能可能有助于与杰米建立没有恐惧的关系。

10. 杰克将观看两个小时涉及父母和孩子的电视节目，并在治疗会谈中讨论父母的什么行为会导致孩子们的积极反应。

11. 杰克将与临床医生讨论他认为他需要练习的具体行为，以便他可以指导杰米的行为，而不引起杰米的任何恐惧。

12. 根据需要制定其他目标，以增加杰克对儿童发展的了解，并支持他实践成为一个能够指导儿子而不是引起儿子恐惧的父母需要的技能。

长期目标2：杰克将开始采取措施以增加他与杰米的积极互动。

短期目标（保持在人际改变水平的行动）

1. 杰克会读一本关于愤怒管理的书，讨论这书中是否有什么东西对他有价值，因为他想努力与杰米建立更亲密的关系。

2. 杰克会阅读一本关于放松训练和压力管理的书，并讨论这本书中是否有任何内容对他有价值，因为他努力与杰米建立更亲密的关系。

3. 杰克将讨论是否有任何类型的放松、压力管理或愤怒管理策略，他想与临床医生练习以便当他与杰米玩耍时可以让自己的嗓门比较低。

4. 杰克将练习他在接下来的三个治疗课程中选择的技能之一。

5. 杰克将在课程外连续三天练习他选择的技能之一。

6. 在临床医生故意说出一些令人鼓舞的话之后，杰克将会练习他在接下来的三个治疗课程中选择的技能之一。

7. 杰克将讨论是否还有其他他想练习的技能以确保当他与杰米玩耍时保持低的音调。

8. 杰克会在课程上练习棋盘游戏，同时临床医生提醒他注意幼儿在这些游戏中有时做什么会激怒父母。

9. 在课程上，杰克将练习阅读一本儿童读物，临床医生使他把注意力放在他们在给孩子阅读故事时幼儿有时会做的激怒父母的事情上。

10. 杰克将带珍妮佛一起来练习棋盘游戏和练习阅读故事，准备好与杰米在课堂上尝试其中一个活动。

11. 杰克会练习个人暂停，以便他在与杰米玩耍的时候若开始感到沮丧时有策略可以使用。

12. 杰克、珍妮佛和临床医生将一起制定一个紧急措辞，如果珍妮佛感到杰米害怕和需要个人暂停时，她可以使用这个词。

13. 杰克和珍妮佛都需要练习让自己暂停，以防万一他们在与杰米玩耍时他们中的任一个感到沮丧。

14. 杰米将会来听一个由杰克读的故事，同时杰米坐在珍妮佛一旁，珍妮佛搂着他，同时临床医生观察每个人，并建议暂停一下如果他或她看起来需要如此。

15. 杰米会和杰克及珍妮佛一起玩游戏，同时临床医生观察每个人，并建议暂停一下如果他或她看起来需要如此。

16. 根据需要制定其他目标，以使杰克控制愤怒的行为得以保持，理解儿童发展和使用有效的育儿技能，以使杰米在一个无暴力的环境中喜欢与他的父亲共度时光。

从跨理论角度对杰克的个案概念化：基于主题模式

"为了安全，我必须是暴力的。"这是杰克的准则。他认为暴力是对抗敌对世界的唯一保护。在症状/情境层面，杰克已经预先考虑没有暴力他是否就安全，或者他是否应该关心他的暴力行为给他人带来的负面后果；他的暴力一直是他自己的一个组成部分。尽管失去了几份工作，并在监狱里待了些时间，他从来没有动机去重新审查他的准则。最近，他开始以一些开放的态度改变目前的人际关系。他的儿子对他很害怕，他不喜欢这样。他的妻子詹尼佛和CPS对环境的要求使得他要改变他的暴力行为，再加上他唯一与杰米相处的策略失败，让他在改变父子关系的过程中处于准备阶段。杰克的优势在于，他在改善他与杰米的关系方面目前持更开放的态度，在于他愿意谈论如何与儿子建立积极的关系，在于他维持婚姻的愿望，以及他反思生活的能力，尽管他是被强制接受治疗。

杰克能在一段时间内感觉安全吗？在症状/情境水平，无论是在家中，在工作中，还是在娱乐活动中，都有一些线索触发杰克的愤怒反应。对触发他的愤怒和暴力的直接诱因，他是有觉知的。例如，他可以指出，在足球比赛中"被推"会引发攻击性的反应。然而，他不知道他的暴力行为如何恐吓到杰米了。虽然看起来他对感知到的威胁的唯一反应是暴力，但他有时会停下来思考。例如，虽然害怕自己的父亲，但他能够计划如何保护自己。此外，在目前的授权治疗情况下，他已经能够考虑他对CPS工作人员失控可能会造成的影响。他也能感受到临床医生虽然让他生气，但对他的安全不是威胁。关于暴力的研究文献表明暴力电视、酒精使用和其他环境力量具有启动效应。因此，重要的是评估这些和其他变量，进而来确定什么能帮助杰克对抗阻碍他控制自己攻击行为的能力。如果杰克想改善他与儿子的关系，他需要意识到他的暴力举止对他儿子的想法和行为所产生的直接和长期影响；这可能促进他考虑在这个层面的改变。

如果杰克听从他自己的话，他会感觉安全吗？在适应不良的认知水平上，杰克表示，他有一个精神上的自我对话，每当他犯了错误，他就对自己大声尖叫。像许多有暴力的人一样，他认为这个世界是一个充满敌意的地方，将中立的事件解释为具有攻击性。在与他人的关系中，他们的行为总是通过一个消极的镜头来解释的。用他的话来说，人们总是试图让他"搞砸"或"战胜他"。一个例外是他妻子。他认为她是一个好人并且关心他。他否认对她的任何敌意的想法，似乎没有干涉或贬低她的育儿想法，虽然说这些在殴打关系中很常见。总体而言，他对同事和陌生人的敌意想法是进一步暴力行为的诱发因素。

如果杰克与人交流，杰克是否是安全的？在人际关系层面，杰克与他的同龄人没有亲密的友谊。他的行为准则要求他采取咄咄逼人的姿态去对待他人，以防止他们"轻视"他。这导致了他工作当中与同事发生了身体对抗，使他丢掉几份工作。他目前并不知道他的暴力行为是怎么吓到其他人的，也不知道自己的暴力行为如何引起其他人的敌对或攻击行为。然而，有迹象表明，杰克可以提高他的人际交往能力。他在与妻子的互动中忽略了他的准则；他坚决否认对妻子的暴力行为。在家里，他可以认识到妻子悉心照顾他和儿子，他不希望自己的婚姻结束。这个愿望可能不是互惠的。珍妮佛至少是他儿童虐待行为的见证者，他可能曾对她有言语暴力行为。有暴力倾向的男性控制他们的身体虐待行为却往往继续口头表达他们的攻击性。有些迹象表明，这可能发生在杰克的家庭中。例如，他说，珍妮佛总是做他要求她做的事情，小心地照顾他、恳求他，而不是强制他遵循CPS建议，以便杰米能从寄养中心回到家中。其他形式的暴力，如配偶虐待或言语虐待是儿童身体虐待的常见相关因素，在逐渐建立融洽的治疗关系中需要进一步评估。杰克曾虐待杰米，但他觉得自己在朝着与儿子建立良好的父子关系而努力。他正处于为自己的养育行为而改变的准备阶段。他知道他不会做的事情——他不会像他父亲那样消失——但是他目前对于与儿子发展更好的关系所需要做的事情感到困惑。他试图与杰米分享他体会到的骑自行车是这么的轻松和愉快，然而却事与愿违。急诊室发生事故后杰克对自我进行重新评价，他意识到自己与儿子关系很糟糕，他承诺改变这一点，这样使他的儿子不会像他恨自己的父亲一样恨他。在这个时候，他愿意和临床医生"谈谈"。杰克具有的其他优势在于，他已经表现出观察他的妻子的能力，认识到她的育儿策略不同于他自己，并在不诉诸暴力的情况下偶有跟随她。

作为孩子的杰克在家里能感到安全吗？在家庭/系统层面上，随着杰克的长大，生存的力量集中在谁最能够有效地使用体力上。很长一段时间里，杰克的父亲威胁了杰克和他母亲的生存。8岁的杰克暂时从前预备阶段进入准备阶段，并测试自己是否可以反抗父亲的暴力。他获得了一个小小的成功，并认识到，如果他仔细计划，可以从父亲的暴力下解脱出来。他的母亲，像个隐形人，从来没有参与过家庭的主要决策和家庭规则的制定。因此，杰克的经验告诉他，为了在家庭中获得安全，自己需要成功地使用暴力。杰克14岁时，在家庭中的生存地位获得转机，他已经长大到足以把他父亲的权力牢牢抓住。杰克不理解他在家庭中学到的保护自己的暴力方式现在为何使他与他最想要亲近的儿子疏远。他知道儿子的恐惧，但不知道他在新的家庭中重演了自己的父亲的角色。虽然他从父亲的生活中摆脱出来，但是他父亲的暴力继续塑造着他与其他人的关系，并使他对这个世界从未感觉到"安全"。虽然杰克可以谈论他的家庭关系，并评估他如何感受他们，评价父亲的暴力行为对于他当前的行为起到什么作用。他处于改变的前准备阶段。

杰克是如何生存的呢？在人际层面，杰克觉得他必须不断努力才能活下来。他没有办法在不实施暴力行为的情况下来保护自己的自尊，因此他恐吓了与他有联系的大多数人。目前，他正在努力学习如何与人保持亲近的关系，同时又能够感受到自己是安全的。杰克在前准阶段开始觉察到自己对于安全感的恐惧是如何导致自己的行为的，这导致了他不能形成积极的情感依恋，也导致他在许多方面变得像他最讨厌和恐惧的父亲一样。他在前预备阶段开始了解他目前的生活方式和个性与他父亲的生活方式和个性之间的相似性。他的优势在于他清楚地认识到，他父亲的生活方式是不可接受的，他不希望自己像父亲一样。

杰克必须保持暴力吗？作为一个孩子，杰克不得不使用暴力从而获得生存。作为一个成年人，他继续使用暴力作为一种让自己在世界上感觉安全的机制。暴力已经深深嵌入他生活的每一个方面，他不知道这种暴力如何阻碍他与他人建立良好的关系，尤其是与他的儿子。虽然他在前预备阶段意识到他需要在更多的层面上结束他的暴力行为，他在准备阶段要做出一些改变，以便可以和儿子发展出更积极的关系；这种对于改变的更加开放性，可作为杰克改变自己行为准则的有利时机。在改变过程中杰克得以进步的潜在障碍，是他对他人的危险程度是波动的，受情境和人际因素两方面的共同影响。虽然杰克在前期阶段意识到自己需要在症状/情境层面做出改变，如果他失去对于愤怒的控制，他可能会失去他的婚姻和对儿子的监护权。因此，除了对他们的父子关系开展工作以外，提高他直接控制愤怒的能力是至关重要的。此时有几种环境压力支持这种类型的改变。杰克承认 CPS 有让他的孩子远离他的力量。杰克承认他带给儿子脸上的恐怖的眼神，他不想再看到这种感觉。杰克尊重他的妻子作为母亲的技能，不会忽视她的付出。临床医生可以利用这些压力和优势帮助杰克思考远离暴力生活的好处。

跨理论治疗方案：基于主题模式

治疗方案概述：直到同杰克建立正式的治疗关系之前，是很难准确地评估杰克有多么的危险，因此与 CPS 和法院系统的密切合作是非常有必要的，最大影响策略将被用来尽可能减少暴力的风险。治疗目标将针对症状/情境和当前人际关系层面的改变。长期目标将按数字顺序依次开展。短期目标是用来表明目标在哪个变化的阶段和干预焦点的改变程度。这是为读者做的教学工具。当两个层面在同一个变化阶段工作时，短期目标可以以混合的方式完成。（该治疗方案遵循问题格式规范）

问题：杰克的行为准则干扰到他同他儿子建立他想要的关系。

长期目标 1：杰克会考虑他是否可以在不采取以往的行为准则的情况下安全地与他人建立联系，如果这样能帮助他与他的儿子发展更为密切的关系更好。

短期目标（基于症状/情境变化层面的前预备阶段到预备阶段）

1. 对于使自己感觉不安全的直接提示或行为，杰克将提高自己的觉察意识，并讨论避免引起他感觉不安全的暗示的策略。

2. 杰克将提高自我觉察来抑制他的攻击行为，例如当面对 CPS 工作者时，或者有诱发愤怒的暗示或行为存在时。

3. 杰克将提高对某些特殊行为的觉察，CPS 需要看到这些并由此确定杰米回到家是安全的。

4. 杰克将通过与 CPS 工作者讨论寄养，来进一步提高他对攻击行为的消极后果的意识，以及寄养照顾将会如何减少他与杰米的相处时间。

5. 如果杰克的治疗过程需要在这个层面上进入沉思阶段，将增加其他洞察为中心目标。

长期目标 2：杰克将考虑是否存在另一种行为守则来解决人际冲突，这将使他感到安全可控，也有助于提高他与杰米的关系。

短期目标（基于症状/情境变化水平的前预备阶段与预备阶段）

1. 杰克将观察一些角色模板（咨询师、他的妻子、同事），并注意观察他们是如何表达或回应愤怒的，他将讨论自己使用这些愤怒处理策略的利弊。

2. 杰克将阅读学习关于应对挑衅的非暴力策略，如不抵抗的、积极行动的、自信的和幽默的策略，并考虑这些策略可能有助于他保持安全，且不会降低杰米或其他人的安全感。

3. 杰克将思考在治疗关系中他发现的具有挑衅性的情况，并讨论他早先阅读的哪种策略可能有效地应对这些挑衅性情况，而不危及他的安全或咨询师的安全。

4. 杰克将观察他的妻子、他的同事和 CPS 工作人员的行为，并在治疗期间，讨论杰克对于他们的行为的看法是积极的、中立的或消极的，并且思考他们的感知是如何准确地区分真正的挑衅与非攻击行为的。

5. 杰克会阅读放松策略，思考当他开始生气时，这些策略中是否有某一项策略的使用会有放松的效果，同时能帮他认识到他的安全不会受到危害。

6. 杰克将在他从事电视、视频游戏和音乐这些典型媒介活动之前和之后，记录他的愤怒程度，并确定这些媒体何时平息他的愤怒或加剧了它。

7. 当杰克意识到自己生气时，他将考虑使用减少愤怒的媒介来帮助自己平静下来。如果他发现他的一些媒介经历加剧了他的愤怒，他会考虑避免他们，并且寻找能够帮助他感到平静和放松的媒介。

8. 如果需要将杰克的治疗过程推进到改变准备阶段，将增加其他以洞察为中心的目标。

长期目标 3：杰克将思考他是否可以感觉安全，可以更富有情感地运用不同的行为准则与他人进行互动来帮助他同儿子及其他人建立联系。

短期目标（在症状/情境改变层面的行动准备）

1. 杰克将有机会在治疗会谈里练习当他感到治疗师的行为具有挑衅性时，采取非攻击性的回应，并且讨论这是否让他觉得安全。

2. 杰克将要求治疗师对"挑衅"行为背后的动机进行描述，以探究它是否真的具有挑衅性，或者是"中性的"还是"积极的"，杰克将思考讨论过程中他的感受。

3. 杰克将就这个星期在他目前人际关系中所看到的行为进行列表，找出具有挑衅性的部分，然后与治疗师探讨这些行为是否可能是或不会是具有挑衅性的。

4. 杰克将选择一个他想用来放松的策略，这个策略用于当他意识到自己生气了，但也意识到另一个人的行为并不是打算挑衅的时候。

5. 杰克将被给予机会，在治疗会谈中有挑衅性行为出现时，治疗师给予警告之后，杰克将使用这些策略，之后思考他是否会感到安全和可控。

6. 杰克将变得能够觉察到他的妻子在同他进行互动过程中使用什么暗示或行为使他感觉良好，并考虑自己也尝试使用它们。

7. 杰克会思考他的妻子在与杰米互动时使用了哪些暗示或行为似乎使杰米感到舒适和

快乐，并思考自己是否也可以同杰米一起使用它们。

8. 杰克会意识到在治疗过程中发生了什么暗示或行为使他感觉良好，并考虑在与杰米和其他人的互动中使用它们。

9. 杰克将阅读有效沟通的策略，并考虑在保证自己与他人安全的情况下可以使用哪些策略。

10. 如果需要，可以在症状/情境变化水平上将杰克带入行动阶段，发展其他以自我洞察为中心的目标或小的行动步骤。

短期目标（在当前人际变化水平上的行动准备）

1. 杰克将同治疗师进行角色扮演的练习，然后在与他的妻子开展联合会谈治疗中，探索如何使用积极的提示/行为使别人感觉良好。

2. 杰克将讨论他同儿子的关系想要产生怎样的改变，首先通过与治疗师的角色扮演进行，然后与他的妻子进行联合会谈治疗，观察他在怎样的情况下会寻求他妻子的建议。

3. 杰克将首先与咨询师进行角色扮演，然后与妻子一起探讨，询问妻子的看法，看看妻子认为他的行为是如何将杰米推离他的，如果他觉得自己被挑衅了，就使用放松策略。

4. 杰克将练习同杰米（Jamie）与妻子有效沟通的技巧，首先同咨询师进行角色扮演，然后与他的妻子开展联合会谈治疗，最后与他的儿子和珍妮佛（Jennifer）开家庭会议，同治疗师一同探讨在家庭会议中他的新行为导致了哪些积极或消极的情况。

5. 如果需要，将制定其他以自我洞察为重点的目标和小的行动步骤，以使杰克在人际关系改变的层面进入行动阶段。

长期目标4：杰克将通过使用新的非暴力行为规范回应儿子和其他人，使他们觉得安全与情感稳定，即便是当他生气的时候也是如此。

短期目标（在症状/情境改变层面从行动到维持阶段）

1. 杰克将学习识别什么时候他的攻击性会增强，如果可能的话可以通过骑摩托车的方式来使自己平静下来。

2. 当杰克感到自己的愤怒水平在上升，且当下情况不允许骑摩托车来缓解情绪时，杰克可以使用其他放松策略让自己平静下来。

3. 当杰克感觉自己的愤怒情绪很高时，为了防止他的儿子感到不安全，他应当尽量避开他的儿子。

4. 当杰克感觉自己的愤怒情绪很高时，为了防止使他的妻子或其他人感到不安全，他应当尽量避开他们。

5. 杰克将读一本关于育儿的书，并思考书中的哪些内容在与儿子的互动中是有价值的，以便在一个安全的家庭环境中，教育儿子如何成长和发展。

6. 杰克将读一本关于成功婚姻的书，并思考书中的哪些内容在与妻子的互动中可以尝试一下，看看对于改善夫妻关系是否有用，以便维护家庭的安全。

7. 如果需要，可以在症状/情境改变层面将杰克带入维护阶段，并发展其他的目标。

短期目标（在当前人际改变层面从行动到维护阶段）

1. 杰克将会坚定地问杰米他喜欢玩什么，并向他的儿子解释骑摩托车对他来说是一种怎样的娱乐方式。

2. 杰克将练习同杰米开展曾经同治疗师进行过的角色扮演游戏，或者同杰米玩他曾说过自己喜欢玩的游戏。

3. 在治疗期间，杰克要把在同杰米玩耍的过程中，杰米可能做出的一些能够引起他愤怒的举动列成一个表，并且思考在这些情况下能够怎样平复自己。

4. 杰克将邀请他的儿子一起玩耍，将观察他的儿子是否看起来很害怕，如果儿子看起来确实感到害怕，那么这种情况是否会让他感到愤怒并中断与儿子的游戏。

5. 杰克和他的妻子要一起讨论他们要运用在儿子身上的育儿策略，治疗师将帮助他们在必要时进行协调。如果杰克在需要妥协时会感到生气，那么他将试着使自己冷静下来。

6. 杰克将采取自信的战略，与妻子一起尝试不去服从父母的决定。首先他可以通过与治疗师的角色扮演尝试练习，然后在家与他的妻子进行练习，使用他所学到的放松策略或回避策略使他的愤怒保持在可控范围内。

7. 杰克将在家庭之外的生活中使用他新的沟通和愤怒管理策略，提醒自己这些策略可以使 CPS 和警察不再参与到他的生活中来，并确保他成功运用新的非暴力行为模式。

8. 如果杰克在当前的人际关系中没有顺利地进入改变的维持阶段，将增加以强化练习为重点的其他目标。

学生的个案概念化练习：聚焦种族和民族领域

现在要对凯拉（Kayla）进行转换分析。对于她的行为，可以从许多复杂的学术领域角度给出见解。现在要求你整合种族与民族领域的知识并融入你的个案概念化及治疗方案中来。

从简短初始评估会谈中收集信息

凯拉是一个 24 岁的单身拉科塔苏族女性。她在一家绿色和平组织担任记者。她穿梭于世界各地来帮助这个组织宣传环境问题。她目前因健康状况不佳而休假。在休假时，她住在马萨诸塞州沃特敦（波士顿郊区）的公寓。凯拉提到她在一个私人服务机构接受治疗，因为她自己感觉不适，觉得自己的生活缺少了方向。由于条件的限制，凯拉在这个时候开始接触治疗。因为虽然在过去的一年中她都觉得自己需要帮助，但她在一周前才回到美国，使她自己能够寻求帮助。

在简短的心理状态检查过程中，凯拉显示出抑郁和焦虑的迹象，但并不处于临床病理性水平，也没有自杀或杀人的想法或严重精神病理学的迹象。无论哪位治疗师将同凯拉一同开始初始会谈，凯拉表示自己已经准备好可以坦诚交流了。绿色和平组织将于 6 个月后送她出国。

从跨理论视角与凯拉进行会谈

治疗师：凯拉，我知道你是因为对自己目前生活的大方向感到不满才前来咨询的。能告诉我更多吗？

凯拉：（孤独）嗯，我从大学毕业以来一直在绿色和平组织工作。这是一个伟大的组织，他们所做的工作对我个人来说是充满意义的。然而，我感到空虚，（暂停）与每个人都没有什么联系。但我并不知道我为什么会有这种感觉。我一直都有这种感觉。我曾以为一旦我有了学位和有些重要的工作去做，这种不适感就会消失。

治疗师：你过去的生活中一直都有这种感觉吗？

凯拉：（孤独）我家很穷。我从来没有一件其他人都有的漂亮衣服。我住的社区很小。除了我家，其余家庭似乎都属于新教教会。我是一位拉科塔苏族人，他们都是白人。我总是被其他孩子欺负或拒绝。

治疗师：这听起来像一段痛苦的经历。

凯拉：（若有所思）是的。没有人，甚至连我的家人似乎都不明白我在经历些什么，直到我遇见我的高中辅导员。他意识到我需要帮助，并第一次送我去治疗。

治疗师：第一次？

凯拉：（冷静）迄今为止我已经接受过三次治疗了。每次治疗都帮我度过了生命的危机。然而，他们从来没有真正让我觉得我是这个世界的一部分。我一直感觉自己是被世界孤立的。

治疗师：治疗的哪些部分帮助了你？

凯拉：（思索）在我的第一次治疗中，我学会了放松。我以前从来没有真正体会过放松是怎样的感觉。我总是处于紧张或紧张的边缘状态中，为了很小的事情进行战斗或者是根本就没有什么理由。治疗教会了我很多放松练习和控制愤怒的策略。这个治疗师很棒，是我为数不多的几个能够感觉到产生联结的人之一。我一直使用那些我学习到的许多放松技巧。如果在工作中在或者家中有人引起了我的不适，我会给我自己一个暂停的时间。我15岁以后没有和别人发生过真正的战斗。

治疗师：没有战斗？

凯拉：（满意）我没用心数过。我可能会同某人发生过小的不愉快，但如果超越了那个，我会立刻撤退并振作起来。

治疗师：那这个人知道自己刚刚与你闹不愉快了吗？

凯拉：（混乱）不，这才是最讽刺的事情。我前男友说正是这种不吵架的生活才毁了我们的关系。

治疗师：你们分手了？

凯拉：（悲哀）是的。我们都曾为绿色和平组织工作，并曾同居了2年。他说我情感冷淡，像个鬼魂，人在那儿但实际上不在那儿。

治疗师：你知道他说这些话的意思吗？

凯拉：（暂停，犹豫）他抱怨说我只会在日子好过的时候跟他在一起。有很多次当他需要我的时候我都不在他身边。

治疗师：你在附近吗？

凯拉：（坚持）我本人确实在那里。但是当他有麻烦的时候，我对于造成问题的任何人或者任何事情都觉得无比生气，我需要在我爆发之前冷静下来。他看到我的应对方式是从他身边逃离并且不允许自己深度关心任何事情。（长暂停）他离开了绿色和平组织。

治疗师：你的生活中出现了什么新人吗？

凯拉：（沮丧地）没有，我现在不认为我自己能够处理好一段关系。我从来不擅长亲近他人。在大学的时候，我仅有的朋友是一位咨询师。我们会在一起开玩笑，但总是保持我们的情绪在控制范围内。

治疗师：对于那些咨询经历，你觉得有哪些地方是使你获益的？

凯　拉：（冷静）它真的帮助我更好地理解人际关系。我意识到我有意远离他人，因为我害怕被拒绝。我从来没有建立过任何密切的关系——我没有想过我需要它们。但咨询使我看到了我是多么孤独和孤立。我学会了如何接触他人，并发展了我的第一次真正的友谊。

治疗师：什么改变促使你的友谊成为真实的而不是肤浅的？

凯　拉：（反思）我一直生活在一种隐士般的状态中。我总是宅在我的房间，一写作就是几个小时，我喜欢写作，我在做一些我认为有意义的事情。然而，我收到了我的英语教授的很多反馈，我的工作似乎缺乏目的感。起初，我认为我的教授因为我是一位苏族的人而否定我的作业。但咨询帮助我意识到，我是因为害怕自己没有充分的写作天赋而受到拒绝与批评。我强迫自己向我的教授和课堂上的同学表达了我的恐惧，并开始感觉同他们更加亲近了。他们似乎对我也表现出了更大的兴趣，我交到了真正的朋友。

治疗师：通过表达自己的脆弱，你建立了更多的联结。

凯　拉：（冷静）是的，我知道我还需要更多的关系，但这太难了。你们这种治疗师群体似乎总是知道我在想什么、我接下来需要学习什么，所以跟你们交往会比其他人更容易一些。

治疗师：你的家人怎么样？

凯　拉：（冷静，叹息）我对他们是拒绝的。（暂停）我没夸张，我尝试过，但是我对他们已经完全放弃了。事实上，这是我第二次治疗经验的主要焦点。我真的很努力试图理解自己的身份。我的高中老师帮助我上了一所全额奖学金的大学。我那么渴望去那所大学，但我的家人都反对我。他们认为这是我拒绝我的苏族身份的表现，甚至家人有段时间跟我切断了联系。

治疗师：那种感觉是怎样的？

凯　拉：（可悲的）我最初因为失去了我的家人感到心痛。但是，在治疗中我意识到我的生活并没有什么改变。我在家里真的总是被遗弃。我一直试图在他们想要的东西和我想要的东西之间取得平衡以便他们接受我。我的咨询师鼓励我了解拉科塔苏族，利用我的传统来获得力量。我读了所有我能读到的关于苏族的书籍，我开始意识到，我对家庭意识的混乱是源于我父母他们自己所感到的困惑。

治疗师：你的意思是？

凯　拉：（严肃）我祖父母那一代中的许多印第安人被迫放弃传统的印第安生活，被送到寄宿学校，因为说母语而受到惩罚。他们怎么会教我的父母如何成为一位苏族人呢？我想我的父母正试图重新与传统建立联结，但他们除了憎恨外人，不知道该如何去做。我跟我母亲说过这些。（暂停）我告诉她我正在努力理解他们，（暂停）但她却走开了。

治疗师：你觉得被拒绝了。你试图理解她，但她却走开了。

凯　拉：（混乱）我总是排斥他们。（暂停）我在某些方面变得更像一个白人而不是印第安人，但我也学会了一些即便他们读了苏族的书也不知道的事情。毕业后，我选择了绿色和平组织，因为它珍视土地，这对我来说能够更好地与这个世界建立更多的联结。

治疗师：联结对你来说很重要。

凯　　拉：（强调）我的家人和我们的民族都重视自然和环境。我的家人总是谈论土地多么有意义，虽然他们在我的祖母去世后离开了我们原来居住的苏族领地，买下了我们在缅因州的森林农场。我在农场总是努力地工作，表现出我的关心，但我爸爸似乎从来没有注意到。

治疗师：这是什么意思？

凯　　拉：我受到的唯一关注来自学校的老师。当我申请上大学的时候，我的家人指责我背叛了我们的民族，选择了其他民族人民开设的机构。我试着向他们解释我热爱写作，但他们只是说我背叛了他们。我试图向他们说明土地对我是重要的，我是用写作的方式。（暂停）我认为他们会认识到我与绿色和平组织的工作是重要的，因为它的目的是保护地球。

治疗师：他们怎么看？

凯　　拉：（沉闷）他们认为这只是一个白人的环保途径，而不是苏族人的模式。上学是我的梦想，但我应该把我的家庭的福利放在第一位。我在我的童年时尝试这样做，但我不能适应。（急切地）我必须找到一个适合的地方。在大学的第一学期后，我的叔叔来找我并跟我说：要么现在立刻回家，要么就再也别回家了。

治疗师：你的叔叔跟每个人都是这么说的吗？

凯　　拉：（无可奈何地）是的，他一直都这么说。我的父母、我的姐姐、我的叔叔和阿姨开了一个会议讨论我对家庭不可挽回的损害，最后决定将我驱逐出家庭。

治疗师：除了你，每位家庭成员都参会了？

凯　　拉：（无可奈何地）即使我在家，我也从来没有被包括在内。

治疗师：（长暂停）不能同他人联结。（暂停）你总是这样吗？

凯　　拉：（无可奈何地）精神上来说，是这样的。从物质上讲，每天放学后我们是都在一起的，每个周末，我们都会一起到森林里去，种植或收割一些植物。我们也必须都到森林中砍些树木来给家里供暖。如果我们获得的木材量低的话，就会挨冻。自给自足对我的家人来说非常重要。我们在树林里狩猎，虽然我的妈妈也会去超市买些东西。我们尽可能少地使用白人社区提供的服务。

治疗师：你和你的家人有着目前只有少数人掌握的生活技能。

凯　　拉：（悲哀）是的。我也是家里最好的樵夫，但并没有人说过什么。我知道期待自己的工作得到感谢不是苏族人的方式，但我只是想看到一些迹象表明我是有价值的，我收到的只有反对。

治疗师：他们的不赞成对你造成了伤害。

凯　　拉：（伤心）这确实伤害了我。从我很早记事的时候开始，无论我做了什么，他们都会指责我喜欢外人，特别是白人。叫我白人是他们能想出的最大的侮辱方式。

治疗师：为什么？

凯　　拉：（专注地）我的父母讨厌我们所有的白人邻居。我觉得我的父母可能到森林农场伐木遇到了一些麻烦，但我不知道是什么。我的父母总是告诉我，我们不能信任白人，我应该远离他们。

治疗师：你的母亲和父亲总是这么认为吗？

凯　　拉：（专注地）是的。我的父亲做出的所有决定我妈妈都会认可。有时，我觉得她不是真的同意，我请求她站在我这边时，她并不会这么做。然后，她会说："学习怎样沉默，否则你总会跟别人发生冲突。"

治疗师：学习沉默是什么意思？

凯　拉：她的意思是，如果我一直固执己见就会永远处在冲突中，如果我是安静的，那就不会发生冲突了。

治疗师：你的母亲总是遵守这种沉默的规则吗？

凯　拉：她现在是这样，但我记得有一段时间她不是这么沉默。当我很小的时候，我对父母吵架有着模糊的记忆。在一次父母大战之后，我被送去和我的叔叔婶婶一起住了3年。我的姐姐们继续住在家里。没有人会告诉我为什么我会被送走。在叔叔家住的第一个晚上，我听说我的母亲被送到医院了。我真的害怕了，吓得跑进了房间。他们非常生气，不会和我讨论这个。我想我的妈妈被送到医院的原因是没有保持沉默。

治疗师：被送走、和你的父母和姐姐们切断联系的感觉是怎样的？

凯　拉：（焦虑地）我害怕和困惑，但我知道，如果我想回家，我不得不沉默。当我该上幼儿园的时候我被送回家了，当我回家时，他们的反应好像我从来没有离开过。我有那么多的疑问：为什么我被送走了，而不是我的姐姐们？为什么我的母亲去医院了？为什么我被送回来了？为什么沉默总是如此重要？

治疗师：有些人很好奇，有些人不好奇。

凯　拉：（强调）我是好奇的那一类人。从我进入幼儿园的第一天就喜欢上了那里，因为老师总是鼓励我并回答我的问题。我的父母一直相信我尊重我的老师远过于尊重他们。

治疗师：你是那样吗？

凯　拉：（无可奈何地）我只是在那里感觉更好，并不像在家一样会感到孤独。我试图理解作为一名苏族人意味着什么，但家庭假日从来没有什么意义，这很奇怪。我父母说对于苏族人来说有那么特殊的几天是很重要的，但他们在这几天除了抽烟喝酒似乎并没有做什么事情。如果我问什么问题他们就开始发飙，我也不知道他们在庆祝些什么节日。

治疗师：他们没有直接回答问题，那他们是否有试图通过故事或其他仪式形式来教你有关这个家庭假日的意思？

凯　拉：（恶心地）他们似乎只是坐成一圈喝得酩酊大醉。

治疗师：他们是谁？

凯　拉：（不满意地）我的父母、我的姐姐、我的叔叔和他的妻子。他们只是沉默地坐着。这是他们总是说的想让我做到的行为。

治疗师：他们喝多少酒？

凯　拉：（冷静）一直喝到烂醉。但他们不是酗酒，可能跟你想象得不太一样。

治疗师：酒精对于许多家庭来说都是一个很大的问题。

凯　拉：（坚持）我不喝酒，我不认为我的家人喝太多了，除了他们在假期的时候。

治疗师：我可以感觉到你对你家庭的忠诚。你认为我觉得他们是苏族人所以他们都是酒鬼吗？或者，你认为他们没有酗酒问题？

凯　拉：（悲哀）我根本不喝酒。（暂停）也许酒精是他们问题的一部分。

治疗师：你认为来到学校是什么使你与家庭分离了？

凯　拉：（强调）这使情况更糟，但我的父亲总是对待我不同于我的姐妹。他是一个安静的人，但他确实和她们说话。对我来说，他一直很冷淡。我还记得我很小的时候跟在他身边，试图帮助他在农场干点什么活。但他从来没有意识到我在那里。我爱学校，因为在学校说话不是犯错。

治疗师：在家里，你感到另类和孤独，在学校，你感到与他人有联结，但这种联结让你更远离了你的父母。

凯　拉：（特意）我总是说话，尽管我母亲的禁令是沉默，我父亲明显不赞成。我想像我的姐姐们一样，但我不能像她们一样安静。我总是有这种独立的精神。我在绿色和平组织中和同事们相处很融洽。我是苏族人，我不想通过赚钱来获得东西。我只是想让地球健康来帮助每一个人。我在家里造成了很多冲突，一个好的苏族人不应该这样做。但这不是反对我们的文化，只是试图寻找适合自己的道路。（暂停）不是。（长暂停；沮丧）有时我认为，如果我在绿色和平组织的工作真的有价值，我的父亲会跟我说话的。如果我的工作有意义，为什么我还会感觉那么空虚？

治疗师：从你觉得空虚开始，你觉得你的工作不再重要了吗？

凯　拉：（坚定地）我为绿色和平写了一篇特别好的文章——我获得了一份文学奖。我把它寄给我的父母。他们难道不应该尊重我这么努力地保护地球吗？也许他们认为我送文章给他们是为了给他们留下深刻印象，这并不是我们的方式。（脸颊发红，尴尬）我对于这件事情想了很多。似乎一直有一种声音盘旋在我的头顶："做一些重要的事情，你的父母会要你回来的。"有时，我觉得我想必疯了，因为我一直在跟这个声音辩论，我说："我已经在做一些重要的事情了，但他们只是不想要我。"只是大声地讨论这些让我感到疲惫和筋疲力尽。

治疗师：这个声音要求的完美程度和重要性无人能及。

凯　拉：（坚持）是的，并且它永远不会停止。

治疗师：你对声音的反应是觉得累了吗？

凯　拉：（无可奈何地）继续努力很难，但我知道我必须这么做。

治疗师：为什么？

凯　拉：（有力地）我想我一直是一个勇士——即使作为一个孩子。这是关于我的事情，当我父母想让我消失不见时，我要让他们看见，我不能放弃。你们这些人有时玩这种游戏建议我可以停止尝试，但其实你们总是要求我坚强。

治疗师：我们也是完美主义吗？

凯　拉：（冷静，微笑）是的，你们不会让我软弱和崩溃。这就是我为什么回来继续咨询，你们喜欢我坚强。

治疗师：你已经告诉了我很多关于你自己的事，你对于自己的困难似乎有很多觉察，你为什么需要来这儿做咨询呢？

凯　拉：（若有所思地）我感到人生有种被卡住和迷失的感觉。我似乎不能再继续我的生活。这之前发生过，治疗真的帮助我重新获得了方向。

治疗师：你觉得这种被卡住和迷失的感觉其背后是什么呢？

凯　拉：（紧张）我现在不能说。（暂停）很难承认所有发生的事情，很不容易分享，除非有人具体地问。我对我之前的咨询师保留了一些秘密，因为他们没有问。（暂停，向下看）我回答了他们问的任何问题，但如果他们没有问……（长暂停）

治疗师：什么秘密？

凯　拉：（紧张）我没有向他们当中的任何一个人提到过我以前接受过咨询，我觉得他们会认为我是一个真正的输家，需要反复治疗。

治疗师：如果你需要多次治疗，你就是输家？

凯　拉：（强调）即使来咨询一次也是一个弱者的表现——我应该是可以自我治愈的。

治疗师：所以，你觉得来治疗是背叛了你的文化传统吗？

凯　拉：（强调）绝对！我应该是自我治愈、沉默、做我被要求做的事情。然而恰恰相反，我与外人一同生活，需要他人帮助，不断在提问，忽略我家人的期望！

治疗师：每一个不是苏族的人都是一个外人？

凯　拉：（无可奈何地）咨询师、老师、我的朋友和我的同事都是外人。

治疗师：除你家人以外的其他美国裔印第安人对你有什么看法？

凯　拉：（迷惑地）我不知道。还有其他印第安人在参与政治，像在美国印第安人运动中的那些人。我可以联系他们，（暂停）但我找到了一个我适合的地方——绿色和平组织。这是我想要同他人进行联结的地方。但是……（长暂停）

治疗师：但即使与这些联系最紧密的人在一起，你也保守秘密。（凯拉点头）今天要告诉我的重要的秘密是什么？

凯　拉：（紧张）我必须独自处理。

治疗师：如果我知道了这个秘密会发生什么？

凯　拉：（惊慌失措地）我会失去我仅有的小联结，你会把我踢出去。

治疗师：把踢你出去不会是我的选择。

凯　拉：（惊慌失措地）你会的！你会意识到我是一个被遗弃的人。

治疗师：我现在很了解你，我尊重你。很难想象我现在了解到的什么东西会让我把你踢出去。

凯　拉：（迷惑）你对我能有什么看法？这才是我们的第一次会谈！

治疗师：你有很多我不知道的事情。但我所知道的是，你是一个富有创造力和勤奋的人，一个勇敢的人，一个孤独的人。你的家人拒绝了你，在某种程度上你拒绝了你自己。无论秘密是什么，你能原谅自己吗？并且让你自己与我、你的同事和其他人建立联结？

凯　拉：（确定地）我想，但我不知道我能不能。

治疗师：也许我们可以一起试试看，或者你可以为自己试试看。

凯　拉：（惊慌失措）我是这样失败的一个人，你会接受我的治疗吗？

治疗师：你是一个彻底的赢家。我不确定我能够提供给你怎样的咨询，因为你还没有准备好去了解原来你也是需要为自己做些改变的。

凯　拉：（惊慌失措）我不能再孤独了。

治疗师：你需要同别人建立联结，但你需要我帮助你吗？

凯　拉：（恳求）是的，我告诉过你我不能再仅靠自己的力量处理事情了。

治疗师：你不是孤独的，我陪你在一起。让我们每个人在下周做一些重要的事情吧。我会考虑一下你到目前为止与我分享的东西，并给你一些想法与建议。你想想你的秘密，想想你的优势。提出一些想法，就你的行动计划向我询问一些建议来帮助你结束这种空虚的感觉。

凯　拉：（冷静）我可以做到。

练习：形成对凯拉的个案概念化

练习1（最多4页）

目标：验证你是否对跨理论有一个清晰的理解。

方式：撰写一篇从A到C的综合论文。

需要帮助的话，你可以回顾本章。

A：对于所有跨理论概念的假设与概述（理解来访者改变的关键维度的理论假设；广泛地、抽象地思考）作为接下来练习的一个介绍。

B：进行一个完整的描述，说明这些假设是如何通过段落中的变化过程来理解来访者的发展的，提供段落中具体的例子来充分解释每个假设。

C：总结你的文章，描述治疗师在帮助来访者改变过程中的角色（顾问、医生、教育家、助人者），治疗采取的主要方法和常用的咨询技术。提供足够具体的例子来阐明这种方法的独特之处。

练习2（最多5页）

目标：应用跨理论帮助凯拉。

方式：从A到C每个部分有一个单独的句子概述。

需要帮助的话，你可以回顾本章。

A. 创建一个凯拉问题的列表（障碍、弱点、问题、症状、技能不足、治疗障碍），每个问题都做如下讨论：

1. 凯拉将问题的解决定义在了哪个层面上？
2. 凯拉将问题的改变定义在了哪个层面上？
3. 凯拉曾用过什么改变过程来解决这些问题，并且产生了有效、无效或混合的效果？综合考虑上面1、2两个问题，思考她使用的改变过程是合适的吗？

B. 列出凯拉的优势（长处、积极的特性、成功、技能、促进变化的因素），就每个优势展开如下讨论：

1. 凯拉如何看待她的这些优势，她知道这些优势能让自己获益吗？
2. 凯拉在使用这些优势来解决她的任何问题（具体的）吗？
   a. 优势可能帮助她在一个或多个改变层面上理解她自己的问题。
   b. 优势可能作为一个变化的过程使她进入一个改变的阶段。
   c. 优势使她能有效地使用变化的方式。

C. 基于A部分，思考凯拉目前最具改变的动机是什么？对于这些问题做如下讨论：

1. 你为凯拉的每个问题选择的治疗策略将是治疗焦点，说明你为什么选择这项策略？
2. 在每个治疗策略中具体改变过程需要对每个问题支持改变，阐明你为什么选择了这些策略？
3. 考虑到B部分，在你应对每个问题所使用的治疗策略中如何借助凯拉的优势？

练习3（最多4页）

目标：形成对凯拉的生活中她的苏族传统的潜在作用的理解。

方式：从A到J分别用一个单独的句子概述。

需要帮助的话，你可以回顾第二章。

A. 从优势、资源以及权利等方面对凯拉的苏族身份认同的作用进行评估，对她来讲这些可能会带入她的个人、家庭、社会、职业以及政治权利中。

B. 考虑是什么统治了主流文化的价值观、制度、政策和可能导致歧视、偏见和种族主义，以及对凯拉目前的健康发展形成障碍。

C. 考虑当前哪些事件可能导致歧视、偏见和种族主义的增加，从而为凯拉目前的健康发展形成了障碍。

D. 考虑曾经发生过什么事件影响了凯拉对苏族的身份认同，并评估如果她目前的问题可能是直接或间接的压迫或创伤所造成的结果，她对这种压迫、同化、歧视、偏见和种族主义的反应，或苏族和主流社会及其制度之间的价值不匹配。

E. 评估凯拉的功能整体运转得如何，这要依据凯拉的价值观、信念和行为，同时通过苏族的世界观和通过主流文化群体的世界观进行评估。讨论她在主流文化下的任何行为可能是对不公平的一种健康适应，应该得到苏族的支持。

F. 思考如果成功的治疗将卷入更多凯拉的内在觉察与行动，或者卷入比较多的改变行动，这些行动包括改变压迫凯拉和苏族人的政策、程序以及环境价值观。考虑是否有任何具体的文化资源、治疗策略或凯拉当前看重的帮助者，可以有效地运用到你的治疗计划中。

G. 你目前有哪些关于苏族人的知识？

a. 你参加过多少课程使你获得了有关苏族人或其他原住民的背景。

b. 你参加过多少工作坊使你获得了有关苏族人或其他原住民的背景。

c. 你有哪些关于苏族人或其他原住民方面的专业经验。

d. 你有哪些与苏族人或其他原住民一起的个人经验？

e. 描述苏族或其他原住民的世界观。

H. 目前你对于苏族或其他原住民的相关问题有怎样的认识？

a. 描述你听说过的对于苏族或其他原住民的刻板印象。

b. 描述作为主流文化的白人文化偏见在你的生活中可能是怎样运作的。

c. 描述你所在的种族和民族文化群体在你的生活中扮演了怎样的角色。

d. 将你和凯拉的种族和文化背景进行比较，思考有哪些差异可能会导致沟通问题、价值观冲突、对凯拉生活方式或经验的不理解或使凯拉的优势无法发挥？

I. 同苏族或其他原住民开展咨询时，你有或者你可以学习哪些技能？

a. 你目前有什么技能对于你同苏族或其他原住民开展咨询是有价值的？

b. 你认为同苏族或其他原住民开展工作具备哪些技能将更加有效？

J. 你可以采取什么行动步骤？

a. 你可以改变什么在关系建立阶段与凯拉或其他苏族人形成更有效的工作联盟？

b. 你如何构建一个治疗环境以增加与凯拉或其他苏族人产生积极结果的可能性？

c. 你计划与凯拉一起使用的理论导向中有哪些方面可能包含一些隐含的文化或种族偏见，以及你将改变什么来促进有效治疗？

d. 在治疗规划阶段，你会改变什么以增加与凯拉或其他苏族人产生积极结果的可能性？

练习4（最多7页）

目标：帮助你将跨理论、种族和民族议题融入凯拉的深度个案概念化中（她是谁，为什么她做了这些事情)。

方式：撰写一篇综合性文章，包含前提、支持性的细节以及经过小心策划的组织方式的结论。

需要帮助的话，你可以回顾第一章和第二章。

步骤1：考虑你应该使用什么的方式从跨理论的角度来形成自己对于凯拉的理解。这种方式应该达到以下目的：①就凯拉的改变过程以及维持其不断发展的需要，为你提供一个全面和清晰的理解；②将提供对凯拉有说服力的话语支持系统，帮助她处理这样的困境：无论是否揭露她的秘密，都可能使她或多或少成为一个弃儿。

步骤2：形成一个简明扼要的假设（概述、初步或解释性陈述、主张、中心句、理论驱动的介绍、假说、摘要、因果关系的结论），用于解释凯拉作为一个个体不断努力与他人建立联系，并寻找生命意义方面的整体功能水平。如果你在第2步需要帮助，请记住这应该是练习2和3关键想法的一个整合，并且它应该符合以下要求：①为凯拉的长期目标提供基础；②采取跨理论视角，并保持对种族和族裔问题的敏感性；③突出她使用跨理论治疗所具备的优势。

步骤3：从跨理论的角度形成你的支持性材料（优势与弱点的详细的案例分析、为前提介绍提供支持性数据），包含在每个段落中的对凯拉的深深理解，她是一个一直努力让整个生活能融洽的女人。如果你需要在第3步得到帮助，请考虑你需要的信息满足以下要求：①支持短期目标的发展；②采取跨理论的视角，并保持对种族和族裔问题的敏感性；③将对凯拉的优势理解整合到可能改变的过程之中。

步骤4：形成你的结论和广泛的治疗建议，包括：①凯拉的总体功能水平；②就她目前的每个问题发展到维护阶段的任何促进或阻碍；③她在改变过程中的基本需要。仔细考虑你在练习3的H和J部分所说的话。

练习5（最多4页）

目标：为凯拉制订一个个性化、理论驱动的行动计划，考虑到她的优势，并对她苏族后裔的身份保持敏感。

方式：包括长期目标与短期目标的句子概要。

需要帮助的话，你可以回顾第一章。

步骤1：为你的治疗计划形成一个概述，仔细审查你在练习3的H部分和J部分中所说的内容，以防止你的治疗计划中的任何负面偏差，并确保针对凯拉作为苏族女性的独特需要是个性化的。

步骤2：制定长期目标（主要、大的、雄心勃勃、全面、广泛的），理想情况下，凯拉的所有被确定的问题都得以解决，治疗结束后她有人际上的联结并找到了生活的意义。如果你在第2步遇到麻烦，请重读你撰写的前提假设和支持主题句，将这些想法转化为目标，这些目标将促进凯拉进入她确定的问题的改变过程（使用练习4的方式）。

步骤3：制定短期目标（小、简短、可完成、具体、可衡量），那是凯拉和你可以期望在几个星期内完成的。你可以记录在每个问题的改变过程中她的进展，为她灌输信心，表明她正在不断进步，并计划有时效性的治疗会谈。如果你在第3步遇到问题，请重读你撰写的支持段落，寻找想法并转化为符合下面要求的目标：①目标将支持凯拉进入某个问题的改变阶段，所使用的自我洞察或行动导向的改变过程，依被定义的问题改变水平而定；②将增强促进和减少妨碍她具有改变能力以及寻找到当前她的人生意义的因素；③在任何时候尽可能利用她在治疗内外已经形成的优势；④对于她是一位苏族女性而不是一般人的人生旅程的意义加以个别的考虑。

练习 6

目标：通过凯拉的案例对于跨理论模型进行批判性思考。

方式：以论文或分组讨论的方式回答 A 到 E 的问题。

A. 用这种跨理论的模型帮助凯拉的优势和弱点是什么（一个伴随着文化适应冲突的成功专业人士），你将如何鼓励凯拉改变而不是鼓励她在改变过程的开始阶段依赖咨询？

B. 与凯拉讨论她应用关系建构取向有哪些优势与弱点，考虑她的人际关系问题，她对生活意义的寻求，以及她作为一个弃儿和一个成功作家的矛盾叙述。

C. 假设凯拉的秘密是她是一个女同性恋者。详细讨论知道这样的信息是否可能加深和/或改变你对她的个人和家庭动力的理解。讨论这可能如何影响或改变你的治疗计划。

D. 如果凯拉告诉你，你比她以前感觉到的任何人都更亲近，并承认有对你产生性幻想，你将会面临怎样的伦理困境？探索这会让你产生怎样的感觉，特别是因为它涉及你将凯拉作为一个个体来判断她是否有吸引力。如果她问你是否可以出去约会，你将如何处理？（如果你是女性，假设凯拉是一个女同性恋；如果你是男性，假设她是异性恋。）

E. 为了使用跨理论模型，你需要能够应用来自许多不同理论方向的治疗框架和改变流程，你必须适应在凯拉所在的改变阶段上进行工作。讨论你自己使用这一取向的优势和弱点，并提供具体的例子来支持你的观点。

参考资料

书籍与文章

Brooks, G. R. (2010). Beyond the crisis of masculinity: A transtheoretical model for male-friendly therapy. Washington, DC: American Psychological Association.

Duncan, B. L. (2014). On becoming a better therapist: Evidence based–practice one client at a time (2nd ed.). Washington, DC: American Psychological Association.

Lambert, M. J. (2010). Prevention of treatment failure: The use of measuring, monitoring, and feedback in clinical practice. Washington, DC: American Psychological Association.

Prochaska, J. O., & Norcross, J. C. (2009). Systems of psychotherapy: A transtheoretical analysis. Pacific Grove, CA: Brooks/Cole.

University of Rhode Island Cancer Prevention Research Center. (2008). Trans-theoretical model: Detailed overview of the transtheoretical model. Retrieved from http://www.uri.edu/research/cprc/TTM/detailedoverview.htm

影像资料

Allyn & Bacon Professional (Producer). (n. d.). Stages of change for addictions with John Norcross (Part of the brief therapy for addictions hosted by Judy Lewis & Jon Carlson)[Motion picture, ISBN 0-205-31544-5, http://abacon.com/videos]. (Available from Pearson Education Company, 160 Gould Street, Needham Heights, MA)

网站

Motivational Interviewing. http：//www.motivationalinterview.org

Pro-change Behavior Systems. http：//www.prochange.com/staff/james_prochaska

Psychotherapy Integration. http：//www.psychotherapy-integration.com

第十三章
模型的讨论和扩展

研究表明，对于情绪或行为有问题的个体来说，80%接受治疗的来访者比不寻求帮助的来访者过得要更舒适（Lambert，2013；Miller，Hubble，Duncan，& Wampold，2010）。但研究也指出，近50%的来访者在治疗的初期就过早地退出，而对于那些保持治疗的人，高达30%~50%的人不能从他们初始的治疗中获益。（Duncan，Miller，& Hubble，2007）。

你刚刚被安排了一个新的来访者，她叫朱丽叶（Juliet），今年15岁。你想要全身心地帮助她。你肯定不想让她中途退出治疗或者让她的父母给你打电话称呼你是不称职的白痴后把她带走。对于10种不同的理论观点，你将决定使用哪一种理论观点作为最适合帮助她的方法呢？

朱丽叶是因为进食障碍来寻求你的帮助。你是要帮助她了解饮食行为背后的原因和后果（第三章）？还是帮她找到她用她手指伸向喉咙之前她的头脑中出现的想法（第四章）？或是你想让她学习如何冥想和活在当下，以便她可以控制她自己的想法和行为，而不是让它们控制她（第五章）？或是帮助朱丽叶了解女性不切实际的幻想是如何导致他们即便有最美丽的身体也会对自己不满的（第六章）？或是帮助她从情感和需求上做进一步的处理（第七章）？或是她有适应不良的人际交往模式，当其他人想要接近她的时候她总是想要远离别人（第八章）？或是她的父母的控制力非常强，使得她需要学习如何像一个青少年一样独立地做事情而她却不能搞定（第九章）？或是她是第一代在美国出生的人，她和她的父母有文化冲突（第十章）？或是在她的叙事自我中，她一直梦想成为百老汇的明星，虽然感到饥饿，但她在意的是舞蹈教师建构下的健康的身体而不是她父母眼中的她（第十一章），所有这些方法可能都能帮助朱丽叶形成更健康的饮食习惯，对于朱丽叶最有意义的方法可能是最应该被使用的方法（第十二章）。

对于完全没有治疗经验的朱丽叶来说，让她来选择哪一种治疗方法，这有用吗？她具备这样大的能量吗？显然，毕竟没有哪一种理论被证明是明显优于其他理论的。Rosenzweig（1936）将这种临床发现成为"渡渡鸟效应"。另外，研究也证明某些共同的因素，并不依赖于理论取向和技术，无论你根据哪种治疗模型指引，重要的是你尽最大能力地与朱丽叶一起工作。共同的因素包括治疗之外的因素（朱丽叶带进治疗的因素）、治疗的关系（在你和朱丽叶之间是否发展出温暖信任的治疗关系）、模型和技术、期待和期望、你在治疗进程中对朱丽叶反馈的回应。朱丽叶是否向你显示出任何改变的迹象也是很重要的。研究表明，积极结果的一个重要标志是朱丽叶在咨询的头六次是否开始出现积极变化的迹象。你应该找到的迹象是什么呢？实际上，我们会发现临床工作者经常高估了他们的来访者从治疗中的获益。因此，预测朱丽叶会有什么样的积极结果取决于她自己对治疗是否有效的看法

(Duncan et al., 2007)。

最严格预测病人治疗效果的就是你。我们都想成为伟大的治疗师。治疗师工作的有效性平均为50%，而优秀的治疗师达到70%（Walfish, McAllister, & Lambert, 2012）。这里有一个简短的策略列表可以区分优秀的治疗师和低效能的治疗师（Duncan, Miller, & Sparks, 2004）。首先，高效能的治疗师很小心地关注病人是否认为治疗周期是有帮助的。这些优秀的从业者从每次会面结束时就积极地征求病人"治疗是如何进展的"这个问题的反馈意见。优秀的治疗师不会回避这个问题。他们直接问来访者怎样才是让人舒服的治疗关系，以及他们认为治疗应该怎么进行。当他们收到负面的反馈时，这些治疗师会迅速积极地解决这些问题（Miller, Hubble, & Duncan, 2007）。高效的治疗师反对机械治疗的倾向。他们根据病人的反馈看需要进行测量、制定策略、回顾、评估、改变一些事情。最后，他们有深刻的人际关系策略的知识并且能够有效地利用来访者的负面反馈（Fleming & Asplund, 2007）。虽然这么说像是在恐吓，但是你必须要每次会话都询问朱丽叶对于咨询进展是否有任何的不满意。如果你不问，或者不正确采取步骤来及时解决问题，她会中断咨询或者不能从治疗中得到效果。

制定个性化的治疗方案确保服务质量

来访者们都有复杂的故事。对于每一个来访者，你都要将人类复杂性的某一个领域，应用于个性化治疗，以适合每个来访者独特的性格和需要。你应该考虑两个领域，或者是三个领域吗？更深和更复杂的概念化是有趣的，但它们需要更多的时间来发展。因此，尽管人类复杂性不同的领域对于一个特定的来访者是有价值的，但是把他们全部都评估到，即使可能实现的话也是一个浩大的工程。

增加你临床工具的复杂性对于哪些来访者是有用的呢？博哈特和塔尔曼（2010）建议你基于来访者呈现问题的复杂性和严重性做出选择。如果呈现的问题比较明确且是有症状的，可能就需要短期治疗；研究表明，50%的病人在第一个5到10次会谈中会有提高。相反，如果提出的问题严重而复杂，那么复杂的病例概念化和治疗计划可能需要用来指导长期治疗；至少20%到30%的有严重问题的病人需要超过25次会面并且容易复发（Asay & Lambert, 1999）。

如果你不确定个案有多么复杂严重该怎么办呢？如果来访者表现出了有以下问题的信号，我们就应该认为这个个案是严重的：①危险（暴力、性虐待、自杀倾向、杀人倾向）；②现实的接触或者不是；③药物滥用。你的病人可能最开始不够相信你并且不会提供你需要有效评估这些问题的信息。如果存在疑问，在你能够有机会建立一个更融洽的关系之后再做更深的评估。早期的改变则证明你找对了路。不必是个很大的改变，但是需要是正确方向上的一小步。如果这没有发生，你需要做一些不同的事情（Asay & Lambert, 1999; Hubble, Duncan, & Miller, 1999）。

不管个案是否复杂，你决定将人类复杂性的哪个领域整合到你的治疗方案中？把你的来访者当作个案概念化过程中的伙伴并询问他。如果来访者说灵性是他们生活中的引导原则，那么就把灵性作为你的治疗方案的基石。一个强有力的治疗联盟是高效率治疗的很重要的因素；来自在第3次到第5次会谈时来访者对于治疗联盟的看法，才是对结果的预测。因此，你需要像尊重治疗方案中的关键内容一样尊重来访者对于治疗进程是否顺利的看法。如果需要花费更多的时间去写一份来访者个性化的治疗方案，人们发现这种方法增加了与来访者之间的治疗联盟关系（Wampold，2010）。

随时调整个案概念化与治疗方案

高效率的临床实践不需要从开始到结束一成不变地执行完美精确的个案概念化和治疗方案。相反，高效率的治疗可能包括随着时间推移对治疗方案做修改、转变或细化处理，就像病人接收到的新信息可能会增强或者重构他们面临的困难。治疗早期，你必须做一个判断，判断哪个或者哪些领域的复杂性在此时对你的来访者最重要。接着你要做出一个治疗模型，结合这些领域来了解来访者。如果来访者能够有建设性的改变，这也许是你建立一个个案概念化和治疗方案的唯一时机。

如果治疗过程中出现障碍，个案概念化和治疗方案可能就需要修订。在第十二章中介绍的凯拉（Kayla）的案例，将更深入地展示个案概念化和治疗方案在治疗期间是如何演变的。凯亚在第十二章所介绍治疗的两年之后又接着接受了治疗。

凯拉的案例

凯拉，一个26岁的苏族（Sioux）（印第安裔）女孩，刚刚提到她自己去了家庭系统治疗师那里。这是凯拉第五次启动心理治疗。凯拉从她童年时代到青春期一直被她的叔叔性虐待。她只有离开家去上大学才能结束这种虐待。凯拉在被治疗之前，从未透漏被虐待，她觉得她现在已经准备好了去面对她为什么一直无家可归的感觉。

治疗的开始阶段

在第一阶段的治疗，你和凯拉会同心协力来组建一个有效的工作联盟，并对她目前面临的问题有一个清晰的认识，建立一个理解凯拉的模型（个案概念化）以便用来设计与实施治疗方案。

凯拉是聪明的、善于进行语言表达的，并且非常响应你的有效评论，治疗联盟似乎快速稳固。凯拉非常清楚地描述了她过去与他人功能不良的模式。在你的支持下，她确定了两个想要在治疗中处理的领域。首先，她想解决她对之前性虐待的感觉以便不再影响她与男人的关系；其次，在追求她自己的职业目标时，她变得疏远了她的苏族父母，她想要重新与他们取得联系。对于凯拉，这个时候，性虐待、种族和民族领域似乎与案例最为相关，可以整合到家庭系统视角中。

凯拉，和其他型虐待受害者相似，很难信任其他人，因此她故意对你隐瞒很多重要的信息，这是不同寻常的。个案概念化和治疗计划在治疗过程的开始可能会缺乏一些可以理解来访者的信息，这可能会也可能不会限制了对凯拉的治疗，制定一个有效的治疗方案不需要知道关于她的所有事情。

治疗的中间阶段

在治疗的中间阶段，治疗方案的主要目标已分解成小步骤（成就和任务等）。你正在帮助凯拉在达到目标的过程中做积极的努力。你已经形成了一个与凯拉一起的有效工作关系，她已经深刻理解了先前的性虐待对她不信任别人特别是男人所起的作用。她正在接触更多的建设性的人际关系，还没取得什么进展，然而她的目标是形成一种与她父母的情感联系。回顾你的个案概念化，你与凯拉讨论你的想法，试图定位为一个苏族治疗师将会帮助她与她的父母取得联系而不是你自己。她接受这种想法后，你寻找一个住在缅因州的治疗师，由他联系凯拉的父母。他们坚决地拒绝了治疗师的帮助并且声明凯拉不再是他们的女儿。如果她需要的话治疗师之后会多次与凯拉见面，并且给她提供长久的支持。他认为，除了文化之外，是她家庭的拒绝带来的影响。在这些问题上她选择了与你继续工作，而不是苏族治疗师。你们在一起讨论了需要进一步探讨的她的家庭结构在等级制度、界限和子系统方面的问题。凯拉要比在开始治疗的时候更加信任你。这时，你可以获得对于她的家庭和她的角色更多详细的评估，她透露说她和她的母亲曾遭受过父亲对她们身体上的虐待。

你形成了一个深层次聚焦于文化、性虐待和暴力领域的个案概念化。基于此，根据凯拉和她的妈妈在心理上感觉的潜在危险你重新设计你的方案。方案的第一步是凯拉去探索对于重新建立家庭联系她的目标是什么。凯拉逐渐意识到她想要的是和母亲的情感联结。当凯拉知道她的父亲不会来时，她又一次联系了她的母亲。有些犹犹豫豫，她的母亲同意见一次面。

在家庭会面时，凯拉的母亲澄清了那次导致了凯拉在 4 岁就遭受了性虐待的家庭斗争。凯拉的父母很年轻就结婚了，而且生活在印第安人保留地贫困线以下的环境里。他们的家庭结构是以她的外祖母为中心的，她的外祖母是非常受人尊敬的部落成员，而且是在家族等级的顶部。在凯拉一岁的时候，她的外祖母因为癌症突然去世了。外祖母的存在让家庭在保留地能够维持下去。外祖母的逝世对于他们（妈妈、爸爸、姐姐、凯拉、叔叔）安置在缅因州起到了一定的作用。他们生活在保留地是困难的。在保留地没有人雇用凯拉的爸爸和叔叔。现在她的爸爸和叔叔是这个家庭的支柱，他们和部落的长者就离开保留地去寻找工作的智慧发生了争吵。他们响应了林业广告搬到了缅因州。然而，当他们到了缅因州后，受到了白人邻居的严重的歧视，但他们依旧工作着、生活着；在缅因州由于经济上的需求他们感到陷入了困境。当他们从一对退休老夫妇那里买社区中的一块林场时，社区采取行动阻止交易的完成，因此他们怀疑白人并和白人变得不共戴天；一旦他们的购买得到确认，他们就和社区之间就建立了明显的界限。一方面，他们已经拒绝了他们的部落，因此在他们的斗争中没有人可以寻求支持，只能是彼此支持。但是另一方面，凯拉的爸爸和叔叔求助于酒精去抑制他们的挫败感和愤怒。

随着家庭逐渐地被孤立，家庭暴力和儿童虐待就开始了。在凯拉 4 岁的时候，她的受虐待的事情受到了社区成员的注意，并且报告给了儿童保护协会（CPS），CPS 坚称，凯拉要暂时送到叔叔家或者外部寄养。虽然她搬去和她的叔叔同住，在他们的生活中有白人侵入的情况下，一开始是个不错的解决方案，但在两年后，凯拉的母亲开始怀疑凯拉受到性虐待。又过了一年凯拉的母亲才得到父亲的同意把凯拉带回家。CPS 没有介入这件事。她的母亲对于凯拉过去受到的身体虐待和现在受到的性虐待保持沉默，因为她坚信讨论它们没有好处。凯拉的母亲已经养成了一个沉默的习惯。当她沉默时，她不会被暴打；如果她沉默，问题会被忘记。为了生存，她觉得凯拉一定也要养成这种习惯。

在这个会面中，凯拉和她的妈妈彼此之间已经建立了比较深的联结。已经经历的贯穿童年始终的情感忽视现在被重构，她的母亲最好尝试教她如何生存在危险的世界里。凯拉想进一步与母亲讨论，并且担心她母亲的安危。她的母亲并不担心。她说在凯拉离开之后家庭暴力就结束了。凯拉母亲沉默的习惯已经变成了忠诚的习惯。她的母亲相信承受痛苦的精神利益和生活之间是一种平衡。她和她的丈夫已经生活在贫困、受歧视的和孤立之中。她不能对此进行进一步的讨论，因为她觉得那是对丈夫信任的背叛。她强烈地感觉到凯拉在家永远不会安全，不应该回来。讨论性虐待的问题已经让凯拉的母亲从痛苦的沉默中释放出来。她能够直接去表达对凯拉的爱，并且鼓励她作为作家在新生活里去寻找一个平衡。

作为家庭干预的结果，凯拉明白了她在家庭中的角色是"弃儿"或"替罪羊"。她作为受到来自白种人歧视的、贫困的和痛苦的人们的象征，通过把她赶出去，使他们得以远离那些吞没了他们生活的创伤。她现在认识了自己的角色，并且能够拒绝这个角色的合法性，因为她是一个真正的人。这是真实的，白人社会已经拒绝了她的父母，但是她没有参与到决定离开保留地。CPS 已经越过了这个家庭的界线，这是因为她父亲对她的身体虐待已经发生了。她的叔叔的性虐待导致家庭层次结构的混乱，所以她的母亲第一次挑战了她父亲的权威，将凯拉带回了家。但是混乱是她叔叔行为的结果，而不是凯拉的。她已经形成了对白人老师和白人治疗师的忠诚；她来这里是作为被家庭抛弃的一种回应。

在凯拉还是孩子的时候，一个反馈链已经形成，由于家庭的抛弃导致凯拉更加认同自己为白人社区的成员，这导致了更多的家庭抛弃。在努力满足自己的被养育的需要时，凯拉已经无意中疏远了她的文化传统。作为一个成年人，凯拉习惯性的空虚被解除，当家庭沉默的习惯被打破时，凯拉可以充分地意识她过去受到的创伤。凯拉能够轻松地面对自己的空虚，并用她的自豪充实自己，在绿色和平组织的帮助下，去关心人们，并努力和其他人建立情绪的联结。

治疗的结束阶段

在治疗的结尾，治疗师正在帮助凯拉巩固她所取得的成绩，并赋予她自我效能感，以解决任以后的相关问题。在这点上还去进行更深的个案概念化是否有用呢？这在两种情况下应该是有用的。一种情况是如果凯拉可以回来接受治疗。一个改变的个案概念化可以是指导她的下一步治疗的资源。这是可能的吗？凯拉已经在很多场合参与了治疗，一个学校咨询师开始注意到她的孤立是在她 14 岁的时候。每次，她都有效地使用了治疗，并且持续地在建设性的改变过程中。一旦她形成了向前发展的必要技术或者领悟，她结束治疗后仍可靠她自己继续进步。当她的自我改变效果受到阻碍时，她又重新开始去治疗。因此，尽管凯拉表明她是一个聪明而有抗逆力的人，在内部和外部的治疗中可以获得有效的学习，但是她的经历表明她应该在一些方面继续治疗。

另一种情况是，如果凯拉的治疗将被伦理、保险和其他专业评估，治疗末期的个案概念化将作为证据。治疗末期的个案概念化可能会用来支持你的判断，即她所接受治疗的方式和长度。以下是作为支持凯拉长期治疗结束时的概要。

概要

凯拉来自一个苏族家庭，有她、她的妈妈、爸爸、两个姐姐和她的奶奶、叔叔。因为地理和经济迫使的原因，这个家庭在社会上是被其他部落成员孤立的。这个家庭成员故意把他们自己和他们的白人邻居孤立，去反映这种歧视和区别。这个家庭的结构是混乱的，在成人和孩子之间几乎没有界线，彼此之间的家庭支撑系统是情感上对彼此漠不关心，与其他家族和外界世界的界线是严格的、不能更改的。在家庭内部，凯拉的教育和指导的发展需要不是被忽视就是遭受身体、性和精神上的虐待。她经常考虑自杀。在伸出手去寻求来自白人老师和治疗师的帮助时，她得到了支持。然而，这些接触使她的文化冲突加剧。尽管她有创伤历史，凯拉还是发展了一些基于她的家庭文化强调自给自足、与自然和谐的许多优势。作为一个成年人，她是一个聪明的、自主的个体，且有着发展良好的社会良知，这表现为她是绿色和平组织的一名成功的记者。凯拉总共参加了44次个体治疗，以及1次和她的母亲一起的家庭治疗。这个长期治疗是有原因的，是由于她的问题的严重性、复杂的被害历史、社会孤立和文化差异。这些因素，加上她酗酒的家庭史，都使凯拉置于自杀和自我毁灭行为的危险当中。

小结

人类是复杂的，而我们的个案概念化所包括的必然只是人类整体的一部分。这本书仅是对个案概念化和治疗方案的一个介绍。还有很多其他的心理学理论、更多的复杂性领域和许多令人深思的研究文章需要掌握，这可以使你致力于作为一个有效的、具有胜任力的治疗师发展出自己的个人风格。这是本书的倾向，即要想成为高成效的治疗师中的一员，你必须对新的研究进展保持开放，并且通过毕生的临床实践增强你的专业技术。

形成个案概念化与治疗方案的注意事项指南

1. 确保你已经掌握了提取理论用于主要假设。
2. 将这些假设应用于你的来访者的具体情况。
3. 回顾一个或多个最相关的人类复杂性领域并提取出来作为指南用于你的来访者。
4. 把第2和3步骤的信息整合到个案概念化中。
5. 形成一个适合来访者的独特性的治疗方案，并积极地利用来访者的优势。
6. 积极地监督和检查与来访者合作的治疗。
7. 如果来访者提供了有关治疗或者治疗关系的负面反馈，主动启动改变。